Rosa Luxemburgo

Rosa Luxemburgo

Textos escogidos

Selección y prólogo
de Juan Valdés Paz

ocean
sur

7 SEVEN STORIES

New York • Oakland • London

Seven Stories Press/Ocean Sur
140 Watts Street
New York, NY 10013
www.sevenstories.com

ISBN: 978-1-925019-81-0

153694849

Índice

Nota a la edición

En la presente selección revisada, se utilizaron como fuentes las siguientes ediciones en español de la obra de Rosa Luxemburgo: *El pensamiento de Rosa Luxemburgo,* compilación de María José Aubet, Ediciones del Serbal, S.A., Barcelona, 1983; *Obras escogidas,* t. I y t. II, prólogo y selección de Bolívar Echeverría, Ediciones ERA, México, D.F., 1978; y *Obras escogidas,* t. II, estudio preliminar y notas de Ramón García Cotarelo, Editorial Ayuso, San Bernardo, Madrid, 1978.

El editor

Sobre el compilador

JUAN VALDÉS PAZ (1938), licenciado en Sociología por la Universidad de La Habana, es profesor titular adjunto de la Universidad de La Habana y del Instituto Superior de Relaciones Internacionales (ISRI) Raúl Roa García. Ha sido profesor del Departamento de Filosofía de la Universidad de La Habana (1969-1971); de Sociología del Trabajo en el Instituto Azucarero (1980); de Sociología Agraria en FLACSO; y de Sociología Política en el ISRI (1995).

Se ha desempeñado como investigador en el Centro de Estudios sobre América (CEA) de 1980 a 1996, y en el Instituto de Historia de Cuba (IHC) de 1996 a 1999; desde el 2000 es investigador independiente. Ha sido miembro del Consejo Editorial de la revista *Cuadernos de Nuestra América* y del Consejo Científico del CEA, del IHC y, actualmente, del Centro de Investigaciones Psicológicas y Sociológicas (CIPS).

Sus trabajos de indagación, crítica y ensayo social se han concentrado en temas tales como la filosofía, el marxismo, la sociología rural, las relaciones internacionales, América Latina y Centroamérica, y distintos aspectos de la Revolución Cubana. Como especialista en estas materias ha impartido conferencias y docencia en varios países de Europa y América Latina.

Su producción científica ha sido acogida en numerosas revistas y compilaciones en más de nueve países. Se destacan sus libros *La transición socialista en Cuba* (1993) y *Procesos agrarios en Cuba, 1959-1995* (1997), así como las compilaciones *Alternativas de izquierda al neoliberalismo* y *Cuba: construyendo el futuro* (2000).

Prólogo*

La presente recopilación de textos políticos de Rosa Luxemburgo nos ofrece la oportunidad extraordinaria de volver a leer a una de las más importantes representantes del pensamiento marxista y revolucionario del pasado siglo. No se trata de una teórica desarraigada de las luchas sociales sino, al contrario, de una de las más destacadas militantes revolucionarias de la socialdemocracia internacional, quien aunaba a su espíritu de lucha por la transformación social, una notable capacidad para teorizar la experiencia histórica de las luchas políticas y sociales de los trabajadores, desde la perspectiva del comunismo revolucionario.

No deja de asombrarnos que a pesar de una vida tan comprometida con la revolución —hasta el martirio— y de un pensamiento tan extraordinario que la llevó a ser la teórica marxista más relevante de la socialdemocracia europea, haya podido ser ignorada, silenciada y hasta denostada, por socialdemócratas, marxistas-leninistas, algunos trotskistas e inclusive, por sectores de la izquierda de las más diversas filiaciones, confundidos por los intentos reiterados de la derecha de utilizar a Rosa contra Lenin y la tradición bolchevique.

---

*   Basamos este texto en nuestro artículo «Rosa Luxemburgo: actualidad de su teoría política», incluido en *Rosa Luxemburgo, una rosa roja para el siglo XXI*, Centro de Investigaciones y Desarrollo de la Cultura Cubana (CIDCC) Juan Marinello, La Habana, 2001. *(Todas las notas del prólogo son de su autor J.V.P.).*

Biografía personal

Rosa Luxemburgo nació el 5 de marzo de 1871 en la pequeña población de Zamosc, región de la Polonia rusa, en el seno de una familia judía de clase media. Cursó estudios en el Liceo de Varsovia y dos años después ingresó a la Facultad de Ciencias Políticas en la Universidad de Varsovia, caso excepcional para una mujer en esos tiempos. Durante su exilio en Zürich estudió en su Universidad Matemáticas, Ciencias Naturales y Economía, temas a los que fue aficionada toda su vida. No obstante, su extraordinaria cultura fue en mayor medida el resultado de un esfuerzo autodidacta abierto y sostenido, a lo largo de su existencia.

Poco agraciada físicamente, se destacó desde muy temprano por su elevada inteligencia y vivacidad de carácter. A finales de la década de 1880 conoce a Leo Jogiches quien sería su compañero sentimental de muchos años y su camarada de lucha de toda la vida. Durante su exilio en Suiza contrajo un matrimonio «en blanco» con Gustav Lübeck el cual le permitió adquirir la ciudadanía alemana. En 1897 conoce y establece con Franz Mehring y Clara Zetkin una estrecha y duradera amistad. Desde 1900 convive en Berlín con Leo Jogiches; rompe sus relaciones sentimentales con él en 1907 e inicia una tormentosa relación con Konstantino, hijo de Clara Zetkin y motivo de un transitorio distanciamiento entre ambas.

La temprana actividad política de Rosa la llevó en su juventud de Varsovia al exilio en Zürich, ocasión en que estableció estrechos vínculos con la migración alemana, rusa y polaca. De Suiza pasó a vivir en Alemania, con cortas estancias en Francia, Polonia, Finlandia y Rusia. Vivió sus últimos años en Berlín enfrascada en la aguda lucha política y de clases desatada en la Alemania de posguerra.

Como muestra su cronología, la vida de Rosa Luxemburgo estuvo consagrada a la lucha política, teórica y práctica, nacional e internacional. A pesar de los obstáculos impuestos en su condición de mujer, judía, nativa de un país sojuzgado y de ciudadana sin patria, llegó a ser la más destacada dirigente y teórica del ala revolucionaria de la socialdemocracia europea. Para ello debió desplegar un activismo político intenso que la llevó a fundar y organizar partidos políticos; dirigir y colaborar en diversas publicaciones socialistas; desempeñarse como conferencista y publicista; ejercer como profesora e investigadora; y a participar como delegada en numerosos congresos del movimiento socialista de Polonia, Rusia y Alemania, así como en todos los de la Segunda Internacional entre 1893 y 1907.

Estas actividades le acarrearon numerosas persecuciones y condenas. Desde su exilio juvenil, sufrió diversas prisiones: por «insultar al Kaiser»; por «incitar a la violencia»; por pacifista, es decir, «incitar a la rebeldía»; y por «peligrosidad». Pocas semanas después de su salida de prisión en noviembre de 1918 fue aprehendida y, junto a Karl Liebknecht, asesinada a manos de grupos paramilitares de la reacción alemana, el 15 de enero de 1919.

Su actuación teórica y práctica la debió realizar en escenarios sociales tan distintos y complejos como el polaco, el ruso y el alemán, de fines del siglo XIX y comienzos del XX. Estos fueron los referentes de su reflexión y accionar, así como las fuentes de sus experiencias políticas y vitales. El carácter multinacional de su formación y de su práctica política impregnó sus concepciones teóricas y estratégicas de un fuerte internacionalismo y de una perspectiva histórica mundial.

Rosa Luxemburgo como teórica marxista

La labor de Rosa como divulgadora y teórica del pensamiento revolucionario y marxista se expresó en innumerables intervenciones públicas y escritos, de los cuales solamente se habría publicado alrededor de la cuarta parte, debido a su carácter disperso y accidental o intencionadamente inédito. Ello ha dificultado que tengamos una visión completa de su obra. Los textos más importantes conque se suelen demarcar los principales temas que centraron su reflexión y lucha política son:

1897– *El desarrollo industrial de Polonia*;

1898/1899– *Reforma o revolución*;

1903– «En memoria del proletariado»;

1904– «Problemas de organización de la socialdemocracia rusa»;

1905– *La cuestión polaca y el movimiento socialista. «Prefacio»*;

1906– *Introducción a la Economía Política*;

1908/1909– *La cuestión nacional y la autonomía*;

1912– *La acumulación del capital;*

1915– *La crisis de la socialdemocracia. El folleto «JUNIUS»;*

1915/1916– *La acumulación del capital o lo que los epígonos han hecho de la teoría marxista: una anticrítica;*

1918– *La Revolución Rusa.*

Estos escritos sugieren períodos centrados en el estudio de Polonia; la polémica entre el reformismo y la revolución; la cuestión nacional desde la perspectiva socialista; el desarrollo de la economía política marxista en las nuevas condiciones del desarrollo del capitalismo; la crisis política e ideológica de la socialdemocracia europea; y las cuestiones tácticas y estratégicas de la lucha revolucionaria. En realidad, se trata de una distinción en el tiempo un tanto artificial, dado que Rosa solía tratar en sus textos más de un tema o extenderse sobre consideraciones de todo tipo.

Esta multiplicidad de temas y de campos de lucha teórica e ideológica, se acompañaron de un notable estilo polémico, culto e incisivo, al servicio de una férrea voluntad de lucha por la transformación social y por los ideales comunistas de justicia e igualdad entre los hombres.

La presente antología tan solo recoge una muestra de los trabajos más representativos de su pensamiento político; no incluye sus trabajos económicos fundamentales ni su copiosa correspondencia. Cabe advertir que todos ellos son una fuente imprescindible para una adecuada comprensión de sus ideas pues se corresponden con distintos momentos y circunstancias de su vida. Rosa es parte de la historia del marxismo y su propio pensamiento es parte de una historia que debemos conocer.

Ha sido la obra de reflexión de Rosa Luxemburgo —no obstante estar dispersa, incompleta y haber sido analizada muchas veces a través de un prisma descontextualizado— la que nos la revela como una de las más destacadas marxistas de nuestra época. La falta de espacio y mis propias limitaciones me impiden un examen extenso del caudal de sus ideas; por eso llamo la atención sobre la multiplicidad de los temas que aborda su obra y la sorprendente actualidad de todos ellos; entre otros:

a) *La vigencia del pensamiento marxista,* como la defensa de la ortodoxia marxista frente al revisionismo entronizado en la socialdemocracia alemana y a la vez, contra el dogmatismo que interpretaba esa ortodoxia de «forma rígida y fatalista».[1] Para Rosa, ese pensamiento ortodoxo es revolucionario, es decir, orientado al cambio social y a la creatividad.

Si bien el marxismo, como toda conciencia histórica, se halla sujeto a evolución, su vigencia y utilidad para el movimiento revolucionario estaría en su método,[2] cuya esencia para Rosa estriba en la «dialéctica materialista», desde la cual la realidad es vista como un proceso en el cual se manifiestan aspectos contradictorios e inseparables; «toda verdad histórica es sometida a una crítica constante e implacable por parte del desarrollo histórico real».[3]

b) *La economía política del imperialismo*, en la cual teoriza el modo de producción capitalista como un sistema bipolar, con un centro desarrollado y un cinturón —periferia, diríamos hoy— de países coloniales y subordinados, sentando así la premisa mayor de la que más tarde conoceremos como «teoría de la dependencia».[4]

A ella corresponde el mérito de estudiar la acumulación capitalista, su mundialización, como «un proceso histórico concreto». También, haber destacado el papel del gasto militar y del militarismo —su expresión política— en el equilibrio del sistema.

c) *El socialismo*, como una consecuencia necesaria —aunque no inevitable— de la evolución social. Esta evolución lleva a una crisis tendencial, económica o política, del capitalismo.

d) *Una teoría de la acción política*, como un componente de la praxis del proletariado revolucionario.

Sobre este último campo temático me extenderé en esta exposición, interrogándome sobre la actualidad de las concepciones de Rosa —acerca de la revolución y el reformismo, la lucha de masas, el partido de vanguardia y la democracia, entre otras— para la izquierda, en la elaboración de una teoría de la acción política revolucionaria.

Teoría de la acción política

El método de análisis

El debate sobre el método marxista en general nos lleva a interrogarnos acerca del método postulado por Rosa para el análisis político en particular, aunque esto no fuera una cuestión tratada por ella sistemáticamente.

Como apuntara Lukács, para Rosa el concepto de «totalidad» es central e inseparable de una teoría marxista de la sociedad y de la política. Esta categoría implica relacionar a todos los fenómenos o series de fenómenos, con la totalidad concreta que los contiene y, por ende, la crítica a todo examen aislado de los fenómenos. Esta concepción constituyó su principal arma en el debate contra Bernstein, donde dejó claro que las «totalidades» sociales propuestas por el reformismo o la revolución, eran diferentes.[5]

En nuestra época, diversas corrientes de pensamiento han coincidido en afirmar este enfoque holístico y han contribuido a enriquecer el concepto de totalidad y su alcance heurístico, como es el caso del estructural funcionalismo, la teoría general de sistemas, el estructuralismo, etcétera.

Otra noción central al método de Rosa —indistintamente acusada de determinista y de espontaneísta— consiste en concebir la determinación social como una tendencia de la realidad. En la totalidad concreta coinciden determinaciones y tendencias contradictorias. La posibilidad de cambios sociales y políticos implícita en estas tendencias será, no obstante, el efecto de la acción humana más o menos consistente, de su praxis. En palabras, de insuperable formulación, de Rosa:

> El socialismo científico nos ha enseñado a comprender las leyes objetivas del desarrollo histórico. Los hombres no hacen su historia de cabo a rabo. Pero la hacen ellos mismos. El proletariado depende en su acción del grado de desarrollo social de la época, pero la evolución social no se produce al margen del proletariado; este es su impulso y su causa, tanto como su producto y su consecuencia. Su acción forma parte de la historia, contribuyendo a determinarla. Y si no podemos apartarnos tan poco de la evolución histórica como el hombre de su sombra, podemos sin embargo, acelerarla o retardarla.[6]

El problema de la conciencia de los sujetos sociales y políticos como determinante de sus acciones, plantea en la actualidad varios problemas concatenados, entre otros:

a) el origen externo o interno a la clase o grupo social de esa conciencia;

b) el papel de ciertos actores sobre otros —liderazgo, dirigentes, vanguardia, etcétera— en la formación de esa conciencia;

c) la conciencia de dirigentes y dirigidos como tributaria de cierta ideología;[7]

d) y que esa ideología dominante, esa conciencia, sea cada vez más un efecto de los medios de comunicación y por tanto, cada vez más autónoma de otras determinaciones reales.

Una última noción que destacar en el método de Rosa Luxemburgo es concebir el escenario político como una expresión directa de la lucha de clases. Este supuesto de la clase como un actor político directo —ya discutido por Kautsky en sus polémicas con Lenin— parecería ser muy controvertido en nuestros días. La clase o clases son mediadas por diversos actores e instituciones políticas cuyo comportamiento no es reducible a sus condiciones o intereses de clases.[8]

Sin embargo, tampoco resulta aceptable —y Rosa nos ayuda a recordarlo— la idea de una acción política autoreferente y de actores políticos sin intereses de clases, cualquiera que sea su carácter en las sociedades actuales.

La revolución social

Esta noción, categoría y proceso en Rosa, se define como una revolución anticapitalista, la única posible. Para realizarla es necesaria una revolución política, es decir, la toma del poder político por el proletariado. Las luchas proletarias del siglo XIX, la Comuna de París y sobre todo la Revolución Rusa de 1905, la persuadieron de esta necesidad y de su posibilidad real, desde el principio de siglo. Toda la experiencia posterior no haría sino darle la razón. Consecuentemente, el proletariado debía participar en toda revolución, cualquiera que fuera su origen, y conducirla.

Pero ninguna revolución, advertía, responderá a un plan previo. En todas hay una dimensión imprevista e imprevisible. La toma del poder será siempre «inmadura», porque esa madurez solo se alcanza, si se alcanzase, en la propia lucha por el poder o en su ejercicio.

El desenlace de las experiencias del socialismo europeo, comunista o socialdemócrata, parece probar a los observadores actuales que la revolución social, vista como un conflicto social que da lugar a tensiones sociales y a la confrontación entre diversos grupos sociales, que desemboca finalmente en un cambio de poder político —casi siempre por vía violenta pero no necesariamente— no resulta ya suficiente. No sería posible establecer un orden no capitalista sostenible por medio de una revolución ni por medios graduales, es decir, no por la vía de la política. Solo mediante un cambio de mentalidades —resultante de la evolución cultural, una crisis biológica o el desarrollo civilizatorio— resultaría factible establecer un nuevo orden social duradero.

De hecho, la actual evolución del capitalismo no hace sino agudizar todas las viejas contradicciones y crear otras nuevas, lo que en lenguaje luxemburguiano hace necesaria su superación. De ser así quedaría en pie cómo definir una revolución social y/o política, en este comienzo de siglo.

Por último, quiero hacer mención de la noción de internacionalismo asociada a la de revolución social en Rosa Luxemburgo. Para ella, como para todos los marxistas, el socialismo no podría ser sino un nuevo orden internacional, de manera que todas las revoluciones triunfantes en los espacios nacionales debían interpretarse como casos o experiencias históricas orientadas al objetivo general. La unidad internacional del proletariado no sería sino la expresión subjetiva de este proceso histórico.

Como el curso de los acontecimientos posteriores parece invertir esta interpretación y más bien hacer de las revoluciones y conflictos nacionales fenómenos derivados del orden internacional dominante, se plantea la necesidad de un nuevo internacionalismo.[9]

Revolución versus *reformismo*

La incansable lucha de Rosa en el seno de la socialdemocracia alemana y de la Segunda Internacional, tuvo dos grandes momentos: la polémica contra el revisionismo personificada en Bernstein y la polémica contra el reformismo personificada en Kautsky, en la cual antecedió a Lenin en sus críticas a este.[10]

En sus polémicas, Rosa rechazó del reformismo, tanto económico como político, la ilusión de reformar el capitalismo, preservando de él lo bueno y desechando lo malo. De lo que se trataría es de vincular los objetivos inmediatos y circunstanciales al objetivo final de conquistar el poder político, superar el régimen burgués y establecer una sociedad socialista.

En esta perspectiva, vio al sindicato como la organización obrera reivindicativa por excelencia y como el ámbito de la identidad y toma de conciencia de la clase, pero también como insuficiente para la lucha política. Si bien sus actividades forman parte del movimiento socialista, estas deben estar subordinadas al objetivo político fundamental.

El parlamento sería también una tribuna reivindicativa y un instrumento político que puede utilizarse contra la dominación burguesa, pero que no se concibe como una alternativa de poder.

Uno de los grandes aportes de Rosa radicó en revelar la base sociológica del reformismo que no solo es, como argumentó Lenin, el efecto de un sector privilegiado de la clase obrera, sino el efecto global del sistema de dominación sobre el conjunto de las clases y sus expresiones políticas. Hay, pues, una tendencia objetiva de la clase a limitarse a sus objetivos inmediatos, a sus reivindicaciones.

Este enfoque, más abarcador que otros, parece confirmado por la experiencia histórica y refuerza tanto teórica como prácticamente, el papel de la vanguardia para el cambio revolucionario.

La cuestión nacional

La cuestión nacional, uno de los temas impuestos por Rosa al movimiento socialdemócrata europeo, resulta uno de los más polémicos en su obra. Partiendo del contexto europeo, ella defiende la prioridad de la revolución socialista mundial sobre los intereses nacionales, anticipándose a una problemática de los tiempos actuales con la llamada globalización y sus tendencias supranacionales.

Este tema estuvo influido en Rosa, tanto por su percepción del escenario polaco como por sus expectativas de una revolución internacional proletaria. Su posición subestimaba la aspiración de los trabajadores a la autodeterminación nacional y desconocía que este fuera el primero de sus intereses en los países periféricos, aún en nuestros días. Por otro lado, la lucha de los trabajadores por el socialismo implicaría apropiarse del Estado nación para sus propios fines de redención humana.

Si bien me parece que ella subestimó la relación entre la cuestión nacional y el socialismo y los vio innecesariamente separados «del objetivo final», no parecería hoy posible desvincular los intereses nacionales del orden internacional establecido: la independencia nacional incluye, cada vez con más peso, la dimensión cultural de las naciones.[11]

Espontaneidad, organización y partido

La lucha de masas

Rosa siempre vio al movimiento social como la fuente de la teoría revolucionaria y por extensión —digo yo— de la teoría política. La movilización de las masas y su lucha eran vistas a su vez como la principal fuente de un contra poder.

El concepto de «masas» aludía a un conjunto de clases, fracciones o sectores subalternos, con intereses compartidos en producir cambios en el orden existente. Si bien Rosa privilegiaba en ese conjunto al proletariado, este no se identificaba con los obreros industriales, sino con todas las capas dependientes del capital: asalariados en general, desocupados temporales y ejército de reserva, etcétera. Igualmente, concedía importancia a las masas y sectores no organizados.

Como enfatizara en su polémica con Lenin, la conciencia reivindicativa o política de las masas era fundamentalmente un efecto de la lucha; es decir, de su praxis.[12] En esta perspectiva, la acción espontánea de las masas no debería verse como una manifestación de anarquía sino como la respuesta de las masas —desorganizada o no dirigida— a las tensiones sociales.

Esta espontaneidad e iniciativa de las masas tendrían que verse como una fuente insustituible en la creación de las nuevas formas de lucha y de poder. Como ha dicho Peter Nettl: «La doctrina principal de Rosa Luxemburgo no era la democracia, la libertad individual o la espontaneidad, sino la participación».[13]

Tras tantas y tan diversas experiencias históricas de burocratización de las organizaciones políticas y de masas, la defensa por Rosa del componente espontáneo del movimiento de masas, debiera atenderse más de cerca. Por otra parte, el desarrollo de los movimientos sociales en nuestro tiempo no solo daría cuenta de una notable capacidad de las masas para crear y promover sus propias formas organizativas y/o representativas, sino que mostraría una multiplicidad de intereses en el seno de las masas —menos excluyentes que complementarios— así como de formas organizativas que permiten agregar demandas sociales y acumular fuerza política.

Queda claro que esta diversidad plantea nuevos problemas; en particular, el de la unidad de movimientos de masas y el de la organización idónea para la lucha por el poder político.

En las distintas formas del movimiento de masas, Rosa veía aceleradores del proceso histórico. Este es el caso particular de la «huelga política de masas» y de la llamada «huelga general», motivo de tanta controversia en el seno de la socialdemocracia alemana de esos años. Ella defendió la huelga general como un instrumento irrenunciable de la lucha de masas. Valga el ejemplo de la Revolución Rusa de 1905.

La experiencia histórica le ha dado la razón a Rosa Luxemburgo más allá de sus propios fines. Así, la huelga política de masas y la huelga general han sobrevivido como el más poderoso instrumento para la toma o consolidación del poder político, para la lucha por los derechos humanos y civiles, por la independencia, etcétera. Las dificultades actuales para la concertación de los sectores y grupos sociales en la construcción del disenso y en la movilización social y política, no ponen en cuestión la eficacia de la huelga política de masas en la promoción de cambio.

La relevancia concedida por Rosa al movimiento de masas en la lucha revolucionaria, no estaba separada en su pensamiento de la conducción adecuada o de las soluciones organizativas más idóneas. Su propia práctica política la persuadía de ello. Pero la experiencia histórica del fascismo y del populismo probaría que las masas pueden ser igualmente ideologizadas y movilizadas a otros fines. El papel asignado por Lenin a la función ideológica de la dirección política, parecería totalmente justificado al respecto.[14]

El partido revolucionario

El partido era concebido por Rosa Luxemburgo como la organización de la parte más avanzada de la clase y no como algo externo a ella. Es conocido el extenso debate sostenido con Lenin acerca del problema de la relación partido y clase y del papel de la espontaneidad de las masas. Para ella la teoría leninista —de inspiración kautskiana— de la importación desde fuera de la clase de su conciencia política, era una teoría iluminista y no marxista, punto en el que parecía llevar razón.

Marx decía que la clase se eleva en su lucha y las teorías no hacen sino generalizar la experiencia histórica de la clase, su praxis. Al decir de Lelio Basso, Rosa estaría en este enfoque en armonía con Marx.[15]

En esta perspectiva, el partido es «el movimiento específico de la clase obrera» y por tanto, algo interno. Aquí cabe la dicotomía de que la espontaneidad es a las masas, como la conciencia política es al partido. De otra manera, el partido es una dirección que abrevia o acelera la evolución de las masas.[16]

Tanto Lenin como observadores del debate, han hallado en Rosa una minimización de la función organizadora del partido. Lukács le reconocía no obstante que su concepción permitía una mayor apertura a las masas no organizadas y una mayor receptividad de las nuevas formas de organización espontánea.

No puedo intentar aquí exponer o sumarme al debate sobre el partido de vanguardia ni a la crítica de sus modalidades históricas.[17] Se trataría de retener la propuesta luxemburguiana de preservarle a las masas —o a la clase— un espacio de autonomía lo suficientemente amplio como para asegurar su participación e iniciativa.

Vista desde la contemporaneidad, no está claro que esta iniciativa tenga siempre un alcance político ni que se disponga de una organización más idónea que el partido para la acción política. La experiencia no parece haber puesto en entredicho tanto la eficacia del partido como su democraticidad.

Sobre la guerra y el militarismo

Desde el Congreso de la Internacional de Stuttgart en 1907 Rosa no dejó de postular el nexo entre el colonialismo y el imperialismo ni de combatir todas las interpretaciones de inspiración kautskiana que veían al imperialismo como un fenómeno histórico no derivado del capitalismo sino promovido por algunas fracciones de la burguesía. Para Rosa como para los bolcheviques, el imperialismo se correspondía con una fase del desarrollo capitalista, ya «no conciliable con el progreso humano» y antesala del socialismo.

De igual manera las guerras de conquista serían tan inseparables del imperialismo como de la dinámica expansiva del capitalismo; la lucha contra el imperialismo implica por tanto, al mismo tiempo, la lucha contra las guerras, la lucha por el poder político de los trabajadores y la lucha por el socialismo. Para los trabajadores la paz era la «guerra contra la guerra».

Rosa emplazaba a la socialdemocracia europea por su traición y complicidad en una guerra que arrasaría al proletariado europeo y a su vanguardia. En una guerra interimperialista, la paz era el interés supremo de los trabajadores.

La Revolución Rusa

Acerca de la posibilidad de la revolución anticapitalista, Rosa encontró pruebas en las experiencias de las revoluciones rusas y alemanas:

- Las revoluciones rusas significaron una ruptura del «curso histórico» trazado por el reformismo. La de 1905, como una prueba de la iniciativa y creatividad de las masas —caso de la creación de los sóviets— y la de 1917, como prueba del inicio de la «revolución socialista mundial», según la visión clásica.

  Sus críticas y polémicas con los bolcheviques no afectaron su reconocimiento a estos y al pueblo ruso, como la vanguardia mundial ni alteraron el hecho de sus mucho más numerosos acuerdos que discrepancias.

- La revolución alemana de 1917 y la traición de la dirección social demócrata —incluida su propia inmolación— probarían el desenlace del reformismo político y de su incapacidad para conducir un proceso revolucionario.

La democracia

Rosa vio la democratización del orden capitalista como un efecto histórico de las luchas populares. Así, la relativa igualación y participación que se advierten en las democracias burguesas constituían conquistas de las clases subalternas.

La democracia burguesa, a pesar de sus logros formales, es una «democracia incompleta». Solo el socialismo puede ser una democracia plena. En esta perspectiva, la «dictadura del proletariado» se ha de ver no como la alternativa a la dictadura burguesa, entendida como una alternativa a su coerción, sino como la democracia socialista. De esta manera, la democracia socialista tan solo comienza y no termina, con la dictadura del proletariado.[18]

En nuestros días y regresando a su acepción original, la dictadura siempre se entiende como un estado de excepción y supone una restricción, más o menos consensuada, de los derechos civiles y políticos. Su legitimidad depende de las fuerzas que representa y del escenario de conflicto. En ningún caso se identifica con un régimen democrático ni según Rosa, con la democracia socialista o democracia plena.

Actualmente, los derechos políticos se ven como parte del conjunto más amplio de los derechos humanos; derechos considerados inviolables, inalienables y universales. La perspectiva socialista se destaca porque incluye en estos derechos los llamados derechos económicos, sociales, ecológicos y culturales; y a la vez, porque postula que su realización no resultará posible sin una superación del capitalismo.[19] Coincidiendo con Rosa, los derechos democráticos son a la vez, parte de nuestras reivindicaciones inmediatas y del objetivo final.

En su debate con los bolcheviques —en el cual no siempre distinguió el escenario inmediato— ella abogó por el carácter irrestricto de estos derechos y criticó toda forma de organización política que llevara a la suplantación y concentración de poderes, en instancias cada vez más estrechas. La historia de esos años y la posterior, le dieron con creces la razón y dejó sentada la necesidad de una democracia popular y participativa, así como que el partido de vanguardia prefigurara en su seno la práctica democrática que el socialismo postula para la sociedad.

El legado de Rosa Luxemburgo

La presente antología nos da la oportunidad de acercarnos por nosotros mismos al legado de Rosa Luxemburgo, librándonos de la madeja de interpretaciones que han hecho de su figura una desconocida cuando no una «hereje». Odiada por sectores de la socialdemocracia, que recorrieron el infernal camino que iba desde la renuncia a la revolución hasta la contrarrevolución, y del socialismo hasta la administración de la crisis capitalista de posguerra, también la encontraremos condenada por el comunismo internacional debido a «sus errores» y enmarcada en una dialéctica que la hace peor o mejor, más acertada o equivocada, según se la considere más cerca de Lenin, más distante o contrapuesta a él.

En esta perspectiva, Rosa aparece, en el discurso de las distintas corrientes políticas de la izquierda del pasado siglo, como alternativamente ortodoxa o heterodoxa, determinista o indeterminista, desviada o alineada, populista o izquierdista, maximalista o minimalista, etcétera. Es, según el caso, una socialdemócrata o una comunista y, casi siempre, una versión intermedia entre Kautsky y Lenin, pero nunca una revolucionaria que brille con luz propia, una científica social, una de las grandes pensadoras de la tradición marxista.

Nuestra lectura será por tanto el descubrimiento de Rosa, un acto reparador, o el reencuentro con una corriente e ideario que vio la necesidad de superar el orden capitalista para alcanzar una humanidad más plena y en los condenados de la tierra la fuerza necesaria para el cambio. Este «objetivo final» nos aparecerá en los más diversos temas tratados por Rosa Luxemburgo y fue la premisa de todos sus posicionamientos en la lucha política y de clase de su tiempo.

A mi parecer, estas y otras cuestiones abordadas por Rosa Luxemburgo hacen de su pensamiento un referente imprescindible para la izquierda en nuestros días. Como sucede en la historia de las ideas, sus preguntas valen tanto o más que sus respuestas pero también estas se nos muestran como un punto de partida en la reconstrucción de una estrategia de lucha anticapitalista y socialista.

Si bien es inmensa la realidad contemporánea que nos queda fuera de la reflexión luxemburguiana y pueda ser cierto que su teoría política no nos ofrece todas las respuestas necesarias, no me cabe duda de que compartimos con ella algunos de los problemas de su tiempo, muchas de sus ideas y todas sus esperanzas.

Juan Valdés Paz

Cronología

1871 Nace el 5 de marzo en Zamosc, un pequeño pueblo de la Polonia rusa.

1886 Concluye sus estudios en el Liceo de Varsovia e ingresa a la Facultad de Ciencias Políticas de la Universidad de Varsovia.

1887 Activismo en los círculos estudiantiles y el Movimiento Socialista. Colaboradora del partido Proletariado de inspiración marxista, fundado en 1882. Conoce a Leo Jogiches.

1889 Abandona clandestinamente Polonia y emigra a Zürich. Ingresa a la Universidad de Zürich, en la Facultad de Filosofía, donde estudió Matemáticas, Ciencias Naturales y Economía.

1892 A partir de las huelgas de Varsovia y Lodz del 1ro. de mayo, colabora en la prensa polaca clandestina con el seudónimo de R. Kruszynska.

1893 Participa sin reconocimiento a sus credenciales de delegada, en el III Congreso de la Segunda Internacional en Zürich.

1894 Funda el Partido Socialdemócrata del Reino de Polonia (SDKP) y su órgano *Clase Obrera*. Este nace *versus* el Partido Socialista Polaco (PPS) y por la colaboración de la clase obrera polaca y la rusa.
Contrae matrimonio «en blanco» con Gustav Lübeck para obtener la ciudadanía alemana.
Dirige *Sprava Rabonitza*. En él se rechaza el objetivo de la independencia de Polonia a favor del internacionalismo; y los principios del Programa de Erfurt. La represión liquida la publicación.

En febrero sale de la cárcel pero es vuelta a encarcelar en junio «preventivamente».

Se opone a que Espartaco rompa con el SPD lo que le será criticado por la izquierda.

1917 Escribe su «Anticrítica» en respuesta a los críticos de *La acumulación del capital*.

1918 Escribe *La Revolución Rusa* publicada póstumamente por Paul Levi en 1921.

Escribe «¿Qué se propone la Liga Espartaco?», virtualmente es el programa de la Liga.

En diciembre, Espartaco se separa del USPD y funda el Partido Comunista Alemán (KPD).

El 8 de noviembre la revolución alemana libera a Rosa de la prisión.

Rosa polemizará con los «izquierdistas» del KPD.

1919 Rosa Luxemburgo y Karl Liebknecht son apresados y asesinados por un grupo paramilitar.

1925 El «luxemburguismo» es condenado oficialmente en un pleno del Ejecutivo de la Tercera Internacional por estar «plagado de errores». Y posteriormente, silenciado en todo el movimiento socialista y comunista.

I. Crítica del reformismo

Discurso sobre la lucha política
de la socialdemocracia alemana*

Los discursos de Heine y de otros oradores han demostrado la existencia en nuestro partido de una cierta confusión sobre un punto extremadamente importante: la comprensión de las relaciones entre nuestra meta final y la lucha cotidiana. Está muy extendida la opinión según la cual todo lo referente a la meta final constituye un bonito párrafo de nuestro programa, que desde luego no hay que olvidar, pero que no guarda ninguna relación directa con nuestra lucha práctica. Quizá haya también un buen número de camaradas que piensen que una discusión sobre la meta final no es más que una cuestión académica. Yo afirmo, por el contrario, que para nosotros, en tanto que partido proletario revolucionario, no existe una cuestión más práctica que la de la meta final. Porque ¿en qué consiste si no, el carácter socialista de todo

---

nuestro movimiento? La lucha práctica propiamente dicha se divide en tres partes principales: la lucha sindical, la lucha por las reformas sociales y la lucha por la democratización del Estado capitalista. ¿Son estas tres formas de lucha, en sí mismas, el socialismo? ¡En absoluto!

Tomemos primero el movimiento sindical. Miren a Inglaterra. Allí el movimiento sindical no solo no es socialista, sino que es, en parte, un obstáculo para el socialismo. Por lo que respecta a las reformas sociales, los «socialistas de cátedra»,[1] los nacionalsocialistas[2] y otra gente del mismo ramo también las preconizan. En cuanto a la democratización del Estado, es algo específicamente burgués. La burguesía ya había inscrito la democracia en sus banderas mucho antes que nosotros. ¿Qué es, pues, lo que hace de nuestra lucha cotidiana un partido socialista? Únicamente la relación de estas tres formas de lucha práctica con nuestra meta final. Solo el objetivo final da espíritu y contenido a nuestra lucha socialista y hace de ella una lucha de clase. Y por meta final no debemos entender, como ha dicho Heine, tal o cual representación de la sociedad futura, sino aquello que debe preceder a toda sociedad futura, es decir, la conquista del poder político. (*Interrupción: «¡Entonces estamos todos de acuerdo!»*).

Esta concepción de nuestra tarea guarda una estrecha relación con nuestra concepción de la sociedad capitalista, según la cual esta sociedad está penetrada por contradicciones insolubles que hacen necesaria, como resultado final, una explosión, un derrumbe, en el que nosotros desempeñaremos el papel de síndico encargado de liquidar la sociedad agonizante. Pero si somos de la opinión de que podemos hacer valer al máximo y completamente el conjunto de los intereses del proletariado, concepciones como las que hemos oído estos últimos tiempos en boca de Heine, según las cuales podemos igualmente hacer concesiones en el ámbito del militarismo, son inadmisibles. Lo mismo ocurre con la declaración hecha por Konrad Schmidt en el órgano central[3] de la mayoría socialista en el parlamento burgués, y con declaraciones como la de Bernstein,[4] según la cual, una vez llegados al poder, no podremos prescindir del capitalismo. Cuando lo leí, me dije: ¡Qué suerte que en 1871 los obreros socialistas franceses no hubieran sido tan sabios, porque en ese caso habrían dicho: «Niños, vayámonos a la cama, nuestra hora todavía no ha llegado, la producción no está todavía lo suficientemente concentrada como para que podamos mantenernos en el poder!».

Pero entonces, en lugar de asistir al espectáculo grandioso de su heroica lucha, hubiéramos asistido a otro muy distinto y, en este caso, los obreros no habrían sido héroes sino simplemente viejos chochos. Pienso que la cuestión de saber si podremos, una vez en el poder, socializar la producción, y si esta estará lo suficientemente madura para ello, es una cuestión académica. Para nosotros no debe existir ninguna duda de que debemos tender hacia la toma del poder político. Un partido socialista debe estar siempre a la altura de la situación. No debe jamás retroceder ante sus propias tareas. Es por ello que debemos clarificar completamente nuestra concepción acerca de lo que es nuestra meta final. ¡Y la realizaremos, contra viento y marea! (*Aplausos*).

Fuente: Rosa Luxemburgo: «Discurso sobre la lucha política de la socialdemocracia alemana», en María José Aubet, comp., *El pensamiento de Rosa Luxemburg*, Ediciones del Serbal, Barcelona, 1983, pp. 105-107. Traducido de R.L., *Gesammelte Werke* 1/1, Berlín, Dietz Verlag, 1974, pp. 236-238.

Reforma o revolución*

Quizás el título de la presente obra sorprenda de primera intención: *Reforma o revolución*. ¿Es que la socialdemocracia puede estar enfrente de una reforma social? ¿O puede oponer a la reforma social la revolución, la transformación del orden existente, aquello que constituye su último objetivo?

Desde luego, no. Para la socialdemocracia, la lucha práctica, cotidiana, que tiende a alcanzar una reforma social, a mejorar, aun dentro de lo existente, la situación del pueblo trabajador, a conseguir instituciones democráticas, esta lucha constituye, más bien, el único camino por donde el proletariado ha de llevar su lucha de clases, por donde ha de arribar a su último objetivo, a la conquista del poder político, a la abolición del sistema de salario. Para la socialdemocracia, la reforma social y la revolución social forman un todo inseparable, por cuanto, según su opinión, el camino ha de ser la lucha por la reforma, y la revolución social, el fin.

---

* Entre 1897 y 1898 Eduard Bernstein publicó una serie de artículos en los que negó la concepción materialista de la historia, la creciente agudeza de las contradicciones capitalistas y la teoría de la lucha de clases. Llegó a la conclusión de que la revolución era innecesaria, que se podía llegar al socialismo mediante la reforma gradual del sistema capitalista, a través de mecanismos como las cooperativas de consumo, los sindicatos y la extensión gradual de la democracia política. Luxemburgo —joven, extranjera y mujer— presenta batalla contra esas posturas existentes en la dirección del Partido y en la Internacional; y proclama la preeminencia del objetivo final revolucionario frente a las distintas estrategias tácticas desarrolladas en la práctica. A partir de esta divergencia básica, se lanza a la tarea de desautorizar, desde el punto de vista de la ortodoxia marxista, las tesis revisionistas. *Reforma o revolución* (1898) es la primera gran obra política de Rosa Luxemburgo. Actualmente se considera como una de sus obras más completas y con mayor permanencia hacia nuestros días. *(N. del E.).*

Solamente encontramos una oposición entre ambos momentos del movimiento en la teoría de Eduard Bernstein, que queda expuesta en sus artículos *Problemas del socialismo,* publicados en *Die Neue Zeit,* en los años 1897 y 1898, y, muy especialmente, en su libro *Las premisas del socialismo.* Prácticamente, toda su teoría se reduce a aconsejar el abandono del objetivo final de la socialdemocracia, la revolución social, y convertir el movimiento de reforma, de un medio que es, en el fin de la lucha de clases. El mismo Bernstein ha concretado maravillosamente sus puntos de vista en la frase: «Para mí, el fin, sea cual sea, no es nada; el movimiento lo es todo».

Pero como quiera que el objetivo final es precisamente lo único concreto que establece diferencias entre el movimiento socialdemócrata, por un lado, y la democracia burguesa y el radicalismo burgués, por otro; y como ello es lo que hace que todo el movimiento obrero, de una cómoda tarea de remendón encaminada a la salvación del orden capitalista, se convierta en una lucha de clases contra este orden, buscando la anulación de este orden, tenemos, pues, que este dilema de «Reforma... o revolución» es, al mismo tiempo, para la socialdemocracia, el de «ser o no ser». Al discutir con Bernstein y sus partidarios, no se trata, en último extremo, de esta o de aquella manera de luchar, de esta o de aquella táctica, sino de la vida toda del movimiento socialdemócrata.

Y reconocerlo así es doblemente importante para los trabajadores, porque se trata justamente de ellos mismos y de su influencia en el movimiento en general; porque son sus barbas las que se van a rasurar. La corriente oportunista, teóricamente formulada por Bernstein, no es otra cosa que una oculta tendencia a asegurar en el partido la supremacía de los advenedizos elementos pequeñoburgueses, pretendiendo amoldar a sus espíritus la práctica y los fines del partido. La cuestión de reforma social o revolución, de movimiento y de objetivo final, es, por otra parte, la conservación del carácter pequeñoburgués o proletario en el movimiento obrero.

Primera parte[1]

I. El método oportunista

Si en el cerebro del hombre las teorías son reflejos de los fenómenos del mundo exterior, debemos también añadir, en vista de las teorías expuestas por Bernstein, que estos reflejos dan, a veces, las imágenes invertidas. ¡Una teoría de la implantación del socialismo por medio de reformas sociales! ¡Y esto después del último sueño de la socialreforma alemana; de los sindicatos controlando el proceso de producción; después del fracaso de los metalúrgicos ingleses[2] y de una mayoría parlamentaria socialdemócrata: después de la revisión constitucional sajona y de los atentados al sufragio universal! Pero el centro de gravedad de las lucubraciones bernsteinianas no está, a nuestro modo de ver, en sus opiniones sobre los cometidos prácticos de la social-democracia, sino en lo que dice sobre el curso del movimiento objetivo de la sociedad capitalista, con el cual sus opiniones están, desde luego, en la relación más estrecha.

Según Bernstein, un derrumbe general del capitalismo será cada vez más imposible, dado su desenvolvimiento; porque el sistema capitalista va mostrando, por un lado, una mayor facultad de adaptación, y por el otro, la producción se va diferenciando más y más. También Bernstein afirma que esta virtud capitalista de adaptación se manifiesta, primero, en la desaparición de las crisis generales, debida al desarrollo del sistema de crédito, al de las asociaciones de empresas y al del tráfico, así como a un mejor servicio de información; luego, en una mayor consistencia, en la clase media, como consecuencia de esa continua diferenciación en las ramas de producción, así como en el acceso, a esta clase, de amplias capas proletarias, y, por último, en una mayor elevación política y económica de la situación del proletariado, como consecuencia de su lucha en todo el mundo.

De ello resulta, para la lucha práctica de la socialdemocracia, la advertencia general de que su actividad no ha de encaminarse hacia la toma del poder político del Estado, sino a elevar la situación de la clase trabajadora y a implantar el socialismo, y ello, no por una crisis política y social, sino por una ampliación progresiva del control social y por un gradual cumplimiento del principio cooperativista.

Poca novedad ve Bernstein en sus propias afirmaciones, y hasta piensa que se hallan conformes, tanto con ciertas manifestaciones de Marx y Engels como con la general tendencia que hasta ahora predominó en la socialdemocracia. A nuestro juicio, será fácil demostrar que la concepción de Bernstein está realmente en contradicción fundamental con el modo de discurrir del socialismo científico.

Si la revisión bernsteiniana se limitara a decir que el curso del desarrollo capitalista es mucho más lento de lo que se supone, ello implicaría únicamente una demora, por parte del proletariado, en la hasta ahora supuesta conquista del poder y, a lo más, en la práctica, un compás más lento de lucha. Pero no se trata de eso. Lo que Bernstein pone en duda no es la rapidez en la lucha sino el propio curso evolutivo de la sociedad capitalista, y, por tanto, el tránsito a un orden socialista.

Si la teoría socialista existente consideró siempre que el punto de arranque de la revolución socialista sería una crisis general y de estructura, a nuestro modo de pensar, hay que distinguir dos casos: el pensamiento básico que encierra y su forma externa. El pensamiento consiste en aceptar que el orden capitalista se desquiciará por la fuerza de sus propias contradicciones y alumbrará por sí mismo el momento del derrumbe, el de su imposibilidad de subsistir. Había, ciertamente, razones de peso para suponer que este momento lo marcaría una crisis del comercio; pero, para la idea básica, esto es, sin embargo, secundario e inesencial. Las bases científicas del socialismo descansan, principalmente y en forma muy conocida, en tres resultados del desarrollo capitalista, que son: el primero y principal, la anarquía creciente de su economía, la cual lo lleva a declinar irremediablemente; el segundo, en la progresiva socialización del proceso de producción, que marca los comienzos positivos del régimen social futuro, y el tercero, en la mayor conciencia de clase del proletariado y en su organización creciente, factor activo en la revolución que se avecina.

Es al primero de los llamados pilares básicos del socialismo científico al que Bernstein omite. Afirma, principalmente, que el desarrollo capitalista no camina hacia un crac económico de carácter general. Mas con ello no rechaza solamente la forma que ha de adoptar la decadencia capitalista, sino la decadencia misma. Y expresamente afirma, en *Die Neue Zeit*:

> Ahora bien; pudiera objetarse que, cuando se habla de un derrumbe de la sociedad actual, se piensa más bien en una crisis comercial generalizada y superior a las precedentes, es decir, es un hundimiento del sistema capitalista debido a sus propias contradicciones.

Y a esto responde luego Bernstein:

> Dado el desenvolvimiento actual de la sociedad, un derrumbe próximo del sistema de producción capitalista no se torna más verosímil, sino más inverosímil, por cuanto este sistema eleva, por un lado, su virtud de adaptación, y por otro —y al propio tiempo—, aumenta la variedad de su industria.

Pero entonces surge el problema principal: ¿cómo y por qué razón es posible llegar al objetivo final de todos nuestros esfuerzos? Desde el punto de vista del socialismo científico, se aprecia la necesidad histórica de la transformación social, debido, ante todo, a la anarquía creciente del sistema capitalista, que se arrastra por un callejón sin salida. Pero, con todo, supongamos, como Bernstein, que el desarrollo capitalista no camina hacia su ocaso. Entonces el socialismo dejará de *ser necesario objetivamente*.[3] De las piedras angulares de su construcción científica solo quedarán los otros dos resultados del sistema capitalista: el proceso socializante de la producción y la mayor conciencia de clase del proletariado. Bien pensó Bernstein en ello cuando proseguía:

> El ideario socialista no perderá nada de su fuerza convincente si abandona la teoría del derrumbamiento. Pues, bien mirado, ¿qué son en sí los factores, ya enumerados, que han de eliminar o modificar las antiguas crisis? Preliminares condiciones simultáneas y, en parte, hasta comienzos de la socialización de la producción y del cambio.

Sin embargo, bastará una leve consideración para demostrar que lo que dice es un sofisma. ¿En qué estriba la importancia de los síntomas considerados por Bernstein como medios capitalistas de adaptación, es decir, los carteles, el crédito, el perfeccionamiento de los transportes, la mayor elevación de la clase obrera, etcétera? Al parecer, en que eliminan las contradicciones internas del sistema capitalista, o, al menos, las disminuyen e impiden su agravamiento y desarrollo. La desaparición de la crisis implicaría anular la contradicción que en el régimen capitalista se da entre producción y cambio; la elevación de la clase trabajadora, ya como tal o ya como tránsfuga a las clases medias, significaría el aminoramiento del antagonismo entre capital y trabajo.

Si los carteles, el crédito, los sindicatos, etcétera, eliminan las contradicciones capitalistas, es decir, salvan de la muerte a este sistema y conservan el
capitalismo —por lo que Bernstein llama «medios de adaptación»—, ¿cómo
pueden, al propio tiempo, representar otras tantas «condiciones previas y en
parte hasta comienzos» del socialismo? Será porque conducen a que se haga
más fuerte el carácter social de la producción.

Pero si este carácter social ha de conservar su molde capitalista, ¿no
resultará cada vez más innecesario el paso de esta producción socializada
a la forma socialista? Podrán, sí, representar comienzos y condiciones preliminares del orden socialista; pero solamente en sentido abstracto, nunca
en sentido histórico; es decir, serán hechos de los cuales, dada nuestra idea
del socialismo, sabemos que están ligados con este, pero que realmente, no
solo no acarrearán la transformación socialista, sino que más bien la harán
innecesaria. Queda, pues, solamente y como fundamento del socialismo, la
conciencia de clase del proletariado. Pero no en todos los casos esta es resultado de la simple repercusión espiritual de las contradicciones, cada vez más
graves, del capitalismo, ni de su futura decadencia —decadencia que han
de impedir sus medios de adaptación—, sino un mero ideal cuya fuerza de
convicción descansa en las perfecciones que le atribuimos.

En una palabra: lo que por este lado nos llega es una justificación «meramente intelectual» del programa socialista, o, dicho más brevemente, una
ordenación idealista del mismo, pero que hace desaparecer la necesidad
objetiva, es decir, su justificación basada en el curso del desenvolvimiento
social y material de la sociedad.

La teoría socialista se encuentra ante un dilema: o la revolución socialista
solo se concibe como resultado de las contradicciones internas del orden
capitalista, contradicciones que aumentan al desarrollarse este, haciendo el
derrumbe inevitable, no importa el momento ni la forma en que se presente,
pero que convierte en inútiles los medios de adaptación, siendo, por tanto,
justa la teoría del derrumbe o, por el contrario, esos medios de adaptación
son capaces de evitar el hundimiento capitalista y de anular sus contradicciones, con lo que cesa entonces el socialismo de ser una necesidad histórica,
pudiendo ser luego todo lo que quiera, pero nunca el resultado del desarrollo material de la sociedad.

Este dilema nos presenta a su vez otro: o el revisionismo tiene razón en cuanto al curso del desarrollo capitalista, siendo, por tanto, una utopía la transformación socialista de la sociedad, o el socialismo no es tal utopía, quedando entonces malparada la teoría de los «medios de adaptación». *That is the question.* Ese es el problema.

II. Adaptación del capitalismo

Según Bernstein, los más importantes medios de adaptación con que cuenta la economía capitalista son: el crédito, la mejora de los medios de comunicación y la coalición de empresas.

Si empezamos por el *crédito,* veremos que este cumple múltiples funciones en la economía capitalista. Pero la más importante consiste, como es sabido, en aumentar la capacidad expansiva de la producción, en mediar y facilitar el intercambio. Allí donde el capitalismo, con su oculta e ilimitada tendencia a la expansión, tropieza con los muros de la propiedad privada; allí donde se ve encerrado en el estrecho círculo del capital se presenta como el medio de salvar, en forma capitalista, estas limitaciones, fundiendo en uno solo muchos capitales particulares —sociedades por acciones— y permitiendo a un capitalista disponer de capital ajeno —crédito industrial—. Además, como crédito comercial, acelera el intercambio de mercancías, es decir, aviva el retorno del capital a la producción, y perfecciona y cierra el ciclo del proceso de esta. Los efectos que estas dos funciones importantísimas del crédito ejercen sobre la formación de las crisis son fáciles de apreciar.

Si las crisis, como sabemos, se originan de la contradicción entre la capacidad y tendencia expansivas de la producción y la capacidad limitada del consumo, el crédito será justamente el medio más apropiado para poner en evidencia, tantas veces como sea necesario, esta contradicción. Ante todo, eleva la facultad expansiva de la producción de modo exorbitante, y constituye el resorte oculto que la mueve a rebasar continuamente los límites del mercado. Pero el crédito obra de dos distintas maneras. Si como factor en el proceso de la producción despertó la superproducción, razón de más para que, en su calidad de intermediario en el cambio de mercancías, destruya durante la crisis las fuerzas productoras que él mismo convocó. Al primer síntoma de estancamiento, el crédito se paraliza y deja al intercambio entregado a su propia suerte, precisamente cuando más debe ayudarle. Donde todavía subsiste se muestra falto de fuerza y de fin, restringiendo hasta el mínimo, además, durante la crisis, la capacidad de consumo.

Aparte de estos dos importantísimos resultados, el crédito interviene también bajo diversas formas en el origen de la crisis. No solo ofrece al capitalista el medio técnico de disponer de los capitales extraños, sino que, al propio tiempo, es el acicate que le empuja a un empleo audaz e imprudente de la propiedad privada, es decir, a temerarias especulaciones. Dada su falacia en el cambio de mercancías, no solo contribuye el crédito a la formación de la crisis, sino que facilita su presencia y amplitud, puesto que, teniendo como base real una pequeñísima cantidad de dinero en metálico, hace del cambio un mecanismo artificial y complicadísimo, dispuesto a detenerse ante la menor causa.

Así, pues, tenemos que el crédito, lejos de ser un medio de eliminar estas crisis o al menos de mitigarlas, resulta, por el contrario, un especial y poderoso factor para la generación de estas. Y no puede ser de otro modo. Dicho en términos muy generales, la función específica del crédito no es otra que la de desterrar toda estabilidad en las relaciones capitalistas en general y producir la mayor elasticidad posible, haciendo de las fuerzas capitalistas algo dúctil, sensible y relativo. Resulta, pues, evidente que las crisis, que no son más que choques periódicos de las fuerzas contradictorias de la economía capitalista, se agudizan y multiplican con el crédito.

Pero, al propio tiempo, esto nos lleva a la otra cuestión: la de cómo el crédito puede, en general, presentarse como «medio de adaptación» del capitalismo. Sea cual fuere la relación y forma en que nos imaginemos la «adaptación» con ayuda del crédito, su única esencia consistirá, claramente, en que toda relación antagónica de la economía capitalista queda compensada, y cualquiera de sus contradicciones, desterrada o aplacada, concediendo así a las fuerzas oprimidas espacio libre sobre cualquier lugar.

Si en la actual economía capitalista existe algún medio para elevar al máximo sus contradicciones, ese es el crédito. Aumenta la contradicción existente entre las *formas de producir y cambiar*, poniendo en máxima tensión la producción, pero restringiendo el intercambio por la causa más pequeña. Eleva las contradicciones entre las *formas de producción* y, puesto que separa producción y propiedad; transforma el carácter del capital, que pasa a ser social; pero, en cambio, una parte del beneficio toma la forma de renta del capital, es decir, que se convierte en un mero título de propiedad. Hace resaltar también la contradicción existente en las relaciones de producción y propiedad, al concentrar en pocas manos enormes fuerzas productoras por medio de la expropiación de muchos pequeños capitalistas. Aumenta la contradicción entre el carácter *social* de la producción y la *propiedad privada* capitalista, al hacer necesaria la intervención del Estado en la producción (sociedades por acciones).

En una palabra: el crédito reproduce todas las contradicciones de fondo del mundo capitalista. Las extrema y acorta el camino que ha de llevar al capitalismo a su fin, al derrumbe. Por eso, en cuanto al crédito, el primer medio de «adaptación» a que debiera recurrir el capitalista sería el de *abolirlo*, o restringirlo. El crédito, tal como es hoy, no constituye un medio de adaptación, sino de destrucción; un medio de máxima eficacia revolucionaria. Sin embargo, este carácter revolucionario del crédito, de efectos superiores al mismo capitalismo, ha inducido a plantear reformas que se estimaron socialistas, e incluso ha hecho aparecer a grandes representantes del crédito, como Isaac Péreire, en Francia, mitad profetas y mitad pillos, según afirma Marx.

Con tan escasa consistencia como el primero, se muestra, luego de una detenida observación, el segundo «medio de adaptación» de la producción capitalista: las *coaliciones de empresas*. Según Bernstein, estas están llamadas a poner término a las crisis y a evitar la anarquía, regulando la producción.

El desarrollo de los trusts y carteles es, a decir verdad, un fenómeno todavía no estudiado en sus múltiples efectos económicos. Esto constituye un problema que solo puede resolverse en manos de la teoría marxista. Pero hoy sabemos de sobra que no es posible hablar de dominar la anarquía capitalista por medio de los carteles de empresas, en tanto que los carteles, trusts, etcétera, no se inclinen hacia una forma general y socializada de producción. Esto es, justamente, lo que por su propia naturaleza niega el cartel.

El único fin económico, así como la actividad de estas asociaciones, consiste en operar sobre la masa de beneficios que se consigue en el mercado, desterrando la competencia dentro de una rama de la industria, y elevando así la parte de esta masa de beneficios que hubiera cabido a dicha rama. La organización solo puede elevar la cuota de beneficios en una rama de la industria y a costa de las otras ramas, por lo cual este aumento no puede ser en modo alguno general. Extendida la organización a todas las ramas más importantes de la producción, ella misma destruiría su propia virtud.

Pero también en el terreno de su aplicación práctica, las coaliciones de empresas producen efectos contrarios a la desaparición de la anarquía industrial. Por regla general, los carteles consiguen en el mercado interior la indicada elevación de la cuota de beneficios, si aquellas porciones de capital excedentes que no pueden emplearse en las necesidades internas, son invertidas en el extranjero con una cuota de beneficios mucho más baja, es decir, si venden sus mercancías en el exterior a precio mucho más bajo que en el propio país. El resultado es una mayor competencia en el extranjero, una mayor anarquía en el mercado mundial, justamente lo contrario de aquello que se pretendió alcanzar. Un ejemplo lo ofrece la historia internacional de la industria azucarera.

En fin, siendo las coaliciones de empresas una de las formas que adopta la producción capitalista, no pueden ser concebidas sino como un determinado tránsito, un estadio más en el desenvolvimiento capitalista. Y así resulta, en efecto. Pues, en último extremo, los carteles son el medio más apropiado para contrarrestar, en la forma capitalista de producción, la baja fatal de la cuota de beneficio, que corresponde a cada rama de la industria.

Pero, ¿cuál es el método que usan los carteles para este fin? No otro, en el fondo, que la retirada de una parte del capital acumulado; es decir, el mismo método que, en forma distinta, se suele emplear en las crisis. Pero tal remedio se parece a la enfermedad como un huevo a otro huevo, y solo puede considerarse como mal menor hasta un determinado momento. Saturado y exhausto el mercado mundial por los países capitalistas competidores —y la llegada más o menos tardía de este momento no puede ser negada—, la venta empezará a reducirse y la retirada parcial y obligada del capital tomará entonces tales proporciones, que la medicina se convierte en ayuda de la enfermedad, y el capital que la organización socializó ya fuertemente retorna a su carácter privado... Ante las escasas posibilidades de hallar para sí un puesto en el mercado, cada porción privada de capital prefiere probar suerte por sí misma. Las organizaciones estallan como pompas de jabón, dando lugar a una libre competencia mucho más terrible.[4]

Así, pues, carteles y crédito se presentan como fases determinadas de desenvolvimiento, que, en último extremo, aumentan aún más la anarquía del mundo capitalista, produciendo y dando madurez a sus contradicciones internas. Al llevar al máximo la lucha entre productores y consumidores, agravan la contradicción entre las formas de producir y cambiar, como ya hemos visto en los Estados Unidos de América. Al oponer a los obreros la omnipotencia del capital organizado, agudizan, además, la contradicción entre las maneras de producción y apropiación, elevando al máximo las contradicciones entre capital y trabajo.

Extreman, en fin, la contradicción entre el carácter internacional de la economía capitalista y el carácter nacional del Estado capitalista. Teniendo como síntoma acompañante una guerra general de tarifas, llevan al máximo las divergencias que surgen entre los Estados capitalistas independientes. A esto hay que añadir el efecto directo y altamente revolucionario de los carteles sobre la concentración de los productos, perfeccionamiento técnico, etcétera.

Tenemos, pues, que los carteles y trusts se presentan, dado el efecto que al fin producen sobre la economía capitalista, no como un «medio de adaptación» que ha de limar sus contradicciones, sino justamente como instrumentos que ellos mismos han creado para aumentar la anarquía, para dirimir sus propias contradicciones internas, para apresurar su decadencia.

Pero si el crédito, los carteles, etcétera, no pueden dominar la anarquía económica del capitalismo, ¿cómo es posible que durante dos decenios — desde 1873— no se haya registrado ninguna crisis comercial? ¿Será una señal de que el sistema capitalista, su forma de producir, se «adapta» realmente —al menos en lo general— a las necesidades de la sociedad, habiendo superado el análisis que Marx hizo del sistema?

A la pregunta sigue la respuesta inmediatamente. No bien Bernstein desechó como chatarra la teoría marxista de las crisis, cuando se presentó una en 1900, con carácter violento y, siete años más tarde, otra que originándose en Estados Unidos, repercutió sobre el mercado mundial. Y fue así, con hechos que hablaban bien claro, como quedó aniquilada la teoría de la «adaptación». Con ello demostróse, al mismo tiempo, que quienes habían abandonado la teoría marxista de las crisis sin más razón que la de haber fallado en dos de los «plazos presupuestos», confundían lo que era el alma de la teoría con un detalle externo y superficial, con los ciclos de diez años. Pero señalar el período de diez años como fórmula temporal en la circulación capitalista moderna, fue, en Marx y Engels, en los años 1860 y 1870, una simple comprobación de hechos, los cuales no descansaban por sí sobre ley natural alguna, sino sobre una serie de determinadas circunstancias históricas que aparecían ligadas con la expansión, a saltos, de la esfera de actividad del joven capitalismo.

En efecto: la crisis de 1825 fue un resultado de las grandes obras de carreteras, canales y gasificación, que habían tenido lugar en el decenio anterior, especialmente en Inglaterra, donde se desarrolló esta crisis. La crisis siguiente de 1836 a 1839 fue, igualmente, el resultado de colosales inversiones de capital en la construcción de nuevos medios de transporte. La crisis de 1847 fue ocasionada, como se sabe, por las febriles construcciones ferroviarias en Inglaterra (de 1844 a 1847, es decir, en solo tres años, se otorgaron concesiones de ferrocarriles por valor de unos ¡1 500 millones de talers!). En los tres casos citados vemos, pues, que las crisis son, bajo formas diversas, el séquito de una nueva constitución de la economía capitalista, del establecimiento de nuevas bases para su desarrollo. La crisis de 1857 coincidió con la apertura de nuevos mercados en América y Australia para la industria europea, como consecuencia del descubrimiento de las minas de oro; en Francia la crisis se debió especialmente a las construcciones ferroviarias, ya que este país siguió las huellas de Inglaterra (desde 1852 a 1856 se construyeron, en Francia, ferrocarriles por valor de 1 250 millones de francos). Finalmente, la gran crisis de 1873, como se sabe, fue una consecuencia directa de la nueva constitución económica, de la ofensiva de la gran industria en Alemania y Australia, que siguió a los acontecimientos políticos de 1866 y 1871.

En todo momento fue, pues, el rápido crecimiento de los dominios económicos del capitalismo lo que hasta ahora dio motivo a las crisis comerciales. La repetición de estas crisis internacionales con una precisión de diez años, es, en sí, un fenómeno completamente externo y casual. El esquema que sobre la formación de las mismas trazó Engels en el *Anti-Dühring*, y Marx en el primer y tercer tomo de *El capital,* es aplicable a todas las crisis, en general, por cuanto descubre su *mecanismo interno* y sus *causas comunes* y profundas. No importa que estas crisis se repitan cada diez o cada cinco años, o cada veinte o cada ocho.

Pero, en cambio, la teoría de Bernstein es totalmente ineficaz y se demuestra precisamente en que la crisis última, la de 1907 a 1908, donde se manifestó con una mayor violencia, tuvo lugar, justamente, en aquel país en que los famosos «medios de adaptación», como el crédito, los trusts y los transportes, habían llegado a su máxima perfección.

En general, la creencia de que la producción capitalista puede «adaptarse» al cambio, supone aceptar una de estas dos cosas: o que el mercado mundial es ilimitado y crece hasta lo infinito o que, por el contrario, las fuerzas de producción detienen su crecimiento para no saltar sobre los límites del mercado. Lo primero es una imposibilidad física; a lo segundo se opone el hecho de que continuamente se verifican revoluciones técnicas en todos los aspectos de la producción, despertándose cada día nuevas fuerzas productoras.

Según Bernstein, existe, además, un hecho que niega el curso señalado a los asuntos capitalistas: «la falange casi inconmovible» de la industria media, a la cual nos remite. Lo toma por manifestación de que el desarrollo de la gran industria no obra en forma tan revolucionaria y concentradora como cabía esperar, dada la «teoría del derrumbe». Sin embargo, sería en realidad una manera falsa de concebir el desarrollo de la gran industria si esperásemos que la industria media ha de desaparecer paulatinamente de la superficie.

Los capitales pequeños, según la tesis de Marx, juegan en el curso general del desarrollo capitalista precisamente el papel de pioneros de la revolución técnica, y ciertamente en un doble sentido, tanto en relación con los nuevos métodos aplicados a ramas de la producción anticuadas, pero fuertemente arraigadas, como también respecto a la creación de nuevas ramas todavía no explotadas por los grandes capitales. Perfectamente falso es el criterio de que la historia de la industria media ha de llevar una recta siempre descendente, hasta su total decadencia.

El curso real del desenvolvimiento es, más bien, simplemente dialéctico, y se mueve continuamente entre contradicciones. Al igual que la clase obrera, la clase media capitalista se encuentra bajo la influencia de dos tendencias contrapuestas: una, que la eleva, y otra, que la oprime. Esta tendencia opresora es, en ciertos casos, el alza continua de la escala de producción, la cual periódicamente devasta los dominios del capital medio, descartándolo y eliminándolo de la competencia una y otra vez. En cambio, la tendencia elevadora es la desvalorización periódica del capital ya empleado, que motiva que la escala de la producción, según el *valor* del capital mínimo necesario, descienda continuamente y durante cierto tiempo, ocasionando también la entrada de la producción capitalista en nuevas esferas productivas. La lucha de la industria media con el gran capital no debe considerarse como una batalla formal en que las tropas de la parte más débil quedan cada vez más diezmadas, sino como una siega periódica de los pequeños capitales, que no cesan de brotar para ser de nuevo seccionados por la guadaña de la gran industria.

De estas dos tendencias, que juegan arrojándose la pelota de la clase media capitalista, triunfa en primera línea —en oposición al desarrollo de las clases medias trabajadoras— la tendencia *oprimente*. Pero esto no necesita, en modo alguno, manifestarse en la mengua numérica y absoluta de la industria media, sino, en primer lugar, en el capital mínimo, mayor cada vez, que se necesita para mantener vivas las industrias pertenecientes a ramas antiguas, y, en segundo lugar, en el período cada vez más corto de que disponen los pequeños capitales para gozar libres de la explotación de nuevas ramas. De ello resulta, para el pequeño capital *individual*, un plazo de vida cada vez más corto y un camino cada vez más rápido de los métodos de producción y de las formas de invertir el capital, y para la clase en general, un metabolismo social más acelerado.

Esto último lo conoce bien Bernstein, e incluso lo afirma. Pero lo que parece olvidar es que con ello queda establecida la propia ley de movimiento de la industria media. Si los pequeños capitales son, pues, la vanguardia del progreso técnico y el progreso técnico es la pulsación vital de la economía capitalista, veremos claramente que los pequeños capitales constituyen un fenómeno inseparable del desarrollo capitalista y que solo con este podrán desaparecer. La desaparición gradual de la industria media —en el sentido de la estadística simple y absoluta, con la cual opera Bernstein— significaría, no el curso del desarrollo revolucionario del capitalismo, como opina Bernstein, sino justamente lo contrario: su estancamiento, su adormecimiento.

> La cuota de ganancia, es decir, el incremento relativo del capital es importante, sobre todo, para todos los exponentes del capital nuevos y que se agrupan por su cuenta. Tan pronto como la formación de capital cayese exclusivamente en manos de unos cuantos grandes capitales ya estructurados, en los que la masa de ganancia supera a la de esta, se extinguiría el fuego animado de la producción. Esta caería en la inercia.[5]

III. Implantación del socialismo
por medio de las reformas sociales

Bernstein desecha la «teoría del derrumbe» o catastrófica como el camino histórico que ha de llevar a la realización de un mundo socialista. ¿Cuál será, entonces, la ruta que, desde el punto de vista de la «teoría de adaptación del capitalismo», puede llevarnos a esa socialización? Bernstein no ha hecho más que insinuar la contestación a esta pregunta, y el intento de explicarla en detalle, en el sentido en que él lo hubiera hecho, le ha correspondido a Konradt Schmidt.[6] Según este,

> las luchas políticas y sindicales en pro de reformas de carácter social posibilitarían un control social, cada vez más amplio, sobre las condiciones de producción, y por medio de leyes se limitarían los derechos de la propiedad capitalista, convirtiendo a esta poco a poco en simple administradora hasta que finalmente, el ya maduro y baqueteado capitalista ve disminuir para sí el valor de su propiedad, una vez apartado de la dirección y administración de su empresa, que se convierte finalmente en empresa social.

Encontramos, pues, que los sindicatos, las reformas sociales y, aún más —como afirma Bernstein—, la democratización política del Estado, han de ser los medios para la gradual implantación del socialismo.

Empezando por los sindicatos, vemos que su función más importante —y nadie ha demostrado esto mejor que Bernstein en la *Die Neue Zeit*— consiste en posibilitar a los obreros el medio de hacer respetar en toda su validez la ley capitalista del salario; esto es, conseguir que la venta de la fuerza de trabajo se cotice al precio mayor que consientan las circunstancias del mercado. El verdadero servicio que los sindicatos hacen al proletariado es permitirles aprovechar todas las posibilidades que el mercado ofrezca en determinado momento. Siendo, por un lado, la demanda de la fuerza de trabajo consecuencia de una situación más o menos próspera de la producción; determinando, por otro, la proletarización de las clases medias y la natural propagación de la clase obrera, la mayor o menor oferta de trabajo, y siendo, por último, variable el grado de productividad de la fuerza de trabajo, vemos que las posibilidades que el mercado puede ofrecer son circunstancias que escapan, por sus orígenes, a la esfera de influencia de los sindicatos.

Por ello no les será nunca posible liquidar la ley del salario, pudiendo, en el mejor de los casos, reducir la explotación capitalista a los límites que en un momento dado se consideren *normales;* pero de ninguna manera estarán en condiciones de anular, ni aun gradualmente, la explotación.

Es verdad que Konradt Schmidt llama al actual movimiento sindical *«leves estadios iniciales»,* prometiendo para el futuro que *«los sindicatos conseguirán una influencia mayor en la regulación de la producción».* Esta regulación se puede entender de dos modos: como intervención en el aspecto técnico del proceso de producción, o como determinación del volumen mismo de la producción. ¿De qué naturaleza puede ser esa influencia sindical en cada uno de estos dos aspectos?

Es cierto que, en lo que respecta a la técnica de la producción, el interés del capitalista coincide en ciertos límites con el progreso y el desarrollo de la economía capitalista. La propia necesidad lo obliga a implantar mejoras técnicas. La postura de cada trabajador por sí, con respecto a estos progresos ha de ser, por el contrario, completamente adversa, puesto que toda revolución técnica ataca a los intereses del obrero afectado directamente por la mejora, y empeora su situación inmediata al desvalorizar la fuerza de trabajo y hacer la tarea más monótona, intensiva y torturante.

Si el sindicato logra influir en el progreso técnico de la producción, lo hará en sentido negativo, es decir, obrando como si fuera un grupo particular de trabajadores afectados directamente, y oponiéndose, por lo tanto, a todo perfeccionamiento. Pero en este caso el sindicato no actúa en interés de la clase trabajadora en general y de su emancipación —interés que más bien coincide con el progreso, es decir, con el interés de los capitalistas particulares—, sino justamente en oposición a toda renovación y en sentido reaccionario. Y digo reaccionario porque esta tendencia a influir en el aspecto técnico de la producción no pertenece al futuro —como pretende Schmidt—, sino al pasado del movimiento sindical. Esta tendencia intervencionista caracteriza la fase más antigua del *trade unionism* inglés (hasta 1860), cuando todavía conservaba restos de tradiciones gremiales de origen medieval, cuya fuente hay que buscar en el anticuado principio del *«derecho adquirido al trabajo conveniente».*[7]

La tendencia de los sindicatos a determinar el volumen de la producción y el precio de las mercancías es, por el contrario, un fenómeno de fecha muy reciente. Solo en tiempos muy modernos —y también en Inglaterra—

se aprecian intentos de este orden.[8] Pero estos esfuerzos son, por su carácter y tendencia, perfectamente equivalentes a aquellos. Pues al participar activamente el sindicato en la determinación de los precios y volumen de la producción de mercancías, ¿qué otra cosa hace sino formar un cartel de trabajadores y empresarios, en contra de los consumidores, haciendo uso, en su lucha contra los empresarios competidores, de medidas que no se diferencian nada de los métodos de las legales coaliciones de empresas? Al fin y al cabo, esto ya no es una lucha entre capital y trabajo, sino una lucha solidaria de capital y trabajo contra la sociedad consumidora. Según su valoración social, este es un principio reaccionario que, por serlo, no puede ya constituir ninguna etapa en la lucha de emancipación que lleva el proletariado, puesto que más bien representa lo más contrario a la lucha de clases. Según su valor práctico, es también una utopía que nunca podrá extenderse a ramas de mayor importancia y que compitan en el mercado mundial, como puede apreciarse después de una pequeña reflexión.

La actividad de los sindicatos se limita, pues, en lo general, a la lucha por salarios y a la disminución del tiempo de trabajo, es decir, a regular simplemente la explotación capitalista dentro de las condiciones del mercado. En cambio, la naturaleza de las cosas les impide influir abiertamente en el proceso de la producción. Aún más, incluso toda la marcha del desarrollo sindical se realiza en sentido completamente opuesto; en el sentido —como también acepta Schmidt— de liberarse completamente del mercado de trabajo, de romper toda relación inmediata con el resto del mercado de productos. Y su mejor característica es el hecho de que hasta la tendencia a poner en relación inmediata, siquiera *pasivamente,* el contrato de trabajo con el estado general de la producción por medio del sistema de las llamadas listas oscilativas de salarios, ha sido rebasada por el desarrollo mismo, apartándose de ella las *trade unions* cada vez más.[9]

Pero ni aun dentro de su influencia efectiva, el movimiento sindical lleva la marcha que supone la teoría de la adaptación del capital, que afirma que el progreso sindical no reconocerá límites. Muy al contrario, si abarcamos grandes sectores del desarrollo social habremos de reconocer el hecho de que, en general, no son épocas de triunfos las que en el desarrollo de nuestras fuerzas se vislumbran, sino de dificultades cada vez mayores para el movimiento obrero.

Si el desarrollo de la industria ha alcanzado ya su punto máximo y empieza, por tanto, el «declive» capitalista en el mercado mundial; si tiende a *bajar la cuesta*, la lucha sindical será entonces doblemente difícil: primero, porque se empeoran las posibilidades objetivas que el mercado ofrecerá a la fuerza de trabajo, puesto que la demanda será más lenta y la oferta más rápida, como actualmente ya ocurre, y segundo, porque el capital, para resarcirse de las pérdidas, discutirá cada vez con más encono la porción del producto correspondiente a la mano de obra. No en balde la reducción de salario es «una de las causas más importantes que contribuyen a contrarrestar la tendencia decreciente de la cuota de ganancia».[10]

Inglaterra ofrece ya la imagen de lo que será el segundo estadio del movimiento sindical. Los sindicatos se ven obligados, por la necesidad, a limitarse a defender lo ya conseguido, y ello a fuerza de luchar en condiciones cada vez más desventajosas. El curso de los acontecimientos es justamente el menos favorable para una lucha de clases *política* y social.

Debido a una apreciación falsa de la perspectiva histórica, Schmidt comete el mismo error con respecto a las *reformas sociales*, de las cuales espera que «del brazo de las asociaciones obreras impongan a la clase capitalista las condiciones únicas en que pueda emplearse la fuerza de trabajo».

Interpretar así el sentido de la reforma social lleva a Bernstein a llamar a la ley de fábricas pieza de «control social», y como tal..., un trozo de socialismo. También Schmidt, cuando habla de la protección oficial de los trabajadores, llama a las reformas sociales en general «control social», convirtiendo caprichosamente el Estado en sociedad, y luego, al referirse a esta, añade con el mayor desparpajo: «*Es decir, la clase trabajadora en auge*». Con esta operación convierte a los inofensivos acuerdos sobre protección obrera dictados por el senado alemán en medidas de tránsito al socialismo conseguidas por el proletariado germano.

La mistificación se presenta bien a las claras. En el sentido de la «clase trabajadora en auge», el Estado actual no puede ser concebido como «sociedad», sino como representante de la sociedad *capitalista*, es decir, como Estado capitalista. Por ello, la reforma social con que manipula no es un producto del «control social», es decir, del control de la libre sociedad obrera sobre el proceso del trabajo, sino el *control de la organización de clase del capital sobre el proceso de producción capitalista*. En esto, es decir, en el interés del capital, las reformas sociales encontrarán asimismo sus límites naturales. Por esta razón, Bernstein y Schmidt solo aprecian en el presente «débiles estadios iniciales», prometiéndose para el futuro una progresión infinita en las reformas sociales que conseguir. Pero entonces cometen la misma falta que cuando aseguran un aumento ilimitado en la fuerza sindical.

La teoría de la implantación gradual del socialismo por medio de reformas sociales supone, desde luego —y en esto radica su principal importancia—, un determinado desenvolvimiento objetivo, tanto de la *propiedad* capitalista como del *Estado*. En relación con lo primero, Schmidt cree que, «en el futuro los propietarios capitalistas se verán más y más reducidos al papel de administradores, debido a una limitación de sus derechos».

Creyendo imposible una expropiación tan general como rápida de los medios de producción, Schmidt se forja una teoría de *expropiación progresiva*. Para ello, se imagina como condición preliminar y necesaria un fraccionamiento del derecho de propiedad en favor de una «superpropiedad», de mayor importancia cada vez, y que adjudica a la «sociedad», creando asimismo un derecho de usufructo que irá reduciéndose en manos de los capitalistas hasta quedar en la simple administración de sus empresas.

Ahora bien; o este edificio intelectual es un juego de palabras sin ninguna trascendencia —y entonces la teoría de la expropiación cae por los suelos—, o es un esquema de desarrollo jurídico seriamente pensado. El fraccionamiento de las distintas diferencias apreciables en el derecho de propiedad —argumento al que recurre Schmidt para su «gradual expropiación» del capital— es la característica de la sociedad feudal con economía natural, sociedad en la cual la división del producto se efectuaba *in natura* entre las diversas sociedades y sobre la base de relaciones personales entre los señores feudales y sus siervos.

La descomposición de la propiedad en diversos derechos parciales fue consecuencia de hallarse organizada de antemano la división de la riqueza social. Con el tránsito a la producción de mercancías y la disolución de los lazos personales existentes entre todos los que aisladamente participaban en el proceso de producción, se afirmó, por el contrario, la relación entre hombre y cosa: advino la propiedad privada. Al no realizarse la partición por medio de relaciones personales, sino valiéndose del *cambio*, las diversas pretensiones de participar en la riqueza social ya no se miden descomponiendo en partes el derecho de propiedad que existe sobre un objeto determinado, sino el que se tiene sobre el valor llevado al mercado por alguien.

La primera novedad en las relaciones jurídicas que acompañan a la aparición de la producción de mercancías en las comunas de las ciudades medievales, fue la formación de un derecho cerrado y absoluto en el seno de estas relaciones jurídicas basadas en la partición de la propiedad. Pero en la producción capitalista continúa este desarrollo. A medida que el proceso de producción se socializa, más descansa sobre el cambio el proceso de división o reparto; y cuanto más cerrada e inasequible se hace la propiedad privada capitalista, tanto más esta propiedad se convierte, de un derecho al producto del propio trabajo, en un simple derecho de apropiación respecto al trabajo ajeno. Mientras el capitalista dirige la fábrica, la división está todavía en cierto grado ligada a la participación personal en el proceso de producción. Pero a medida que la dirección personal del empresario se hace superflua —cosa que ocurre completamente en la sociedad anónima—, la propiedad del capital, como título de pretensión al reparto, se separa absolutamente de toda relación personal con la producción, y aparece en su forma más cruda y rigurosa. En el capital por acciones y en el que sirve de crédito o préstamo industrial, el derecho capitalista de propiedad alcanza por vez primera su completa formación y desarrollo.

El esquema histórico del desarrollo del capitalismo o como lo llama Schmidt, el de «de propietario a simple administrador», se presenta, por tanto, como el real y verdadero desarrollo, solo que interpretado al revés y haciendo del que es propietario y administrador un simple propietario. A Schmidt le ocurre como a Goethe:

> Se le antoja lejano lo que posee
> y cercano lo que desaparece.

Y como el esquema que él imagina para el futuro retrocede económicamente de las modernas sociedades anónimas a la manufactura e incluso al taller, parece no pretender otra cosa que hacer entrar jurídicamente al mundo capitalista actual en el cascarón feudal de la economía natural.

También desde este ángulo se presenta el «control social» bajo una faz distinta a la vista de Schmidt. Lo que hoy funciona como «control social»

—protección al obrero, inspección sobre sociedades anónimas, etcétera—
no tiene nada que ver con una participación en el derecho de propiedad,
con esa «superioridad» que él inventa. Este control no actúa como *limitación* de la propiedad capitalista, sino, por el contrario, como su *protección*. O
económicamente hablando, no constituye una *intervención* en la explotación
capitalista, sino un sometimiento a normas, una ordenación de esta explotación. Y cuando Bernstein quiere adivinar la cantidad del socialismo que hay
en una ley de fábricas, podemos asegurarle que, en la mejor ley de fábricas, cabe el mismo socialismo que en las disposiciones municipales sobre la
limpieza de las calles y el alumbrado público, que también son, indudablemente, «control social».

IV. Militarismo y política aduanera

Fusión del Estado con la sociedad. He aquí la segunda posibilidad que
admite Eduard Bernstein al tratar de la gradual implantación del socialismo.
Que el Estado actual es un Estado de clase ha llegado a ser hoy lugar común
por harto conocido. Sin embargo —y esta es nuestra opinión—, es un concepto que, al igual que todo aquello que se refiere a la sociedad capitalista,
no puede aceptarse como algo estable, de permanencia, sino más bien en
estado de movimiento evolutivo.

Con el triunfo de la burguesía, el Estado se ha convertido en un Estado
burgués. Ciertamente que el mismo desarrollo capitalista cambia esencialmente la naturaleza del Estado, ampliando, cada vez más, el radio de sus
actividades y adjudicándole, sin cesar, nuevas funciones relacionadas principalmente con la vida económica, con lo cual hace más necesaria la intervención y el control estatal sobre la misma. En tanto, se prepara lentamente
la fusión futura de Estado y sociedad, es decir la reversión a la sociedad de
las funciones del Estado. Según esta tendencia, no será aventurado hablar de
una transformación del Estado en sociedad, y es, sin duda, en este sentido,
que Marx dice que la protección obrera es la primera intervención consciente
de la sociedad en el proceso social de su propia vida, extremo este a que se
remite Bernstein.

Mas, por otra parte, y debido a la misma evolución capitalista, se verifica
otra transformación. En primer lugar, el Estado actual es una organización de

la clase capitalista dominante. Si en interés del progreso social ha de tomar el Estado diversas funciones de interés general, lo hará únicamente tanto y mientras los intereses y el desenvolvimiento social concuerden con los intereses de la clase dominante. La protección del trabajador, por ejemplo, es de un interés tan inmediato para los capitalistas como clase, como para la sociedad en general. Pero esta armonía de interés dura solo hasta un momento dado del desenvolvimiento capitalista.

Cuando el desarrollo ha alcanzado cierto grado, los intereses de la burguesía como clase y los del progreso económico empiezan a divergir. Creemos que esta fase ha sobrevenido ya, y que se manifiesta en los dos fenómenos más importantes de la vida social actual: el *militarismo* y la *política aduanera*. Ambos —tanto la política aduanera como el militarismo— han jugado en la historia del capitalismo un imprescindible papel que fue también, durante un tiempo dado, revolucionario y progresista. Sin la protección aduanera, el nacimiento de la gran industria dentro de cada país hubiera sido dificilísimo. Pero hoy no ocurre lo mismo. Ahora la protección aduanera no sirve para asegurar el desarrollo a las industrias nacientes, sino para conservar artificialmente formas anticuadas de producción. Desde el punto de vista del desarrollo capitalista, es decir, desde el punto de vista de la economía mundial, hoy carece de importancia el hecho de que Inglaterra exporte más mercancías a Alemania, que Alemania a Inglaterra. Teniendo en cuenta el desarrollo industrial «el moro ha cumplido su deber, y debiera irse». Debiera irse, sí.

En la actual interdependencia de las diferentes ramas de la industria, la protección aduanera sobre cualquier mercancía encarece, en el interior, la producción de otras, es decir, que ha de maniatar nuevamente a la industria. Pero no ocurre así desde el punto de vista de los intereses de la *clase capitalista*. Para su *desenvolvimiento*, la industria no necesita de la protección aduanera, pero la precisa el capitalista para asegurar su venta. Esto significa que las aduanas ya no sirven para proteger una producción capitalista incipiente contra otra de una mayor madurez, sino como medio de lucha de un grupo nacional de capitalistas contra otro. Las aduanas, además, no son ya necesarias, como medios de protección industrial, para crear y conservar un mercado interior, sino como recurso indispensable para cartelizar la industria, es decir, para la lucha de los capitalistas productores contra la sociedad consumidora. En fin, hay algo que no deja lugar a dudas sobre el carácter específico de la actual política aduanera, y es el hecho de que hoy, en general, no es la industria, sino la agricultura, la que juega el principal papel en ella. Lo que es igual a decir que la política aduanera ha llegado a ser, propiamente, un medio de *fundir intereses feudales en el molde capitalista y darles nueva vida.*

En el militarismo se ha operado igual cambio. Si contemplamos la historia, no como hubiera podido o debido ser, sino como fue realmente, será fácil comprobar que la guerra fue factor imprescindible en el desenvolvimiento capitalista. Derrotados o triunfantes, a las guerras deben los Estados Unidos y Alemania, los países balcánicos e Italia, Polonia y Rusia, el punto de arranque y creación y aparición de las condiciones precisas para su desarrollo industrial.

En tanto que hubo países cuya desmembración interior y aislamiento económico cultural era necesario vencer, el militarismo jugó también un papel revolucionario en sentido capitalista. Hoy los tiempos han cambiado. Cuando la política mundial *amenaza,* con sus conflictos, no se trata tanto de la apertura de nuevos países para el capitalismo, como de incompatibilidades surgidas en Europa y trasplantadas a otras partes del mundo, donde llegan a desbordarse. Los que hoy se presentan como enemigos, armas en mano, en Europa o en otro continente cualquiera, no son, de un lado, países capitalistas, y, de otro, países de economía natural, sino Estados que, justamente por la semejanza de su alto desenvolvimiento capitalista, se ven arrastrados a un conflicto. En estas circunstancias, y una vez llegado el rompimiento, el conflicto solo será, ciertamente, de trascendencia fatal si tiene como resultado una revolución y convulsión profundísima en la vida económica de todos los países capitalistas.

Distinto aspecto presenta esta cuestión desde el punto de vista de la *clase capitalista.* Para ella, el militarismo ha llegado a ser imprescindible por cuanto le interesa en un triple aspecto: primero, como medio de lucha de los intereses «nacionales» competidores y contra otros grupos nacionales; segundo, como medio importantísimo de inversión, tanto para el capital financiero como para el industrial, y tercero, como instrumento interno de dominación clasista, enfrente del pueblo trabajador —intereses todos que nada tienen que ver con el progreso en el modo de producción capitalista.

Y lo que más pone en evidencia este carácter específico del militarismo actual es, en primer término, su crecimiento general y porfiado en todos los países o, por decirlo así, por propio impulso mecánico e interno —fenómeno que hace dos decenios, no más, era completamente desconocido— y, además, la inevitabilidad, el carácter fatal de la explosión, la imposibilidad absoluta de determinar, hoy por hoy, el motivo que a ella ha de conducir, países interesados más directamente en la pugna, presa a disputar y otras circunstancias. Lo que para el desarrollo capitalista fue impulso vivificante se ha convertido en su mal endémico.

En la ya expuesta discordia existente entre el desarrollo capitalista y los intereses de clase hoy dominantes, el Estado se coloca al lado de estos últimos. Tanto como la burguesía se opone políticamente al desenvolvimiento social, perdiendo, por tanto, cada vez más, su carácter de representante de la sociedad en general y convirtiéndose, al propio tiempo y en medida equivalente, en simple *Estado de clase*. O, hablando más justamente: estas dos cualidades suyas tienden a distanciarse degenerando en contradicción a causa de la esencia misma del Estado. Contradicción señalada que, ciertamente, se hace más crítica cada día, pues, por un lado, las funciones del Estado, de carácter general, aumentan su intervención en la vida social y su «control» sobre esta. Pero, por otra parte, su carácter de clase lo fuerza cada vez más a trasladar el punto de gravedad de su actividad y sus medios coercitivos a terrenos que solo benefician a los intereses de clase de la burguesía, como son el militarismo y la política aduanera y colonial. En segundo lugar, su «control social» queda, por esta causa, influido y dominado por el carácter de clase (el trato dado a los trabajadores en todos los países).

La transformación señalada en la vida del Estado no contradice, sino más bien concuerda perfectamente con el desarrollo de la democracia, en la que Bernstein ve igualmente el medio de implantar el socialismo gradualmente.

Según expone Schmidt, la consecución de una mayoría socialdemócrata en el parlamento será incluso el camino recto para esta gradual socialización de la sociedad. Las formas democráticas de la vida política son ahora, indudablemente, el fenómeno que expresa más fuertemente la conversión del Estado en sociedad, y constituye, por consiguiente, una etapa para la transformación socialista. Pero la discordia existente en el Estado capitalista —que nosotros ya explicamos— se manifiesta con la mayor claridad en el parlamentarismo moderno. Ciertamente, conocida su estructura, el parlamentarismo sirve para dar expresión, en la organización estatal, a los intereses de la sociedad, en general. Pero por otra parte, será únicamente la sociedad capitalista, es decir, una sociedad en que los intereses capitalistas dan la norma, la que encuentre esa expresión. Las instituciones, solamente democráticas por su forma, quedan por consiguiente, y dado su contenido, convertidas en instrumento de los intereses de clase predominantes.

Esto se manifiesta en forma convincente en el hecho de que, tan pronto como la democracia muestra la tendencia a olvidar su carácter de clase, convirtiéndose en instrumento de los verdaderos intereses del pueblo, la propia burguesía y su representación estatal sacrifican las formas democráticas. En vista de esto, la idea de una mayoría parlamentaria socialdemócrata se presenta, en el espíritu del liberalismo burgués, solamente como una posibilidad en que solo el lado formal de la democracia cuenta, pero de ninguna manera su contenido real. Y entonces, el parlamentarismo se presenta, en general, para nosotros, no como un elemento inmediatamente socialista, que vaya a minar poco a poco la sociedad capitalista —como admite Bernstein— sino por el contrario, como un medio específico del Estado burgués que madura y da cima a las contradicciones capitalistas.

En vista de este desarrollo objetivo del Estado, la afirmación de Bernstein y Schmidt de que «el control social» por vía de crecimiento traerá inmediatamente el socialismo, se convierte en una frase que, día a día, estará más en pugna con la realidad.

La teoría de la implantación gradual del socialismo tiende hacia una reforma progresiva, en sentido socialista, de la propiedad y del Estado capitalista. Sin embargo, ambos se desenvuelven, en la sociedad actual, por la fuerza objetiva de los hechos, en una dirección completamente opuesta. El proceso de producción se socializa más y más, y la intervención, el control del Estado sobre el proceso de producción, toma proporciones mayores. Pero la propiedad privada va adquiriendo, al propio tiempo, la forma más cruda de explotación del trabajo ajeno, y el control del Estado se ve infiltrado, cada vez más, por intereses cerrados, absolutos, de clase. De esta forma, el Estado —es decir, la organización *política*— y las relaciones de propiedad —es decir, la organización *jurídica* del capitalismo— se convierten cada vez en *más capitalistas* por la fuerza misma del movimiento, pero no en más socialistas, y oponen a la teoría de la implantación gradual del socialismo dos dificultades insuperables.

La sugestión de Fourier de convertir en limonada el agua del mar por medio del sistema falansteriano fue, ciertamente, fantástica. Pero la idea de Bernstein de transformar el mar de la amargura capitalista en uno de dulzuras socialistas, vertiendo a vasos la limonada reformista, además de ser de un dudoso gusto, no cede en fantasía a la otra.

Las relaciones de producción de la sociedad capitalista se aproximan más y más a la socialista, en tanto que, por el contrario, las relaciones jurídicas y políticas elevan, entre la sociedad capitalista y la socialista, un muro cada vez más alto. No será por el desarrollo de la democracia y la reforma social como este muro caerá al suelo, puesto que, al contrario, ambas lo hacen más espeso y fuerte. Para derribarlo solo tendrá fuerza el mazazo de la revolución, es decir, la conquista del poder político por el proletariado.

V. Carácter general y consecuencias prácticas del revisionismo

Ya en el primer capítulo procuramos demostrar que la teoría bernsteiniana desplaza el socialismo de nuestro programa de su base materialista, para trasplantarlo a una base idealista. Esto en cuanto a los fundamentos teóricos. Pero, ahora bien: ¿cómo resulta la teoría de Bernstein traducida a la práctica? Cierto que no se diferencia, en sentido formal e inmediato, de la práctica usual hasta ahora en la lucha socialdemócrata. Sindicalización, lucha por reformas sociales y democratización de las instituciones políticas; lo mismo, al menos en la forma, de lo que en la socialdemocracia constituye la actividad del partido. La diferencia, pues, no está en el *qué*, sino en el *cómo*.

Según se desarrollan actualmente los acontecimientos, la lucha parlamentaria y sindical se concibe como un medio de educar y llevar al proletariado poco a poco a la conquista del poder político. Mas, en vista de la imposibilidad e inutilidad de esta conquista, opina la concepción revisionista que se debe tender simplemente a conseguir resultados inmediatos, esto es, a elevar la condición material del obrero y a limitar gradualmente la explotación capitalista, ampliando el control social.

Si prescindimos del fin de la inmediata elevación de la condición del obrero —ya que este punto es común a ambos criterios, tanto al seguido hasta hoy en el partido como al revisionista— tendremos que toda la diferencia consistirá, dicho en pocas palabras, en lo siguiente: según la opinión en uso, la importancia socialista de la lucha sindical y política consiste en que da al proletariado, es decir, al factor *subjetivo* de la transformación social, la preparación necesaria para llevar esta a cabo. Pero, según Bernstein, la diferencia estriba en que la lucha política y sindical debe ir limitando, si bien gradualmente, la explotación capitalista; ha de despojar cada vez más, a la sociedad capitalista, de su carácter de clase, marcándole la impronta socialista; en una palabra, debe llevar adelante la transformación socialista en un sentido *objetivo*. Si apreciamos las cosas más de cerca, veremos que ambas concepciones son perfectamente opuestas. La opinión que priva en el partido es la de que el proletariado llegará, con el ejercicio de la lucha política y sindical, a convencerse de la imposibilidad de cambiar fundamentalmente su situación por medio de esta lucha, así como también de la inevitabilidad de una conquista final de los instrumentos políticos del poder. Pero, en el concepto de Bernstein, se parte del supuesto de la imposibilidad de esta toma política del poder estatal, implantándose el socialismo por simple lucha política y sindical.

Según la interpretación bernsteiniana, el carácter socialista de la lucha económica y parlamentaria se encuentra, precisamente, en esa fe, en una gradual influencia socialista sobre la economía actual. Pero ya hemos tratado de demostrar que tal influencia es una fantasía. La organización capitalista de la propiedad y del Estado lleva una dirección opuesta. Y ello hace que la lucha práctica, diaria, de la socialdemocracia pierda, en última instancia, toda relación con el socialismo. El socialismo trascendente, verdadero, de la lucha sindical y política consiste en que, al educar el juicio y la conciencia del proletariado, lo organiza como clase. Pero si, por el contrario, este juicio y conciencia se entienden como medios para una inmediata socialización de la economía capitalista, además de negar la virtud socializante que se les atribuye, perderán también su otra significación: la de ser medios de educar a la clase trabajadora para la conquista proletaria del poder.

Cometen, pues, Bernstein y Schmidt una gran equivocación, cuando afirman que dirigir toda la lucha en favor de los sindicatos y las reformas sociales no significa abandonar el objetivo final, puesto que todo paso dado en aquel terreno repercute sobre este, acercándonos a él, ya que el socialismo es inmanente en la tendencia misma del movimiento. Esto es, ciertamente, lo que en general ocurre con la táctica actual de la socialdemocracia alemana, donde a la lucha sindical y en pro de beneficios sociales *precede*, como guía, la consciente y firme tendencia hacia la conquista del poder político. Si nos separamos de esta tendencia, previamente admitida en el movimiento, y colocamos las reformas sociales como fin inmediato y único, conseguir estas ventajas no nos llevará a la realización de los fines socialistas, sino más bien a lo contrario.

Schmidt se confía simplemente a la —llamémosla así— técnica del movimiento, por entender que, una vez en marcha, no podrá detenerse por sí misma, basándose en el sencillo argumento de que comiendo se abre el apetito, de que «el comer y el rascar todo es empezar», y en que la clase trabajadora jamás se dará por satisfecha, en tanto no consiga la transformación social. La última suposición es verdaderamente justa, y esto mismo nos garantiza la insuficiencia de las reformas sociales. Pero la consecuencia que de ella se saca sería verdadera solo si se pudiera construir una cadena de reformas sociales cada vez más progresivas, que enlazara, directamente con el socialismo, el actual orden social, y esto no es más que una fantasía. Por la naturaleza misma de las cosas la cadena se partiría más bien, siendo entonces múltiples los caminos que, desde este momento, el movimiento puede llevar.

Más fácil y presumible será entonces un abandono, un cambio de táctica, en el sentido de conseguir, por todos los medios, resultados prácticos en la lucha, obtener mejoras sociales. Aquel irreconciliable y absoluto punto de vista clasista que existe solamente en la idea de la conquista política del poder, se convertirá en impedimenta embarazosa tan pronto como los resultados prácticos e inmediatos constituyan el objetivo único. La consecuencia lógica será, pues, una «política de compensación» —o hablando claramente: una política de toma y daca— y una hábil actitud conciliadora, propia de políticos profesionales. Pero el movimiento no puede quedar mucho tiempo detenido por esta causa. Pues como las mejoras sociales jamás, en el mundo capitalista, llegan a tener actualidad ni eficacia —cualquiera sea la táctica que se emplee—, la consecuencia inmediata será la falta de fe en una reforma social, es decir, en esa bahía tranquila donde actualmente los profesores Schmoller y compañía se dedican al pacífico estudio de soluciones a gusto de ambas partes, para, al final, encomendar todo a la voluntad de Dios.[11] El socialismo no surge espontáneamente de las luchas diarias de la clase trabajadora y bajo cualquier circunstancia. Es el resultado solo de las contradicciones, mayores cada vez, de la economía capitalista, y del convencimiento, por parte de la clase obrera, de la necesidad de que estas contradicciones desaparezcan por una transformación social. Si negamos las unas y desechamos la otra, como hace el revisionismo, entonces el movimiento obrero se limitará inmediatamente a simples sindicalerías más o menos sociales, llegando, en último extremo y por propia fuerza de gravedad, al abandono de toda posición clasista.

Las consecuencias serán claras si contemplamos la teoría revisionista desde otro aspecto, y nos hacemos la pregunta de cuál es el carácter de esta interpretación social. Claro es que el revisionismo no descansa sobre la misma base que las relaciones de producción capitalista ni niega sus contradicciones, como hacen los economistas burgueses. Al igual que la concepción marxista, parte más bien, en su teoría, de estas contradicciones como condiciones preliminares existentes. Mas, por otra parte —y aquí está, en general, tanto el punto más importante de su concepción como la diferencia con la interpretación social-demócrata que rige hasta el presente—, no basa su teoría sobre la *anulación* de estas contradicciones por medio del propio desenvolvimiento futuro. Su teoría equidista de ambos extremos. No pretende llevar las contradicciones capitalistas al máximo, eliminándose luego por un golpe revolucionario, sino que quiere descabezarlas, *seccionarlas*. De esta forma la desaparición de las crisis, así como las coaliciones de empresas, embotarán la contradicción existente entre producción y cambio; la elevación de la situación del proletariado y la supervivencia de la clase media acabarán con el antagonismo existente entre trabajo y capital, y el mayor control y la democracia anularán la pugna surgida entre el Estado de clase y la sociedad en general.

Desde luego, la táctica corriente socialdemócrata no consiste en *esperar* el desarrollo de las contradicciones capitalistas hasta su momento extremo, para luego derribarlas simplemente. Por el contrario: nos apoyamos, desde luego, en la ya estudiada *dirección* del movimiento capitalista, para después, en la lucha política, llevar sus consecuencias al máximo, en lo cual consiste, por lo demás, la esencia de toda táctica revolucionaria. He ahí la razón de por qué la socialdemocracia combate, en todo momento, tanto el militarismo como la lucha aduanera, y no solo cuando su carácter reaccionario ya ha llegado a manifestarse. Pero Bernstein apoya en general su táctica, no solo sobre la agravación y consecuente desarrollo de las contradicciones capitalistas, sino sobre el aplacamiento de estas. Él mismo lo ha dado a conocer con toda precisión al hablar de una adaptación o acomodo de la economía capitalista. ¿Cuándo será verdad esa adaptación? Todas las contradicciones de la sociedad actual son simples resultados de la manera de producir capitalista. Si suponemos que esta forma de producción seguirá desenvolviéndose en la misma dirección que hasta ahora, con ella habrían de desarrollarse, al propio tiempo, todas sus contradicciones, más graves y extremas cada vez, no más débiles e inocuas. En última instancia supone también Bernstein que hasta a la forma capitalista de producción se le pueden poner trabas. Dicho en pocas palabras: la teoría bernsteiniana viene a creer, en general, en *un alto en el progreso capitalista*, en la desaparición de su carácter contradictorio.

Pero al afirmarlo así, la teoría queda juzgada por sí misma, y, ciertamente, en doble sentido. Primeramente pone de manifiesto el carácter *utópico* de la misma con respecto al objetivo socialista final, pues desde un principio está bien claro que un estancamiento del desarrollo capitalista no puede conducir a una transformación socialista, demostrándose aquí la verdad de nuestra manera de juzgar el resultado práctico y negativo de la teoría bernsteiniana; y en segundo lugar, esta descubre su carácter *reaccionario* con respecto al desarrollo capitalista, verdaderamente rápido y espontáneo. Y ahora se impone la pregunta, ¿cómo ha de explicarse, o más bien caracterizarse, la concepción de Bernstein frente a este desarrollo capitalista?

Desde luego, creemos haber probado, en el primer capítulo, la poca firmeza de los supuestos económicos de que parte Bernstein, cuando, al explayar su teoría de la «adaptación» capitalista, hizo el análisis de las actuales condiciones sociales. También vimos que ni el crédito ni los carteles pueden concebirse como «medios de adaptación» de la economía capitalista, de igual manera que ni la desaparición temporal de las crisis ni la supervivencia de la clase media pueden entenderse como síntomas de la adaptación capitalista. Pero en el fondo de cualquier —llamémoslo así— detalle de la teoría de adaptación, existe un rasgo común y característico. Esta teoría concibe todos los fenómenos de la vida económica que estudia, no en su dependencia orgánica con el desarrollo económico en general, y en su relación con el mecanismo económico total, sino independientes por sí, de generación espontánea, como *disfecta membra*, como rueda separada de una máquina sin vida. Así tenemos, por ejemplo, cómo concibe la virtud de adaptación del crédito.

Si consideramos el crédito como un paso superior e instintivo de las contradicciones inmanentes en el intercambio, nos será imposible ver en él un «medio de adaptación» mecánico y permanente, funcionando, al propio tiempo, al margen de ese cambio; de la misma manera que no podemos considerar la mercancía, el capital y aun el mismo dinero, como un «medio de adaptación» del capitalismo. Pero el crédito es, en cierto grado de la economía capitalista, tan miembro de esta como puedan serlo el dinero, la mercancía o el capital, y en ese momento constituye, al igual que cualquiera de estos, tanto una rueda imprescindible de su maquinaria, como un instrumento de destrucción, por cuanto eleva las contradicciones internas.

Otro tanto ocurre con los carteles y el mejoramiento de los medios de comunicación.

La misma concepción mecánica y poco dialéctica se aprecia en la manera que Bernstein tiene de considerar la desaparición de las crisis como un síntoma de «adaptación» de la economía capitalista. Para él, las crisis son simplemente trastornos de la economía capitalista, permitiendo a esta, al ser eliminados, un funcionamiento normal. Pero en el justo sentido, las crisis no son tales «trastornos», o, mejor dicho, son «trastornos», pero sin los cuales la economía capitalista, en conjunto, no puede marchar en forma alguna. El hecho de que las crisis son posibles solamente sobre una base capitalista, y, por lo tanto, constituyen el método normal de liquidar periódicamente la disensión existente entre la ilimitada capacidad extensiva propia de la producción actual y los estrechos límites del mercado, nos muestra que las crisis son fenómenos orgánicos e inseparables de la economía capitalista en su totalidad. Peligros más grandes que las mismas crisis existen, para la producción capitalista, en un progreso «sin trastornos», en un desarrollo normal. Y se deben, principalmente, a la baja continua de la cuota de beneficio, cuota que no es consecuencia automática de la contradicción entre producción y cambio, sino del desarrollo de la productividad del trabajo; baja, además, que marca una tendencia, sumamente peligrosa, a imposibilitar la entrada en la producción a los capitales medianos y pequeños, y a evitar, por tanto, la constitución de nuevos capitales, poniendo barreras al aumento en las inversiones de estos.

Pero justamente, las crisis —que, como las otras consecuencias, son resultados del mismo proceso de producción— ocasionan de manera simultánea, y debido a la *desvalorización* periódica del capital, al abaratamiento de los medios de producción y a la paralización de una parte del capital activo, el alza del beneficio, dando lugar a nuevas inversiones y, con ello, al progreso de la producción. Así, pues, las crisis se presentan como medios de avivar continuamente el fuego de la producción capitalista y su desaparición absoluta —y no, como nosotros suponemos, en un determinado momento de la formación definitiva del mercado mundial— llevaría directamente a la economía a la paralización. Pero no, como Bernstein supone, a un nuevo florecimiento. Debido a tan mecánico modo de pensar —lo cual caracteriza a toda su teoría de adaptación—, Bernstein olvida la necesidad de las crisis y la de nuevas y cada vez mayores inversiones de pequeños y medianos capitales, y ello porque, entre otros errores, se imagina el renacimiento del pequeño capital como un síntoma capitalista de paz, y no una manifestación normal del desarrollo-capitalista, como lo es, realmente.

Existe ciertamente un punto de vista desde el cual todos los fenómenos aquí estudiados se presentan en forma igual a como son concebidos por la «teoría de adaptación». Y este punto de vista es el del capitalista *particular* que los imagina tal y como se los hacen ver los hechos de la vida económica, si bien desfigurados por la ley de la competencia. El capitalista particular ve, efectivamente y en primer lugar, cualquier parte orgánica del conjunto económico como un todo independiente por sí; la ve, además, en el aspecto en que obra sobre él, capitalista particular, y, por lo tanto, la considera, ya como mero «trastorno», ya como simple «medio de adaptación». Para el capitalista particular, las crisis son más bien simples «trastornos», cuya desaparición le permite un mayor plazo de vida; y al crédito lo considerará igualmente como un medio de «adaptar» sus insuficientes fuerzas de producción a las exigencias del mercado, y no dudará de que el cartel del cual entra a formar parte ha de suprimir de un modo efectivo la anarquía de la producción.

En una palabra: la teoría de la adaptación de Bernstein no es más que una generalización teórica de la forma de ver las cosas del capitalista particular. Pero esta manera interpretativa, ¿qué es, en su expresión teórica, sino lo característico y esencial de la economía vulgar burguesa? Todos los errores económicos de esta escuela descansan, justamente, sobre la equivocación de considerar como propios de la economía en conjunto, ciertos fenómenos de la concurrencia tal y como resultan vistos por los ojos del capitalista individual.

Y de igual modo que Bernstein entiende el crédito, considera la economía vulgar el *dinero*; es decir, que lo ve como un ingenioso «medio de adaptación» a las necesidades del cambio. La economía vulgar busca, en los fenómenos capitalistas, incluso el contraveneno de los males propios de este sistema. Cree, en concordancia con Bernstein, en la *posibilidad* de regular la economía capitalista, y de acuerdo siempre con él, se refugia en último momento, en un embotamiento de las contradicciones capitalistas y en un taponamiento de sus heridas. O, más bien, dicho con otras palabras, recurriendo a un proceso reaccionario, en vez de revolucionario, y aceptando, por lo tanto, una utopía.

La teoría revisionista, apreciada en su conjunto, la explicaremos, pues, como una *teoría del estancamiento socialista, basada al modo de la economía vulgar, en una teoría del estancamiento capitalista.*

Segunda parte[12]

I. El desarrollo económico y el socialismo

La más grande conquista de la lucha obrera de clases durante el curso de su desarrollo fue descubrir el momento en que la realización del socialismo nace de las relaciones económicas de la sociedad capitalista. He aquí por qué el socialismo, que para la humanidad fue durante miles de años un «ideal» irrealizable, ha llegado a constituir una *necesidad histórica*.

Bernstein combate la creencia de que en la sociedad actual se estén dando las condiciones económicas que son preliminares del socialismo. Por ello, en vías de demostración, forja un interesante desarrollo para el capitalismo. En *Die Neue Zeit* combatió ya la rapidez de la concentración en la industria, apoyando sus argumentos en una comparación de los datos sacados de la estadística de fábricas en Alemania en 1882 y en 1895. Entonces, con el fin de aprovechar para sus fines estos datos, recurrió a experimentos tan mecánicos como superficiales. Pero ni aun en el caso más favorable, a pesar de aludir a la consistencia apreciable en la clase media, pudo destruir en lo más mínimo el análisis marxista. Marx no señala un *compás* o ritmo determinado para la concentración de la industria, es decir, un *plazo* calculado para la realización de los fines socialistas y menos aún considera —como ya hemos demostrado— la *desaparición absoluta* del pequeño capital y, por lo tanto, la de la pequeña burguesía como condición precisa para la realización del socialismo.

Al desarrollar sus puntos de vista, Bernstein nos ofrece en su libro un mayor caudal demostrativo, como, por ejemplo, la *estadística de las sociedades anónimas*, que tiene como fin probar que el número de los accionistas aumenta sin cesar; es decir, que la clase capitalista no disminuye, sino que, por el contrario, se hace cada vez mayor. Asombra verdaderamente el poco conocimiento que Bernstein demuestra tener del material que maneja y el poco partido que saca de él para sus fines.

Si con las sociedades anónimas quiso demostrar algo contra la ley marxista del desarrollo industrial, hubiera debido presentar otras cifras. Todo el que conozca la historia de las sociedades anónimas en Alemania, sabe que el capital inicial medio correspondiente a una industria se halla en *disminución* constante. Así, pues, el importe de este capital en Alemania fue de cerca de 10 800 000 marcos antes de 1871; solo de 4 010 000 en 1871; en 1873, 3 800 000; de 1883 a 1887, menos de un millón; en 1890, 0,56 millones; en 1892, 0,62 millones. Desde entonces las cifras fluctúan entre el millón de marcos, aunque en 1895 volvieron a subir a 1 078 000, para descender nuevamente a 1 019 000 en el primer semestre de 1897.[13]

¡Oh, el poder de los números! A este paso Bernstein llegaría incluso a deducir de ellos una completa tendencia *antimarxista*, y hablaría del retroceso de la gran fábrica a la pequeña. Pero entonces se le podría contestar que si con esta estadística pretende demostrar algo, debe convencernos previamente de que se refiere a una *misma* rama de la producción y de que las empresas más pequeñas ocupan el *lugar* de las grandes ya existentes, y no van allí donde hasta ahora vivió el capital particular, el taller o la industria enana. Mas no llegará a probar nada; puesto que si tras de las grandes asociaciones anónimas han venido las medias y las pequeñas, es fenómeno que solo puede explicarse por el hecho de que el capital en acciones nutre continuamente *nuevas* ramas, y que si al principio solo tuvo aplicación para la formación de empresas gigantescas, hoy es adoptado en todas partes, tanto para la mediana como para la pequeña industria. (Hay ya sociedades anónimas con mil marcos de capital, y aun con menos).

Pero ¿qué importancia tiene, desde el punto de vista de la economía política, esta extensión cada vez mayor del capital en acciones? Significa la *progresiva socialización de la producción* en su forma capitalista; la socialización, no solo de la gran producción, sino de la media y hasta de la pequeña; es decir, algo que no se opone a la teoría marxista, sino que le presta una mayor validez.

En efecto, ¿en qué consiste el fenómeno económico de las sociedades por acciones? Por una parte, en la reunión de muchas pequeñas fortunas en dinero en un capital de producción. Por otra parte, en separar la propiedad del capital y la producción; es decir, en una doble superación de la manera de producir capitalista —siempre, claro, sobre una base capitalista—. En vista de ello, ¿qué significa la estadística mentada por Bernstein, que registra el gran número de accionistas interesados en una empresa? No prueba sino que, actualmente, una empresa capitalista no pertenece a un propietario de capital, como antes, sino a toda una multitud, a un número cada vez mayor de propietarios de capital; que por consiguiente, el concepto económico «capitalista» ya no coincide con el individuo particular; que el actual capitalista industrial es una personalidad compleja compuesta de cientos y hasta de miles de personas; que el concepto «capitalista», incluso en el marco de la economía capitalista, se convirtió en una categoría social al socializarse aquella.

Pero en vista de ello, ¿cómo se explica que Bernstein conciba el fenómeno de las sociedades por acciones justamente como un fraccionamiento y no como una reunión del capital? ¿Cómo se explica que vea una difusión de la propiedad capitalista allí donde Marx aprecia una limitación de esta propiedad? Se explica por un error muy sencillo, propio de la economía vulgar. Porque Bernstein entiende por capitalista, no una categoría de la producción, sino un derecho de propiedad; no una unidad económica, sino una unidad político-contributiva, y al capital no lo ve como un todo dentro de la producción, sino únicamente como capitales pecuniarios, fortunas en dinero. Por ello ve en el trust textil inglés, no la compleja soldadura de 12 300 personas en una, sino 12 300 capitalistas de cuerpo entero, siendo esta la razón por la cual considera capitalista incluso a su ingeniero Schulze, luego de haber recibido como dote de la esposa «una mayor cantidad de acciones», razón para que se imagine que el *mundo está plagado de «capitalistas»*.[14]

Pero, en todo momento, el error de economía vulgar cometido por Bernstein es, simplemente, la base teórica que sirve para toda una vulgarización del *socialismo*. Cuando Bernstein traslada el concepto capitalista, desde las relaciones de producción, a las de propiedad, y cuando habla «de hombres en vez de empresarios», lleva también la cuestión del socialismo, desde el terreno de la producción al de las relaciones pecuniarias; de la relación de *capital* y *trabajo* a la de *rico* y *pobre*.

Y aquí nos encontramos con que hemos retrocedido, desde Marx y Engels, al autor del *Evangelio del pobre pecador*, con la sola diferencia de que Weitling,[15] con acertado instinto proletario, *reconocía*, aun en forma primitiva y en esta contradicción de rico y pobre, los antagonismos de clase, y pretendía convertirla en palanca del movimiento social; en tanto que Bernstein, por el contrario, ve al socialismo en la transformación de los pobres en ricos, es decir, en la lenta desaparición de los antagonismos de clase, y adivina el futuro socialista al final de un proceso pequeñoburgués.

Desde luego, Bernstein no se limita a la estadística de ingresos. Nos da también la estadística de fábricas, e incluso de distintos países: de Alemania, Francia, Inglaterra, Suiza, Austria y Estados Unidos. Pero, ¿qué estadística nos muestra? No creamos que son datos de *diversos momentos*, pero iguales para todos los países, sino que toma para cada país un momento distinto. No compara, por ejemplo —si exceptuamos a Alemania, en que repite su antigua comparación de 1882 a 1895—, el estado de la división de las fábricas en un país y en determinados momentos, sino solamente cifras *absolutas* para los diversos países. (De Inglaterra, el año 1891; de Francia, 1894; de Estados Unidos, 1890, etcétera). La deducción que saca es que «si en la industria, hoy, la gran fábrica ha alcanzado el predominio, aun sumándole las pequeñas fábricas que de ellas puedan depender, no representan, en países tan progresistas como Prusia, más de la *mitad de la población que toma parte activa en la producción»*, y lo mismo ocurre en Alemania en general, Inglaterra, Bélgica, etcétera.

Lo que con ello se demuestra no es, ciertamente, esta o aquella *tendencia del desenvolvimiento económico*, sino, simplemente la *relación absoluta de fuerzas* entre las diversas formas de empresas, o de las diversas clases de productores. Si con ello ha de demostrarse la carencia de posibilidades socialistas, también se manifiesta, en el fondo de toda esta demostración, una teoría según la cual la relación física y numérica de las fuerzas en lucha, es decir, el simple momento de la *violencia* será lo que determine el resultado de las dos tendencias sociales: capitalismo y socialismo.

No cejando un solo momento en sus sospechas blanquistas, Bernstein incurre aquí, para no pecar de monótono, en la más torpe equivocación del blanquismo, claro que siempre con la diferencia de que, representando los partidarios de Blanqui una tendencia revolucionaria y socialista, suponían natural la realización del socialismo, y, por tanto, fundaban sus esperanzas en una poderosa revolución, aun hecha por una pequeña minoría, en tanto que Bernstein deduce la imposibilidad socialista de la insuficiencia numérica de la mayoría del pueblo. La socialdemocracia no cree llegar a su meta ni por la violencia triunfante de la minoría ni por la ventaja numérica de la mayoría, sino por la necesidad económica y reflexionando sobre esta necesidad, la cual exige la anulación del capitalismo por la masa del pueblo, luego de hacerla necesaria, ante todo, la *anarquía capitalista*.

En cuanto a esta última y decisiva cuestión de la anarquía, Bernstein llega a negar las grandes crisis de carácter más o menos general, si bien no las crisis nacionales y parciales. Hasta pone en duda la anarquía, aunque acepta al propio tiempo —y usemos alguna vez las palabras de Marx— como a aquella doncella alocada que tuvo un niño y que se disculpaba diciendo: «sí; pero es muy pequeñito».

Lo malo del asunto está en que en ciertas cosas como la anarquía, poco es tan malo como mucho. Si Bernstein acepta un tanto de anarquía, ya se cuidará por sí el mecanismo de la economía mercantil de llevar esta anarquía hasta... hasta el derrumbamiento.

Pero si Bernstein espera que, conservando la producción mercantil, ese poco de anarquía se convertirá paso a paso, en armonía y orden, caerá nuevamente en uno de los errores fundamentales de la economía vulgar burguesa, al considerar independientes entre sí las maneras de producir y cambiar.

Este no es el lugar más oportuno para mostrar en su conjunto la sorprendente confusión en que incurre Bernstein en su libro, en relación con los más elementales principios de la economía política. Pero hay un punto, al cual nos llevan los orígenes de la anarquía capitalista, que debe ser aclarado.

Bernstein asegura que la teoría del *valor por el trabajo,* de Marx, es una abstracción, lo cual, según él, en economía política supone claramente un insulto. Pero si el valor por el trabajo no es más que una abstracción, una «quimera», según Bernstein, tendremos que todo honrado ciudadano que haya cumplido su servicio militar y pague religiosamente todos los impuestos, tendrá el mismo derecho que Carlos Marx para hacer de cualquier estupidez una «quimera», como, por ejemplo, la de la teoría del valor.

Marx —dice Bernstein— tiene un perfecto derecho a hacer caso omiso de las propiedades de las mercancías, por cuanto, en último extremo, siempre serán materializaciones de cantidades de simple trabajo humano —así como a la escuela de Böhm-Jevons le está permitido hacer abstracción de las cualidades todas de las cosas, a excepción de su utilidad.

Entre el trabajo social marxista y la utilidad abstracta de Menger[16] no parece que Bernstein aprecie ninguna diferencia: para él, todo es pura abstracción. Parece, pues, haber olvidado que la abstracción marxista no es un invento, sino un descubrimiento; que este no estaba en la cabeza de Marx, sino en la economía mercantil; que, socialmente, implica algo real, tan real que puede cortarse, unirse, pegarse o marcarse. El trabajo humano abstracto, descubierto por Marx, no es precisamente en su forma desdoblada, otra cosa que... *dinero*. Y esto es uno de los más grandes descubrimientos de Marx, en tanto que para la economía burguesa en general, desde el primer mercantilista hasta el último, la esencia mística del dinero sigue siendo el libro cerrado con siete sellos.

Por el contrario, la utilidad abstracta de Böhm-Jevons es simplemente una quimera o, más bien, un producto de su calenturienta fantasía; una estupidez de la cual no puede hacerse responsable a una sociedad mercantil ni a cualquier otra sociedad humana, sino únicamente a la economía vulgar burguesa. Dueños de esta «quimera», tanto Bernstein, como Böhm, como Jevons, pueden mantenerse todavía una veintena de años, al frente de la comunidad subjetiva de fieles, ante el divino misterio del oro, sin que lleguen a ninguna otra solución que a la que cualquiera tiene olvidada por archisabida: que el dinero es también una cosa «útil».

Ante la teoría del valor de Marx, Bernstein llega a perder por completo la cabeza. Pero todo el que tenga algún conocimiento del sistema económico marxista comprende claramente que, sin la teoría del valor, el sistema, en su totalidad, se hace incomprensible; o, hablando más concretamente, si no se comprende la esencia de la mercancía y de su cambio, la economía capitalista en general y todo su mecanismo quedarán en las tinieblas.

Pero, ¿cuál es la llave mágica que permite a Marx violar hasta los secretos más íntimos de todos los problemas capitalistas; qué le llevó a resolver, con rapidez maravillosa, problemas cuya existencia ni aun las más grandes inteligencias de la economía clásica capitalista, como Smith y Ricardo, acertaron siquiera a sospechar? Esta clave no fue otra que concebir la economía capitalista en su conjunto como un fenómeno histórico, y no ciertamente en relación con el pretérito —como fue costumbre, incluso en los más felices momentos de la economía clásica—, sino en marcha progresiva, y no solo con respecto a la economía feudal, sino, sobre todo, en relación con un *futuro socialista*. Aquello que la teoría marxista del valor, el análisis del dinero, las teorías del capital y de la cuota de beneficio encierran en sí, es… el carácter efímero y temporal de la economía capitalista, su derrumbe, es decir —y he aquí su reverso—, el *objetivo final socialista*. Justamente solo debido a que Marx examinó, de antemano y como socialista, la economía actual *bajo un punto de vista histórico*, pudo descifrar sus jeroglíficos, y si pudo dar una base científica al socialismo fue porque hizo, del punto de vista socialista, *el de la partida* para el análisis científico de la sociedad burguesa.

En ello está la piedra de toque de las observaciones de Bernstein hechas al final de su libro, cuando se lamenta del «dualismo», de

> un dualismo que se aprecia en toda la obra monumental de Marx, [de] un dualismo consistente en que esta obra pretende ser científica exploración y, sin embargo, trata de demostrar una tesis ya dada antes de la concepción de la obra misma; fundándose sobre una fórmula en la cual el resultado a que su desarrollo hubiera de conducir se halla fijado de antemano. El retroceso al *Manifiesto comunista* (es decir, al objetivo final socialista) demuestra la persistencia, en la conciencia de Marx, de restos efectivos de utopismo.

Pero el «dualismo» marxista no es más que el dualismo existente entre el porvenir socialista y el presente capitalista; el de capital y trabajo, de proletariado y burguesía: es el reflejo monumental y científico del *dualismo existente en la sociedad burguesa, de sus propias contradicciones*.

Al apreciar Bernstein este dualismo teórico de Marx como «una reminiscencia del utopismo», enjuicia de una manera infantil, negando el dualismo histórico en la sociedad burguesa y las contradicciones capitalistas de clase, hasta el punto de que, para él, el socialismo ha llegado a ser una «reminiscencia utópica». El «monismo», esto es, la ordenación dada por Bernstein, es la ordenación del orden capitalista como eterno; la ordenación de un socialista que ha olvidado su objetivo final para adivinar el fin del desenvolvimiento humano dentro de una sociedad burguesa única e invariable.

Pero si Bernstein ve en la estructura económica del capitalismo incluso la dualidad, pero no el desenvolvimiento hacia el socialismo, con el fin de salvar —al menos en su forma— el programa socialista, ha de recurrir a una construcción idealista al margen del desarrollo económico, transformando el propio socialismo, de una fase histórica determinada del desarrollo económico, en un «principio» abstracto. El «principio cooperativista» de Bernstein, que ha de ser disfraz y adorno de la economía capitalista; esa finísima «quintaesencia» del objetivo final socialista, se presenta ante nosotros, no como un testimonio de su teoría burguesa sobre el futuro socialista de la sociedad, sino como prueba irrecusable del pasado socialista... de Bernstein.

II. Sindicatos, cooperativas y democracia política

Ya hemos visto que el socialismo de Bernstein discurre sobre dejar a los trabajadores participar en la riqueza social, convertir a los pobres en ricos. ¿Cómo puede verificarse esto? En los artículos publicados en *Die Neue Zeit* y titulados *Problemas del socialismo*, Bernstein deja entrever indicios apenas reconocibles, aunque en su libro da conclusiones sobre esta cuestión. Su socialismo ha de realizarse por dos medios: por el de los sindicatos, llamado por Bernstein de la democracia económica, y el de las cooperativas. Por el primer sistema pretende acabar con el beneficio industrial; por el segundo, con el comercial.

En lo que respecta a las cooperativas, muy particularmente a las de producción, representan, debido a su esencia interna, un algo *híbrido* dentro de la economía capitalista; una producción socializada en pequeño dentro del régimen capitalista de cambio. Pero en la economía capitalista el cambio domina a la producción, convirtiendo, en vista de la concurrencia, la explotación desmedida, es decir, el sometimiento completo del proceso de producción a los intereses del capital, en condición necesaria de la empresa. Prácticamente, esto se manifiesta en la necesidad de hacer el trabajo lo más intensivo posible, siendo aumentado o disminuido, según la situación del mercado; alquilar la fuerza de trabajo de acuerdo con las exigencias de la demanda mercantil, o despedirla, poniéndola en la calle; en una palabra, emplear cuantos medios se conocen para poner a una empresa en condiciones de poder competir con otras. Por ello, en las cooperativas de producción, se da la necesidad contradictoria de que los trabajadores, dueños de la empresa, han de regirse con todo rigor, incluso contra sí mismos, para poder desempeñar el papel de empresarios capitalistas. En esta contradicción perece la cooperativa de producción, retrocediendo hacia la empresa capitalista, o disolviéndose, en caso de que los intereses de los obreros fueran más fuertes. El mismo Bernstein toma nota de estos hechos. Pero es evidente que no los ha comprendido, porque, junto con la señora Potter-Webb, atribuye el fracaso de las cooperativas inglesas de producción a la falta de «disciplina». Lo que aquí con demasiada ligereza se califica de disciplina, no es otra cosa que el régimen, por naturaleza absoluto, del capital, que hace que los trabajadores no puedan emplearlos para consigo mismos.[17]

De ello resulta que las cooperativas de consumo solo podrán asegurar su existencia en la economía capitalista si, recurriendo a algún expediente, anulan la contradicción oculta en esta y que se da entre las formas de producir y cambiar, escapando artificialmente a las leyes de la libre competencia. Esto será posible únicamente si de antemano se asegura un mercado de venta, un seguro círculo de consumidores. Como tal remedio pueden servir las *cooperativas de consumo*. Y aquí tenemos nuevamente, y no en la diferencia entre cooperativas de producción y de consumo —o como en otro lugar se desprende de la ocurrencia de Oppenheimer—, el problema tratado por Bernstein de por qué las cooperativas de producción independientes fracasan, y solo las de consumo pueden asegurar su existencia.

Pero si las condiciones de vida de las cooperativas de producción en la sociedad actual han de estar, por lo tanto, ligadas a las de las cooperativas de consumo, resulta entonces, como consecuencia lógica, que las cooperativas de producción han de quedar, en el caso más favorable, condenadas a un mercado local y reducido, y a producir contados artículos de consumo inmediato y, con preferencia, los de primera necesidad. Las industrias textil, carbonera, metalúrgica, petrolera, así como las de construcción de locomotoras, barcos y maquinaria; todas las ramas más importantes de la producción capitalista, quedan excluidas a priori, tanto de las cooperativas de consumo como de las de producción. Prescindiendo, pues, de su carácter híbrido, pueden las cooperativas de consumo emprender principalmente, como tarea general, y dentro de pequeños círculos de producción y de cambio, la abolición del mercado mundial y la disolución de la economía existente; es decir, que, según su esencia, supondrán un retroceso desde la producción mercantil del alto capitalismo a la producción medieval.

Pero también en los límites de su posible realización sobre la base de la sociedad actual, las cooperativas de producción redúcense forzosamente a ser simples servidores de las de consumo, que se presentan, por tanto, en primer plano y como los principales agentes de la reforma socialista proyectada. Toda la reforma socialista por medio de las cooperativas queda reducida, por esta razón, de una lucha contra el capital productivo, esto es, contra el trono de la economía capitalista, a una lucha contra el capital comercial y, desde luego, contra el capitalismo de los acaparadores y pequeños comerciantes, es decir, contra pequeñas *ramificaciones* del tronco capitalista.

En lo que respecta a los sindicatos —los cuales, según Bernstein, desempeñan por sí un papel contra la explotación capitalista—, ya hemos demostrado que no son capaces de asegurar a los obreros influencia alguna sobre el proceso de producción, tanto en relación con el *volumen* de esta, como sobre su *técnica*.

Pero en lo referente al aspecto puramente económico, «a la lucha entre las cuotas de salario y de beneficio», como Bernstein la llama, esta se desarrollará —según ya hemos demostrado—, no en el amplio espacio azul, en las nubes, sino en el campo delimitado de la ley del salario, ley que no pueden transgredir, sino, a lo sumo, hacer cumplir. Esto aparece claramente si concebimos el asunto desde otro aspecto, y planteamos la cuestión según las funciones privativas de los sindicatos.

Bernstein confiere a estos el papel de llevar en la lucha emancipadora de la clase obrera, el verdadero ataque contra el beneficio industrial, diluyéndolo en la cuota de salario; pero si los sindicatos no se hallan de ninguna manera en condiciones de llevar una ofensiva política contra el beneficio porque no son nada más que la *defensiva* organizada de la fuerza de trabajo contra los ataques del beneficio, representarán, simplemente, la defensa de la clase obrera contra la tendencia bajista de la economía capitalista. Y ello por dos razones:

Una, porque si los sindicatos tienen por misión influir, con su organización, sobre la situación alcanzada en el mercado por la mercancía fuerza de trabajo, esta organización será, a su pesar, rebasada una y otra vez debido al proceso de proletarización de las clases medias, que lleva al mercado continuamente nueva mercancía. Y otra razón, porque si los sindicatos tienen por misión elevar las condiciones de vida de la clase trabajadora y conseguir una

mayor participación en la riqueza social, esta participación, debido al crecimiento de la productividad del trabajo, disminuirá continuamente, con la
inexorabilidad de un proceso de la naturaleza. Para comprender esto último
no necesita nadie ser un marxista, sino simplemente haber tenido alguna vez
a mano el libro de Rodbertus *Para aclaración de la cuestión social.*

En estas dos principales cuestiones, la lucha sindical conviértese en un
trabajo de Sísifo, de subir y bajar a pesar de los progresos objetivos que logra
alcanzar en la sociedad capitalista. Este subir y bajar es, sin embargo, indispensable si el trabajador ha de conseguir, en general, la cuota de salario que
le corresponde, dada la situación temporal del mercado; si ha de hacer respetar la ley capitalista del salario, paralizando o, más bien, debilitando los
efectos de la tendencia bajista del desenvolvimiento económico. Pero si se
quiere convertir a los sindicatos en un medio de reducir gradualmente el
beneficio en favor del salario, supondrá esto, ante todo y como condición
social, un alto tanto en la proletarización de las clases medias como en el
crecimiento de la productividad del trabajo, es decir, que en ambos casos —e
igual que en la relación de la teoría cooperativista— significará *un retroceso al
estado anterior al gran capitalismo.*

Ambos remedios de la reforma bernsteiniana, las cooperativas y los sindicatos, manifiéstanse, por tanto, como incapaces completamente de transformar el *modo de producir* capitalista. A decir verdad, Bernstein llega a darse
cuenta de ello hasta cierto punto, y los concibe simplemente como medios
de regatear a los capitalistas la parte del león en el *beneficio,* enriqueciendo
así al obrero. Por lo tanto, renuncia incluso a luchar contra el *modo capitalista
de producción* y reduce el movimiento socialdemócrata a la protesta contra la
partición capitalista. Así, pues, en su libro, Bernstein formula repetidamente
su socialismo como la lucha por una partición «justa», «más justa», «y si aun
fuera posible, más justa», y en el *Vorwärts* del 26 de marzo de 1899 vuelve a
repetir esta concepción del socialismo.

Desde luego, que la razón más inmediata del movimiento socialdemócrata, al menos para las masas, lo es también la «injusta» partición y distribución propia del orden capitalista. Y al luchar por la socialización de la
economía en total, tiende asimismo la socialdemocracia, lógicamente a una
partición «justa» de la riqueza social. Pero gracias al descubrimiento de Marx
de que la «partición» en un momento dado es simplemente una consecuencia

lógica y natural de la forma de producir que entonces domine, la socialde-mocracia lucha ahora no hacia la partición dentro del cuadro de la produc-ción capitalista, sino hacia la anulación de la producción mercantil misma. Pretende, en una palabra, llegar a la *partición socialista* por la liquidación del modo de producir capitalista, en tanto que el procedimiento de Bernstein es precisamente lo contrario: quiere combatir la *partición capitalista* y espera lle-gar de este modo y gradualmente a una *forma de producción socialista*.

Pero ¿cómo puede, en este caso, razonarse la reforma socialista de Bernstein? ¿Por determinadas tendencias de la producción capitalista? De ninguna manera, pues primeramente niega él mismo estas tendencias, y en segundo lugar, porque para Bernstein, según lo antes dicho, la transfor-mación que se anhela en la producción es resultado y no causa de la par-tición. El razonamiento de *su* socialismo no puede ser de ninguna forma económico. Al poner del revés el fin y medios del socialismo, y por lo tanto las relaciones económicas, no *puede* dar ninguna argumentación materialista a su programa y *se ve forzado* a darle una base idealista. «¿Por qué derivar el socialismo de la necesidad económica? —pregunta—. ¿Para qué degradar el raciocinio, la idea de la justicia, la voluntad de los hombres?».[18]

La partición más justa que proclama Bernstein ha de realizarse, pues, por voluntad activa y espontánea de los hombres, no forzada por la necesidad económica; o mejor aún, como quiera que la voluntad misma es un simple instrumento, por la fuerza de la discriminación de lo justo, es decir, por la *idea de la justicia*.

Y ya aquí hemos llegado, felizmente, al principio de la justicia, a este viejo corcel en que vienen cabalgando, hace mil años, todos los redentores de la humanidad, por falta de un medio de locomoción histórico más seguro. A este Rocinante maltrecho sobre el cual todos los Quijotes de la historia cabalgaron hacia una transformación del mundo, para finalmente no conse-guir más que puñetazos y palos.

La relación de pobre y rico como justificación histórica del socialismo, el «principio» del cooperativismo como su contenido, la «partición más justa» como su fin, y la idea de la justicia como su única legitimación histórica… ¡Con cuánta más fuerza, con cuánto más espíritu, con cuánta más brillantez defendió Weitling, hace más de cincuenta años, esta especie de socialismo! Pero el genial sastre no conocía todavía el socialismo científico. Y si *hoy*, después de medio siglo, vuelve a resucitar la teoría cuya disección en menudos trozos les cupo a Marx y Engels, y se le ofrece al proletariado alemán como la última palabra de la economía, no negamos que esto sea también labor de sastre, pero no de un sastre genial.

Así como la teoría revisionista considera los sindicatos y cooperativas como los puntos económicos de apoyo, también supone como condición política previa más importante, el desarrollo progresivo y continuo de la *democracia*. Para el revisionismo, las actuales erupciones reaccionarias son simplemente «convulsiones», que considera pasajeras y casuales y que no impiden establecer una regla general para las luchas obreras.

Según Bernstein, la democracia se presenta, por ejemplo, como un paso ineludible en el desarrollo de la sociedad moderna: para él, exactamente igual que para los teóricos burgueses del liberalismo, la democracia es la gran ley fundamental del desarrollo histórico en su conjunto, y todas las fuerzas políticas activas han de contribuir a su desenvolvimiento. Mas planteado en esta forma absoluta, es radicalmente falso, y nada más que una esquematización demasiado superficial y pequeñoburguesa de los resultados obtenidos en un pequeño apéndice del desarrollo burgués en los últimos veinticinco o treinta años. Si contemplamos más de cerca la evolución de la democracia en la historia y, a la par, la historia política del capitalismo, obtendremos entonces resultados esencialmente distintos.

En lo que respecta al primer punto, encontramos la democracia en las formas históricas más diversas: en las primitivas sociedades comunistas, en los antiguos Estados de esclavos, en las comunas de las ciudades medievales. De igual manera, vemos el absolutismo y la monarquía constitucional presidiendo las relaciones económicas más diversas. Por otra parte, el capitalismo, en sus comienzos como producción mercantil, dio vida a una concepción democrática en las comunas de las ciudades; luego, en su forma más desarrollada, como manufactura, encuentra en la monarquía absoluta su forma política más conveniente. Finalmente, y ya como economía industrial desarrollada, crea en Francia, sucesivamente, la república democrática (1793); la monarquía absoluta de Napoleón I; la monarquía aristocrática del tiempo de la Restauración (1815 a 1830); la monarquía constitucional burguesa de Luis Felipe; la república democrática, otra vez; luego, la monarquía de Napoleón III; y, finalmente, por tercera vez, la república. En Alemania, la única institución verdaderamente democrática —el sufragio universal— no es una conquista del liberalismo burgués, sino un instrumento de fusión de los pequeños Estados, y solamente en este aspecto tiene importancia para el desarrollo de la burguesía alemana, la cual, por lo demás, se contenta con una monarquía constitucional semifeudal. En Rusia, el capitalismo consiguió prosperar, durante largo tiempo, bajo una autocracia oriental sin que la burguesía diera muestras de desear ardientemente una democracia. En Austria, el sufragio universal se ha manifestado, en gran parte, como el salvavidas de una *monarquía* que se desquicia. En Bélgica, finalmente, la conquista democrática del movimiento obrero —el sufragio universal— está en dependencia indudable con la debilidad del militarismo, es decir, con la particular situación geográfico-política de Bélgica, y es un «trozo de democracia» arrancado, no por la burguesía, sino en *contra* de ella.

El progreso ininterrumpido de la democracia se presenta, tanto para nuestro revisionismo como para el liberalismo burgués, como la gran ley básica de la historia, si no en general, al menos contemporánea; pero de un mejor estudio se deduce que este juicio es una simple quimera. Entre la democracia y el desarrollo capitalista no cabe apreciar ninguna relación general y absoluta. La forma política es, en todo momento, el resultado de la suma total de los factores políticos internos y externos, y admite, dentro de sus límites, la escala completa de los regímenes políticos, desde la monarquía absoluta a la república democrática.

Si, por tanto, hacemos abstracción de una ley general e histórica para el desarrollo de la democracia, incluso en el cuadro de la sociedad moderna, y nos dirigimos solamente a la fase presente de la historia burguesa, vemos también, en la situación política, factores que de ningún modo conducen a la comprobación del esquema dado por Bernstein, sino más bien a lo contrario, al abandono de las conquistas actuales por la sociedad burguesa. Por un lado, tenemos las instituciones democráticas que —y esto es muy importante— ya han desempeñado en alto grado su papel para el desarrollo burgués. Y ello por cuanto fueron necesarias para la fusión de los pequeños Estados y para la creación de los grandes Estados modernos (Alemania e Italia), a la par que el desarrollo económico producía una unión orgánica interna.

Igual virtud han tenido con respecto a la transformación de toda la maquinaria, tanto política como administrativa, del Estado, convirtiéndolo de un

mecanismo parcial o totalmente feudal, en uno capitalista. Esta transformación, históricamente inseparable de la democracia, ha llegado a desarrollarse
en tal medida, que el ingrediente puramente democrático de la vida del
Estado —el sufragio universal, la forma republicana— pudiera eliminarse
sin que fuera preciso que el ejército, la administración, las finanzas, retrocedieran a las formas premarxistas anteriores a 1848.

De esta manera, el liberalismo como tal, ha llegado a ser para la sociedad
burguesa hasta cierto punto superfluo, y aun en ciertos aspectos muy importantes, es más bien un obstáculo. Aquí se presentan a juicio dos factores que
dominan directamente toda la vida política del Estado contemporáneo: la
política mundial y el *movimiento obrero*, los cuales son solo dos aspectos, aunque diversos, de la actual fase de la evolución capitalista.

El grado de desarrollo alcanzado por la economía mundial y la agravación y generalización de las luchas por la competencia en el mercado internacional han hecho del militarismo instrumento de la política mundial,
siendo ello lo que caracteriza el momento actual tanto en la política interior
como exterior de los grandes Estados. Pero si la política mundial y el militarismo es una *tendencia en auge* en la fase actual, lógicamente la democracia burguesa ha de marchar hacia el ocaso. En Alemania, tanto la era de los
grandes armamentos —comenzada en 1893— como la política internacional,
inaugurada con la toma de Kiao-Chou,[19] la democracia burguesa las pagó
inmediatamente con dos víctimas: la decadencia del liberalismo y la conversión del centro, de partido de oposición que era, en partido gobernante. Las
últimas elecciones al Reichstag, celebradas en 1907 bajo el signo de la política
colonial, marcan, al propio tiempo, la muerte del liberalismo alemán.

Si la política exterior arroja a la burguesía en brazos de la reacción, otro
tanto le sucede debido a la política interna y respecto a la clase trabajadora
en auge. Bernstein reconoce esto al hacer responsable de la deserción de la
burguesía liberal a la «leyenda devoradora»[20] socialdemócrata, esto es, a las
tendencias socialistas de la clase trabajadora. Luego aconseja al proletariado
sacar al liberalismo, muerto de miedo, de la madriguera de la reacción, abandonando para ello el objetivo socialista final. Por lo tanto, si apartarse del
movimiento obrero *socialista* ha de ser hoy la condición vital y precedente
social necesario de la democracia burguesa, se demuestra con toda claridad que esta democracia contradice la tendencia interna del desarrollo de la

sociedad actual, y ello, en igual medida que el movimiento obrero *socialista*, es un producto directo de esta tendencia.

Pero con esto demuestra aun algo más. Al pedir que la clase obrera renuncie al objetivo final socialista, por entender que este abandono es condición y precedente del resurgir de la democracia liberal, muestra Bernstein, por sí mismo, cuán poco la democracia burguesa puede ser condición y precedente necesario para el movimiento y el triunfo socialista. Aquí su razonamiento se encierra en un círculo vicioso, en el cual la última deducción «devora» a lo que es su condición primera.

Pero la salida de este círculo vicioso es bien sencilla. Del hecho de que el liberalismo burgués haya fallecido de terror ante el movimiento obrero en auge y sus últimos objetivos, se desprende únicamente que el movimiento obrero socialista puede ser —y ya lo es hoy— el único apoyo de la democracia, y que no es la suerte del movimiento socialista, sino, por el contrario, la del desarrollo democrático, la ligada al movimiento socialista. Por lo tanto la democracia no se hallará en mejores condiciones de vida, según vaya abandonando la clase obrera su lucha de emancipación, sino que, por el contrario, aumentará su vigor en la proporción en que el movimiento socialista se haga más fuerte, luchando contra las consecuencias reaccionarias de la política mundial y contrarrestando la deserción burguesa de las filas liberales. Todo el que desee mayor fuerza en la democracia ha de querer, justamente, un fortalecimiento, no un debilitamiento del movimiento socialista, no debiendo olvidar jamás que relegar las tendencias socialistas supone abandonar, por igual, la democracia y el movimiento obrero.

III. La conquista del poder político

El destino de la democracia se halla ligado, como ya hemos visto, al del movimiento obrero. ¿Pero es que aun en el mejor de los casos, el desarrollo de la democracia llega a hacer innecesaria o imposible una revolución proletaria en el sentido de la toma del poder político, en el sentido de la conquista política del poder?

Para decidir esta cuestión Bernstein llega a una ponderación fundamental de los lados buenos y malos de la reforma legal y de la revolución, y los calcula con tanto detalle y parsimonia como si se tratara de pesar azúcar en cualquiera de sus cooperativas de consumo.

Para él, si la evolución discurre por cauce legal, será la obra de la inteligencia, y si por el revolucionario, la del sentimiento; en la obra de la reforma aprecia un método lento del progreso histórico, y en la revolución, uno rápido; en la legislación adivina una fuerza sistemática, y en la revuelta, una elemental.

Es cosa harto sabida que todo reformista pequeñoburgués cree ver en todas las cosas del mundo un lado «bueno» y otro «malo», y que también acostumbra probar todos los platos. Igualmente se da por archisabido que el curso real de las cosas se preocupa bien poco de las combinaciones pequeñoburguesas, mandando a paseo, de un soplo, el montón de «lados buenos», cuidadosamente exprimidos de todas aquellas cosas que en el mundo son posibles. Así vemos, efectivamente, en la historia, que la reforma legal y la revolución tienen raíces más hondas que las ventajas o perjuicios que resultan de tal o cual experimento.

En la historia de la sociedad burguesa, la reforma legal sirvió para el fortalecimiento gradual de la clase ascendente, hasta que se sintió bastante madura para conquistar el poder político, destruyendo todo el sistema jurídico entonces existente para edificar uno nuevo. Tronando contra la conquista del poder político por considerarse una teoría blanquista de violencia, Bernstein tiene la desgracia de tomar por error de cálculo, propio de los partidarios de Blanqui, lo que fue, durante siglos, piedra angular y motor de la historia humana. Desde que existen las sociedades de clase, y las luchas de estas clases forman el contenido esencial de la historia social, la conquista del poder fue siempre el objetivo principal de todas las clases en ascenso, así como el punto en el que se resuelve y termina todo período histórico. Y ello lo vemos en Roma, en las largas luchas de los labriegos contra la nobleza y los poseedores de dinero; en las ciudades medievales, en las luchas del patriciado con los obispos, y de los artesanos con los patricios; en la Edad Moderna, en las luchas de la burguesía con el feudalismo.

La reforma legislativa (legislación) y la revolución no son métodos de desarrollo histórico que puedan elegirse a gusto en el *buffet* de la historia, como quien elige salchichas frías o salchichas calientes. La reforma legislativa y la revolución son diferentes *dimensiones* en el desarrollo de la sociedad dividida en clases. Se condicionan y complementan mutuamente, y al mismo tiempo se excluyen entre sí, como el polo norte y el polo sur, como la burguesía y el proletariado.

Toda Constitución legal es simplemente el *producto* de una revolución. En la historia de la sociedad dividida en clases, la revolución es un acto de creación política, mientras que la legislación es el vegetar político inerte de la sociedad. La acción legal de la reforma no tiene impulso propio independientemente de la revolución. Durante cada período histórico, se cumple únicamente en la dirección que le da el ímpetu de la última revolución, y se mantiene en tanto el impulso de esta se halla presente en ella. Concretando, en cada período histórico, la tarea de las reformas se cumple únicamente *en el marco* de la forma social creado por la última revolución. Este es el núcleo de la cuestión.

Es completamente falso y contrario a la historia representarse la acción legal de la reforma como una revolución extendida y la revolución como una reforma concentrada. Una revolución social y una reforma legislativa son dos diferentes dimensiones no por *duración* sino por su *esencia*. El secreto del cambio histórico mediante la utilización del poder político reside precisamente en la conversión de las modificaciones simplemente cuantitativas en una nueva cualidad o, para decirlo más concretamente, en la transición de un período histórico de una forma de sociedad a otra.

Es por esto que quienes se pronuncian a favor del camino de las reformas legislativas *en lugar de* —y *en contraposición a*— la conquista del poder político y de la revolución social, no están realmente eligiendo un camino más calmo, seguro y lento hacia *la misma* meta, sino una meta *distinta*. En lugar de dirigirse al establecimiento de una nueva sociedad, se dirigen simplemente hacia modificaciones inesenciales (cuantitativas) de la existente. Si seguimos las concepciones políticas del revisionismo (Bernstein), llegamos a la misma conclusión que se alcanza cuando seguimos sus teorías económicas: no se encaminan a la realización del orden *socialista*, sino a la reforma del *capitalista*; no a la supresión del sistema salarial, sino a un más o menos de la explotación, es decir, a la supresión de los abusos del capitalismo y no a la supresión del capitalismo en cuanto tal. ¿Pero es que acaso las frases dichas anteriormente sobre la función de las reformas sociales y de la revolución mantienen su justeza solamente en cuanto a las actuales luchas de clases? ¿Es que acaso, desde ahora y gracias al perfeccionamiento del sistema jurídico burgués, la reforma legal, el tránsito de la sociedad de una fase histórica a otra determinada, y la conquista del poder por el proletariado «se han convertido en frases sin sentido», como dice Bernstein en su libro?

El caso es justamente lo contrario. ¿Qué características distinguen a la sociedad burguesa de las anteriores sociedades de clase —de la antigua y de la medieval? Precisamente la circunstancia de que el dominio de clase no descansa sobre «derechos bien adquiridos», sino sobre *relaciones efectivas de orden económico*; y de que el sistema de salario no es una relación jurídica, sino simplemente económica. No se encontrará en todo nuestro sistema jurídico una fórmula legal que corresponda a la actual dominación de clase. Si alguna queda, será, como la ley de servidumbre, residuo de las relaciones feudales.

¿Cómo se puede, pues, anular «por el camino legal» y gradualmente la esclavitud del salario, si no está expresada en ley ninguna? Al acomodarse a la obra de reforma legal, Bernstein trata de poner fin, por este camino, al capitalismo; pero cae en la postura de aquel policía ruso, cuya historia cuenta Uspienski: «...Agarró en seguida al individuo por el cuello, y ¿qué creéis que ocurrió? Pues nada; que el maldito no tenía cuello...».

Una cosa así le ocurre a Bernstein: «La historia de todas las sociedades hasta nuestros días es la historia de las luchas de clases».[21]

Pero en las fases anteriores de la sociedad moderna, este antagonismo fue expresado en determinadas relaciones jurídicas e incluso pudo por esa causa, y hasta cierto grado, dar lugar, dentro del marco de las antiguas relaciones, a las modernas. «El siervo se fue convirtiendo, sin salir de su servidumbre, en miembro de la comuna».[22]

¿Y cómo pudo ser así? Por la abolición gradual, dentro del recinto de la ciudad, de todo aquel cúmulo de derechos independientes entre sí: las frondas, kurmedos, parentela, mañería, capacitación luctuosa, etcétera, cuyo conjunto constituía la servidumbre.

De igual manera, el «vecino libre de las pequeñas villas convertíase en burgués bajo el yugo del absolutismo feudal».[23] ¿Y en qué forma? Por la abolición formal y gradual o por el relajamiento efectivo de las ligaduras gremiales; por la lenta transformación de la administración del ejército o la finanza en la proporción de una general conveniencia.

Si se quiere tratar la cuestión en forma abstracta más bien que históricamente, entonces debemos pensar, al menos, en un tránsito legal y reformista de la sociedad feudal a la burguesa. Pero, ¿qué se desprende de ello? Que allí, las reformas legales tampoco sirvieron para hacer innecesaria la conquista del poder político por la burguesía, sino que, por el contrario, prepararon y dieron posibilidad a esta conquista. Una revolución política y social completa era precisa, tanto para la abolición de la servidumbre, como para la destrucción del feudalismo.

Pero las cosas se presentan hoy de distinta manera. Ahora no existe ley alguna que obligue al proletariado a someterse al yugo del capital; solo le lleva a ello la necesidad, la carencia de medios de producción. Ninguna ley en el mundo puede, dentro del marco de la sociedad burguesa, otorgarle estos medios, porque se la despojó de ellos, no por ley alguna, sino por el desenvolvimiento económico.

Además, la explotación *por medio* de las relaciones del salario no descansa sobre leyes, pues la altura del salario no se determina por vía legal, sino por factores económicos. Y el hecho mismo de la explotación no se apoya sobre una disposición legal, sino sobre la realidad económica de que la fuerza de trabajo se presenta como mercancía que, entre otras cualidades, tiene la positiva de producir valor y, más aún, *supervalor* o plusvalía, al ser pagado el obrero con medios de subsistencia. En una palabra: todas las relaciones básicas del dominio capitalista de clase no pueden ser transformadas por medio de reformas legales y sobre una base burguesa, por la sencilla razón de que estas relaciones no han sido consecuencia de leyes burguesas, ni estas leyes les han dado su fisonomía. Bernstein no sabe esto cuando plantea una «reforma» socialista. Pero, aun no sabiéndolo, lo dice al escribir en su libro que «la razón económica se presenta hoy francamente donde antes se disfrazaba con relaciones de dominio o ideologías de toda clase».

Pero aún hay más: la otra particularidad del sistema es que todos los elementos de la sociedad futura toman, al desenvolverse, primeramente una forma que no los acerca al socialismo, sino que los aleja de él. En la producción se manifiesta más y más su carácter social. Pero ¿en qué forma? En la de gran empresa, de sociedad anónima, de cartel, allí donde las contradicciones capitalistas, la explotación y el sometimiento de la fuerza de trabajo han llegado al máximo.

En cuanto al ejército, este desarrollo implica la extensión del servicio militar obligatorio, el acortamiento del tiempo de servicio; es decir, la aproximación material al ejército popular. Y esto en la forma del militarismo moderno, precisamente cuando el dominio del pueblo, mediante el Estado militar, cuando el carácter de clase del Estado llega a su más clara expresión.

En las relaciones políticas, y en tanto que encuentra condiciones favorables, el desarrollo de la democracia conduce a la participación de todas las clases del pueblo en la vida política; es decir, en cierto modo, al «Estado popular». Y ello en la forma del parlamentarismo burgués, cuando los antagonismos de clase, el dominio de clase, no han sido abolidos, sino multiplicados y puestos en evidencia. Porque si el desarrollo capitalista vive, por tanto, en contradicciones y, por consiguiente, hay que mondar el fruto de la sociedad, quitándole la cáscara contradictoria que lo cubre, será una razón más para que sean necesarias, tanto la conquista del poder político por el proletariado, como la abolición total del sistema capitalista.

Ciertamente, Bernstein saca otras conclusiones. Si el desarrollo de la democracia llevara a la agravación y no al debilitamiento de las contradicciones capitalistas, «entonces —contesta— la socialdemocracia, si no quiere dificultarse a sí misma el trabajo, tenderá a anular, con todas sus fuerzas, cualquier reforma social o el crecimiento de las instituciones democráticas».

Ello, desde luego, si la socialdemocracia, hoy todavía pequeñoburguesa, encontrara placer en el tranquilo pasatiempo de elegir todos los lados buenos y descartar todos los lados malos de la historia. Entonces debiera «tender, lógicamente, a inutilizar» también al capitalismo en general, puesto que indudablemente este es el principal malvado que le pone tantos obstáculos en el camino del socialismo. Realmente, el capitalismo, al propio tiempo que pone *impedimentos*, da también las *posibilidades* de realizar el programa socialista. Otro tanto cabe decir con respecto a la democracia.

Si la democracia es, en parte, superflua para la burguesía, y en parte hasta un obstáculo, en cambio para la clase trabajadora es necesaria e indispensable. Y lo es en primer lugar porque crea formas políticas (autonomía, sufragio, etcétera) que pueden servir de comienzos y puntos de apoyo al proletariado en su transformación de la sociedad burguesa. Pero, además, es indispensable, porque solo en ella, en la lucha por la democracia, en el ejercicio de sus derechos, el proletariado puede llegar al verdadero conocimiento de sus intereses de clase y de sus deberes históricos.

En una palabra: la democracia es indispensable, no porque haga *innecesaria* la conquista del poder político por el proletariado, sino, al contrario, porque hace *indispensable* y *posible* la conquista del poder. Cuando Engels revisó en su prefacio a *La guerra civil en Francia* la táctica del movimiento obrero actual, y opuso a las barricadas la lucha legal, no trataba —*y así se desprende de cualquier línea de ese prólogo*— la cuestión de la conquista del poder político, sino la de la actual lucha cotidiana; no la conducta del proletariado frente al Estado capitalista en el momento de la toma del poder estatal, sino su proceder dentro del *marco* de la sociedad capitalista. En resumen: Engels dio la pauta del proletariado *dominado*, pero no al vencedor.[24]

Un sentido distinto encierra la conocida frase de Marx con respecto a la cuestión de la tierra en Inglaterra, la cual saca a colación Bernstein.

Seguramente resultaría más barato comprar la tierra a los propietarios; puesto que no se refiere a la conducta del proletariado antes de su victoria, sino después de triunfar. Pues no puede hablarse de «compras» a la clase dominante hasta tanto la clase obrera esté en el poder. Lo que Marx plantea aquí es el ejercicio pacífico de la dictadura proletaria, y no el sustitutivo de esta dictadura a base de reformas sociales.

La necesidad misma de la conquista del poder político por el proletariado estuvo en todo momento fuera de duda, tanto para Marx como para Engels. Y a Bernstein quedó reservado considerar la charla del parlamentarismo burgués como el órgano llamado a realizar la transformación más grande del mundo: el tránsito de la sociedad, de su forma *capitalista*, a la *socialista*.

Pero Bernstein empieza su teoría con la duda y el temor de si el proletariado no tomará el timón antes de tiempo. En este caso, según Bernstein, debiera respetar las circunstancias burguesas tal y como se hallan, e incluso no importarle una derrota, que pudiera ser beneficiosa. En primer lugar se desprende de este temor que el consejo «práctico» que da al proletariado para el caso de que las circunstancias le llevaran a empuñar el timón es echarse a dormir. Con esto se juzga por sí mismo el consejo como interpretación que condena al proletariado, en las fases más importantes de la lucha, a la inactividad, a la pasividad y traición hacia su propia causa.

Verdaderamente sería nuestro programa un mísero papelucho si no sirviera para *todas* las circunstancias y para *todos* los momentos de la lucha, y su utilidad no se demostrara realmente *cumpliéndolo*, no recitándolo. Pero si nuestro programa significa el sometimiento a fórmulas del desarrollo histórico de la sociedad en su trayectoria de capitalismo a socialismo, estudia también claramente todas las fases transitorias de este desenvolvimiento, concretando en sí los rasgos más esenciales, es decir, indicando al proletariado la actitud que ha de adoptar en cualquier momento para acercarse al socialismo. De ello resulta que para la clase obrera *no puede* existir ocasión en que se vea obligada a abandonar su programa o verse abandonada por él.

Prácticamente esto se manifiesta en que el proletariado no puede admitir la llegada de un momento en que, empujado al poder por el curso de las cosas, no se considera obligado, dada la situación, a adoptar ciertas medidas para la realización de su programa, ciertas medidas transitorias, pero de un sentido socialista. Tras la afirmación bernsteiniana de que el programa socialista pudiera, en un momento dado, fallar completamente en cuanto al dominio político del proletariado, no dando indicación alguna para su ejecución, se oculta inconscientemente esta otra afirmación: *el programa socialista es, en general y en todo momento, irrealizable.*

¿Y si estas medidas transitorias resultan prematuras? Esta cuestión oculta en sí toda una madeja de opiniones equivocadas con respecto al curso efectivo de las revoluciones sociales.

La toma por el proletariado del poder estatal, esto es, por una gran clase popular, no es algo artificioso. Si exceptuamos aquellos casos en que —como la Comuna de París— el dominio del proletariado no fue consecuencia de una lucha consciente del objetivo que debía conquistarse, sino que, más bien y por excepción, el poder fue una cosa abandonada por todos y que no encontraba dueño, la conquista del poder político supone un determinado grado de madurez en las relaciones político-económicas. Aquí se halla la diferencia fundamental entre el golpe de Estado blanquista —obra de una «minoría decidida», dispuesta a actuar en cualquier momento y, por lo tanto, siempre a destiempo— y la conquista del poder del Estado por una masa popular amplia y consciente, conquista que solo puede ser producto de un derrumbe progresivo de la sociedad burguesa, por lo cual lleva en sí la legitimidad económico-política de un fenómeno inevitable en el tiempo.

Y si, por lo tanto, desde el punto de vista de las condiciones sociales, la conquista del poder político por la clase trabajadora jamás podrá realizarse si el momento es «demasiado prematuro», tendremos que, lógicamente, sí podrá llevarse a cabo desde el punto de vista del efecto político de la *mantención* en el poder, aun cuando necesariamente resulte «demasiado prematura». Esta revolución demasiado temprana que quita el sueño a Bernstein, nos amenaza como la espada de Damocles, y contra ella no valen ruegos ni miramientos, por dos razones ciertamente muy importantes.

Primero, si existe una revolución social tan poderosa como es el paso del orden capitalista al socialista, no puede concebirse como cosa de un momento y debido a un golpe victorioso del proletariado. Aceptarlo como posible será, en verdad, dar a luz una interpretación perfectamente *blanquista*. La revolución socialista supone una lucha larga y tenaz, en la cual el proletariado, según todas las probabilidades, más de una vez habrá de ceder terreno por haber tomado el timón — hablando desde el punto de vista del resultado final de la lucha en su conjunto— en tiempos «demasiado prematuros».

Pero, en segundo lugar, estos «prematuros» asaltos al poder del Estado, son, asimismo, inevitables, puesto que esos ataques «tempranos» constituyen por sí mismos un factor muy importante que ha de crear las condiciones *políticas* necesarias para el triunfo final y, además, porque la clase obrera, ya sea en el curso de aquella crisis política que acompañará a su conquista del poder, o bien en el fuego de luchas más largas y sostenidas, puede adquirir el necesario grado de madurez política que la capacite para la gran revolución final.

Así, pues, aquellas luchas «prematuras» del proletariado por la conquista del poder, se presentan incluso como momentos históricos e importantes que colaboran en la creación del *momento* del triunfo último. Desde este aspecto, la idea de una conquista «prematura» del poder político por la clase trabajadora se presenta como un contrasentido político, que tiene su origen en aceptar un desenvolvimiento mecánico de la sociedad y en suponer un momento determinado para el triunfo en la lucha de clases, pero al *margen e independiente* de esta lucha.

Mas como el proletariado no puede, por lo tanto, conquistar el poder en otra forma, sino como algo «demasiado prematuro»; o dicho en otras palabras, como quiera que lo ha de conquistar una o varias veces, pero sin que sepa cuántas, si bien, siempre en forma «demasiado prematura», para luego tomarlo, al fin, con carácter permanente, la oposición a esta *prematura* conquista del poder no es más que la *oposición, en general, a la tendencia del proletariado a apoderarse del poder del Estado.*

Si por todas partes se llega a Roma, también desde este punto llegaremos al lógico resultado de que el consejo revisionista de abandonar el *objetivo final* socialista lleva al otro punto: al abandono total del *movimiento* socialista.

IV. El derrumbe

Bernstein empieza su revisión del programa socialdemócrata con el abandono de la fe en el derrumbe capitalista. Pero como el derrumbe de la sociedad burguesa es la piedra angular del socialismo científico, alejarse de este punto capital llevaría, lógicamente, al desmoronamiento de toda la concepción socialista. En el curso del debate, y para mantener su primera afirmación, va cediendo una tras otra todas las posiciones socialistas.

Como sin catástrofe del capitalismo es imposible la expropiación de la clase capitalista, Bernstein renuncia a esta expropiación, y pone como *fin del movimiento* obrero la realización gradual del «principio cooperativista».

Pero como el cooperativismo no es posible dentro de la producción capitalista, también Bernstein renuncia a socializar la producción, y llega a la reforma del comercio sobre la base de cooperativas de consumo.

Pero como la transformación de la sociedad por medio de estas cooperativas del brazo de los sindicatos no concuerda con el desarrollo material y efectivo de la sociedad capitalista, Bernstein niega también la concepción materialista de la historia.

Pero como su concepto del curso del desarrollo económico no se aviene con la ley marxista de la plusvalía, Bernstein abandona la teoría del valor y la de la plusvalía, es decir, toda la doctrina económica de Marx.

Pero como sin objetivo final y sin base económica la lucha de clases del proletariado no puede existir en la sociedad actual, Bernstein renuncia igualmente a esta lucha clasista y pide la reconciliación con el liberalismo burgués.

Pero como en una sociedad de clases la lucha de esta es un fenómeno natural e inevitable, Bernstein, en ulterior consecuencia, combate hasta la existencia de las clases en esta sociedad. Para él, la clase trabajadora no es más que un montón de individuos aislados, sin trabazón política ni espiritual, cuanto menos económica. Y según él, la burguesía tampoco se halla unida políticamente por intereses económicos, sino simplemente por una fuerza exterior, venga de abajo o de arriba. Luego si no hay base económica para una lucha de clases y, en resumidas cuentas, tampoco existen las clases, la lucha futura entre proletariado y burguesía se presenta tan absurda como hasta ahora, y la socialdemocracia, con sus triunfos y todo, será algo inconcebible. Mas si hubiera que interpretarla, sería solamente como resultado de la opresión política del gobierno; no como consecuencia legítima del desarrollo histórico, sino como producto azaroso de la conducta hohenzollerniana; no como hijo legítimo de la sociedad capitalista, sino como bastardo de la reacción. Así Bernstein nos lleva, con lógica que él entenderá aplastante, de la concepción materialista de la historia al ideario de la *Frankfurter* o de la *Vossische Zeitung*.

Pero después de haber negado en su totalidad la crítica socialista de la actual sociedad, aún le queda por encontrar agradable lo existente, al menos en su conjunto. Y Bernstein no se arredra por eso. Para él, la reacción no es demasiado violenta en Alemania. «En los países occidentales de Europa la reacción apenas existe; [en casi todos estos países] la actitud de la clase burguesa ante el movimiento socialista es, a lo sumo defensiva, pero nunca de opresión».[25]

Los obreros no son cada vez más pobres, sino que, por el contrario, van siendo dueños de algo; la burguesía, políticamente, es progresista, y hasta moralmente sana; ya no se ve reacción ni opresión, y todo va mejor en el mejor de los mundos…

Y así Bernstein, con lógicas deducciones, no deja registro por tocar. Empezó demostrando que había que renunciar al *objetivo final* socialista, en beneficio solo del movimiento. Mas como sin un objetivo final socialista no puede haber movimiento socialdemócrata, concluye tirando por la borda hasta ese mismo *movimiento*.

Toda la concepción socialista de Bernstein por lo tanto fracasa. El firme, maravilloso y simétrico edificio del sistema marxista queda convertido por Bernstein, para siempre, en un montón de cascote, en una ruina de todas las teorías, en el derrumbadero común al que se arrojan pensamientos escogidos al azar entre todos los grandes y pequeños pensadores: Marx y Proudhon; León von Buch y Franz Oppenheimer; Federico Alberto Lange y Kant; Prokopowitch y el doctor Ritter von Neupauer; Hirkner y Schultze-Gavernitz; Lassalle y el profesor Julio Wolf; todos, todos contribuyen con su óbolo a crear el sistema bernsteiniano, y en el campo de todos ha espigado Bernstein. ¡No hay que maravillarse! Pues con el abandono del punto de vista clasista ha perdido el compás político, y con la renuncia al socialismo científico le falta el eje de cristalización espiritual, no pudiendo agrupar los hechos aislados en el total orgánico de una visión mundial y lógica.

Esta teoría, formada de trozos elegidos caprichosamente y pertenecientes a otros sistemas, parece, a primera vista, hallarse libre de prejuicios. Bernstein no quiere oír hablar de una «ciencia de partido», o, más justamente, de una ciencia de clase, así como tampoco de un liberalismo y de una moral de clase. Cree defender y representar una ciencia humana común, abstracta; un liberalismo abstracto, una moral abstracta. Pero como la sociedad viva se compone de clases con tendencias, intereses y concepciones diametralmente opuestos, tenemos que, hoy por hoy, una ciencia humana común en cuanto a las cuestiones sociales; un liberalismo abstracto, una moral abstracta, son una fantasía, es engañarse a sí mismo. Lo que Bernstein tiene por ciencia humana común, por moral, por democracia, es, sencillamente, la ciencia, la democracia y la moral burguesas.

En efecto: al negar el sistema económico de Marx para abrazar las teorías de Brentano, Böhm-Jevons, Say y Julio Wolf, ¿qué hace sino cambiar los principios científicos de la emancipación proletaria por la apología de la sociedad burguesa? Cuando habla del carácter humano y general del liberalismo y convierte el socialismo en un derivado de este, ¿qué otra cosa hace sino despojar al socialismo de su carácter de clase, es decir, de su contenido histórico, del contenido en general, convirtiendo, por tanto, a la burguesía en arca histórica y vehículo del liberalismo, en la representante de los intereses humanos en general?

Y cuando habla en contra de «la exaltación de los factores materiales como fuerzas omnipotentes del desenvolvimiento»; cuando despotrica contra «el desprecio del ideal», propio de la socialdemocracia; cuando defiende el idealismo y la moral, combatiendo, al propio tiempo, la única fuente de resurrección espiritual del proletariado, la lucha de clases revolucionaria, ¿qué hace, en verdad, sino predicar a la clase trabajadora lo que es quintaesencia de la moral burguesa: la reconciliación con el orden existente, y confiar sus esperanzas en el más allá, en un mundo religioso más justo?

Al dirigir sus más afilados dardos contra la dialéctica, no hace más que combatir el pensamiento específico de un proletariado con conciencia de clase; ir en contra de la espada que ha de ayudar a la clase obrera a desgarrar las tinieblas de su porvenir histórico; mellar el arma espiritual con la cual, aun siguiendo sujeto materialmente a su yugo, el obrero derrota a la burguesía, puesto que la convence del carácter efímero y temporal de la sociedad actual, de la ineluctabilidad del triunfo proletario, hecha ya la revolución en el reino del espíritu. Despidiéndose Bernstein de la dialéctica y subiendo al balancín intelectual de los peros y quizás, de los no y de los sí, de los aunque y los sin embargo, de los menos y de los más, cae lógicamente en la ideología, históricamente limitada, de la burguesía en decadencia; forma de pensar que es fiel reflejo espiritual de su existencia social, de su actuación política. Las disyuntivas y dudas de la burguesía actual recuerdan perfectamente la forma de razonar propia de Bernstein, y su lógica es la muestra más fina y segura de la concepción burguesa y universal que le es propia.

Para Bernstein la palabra «burgués» ya ha perdido su significación de clase y expresa un concepto social de carácter general. Esto solo indica que ha trocado la ciencia, la moral, la política, el pensamiento e incluso el lenguaje proletario, por el pensamiento, la ciencia, la moral y la política burgueses. Cuando Bernstein devuelve a la palabra «burgués» su antigua significación antifeudal, ciudadana, lo hace para acabar hasta con los antagonismos verbales. Para él, el hombre es simplemente un burgués, y la sociedad humana solo debe ser burguesa.

V. El oportunismo en la teoría y en la práctica

Tanto en Alemania como en los demás países, el libro de Bernstein ha tenido una gran significación histórica para el movimiento obrero. Fue el primer intento de dar una base teórica a las corrientes reformistas aparecidas en la socialdemocracia. En nuestro movimiento, estas corrientes reformistas datan de más tiempo, si consideramos sus manifestaciones esporádicas. Por ejemplo, en la subvención a la flota mercante.[26] Pero una corriente en este sentido marcada y uniforme, data solo desde principios de 1890, a partir de la caída de la «ley de los socialistas» y de la reconquista de la legalidad para el partido. El socialismo de Estado, de Vollmar,[27] la votación del presupuesto bávaro;[28] el socialismo agrario de la Alemania del Sur; los proyectos de compensación de Heine;[29] el punto de vista de Schippel con respecto a las milicias y las aduanas,[30] he ahí los hitos que marcan el camino recorrido por la práctica oportunista.

¿Y qué es lo que principalmente la caracteriza en su exterior? Su hostilidad contra la *teoría*. Y esto es muy natural; pues que nuestra «teoría», es decir, los principios del socialismo científico, establecen líneas marcadísimas para la actividad práctica, tanto con respecto a los *fines*, como a los *medios* de lucha a emplear y a la forma de combatir. Por eso aquellos que no pretenden conseguir más que resultados prácticos sienten la tendencia natural a pedir libertad de movimientos, esto es, a separar la «teoría» de la práctica, a independizarse de aquella. Porque esa teoría se vuelve contra ellos en todo momento. El socialismo de Estado, el socialismo agrario, la política de compensación, la cuestión de las milicias, son otras tantas derrotas para el oportunismo. Está claro que esta corriente quisiera afirmarse frente a nuestros principios, llegando incluso a oponerse a la misma teoría y, en lugar de ignorarla, tratar de destruirla, confeccionando una teoría propia. Y un intento en este camino fue precisamente la teoría bernsteiniana, y de ahí por qué, en el congreso de Stuttgart, se agruparon, con rapidez, en derredor de la bandera de Bernstein, todos los elementos oportunistas. Si, por una parte, las corrientes oportunistas de este señor resultan, en la práctica, fenómenos naturales y comprensibles, surgidos de las condiciones de nuestra lucha y de las proporciones que toma, por otra parte, la teoría de Bernstein es un ensayo, no menos comprensible, de agrupar estas corrientes en una expresión general teórica, para sentar sus propias bases científicas y liquidar de una vez el socialismo marxista. Por ello, la nueva teoría fue, de antemano, la prueba de fuego a que se sometía el oportunismo para llegar a su legitimación científica.

¿Cómo ha resistido esta prueba? Ya lo hemos visto. El oportunismo no es capaz de oponer una teoría positiva que resista en cierto modo la crítica. Todo lo que puede hacer es combatir la teoría, previo un desglose de sus diversos principios, para luego, y puesto que este sistema representa un todo armónico y entrelazado, destruir el edificio en total, desde la azotea hasta los cimientos. Con ello se demuestra que la práctica oportunista es, en su esencia y en su fundamentación, incompatible con el sistema marxista.

Y se demuestra, además, que el oportunismo es del todo incompatible con el socialismo, por cuanto su tendencia interna se encamina a encauzar el movimiento obrero por caminos burgueses, esto es, a paralizar completamente la lucha proletaria de clases. Ciertamente que esta lucha de clases, si no se entiende como proceso histórico, no puede identificarse completamente con el sistema marxista. También antes de Marx y con independencia de él, ha existido un movimiento obrero y diversos sistemas socialistas. Cada uno de estos dio, a su modo y en relación con la época, expresión teórica a los anhelos de emancipación de la clase trabajadora. Basar el socialismo sobre un concepto moral de justicia; luchar contra el modo de participación, en lugar de combatir la forma de producción capitalista; concebir los antagonismos de clase como contraste entre pobre y rico; tender a injertar el «cooperativismo» en la economía capitalista, todo esto que encontramos en Bernstein, todo esto ya ha existido. Y estas teorías fueron en su momento, aun con todas las deficiencias, teorías que influyeron sobre la lucha de clases del proletariado. Fueron los gigantescos andadores en que este aprendió a caminar sobre el escenario histórico.

Pero luego que el desenvolvimiento de la lucha de clases misma y su trascendencia social ha llevado a olvidar estas teorías idealistas y a formular las bases del socialismo científico, ¿es posible —al menos en Alemania— otro socialismo que no sea el marxista, una lucha de clases al margen de la socialdemocracia? Cada vez más se identifican socialismo y marxismo, lucha de emancipación obrera y socialdemocracia. El retroceso a las teorías socialistas anteriores a Marx no significa siquiera volver a los gigantescos andadores del proletariado, no; es calzarse nuevamente las raquíticas y gastadas zapatillas de la burguesía.

La teoría de Bernstein ha sido el primero y último intento de dar al oportunismo una base científica. Y decimos el último, porque este oportunismo ha ido tan lejos, tanto negativamente al abjurar del socialismo científico, como positivamente al condimentar su potaje teórico confusionista; este oportunismo ha ido tan lejos con Bernstein, que a estas alturas ya cumplió todos sus fines. Al plasmarse en un sistema, ha expresado teóricamente su futuro; ha sacado sus últimas consecuencias.

La doctrina marxista no solo es capaz de refutarles en el terreno teórico, sino que es también la única que se halla en condiciones de explicar el oportunismo como fenómeno histórico en la evolución del partido. No hay que considerar el avance histórico del proletariado en el mundo, el avance hasta la victoria final, como «cosa tan simple». Toda la particularidad de este movimiento consiste en que aquí, por vez primera en la historia, por sí mismas e incluso en contra de las clases dominantes, las masas ejercen su voluntad; pero esta voluntad han de ponerla en el ocaso de la sociedad actual, más allá de esta misma sociedad. Mas esta voluntad ha de imponerla la masa una vez y otra, luchando continuamente con el orden actual y dentro del marco de este. Procurar la comunión de la masa con la gran transformación del mundo: he ahí el vasto problema que toca resolver a la socialdemocracia. Nuestro deber es luchar sin desmayo, manteniendo firme la ruta marcada por el marxismo. Ruta que guardan, celosos y amenazantes, dos escollos: el del abandono de su carácter de masa y el del olvido del objetivo final; el de la recaída en la secta y el de su naufragio en el movimiento reformista burgués; el del anarquismo y el del oportunismo.

Bien es verdad que el arsenal teórico de la doctrina marxista nos prestó, hace medio siglo, armas perfectas que aseguraban el triunfo sobre uno y otro enemigo. Mas como quiera que nuestro movimiento es movimiento de masas, y los peligros que lo amenazan no proceden de las cabezas humanas sino de las condiciones sociales, no es de extrañar que las extravagancias oportunistas y anarquistas volvieran a la carga, a pesar de las repetidas derrotas que nuestra teoría marxista les promete. Hecha carne la teoría por la fuerza de la práctica, el movimiento mismo —siempre con las armas de Marx— tendrá poder para impedir toda desviación, todo asalto de los elementos intrusos. El peligro menos importante —el sarampión anarquista— pasó ya con el «movimiento de los independientes». Y es el riesgo mayor —la hidropesía oportunista— la enfermedad que al presente está sufriendo —y venciendo— la socialdemocracia.

Con el enorme crecimiento en extensión del movimiento durante los últimos años, con la complicación de las condiciones y de las tareas que en esa etapa tenía que afrontar la lucha, debió llegar el momento en que surgieran en su seno un escepticismo respecto a la conquista de las grandes metas finales y una indefinición respecto al elemento ideológico del propio movimiento. Pero así, y no de otro modo, ha de transcurrir el gran movimiento proletario. Y estas épocas de escepticismo y de duda no pueden constituir sorpresa para la doctrina marxista. Ya Marx lo profetizó hace tiempo:

> Las revoluciones burguesas, como la del siglo XVIII —escribió hace medio siglo, en su *Dieciocho Brumario*...—, avanzan arrolladoramente de éxito en éxito, sus efectos dramáticos se atropellan, los hombres y las cosas parecen iluminados por fuegos de artificio, el éxtasis es el espíritu de cada día; pero estas revoluciones son de corta vida, llegan en seguida a su apogeo

y una larga depresión se apodera de la sociedad, antes de haber aprendido a asimilarse serenamente los resultados de su período impetuoso y agresivo. En cambio, las revoluciones proletarias, como las del siglo XIX, se critican constantemente a sí mismas, se interrumpen continuamente en su propia marcha, vuelven sobre lo que parecía terminado, para comenzarlo de nuevo desde el principio, se burlan concienzuda y cruelmente de las indecisiones, de los lados flojos y de la mezquindad de sus primeros intentos, parece que solo derriban a su adversario para que este saque de la tierra nuevas fuerzas y vuelva a levantarse más gigantesco frente a ellas, retroceden constantemente aterradas ante la vaga enormidad de sus propios fines, hasta que se crea una situación que no permite volverse atrás y las circunstancias mismas gritan: «*Hic Rhodus, hic salta!*».[31]

Y esta fue siempre la verdad, reconocida por la misma teoría del socialismo científico. El movimiento proletario no es hoy totalmente socialdemócrata. Ni aun siquiera en Alemania. Pero el día llegará en que adquiera en su totalidad este carácter, venciendo las extravagancias extremas de anarquistas y oportunistas, que no son más que momentos en el *proceso* total de la socialdemocracia.

En vista de ello no debe sorprendernos la existencia de estas corrientes oportunistas, sino la debilidad que manifiestan. Mientras se encarnaron únicamente en casos aislados, dentro de la práctica del partido, temimos que tras de estos hechos se ocultara una teoría seria. Mas ahora, desnuda esa teoría en su total desarrollo, nos preguntamos asombrados, luego de leer el libro de Bernstein: ¿pero era todo esto lo que tenía que decir? ¡Ni el más pequeño asomo de una nueva idea! Ni un solo pensamiento que el marxismo no haya destruido hace decenios, que no haya pisoteado, destrozado, ridiculizado y reducido a la nada.

Bastó que el oportunismo hablara, para demostrar que no tenía nada que decir. Y esa es la verdadera trascendencia que para la historia del partido encierra el libro de Bernstein.

Al despedirse este de la forma de pensar del proletariado revolucionario —de la dialéctica— y de la concepción materialista de la historia, encontramos circunstancias atenuantes que favorecen su éxito. La dialéctica y la concepción materialista de la historia —tan generosas siempre— nos lo muestran tal cual es: Bernstein fue el instrumento, tan propicio como inconsciente, que sirvió al proletariado para expresar sus indecisiones momentáneas, sus momentos de angustia en un vía crucis de redención. Llegada la luz del alba y comprobado lo que fue motivo de espanto, no puede menos que reírse en sus propias barbas, para terminar, irritado, arrojándolo de su presencia.

Fuente: Rosa Luxemburgo: «Reforma o revolución», en Bolívar Echeverría, comp., *Obras escogidas*, t. I, Ediciones ERA, México, D.F., 1978, pp. 27-84.

Socialdemocracia y parlamentarismo*

I

El Reichstag ha vuelto a reunirse bajo síntomas concomitantes muy significativos. Por una parte, ataques descarados de la prensa reaccionaria del calibre de la *Post* contra el sufragio universal y, por otra parte, signos claros de «cansancio parlamentario» en los propios círculos burgueses, con la posposición, cada vez más llamativa, de la convocatoria del Reichstag hasta poco antes de las vacaciones de Navidad: todo esto proporciona una imagen brutal de la rápida decadencia del parlamento alemán más importante y de su significado político. Está perfectamente claro, ahora, que el Reichstag solo se reúne principalmente para aprobar el presupuesto, un nuevo proyecto de

---

* En este artículo, escrito en 1904, Rosa Luxemburgo da algunas indicaciones con respecto a la táctica que ha de adoptar un partido revolucionario, en condiciones precisas —en el caso concreto, la socialdemocracia alemana—, en su acción parlamentaria. Entre tales indicaciones, una es fundamental: la lucha de clase proletaria es la que ordena la acción parlamentaria y también la extraparlamentaria. Al poner así, en el primer lugar de la política del partido, la lucha proletaria, Rosa Luxemburgo toma posición frente al oportunismo de los dirigentes de la socialdemocracia alemana que consideraban que la democracia burguesa era la forma histórica de la realización progresiva del socialismo. Desde *Reforma o revolución*, Rosa Luxemburgo había mostrado que en la época del imperialismo se da un debilitamiento de la democracia, la cual, no siendo asumida ya por la burguesía, solo tiene en adelante como único defensor consecuente al proletariado; lo que no quiere decir que el proletariado pueda contentarse con la democracia burguesa; por el contrario, la lucha por las reformas sociales constituye para el proletariado el medio para llegar al fin: la revolución socialista. *(N. de la Red.)*.

ley sobre el ejército, nuevos créditos para la guerra colonial africana,[1] con, en el trasfondo, apuntando ya, nuevas exigencias inevitables de la marina y los tratados comerciales: hechos consumados todos, resultado de la acción *extraparlamentaria* de factores políticos, ante los cuales se sitúa al Reichstag para que, como máquina de decir sí, suministre los medios de esta política extraparlamentaria. Hasta qué punto la burguesía acepta este papel lamentable de su parlamento y participa con plena *conciencia* en esta sumisión, lo muestra en forma clásica la declaración de un periódico berlinés de la izquierda liberal que, en presencia de las nuevas y exorbitantes demandas militares —que representan un aumento del ejército permanente en más de 10 000 hombres y de los gastos correspondientes, en el próximo quinquenio, de más de setenta y cuatro millones, y le son presentadas al Reichstag con la amenaza usual, a la manera de una pistola puesta ante el pecho, de que, en otro caso, volverá a introducirse el servicio de tres años—, dice, anticipándose, con un silencioso suspiro: puesto que la representación popular no puede querer esto (el servicio de tres años), el proyecto de ley relativo al ejército *«puede considerarse ciertamente desde hoy ya como aprobado»*. Y, por supuesto, esta profecía heroica del liberalismo acertará tan brillantemente como todo otro cálculo que la vergonzosa autoalienación de la mayoría burguesa del Reichstag tome como punto de partida.

Tenemos aquí ante nosotros, en los destinos del Reichstag alemán, una parte importante de la historia del parlamentarismo burgués en general, de cuyas tendencias y conexiones internas es importante que la clase trabajadora —y tiene interés en hacerlo— cobre conciencia clara.

Constituye una ilusión histórica, no solo explicable, sino además necesaria, de la burguesía que lucha por el poder —y más aún de la que ya lo ha conquistado—, el que su parlamento sea el eje central de la vida social y la fuerza motora de la historia. Concepción, por lo demás, cuya flor natural es aquel famoso «cretinismo parlamentario» que, ante el complacido chapoteo verbal de un par de cientos de diputados en una cámara legislativa burguesa, no advierte las fuerzas históricas ingentes que afuera, en el seno de la evolución social, actúan con magnífica independencia de la farsa legisladora. Y es precisamente este juego de las ciegas fuerzas elementales de la evolución social, en que la propia clase burguesa participa aun sin saberlo, lo que conduce a socavar inconteniblemente no solo el significado pretencioso, sino también cualquier otro significado del parlamentarismo burgués.

En efecto, según puede comprobarse en los destinos del Reichstag alemán con mayor fuerza que en cualquier otro país, es el doble efecto de la evolución, tanto *nacional* como *internacional*, lo que produce la decadencia del parlamentarismo burgués. Por una parte, la *política mundial*, que en los últimos diez años ha adquirido un auge enorme, arrastra toda la vida económica y social de los países capitalistas en un torbellino de efectos, conflictos y transformaciones imprevisibles, en el que los parlamentos burgueses son lanzados impotentes, como un madero en un mar tormentoso, de un lugar para otro.

Y por otra parte, la docilidad y la impotencia del parlamento burgués frente a dicho asalto del oleaje político universal, frente al militarismo, el marinismo y la política colonial, son fomentadas y maduradas por la evolución interna de las clases y los partidos de la sociedad capitalista.

Lejos de ser un producto absoluto de la evolución democrática, del progreso del género humano o de otras bellas cosas por el estilo, el parlamentarismo es, antes bien *la forma histórica concreta del dominio de clase de la burguesía* y —esto no es más que el otro lado de dicho dominio— de su *lucha con el feudalismo*. El parlamentarismo solo permanece en vida mientras dura el conflicto entre la burguesía y el feudalismo. Y si la fuerza vivificadora de esta lucha se apaga, entonces pierde el parlamentarismo, desde el punto de vista burgués, su finalidad histórica. Es el caso, sin embargo, que desde hace un cuarto de siglo, la característica general de la evolución política es en los países capitalistas un *compromiso* entre la burguesía y el feudalismo. El que se borre la diferencia entre los *whigs* y los *tories* en Inglaterra, o entre los republicanos y la nobleza clerical y monárquica en Francia, es producto y manifestación de este compromiso. En Alemania, el compromiso se encontraba ya en la cuna de la emancipación de clase de la burguesía, luego, ahogó su punto de partida —la Revolución de Marzo—, y confirió de antemano al parlamentarismo alemán, la figura estropeada de un engendro oscilando constantemente entre la vida y la muerte. El conflicto prusiano relativo a la Constitución,[2] resultó ser la última llamarada de la lucha de clases de la burguesía alemana contra la monarquía feudal. Desde entonces, la base del parlamentarismo, esto es, la coincidencia de la representación popular con el poder gubernamental, no se regula en Alemania, como en Inglaterra, Italia o los Estados Unidos, por ejemplo, de modo que el gobierno se extraiga de la mayoría parlamentaria en cada caso, sino de un modo *inverso*, que corresponde a la particular miseria prusiano-alemana: todo partido burgués que llega en el Reichstag al poder, se convierte *eo ipso en partido gubernamental*, esto es, en instrumento de la reacción feudal. Véanse si no, los destinos de los liberales y de los centristas.

El compromiso feudal-burgués, perfeccionado en forma tal, que desde el punto de vista histórico ha reducido al parlamentarismo mismo a un rudimento y un órgano desprovisto de función propia, ha producido también, con lógica obligada, todos los rasgos de la decadencia parlamentaria que hoy llaman la atención. En efecto, mientras subsiste la lucha de clases entre la burguesía y la monarquía feudal, la lucha abierta de los partidos en el parlamento constituye su medio de expresión apropiado. Pero, en cambio, sobre el terreno del compromiso perfeccionado, las luchas de partido burguesas en el parlamento carecen de objeto. Los conflictos de intereses entre los diversos grupos de la reacción feudal-burguesa dominante ya no se resuelven por medio de demostraciones de fuerza en el parlamento, sino por el sistema del regateo entre bastidores. Lo que queda todavía de luchas parlamentarias abiertas ya no son en modo alguno conflictos de *clase* o de *partido*, sino, a lo sumo, en países atrasados como Austria, por ejemplo, pugnas de nacionalidades, esto es, de *camarillas*, cuya forma parlamentaria apropiada es la pendencia, el escándalo.

Al extinguirse las luchas parlamentarias burguesas, desaparecen también sus órganos naturales, esto es, las personalidades parlamentarias descollantes, los grandes oradores y los grandes discursos. La lucha verbal como medio parlamentario, solo tiene objeto para un partido de lucha que cuenta con un respaldo popular. El hablar en el parlamento es siempre un hablar «a través de la ventana». En cambio, desde el punto de vista del regateo tras bastidores, como método normal de conciliación de los conflictos de intereses, las batallas verbales carecen de sentido, cuando no son inclusive contraproducentes. De ahí el disgusto de los partidos burgueses a propósito del «excesivo discursear» en el Reichstag; de ahí el vago sentimiento paralizante de inutilidad que pesa como una losa de plomo, sobre las campañas oratorias de los partidos burgueses, y convierte el Reichstag en una casa de la aridez intelectual más mortal.

Y finalmente, el compromiso feudal-burgués ha puesto en entredicho la piedra angular misma del parlamentarismo: *el propio sufragio universal*. También este, en efecto, solo tenía sentido histórico, desde el punto de vista burgués, como arma en la lucha entre las dos grandes fracciones de las clases acomodadas. Era necesario para la burguesía, a fin de movilizar «al pueblo» contra el feudalismo; era necesario, para el feudalismo, para conducir al campesinado contra la ciudad industrial. Pero después que el conflicto mismo ha desembocado en un compromiso, y que de los dos polos de la ciudad y el campo, en lugar de tropas liberales y agrarias ha surgido algo distinto —*la socialdemocracia*—, el sufragio universal se ha convertido, desde el punto de vista de los intereses dominantes burgueses y feudales, en un absurdo.

En esta forma, pues, ha recorrido el parlamentarismo burgués el ciclo de su evolución histórica y ha llegado a su propia negación. Es el caso, sin embargo, que, como causa y consecuencia de estos destinos de la burguesía, la socialdemocracia ha pasado a ocupar el lugar de la misma, tanto en el país como en el parlamento. Y si el parlamentarismo ha perdido para la sociedad capitalista todo contenido, en cambio, se ha convertido para la clase trabajadora ascendente en uno de los medios más poderosos e indispensables de la lucha de clases. Salvar el parlamentarismo burgués de manos de la burguesía y *contra* la burguesía, he aquí una de las tareas políticas más urgentes de la socialdemocracia.

Formulada en esta forma, la tarea se presenta en sí misma como una contradicción. Solo que, como dice Hegel: *la contradicción es lo que conduce adelante*. De la tarea contradictoria de la socialdemocracia con respecto al parlamentarismo burgués resulta la obligación, pues, de proteger y reforzar esta ruina decadente de la magnificencia democrático-burguesa, de modo tal, que acelere tanto el hundimiento definitivo del orden burgués en su conjunto como la toma del poder por el proletariado socialista.

II

Está muy extendida en nuestras filas la idea de que una exposición sin rodeos de la decadencia interna del parlamentarismo burgués y una crítica severa franca de este constituye un curso político arriesgado, porque se desilusiona en esta forma al pueblo acerca del valor del parlamentarismo, y se facilita así el trabajo de zapa de la reacción contra el sufragio universal.

Para todo el que está íntimamente familiarizado con la ideología de la socialdemocracia y se adhiere a ella, la inconsistencia de semejantes consideraciones es obvia. En efecto, jamás pueden cuidarse los verdaderos intereses tanto de la socialdemocracia como de la democracia en general, mediante el ocultamiento de conexiones reales ante la gran masa del pueblo. Las astucias diplomáticas servirán de vez en cuando, sin duda, como medio de pequeñas tretas parlamentarias de las camarillas burguesas. Pero el gran movimiento histórico de la socialdemocracia solo practica, frente a la masa trabajadora, la franqueza y la sinceridad más completas, ya que su esencia propia y su misión histórica consisten precisamente en despertar en el proletariado la *conciencia* clara de los resortes del desarrollo burgués, tanto en su conjunto como en sus detalles.

Particularmente, en relación con el parlamentarismo, el conocimiento de las verdaderas causas de su decadencia, tal como resultan del desarrollo burgués con lógica férrea, es absolutamente necesario para poner en guardia a la masa obrera con conciencia de clase, contra la ilusión perniciosa de que, mediante la atenuación y el amortiguamiento de la lucha de clases socialdemócrata, podría ayudarse a que la democracia y la oposición burguesas cobraran artificialmente nueva vida en el parlamento.

Las consecuencias extremas de la aplicación de *este* método de salvar el parlamentarismo, las estamos presenciando actualmente en la táctica ministerialista de Jaurès en Francia. En efecto, se funda en un doble artificio. Por una parte, en difundir en los círculos obreros esperanzas e ilusiones exageradas acerca de las conquistas positivas que pueden esperar del parlamentarismo *en general*. El parlamento burgués no solo es alabado como el instrumento predestinado del progreso social, de la justicia social, de la mejora de la clase trabajadora, de la paz universal y de otras maravillas de esta clase, sino que se presenta además directamente como el medio predestinado para la realización de los *objetivos finales* del socialismo. En esta forma, todas las esperanzas, todos los esfuerzos y toda la atención de la clase trabajadora se concentran en el parlamento.

Por otra parte, en el propio parlamento, la actitud de los socialistas ministeriales se orienta exclusivamente a llevar al poder y mantener en vida el lamentable resto, muerto interiormente, de democracia burguesa. Para este fin, se niega por completo la oposición de clases de la política proletaria con respecto a la política democrático-burguesa, se renuncia a la oposición socialista y, finalmente, los propios socialistas de Jaurès se presentan en su táctica parlamentaria como puros demócratas burgueses. De los verdaderos demócratas, estos demócratas disfrazados solo se distinguen por la etiqueta socialista y… por su mayor moderación.

Una mayor negación de sí mismo y un mayor sacrificio del socialismo en el altar del parlamentarismo burgués apenas son posibles. ¿Cuáles son los resultados?

El efecto fatal de la táctica jauresiana sobre el movimiento de clase del proletariado francés es conocido de sobra: la disolución de la organización obrera, la confusión de los conceptos, la desmoralización de los diputados socialistas. Pero no es esto lo que importa, sino las consecuencias de dicha táctica para *el propio parlamentario*. Y estos son totalmente fatales. En efecto, la democracia burguesa, los republicanos, los «radicales», no solo no se han rejuvenecido y reforzado en su política, sino que, por el contrario, han perdido para el socialismo, que hasta cierto punto los respaldaba, todo respeto. Pero es mucho más peligroso todavía otro síntoma, que en estos días se va poniendo de manifiesto: *la desilusión creciente de los propios trabajadores franceses en relación con el parlamentarismo*. Es obvio, en efecto, que las excesivas ilusiones cultivadas en el proletariado por la política de frases de Jaurès, habían de conducir forzosamente a un violento revés, y han conducido efectivamente al punto en que una buena parte de los trabajadores franceses ya no quieran saber nada, no solo de Jaurès, sino del parlamento y de la política en general.

Acaba de sorprendernos el órgano normalmente tan inteligente y eficaz de los jóvenes marxistas franceses, el *Mouvement Socialiste*, con una serie de artículos en los que se predica el abandono del parlamentarismo en favor del puro sindicalismo y se presenta la lucha puramente económica de los trabajadores como el «verdadero revolucionarismo». Simultáneamente, otro periódico socialista de provincia, el *Travailleur de l'Yonne,* propone una idea más original todavía, en la que expone que la acción parlamentaria es totalmente estéril y corruptora para el proletariado, por lo que sería mejor renunciar en adelante, totalmente, a la elección de diputados socialistas y no enviar eventualmente al parlamento más que a diputados radicales burgueses.

Estos son, pues, los bellos resultados de la acción jauresiana de salvación del parlamentarismo: una repugnancia creciente en el pueblo por toda acción parlamentaria, y un retorno al *anarquismo* o, en pocas palabras, el mayor peligro verdadero para la subsistencia del parlamento y aun de la propia república en general.

Sin duda, semejantes desviaciones de la praxis socialista con respecto al terreno de la lucha de clases no se conciben en Alemania en las condiciones actuales. Pero las consecuencias extremas a las que dicha táctica ha llegado en Francia, sirven también de clara advertencia para todo el movimiento internacional del proletariado, en el sentido de que no debe emprender, en su tarea de proteger el parlamentarismo burgués decadente, este camino. El verdadero camino es, antes bien, no el que va por la desvirtuación y el abandono de la lucha de clase proletaria sino, precisamente al revés, el que conduce por medio de la insistencia en dicha lucha y su mayor propagación, y aun tanto *en* el parlamento como fuera de él. Y para esto se requieren tanto el refuerzo de la *acción extraparlamentaria* del proletariado como una determinada conformación de la acción *parlamentaria* de nuestros diputados.

En oposición directa al supuesto erróneo de la táctica de Jaurès, los fundamentos del parlamentarismo están tanto mejor y más seguramente protegidos cuanto más nuestra táctica no se funda en el parlamento solo, sino también en la acción directa de la masa proletaria. El peligro para el sufragio universal se reduce en la medida en que damos a entender claramente a la clase gobernante que la verdadera fuerza de la socialdemocracia no se basa en modo alguno en la acción de sus diputados en el Reichstag, sino que se encuentra afuera, en el propio pueblo, «en la calle», y que la socialdemocracia está en su caso en condiciones, y en disposición, de movilizar también directamente al pueblo en defensa de sus derechos políticos. No queremos decir con esto que baste, por ejemplo, tener la huelga general en cierto modo como un medio automático en el bolsillo, para considerarnos armados contra todas las eventualidades de la política. Sin duda, la huelga general política es una de las manifestaciones más importantes de la acción de masas del proletariado, y es absolutamente necesario que la clase trabajadora alemana se acostumbre a considerar también este medio, probado hasta ahora solamente en los países latinos, sin pretensión y sin doctrinarismo, como una de las formas de lucha que eventualmente podría probarse también en Alemania. Pero es más importante, con todo, la conformación total de nuestra agitación, de nuestra prensa, en el sentido de que la masa trabajadora confía cada vez más en su propia fuerza y en su propia actividad, y no considera las luchas parlamentarias como eje central de la vida política.

Se relaciona directamente con esto nuestra táctica en el propio Reichstag. Aquello que facilita tanto cada vez a nuestros diputados su magnífica campaña y su papel destacado, es indudablemente —debemos percatarnos claramente de ello— la ausencia, en el Reichstag, de toda democracia y oposición burguesas dignas de dichos nombres. En efecto, frente a la mayoría reaccionaria, le resulta fácil la tarea a la socialdemocracia, en cuanto única intérprete consecuente y segura de los intereses del bienestar del pueblo y del progreso en todos los dominios de la vida pública.

Pero precisamente, de esta situación peculiar resulta para la minoría socialdemócrata la difícil tarea de actuar no solo como representante de un *partido de oposición*, sino también como representante de una *clase revolucionaria*. En otros términos: resulta la tarea, no solo de criticar la política de las clases gobernantes desde el punto de vista de los intereses actuales del pueblo, esto es, desde el punto de vista de la sociedad existente, sino de presentarle también ante los ojos, a cada paso, el ideal de la sociedad socialista, que va más allá de la política burguesa aun más progresista. Y si en cada debate del Reichstag el pueblo puede convencerse sin lugar a duda de cuánto mejor, más avanzadas y económicamente más ventajosas estarían las cosas en el Estado actual si se aceptaran cada vez los deseos y las mociones de la socialdemocracia, habrá de convencerse con mucha mayor frecuencia que hoy, a partir de los debates en el Reichstag, de cuán necesario es revolucionar el orden conjunto para realizar el socialismo.

En el último número de los *Socialistische Monatshefte* (*Cuadernos Mensuales Socialistas*) escribe Bissolati, uno de los directivos de los oportunistas italianos, en su artículo sobre las elecciones italianas,[3] entre otras, esta frase:

> En mi opinión, constituye una prueba del atraso de la vida política, el que la lucha de los diversos partidos verse todavía sobre sus tendencias básicas, en lugar de sobre cuestiones sueltas, que surgen de la realidad de la vida cotidiana y confieren expresión a dichas tendencias.

Es obvio que este razonamiento, típico del oportunismo, pone la verdad de cabeza. En efecto, con el desarrollo y el fortalecimiento de la socialdemocracia, será cada vez más necesario que, sobre todo en el parlamento, *no* baje aquella a las cuestiones particulares de la vida cotidiana y solo practique oposición, sino que ponga cada vez más de manifiesto su «tendencia básica», esto es: el empeño de la toma del poder por el proletariado, para los fines de la revolución socialista.

Cuanto más, en violenta disonancia con el tono banal y soso y la monótona rutina de todos los partidos burgueses, resuene en el Reichstag la franca y estimulante agitación de la socialdemocracia, no solo en favor de su programa mínimo, sino también de los fines socialistas, tanto más subirá aquel en el respeto de las grandes masas populares. Y tanto más firme será también la garantía de que dichas masas no se dejarán arrancar pasivamente dicha tribuna y, con ella, el sufragio universal.

Fuente: Rosa Luxemburgo: «Socialdemocracia y parlamentarismo», en Bolívar Echeverría, comp., *Obras escogidas*, t. I, Ediciones ERA, México, D.F., 1978, pp. 206-213.

La crisis de la socialdemocracia (*Folleto JUNIUS*)*

I. Cambio de escena

La escena ha cambiado fundamentalmente. La marcha de seis semanas sobre París ha degenerado en un drama mundial;[1] la carnicería se ha convertido en fatigosa y monótona operación cotidiana, sin que se haga avanzar o retrasar la solución. La política burguesa está en un callejón sin salida, atrapada en su propio cepo; los fantasmas invocados ya no pueden ser conjurados.

---

*   Entre febrero de 1915 y noviembre de 1918 —excepto de febrero a julio de 1916— Rosa estuvo encarcelada, viviendo casi aislada, sin calefacción y mal alimentada. Desde la cárcel escribió, en 1915, *La crisis de la socialdemocracia*, que salió firmado con el seudónimo de Junius. Al estudiar el desarrollo del mercado mundial, Luxemburgo pudo comprender que las luchas de liberación nacional ya no eran posibles una vez que aquel quedó repartido entre naciones imperialistas. Desde entonces, ya no podría haber expansión verdadera sino nuevos repartos de los mercados ya existentes. Rosa vincula, así, la autodeterminación de los pueblos a la realización del socialismo internacional. Critica a los bolcheviques su consigna de la «autodeterminación de las naciones», a la que responsabiliza del debilitamiento de los nexos internacionales del proletariado. Lenin criticó el tratamiento de Rosa a temas como la cuestión nacional, las etapas de la revolución y el perfil político organizativo del partido. Para Ernest Mandel, Rosa concibió el internacionalismo en función de dos exigencias: la que concierne a la progresiva internacionalización de las huelgas, y la que concierne a la preparación del proletariado para la lucha contra la guerra imperialista. En el *Folleto JUNIUS* Rosa desarrolla su propia versión de la fórmula «socialismo o barbarie». Para Michael Löwy dicho enunciado significa que el papel del proletariado, dirigido por su partido, no es simplemente «apoyar», «abreviar» o «acelerar» el proceso histórico, sino *decidirlo*. *(N. del E.).*

Ha pasado el delirio. Ha pasado el bullicio patriótico de las calles, la caza a los automóviles de lujo, la continua sucesión de falsos telegramas, las fuentes envenenadas con bacilos de cólera, los estudiantes rusos que arrojaban bombas desde todos los puentes del ferrocarril de Berlín, los franceses que venían sobre Núremberg, los excesos callejeros de la muchedumbre husmeando espías, las oleadas humanas en los cafés, en donde una música ensordecedora y las canciones patrióticas alcanzaban los tonos más elevados; poblaciones urbanas enteras se convertían en chusma, dispuestas a denunciar, a violar a las mujeres, a gritar ¡hurra! y a llegar al delirio propagando absurdos rumores; una atmósfera de crimen ritual, un ambiente de Kichinev, en donde el guardia en la esquina era el único representante de la dignidad humana.

La dirección escénica ha desaparecido. Los sabios alemanes, esos «lémures vacilantes», hace tiempo que se retiraron a su madriguera. Los trenes de reservistas ya no son acompañados del júbilo bullicioso de las jóvenes que se lanzaban en pos de ellos, ni tampoco saludan al pueblo con alegres sonrisas desde las ventanillas; andan despaciosamente, con su macuto en la mano, por las calles donde los transeúntes se dirigen con abatidos rostros a sus quehaceres cotidianos.

En la severa atmósfera de estas tristes jornadas se escucha un coro muy distinto: el grito ronco de los buitres y de las hienas sobre el campo de batalla. ¡Garantizadas 10 000 tiendas de campaña de reglamento! ¡Se pueden entregar inmediatamente 100 000 kilos de tocino, de cacao en polvo, de sustitutos de café, pagando al contado! ¡Granadas, tornos, cartucheras, arreglos matrimoniales para las viudas de los soldados caídos, cinturones de cuero, intermediarios para los abastecimientos del ejército… solo se aceptan ofertas serias!

La carne de cañón cargada de patriotismo en agosto y septiembre, se descompone ahora en Bélgica, en los Vosgos y en Masuria, en campos de exterminio, donde las ganancias de la guerra rezuman en los hierbajos. Se trata de llevar rápidamente la cosecha al granero. Sobre el océano se extienden miles de manos codiciosas para participar en el reparto.

Los negocios prosperan sobre las ruinas. Las ciudades se convierten en montones de escombros; las aldeas, en cementerios; las iglesias, en caballerizas; el derecho internacional, los tratados estatales, las alianzas, las palabras más sagradas, las mayores autoridades se desintegran; todo soberano por la gracia de Dios considera a su igual del campo contrario como infeliz y perjuro; todo titulado ve al colega del otro bando como canalla consumado; todo gobierno considera a los demás como una maldición de su propio pueblo y los entrega al desprecio general; y los tumultos causados por el hambre en Venecia, en Lisboa, en Moscú y en Singapur; y la peste se extiende en Rusia, y la miseria y la desesperación reinan por doquier.

Cubierta de vergüenza, deshonrada, chapoteando en sangre, nadando en cieno: así se encuentra la sociedad burguesa, así es ella. No como cuando, delicada y recatada, simula cultura, filosofía y ética, orden, paz y estado de derecho, sino como bestia predadora, como cazadora de brujas de la anarquía, como peste para la cultura y para la humanidad: así se muestra en su verdadera figura al desnudo.

Y en medio de esa caza de brujas se produce una catástrofe histórico-mundial: la capitulación de la socialdemocracia internacional. Engañarse al respecto, encubrirlo, sería lo más insensato, lo más funesto que podría sucederle al proletariado.

> [...] el demócrata (es decir, el pequeñoburgués revolucionario) —decía Marx— sale de la más vergonzosa derrota tan puro e inocente como cuando entró en ella, con el convencimiento recién adquirido de que debe triunfar, no de que él mismo y su partido deben superar sus antiguos puntos de vista, sino todo lo contrario, que las circunstancias han de evolucionar a su favor.

El proletariado moderno saca otras conclusiones de las pruebas históricas. Sus errores son tan gigantescos como sus tareas. No tiene un esquema predeterminado y válido para siempre, ni un jefe infalible que le muestre la senda por la que ha de marchar. La experiencia histórica es su único maestro, su camino de espinas hacia la autoliberación no solo está empedrado de padecimientos ingentes, sino también de innumerables errores. La meta de su viaje, su liberación, depende de que el proletariado sepa aprender de sus propios errores. La autocrítica más despiadada, cruel y que llegue al fondo de las cosas, es el aire y la luz vital del movimiento proletario. El caso del proletariado socialista en la actual guerra mundial es inaudito, es una desgracia para la humanidad. El socialismo estaría perdido si el proletariado internacional no valorara en su justa medida la profundidad de esta caída, y no quisiera extraer sus enseñanzas.

Lo que ahora está en cuestión es toda la etapa que abarca los últimos cuarenta y cinco años de desarrollo del moderno movimiento obrero. Asistimos a la crítica, al balance de nuestro trabajo desde hace ya casi medio siglo. La tumba de la Comuna de París cerró la primera fase del movimiento obrero europeo y de la Primera Internacional. Comenzó entonces un nuevo período. En lugar de revoluciones espontáneas, de insurrecciones, de luchas de barricadas, tras las cuales el proletariado recaía en estado de pasividad, comenzó la lucha diaria sistemática, la utilización del parlamentarismo burgués, la organización de masas, el enlace de la lucha económica con la lucha política, y del ideal socialista con la defensa tenaz de los intereses cotidianos más inmediatos. Por vez primera la causa del proletariado y de su emancipación se vio iluminada por el norte de una doctrina rigurosamente científica. En lugar de sectas, escuelas, utopías y experimentos llevados a cabo en cada país por cuenta propia surgía una base teórica uniforme e internacional que entrelazaba los países como se entrelazan las páginas de un libro. La teoría marxista dio a la clase obrera de todo el mundo una brújula para que se orientara por el torbellino de los acontecimientos cotidianos, para que dirigiera en todo el mundo la táctica de lucha hacia la inamovible meta final.

Fue la socialdemocracia alemana la portadora, defensora y guardiana de ese nuevo método. La guerra de 1870 y la derrota de la Comuna de París trasladaron el centro de gravedad del movimiento obrero europeo a Alemania. Al igual que Francia había sido el lugar clásico durante la primera fase de la lucha de clases proletaria, y al igual que París fue el corazón palpitante y sangrante de la clase obrera europea de aquella época, del mismo modo la clase obrera alemana se convirtió en la vanguardia durante la segunda fase. A costa de los innumerables sacrificios del infatigable trabajo cotidiano, se creó la más fuerte y modélica organización, la prensa más numerosa, se dio vida a los más eficaces medios de educación e ilustración, agrupó en torno suyo a poderosas masas de electores y conquistó las más numerosas representaciones parlamentarias. La socialdemocracia alemana era considerada la más pura encarnación del socialismo marxista. Tenía y exigía un puesto especial como maestra y guía de la Segunda Internacional. Federico Engels escribía en 1895, en su famoso prólogo a la obra de Marx *Las luchas de clases en Francia*:

Independientemente de lo que pueda suceder en otros países, la socialdemocracia alemana goza de una posición especial y tiene por ello, al menos
de momento, también una tarea especial. Los dos millones de electores
que envía a las urnas, juntamente con los jóvenes no electores de ambos
sexos que la apoyan, forman la masa más numerosa y compacta, decisiva
«fuerza de choque» del ejército proletario internacional.

La socialdemocracia alemana fue, como escribía el *Wiener Arbeiterzeitung* el
5 de agosto de 1914, «la perla de la organización del proletariado con conciencia de clase». Sus huellas fueron seguidas asiduamente por la socialdemocracia francesa, italiana y belga, por el movimiento obrero de Holanda, de los
países escandinavos, de Suiza y de los Estados Unidos. Los países eslavos, los
rusos, los socialdemócratas balcánicos, la contemplaban con una admiración
sin límites y casi exenta de crítica. En la Segunda Internacional, la «fuerza de
choque» alemana desempeñaba el papel principal. En los congresos, en las
sesiones del Buró de la Internacional Socialista, todo reposaba en la opinión
de los alemanes. Sí, hasta en las cuestiones de la lucha contra el militarismo
y la guerra siempre era decisiva la opinión de la socialdemocracia alemana.
«Para nosotros, alemanes, esto es inaceptable», esto bastaba, por lo general,
para determinar la orientación de la Internacional. Con una confianza ciega
se entregaba a la dirección de la admirada y poderosa socialdemocracia alemana; era el orgullo de todo socialista y el terror de las clases dominantes de
todos los países.

    ¿Y qué presenciamos en Alemania cuando llegó la gran prueba histórica?
La caída más profunda, el desmoronamiento más gigantesco. En ninguna
parte la organización del proletariado se ha puesto tan completamente al
servicio del imperialismo, en ninguna parte se soporta con menos oposición el estado de sitio, en ninguna parte está la prensa tan amordazada, la
opinión pública tan sofocada y la lucha de clases económica y política de la
clase obrera tan abandonada como en Alemania.

    Pero la socialdemocracia alemana no era únicamente la vanguardia más
poderosa, era también el cerebro pensante de la Internacional. Por eso debemos aplicar a ella y a su caso el análisis, el proceso de autorreflexión. Tiene
el deber de tomar la iniciativa de la salvación del socialismo internacional, es
decir, ser la primera en proceder a una autocrítica despiadada. Ningún otro

partido, ninguna otra clase de la sociedad burguesa puede demostrar ante todo el mundo los propios errores y las propias debilidades en el diáfano espejo de la crítica, pues el espejo refleja, al mismo tiempo, los límites históricos de su futuro y la fatalidad histórica de su pasado. La clase obrera puede, sin temor, mirar la verdad cara a cara, hacerse la más amarga autocrítica, pues sus debilidades son solo un ofuscamiento; la rígida ley de la historia le devuelve la fuerza, le garantiza su victoria final.

La autocrítica despiadada no es únicamente un derecho vital, sino el deber supremo de la clase obrera. ¡A bordo de nuestro barco llevamos los tesoros más grandes de la humanidad, cuya custodia fue legada al proletariado! Y mientras la sociedad burguesa, avergonzada y deshonrada por la orgía sangrienta, sigue avanzando hacia su destrucción, el proletariado internacional debe reaccionar y reaccionará para salvar los tesoros que él, en el furioso torbellino de la guerra mundial y en un momento de ofuscación y debilidad, dejó que se hundieran en el abismo.

Una cosa es cierta: la guerra mundial representó un viraje en la historia mundial. Sería una insensatez pensar que solo necesitamos sobrevivir a la guerra, como liebre que espera el final de la tormenta bajo el matorral, para proseguir después alegremente la antigua andadura. La guerra mundial ha transformado las condiciones de nuestra lucha y, sobre todo, a nosotros mismos. No se trata de que las leyes fundamentales del desarrollo capitalista o de la guerra a muerte entre el capital y el trabajo hayan sufrido una desviación o apaciguamiento. Ya hoy, en medio de la guerra, caen las máscaras y nos sonríen irónicamente los antiguos rostros conocidos. Pero el ritmo del desarrollo ha recibido un poderoso impulso con la erupción del volcán imperialista; la violencia de los enfrentamientos en el seno de la sociedad, la magnitud de las tareas que se presentan al proletariado socialista a corto plazo, todo esto hace aparecer como un dulce idilio a todo lo que había venido ocurriendo hasta ahora en la historia del movimiento obrero.

Históricamente, esta guerra estaba llamada a promover poderosamente la causa del proletariado. En Marx, que descubrió con visión profética tantos aspectos históricos en el seno del futuro, se encuentra el siguiente notable párrafo, en su libro *Las luchas de clases en Francia*:

> En Francia, el pequeñoburgués hace lo que normalmente tendría que hacer el burgués industrial (luchar por los derechos parlamentarios); el

obrero hace lo que debería ser tarea del pequeñoburgués (luchar por la república democrática); y la misión del obrero, ¿quién la cumple? Nadie. En Francia no se lleva a cabo, solo se proclama. No se realiza en ninguna parte dentro de las fronteras nacionales. La guerra de clases en el seno de la sociedad francesa se transforma en una guerra mundial en la que se enfrentan las naciones. La solución solo comenzará cuando el proletariado, mediante una guerra mundial, sea llevado a dirigir el pueblo que domina el mercado mundial, a dirigir Inglaterra. La revolución no encuentra aquí su meta, sino su comienzo organizativo, no es una revolución de cortos vuelos. La generación actual se parece a los judíos que conducía Moisés por el desierto. No solo ha de conquistar un mundo nuevo, sino que debe perecer para dejar sitio a los hombres que crecerán en un mundo nuevo.

Esto fue escrito en 1850; en una época en la que Inglaterra era el único país capitalista desarrollado, el proletariado inglés, el mejor organizado y el que parecía llamado, por el auge económico de su país, a dirigir a la clase obrera internacional. Léase en lugar de Inglaterra: Alemania, y las palabras de Marx son una predicción genial de la actual guerra mundial. Estaba esta destinada a poner al proletariado alemán a la cabeza del pueblo y, con ello, a producir «un comienzo organizativo» para el gran enfrentamiento internacional generalizado entre el trabajo y el capital en torno al poder político del Estado.

¿Y habíamos imaginado acaso de forma diferente el papel que desempeñaría la clase obrera en la guerra mundial? Recordemos cómo describíamos el porvenir hace todavía muy poco tiempo:

> Entonces vendrá la catástrofe. Sonará en Europa la hora de la gran marcha final en la que de 16 millones a 18 millones de hombres, la flor y nata de diferentes naciones, equipados con los mejores instrumentos de muerte, entrarán en campaña como enemigos. Pero, en mi opinión, tras esa gran marcha general se encuentra la gran derrota. Y no vendrá por nosotros, vendrá por su propio peso. Llevan las cosas al extremo, conducen a la catástrofe. Cosecharán lo que han sembrado. *El ocaso de los dioses del mundo burgués está en marcha. Estad seguros: ¡Está en marcha!*

Así hablaba en el Reichstag, durante el debate sobre Marruecos, Bebel, el representante de nuestra fracción.

El folleto del partido *¿Imperialismo o socialismo?*, que fue difundido hace algunos años por centenares de miles de ejemplares, concluía con las siguientes palabras:

> La lucha contra el imperialismo se convierte cada vez más en una *lucha decisiva entre el capital y el trabajo*. ¡Peligro de guerra, encarecimiento de la vida y capitalismo, o paz, bienestar para todos, socialismo!: esta es la alternativa. *La historia se encuentra ante grandes decisiones.* El proletariado debe trabajar incansablemente en su tarea histórico-mundial, fortalecer el poder de su organización y la claridad de sus conocimientos. Suceda lo que suceda, o bien tiene fuerza para conseguir ahorrar a la humanidad el terrible espanto de una guerra mundial, o bien *se hundirá el mundo capitalista en la historia de la misma forma en que nació, es decir, en sangre y violencia:* el *momento histórico* encontrará preparada a la clase obrera, y el *estar preparada es todo*.

En el oficial *Manual de los electores socialdemócratas* de 1911, publicado con motivo de las últimas elecciones al Reichstag, se puede leer en la página 42 lo siguiente sobre la esperada guerra mundial:

> ¿Creen nuestros gobernantes y clases dominantes que pueden imponer a los pueblos esa monstruosidad? ¿No se apoderará de los pueblos un grito de horror, de ira y de indignación, llevándolos a terminar con este asesinato?
>
> ¿No preguntarán: para quién, por qué todo esto? ¿Somos, acaso, enfermos mentales para ser tratados así? ¿O para qué nos dejamos tratar así?
>
> Quien reflexione sosegadamente sobre la probalidad de una gran guerra europea no podrá llegar a otras conclusiones que las aquí expuestas. La próxima guerra europea se jugará el todo por el todo, un juego como el mundo no ha visto hasta ahora; será, según todas las predicciones, la última guerra.

Con este lenguaje y con estas palabras hicieron su propaganda para conseguir 110 escaños nuestros actuales diputados en el Reichstag. Cuando en el verano de 1911 el salto de *Pantera*[2] sobre Agadir y la ruidosa campaña difamatoria del imperialismo alemán habían hecho inminente el peligro de guerra europea, una asamblea internacional, reunida en Londres el 4 de agosto, tomaba la siguiente resolución:

Los delegados alemanes, españoles, ingleses, holandeses y franceses de las organizaciones obreras declaran *estar dispuestos a rechazar, por todos los medios a su alcance, toda declaración de guerra.* Toda nación representada contrae la obligación, de acuerdo con las resoluciones de sus Congresos Nacionales y de los Internacionales, a *actuar* en contra de todas las intrigas criminales de las clases dominantes.

Pero cuando en noviembre de 1912 se reunía en Basilea el Congreso de la Internacional, cuando llegaba a la catedral la gran comitiva de representantes obreros,[3] un estremecimiento de horror sacudió el pecho de todos los presentes ante la magnitud del momento crucial que se acercaba y surgió una decisión heroica.

El frío y escéptico Víctor Adler, exclamó:

> Camaradas, lo más importante es que aquí encontremos la raíz común de nuestra fuerza, que de aquí nos llevemos la energía para que cada uno haga en su país lo que pueda, con las formas y medios que tengamos, con todo el poder que poseemos, para oponernos a esta guerra criminal. Y si llegara a declararse, si verdaderamente llegara a consumarse, *entonces hemos de procurar que sea una primera piedra, la primera piedra del final.*
>
> Este es el espíritu que anima a toda la Internacional.
>
> Y cuando el asesinato, el incendio y la pestilencia se extiendan por la civilizada Europa… solo podemos pensar con horror en ello, y la indignación y el espanto invaden nuestros pechos. Y *nos preguntamos: ¿son, acaso, los hombres, los proletarios, borregos que pueden ser conducidos estúpidamente al matadero…?*

Troelstra habló en nombre de las «pequeñas naciones» y en nombre de Bélgica:

> El proletariado de los países pequeños se encuentra en cuerpo y alma a disposición de la Internacional en todo lo que decida para alejar el peligro de la guerra. Expresamos la esperanza de que cuando las clases dominantes de los grandes Estados llamen a las armas a los hijos del proletariado para saciar las ansias de poder de su gobierno en la sangre y en la tierra de los pueblos pequeños, *entonces, los hijos de los proletarios, bajo la poderosa influencia de sus padres proletarios; de la lucha de clases y de la prensa proletaria,*

> *lo pensarán tres veces antes de hacerles algún daño a sus hermanos, a sus amigos,*
> *a nosotros, por ponerse al servicio de esa empresa enemiga de la civilización.*

Y Jaurès, después de que hubo leído el manifiesto contra la guerra en nombre del Buró de la Internacional, cerraba su discurso con estas palabras:

> ¡La Internacional representa a todas las fuerzas honestas del mundo! Y
> si llega la hora trágica, en la que nos entregaremos sin reservas, esa con-
> ciencia nos sostendrá y nos fortalecerá. No es hablar por hablar, no, *desde*
> *lo más profundo de nuestro ser declaramos que estamos dispuestos a realizar*
> *todos los sacrificios.*

Fue como un juramento de Rütli.[4] Todo el mundo dirigió sus miradas a la catedral de Basilea, donde las campanas repicaban grave y solemnemente por la gran batalla futura entre el ejército del trabajo y el poder del capital.

El 3 de diciembre de 1912 hablaba en el Reichstag alemán David, el representante de la fracción socialdemócrata:

> Fue uno de los momentos más hermosos de mi vida, lo confieso. Cuando
> las campanas de la catedral acompañaban a la comitiva de los socialdemó-
> cratas internacionales, cuando las banderas rojas se colocaban en el coro
> y en el altar de la iglesia, y los sones del órgano saludaban a los delega-
> dos de los pueblos, que querían pronunciarse por la paz, me produjo una
> impresión que no olvidaré… Lo que sucede debería estar claro para uste-
> des. Las *masas dejan de ser rebaños sin voluntad ni pensamiento.* Esto es nue-
> vo en la historia. En otros tiempos las masas se habían dejado llevar cie-
> gamente unas contra otras, por aquellos que tenían intereses en la guerra,
> hacia el genocidio. Esto se acaba. *Las masas dejan de ser instrumentos sin*
> *voluntad y satélites de cualquier tipo de intereses belicistas.*

Una semana antes del comienzo de la guerra, el 26 de julio de 1914, se escribía en los periódicos del partido alemán:

> No somos marionetas, combatimos con toda energía un sistema que hace
> de los hombres instrumentos sin voluntad de circunstancias que actúan
> ciegamente, combatimos ese capitalismo que se prepara a transformar en

un humeante campo de matanza a una Europa sedienta de paz. Si la ruina siguiera su curso, si la decidida voluntad de paz del proletariado alemán y del proletariado internacional, que se expresará en los próximos días en poderosas manifestaciones, no fuese capaz de impedir la guerra, *entonces esta debiera ser la última guerra, debiera convertirse en el crepúsculo de los dioses del capitalismo*. [*Frankfurter Volkstimme*].

El 30 de julio de 1914 escribía el órgano central de la socialdemocracia alemana:

El proletariado socialista rechaza toda responsabilidad por los aconte-cimientos que desencadena una clase dominante ofuscada hasta el des-varío. Sabe que una *nueva vida florecerá para él sobre las ruinas*. Toda la *responsabilidad* recae sobre los gobernantes de *hoy*. Se trata para ellos de una cuestión de vida o muerte. *La historia mundial es el juicio mundial*.

Llegó entonces lo inesperado, lo atípico, el 4 de agosto de 1914.[5]

¿Era necesario que ocurriese? Un acontecimiento de esta trascendencia no es, por cierto, un juego de azar. Debe ser el resultado de profundas y amplias causas objetivas. Pero estas causas pueden radicar también en errores de la socialdemocracia, en errores de la dirección del proletariado, en el fracaso de nuestra voluntad de lucha, de nuestro valor, de nuestra fidelidad a los prin-cipios. El socialismo científico nos ha enseñado a comprender las leyes obje-tivas del desarrollo histórico. Los hombres no hacen su historia libremente. Pero la hacen ellos mismos. El proletariado depende en su acción del grado de madurez correspondiente al desarrollo social, pero el desarrollo social no se produce al margen del proletariado, es en igual medida tanto su motor y su causa, su producto y su resultado. Su propia acción es parte codeter-minante de la historia. Pero el desarrollo social no se produce al margen de sombras, y si bien no podemos saltar por encima de ese desarrollo social, podemos acelerarlo o retrasarlo.

El socialismo es el primer movimiento popular de la historia mundial que se ha puesto como objetivo, y está llamado por la historia a introducir en el hacer social de los hombres un sentido consciente, un pensamiento pla-nificado y, por consiguiente, la acción libre. Por eso Federico Engels califica a la victoria definitiva del proletariado socialista de salto de la humanidad desde el reino animal hasta el reino de la libertad. Este «salto» es resultado de ineluctables leyes de la historia, de millares de escalones de una evolución anterior penosa y demasiado lenta. Pero nunca podrá ser llevado a cabo si, de todo ese substrato de condiciones materiales acumuladas por la evolución, no salta la chispa incandescente de la voluntad consciente de la gran masa del pueblo. La victoria del socialismo no caerá del cielo como algo fatal. Solo podrá ser alcanzada superando una gran cadena de tremendas pruebas de fuerza entre los viejos y los nuevos poderes, pruebas de fuerza en las que el proletariado internacional, bajo la dirección de la socialdemocracia, aprende y trata de tomar en sus propias manos el destino, de apoderarse del timón de la vida social, de dejar de ser un juguete pasivo de la historia para convertirse en su conductor clarividente.

Decía Federico Engels: «La sociedad burguesa se encuentra ante un dilema: o avance hacia el socialismo o recaída en la barbarie». ¿Qué significa «recaída en la barbarie» en el nivel actual de la civilización europea? Hasta ahora hemos leído todas esas palabras distraídamente y las hemos repetido sin presentir su terrible seriedad. Una ojeada a nuestro alrededor en este momento muestra lo que significa una recaída de la sociedad burguesa en la barbarie. La guerra mundial; esta es la recaída en la barbarie. El triunfo del imperialismo conduce al aniquilamiento de la cultura; esporádicamente, durante la duración de una guerra moderna, y definitivamente, en el caso de que el período iniciado de guerras mundiales haya de seguir su curso sin obstáculos hasta sus últimas consecuencias. Hoy nos encontramos, como Federico Engels pronosticaba ya hace una generación, hace cuarenta años, ante la alternativa: o el triunfo del imperialismo, el ocaso de toda civilización y, como en la vieja Roma, despoblamiento, degeneración, desolación, un enorme cementerio; o victoria del socialismo, es decir, de la lucha consciente del proletariado internacional contra el imperialismo y su método: la guerra. Este es el dilema de la historia mundial; una alternativa, una balanza cuyos platillos oscilan ante la decisión del proletariado con conciencia de clase. El futuro de la cultura y de la humanidad depende de que el proletariado arroje con varonil decisión su espada de lucha revolucionaria en uno de los platillos de la balanza. En esta guerra ha triunfado el imperialismo. Su espada sangrienta del genocidio ha hundido con brutal sobrepeso al platillo de la balanza en el abismo del valle de lágrimas y de la vergüenza. Todo ese valle de lágrimas y toda esa vergüenza solo pueden ser contrapesadas si aprendemos de la guerra cómo el proletariado puede desembarazarse del papel de siervo en manos de las clases dominantes para convertirse en el señor de su propio destino.

La moderna clase obrera paga caro el conocimiento de su vocación histórica. El camino del Gólgota de su liberación de clase está sembrado de víctimas. Las luchas de junio, las víctimas de la Comuna, los mártires de la Revolución Rusa: una danza trágica de sombras ensangrentadas. Los que han caído en el campo del honor se encuentran, como Marx escribía de los héroes de la Comuna, «grabados en el corazón de la clase obrera para siempre». Ahora caen millones de proletarios de todas las naciones en el campo de la vergüenza, del fratricidio, de la autodestrucción, con el canto del esclavo en los labios. Hemos debido sufrir hasta eso. Nos parecemos a los judíos que condujo Moisés a través del desierto. Pero no estamos perdidos, y triunfaremos si no hemos perdido la capacidad de aprender. Y si la socialdemocracia, actual guía del proletariado, no supiese aprender, entonces perecerá «para dejar lugar a los hombres que crecerán en el mundo nuevo».

II

Estamos ante el hecho inevitable de la guerra. Nos amenazan los horrores de las invasiones enemigas. Hoy no podemos ya decidir en pro o en contra de la guerra, sino sobre la cuestión de los medios necesarios para la defensa del país... En el caso de una victoria del despotismo ruso, manchado con la sangre de los mejores hijos de su propio pueblo, se habrá puesto en peligro mucha, si no toda, de la independencia futura de nuestro pueblo. Hay que luchar contra ese peligro, debemos poner a salvo la cultura y la independencia de nuestro propio país. Hagamos realidad lo que hemos afirmado siempre: en el momento del peligro no dejemos a la patria en la estacada. Por eso estamos de acuerdo con la Internacional, que ha reconocido siempre el derecho de cada pueblo a la independencia y a la autodefensa nacional, del mismo modo que, también coincidentes con ella, condenamos toda guerra de conquista... Guiados por estos principios, aprobamos los créditos de guerra solicitados.

Con esta declaración, la fracción del Reichstag lanzaba el 4 de agosto la consigna que habría de determinar y dominar la actitud del proletariado alemán durante la guerra. Patria en peligro, defensa nacional, guerra popular por la existencia, por la cultura y la libertad: tal fue la consigna dada por la representación parlamentaria de la socialdemocracia. Todo lo demás fue simple consecuencia: la actitud de la prensa del partido y de los sindicatos, el tumulto patriótico de las masas, la tregua con la burguesía, la disolución súbita de la Internacional: todo esto fue inevitable consecuencia de esa primera orientación tomada en el Reichstag.

Si realmente está en juego la existencia de la nación y de la libertad, si esta solo puede defenderse con mortífera metralla, si la guerra es una causa sagrada del pueblo, entonces todo es claro y evidente, debemos soportarlo todo. Si se quiere el fin, se han de querer también los medios. La guerra es un gigantesco asesinato metódico y organizado. Pero para el asesinato sistemático hay que crear primero el correspondiente delirio en hombres normalmente constituidos. Desde siempre, este es el método correcto de los que dirigen la guerra. La bestialidad de la acción responde a la bestialidad de los pensamientos y de la conciencia, esta la prepara y acompaña. Después, el *Wahre Jacob*[6] del 28 de agosto, con la imagen del matón alemán, los periódicos del partido en Chemnitz, Hamburgo, Kiel, Frankfurt, Koburg y otras ciudades, su incitación patriotera en poesía y en prosa con el correspondiente y necesario narcótico espiritual para un proletariado, que solamente puede salvar su existencia y su libertad hundiendo la metralla mortal en el pecho de sus hermanos rusos, franceses e ingleses. Aquellos libelos son más consecuentes que los que intentan conciliar la montaña y el valle, que quieren hacer cesar la guerra con la «humanidad», el asesinato con el amor fraterno, la aprobación de los créditos de guerra con la hermandad socialista entre los pueblos.

Si la consigna lanzada el 4 de agosto por la fracción alemana del Reichstag hubiera sido justa, entonces se hubiera debido condenar la Internacional obrera no solo por esta guerra, sino en general. Por primera vez desde que existe el moderno movimiento obrero se abre un abismo entre los deberes de la solidaridad internacional de los proletarios y los intereses de la independencia y la existencia nacional de los pueblos; por primera vez descubrimos que la independencia y la libertad de las naciones exigen imperiosamente que los proletarios de los diversos países se asesinen y exterminen mutuamente.

Hasta ahora habíamos vivido convencidos de que los intereses de las naciones y los intereses de clase del proletariado coinciden, que son idénticos, que es imposible que puedan entrar en contradicción. Esta era la base de nuestra teoría y de nuestra práctica, el alma de nuestra agitación entre las masas del pueblo. ¿Nos hemos equivocado en este punto cardinal de la concepción del mundo? Estamos ante la cuestión vital del socialismo internacional.

La guerra mundial no es la primera prueba que sufren nuestros principios internacionales. Nuestro partido pasó la primera prueba hace cuarenta y cinco años. El 21 de julio de 1870, Wilhelm Liebknecht y August Bebel dieron la siguiente explicación histórica en el Norddeutscher Reichstag:[7]

> La guerra actual es una guerra dinástica, emprendida en interés de la dinastía de Bonaparte, al igual que la guerra de 1866 lo fuera en interés de la dinastía de los Hohenzollern.
>
> No podemos aprobar los créditos que se piden al Reichstag para la dirección de la guerra, porque significaría un voto de confianza para el gobierno prusiano, que, con su proceder en 1866, preparó la guerra actual. Tampoco podemos rechazar los créditos exigidos, pues podría interpretarse como una aprobación de la política aventurera y criminal de Bonaparte.
>
> Adversarios, por principio, de toda guerra dinástica, socialrepublicanos y miembros de la Asociación Obrera Internacional, que combate a todos los opresores sin diferencia de nacionalidad, que trata de unificar a todos los oprimidos en una gran alianza fraternal, no podemos pronunciarnos ni directa ni indirectamente por la guerra actual y, por lo tanto, nos abstenemos de votar, expresando nuestra más ferviente esperanza de que los pueblos de Europa puedan aprender de los funestos acontecimientos actuales y hagan todo cuanto esté a su alcance por conquistar su derecho a la autodeterminación y para acabar la actual dominación clasista del sable, como causa de todos los males estatales y sociales.

Con esta declaración, los representantes del proletariado alemán pusieron su causa clara e inequívocamente bajo la bandera de la Internacional y desposeyeron a la guerra contra Francia del carácter de una guerra nacional por la independencia. Bebel escribe en sus memorias que él habría votado en contra de la aprobación de los créditos si, a la hora de votar, hubiera sabido todo lo que se dio a conocer en los años siguientes.

En aquella guerra, que toda la opinión pública burguesa y la inmensa mayoría del pueblo, bajo la influencia de las maquinaciones de Bismarck, consideraban de interés vital y nacional para Alemania, los dirigentes de la socialdemocracia defendían el siguiente punto de vista: los intereses vitales de la nación y los intereses de clase del proletariado internacional coinciden, ambos están *contra* la guerra. La actual guerra mundial, la declaración de la fracción socialdemócrata del 4 de agosto de 1914, develan por primera vez el terrible dilema: ¡Por un lado, independencia nacional; por otro, socialismo internacional!

Pues bien, el hecho fundamental en la declaración de nuestra fracción en el Reichstag, la nueva orientación de principios de la política proletaria, fue una revelación súbita e inesperada. Fue un simple eco de la versión del discurso del trono y del discurso del canciller el 4 de agosto. «No nos mueve ningún deseo de conquista —se dice en el discurso del trono—, nos anima la inflexible voluntad de defender el lugar en que Dios nos ha puesto, a nosotros y a todas las generaciones venideras. Por los documentos que les han entregado podrán juzgar cómo mi gobierno, y sobre todo mi canciller, se esforzaron hasta el último momento por evitar lo peor. En legítima defensa, con conciencia tranquila y mano limpia, empuñamos la espada». Y Bethmann Hollweg[8] declaraba: «Señores míos, nos vemos obligados a defendernos por necesidad, y la necesidad carece de ley... Quien se encuentra tan amenazado como nosotros y lucha por lo más sagrado, solo ha de pensar en cómo se abre paso por la fuerza... Luchamos por los frutos de nuestro trabajo pacífico, por la herencia de un gran pasado y por nuestro futuro». Esta es la esencia de la declaración socialdemócrata: 1) hemos hecho todo lo posible por mantener la paz, la guerra nos ha sido impuesta por los demás; 2) puesto que estamos en guerra debemos defendernos; 3) en esa guerra se lo juega todo el pueblo alemán. La declaración de nuestra fracción del Reichstag solo presenta diferencias de estilo respecto de las declaraciones del gobierno. La fracción invoca, al igual que aquel, los esfuerzos diplomáticos en favor de la paz de Bethmann Hollweg y los telegramas imperiales, manifestaciones de los socialdemócratas en favor de la paz antes de iniciarse la guerra. Lo mismo que el discurso del trono rechaza todo deseo de conquista, la fracción también lo rechaza aludiendo al socialismo. Y cuando el Kaiser y el canciller exclaman: «*¡Luchamos por lo que nos es más sagrado!, no conozco ningún partido,* *solo conozco alemanes»*, responde como un eco la declaración socialdemócrata: *«Nuestro pueblo se lo juega todo, en la hora del peligro no dejaremos nuestra patria en la estacada»*.

Solo en un punto se aparta la declaración socialdemócrata del esquema gubernamental: sitúa en primer plano el despotismo ruso como un peligro para la libertad de Alemania. En el discurso del trono se dice refiriéndose a Rusia: «Con dolor de corazón he debido movilizar mi ejército contra un vecino con el que hemos combatido juntos en tantos campos de batalla. Con sincero pesar vi cómo se deshacía una amistad mantenida fielmente por Alemania». La fracción socialdemócrata ha utilizado la dolorosa ruptura de una amistad fielmente mantenida con el zarismo ruso, transformándola en una fanfarria de la libertad contra el despotismo, en el único punto en que nuestra independencia respecto de la declaración gubernamental ha utilizado tradiciones revolucionarias del socialismo[9] para ennoblecer democráticamente la guerra y crearle una gloria popular.

Todo esto, como hemos dicho, le pareció evidente a la socialdemocracia el 4 de agosto. Cuanto había dicho hasta aquel día, cuanto dijo en vísperas del desencadenamiento de la guerra, era exactamente lo contrario de la declaración de la fracción. Así, el *Vorwärts* escribía el 25 de julio, cuando fue publicado el ultimátum austriaco a Servia, que provocó la guerra:

> Ellos *quieren la guerra*, los *elementos sin conciencia*, los que en la corte vienesa tienen influencia y poder de decisión. Quieren la guerra: *esto es lo que suena desde hace semanas en los gritos salvajes de la prensa difamadora negro-amarilla*. Quieren la guerra: el ultimátum austriaco a Servia lo evidencia y pone de manifiesto ante todo el mundo…
>
> Solo porque la sangre de Francisco Fernando y de su esposa fue derramada por los disparos de un loco fanático, debe *correr la sangre de miles de obreros y campesinos; un crimen demencial ha de ser culminado por un crimen mucho más demencial aún…* ¡El *ultimátum austriaco* a Servia puede ser la antorcha *que pondrá fuego a Europa por los cuatro costados!* Ese ultimátum es tanto en su *redacción como en sus exigencias tan desvergonzado*, que un gobierno servio, que retrocediese servilmente ante esta nota, tendría que contar con la posibilidad de ser expulsado por las masas populares en un abrir y cerrar de ojos…
>
> Fue un *crimen de la prensa chauvinista alemana* incitar al máximo en sus *ambiciones belicistas al fiel aliado*, y sin duda alguna también el señor Von

Bethmann Hollweg ha prometido su respaldo al señor Verchfel. *Pero en Berlín se lleva a cabo un juego tan peligroso como en Viena...*

El *Leipziger Volkszeitung* escribía el 24 de julio:

> El partido militar austriaco... se lo juega todo a una carta, porque el chauvinismo nacional y militarista nada tiene que perder en ningún país del mundo... En *Austria los círculos chauvinistas se encuentran en bancarrota, sus aullidos nacionalistas tratan de encubrir su ruina económica, y el robo y el asesinato de la guerra han de llenar sus arcas...*

El mismo día se expresaba de la siguiente manera el *Dresdener Volkszeitung:*

> ...De momento los instigadores de la guerra en la Ballhausplatz vienesa siguen sin ofrecer las pruebas definitivas que autorizarían a Austria el plantear reclamaciones a Servia.
>
> Mientras el *gobierno austriaco* no esté en condiciones de ofrecerlas, con *su atropello insultante y provocador a Servia se presenta ante toda Europa carente de razón; aunque se probara la culpabilidad de Servia,* aunque el atentado de Sarajevo se hubiera preparado con la complicidad del gobierno servio, *las exigencias planteadas en la nota sobrepasan los límites aceptables. Solo las intenciones de guerra más frívolas hacen explicables que un gobierno pueda plantearle a otro Estado tales exigencias...*

El *Münchener Post* opinaba el 25 de julio:

> *La nota austriaca es un documento sin igual en la historia de los últimos dos siglos.* Basándose en autos de procesamiento, cuyo contenido se había sustraído hasta ahora a la opinión pública europea, y sin estar respaldados por un juicio público contra los asesinos de los herederos del trono, se plantean *exigencias a Servia cuya aceptación equivaldría al suicidio de ese Estado...*

El *Schleswig-Holsteinche Volkszeitung* declaraba el 24 de julio:

> *Austria provoca a Servia, Austria-Hungría quiere la guerra, comete un crimen que puede ahogar en sangre a toda Europa...*

Austria se lo juega todo a una carta. Arriesga una *provocación* contra el Estado servio, que no aceptará, excepto que se encuentre totalmente indefenso...

Todo hombre civilizado debe protestar de la forma más enérgica contra la actuación criminal de los gobernantes austriacos. Los obreros, principalmente, y todas aquellas personas que tengan un mínimo interés de defender la paz y la cultura, *deben intentarlo todo para evitar las consecuencias de la locura sangrienta* desencadenada por Viena.

El *Magdeburger Volksstimme* del 25 de julio decía:

Cualquier gobierno servio que hiciese el más leve ademán de tomarse en serio esas exigencias sería barrido, en ese mismo momento, por el parlamento y por el pueblo.

El proceder de Austria es tanto más reprochable por cuanto los Berchtold se presentan ante el gobierno servio y, de hecho, ante toda Europa pertrechados de aseveraciones sin sentido.

Hoy no se puede urdir de esta manera una guerra que se convertiría en guerra mundial. No se puede proceder así, a menos que se quiera perturbar la paz de todo el continente. Así no se pueden hacer conquistas morales, o convencer del propio derecho a los no beligerantes. Suponemos, por estas razones, que la prensa de Europa y después sus gobiernos llamarán enérgica e inequívocamente al orden a los desvariados gobernantes vieneses.

El *Frankfurter Volksstimme* escribía el 24 de julio:

Apoyándose en las *maquinaciones de la prensa ultramontana,* que llora en Francisco Fernando su mejor amigo y quisiera vengar su muerte en el pueblo servio, apoyándose en una parte de los *agitadores en favor de la guerra del Reich alemán,* cuyas palabras se vuelven cada día más amenazantes y vulgares, el gobierno austriaco ha dirigido al Estado servio un ultimátum, que no solo está redactado en un lenguaje que raya la insolencia, sino que *contiene exigencias cuyo cumplimiento es completamente imposible al gobierno servio.*

El mismo día escribía el *Elberfelder Freie Presse*:

> Un telegrama oficioso de la oficina de Wolff reproduce las exigencias aus-
> triacas respecto a Servia. Se deduce claramente que los *gobernantes viene-*
> *ses presionan con toda violencia a favor de la guerra*, pues lo que se exige en
> la nota entregada anoche en Belgrado es una especie de protectorado de
> Austria sobre Servia. Sería de la *máxima urgencia que la diplomacia berlinesa*
> *hiciera comprender a los instigadores de Viena que Alemania no moverá un dedo*
> *para apoyar sus exigencias desmedidas*, y que, por lo tanto, sería recomenda-
> ble una renuncia a las demandas austriacas.

Y el *Bergische Arbeiterstimme* de Solingen:

> Austria quiere el conflicto con Servia y utiliza el atentado de Sarajevo solo
> como pretexto para sustraer toda razón moral a Servia. Pero la cuestión
> ha sido iniciada de forma demasiado burda como para lograr engañar a la
> opinión pública europea…
>
> Si los instigadores de la Ballhausplatz vienesa en favor de la guerra
> creen, quizá, que en caso de conflicto, en el que también entraría Rusia,
> *tendrían que venir en su ayuda los otros dos miembros de la alianza tripartita,*
> *Italia y Alemania, se hacen falsas ilusiones*. Italia vería muy oportuno un
> debilitamiento de Austria-Hungría, su rival en el Adriático y en los Balca-
> nes, y no se pillará los dedos por apoyar a Austria. *Pero en Alemania deben*
> *ser los gobernantes* —aun cuando fuesen tan locos como para desearlo— *los*
> *que no se atrevan a arriesgar la vida de un solo soldado por la criminal política de*
> *fuerza de los Habsburgo, sin desencadenar la ira popular.*

Así enjuiciaba la guerra toda nuestra prensa del partido «sin excepción», una
semana antes de su comienzo. Según ella, no se trataba de la existencia y de
la libertad de Alemania, sino de una criminal aventura del partido belicista
austriaco, no se trataba de defensa, ni legítima ni nacional, ni tampoco de
guerra santa impuesta en nombre de la propia independencia, sino de una
frívola provocación, de una desvergonzada amenaza a la independencia y
libertad servias.

¿Qué sucedió el 4 de agosto para que se invirtiese súbitamente esa concepción de la socialdemocracia tan claramente sostenida y divulgada? Solo

un nuevo hecho se añadió: el libro blanco presentado ese mismo día al Reichstag por el gobierno alemán. Y allí se dice en la página 4:

> Bajo tales circunstancias, no era compatible ni con la dignidad ni con el mantenimiento de la monarquía austriaca seguir contemplando por más tiempo cruzada de brazos las maniobras más allá de sus fronteras. *El gobierno real e imperial nos comunicó su opinión y nos pidió la nuestra.* De todo corazón expresamos a nuestro aliado nuestro acuerdo con su apreciación de la situación, y le aseguramos que cualquier acción considerada necesaria para acabar con el movimiento dirigido contra la existencia de la monarquía, en Servia, encontraría nuestra aprobación. Al decir esto, *éramos conscientes de que una posible acción bélica de Austria-Hungría contra Servia haría entrar en liza a Rusia, y que, por lo tanto, conformes con nuestro deber de aliado, podríamos vernos envueltos en una guerra.* Pero, sabiendo que intereses vitales de Austria-Hungría se encontraban en juego, no podíamos aconsejar a nuestro aliado *una moderación que no se compaginara con su dignidad,* ni tampoco negarle nuestro apoyo en ese difícil momento. No podíamos hacer menos, sobre todo cuando nuestros intereses se encontraban también amenazados en lo más sensible por la constante labor de zapa servia. Si se hubiese permitido por más tiempo que los servios, con ayuda de Rusia y Francia, pusieran en peligro la existencia de la vecina monarquía, la consecuencia hubiera sido el desmembramiento paulatino de Austria y la sumisión de todo el pueblo eslavo al cetro ruso, haciéndose insostenible en Europa central la posición de la raza germánica:
>
> *Austria, moralmente debilitada y quebrantada por el avance del paneslavismo ruso, dejaría de ser para nosotros un aliado seguro* y en el que pudiéramos confiar, teniendo en cuenta la actitud cada vez más amenazante de nuestros vecinos orientales y occidentales. *Por eso dimos vía libre a Austria en su acción contra Servia.* No hemos, sin embargo, participado en los preparativos.

Estas palabras fueron presentadas el 4 de agosto a la fracción socialdemócrata del Reichstag; palabras que constituyen la única parte importante y decisiva de todo el libro blanco, rotundas declaraciones del gobierno alemán, junto a las cuales todos los demás libros amarillos, grises, azules y anaranjados explicando la historia diplomática anterior a la guerra y sus fuerzas instigadoras más inmediatas aparecen como indiferentes y desprovistos de interés.

La fracción del Reichstag tenía en sus manos la clave para enjuiciar la situación. Toda la prensa socialdemócrata había enjuiciado y gritado una semana antes que el ultimátum austriaco era una criminal provocación a la guerra mundial, y esperaba que el gobierno alemán ejerciera una acción moderadora sobre los incitadores vieneses en favor de la guerra.

La socialdemocracia y la opinión pública alemana estaban convencidas de que el gobierno alemán trabajaba arduamente, a partir del ultimátum austriaco, por el mantenimiento de la paz europea. Toda la prensa socialdemócrata suponía que el ultimátum austriaco había sido para el gobierno alemán un rayo caído del cielo, como lo fue para la opinión pública alemana. El libro blanco manifestaba claramente y sin ambages: 1) que el gobierno austriaco había obtenido la aprobación de Alemania antes de dar un paso contra Servia; 2) que el gobierno alemán era consciente de que el proceder de Austria conduciría a la guerra con Servia y, posteriormente, a la guerra europea; 3) que el gobierno alemán no solo no aconsejó a Austria moderación, sino que afirmaba, por el contrario, que una Austria condescendiente y debilitada ya no podría ser un aliado digno de Alemania; 4) que el gobierno alemán había asegurado su apoyo total en la guerra a Austria antes de que esta diese su paso contra Servia; y, finalmente, 5) que el gobierno alemán no se había reservado el derecho de control sobre el ultimátum decisivo de Austria a Servia, del que dependía la guerra mundial, sino que «había dado a Austria vía libre».

De todo esto se enteró nuestra fracción del Reichstag el 4 de agosto. Y el mismo día se enteró de un nuevo hecho por boca del gobierno: el ejército alemán había entrado ya en Bélgica. La fracción socialdemócrata dedujo de todo esto que se trataba de una guerra de legítima defensa de Alemania contra una invasión extranjera, que estaba en juego la existencia de la patria, de la cultura; que se trataba, en definitiva, de una guerra por la independencia en contra del despotismo ruso.

El trasfondo alemán de la guerra y los bastidores provisionales que lo cubrían, el juego diplomático que enmarcó el desencadenamiento de la guerra, el griterío del mundo de enemigos que quería atentar contra la vida de Alemania, debilitarla, humillarla y sojuzgarla: ¿Podía eso constituir una sorpresa para la socialdemocracia alemana, exigir demasiado de su capacidad de juicio y de su espíritu crítico? ¡No, al menos en el caso de nuestro partido! Ha vivido ya dos grandes guerras alemanas, y ha podido extraer de ellas importantes experiencias. Todo alumno de primeras letras que estudie historia sabe hoy que la primera guerra de 1866 contra Austria fue preparada metódicamente con mucha antelación por Bismarck, y que su política llevaba desde el primer momento a la ruptura y a la guerra con Austria. El príncipe heredero, más tarde emperador Federico, escribía en su diario, con fecha del 14 de noviembre de aquel año, sobre los propósitos del canciller: «Él (Bismarck) había tenido el firme propósito, ya al hacerse cargo de su puesto, de conducir a Prusia a la guerra con Austria, pero se había guardado muy bien de hablar de ello entonces —o demasiado pronto, en general— con su Majestad, hasta que consideró llegado el momento oportuno».

> Compárese, pues, esta confesión —dice Auer en su folleto *Los hombres libres de Sedán y la socialdemocracia*— con el texto del llamamiento que dirigió *a su pueblo* el rey Guillermo:
> «¡La patria está en peligro!
> »¡Austria y una gran parte de Alemania se han levantado en armas contra ella!
> »Hace solo pocos años que yo, por libre decisión y sin pensar en iniquidades pasadas, tendí la mano de aliado al emperador de Austria, cuando se trataba de liberar una región alemana de la dominación extranjera… Pero mis esperanzas han sido frustradas. Austria no quiere olvidar que sus príncipes dominaron en otro tiempo Alemania; en los jóvenes, pero fuertemente desarrollados prusianos, no quiere reconocer a sus aliados naturales, sino a rivales hostiles. Prusia —así piensa ella— ha de ser combatida en todas sus empresas, porque lo que beneficia a Prusia perjudicará a Austria. La vieja y nefasta envidia arde de nuevo a llamaradas: *Prusia ha de ser debilitada, aniquilada, infamada*. Frente a ella ya no valen los tratados, los príncipes federales alemanes no solo son llamados contra Prusia, sino que son incitados a romper la alianza. En Alemania nos encontramos rodeados de enemigos por todas partes, cuyo único grito de combate es: humillar a Prusia».
> Y con el fin de ganarse la bendición del cielo para esta justa guerra, el rey Guillermo promulgó un decreto que establecía el 18 de julio como día nacional de oración y penitencia, en el que decía: «Dios no se ha dignado

coronar con éxito mis esfuerzos para obtener los beneficios de la paz para mi pueblo».

Si nuestra fracción no hubiese olvidado completamente la historia de su propio partido, ¿no habría tenido que parecerle la música oficial que el 4 de agosto acompañó el inicio de la guerra un vivo recuerdo de melodías y palabras conocidas desde hace mucho tiempo?

Pero sigamos. En 1870 proseguía la guerra contra Francia; su desencadenamiento está inseparablemente unido, en la historia, a un documento: el *Emser Depesche*,[10] documento que ha pasado a ser un clásico para toda la diplomacia burguesa en cuestiones de guerra, y que señala también un memorable episodio en la historia de nuestro partido. Fue el viejo Liebknecht, fue la socialdemocracia alemana, los que consideraron entonces su misión y deber revelar y mostrar a las masas populares: «cómo se hacen las guerras».

«Hacer la guerra» única y exclusivamente en defensa de la patria amenazada no fue, por otra parte, un invento de Bismarck. Él solo siguió, con la falta de escrúpulos que le caracteriza, una receta general y verdaderamente internacional del arte burgués de gobernar. ¿Cuándo y dónde ha habido una guerra, desde que la llamada opinión pública desempeña un papel en los cálculos de los gobiernos, en que todo partido beligerante no haya desenvainado la espada con gran pesar, única y exclusivamente para defender a la patria y su causa justa del pérfido ataque del enemigo? La leyenda pertenece tanto a la historia de las guerras como la pólvora y el plomo. El juego es viejo. Lo nuevo es que un Partido Socialdemócrata haya participado en él.

III

Conexiones y conocimientos más profundos y fundamentales prepararon a nuestro partido para discernir la verdadera esencia y los objetivos reales de esa guerra, y no dejarse sorprender en modo alguno. Los sucesos y las fuerzas que condujeron al 4 de agosto de 1914 no eran un secreto para nadie. La guerra mundial había sido preparada durante décadas ante la opinión pública, en plena luz del día, paso a paso y minuto a minuto. Y cuando hoy algunos socialistas se pronuncian rabiosamente en favor de la destrucción de esa «diplomacia secreta», que había tramado tal diablura tras los bastidores, están atribuyendo inmerecidamente a los pobres granujas fuerzas mágicas y misteriosas, como los botocudos, que azotan a su fetiche por el desencadenamiento de una tormenta. Los llamados conductores de los destinos del Estado fueron esta vez, como siempre, solo piezas de ajedrez movidas por acontecimientos históricos dentro de la sociedad burguesa. Y si hubiera alguien que se hubiera esforzado durante todo ese tiempo por comprender con lucidez estos procesos y estos movimientos, y era capaz de lograrlo, era la socialdemocracia alemana.

Dos líneas de fuerza de la evolución histórica más reciente conducen directamente a la guerra actual. Una arranca del período de constitución de los llamados «Estados nacionales», es decir, de los modernos estados capitalistas, de la época de las guerras de Bismarck contra Francia. La guerra de 1870, que, debido a la anexión de Alsacia y Lorena, lanzó a la República Francesa en los brazos de Rusia, provocó la escisión de Europa en dos campos enemigos e inauguró la era de la loca carrera armamentista, echó las bases que condujeron a la actual conflagración mundial. Cuando se encontraban las tropas de Bismarck todavía en Francia, escribió Marx al comité de Brunswick:

> Quien no se ensordezca con el clamor momentáneo, y no desee ensordecer al pueblo alemán, debe comprender que la guerra de 1870 lleva necesariamente consigo los gérmenes de la guerra de Alemania contra Rusia, así como la guerra de 1866 engendró la de 1870. Digo necesariamente, a menos que ocurra lo improbable, o sea que estalle antes una revolución en Rusia. Si eso no ocurre, puede considerarse que la guerra entre Alemania y Rusia es ya *un fait accompli*.[11] La utilidad o nocividad de esta guerra depende enteramente de la actitud actual de los vencedores alemanes. Si se apoderan de Alsacia y Lorena, Francia combatirá contra Alemania al lado de Rusia. Resulta superfluo hablar de las funestas consecuencias.

En aquella época se burlaron de esta profecía; los lazos que unían a Prusia con Rusia parecían tan sólidos que era insensato pensar ni por un instante siquiera que la Rusia autocrática pudiera aliarse con la Francia republicana. Los defensores de esta concepción eran considerados simplemente como locos de atar. Y, sin embargo, todo lo que predijo Marx se cumplió al pie de la letra. «Eso es precisamente lo que diferencia —dice Auer en sus *Fiestas de Sedán*— la política socialdemócrata, que ve claramente lo que ocurre, y la política vulgar, que no ve más allá de sus narices ante cualquier éxito».

Ahora bien, esta conexión no significa que un deseo de desquite presente desde 1870 por la anexión de Bismarck hubiera empujado a Francia por una fatalidad ineluctable a enfrentarse con el imperio alemán, como si la actual guerra mundial fuese esencialmente la tan cacareada «revancha» por Alsacia-Lorena. Cómoda leyenda nacionalista forjada por los instigadores alemanes en favor de la guerra, de una Francia siniestra y vengativa que «no podía olvidar» su derrota, la misma que los órganos de prensa adictos a Bismarck contaban en 1876 de la princesa destronada de Austria que «no podía olvidar» su rango anterior, antes de la llegada de la encantadora Cenicienta prusiana. En realidad, la venganza de Alsacia-Lorena era solo un recurso teatral de algunos bufones patrioteros, y el *Lion de Belfort*[12] se había convertido en un viejo animal heráldico.

En la política francesa hacía ya tiempo que había sido superada la anexión, que había sido sustituida por nuevas preocupaciones, y ni el gobierno ni ningún partido serio de Francia pensaban en una guerra con Alemania por el susodicho Estado alemán. Si la herencia de Bismarck fue el primer paso hacia la conflagración mundial, lo fue en el sentido de que Alemania, tanto como Francia, y con ellas toda Europa, fueron impulsadas, por una parte, hacia la deslizante pendiente de la carrera armamentista, y, por otra, porque ha producido como inevitable consecuencia la alianza entre Francia y Rusia y entre Alemania y Austria. Esta alianza fortalecía extraordinariamente al zarismo ruso como factor determinante de la política europea. Y precisamente, desde entonces, comenzó la sistemática rivalidad entre la Prusia alemana y la República Francesa para obtener el favor de Rusia. Así se produjo la alianza política del Reich alemán con Austria-Hungría, cuya culminación, como demuestran las palabras citadas del libro blanco alemán, es la «fraternidad de armas» en la guerra actual.

Así, la guerra de 1870 ha tenido como consecuencia, en política exterior, el reagrupamiento de Europa en torno al eje formado por la oposición germano-francesa, y ha iniciado el período de la denominación formal del militarismo en la vida de los pueblos europeos. Esta denominación y este reagrupamiento ha dado desde entonces un contenido completamente nuevo a la evolución histórica. La segunda línea de fuerza, que desemboca en la actual guerra mundial y corrobora brillantemente la profecía de Marx, deriva de acontecimientos de carácter internacional que Marx no conoció: el desarrollo imperialista de los últimos veinticinco años.

El auge capitalista que sentó plaza en la nueva Europa reconstruida después del período de guerra de los años 1860 y 1870, que, especialmente una vez superada la gran depresión consecutiva a la fiebre de especulación y al crac de 1873, había alcanzado un nivel sin precedentes en la coyuntura favorable de los años noventa, inauguraba, como es sabido, un nuevo período de efervescencia en los Estados europeos: su expansión competitiva hacia los países y zonas del mundo no capitalistas. Ya desde los años ochenta se puede apreciar un impulso particularmente violento hacia las conquistas coloniales. Inglaterra se apoderó de Egipto y creó en África del Sur un gigantesco imperio colonial; Francia ocupó Túnez en el norte de África, y el Tonkin en Asia oriental; Italia se implantó en Abisinia; Rusia completó sus conquistas en Asia central y penetró hasta Manchuria; Alemania ganó en África y en los mares del Sur sus primeras colonias; y, finalmente, también los Estados Unidos entraron en danza y adquieren con las Filipinas «intereses» en Asia oriental. Este período de febril reparto de África y de Asia, que, a partir de la guerra chino-japonesa en 1895, desencadenó una serie casi ininterrumpida de sangrientas guerras, culminó en la gran campaña de China y terminó con la guerra ruso-japonesa de 1904.

Todos estos acontecimientos, que se sucedieron uno tras otro, crearon nuevos antagonismos fuera de Europa: entre Italia y Francia, en el norte de África; entre Francia e Inglaterra, en Egipto; entre Inglaterra y Rusia, en el Asia central; entre Rusia y Japón, en Asia oriental; entre Japón e Inglaterra, en China; entre los Estados Unidos y Japón, en el océano Pacífico; un mar revuelto, un flujo y reflujo de agudos antagonismos y alianzas pasajeras, de tensiones y distensiones, en las que cada par de años amenazaba con estallar una guerra parcial entre las potencias europeas, pero que siempre era postergada. Desde entonces estaba claro para todos: 1) que la guerra secreta y sorda de todos los Estados capitalistas entre sí y sobre las espaldas de los pueblos asiáticos y africanos tendría que conducir tarde o temprano a un general arreglo de cuentas; que los vientos sembrados en África y Asia tendrían que azotar un día a Europa en forma de terrible tempestad, tanto más cuanto los acontecimientos asiáticos y africanos tenían como contrapartida el creciente rearme de Europa; 2) que la guerra mundial europea estallaría tan pronto como los enfrentamientos parciales y cambiantes entre los Estados imperialistas encontraran un eje central, una contradicción fuerte y predominante en torno al cual pudieran agruparse temporalmente. Esta situación se creó con la aparición del imperialismo alemán.

En Alemania se puede observar el surgimiento del imperialismo en un período muy corto de tiempo y en toda su pureza. El auge sin par de la gran industria y del comercio desde la fundación del Reich dio lugar en los años ochenta a dos formas especialmente características de la acumulación capitalista: al mayor desarrollo de los carteles en Europa y a la más grande expansión y concentración de la banca en todo el mundo. Aquel ha organizado la industria pesada, es decir, la rama del capital especialmente interesada en los suministros al Estado de armamentos militares y en las empresas imperialistas (construcción de ferrocarriles, explotación del subsuelo, etcétera), como el factor más influyente en el Estado. La concentración bancaria ha convertido al capital financiero en una potencia sin fisuras, dotado de una energía en continuo crecimiento y expansión; en una potencia que reina en la industria, el comercio y el crédito, tan poderosa en la economía privada como en la pública, con una capacidad de expansión ágil e ilimitada, siempre en busca de beneficio y de acción; en una potencia impersonal, gigantesca, audaz y sin escrúpulos, de alcance internacional, y que, por su naturaleza misma, ha transformado el mundo en escenario de sus hazañas.

Añádase a ello un poder personal muy fuerte e inestable en sus iniciativas políticas, y el parlamentarismo más débil, incapaz de toda oposición, junto a todas las capas burguesas unidas en la oposición más salvaje a la clase obrera y atrincheradas tras el gobierno, se podrá, entonces, prever que ese imperialismo joven, rebosante de energía y sin obstáculos de ninguna clase, que sí, señores míos, ustedes están en el comienzo y ciertamente uno debutaba en el escenario mundial con enormes apetitos, cuando el mundo se encontraba, por así decirlo, ya repartido, debía convertirse rápidamente en el factor incalculable de agitación general.

Esta agitación se manifestó ya con el cambio radical en la política militar del Reich a fines de los años noventa, con los dos proyectos de ley sobre rearme naval, que aparecieron uno tras otro en 1898 y 1899, y que significaban, en un ejemplo sin precedentes, la duplicación inmediata de la marina de guerra, y un gigantesco plan de construcciones navales calculado aproximadamente para dos décadas. Esto no significaba solamente una profunda reestructuración de la política financiera y comercial del Reich —la tarifa arancelaria de 1902 fue solo una sombra que siguió a los dos proyectos de ley sobre rearme naval—, sino la prolongación lógica de la política social y de todas las relaciones internas de clase y de partidos. Los decretos sobre las fuerzas navales significaban ante todo un significativo cambio en la dirección de la política exterior del Reich, en relación a como había sido desde su fundación. Mientras que la política de Bismarck se basaba en el principio de que el Reich fue siempre una potencia militar en tierra y debía seguir siéndolo, y la flota alemana se consideraba, todo lo más, como requisito superfluo para la defensa de las costas (el mismo secretario de Estado Hollmann declaraba en marzo de 1897 ante la comisión de Hacienda del Reichstag: «Para la protección de las costas no necesitamos marina, las costas se defienden por sí solas»), ahora se establecía un nuevo programa: Alemania debía convertirse en la primera potencia en tierra y en el mar. Se pasaba de la política continental de Bismarck a la política mundial, de la defensa al ataque como finalidad del rearme. El lenguaje de los hechos era tan claro que en el mismo Reichstag alemán se hizo necesario el comentario.

El 11 de marzo de 1896, después del famoso discurso del Kaiser con motivo del vigésimoquinto aniversario del Reich alemán, en el que, como indicio de los proyectos de rearme naval, había expuesto el nuevo programa. Lieber, entonces dirigente del centro, hablaba de «ilimitados planes navales» contra los que se debía protestar decididamente. Otro dirigente del centro, Schadler, manifestaba en el Reichstag el 23 de marzo de 1898, cuando se presentó el primer proyecto de ley de rearme naval: «El pueblo considera que no podemos ser la primera potencia en tierra y en el mar. Si ahora mismo se me dice que no se trata de eso, responderé: sí, señores míos, ustedes están en el comienzo y ciertamente un comienzo irreversible». Y cuando se presentó el segundo proyecto, declaraba el mismo Schadler en el Reichstag el 8 de febrero de 1900, después de haber hecho alusión a las anteriores declaraciones, en las que se afirmaba que no se pensaba en ningún proyecto nuevo de ley sobre fuerzas navales: «y hoy esa fábula *inaugura ni más ni menos que la creación de una flota a escala mundial, como base a una política mundial*, mediante la duplicación de nuestra flota a partir de un programa que debe durar casi dos décadas». Por otra parte, el mismo gobierno expuso abiertamente el programa político de la nueva orientación: el 11 de diciembre de 1899 decía Von

Bülow,[13] entonces secretario de Estado del Ministerio de Asuntos Exteriores, en defensa del segundo proyecto de ley de rearme naval:

> Si los ingleses hablan de una *greater Britain* (una Gran Bretaña más grande), si los franceses hablan de una *nouvelle France* (nueva Francia), si los rusos se apoderan de Asia, nosotros tenemos también el derecho a *ein grosseres Deutschland* (una Alemania más grande)... Si no construimos una flota capaz de proteger nuestro comercio, nuestros ciudadanos en el extranjero, nuestras misiones, y garantizar la seguridad de nuestras costas, ponemos en peligro los intereses más vitales de la patria... En el próximo siglo el pueblo alemán será *yunque o martillo*.

Si se elimina el floreo retórico sobre la protección de las costas, de las misiones y del comercio, queda el programa lapidario: una Alemania más grande, política de martillo para los otros pueblos.

Para todos estaba claro contra quién se dirigían, en primer lugar, esas provocaciones: la nueva política naval agresiva hacía de Alemania el competidor de la primera potencia naval, Inglaterra. Y así se entendió en Inglaterra. La reforma de la flota y las declaraciones programáticas que la acompañaban provocaron en Inglaterra una viva inquietud que no ha cesado desde entonces. En marzo de 1910 repetía lord Robert Cecil, en el curso del debate sobre la flota sostenido en la Cámara de los Comunes, que retaba a cualquiera que justificara la construcción por Alemania de una gigantesca flota, si no tuviera la intención de entrar en lucha contra Inglaterra. La rivalidad en el mar mantenida por ambas partes desde hace quince años, y, finalmente, la febril construcción de *dreadnoughts* y de *super dreadnoughts*[14] era ya la guerra entre Alemania e Inglaterra. El proyecto de ley de rearme naval de 11 de diciembre de 1899 era una declaración de guerra por parte de Alemania, acusando recibo Inglaterra el 4 de agosto de 1914.

Debemos hacer notar que esa rivalidad naval no tenía nada que ver con la lucha económica por el mercado mundial. «El monopolio inglés» en el mercado mundial, que estrangulaba supuestamente el desarrollo capitalista de Alemania, y del que tantos disparates se dicen hoy día, constituye una de esas leyendas patrióticas de guerra que incluye también el mito de la feroz «revancha» francesa. Ya desde los años ochenta aquel «monopolio» se había convertido, para desgracia de los capitalistas ingleses, en una vieja historia. El desarrollo industrial de Francia, Bélgica, Italia, Rusia, India, Japón, pero, sobre todo, de Alemania y de los Estados Unidos había acabado con aquel monopolio en la primera mitad del siglo XIX, hacia los años sesenta. En las últimas décadas un país tras otro irrumpieron junto a Inglaterra en el mercado mundial; el capitalismo se desarrolló impetuosamente, de acuerdo con su naturaleza, hasta formar la economía mundial capitalista.

Pero la supremacía naval inglesa, que aun hoy perturba el sueño a más de un socialdemócrata alemán, y cuya destrucción les parece una necesidad urgente a esos buenos señores para la prosperidad del socialismo internacional; esta supremacía naval, consecuencia de la expansión del imperio británico en los cinco continentes, no solo no ha perturbado al capitalismo alemán, sino que este creció con asombrosa rapidez bajo su yugo y se convirtió en un robusto mozo de fuertes carrillos. Justamente Inglaterra y sus colonias son la pieza angular del auge de la gran industria alemana, tal como, a la inversa, Alemania es para el imperio británico el más importante e indispensable cliente. Lejos de chocar el desarrollo del gran capital británico y del alemán, dependen el uno del otro y están ligados por una amplia división del trabajo, favorecida, en gran medida, por el libre comercio inglés. El comercio alemán y sus intereses en el mercado mundial no tenían nada que ver con el cambio de frente en la política alemana y con la construcción de la flota.

Tampoco el dominio colonial alemán conducía por sí mismo a un peligroso enfrentamiento mundial ni a la rivalidad naval con Inglaterra. Las colonias alemanas no necesitaban para su protección una potencia naval de primer orden, porque, por su condición, apenas despertaban en nadie, y mucho menos en Inglaterra, la envidia hacia el Reich alemán. Y si ahora, en el curso de la guerra, se han apoderado de ellas Inglaterra y Japón, que lo robado cambie de propietario, es una medida corriente y efecto de la guerra, tal como ahora el apetito de los imperialistas alemanes se lanza insaciable hacia Bélgica sin que antes, en tiempo de paz, nadie que no estuviera loco se hubiera atrevido a plantear la anexión de Bélgica. Nunca se hubiese producido una guerra por tierra o por mar entre Inglaterra y Alemania a causa de África sudoriental y sudoccidental, del país de Guillermo o del Tsingtao, pues inmediatamente antes de empezar la guerra actual se había llegado a un acuerdo entre Alemania e Inglaterra para iniciar un reparto amistoso entre las dos potencias de las colonias portuguesas en África.

El desarrollo del poder naval y el despliegue del estandarte político mundial por parte alemana presagiaban nuevas y grandes incursiones del imperialismo alemán en el mundo. Con esta ofensiva flota de primera clase y los continuos incrementos del ejército, que se sucedieron con rapidez paralelamente a la construcción de la flota, se creó un aparato para la futura política, cuya orientación y objetivos tenían abiertas las puertas en par para incalculables posibilidades. La construcción de la flota y el rearme se convirtieron en el negocio más grandioso de la gran industria alemana, abriendo al mismo tiempo ilimitadas perspectivas para las ulteriores operaciones de los carteles y de los bancos en todo el mundo. Con esto quedaba asegurada la unión de todos los partidos burgueses bajo la bandera del imperialismo. El centro socialdemócrata siguió el ejemplo de los nacional-liberales,[15] tropa de choque de la industria pesada imperialista; precisamente el centro,[16] que, con la aceptación, en 1900, de los proyectos de ley sobre las fuerzas navales[17] que inauguraba una política mundial denunciada por él obstinadamente, se convirtió definitivamente en un partido gubernamental; los liberales siguieron rezagadamente al centro en el asunto del proyecto de ley sobre las fuerzas navales y las tarifas aduaneras; posteriormente cerraba la marcha la nobleza terrateniente, que de adversario contumaz de la «horrible flota»[18] y de la construcción del canal, pasó a ser solícito gorrón y parásito del militarismo naval, del robo colonial y de la política arancelaria que le acompañaba. Las elecciones parlamentarias de 1907, llamadas Elecciones Hottentote, encontraron a toda Alemania en un paroxismo de entusiasmo imperialista, firmemente unida bajo una sola bandera, la de la Alemania de Von Bülow, la Alemania que se sentía destinada a desempeñar el papel de martillo en el mundo. Estas elecciones, con su atmósfera de pogromo espiritual, fueron un preludio a la Alemania del 4 de agosto, un desafío no solo a la clase obrera alemana, sino también a otras naciones capitalistas, desafío dirigido a nadie en particular, un guantelete que se agitaba ante el mundo entero…

IV

Turquía se convirtió en el campo de operaciones más importante del imperialismo alemán; su guía fue el Deutsche Bank y sus gigantescos negocios en Asia, que se encuentran en el centro de la política alemana en el Oriente. En los años cincuenta y sesenta operaba principalmente en la Turquía asiática el capital inglés, que construyó el ferrocarril que partía de Esmirna y obtuvo la concesión del primer tramo del ferrocarril desde Anatolia hasta Esmit. En 1888 hizo su aparición el capital alemán, que recibió de Abdul Hamid para su explotación los tramos construidos por los ingleses y la concesión para construir los nuevos tramos desde Esmit hasta Angora con las líneas secundarias hacia Escútari, Brussa, Konia y Kaizarile. En 1899 el Deutsche Bank consiguió la opción para construir y usufructuar un puerto con sus instalaciones adjuntas en Haidar Pacha, así como la exclusiva del comercio y de las aduanas en ese puerto. En 1901 el gobierno turco otorgaba al Deutsche Bank la concesión del gran ferrocarril de Bagdad hasta el golfo Pérsico, y en 1907, la desecación del lago de Karaviran y la irrigación de la planicie de Koma.

La otra cara de la medalla de esa gran «obra cultural pacífica» es la «pacífica» e inmensa ruina del campesinado del Asia Menor. Los costos de estas colosales obras fueron adelantados, naturalmente, por el Deutsche Bank, mediante un ampliamente ramificado sistema de deuda pública; el Estado turco se convirtió para siempre en deudor de los señores Siemens, Gwinner, Helferich, etcétera, tal como antes lo había sido de los capitales inglés, francés y austriaco. Este deudor no solo debía extraer cuantiosas sumas de las arcas del Estado para pagar los intereses de los empréstitos, sino que estaba obligado a garantizar las ganancias brutas de los ferrocarriles construidos. Los medios de transporte y las instalaciones más modernas se situaban en un contexto económico extremadamente atrasado, basado fundamentalmente en una economía natural, es decir, en una economía campesina de lo más primitiva: del árido suelo de esta economía, succionada sin escrúpulos desde hacía siglos por el despotismo oriental, y que apenas producía algunas briznas para la alimentación propia del campesinado, una vez pagados los impuestos al Estado, no podía salir, como es obvio, el necesario tráfico y las ganancias para los ferrocarriles. De acuerdo con las características económicas y culturales del país, el tráfico de mercancías y viajeros estaba muy poco desarrollado y solo podía crecer con lentitud. A fin de compensar lo que faltaba para completar el beneficio del capital empleado, el Estado turco acordó conceder anualmente a las compañías ferroviarias una subvención, bajo la forma de «garantía de kilometraje». Fue siguiendo este sistema como el capital austriaco y el francés construyeron el ferrocarril en la Turquía europea; el mismo sistema se aplicó en todas las empresas del Deutsche Bank en la Turquía asiática. Como garantía y para asegurar el pago del subsidio, el gobierno turco transfirió a los representantes del capital europeo el llamado «consejo de administración de la deuda pública», la fuente principal de los ingresos del Estado turco: los diezmos de una serie de provincias. Entre 1893 y 1910, por ejemplo, el gobierno turco ha subvencionado con unos 90 millones de francos el ferrocarril hasta Angora y el ramal Eskischeir-Konia. Los «diezmos» que hipoteca repetidamente el Estado turco en favor de sus acreedores europeos son los antiquísimos tributos campesinos en especies, cereales, corderos, seda, etcétera. Los diezmos no son percibidos directamente, sino por intermediarios del tipo de los famosos recaudadores de impuestos de la Francia prerrevolucionaria; el Estado vende en subasta, es decir, a los que ofrezcan más, los ingresos previstos por los tributos de cada *wilajet* (provincia) contra el pago al contado. Si el diezmo de un *wilajet* ha sido adquirido por un especulador o por un consorcio, estos venden los diezmos de cada *sandschaks* (distrito) a otros especuladores, que a su vez ceden su parte a toda una serie de pequeños agentes. Como todos quieren cubrir sus gastos y obtener todo el beneficio que sea posible, el diezmo crece como una avalancha a medida que se acerca al campesino. Este, casi siempre endeudado, espera con impaciencia el momento de vender su cosecha, pero una vez que ha segado sus mieses debe esperar, a veces semanas enteras, para hacer la trilla, a que el recaudador se lleve la parte que le corresponde. El recaudador, con frecuencia comerciante él mismo en granos, utiliza esta situación del campesino, que siente la amenaza de que se le pudra toda la cosecha en el campo, para arrancársela a bajo precio, y sabe hacer frente a las quejas de los descontentos con la ayuda de los funcionarios y especialmente de los *muktars* (alcaldes). Si no se encuentra ningún recaudador de impuestos, el gobierno recoge los diezmos en especies, los lleva a los depósitos y los transfiere a los acreedores capitalistas como «subvención». Este es el mecanismo interno de la «regeneración económica de *Turquía*» mediante la obra cultural del capital europeo.

Por medio de estas operaciones se logran dos resultados. La pequeña economía campesina del Asia Menor se convierte en objeto de un bien organizado proceso de succión para provecho y utilidad del capital financiero e industrial europeo, en este caso, sobre todo del alemán. Con ello crece la «esfera de intereses» de Alemania en Turquía, que, a su vez, da fundamento y ocasión para la «protección» política de Turquía. Al mismo tiempo, el aparato de succión necesario para la explotación económica del campesinado, es decir, el gobierno turco, se convierte en obediente instrumento, en vasallo de la política exterior alemana. Ya desde hace mucho tiempo estaban bajo control europeo las finanzas, la política arancelaria, la política tributaria y el presupuesto nacional de Turquía. La influencia alemana se ha apoderado especialmente de la *organización militar*.

De todo esto resulta claro que el imperialismo alemán está interesado en el fortalecimiento del Estado turco, para evitar, al menos, su desmoronamiento, su caída prematura. La liquidación acelerada de Turquía conduciría a su reparto entre Inglaterra, Rusia, Italia, Grecia y otros; y el capital alemán perdería una base excepcional para las grandes operaciones. Se produciría, al mismo tiempo, un extraordinario crecimiento del poder de Rusia y de Inglaterra, así como de los Estados mediterráneos. Para el imperialismo alemán se trata de conservar el cómodo aparato del «Estado turco independiente» y de la «integridad» de Turquía el tiempo suficiente, hasta que sea devorado desde su interior mismo por el capital alemán, como lo fuera anteriormente Egipto por los ingleses o ahora Marruecos por los franceses, cayendo en manos alemanas como fruto maduro. El conocido portavoz del imperialismo alemán, Paul Rohrbach, declaraba franca y honradamente:

> La misma situación de Turquía hace que, rodeada por todas partes de ambiciosos vecinos, busque el apoyo de una potencia que en lo posible no tenga intereses territoriales en Oriente. Esta potencia es Alemania. Nosotros, por nuestra parte, sufriríamos grandes pérdidas si desapareciese Turquía. Si Rusia e Inglaterra fueran los herederos principales de los turcos, resulta evidente que esos dos Estados incrementarían considerablemente su poder. Pero aunque Turquía fuese dividida de forma que una parte importante nos tocara, esto implicaría para nosotros dificultades sin fin, pues Rusia, Inglaterra y en cierto sentido también Francia e Italia son vecinas de la actual zona de soberanía turca y, bien por tierra o por mar, o por ambas vías, están en condiciones de ocupar y defender su parte. Nosotros, por el contrario, no tenemos ningún contacto directo con el Oriente... *Un Asia Menor o una Mesopotamia alemanas solo podrían llegar a ser realidad* si antes, por lo menos, Rusia y también Francia fueran obligadas a renunciar a sus actuales fines e ideales políticos, es decir, *si antes la guerra mundial tuviese*

un desenlace decisivo en beneficio de los intereses alemanes. [*Der Krieg und die deutsche Politik,* p. 36, *La guerra y la política alemana*].

Alemania, que el 8 de noviembre de 1898 juró solemnemente en Damasco, a la sombra del gran Saladino, defender y amparar al mundo mahometano y a la verde bandera del Profeta, fortaleció con gran celo durante una década al régimen del sanguinario sultán Abdul Hamid, prosiguiendo su obra, tras un corto período de alejamiento, en el joven régimen turco.[19] Además de los pingües negocios del Deutsche Bank, la misión se ocupó de la reorganización y entrenamiento de las fuerzas militares turcas con Goltz Pascha a la cabeza, utilizando instructores alemanes. La modernización del ejército generó nuevas y pesadas cargas sobre los hombros del campesinado turco, pero también nuevos y brillantes negocios para Krupp y el Deutsche Bank. Al mismo tiempo, el militarismo turco se convertía en dependiente del militarismo prusiano-alemán y en punto de apoyo de la política alemana en el Mediterráneo y en el Asia Menor.

Que la «regeneración de Turquía» emprendida por Alemania no es más que un intento artificial por galvanizar a un cadáver lo demuestra mejor que nada el destino de la revolución turca. En su primera fase, mientras el elemento ideológico predominaba en el joven movimiento turco, mientras se abrigaban proyectos de altos vuelos e ilusiones en torno a una nueva primavera rebosante de vida y a la renovación interna de Turquía, sus simpatías políticas se dirigían principalmente hacia Inglaterra, considerada ideal del moderno Estado liberal, mientras que Alemania, protectora oficial durante muchos años del sagrado régimen del viejo Sultán, aparecía como enemigo de los Jóvenes Turcos. La revolución de 1908 parecía ser la derrota de la política alemana en el Oriente, y así fue, en general, interpretada; presentándose el derrocamiento de Abdul Hamid como el fin de la influencia alemana. Pero, una vez que los Jóvenes Turcos llegaron al poder, mostraron una incapacidad total para realizar cualquier tipo de reforma moderna en lo económico, social y nacional; a medida que se manifestaba cada vez más su carácter contrarrevolucionario, volvieron rápidamente a los métodos patriarcales de opresión de Abdul Hamid, es decir, al baño de sangre periódicamente organizado entre los pueblos sometidos, a los que se azuzaba unos contra otros, y a la ilimitada explotación oriental del campesinado, que constituían los dos pilares fundamentales del Estado. El mantenimiento artificial de este régimen de violencia se convirtió en la preocupación principal de la Joven Turquía, y se retornó también en política exterior a las tradiciones de Abdul Hamid: a la alianza con Alemania.

Teniendo en cuenta lo complejo de la cuestión de las nacionalidades que dividen el Estado turco: armenios, kurdos, sirios, árabes, griegos (y hasta hace poco albanos y macedonios); dada la multiplicidad de problemas económico-sociales en las diferentes partes del reino; dado el surgimiento de un fuerte y vigoroso capitalismo en los jóvenes Estados balcánicos vecinos, y, sobre todo, la actividad económica disgregadora del capital y de la diplomacia internacional en Turquía durante largos años, todo el mundo, pero especialmente la socialdemocracia alemana, veía claramente ya desde hace tiempo que la real regeneración del Estado turco era empresa desesperada y que todos los intentos por mantener aquel montón de ruinas tambaleante e inestable terminaría en una operación reaccionaria. Ya con motivo de la importante insurrección cretense de 1896 tuvo lugar en la prensa del partido alemán una profunda discusión del problema del Oriente, que condujo a la revisión del punto de vista defendido por Marx en la época de la guerra de Crimea[20] y a rechazar definitivamente la idea de la «integridad turca» como una herencia de la reacción europea. La prensa socialdemócrata alemana denunció, antes que nadie, con rapidez y precisión, la esterilidad social en el interior y el carácter reaccionario del régimen de los Jóvenes Turcos.

Era una idea típicamente prusiana pensar que bastaba un ferrocarril estratégico para una rápida movilización y algunos valientes instructores militares para restaurar una barraca tan carcomida como era el Estado turco.[21]

Ya en el verano de 1912 el régimen de los Jóvenes Turcos iniciaba el camino de la contrarrevolución. El primer acto de la «regeneración» turca en esa guerra fue, significativamente, el golpe de Estado,[22] la abolición de la Constitución, es decir, también en ese aspecto, el retorno formal al régimen de Abdul Hamid.

El militarismo turco, impulsado por Alemania, sufrió ya en la primera guerra de los Balcanes, una lamentable derrota.[23] Y la guerra actual, en cuyo fatídico torbellino ha sido empujada Turquía[24] en calidad de «protegida» de Alemania, conducirá, cualquiera que sea su resultado, fatalmente a una vasta o definitiva liquidación del imperio turco.

La posición del imperialismo alemán —es decir, esencialmente los intereses del Deutsche Bank— ha colocado en Oriente al Reich alemán en conflicto con todos los demás Estados. Sobre todo con Inglaterra. Esta no solo tuvo que ceder a sus rivales alemanes buenos negocios y, por lo tanto, pingües beneficios en Anatolia y Mesopotamia —situación que aceptó resignadamente—, sino que la construcción de ferrocarriles con fines estratégicos y el fortalecimiento del militarismo turco bajo influencia alemana se producía en uno de los puntos más sensibles de la política mundial para Inglaterra: en un punto crucial situado entre el Asia central, Persia e India, por una parte, y Egipto por la otra.

> Inglaterra —escribe Rohrbach en *El ferrocarril de Bagdad*— solo puede ser atacada y lesionada gravemente, fuera de Europa, en un lugar: en Egipto. Con Egipto, Inglaterra perdería no solo el dominio sobre el canal de Suez y la comunicación con la India y Asia, sino también probablemente sus posesiones en el África central y oriental. La conquista de Egipto por parte de una potencia musulmana como Turquía podría tener peligrosas repercusiones sobre los 60 millones de súbditos musulmanes de Inglaterra en la India, a los que habría que añadir los de Afganistán y Persia. Pero Turquía solo puede pensar en Egipto a condición de que disponga de un amplio sistema ferroviario en el Asia Menor y en Siria, que ampliando el ferrocarril de Anatolia, pueda rechazar un ataque inglés en Mesopotamia, que aumente y mejore su ejército, y que progresen favorablemente su situación económica general y sus finanzas.

En su libro *La guerra mundial y la política alemana* aparecido a comienzos de la guerra mundial, dice:

> El ferrocarril de Bagdad tenía la finalidad, desde un principio, de comunicar directamente a Constantinopla y a los principales puntos militares del reino turco en Asia Menor con Siria y las provincias del Eufrates y del Tigris… Estaba previsto, naturalmente, que el ferrocarril, junto a las líneas ferroviarias de Siria y Arabia, en parte solo proyectadas y en parte en obras ya terminadas, debía garantizar la posibilidad de poder transportar tropas turcas en dirección a Egipto… Nadie negará que, supuesta la alianza germano-turca, y otras condiciones, cuya realización hubiese

sido menos sencilla que aquella alianza, el ferrocarril de Bagdad significa para Alemania un seguro de vida político.

Así de claro hablaban los portavoces semioficiosos del imperialismo alemán sobre sus planes e intenciones en Oriente. La política alemana mostraba allí contornos fuertemente expansivos, una tendencia agresiva que ponía en peligro el equilibrio de la política mundial mantenido hasta entonces, y situaba una visible punta de lanza contra Inglaterra. La política alemana en Oriente era el comentario concreto a la política naval inaugurada en 1899.

Al mismo tiempo, Alemania, con su programa de integridad para Turquía, entraba en conflicto con los Estados balcánicos, cuya culminación histórica y auge interno se identificaba con la liquidación de la Turquía europea. Finalmente, entró en conflicto con Italia, cuyos apetitos imperialistas se dirigían fundamentalmente hacia las posesiones turcas. En la Conferencia de Marruecos, celebrada en Algeciras en 1905,[25] Italia se encontraba ya al lado de Inglaterra y Francia. Y, seis años después, la expedición italiana a Trípoli, que siguió a la anexión de Bosnia por Austria, fue el preludio de la primera guerra de los Balcanes y significó el desafío de Italia, la ruptura de la alianza tripartita y el aislamiento de la política alemana también por este lado.

La segunda orientación de los esfuerzos expansionistas alemanes se manifestó en Occidente, en el caso marroquí. En ningún otro aspecto se mostró tan radicalmente el alejamiento de la política de Bismarck. Como es sabido, Bismarck favoreció intencionadamente las aspiraciones coloniales de Francia, con el fin de desviarla de los puntos álgidos en el continente, de Alsacia y Lorena. La nueva orientación de Alemania se dirigía, por el contrario, directamente contra la expansión colonial francesa. Pero la situación objetiva en Marruecos era completamente distinta a la de la Turquía asiática. La presencia de intereses del capital alemán en Marruecos era mínima. Sin duda, durante la crisis de Marruecos, los imperialistas alemanes hicieron mucho ruido en torno a las reivindicaciones de la firma capitalista Mannesmann de Remscheid, que había prestado dinero al Sultán de Marruecos, recibiendo a cambio concesiones de explotaciones mineras consideradas como de «interés vital para la patria». Sin embargo, era demasiado claro que ambos grupos capitalistas competidores en Marruecos —tanto el grupo Mannesmann como la sociedad Krupp-Scheider— representaban una combinación internacional de empresas alemanas, francesas y españolas, para hablar en serio y con fundamento de una «esfera de intereses alemanes». Más sistemática fue la decisión y la energía de que dio muestras súbitamente el Reich alemán, en 1905, al dar a conocer su pretensión de cooperar en la solución del asunto de Marruecos y su protesta contra la hegemonía francesa en Marruecos. Era el primer choque en la arena político-mundial con Francia. Todavía en 1895, Alemania, junto con Francia y Rusia, atacaron al victorioso Japón, para impedirle que explotase su victoria sobre China en Chimonoseki. Cinco años más tarde marchaba estrechamente unida a Francia en la gran falange internacional formada por la expedición de pillaje contra China. Y ahora, en Marruecos, se asistía a un cambio radical de la política alemana en sus relaciones con Francia. Por dos veces, en los siete años que duró la crisis de Marruecos, se estuvo muy cerca de una guerra entre Francia y Alemania; ya no se trataba de la «revancha», de un enfrentamiento continental entre ambos Estados. Aquí se manifestaba un nuevo antagonismo debido a los intereses contradictorios de los imperialismos alemán y francés. Como resultado final de la crisis, Alemania se conformó con el territorio francés en el Congo, reconociendo implícitamente que no poseía ni tenía que defender intereses propios en Marruecos. Pero, precisamente por eso, alcanzó una gran importancia política la presencia alemana en la cuestión de Marruecos. El mismo carácter indeterminado de los objetivos y reivindicaciones concretas de la política alemana en Marruecos revelaba lo ilimitado de sus apetitos, de sus intentos en busca de botín; fue una declaración de guerra imperialista contra Francia. La oposición entre los dos Estados se manifiesta aquí con meridiana claridad. Por una parte, un desarrollo industrial lento, una población estancada, un Estado de rentistas que invierte principalmente en el extranjero, dueño de un gran imperio colonial que apenas podía mantener; por otra parte, un capitalismo poderoso, joven, que aspira a ocupar el primer puesto y que recorre el mundo a la caza de colonias. Era impensable la ocupación de colonias inglesas. Por eso, las ansias insaciables del imperialismo alemán solo podían dirigirse, en primer lugar, con excepción de la Turquía asiática, a las posesiones francesas. Estas posesiones ofrecían fácil carnaza para resarcir eventualmente a Italia a costa de Francia por las previsibles veleidades expansionistas de Austria en los Balcanes, y mantenerla en la alianza tripartita ligándola a una empresa común. Que las pretensiones alemanas en Marruecos inquietaran al imperialismo francés es natural, si se piensa que Alemania, establecida en cualquier parte de Marruecos, siempre estaría en condiciones de prender fuego por los cuatro costados al imperio norteafricano francés, suministrando armas a una población que vivía en crónico estado de guerra contra los conquistadores franceses. La renuncia y la conformidad final de Alemania solo eliminaron la inmediatez del peligro, pero persistía la inquietud francesa y el antagonismo creado en el plano de la política mundial.[26]

La política alemana en Marruecos no solo entraba en conflicto con Francia, sino también indirectamente con Inglaterra. La súbita presencia del imperialismo alemán, sus pretensiones y el vigor que confirió a su actuación en Marruecos, muy próximo a Gibraltar, uno de los puntos cruciales más importantes de las vías políticas mundiales del imperialismo británico, tenía que ser considerada necesariamente como una manifestación hostil contra Inglaterra. Aun desde el simple punto de vista formal, la primera protesta de Alemania se dirigía contra el convenio de 1904 entre Inglaterra y Francia sobre Marruecos y Egipto, y la petición alemana aspiraba clara y rotundamente a excluir a Inglaterra de todo acuerdo en el caso de Marruecos. Las consecuencias inevitables de esta actitud, respecto a las relaciones anglo-alemanas, no podían ser un secreto para nadie. El corresponsal en Londres del *Frankfurter Zeitung* describe claramente la situación creada en su crónica del 8 de noviembre de 1911:

> Este es el resultado: un millón de negros en el Congo, una gran modorra y un fuerte resentimiento contra la «pérfida Albión». Alemania superará la modorra. Pero ¿qué pasará respecto a nuestras relaciones con Inglaterra? Tal como están, no pueden continuar así, sino que según todo el cálculo de probabilidades histórico, o se agravarán, conduciendo a la guerra, o mejorarán rápidamente... La expedición del *Panther* fue —como expresaba recientemente y con acierto el corresponsal berlinés del *Frankfurter Zeitung*— un golpe de efecto para demostrar a Francia que Alemania todavía existe... Las repercusiones que esta expedición ha producido aquí no pueden haber sorprendido a nadie en Berlín; al menos, ningún corresponsal de esta ciudad ha dudado de que Inglaterra se pondría enérgicamente al lado de Francia. ¡Cómo puede el *Norddeutsche Allgemeine Zeitung* seguir aferrado al tópico de que Alemania debe negociar «solo con Francia»!

Desde hace ya siglos se ha ido configurando en Europa una interrelación cada vez más fuerte de intereses políticos. Cuando un país es maltratado, se cumple la ley política natural que nos rige, según la cual unos se alegran y otros se irritan. Cuando hace dos años los austriacos tuvieron pleito con Rusia a causa de Bosnia, Alemania ocupó el primer plano en «brillante defensa», aunque en Viena, como después se dijo, hubieran preferido arreglar el asunto por sí mismos... Es incomprensible que se haya podido pensar en Berlín que los ingleses, recién superado un período de actitud decididamente antialemana, pudiese dejarse convencer de que nuestras negociaciones con Francia no *les* afectaban en modo alguno. Se trataba, en último término, de una *cuestión de fuerza*, pues un codazo, por muy pacífico que quiera parecer, es un hecho, y nadie puede prever con qué rapidez le seguirá un puñetazo en la boca... Desde entonces la cuestión ha sido menos crítica. En el momento en que hablaba Lloyd George existía, tal como hemos sido fielmente informados, el grave peligro de una guerra entre Alemania e Inglaterra... Teniendo en cuenta la política que desde hace tiempo prosigue sir Edward Grey y sus representantes, cuyas motivaciones no vamos a discutir ahora, ¿cabría esperar acaso de ellos otra actitud ante la cuestión de Marruecos? Nos parece que si Berlín ha tenido en cuenta todo esto, su política está ya juzgada.

De esta forma la política imperialista creó tanto en el Próximo Oriente como en Marruecos un agudo conflicto entre Alemania e Inglaterra, así como con Francia. ¿Cuál era el estado de las relaciones entre Alemania y Rusia? ¿Qué es lo que hay en el fondo del enfrentamiento? En el clima de pogromo que se había apoderado de la opinión pública alemana en las primeras semanas de la guerra, se creía cualquier cosa. Se creía que las mujeres belgas sacaban los ojos a los heridos alemanes, que los cosacos comían cera y cogían a los niños por las piernas y los despedazaban; se creía también que el objetivo bélico ruso era la anexión del Reich alemán, aniquilar la cultura alemana e implantar el absolutismo desde el Warthe hasta el Rhin, desde Kiel hasta Munich.

El *Chemnitzer Volksstime*, órgano socialdemócrata, escribía el 2 de agosto:

En estos momentos sentimos todo el deber de luchar, por encima de todo, contra el dominio del látigo ruso. *Las mujeres y los niños de Alemania no deben convertirse en víctimas de las brutalidades rusas, ni la nación alemana en presa de los cosacos. Si triunfa la alianza tripartita, no será un gobernador inglés o un republicano francés quienes gobiernen Alemania, sino un zar ruso. Por eso defendemos en estos momentos todo cuanto hay de cultura y libertad alemanas contra un enemigo implacable y bárbaro.*

El *Frankische Tagespost* hacía un llamamiento el mismo día:

> *No queremos que los cosacos*, que han ocupado ya todos los puestos fronterizos, irrumpan en nuestro país y traigan la destrucción a nuestras ciudades. No queremos que el *zar ruso*, en cuyo amor por la paz no ha creído la socialdemocracia ni siquiera el día que publicó su manifiesto por la paz, que es el peor enemigo del pueblo ruso, domine sobre *cualquier persona de origen alemán*.

Y el *Konigsberger Volkszeitung* escribía el 2 de agosto:

> Pero ninguno de nosotros, se encuentre en edad militar o no, puede dudar ni un solo momento que mientras dure la guerra, deba hacer todo lo posible para alejar de nuestras fronteras al *infame régimen zarista*, pues *si triunfara, miles de nuestros camaradas acabarían en las crueles cárceles rusas.* Bajo el cetro ruso no queda ni rastro del derecho a la autodeterminación de los pueblos; allí no se permite prensa socialdemócrata; están prohibidas las asociaciones y asambleas socialdemócratas. Y por eso, ninguno de nosotros puede pensar o prever en esta hora si Rusia vencerá o no, sino que todos queremos, a pesar de nuestro odio por la guerra, *cooperar para protegernos de los horrores de esos infames que gobiernan en Rusia.*

Tendremos ocasión de analizar más de cerca la relación entre la cultura alemana y el zarismo ruso, que representan un capítulo completo de la actitud de la socialdemocracia alemana en esta guerra. Por lo que concierne a las veleidades anexionistas del zar con respecto al Reich alemán, podría suponerse igualmente que Rusia intenta anexionarse Europa, también, quizá la Luna. En la guerra actual se trata fundamentalmente de la existencia de dos Estados: Bélgica y Servia. Contra los dos se dirigieron los cañones alemanes proclamando que estaba en juego la existencia de Alemania. No se puede discutir con fanáticos del asesinato ritual. Pero para la gente que no tenga en cuenta los instintos del populacho ni las burdas consignas que la difamatoria prensa nacionalista le dirige al populacho, sino simplemente el punto de vista político, ve claramente que el zarismo ruso tenía tanta probabilidad de anexionarse a Alemania como la Luna. A la cabeza de la política rusa se encuentran canallas consumados, pero no locos; y la política del absolutismo, dentro de sus peculiares características, tiene en común con cualquier otra que no se mueve en las nubes, sino en el mundo de las posibilidades reales, en el espacio donde las cosas chocan duramente entre sí. Y en lo que concierne a la temida detención y deportación a perpetuidad de los camaradas alemanes en Siberia, como a la implantación del absolutismo ruso en el Reich alemán, los políticos del sanguinario zar son, pese a toda su inferioridad intelectual, mejores materialistas históricos que nuestros periodistas del partido. Estos políticos saben muy bien que una forma de Estado no puede «introducirse» a capricho no importa dónde, sino que toda forma de Estado corresponde a una base determinada económico-social; saben por experiencia propia y amarga que hasta en la misma Rusia las condiciones de su dominación están a punto de desaparecer; saben también que la reacción dominante en cada país solo puede soportar y exige las formas que le convienen, y que la especie de absolutismo que corresponde a las relaciones alemanas de clases y partidos es el Estado policiaco de los Hohenzollern y el derecho electoral censitario prusiano. Considerando objetivamente las cosas, no existía el menor motivo de preocupación de que el zarismo ruso, aun en el improbable caso de su victoria total, intentaría seriamente destruir estos productos de la cultura alemana.

En realidad, los antagonismos entre Rusia y Alemania se desarrollaban en un plano completamente distinto. No se enfrentaban en el plano de la política interior, que, por el contrario, gracias a sus tendencias comunes e íntima afinidad había fundamentado una antigua y secular amistad entre ambos Estados, sino, en contra y a pesar de la solidaria política interior, en el terreno de la política exterior, en el terreno de la política de conquistas a nivel mundial.

Al igual que en los Estados occidentales, el imperialismo ruso se compone de elementos muy diversos. Pero su característica más destacada no es, como en Alemania e Inglaterra, la expansión económica del capital sediento de acumulación, sino el interés político del Estado. Es verdad que la industria rusa —como es típico, en general, de toda producción capitalista— exporta (a causa de la debilidad de su mercado interior) a Oriente, China, Persia y al Asia central, y que el gobierno zarista trata de fomentar por todos los medios estas exportaciones como fundamento conveniente de su «esfera de intereses». Pero en este caso la política estatal es la parte impulsora, no la impulsada. Por un lado, en las tendencias de conquista del zarismo se manifiesta la expansión tradicional de un poderoso imperio, cuya población abarca hoy ciento setenta millones de hombres y que trata de alcanzar, por motivos tanto económicos como estratégicos, el acceso libre a los mares, al océano Pacífico en el Oriente, y al Mediterráneo en el Sur. Por otro lado, la pervivencia del absolutismo exige la necesidad de mantener una posición que imponga respeto en la concurrencia general de los grandes Estados a nivel de la política mundial para asegurarse el crédito financiero del capitalismo extranjero, sin el cual el zarismo no puede vivir. A esto se añade finalmente, como en todas las monarquías, el interés dinástico que, dada la oposición cada vez más aguda entre el régimen y la gran masa de la población, necesita mantener su prestigio en el extranjero y distraer la atención de las dificultades internas, como instrumento indispensable de su política.

Sin embargo, cobran cada vez más importancia los intereses burgueses modernos como factor del imperialismo en el imperio zarista. El joven capitalismo ruso, que bajo el régimen absolutista no puede alcanzar, como es natural, su completo desarrollo ni salir, en general, de la fase del primitivo sistema de saqueo, ve ante sí un brillante futuro por las inconmesurables fuentes naturales de este gigantesco imperio. No cabe la menor duda de que en cuanto Rusia se desembarace del absolutismo —supuesto que el nivel internacional de la lucha de clases le otorgue todavía ese plazo— se desarrollará rápidamente hasta convertirse en el primer Estado capitalista moderno. Es la previsión de ese futuro y, por decirlo así, como adelanto de la avidez de acumulación, lo que llena a la burguesía rusa de un ímpetu marcadamente imperialista y que la hace manifestar con ardor sus pretensiones en el reparto del mundo. Este ímpetu histórico encuentra, al mismo tiempo, apoyo en los intereses actuales muy poderosos de la burguesía rusa. En primer lugar, los intereses evidentes de la industria de armamentos y sus distribuidores; en Rusia desempeña también un papel muy importante la industria pesada fuertemente organizada en carteles. En segundo lugar, el antagonismo con el «enemigo interno», con el proletariado revolucionario, ha revalorizado especialmente la estima de la burguesía rusa por el militarismo y por los efectos desorientadores del evangelio de la política mundial, y obligado a cerrar filas tras el régimen contrarrevolucionario. El imperialismo de los círculos burgueses en Rusia, particularmente de los liberales, ha crecido en la atmósfera tormentosa de la revolución y le ha prestado características más actuales en este bautizo moderno de la política exterior tradicional del imperio zarista.

El objetivo principal de la política tradicional del zarismo y de la burguesía rusa actual son los Dardanelos, que, según el conocido dicho de Bismarck, representan la clave de las posesiones rusas en el mar Negro. En pos de este objetivo Rusia ha sostenido desde el siglo XVIII toda una serie de sangrientas guerras con Turquía, aceptando la misión de libertadora en los Balcanes y produciendo, a su servicio, enormes montañas de cadáveres en Ismail, en Navarin, en Sinope, Silistra y Sebastopol, en Plevna y Chipka. La defensa de los hermanos eslavos y cristianos contra las crueldades turcas actuó en el *mujik* ruso como leyenda bélica con la misma fuerza que actúa hoy en la socialdemocracia alemana la defensa de la cultura alemana y el temor ante las crueldades rusas. La burguesía rusa sentía más entusiasmo por las perspectivas en el Mediterráneo que por la misión civilizadora en Manchuria y Mongolia. La guerra japonesa fue criticada duramente por la burguesía liberal como una absurda aventura, porque desviaba la política rusa de su más importante tarea: los Balcanes. Pero en otro sentido, la desgraciada guerra contra el Japón produjo el mismo efecto. La expansión del poderío ruso en Asia oriental y central, hasta el Tíbet y su penetración en Persia, tenía que inquietar vivamente al vigilante imperialismo inglés. Preocupada por el enorme imperio indio, Inglaterra seguía con creciente desconfianza los avances asiáticos del imperio zarista. De hecho, el antagonismo anglo-ruso en Asia a comienzos de siglo era la contradicción político-mundial más fuerte de la coyuntura internacional y se convertirá probablemente, después de la actual guerra mundial, en el foco del futuro desarrollo imperialista. La estrepitosa derrota de Rusia en 1904 y el estallido revolucionario modificaron la situación. Al visible debilitamiento del imperio zarista siguió la distensión con Inglaterra, que condujo en 1907 a un acuerdo sobre el reparto de Persia y a relaciones de buena vecindad en Asia central. Todo esto contribuyó, por lo pronto, a debilitar los impulsos de Rusia hacia las grandes empresas en

Oriente, y su energía se dirigió con más fuerza a su antiguo objetivo: la política balcánica. Y fue aquí donde la Rusia zarista, después de un siglo de fiel y bien fundada amistad, entró, por vez primera, en dolorosos conflictos con la civilización alemana. El camino hacia los Dardanelos pasaba por el cadáver de Turquía, pero Alemania consideraba, desde hacía ya una década, que su tarea político-mundial más importante era mantener la integridad de este cadáver. Ciertamente, los métodos de la política rusa en los Balcanes tuvieron sus altibajos, y Rusia también defendió durante algún tiempo — irritada por el «desagradecimiento» de los liberales eslavos de los Balcanes, que intentaban romper su dependencia del imperio zarista— el programa de la «integridad» de Turquía, sobreentendiéndose que el reparto habría de ser aplazado para tiempos más favorables. Pero ahora la liquidación final de Turquía correspondía tanto a los planes de Rusia como a los de la política inglesa, que, para fortalecer sus propias posiciones en la India y Egipto, trataba de unificar en un solo imperio mahometano, bajo el cetro británico, los dos territorios turcos que estaban en medio: Arabia y Mesopotamia. De esta forma, el imperialismo ruso tropezaba en Oriente, como antes el inglés, con el imperialismo alemán, que había puesto pie en el Bósforo en su papel de protector y beneficiario privilegiado del desmoronamiento turco.[27]

La política rusa en los Balcanes chocaba con Austria aún más directamente que con Alemania. El imperialismo austriaco es el complemento político del imperialismo alemán, su hermano siamés, y su perdición al mismo tiempo.

Alemania, que con su política mundial se ha aislado en todas las direcciones, encuentra su único aliado en Austria. La alianza con Austria es antigua, establecida por Bismarck ya en 1879, pero ha cambiado desde entonces completamente su carácter. Lo mismo que el enfrentamiento con Francia, la alianza con Austria adquirió un nuevo contenido en el curso del desarrollo de las últimas décadas. Bismarck pensaba únicamente en la defensa de las posesiones conquistadas en las guerras de 1864 a 1870. La alianza tripartita constituida por él tenía un carácter fundamentalmente conservador; significaba que Austria debía renunciar definitivamente a entrar en la confederación de estados alemanes; el reconocimiento de la situación creada por Bismarck; la ratificación de la división nacional de Alemania y de la hegemonía militar de la Gran Prusia. Las tendencias austriacas hacia los

Balcanes contrariaban tanto a Bismarck como las adquisiciones alemanas en Sudáfrica. En sus *Pensamientos y recuerdos* dice:

> Es natural que los habitantes de la cuenca del Don tengan necesidades y planes que sobrepasan los límites actuales de la monarquía; y la Constitución alemana del Reich muestra el camino por el que puede llegar Austria a reconciliar sus intereses políticos y materiales existentes entre la frontera oriental del pueblo rumano y la bahía de Cátaro. *Pero no es tarea del Reich alemán disponer de la vida y la hacienda de sus súbditos para la realización de los deseos de un vecino.*

Declarando también, en otra ocasión, más drásticamente, en célebres palabras, que Bosnia no valía la vida de un ganadero de Pomerania. Que Bismarck no pensara, de hecho, en poner la alianza tripartita al servicio de las aspiraciones expansionistas austriacas, lo demuestra el «Tratado de seguridad», firmado en 1884 con Rusia, según el cual el Reich alemán, en caso de guerra entre Rusia y Austria, no se pondría de parte de esta última, sino que mantendría una «amistosa neutralidad».

Desde que se produjo el viraje imperialista en la política alemana se modificaron también sus relaciones con Austria. Austria-Hungría se encuentra entre Alemania y los Balcanes, o sea, en el cambio hacia el foco de la política alemana en Oriente. Pero tener a Austria como enemiga, dado el aislamiento general en que había caído Alemania con su política, equivalía a renunciar a todos los planes respecto de su política mundial. Pero aun en el caso del debilitamiento y de la ruina de Austria-Hungría, que implicaría la liquidación inmediata de Turquía y un gran fortalecimiento de Rusia, de los Estados de los Balcanes y de Inglaterra, se produciría la realización de la unidad territorial nacional y el reforzamiento de Alemania; pero la política imperialista del Reich alemán sería condenada a muerte.[28] La salvación y conservación de la monarquía de los Habsburgo pasó a ser lógicamente una tarea accesoria del imperialismo alemán, del mismo modo que el mantenimiento de Turquía fue esa tarea principal.

Pero Austria significa un permanente y latente estado de guerra en los Balcanes. Desde que el proceso irreversible de la disolución de Turquía condujera a la formación y fortalecimiento de los Estados balcánicos en la inmediata proximidad de Austria, comenzó también el conflicto entre el Estado de los Habsburgo y sus jóvenes vecinos. Es evidente que el nacimiento de Estados nacionales independientes y capaces de supervivencia en vecindad de una monarquía, configurada por fragmentos de esas mismas nacionalidades, a las que solo sabe gobernar bajo la férula de las disposiciones dictatoriales, debía acelerar su descomposición. La incapacidad interna de Austria se mostró en su política balcánica y especialmente en sus relaciones con Servia. Austria, a pesar de sus apetitos imperialistas, que se orientaban indiscriminadamente ya hacia Salónica ya hacia Durazzo, no estaba en condiciones de anexionarse Servia, ni siquiera cuando no había aún alcanzado el crecimiento y la expansión, resultado de las dos guerras de los Balcanes. Con la incorporación de Servia, Austria habría fortalecido en su seno de manera peligrosa a una de las nacionalidades eslavas más rebeldes del Sur, a la que apenas hubiese podido refrenar a pesar del régimen estúpido y brutal de su reacción.[29]

Sin embargo, Austria no podía tolerar el desarrollo autónomo de Servia, ni la obtención de beneficios mediante normales relaciones comerciales; la monarquía de los Habsburgo no es la organización política de un Estado burgués, sino únicamente un sindicato inconexo de algunas camarillas de parásitos sociales que quieren recoger a manos llenas, utilizando los medios de poder estatales, mientras se mantenga el podrido tinglado de la monarquía.

En interés de los agricultores húngaros y con el fin de encarecer artificialmente los productos del campo, Austria prohibió a Servia la exportación de ganado y fruta, privando a este país agrícola del mercado principal de sus productos. En beneficio de los industriales carteles austriacos obligó a Servia a importar productos industriales a precios elevadísimos únicamente de Austria. Con el fin de mantener a Servia en una dependencia económica y política, le impidió procurarse en el Oeste, mediante una alianza con Bulgaria, el acceso al mar Negro, y en el Occidente, mediante la adquisición de un puerto en Albania, el acceso al Adriático. La política de Austria en los Balcanes se orientaba al estrangulamiento de Servia. Trataba, al mismo tiempo, de impedir todo acercamiento mutuo y el auge interno de los Estados balcánicos en general, que constituía para ella un peligro permanente. El imperialismo austriaco amenazaba continuamente la existencia y las posibilidades de desarrollo de los Estados balcánicos, tanto con la anexión de Bosnia como por sus pretensiones en Sandschak, Novibazar y Salónica, en la costa albanesa. En aras de estas tendencias austriacas, y debido a la competencia italiana, después de la segunda guerra de los Balcanes, fue creada la imagen ridícula de una «Albania independiente» bajo un príncipe alemán, que desde el primer momento no fue más que un juguete de las intrigas de los rivales imperialistas.

De esta forma, la política imperialista de Austria en la última década se convirtió en un freno para el normal desarrollo de los Balcanes y condujo por sí misma al inevitable dilema: ¡O la monarquía de los Habsburgo o el desarrollo capitalista de los Estados balcánicos! Los Balcanes, que se habían emancipado de la dominación turca, se veían enfrentados a una segunda tarea: eliminar el obstáculo austriaco. La liquidación de Austria-Hungría históricamente no es más que la prosecución del derrumbamiento de Turquía y de la necesidad del proceso de evolución histórica.

Pero este dilema no tenía otra solución que la guerra, y, en este caso, la guerra mundial. Tras Servia se encontraba Rusia, que ni podía renunciar a su influencia en los Balcanes ni a su papel de «protector», sin comprometer todo su programa imperialista en Oriente. En contradicción directa con la política austriaca, la política rusa estaba orientada a fusionar los Estados balcánicos, naturalmente, bajo un protectorado ruso. La Confederación balcánica, cuya guerra victoriosa en 1912 casi había acabado con la Turquía europea, era obra de Rusia, y en sus intenciones entraba dirigir sus fuerzas principalmente contra Austria. Bien es verdad que, pese a todos los esfuerzos de Rusia, la Confederación balcánica se fragmentó rápidamente en la segunda guerra de los Balcanes, pero Servia, que resultó victoriosa de esa guerra, estaba obligada a la alianza con Rusia en la medida en que Austria se convertía en su enemigo mortal. Alemania, unida al destino de la monarquía de los Habsburgo, se vio obligada a dar su apoyo a la política archirreaccionaria de esta en los Balcanes y enfrentarse a Rusia en un conflicto doblemente agudo.

La política austriaca en los Balcanes condujo además al enfrentamiento con Italia, que estaba vivamente interesada en la liquidación tanto de Austria como de Turquía. El imperialismo italiano encuentra, en las posesiones austriacas en Italia, el pretexto más próximo y cómodo, por ser el más popular, para sus apetitos expansionistas, que, dado el nuevo orden de cosas en los Balcanes, se dirigen sobre todo hacia las cercanas costas albanesas del Adriático. La alianza tripartita, que ya en la guerra de Trípoli había sufrido un duro golpe, se desmorona completamente por la aguda crisis que siguió a las dos guerras balcánicas, enfrentando a las dos potencias centrales con todo el mundo. El imperialismo alemán, encadenado a dos cadáveres putrefactos, caminaba en la línea recta hacia la guerra mundial.

El camino hacia la guerra era, por otra parte, completamente consciente. Austria era la principal fuerza impulsora, que corría ciega y fatalmente hacia su perdición desde hacía años. Su camarilla dominante, clerical y militar, con el archiduque Francisco Fernando, y su hombre de confianza, el barón Von Chlumezki a la cabeza, buscaba afanosamente pretextos para lanzarse al ataque. En 1909, para desatar el necesario furor bélico en los países alemanes, hizo preparar por el profesor Friedmann los célebres documentos que ponían al descubierto una extendida y diabólica conjura de los servios contra la monarquía de los Habsburgo, y que solo tenían el pequeño defecto de estar falsificados desde la A a la Z. Algunos años más tarde, la noticia diariamente difundida del terrible martirio a que estaba sometido el cónsul austriaco Prohaska en Usküb, habría de ser la chispa que cayera sobre el barril de pólvora; mientras tanto Prohaska, feliz y contento, se paseaba silbando por las calles de Usküb. Finalmente, se produjo el atentado de Sarajevo, un auténtico crimen indignante y largamente deseado. «Si un sacrificio ha tenido alguna vez un efecto liberador y redentor, fue en esta ocasión», gritaron jubilosos los portavoces del imperialismo alemán. Los imperialistas austriacos gritaron más fuerte y decidieron utilizar los cadáveres de los archiduques mientras estaban aún frescos.[30]

Tras el rápido entendimiento con Berlín, se acordó la guerra y se envió el ultimátum que sería la antorcha que prendería fuego por los cuatro costados al mundo capitalista.

El incidente de Sarajevo no hizo más que proporcionar el pretexto. Las causas y los antagonismos que llevaban a la guerra estaban maduros desde hacía ya mucho tiempo; el panorama que presenciamos hoy estaba listo desde hacía una década. Cada año y cada acontecimiento político de los últimos tiempos la acercaban un poco más: la revolución turca, la anexión de Bosnia, la crisis de Marruecos, la expedición de Trípoli, las dos guerras de los Balcanes. Todos los proyectos militares de los últimos años estaban directamente relacionados con esa guerra, su preparación consciente para el inevitable ajuste de cuentas general. Por cinco veces, en el curso de los últimos años, estuvo a punto de estallar la actual guerra: en el verano de 1905, cuando

Alemania anunció por primera vez, de manera perentoria, sus pretensiones en Marruecos; en el verano de 1908, cuando Rusia, Inglaterra y Francia, después del encuentro de los monarcas en Reval debido a la cuestión macedónica, querían enviar un ultimátum a Turquía, y Alemania estaba dispuesta a lanzarse a la guerra en su defensa, que solo impidió la súbita irrupción de la revolución turca;[31] a comienzos de 1909, cuando Rusia respondía con la movilización ante la anexión austriaca de Bosnia, y que dio ocasión para que Alemania declarase formalmente en San Petersburgo que estaba dispuesta a ir a la guerra al lado de Austria; en el verano de 1911, cuando el *Panther* fue enviado a Agadir, y que hubiera provocado el desencadenamiento de la guerra si Alemania no hubiera renunciado a su parte en Marruecos y dejado indemnizar con el Congo; y, finalmente, a comienzos de 1913, cuando Alemania, ante la proyectada invasión de Rusia en Armenia, declaró formalmente, por segunda vez, en San Petersburgo que estaba preparada para la guerra.

La actual guerra mundial flotaba en el aire desde hacía ocho años. Si fue aplazada una y otra vez, se debió únicamente a que cada una de las partes contendientes no había acabado todavía los preparativos militares. La aventura del *Panther* en 1911 hizo madurar particularmente la actual guerra mundial...; sin el asesinato de la pareja archiducal, sin aviones franceses sobre Núremberg y sin invasión rusa en Prusia oriental, Alemania no hizo más que postergarla hasta el momento que le pareció oportuno. Basta con leer las francas declaraciones de los imperialistas alemanes:

> Los llamados círculos «panalemanes» reprochaban la debilidad de la política alemana durante la crisis de Marruecos en 1911; para acabar con esta falsa idea es necesario recordar que cuando enviamos el *Panther* a Agadir, la reconstrucción del canal del Báltico se encontraba en plena obra, que estaban lejos de terminarse las obras que harían de Helgoland una gran base naval, y que la relación de fuerzas entre nuestra flota y la potencia naval inglesa en acorazados y armamento auxiliar nos era más desfavorable que tres años más tarde. Tanto el canal como Helgoland, o el poderío de nuestra flota, se encontraban en comparación con el presente año de 1914 en gran parte muy atrasadas y en parte todavía inutilizables para la guerra. *En situación tal, y sabiendo que algo más tarde se tendrían oportunidades mucho*

más favorables, hubiera sido sencillamente una locura haber querido provocar una guerra decisiva.[32]

En primer lugar, era necesario acondicionar la flota alemana e imponer en el Reichstag los grandes proyectos militares. En el verano de 1914, Alemania se sentía preparada para la guerra, mientras que en Francia se trabajaba todavía para lograr el servicio militar de tres años, y Rusia no tenía listos ni el programa naval ni el del ejército de tierra. Se trataba de aprovechar la situación. El mismo Rohrbach, que no solo es el portavoz más serio del imperialismo alemán, sino casi su portavoz oficioso, por sus contactos directos con los círculos dirigentes de la política alemana, escribe refiriéndose a la situación alemana de 1914: «Nuestra principal preocupación, tanto para Alemania como para Austria-Hungría, consistía en que, debido a la temporal y aparente *actitud conciliadora de Rusia, podíamos vernos obligados a esperar* hasta que Rusia y Francia estuviesen verdaderamente preparadas».[33]

Con otras palabras: la preocupación principal en julio de 1914 era que la «acción por la paz» del gobierno alemán pudiera tener éxito, que Rusia y Servia pudiesen ceder. Se trataba de *obligarlas* a la guerra. Tuvimos éxito: «Con profundo dolor vimos cómo fracasaban nuestros incansables esfuerzos dirigidos al mantenimiento de la paz mundial [...]», etcétera.

Cuando los batallones alemanes invadieron Bélgica, cuando el Reichstag alemán fue colocado ante el hecho consumado de la guerra y del estado de sitio, no había por qué sentirse sorprendidos, puesto que no se trataba de algo inesperado, de una situación inaudita, de un acontecimiento que pudiera significar, por sus nexos políticos, una sorpresa para la fracción socialdemócrata. La guerra mundial comenzada oficialmente el 4 de agosto era la misma por la que trabajaba incansablemente desde hacía décadas la política imperialista alemana e internacional; la misma cuya proximidad profetizaba cada año, desde hacía una década, la socialdemocracia alemana con igual e incansable insistencia; la misma que condenaron miles de veces los parlamentarios, los periódicos y los folletos socialdemócratas como un frívolo crimen imperialista, que no tenía nada que ver ni con la civilización, ni con los intereses nacionales, sino que, más bien, estaba en contradicción con ambos.

Y, efectivamente, en esta guerra no se trataba de «la existencia y del desarrollo libre de Alemania», como se dice en la declaración de la fracción socialdemócrata, ni tampoco se trataba de la civilización alemana, como escribe la prensa socialdemócrata, sino de los beneficios actuales del Deutsche Bank en la Turquía asiática y de los futuros de los Mannesmann y los Krupp en Marruecos; estaba en juego la existencia de Austria y de su régimen reaccionario, de ese «montón de podredumbre organizada que se llamaba monarquía de los Habsburgo», como escribía el *Vorwärts* del 25 de julio de 1914; los cerdos y las ciruelas húngaros; el parágrafo 14 y la cultura Friedmann-Prohaska; el mantenimiento del poder turco de los baschibuzukis en Asia Menor y la contrarrevolución en los Balcanes.

Una gran parte de nuestra prensa del partido se encontraba moralmente indignada porque los enemigos de Alemania llevaran a la guerra a «gentes de color y a los salvajes», negros, sikhs y maoríes. Pues bien, esos pueblos desempeñan en la guerra actual aproximadamente el mismo papel que el desempeñado por los proletarios socialistas de los Estados europeos. Y si los maoríes de Nueva Zelanda, según los informes de Reuter, ardían en deseos de dejarse romper la crisma por el rey inglés, demostraban poseer igual conciencia de sus intereses propios que la fracción alemana socialdemócrata, cuando confundía la conservación de la monarquía de los Habsburgo, de Turquía y de los tesoros del Deutsche Bank con la existencia, la libertad y la cultura del pueblo alemán. Pese a todo, existe una gran diferencia: hace una generación, los maoríes se dedicaban al canibalismo y no a la teoría marxista.

V

¿Y el zarismo? Este fue sin duda alguna el que determinó la actitud del partido en el primer momento de la guerra. En su declaración, la fracción socialdemócrata había lanzado la consigna: ¡Contra el zarismo! La prensa socialdemócrata convirtió esta consigna en un combate por la «cultura» en toda Europa.

El *Frankfurter Volksstimme* escribía ya el 31 de julio:

> La socialdemocracia alemana ha acusado desde hace tiempo al zarismo como la vanguardia sangrienta de la reacción europea; desde la época en que Marx y Engels seguían con penetrante mirada cada movimiento de ese régimen bárbaro, hasta hoy, que llena las cárceles de presos políticos,

y tiembla, sin embargo, ante todo movimiento obrero. *Ahora se presenta la ocasión* de ajustarle las cuentas a esa sociedad espantosa *marchando bajo las banderas de guerra alemanas.*

El *Pfalzische Post* de Ludwigshafen del mismo día escribía: «Este es un principio que forjó nuestro inolvidable August Bebel. Se trata de una lucha entre la civilización y la barbarie, en la que también participa el proletariado».

Y el *Münchener Post* del 1ro. de agosto: «En el cumplimiento del deber de la defensa de la patria contra el zarismo sangriento no queremos que se nos considere ciudadanos de segunda clase».

Y el *Volksblatt* de Halle del 5 de agosto: «Si es verdad que hemos sido atacados por Rusia —y todas las noticias así parecen confirmarlo—, *es lógico que la socialdemocracia apruebe todos los medios para la defensa.* El zarismo debe ser arrojado del país con todas las fuerzas a nuestro alcance».

Y el 18 de agosto:

> Pues bien, ahora que la suerte está echada, no solo es el deber ante la defensa de la patria, de la autoconservación nacional, lo que nos hace empuñar las armas como a todos los demás alemanes, sino también la conciencia de que el enemigo que combatimos en el Este es, al mismo tiempo, el enemigo de todo progreso y de toda cultura… *La derrota de Rusia es la victoria de la libertad en Europa.*

El *Volksfreund* de Brunswick del 5 de agosto escribía: «La presión irresistible de la violencia militar arrasa todo a su paso. Pero los obreros con conciencia de clase no siguen únicamente por presión externa, sino que obedecen a su convicción propia al defender su tierra de la invasión del Este».

El *Arbeiterzeitung* de Essen exclamaba ya el 3 de agosto:

> En estos momentos en que nuestra patria se encuentra amenazada por las acciones de Rusia, los socialdemócratas, conscientes de que la lucha contra el sangriento zarismo ruso implica la lucha contra los innumerables crímenes perpetrados contra la libertad y la cultura, no se dejarán aventajar por nadie en el cumplimiento del deber y en espíritu de sacrificio… ¡Abajo el zarismo! ¡Abajo la vanguardia de la barbarie! Esta será la consigna.

Igualmente el *Volkswacht* de Bielefeld del 4 de agosto: «La consigna será la misma en todas partes: ¡Contra el despotismo ruso y su perfidia…!».

El periódico del partido en Elberfeld del 5 de agosto: «Toda Europa occidental comparte el interés vital de aniquilar el zarismo abominable y sediento de sangre. Pero ese interés de la humanidad es oprimido por la ambición de las clases capitalistas de Inglaterra y de Francia, que pretenden acabar con las posibilidades de ganancia que ha tenido hasta ahora el capital alemán».

El *Rheinische Zeitung* de Colonia: «¡Cumplid con vuestro deber, amigos, independientemente de donde os coloque el destino! *Lucháis por la cultura de Europa, por la libertad de vuestra patria* y por vuestro propio bienestar».

El *Schleswig-Holsteinische Volkszeitung* del 7 de agosto escribía:

> Vivimos en la era del capitalismo, y con toda seguridad tendremos lucha de clases después de la gran guerra. Pero esta lucha de clases se desarrollará en un Estado mucho más libre del que conocemos hoy; esta lucha de clases se limitará cada vez más al terreno económico, y cuando el zarismo ruso haya desaparecido será imposible que los socialdemócratas sean tratados como proscritos, como ciudadanos de segunda categoría, desprovistos de derechos políticos.

El 11 de agosto exclamaba el *Echo* de Hamburgo: «Pues no solamente llevamos a cabo una guerra defensiva contra Inglaterra y Francia, sino sobre todo *contra el zarismo, y esta guerra la hacemos con entusiasmo, pues es una guerra por la cultura*».

Y el órgano del partido en Lübeck declaraba todavía el 14 de septiembre: «Si es salvaguardada la libertad de Europa, después del desencadenamiento de la guerra, *Europa se lo deberá agradecer a la fuerza de las armas alemanas. Nuestra lucha principalmente se dirige contra el enemigo mortal de toda democracia y de toda libertad*».

El mismo llamamiento en la prensa del partido alemán como un coro de varias voces.

El gobierno alemán aceptó la ayuda ofrecida en la fase inicial de la guerra: con mano displicente prendía en su yelmo los laureles de libertador de la cultura europea. Consintió, incluso, aunque con visible malestar y torpe grado, en jugar el papel de «liberador de naciones». Los comandantes generales de los dos «feroces ejércitos» llegaron hasta aprender *yiddish* —«La necesidad no conoce ley»— y en la Polonia rusa halagaban a los «mendigos y conspiradores». A los polacos se les ofreció el paraíso a cambio, naturalmente, de que cometiesen en masa, contra el gobierno zarista, el mismo delito de «alta traición», por cuyo presunto intento fue ahorcado el duala Manga Bell en Camerún, en medio del ruido de la guerra, sin tambores ni trompetas y sin molestos procedimientos judiciales.

La prensa del Partido Socialdemócrata participaba todos estos saltos de oso que daba el imperialismo alemán puesto en dificultades. Mientras que la fracción del Reichstag cubría con discreto silencio el cadáver del jefe de tribu duala, la prensa socialdemócrata llenaba el aire con sus alegres cantos de alondra sobre la libertad que era llevada a las pobres víctimas del zarismo por las «culatas alemanas».

El órgano teórico del partido, *Die Neue Zeit,* escribía en su número del 28 de agosto:

> La población fronteriza del imperio del «padrecito» *ha saludado las primeras tropas de la vanguardia alemana con gritos de júbilo,* pues para los polacos y judíos que habitan esas zonas la idea de patria solo les evoca la corrupción y el látigo. Estos pobres diablos, realmente apátridas, súbditos oprimidos por el sanguinario Nicolás, no tenían otra cosa que defender que sus cadenas. *Por eso viven ahora en la esperanza de que las culatas de los fusiles alemanes, empuñadas por alemanes, acaben lo más rápidamente posible con todo el sistema zarista…* Mientras que los truenos de la guerra mundial se desatan sobre sus cabezas, una clara voluntad política invade a la clase obrera alemana: defenderse de los aliados de la barbarie oriental en Occidente para concluir con estos una paz honrosa y proseguir la destrucción del zarismo hasta el último aliento de los caballos y de los hombres.

Después de que la fracción socialdemócrata confiriera a la guerra el carácter de una defensa de la nación y de la cultura alemana, la prensa socialdemócrata proclamó su carácter de libertador de las naciones extranjeras. Hindenburg se convirtió en el albacea testamentario de Marx y Engels.

La memoria ha jugado decididamente una mala pasada a nuestro partido en el curso de esta guerra: mientras olvidaba completamente todos los principios, promesas y resoluciones de los Congresos Internacionales, precisamente en el momento que tenía que aplicarlos, recordó, para su desgracia, un «legado de Marx» y lo desempolvó en el momento en que solo podía servir para halagar al militarismo prusiano, que Marx quería combatir «hasta el último aliento de los caballos y de los hombres». Eran los ya helados sones de trompeta del *Neue Rheinische Zeitung* de la revolución de marzo alemana, contra la sierva Rusia de Nicolás I, los que de repente llenaron los oídos de la socialdemocracia en el año de gracia de 1914, y puso en sus manos las «culatas de los fusiles alemanes» —hombro con hombro con la nobleza terrateniente prusiana— contra la Rusia de la gran revolución.

Creemos llegado el momento de emprender una «revisión» y someter a examen las consignas de la revolución de marzo, en base a la experiencia histórica de cerca de setenta años.

En 1848 el zarismo ruso era, efectivamente, el «bastión de la reacción europea». Producto específico de las condiciones sociales rusas, profundamente enraizado en un sistema medieval basado en la economía natural, el absolutismo ruso constituía el apoyo a la vez que guía de la reacción monárquica, quebrantada por la revolución burguesa y debilitada en Alemania por el particularismo de los pequeños Estados. Todavía en 1851, Nicolás I, por medio del enviado diplomático prusiano Von Rochow en Berlín, daba a entender que «habría visto con buenos ojos que en noviembre de 1848, cuando el general Von Wrangel penetró en Berlín, la revolución hubiese sido extirpada de raíz», y que «también hubo otros momentos en los que pudo haberse evitado el dar una mala Constitución». O en otra ocasión, al amonestar a Manteuffel: que «tenía la firme esperanza que el ministerio real, bajo la dirección de Hochdero, defendería con toda decisión frente a las cámaras los derechos de la corona e impondría los principios conservadores». El mismo Nicolás llegó a concederle a un primer ministro prusiano la Orden de Alexander Nevski en reconocimiento de sus «continuos esfuerzos... por el mantenimiento del orden legal en Prusia».

La guerra de Crimea produjo grandes cambios.[34] Acarreó la bancarrota militar y, al mismo tiempo, la derrota política del sistema. El absolutismo ruso se vio obligado a seguir un camino de reformas, a modernizarse, a adaptarse a las condiciones burguesas, tendiendo así los dedos al diablo, que ahora lo tiene firmemente atrapado y que acabará, finalmente, por llevárselo todo. Los resultados de la guerra de Crimea fueron al mismo tiempo una prueba aleccionadora para el dogma de la liberación que «las culatas de los fusiles» pueden llevar a un pueblo subyugado.

La bancarrota militar de Sedán llevó a Francia a la república. Pero esa república no fue un regalo de la soldadesca de Bismarck: Prusia, ayer como hoy, no tenía otra cosa que regalar a los pueblos que no fuese su propio sistema feudal. La república fue en Francia el fruto de una maduración interior, de las luchas sociales desde 1789, y de tres revoluciones. El descalabro de Sebastopol[35] produjo el mismo resultado que el de Jena:[36] a falta de un movimiento revolucionario en el interior del país, condujo solamente a una renovación exterior y a la consolidación del antiguo régimen.

Pero las reformas de los años sesenta en Rusia, que abrieron la vía del desarrollo burgués capitalista, solo podían ser llevadas a cabo con medios financieros de una economía burguesa capitalista. Y esos medios fueron puestos a su disposición por el capital europeo occidental: Alemania y Francia. En ese momento se entablaron las nuevas relaciones que perduran hasta nuestros días: el absolutismo ruso está sostenido por la burguesía de Europa occidental. Ya no es el «rublo ruso» el que circula en las cámaras diplomáticas y que, como se quejaba amargamente el príncipe Guillermo de Prusia en 1854, «llega hasta las antesalas del rey», sino todo lo contrario, es el oro alemán y francés, que corre hacia Petersburgo para alimentar allí al régimen zarista, que hace tiempo que habría dejado de cumplir su misión sin esta savia vivificante. Desde entonces, el zarismo ya no es únicamente un producto de las condiciones rusas: su segunda raíz se encuentra en las relaciones capitalistas de la Europa occidental. Y esta relación se fortalece a medida que pasan los años: al mismo tiempo que el desarrollo del capitalismo ruso corroe la raíz autóctona del dominio absolutista en Rusia, fortalece cada vez más su raíz del occidente europeo. Debido a la competencia entre Francia y Alemania desde la guerra de 1870, al apoyo financiero se añadió cada vez más el político. Cuantas más fuerzas revolucionarias surgían contra el absolutismo en el seno del pueblo ruso, tantas más resistencias encontraban por parte de los países de Europa occidental, que respaldaban moral y políticamente al amenazado zarismo. Cuando a comienzos de los años ochenta el movimiento terrorista del viejo socialismo ruso puso en peligro durante cierto tiempo al régimen zarista, anulando su autoridad, tanto fuera como dentro del país, Bismarck firmaba con Rusia un Tratado de Seguridad Mutua y la apoyaba en la política internacional. Y, por otra parte, cuanto más cortejada era Rusia por la política alemana, tanto más ilimitadamente se abrían, como es natural, las arcas de la burguesía francesa. Apoyándose en estas dos fuentes de ingresos, el absolutismo prolongaba su existencia luchando contra la creciente marea del movimiento revolucionario en el interior.

El desarrollo capitalista, que cuidó y mimó el zarismo con sus propias manos, comenzó a dar, por fin, sus frutos: a partir de los años noventa se inicia el movimiento revolucionario de masas del proletariado ruso. Bajo el zarismo empiezan a vacilar y tambalearse sus cimientos en el propio país. El que en otro tiempo fuera «reducto de la reacción europea» se vio pronto obligado a conceder una «mala Constitución» y a buscar un «reducto» salvador ante la creciente oleada levantada en su propio país. Y lo encontró en Alemania. La Alemania de Bülow pagó la deuda de agradecimiento que había contraído la Prusia de Wrangel y Manteuffel. La relación se invirtió totalmente: la ayuda rusa contra la revolución alemana fue reemplazada por la ayuda alemana contra la Revolución Rusa. Persecuciones policiales, expulsiones, extradiciones: una verdadera cacería de agitadores como en los benditos tiempos de la Santa Alianza se desencadenó en Alemania contra los combatientes rusos por la libertad, proseguida hasta los umbrales de la Revolución Rusa. La cacería no solo encuentra su punto culminante en el proceso de Konisberg de 1904:[37] en él se ilumina como un rayo todo el transcurso de la evolución histórica desde 1848, la inversión total de las relaciones entre el absolutismo ruso y la reacción europea: *Tua res agitur* (se trata de tu causa), grita un ministro de justicia prusiano a las clases dominantes de Alemania», señalando con el índice los cimientos vacilantes del régimen zarista en Rusia. «La implantación de una república democrática en Rusia tendría sensibles repercusiones sobre Alemania» —declaraba en Konisberg el fiscal del Supremo, Schütze—. «Si arde la casa de mi vecino, también la mía está en peligro». Y su ayudante Gaspar subraya: «Los intereses públicos de Alemania se verán considerablemente afectados por el hecho de que se mantenga o no el baluarte del absolutismo. Sin duda alguna, las llamas de un movimiento revolucionario pueden pasar fácilmente a Alemania...». Aquí se hacía evidente cómo el topo de la evolución histórica socava las cosas y, poniéndolas cabeza abajo, había enterrado la vieja frase «del reducto de la reacción europea». La reacción europea, y en primer lugar la reacción prusiano-feudal, es ahora el reducto del absolutismo ruso. Gracias a ella se mantiene todavía en pie, y en ella puede ser mortalmente herido. El destino de la Revolución Rusa lo confirmó.

La revolución fue aplastada. Pero si examinamos más profundamente las causas de este fracaso temporal, comprenderemos mejor la posición de la socialdemocracia alemana en la guerra actual. Dos causas nos pueden explicar la derrota de la insurrección rusa de los años 1905-1906, a pesar de un extraordinario despliegue de fuerzas revolucionarias, claridad de fines y tenacidad. La primera radica en el carácter específico de la misma revolución: en su inmenso programa histórico, en la masa de problemas económicos y políticos que ya había planteado hacía un siglo la gran Revolución Francesa y de los cuales, algunos, como la cuestión agraria, no pueden resolverse dentro de los marcos del actual orden social. Existía la dificultad adicional de crear un Estado clasista para la supremacía de la burguesía moderna contra la oposición contrarrevolucionaria de la burguesía en su conjunto. Desde este punto de vista, la Revolución Rusa fracasó, porque era una revolución proletaria con objetivos burgueses o, si se quiere, una revolución burguesa que utiliza formas de lucha proletario-socialistas, representa el choque tormentoso entre dos épocas, fruto tanto del desarrollo tardío de las relaciones de clase en Rusia como de su madurez en la Europa occidental. Desde este punto de vista, su derrota en 1906 no suponía tampoco su definitiva bancarrota, sino únicamente la conclusión natural del primer capítulo, al que otros debían seguir, con la necesidad de una ley natural. La segunda causa era de naturaleza exterior: radicaba en Europa occidental. Nuevamente la reacción europea se apresuraba a acudir en ayuda de su protegido en apuros. Aunque todavía no con pólvora y plomo, pese a que las «culatas alemanas» en «puños alemanes» solo esperaban en 1905 una señal de San Petersburgo para marchar contra la vecina Polonia. Pero si con medios igualmente eficaces: con subsidios financieros y alianzas políticas se le echaba una mano al zarismo. Con dinero francés se compró la metralla que aniquilaría a los revolucionarios rusos, y de Alemania recibió la fuerza moral y política para salir del abismo de ignominia en la que le habían sumido los torpedos japoneses y los puños de los proletarios rusos. En 1910 la Alemania oficial recibía en Potsdam al zarismo ruso con los brazos abiertos. El recibimiento del sanguinario ante las puertas de la capital del Reich alemán representó no solamente la bendición de Alemania por el estrangulamiento de Persia, sino, sobre todo, al verdugo de la contrarrevolución rusa; fue el banquete oficial de la «cultura» alemana y europea sobre la supuesta tumba de la Revolución Rusa. ¡Y qué extraño! Cuando presenciaba en su propia patria este provocador banquete funerario por la hecatombe de la Revolución Rusa, la socialdemocracia alemana callaba y olvidaba totalmente el «legado de nuestros viejos maestros» de 1848. Mientras que al comienzo de la guerra, desde que se lo permite la policía, hasta el más pequeño periódico del partido se embriagaba utilizando sangrientas expresiones contra los verdugos de la libertad rusa, en 1910, cuando los verdugos eran agasajados en Potsdam, ni una sola voz, ni una sola acción de protesta, ni un solo artículo, manifestó la solidaridad con la libertad rusa, ni un solo veto contra el apoyo a la contrarrevolución rusa. Y, sin embargo, el viaje triunfal del zar en 1910 por Europa reveló meridianamente que los aplastados proletarios rusos no habían sido únicamente víctimas de la reacción de su propio país, sino también de la de Europa occidental, que hoy, como en 1848, no solo se rompieron la cabeza contra la reacción de su país, sino también contra su «bastión» en el extranjero.

Sin embargo, el manantial vivo de la energía revolucionaria en el proletariado ruso es tan inagotable como el cáliz de sufrimientos bajo el doble régimen del látigo del zarismo y del capitalismo. Después de un período de la más inhumana cruzada contrarrevolucionaria, comenzó de nuevo el fermento revolucionario. Desde 1911, después de la matanza de Lena,[38] la masa obrera cobró nuevos ánimos para la lucha, la marea comenzó de nuevo a subir y a espumear. Según los informes oficiales, en 1910 las huelgas económicas abarcaban en Rusia a 46 623 obreros y 256 385 días; en 1911, 96 730 obreros y 768 556 días; en los primeros cinco meses de 1912, 98 771 obreros y un 1 214 881 días. En 1912 las huelgas políticas, las acciones de protesta y las manifestaciones abarcaban a un 1 005 000 obreros; en 1913, 1 272 000. En 1914 la marea continuaba creciendo con sordo murmullo cada vez más amenazante. El 22 de enero, con motivo del aniversario del comienzo de la revolución, se desarrolló una huelga en la que participaron 200 000 obreros. En junio, como antes del estallido de la revolución de 1905, la llamarada se extendía incontenible en el Cáucaso, en Bakú. Cuarenta mil obreros fueron a la huelga. El fuego pasó rápidamente a San Petersburgo: el 17 de julio fueron a la huelga 80 000 obreros, y el 20 de julio 200 000; el 23 de julio comenzaba a extenderse por todo el imperio ruso la huelga general. Se levantaron barricadas, la revolución se puso en marcha... No habían pasado muchos meses cuando avanzaba con seguridad a banderas desplegadas. Algunos años más y hubiera podido probablemente paralizar de tal forma al zarismo que este no hubiera podido participar en la danza imperialista de todos los Estados, proyectada para 1916. Quizá esto hubiera cambiado también toda la constelación político-mundial y trastornado los planes del imperialismo.

Pero, por el contrario, fue la reacción alemana la que echó de nuevo por tierra los planes revolucionarios del movimiento ruso. La guerra fue desencadenada desde Viena y Berlín, y sepultó a la Revolución Rusa bajo sus ruinas, acaso por años. «Las culatas alemanas» no destrozaron al zarismo, sino a su rival. Proporcionaron el pretexto para la guerra más popular que había mantenido Rusia desde hacía un siglo. Todo contribuía a prestigiar la aureola moral del gobierno ruso: la provocación de la guerra por parte de Viena y Berlín, visible para todos salvo en Alemania; la «unión sagrada» proclamada en Alemania y el delirio nacionalista desencadenado; el destino de Bélgica; la necesidad de acudir en socorro de la República Francesa: nunca había tenido el absolutismo una posición tan increíblemente favorable en una guerra europea. La bandera de la revolución, con tantas esperanzas enarboladas, sucumbió en el salvaje torbellino de la guerra —pero sucumbió con honra, y de nuevo surgirá de la brutal matanza—, a pesar de las «culatas alemanas», a pesar de la victoria o la derrota del zarismo en los campos de batalla. También fracasaron las insurrecciones nacionales en Rusia. Es evidente que las minorías nacionales se dejaron seducir menos por la misión libertadora de las cohortes de Hindenburg que la socialdemocracia alemana. Los judíos, pueblo práctico si lo hay, calcularían que las «culatas alemanas» no habían logrado siquiera «aniquilar» su propia reacción prusiana, a su sufragio censitario, por ejemplo, mucho menos serían capaces de aniquilar el absolutismo ruso. Los polacos, a merced de los horrores triplicados de la guerra, no podían responder como es debido a los prometedores mensajes de salvación de los «libertadores» de Wreschen, donde se enseñaba el padrenuestro en alemán a los niños polacos mediante crueles castigos corporales, y de las comisiones alemanas de asentamiento,[39] pero han debido traducir la profunda sentencia alemana de Gotz von Berlichingen[40] en un polaco más vigoroso todavía. Todos, tanto polacos y judíos como rusos, comprobaron muy pronto que las «culatas alemanas», con las que se les rompía la crisma, no les traían la libertad, sino la muerte.

La leyenda liberadora de la socialdemocracia alemana ligada al testamento de Marx, es, sin embargo, algo más que una broma pesada en esta guerra: es una frivolidad. Para Marx, la Revolución Rusa significaba un giro en la historia mundial. Todas sus perspectivas políticas e históricas contenían esta reserva: «Mientras la revolución no estalle en Rusia». Marx creía en la Revolución Rusa y la esperaba, incluso cuando contemplaba a la Rusia sojuzgada. La revolución, mientras tanto, había comenzado. No triunfó en su primer combate, pero ya no puede ser descartada, está a la orden del día, acaba precisamente de resurgir. Y súbitamente avanzan los socialdemócratas alemanes con las «culatas alemanas» y declaran nula y sin valor la Revolución Rusa borrándola de la historia. Resucitan de repente la nomenclatura de 1848: ¡Viva la guerra contra Rusia! Pero en 1848 imperaba la revolución en Alemania, mientras en Rusia se mantenía una rígida y desesperada reacción.

En 1914, por el contrario, Rusia llevaba la revolución en su seno, y en Alemania, mientras, imperaba el feudalismo terrateniente prusiano. Los «libertadores de Europa» no partieron para su misión cultural contra Rusia de las barricadas alemanas, tal como predecía Marx en 1848, sino directamente de la mazmorra donde eran prisioneros de un pequeño teniente. En estrecha fraternidad con los junkers prusianos, que son el bastión más sólido del zarismo ruso; del brazo de los ministros y procuradores de Konisberg, con los cuales habían sellado la «Sagrada unión», los socialdemócratas alemanes se lanzaron contra el zarismo, rompiendo las «culatas de sus fusiles» en la crisma de los proletarios rusos…

Resulta apenas imaginable una farsa histórica más sangrienta y un insulto más brutal a la Revolución Rusa y al legado de Marx. Constituye el episodio más oscuro de la conducta política de la socialdemocracia durante la guerra.

Pero la liberación de la cultura europea debía ser solo un episodio. El imperialismo alemán se arrancó muy pronto la incómoda máscara, y la campaña se volvió abiertamente contra Francia y, sobre todo, contra Inglaterra. Una parte de la prensa del partido cooperó ágilmente en la realización del cambio. En lugar del sangriento zar, se dio a la tarea de exponer al desprecio general la pérfida Albión y a su alma de tendero, y se dedicó a defender la cultura europea contra el poderío naval inglés, como antes contra el absolutismo ruso.

La funesta y confusa situación en la que se metió el partido no podía manifestarse en forma más clara, que en los ímprobos esfuerzos de la mejor prensa del partido, que, espantada ante el frente reaccionario, intentó por todos los medios hacer retroceder la guerra a su objetivo inicial, insistiendo en el «legado de nuestros maestros», es decir, en el mito que la misma socialdemocracia había creado. «Con el corazón acongojado he tenido que movilizar mi ejército contra un vecino con el que hemos combatido juntos en tantos campos de batalla. Con sincero pesar veo cómo se rompe una amistad mantenida fielmente por Alemania». Esto fue sencillo, franco y honrado. La fracción y la prensa socialdemócratas cambiaron y transcribieron estas palabras en un artículo del *Neue Rheinische Zeitung*. Cuando la retórica de las primeras semanas de la guerra fue reemplazada por el prosaico estilo lapidario del imperialismo, se esfumó la única débil explicación posible de la actitud de la socialdemocracia.

VI

El otro aspecto de la actitud de la socialdemocracia fue la aceptación oficial de la Unión Sagrada, es decir, la paralización de la lucha de clases durante la duración de la guerra. La declaración de la fracción leída en el Reichstag el 4 de agosto fue el primer acto de la renuncia a la lucha de clases. El texto había sido acordado previamente con los representantes del gobierno del Reich y de los partidos burgueses; el acto solemne del 4 de agosto fue una comedia patriótica preparada de antemano entre bastidores para el pueblo y para el extranjero, en la que la socialdemocracia desempeñaba ya, junto con otros participantes, el papel que había elegido.

La aprobación de los créditos de guerra por la fracción dio la consigna a todas las jerarquías dirigentes del movimiento obrero. Los jefes sindicales ordenaron la paralización inmediata de todas las luchas salariales y lo comunicaron expresamente de manera oficial a los empresarios, invocando los deberes patrióticos de la Unión Sagrada. Se renunció a la lucha contra la explotación capitalista de modo voluntario mientras durase la guerra. Los mismos jefes sindicales tomaron la iniciativa de enviar mano de obra de las ciudades a los agricultores, para que las cosechas no sufrieran retraso. La dirección del movimiento femenino socialdemócrata proclamó la unión con las mujeres burguesas en torno al «servicio femenino nacional», para que, en lugar de enviar la parte más importante de mano de obra que le había quedado al partido en el país después de la movilización para un trabajo de agitación socialdemócrata, prestase servicios de interés nacional: reparto de ropas, trabajo social, etcétera. Bajo la ley especial contra los socialistas, el partido había aprovechado al máximo las elecciones parlamentarias para difundir su propaganda y afirmar sus posiciones, pese a los estados de sitio y a la persecución a que se veía sometida la prensa socialdemócrata. Ahora la socialdemocracia renunciaba oficialmente, en las elecciones al Reichstag, a las dietas regionales y a las representaciones comunales, a toda campaña electoral, es decir, a toda agitación y propaganda en el sentido de la lucha de clases proletaria, y reducía las elecciones al Parlamento a su simple contenido burgués: a ganar escaños, para lo que estableció relaciones amistosas con los partidos burgueses. La aprobación del presupuesto por parte de los representantes socialdemócratas en las dietas regionales y en las representaciones comunales —con excepción de las dietas de Prusia y de Alsacia y Lorena—, acompañado de un solemne llamamiento de la Unión Sagrada, subraya la brusca ruptura con la práctica anterior a la guerra. La prensa socialdemócrata, salvo un par de excepciones, elevó el principio de la unidad nacional a interés vital del pueblo alemán. En el momento de iniciarse la guerra advirtió de que no se retiraran fondos de las cajas de ahorros, impidiendo con todas sus fuerzas que se perturbara la vida económica del país y asegurando que las cajas de ahorros pudieran ser utilizadas para los empréstitos de guerra. Advertía a las proletarias que no informaran a sus maridos en el campo de batalla de las miserias que ellas y sus hijos pasaban, de la insuficiencia de los suministros a cargo del Estado, aconsejándolas escribirles de modo que se sintieran tranquilos y estimulados acerca de la feliz situación familiar, describiendo alegremente la ayuda recibida.[41] Elogiaba el trabajo educador del moderno movimiento obrero, que constituía una preciosa ayuda para la marcha de la guerra, como, por ejemplo, en la siguiente cita clásica:

> A los verdaderos amigos se los conoce solo en la adversidad. Ese viejo refrán se confirma en estos momentos. Los vejados, importunados y perseguidos socialdemócratas salen como un solo hombre en defensa de la patria, y las centrales sindicales alemanas, a las que con frecuencia tan

amarga se les hizo la vida en la Alemania prusiana, informan unánime-mente que sus mejores miembros se encuentran prestando servicio. Inclu-so periódicos de empresa de la catadura del *Generalanzeiger* informan de este hecho, y señalan que están convencidos de que «esas gentes» cumpli-rán con su deber como todos, y que quizá allí donde estén *ellos* el fuego será más intenso.

En cuanto a nosotros, estamos persuadidos de que gracias a su ins-trucción nuestros sindicalistas pueden hacer algo más que «dar palos». Con los modernos ejércitos de masas no se ha hecho más fácil a los gene-rales el arte de la guerra, los proyectiles de la infantería moderna con los que se puede hacer blanco hasta una distancia de tres mil metros, y a dos mil metros con toda precisión, hacen completamente imposible a los jefes de los ejércitos hacer avanzar grandes aglomeraciones de tropas en cerra-das columnas de marcha. Hay que «dispersarlas» a tiempo, y esa disper-sión exige un número mucho mayor de patrullas y una gran disciplina y claridad de juicio no solo en los destacamentos, sino en cada individuo, y es aquí donde se manifiesta el papel educador de los sindicatos y hasta qué punto hay que tener en cuenta esta educación en días tan difíciles como estos. Puede ser que el soldado ruso o francés haga prodigios de valentía, pero el sindicalista alemán le superará en lo que respecta al frío y sereno razonamiento. Además, en las zonas fronterizas la gente orga-nizada conoce frecuentemente el terreno como la palma de su mano, y muchos funcionarios sindicales conocen idiomas, etcétera. Así pues, *si en 1866 se decía que el avance de las tropas prusianas había sido una victoria de los maestros de escuela, esta vez se podrá hablar de una victoria de los funcionarios sindicales. (Frankfurter Volksstimme, 18 de agosto de 1914).*

El órgano teórico del partido, *Die Neue Zeit* (número 23, del 25 de septiembre de 1914), declaraba: «Mientras que la cuestión sea únicamente *victoria o derro-ta,* pasan a segundo plano todas las demás cuestiones, *incluido el objetivo de la guerra. O sea, pasan a segundo plano todas las diferencias entre partidos, clases y nacionalidades en el seno del ejército y de la población».* Y en el número 8, del 27 de noviembre de 1914, declaraba el mismo *Neue Zeit* en un artículo titulado «Los límites de la Internacional»: «La guerra mundial divide a los socialistas en diversos campos y fundamentalmente en diversos campos nacionales. La *Internacional es incapaz de impedirlo.* Es decir, no es un instrumento eficaz en la guerra; es, esencialmente, un instrumento en tiempo de paz». Su «gran misión histórica» sería «la lucha por la paz, *la lucha de clases en tiempos de paz*».

Es decir, la socialdemocracia ha declarado inexistente la lucha de clases a partir del 4 de agosto de 1914 y hasta que haya sido firmado el futuro tratado de paz. Con los primeros estallidos de los cañones de Krupp en Bélgica, Alemania se convirtió en un país maravilloso en el que imperaban la solidaridad de clases y la armonía social.

¿Cómo cabe imaginarse realmente este milagro? Como es sabido, la lucha de clases no es un invento ni una libre creación de la socialdemocracia que se pudiera suprimir caprichosamente durante ciertos períodos de tiempo. La lucha de clases del proletariado es más antigua que la socialdemocracia; es un producto elemental de la sociedad clasista, que aparece con la presencia del capitalismo en Europa. No es la socialdemocracia la que ha instruido al proletariado moderno en la lucha de clases, sino que es más bien un producto de esta para llevar conciencia de los objetivos y coordinación a los diversos fragmentos locales y temporales de la lucha de clases. ¿Qué ha cambiado desde la irrupción de la guerra? ¿Acaso han cesado de existir la propiedad privada, la explotación capitalista y la dominación de clase? ¿Acaso han declarado los poseedores en una explosión de patriotismo: ahora, puesto que estamos en guerra, los medios de producción y por el tiempo que dure, tierra, fábricas y empresas, las ponemos a disposición de la comunidad, renunciamos al beneficio particular de los bienes, abolimos todos los privilegios políticos y los sacrificamos ante el altar de la patria mientras esta se encuentra en peligro? Hipótesis absurda y que recuerda a un cuento de niños. Y, sin embargo, este hubiera sido el único supuesto al que hubiera podido seguir lógicamente la declaración de la clase obrera: se suspende la lucha de clases. Pero nada de ello se ha producido. Por el contrario, todas las relaciones de propiedad, la explotación, la dominación de clase y hasta la ausencia de derechos políticos, en toda su variada manifestación prusiano-germana, han permanecido intactas. El retumbar de los cañones en Bélgica y en Prusia oriental no cambiaron en lo más mínimo la estructura económica, social y política de Alemania.

La supresión de la lucha de clases fue una medida completamente unilateral. Mientras permanecía el «enemigo interno» de la clase obrera, la explotación y la opresión capitalistas, los dirigentes de la clase obrera, socialdemocracia y sindicatos, en un momento de generosidad patriótica, entregaron la clase obrera a este enemigo, por toda la duración de la guerra y sin ofrecer resistencia. Mientras que las clases dominantes seguían completamente armadas de sus privilegios de propiedad y dominio, la socialdemocracia ordenaba el «desarme» del proletariado.

Ya una vez se había presenciado el milagro de la armonía de clases y de la confraternización de todas las capas de una moderna sociedad burguesa: en 1848 en Francia.

> En la mente de los proletarios —escribe *Marx* en su obra *Las luchas de clases en Francia*—, que en general confundían la aristocracia financiera con la burguesía; en la imaginación de los buenos republicanos, que negaban la existencia de las clases o la admitían a lo sumo como una consecuencia de la monarquía constitucional; en la hipócrita fraseología de las fracciones burguesas hasta entonces excluidas del poder, *la dominación de la burguesía quedaba abolida* con la instauración de la república. Todos los realistas se convirtieron en republicanos; y todos los millonarios de París, en obreros. La palabra que correspondía a esta imaginaria disolución de las relaciones de clase fue la de *fraternité*, la de la fraternización y la hermandad. Esta cómoda abstracción de las contradicciones de clase, este equilibrio sentimental de los intereses de clase contradictorios entre sí, esta elevación entusiasta por encima de la lucha de clases, la *fraternité*, fue la verdadera consigna de la revolución de febrero… El proletariado parisiense se abandonaba al goce de esos magnánimos delirios de fraternidad… El proletariado parisiense, que veía en la República su propia creación, aclamaba como es natural todo acto del gobierno provisional, actos que pueden tener lugar más fácilmente en una sociedad burguesa. Se dejó utilizar voluntariamente por Caussidière para los servicios policíacos, con el fin de proteger la propiedad en París, incluso permitió que Louis Blanc suavizara las querellas salariales entre obreros y patronos. Su *point d'honneur* era dejar inmaculado el honor burgués de la República ante los ojos de Europa.

O sea, que en febrero de 1848 el proletariado parisiense, ingenuamente ilusionado, había suspendido también la lucha de clases, pero, dicho sea de paso, después de que con su acción revolucionaria había destruido la monarquía de julio e implantado la república. El 4 de agosto de 1914, la revolución de febrero fue invertida: la supresión de las contradicciones de clase, no bajo la república, sino bajo la monarquía militar, no tras una victoria del pueblo sobre la reacción, sino tras una victoria de la reacción sobre el pueblo, no con la proclamación de la libertad, igualdad y fraternidad, sino con la proclamación del estado de sitio, con el estrangulamiento de la libertad de prensa y con la abolición de la Constitución. El gobierno proclamaba solemnemente la Unión Sagrada y comprometía a todos los partidos a mantenerla honradamente. Pero, como político experimentado, no confiaba del todo en la promesa y aseguró la Unión Sagrada mediante eficaces medidas de la dictadura militar. La fracción socialdemócrata también aceptó sin protesta ni resistencia. Las declaraciones de la fracción en el Reichstag del 4 de agosto y también del 2 de diciembre no dedicaban ni una sola sílaba contra la bofetada que representaba el estado de sitio. Con la Unión Sagrada y los créditos de guerra la socialdemocracia aprobaba tácitamente el estado de sitio, que la entregaba atada de pies y manos a las clases dominantes. Reconocía, al mismo tiempo, que la defensa de la patria exigía el estado de sitio, el amordazamiento del pueblo y la dictadura militar. Pero el estado de sitio solo estaba dirigido contra la socialdemocracia. Solo de su parte podía esperarse también resistencia, dificultades y acciones de protesta contra la guerra. En el mismo instante en que, con la aprobación de la socialdemocracia, se proclamaba la Unión Sagrada, es decir, la supresión de las contradicciones de clase, la socialdemocracia era declarada en estado de sitio, y se proclamaba la lucha contra la clase obrera en su forma más violenta, bajo la forma de la dictadura militar. Como fruto de su capitulación, la socialdemocracia cosechó lo que hubiera cosechado en el peor de los casos, es decir, la derrota, si hubiera tomado la decisión de resistir: ¡el estado de sitio! La declaración solemne de la fracción del Reichstag invoca, para fundamentar la aprobación del crédito, el principio socialista del derecho a la autodeterminación de las naciones. El primer paso de la «autodeterminación» de la nación alemana en esta guerra fue la camisa de fuerza del estado de sitio que se impuso a la socialdemocracia. Apenas se ha visto en la historia un escarnio mayor inferido a sí mismo por un partido.

Con la aceptación de la Unión Sagrada, la socialdemocracia renegó de la lucha de clases por el tiempo y duración de la guerra. Pero con ello renegaba de los fundamentos de su propia existencia, de su propia política. ¿Qué es su vida misma, sino lucha de clases? ¿Qué papel podría desempeñar durante la guerra, una vez abandonado su principio vital: la lucha de clases? Al renegar de la lucha de clases, la socialdemocracia se ha anulado a sí misma, mientras que dure la guerra, como partido político activo, como representante de la política obrera. Con ello se privaba de su arma más importante: la crítica de la guerra desde el punto de vista particular de la clase obrera. Abandonada la «defensa de la patria» a las clases dominantes, limitándose a colocar a la clase obrera bajo mando de aquellas y a garantizar el orden durante el estado de sitio, es decir, a desempeñar el papel de gendarme de la clase obrera.

Pero, con su actitud, la socialdemocracia ha puesto gravemente en peligro, más allá del tiempo de duración de la guerra actual, la causa de la libertad alemana, que ahora defienden los cañones de Krupp según la declaración de la fracción. En los círculos dirigentes de la socialdemocracia se confía mucho en que después de la guerra la clase obrera verá ampliarse considerablemente las libertades democráticas y que se le otorgue la igualdad de derechos con la burguesía, como recompensa por su actividad patriótica en la guerra. Pero nunca en la historia se han otorgado derechos políticos a las clases dominadas por una actitud complaciente frente a las clases dominantes, como una propina. Por el contrario, la historia está llena de ejemplos de los más viles perjurios cometidos en tales casos por las clases dominantes, aun cuando fueron hechas promesas solemnes antes de la guerra. En realidad, con su conducta, la socialdemocracia no ha asegurado la ampliación futura de las libertades políticas en Alemania, y sí quebrantó las que existían antes de la guerra. La forma en que se soporta en Alemania la supresión de la libertad de prensa y de reunión, de la vida pública y el estado de sitio, durante meses y sin el menor signo de resistencia y hasta con el aplauso en cierto modo por parte de la socialdemocracia,[42] no tiene ejemplo en la historia moderna de la sociedad. En Inglaterra existe una completa libertad de prensa, en Francia la prensa no está ni mucho menos tan amordazada como en Alemania. En ningún país ha desaparecido tan completamente la opinión pública y ha sido reemplazada tan tranquilamente por la «opinión» oficiosa bajo las órdenes del gobierno como en Alemania. Incluso en Rusia solo se conocen los estragos del lápiz rojo del censor, que anula la voz de la oposición; por el contrario, es completamente desconocido el procedimiento de que la prensa de la oposición haya de imprimir artículos ya elaborados por el gobierno, y de que en sus propios artículos hayan de defender determinadas concepciones que le son dictadas y ordenadas por las autoridades gubernamentales en el curso de «conversaciones confidenciales con la prensa». Aun en la misma Alemania no se ha conocido durante la guerra de 1870 nada comparable con el actual estado de cosas. La prensa gozaba de ilimitada libertad y los acontecimientos bélicos, para vivo disgusto de Bismarck, eran objeto de críticas a veces muy vivas, y de enfrentamientos de opiniones, particularmente sobre los fines de la guerra, las cuestiones de anexión, problemas de la Constitución, etcétera. Y cuando Johann Jacoby[43] fue detenido, una ola de indignación se extendió por Alemania y el mismo Bismarck desaprobó el atrevido atentado de la reacción, calificándolo de muy desacertado. Tal era la situación en Alemania después de que Bebel y Liebknecht habían rechazado tajantemente, en nombre de la clase obrera alemana, toda relación con los fanáticos patrióticos que dominaban entonces. Y tenía que llegar la patriótica socialdemocracia, con sus 4 250 000 electores, la enternecedora fiesta de la reconciliación de la Unión Sagrada y la aprobación de los créditos de guerra por la fracción socialdemócrata para que le fuese impuesta a Alemania la dictadura militar más dura que ha permitido nunca un pueblo moderno. Que tales cosas sean posible hoy en Alemania, que sean aceptadas sin el más mínimo intento de resistencia, no ya por la prensa burguesa, sino por la influyente y muy desarrollada prensa socialdemócrata, todo esto posee una funesta significación para el destino de la libertad alemana. Demuestra que la sociedad en Alemania no tiene hoy en sí misma ninguna base para las libertades políticas, ya que puede prescindir de ellas tan fácilmente y sin el menor conflicto. No olvidemos que el ínfimo número de derechos políticos que existía en el Reich alemán antes de la guerra no fue, como en Francia e Inglaterra, el fruto de grandes y repetidas luchas revolucionarias, ni se encuentran firmemente enraizados por tradición en la vida del pueblo, sino que es el regalo de la política de Bismarck después de una o dos décadas de permanente y victoriosa contrarrevolución. La Constitución alemana no maduró en los campos de la revolución, sino en el juego diplomático de la monarquía militar prusiana, como el cemento con el que fue construida esta monarquía militar, convirtiéndola en el actual Reich alemán. Los peligros para el «proceso libertador en Alemania» no radican, como opina la fracción del Reich, en Rusia, sino en la misma Alemania. Radican en ese origen especialmente contrarrevolucionario de la Constitución alemana, radican en esos factores de poder reaccionario de la sociedad alemana, que desde la fundación del imperio han mantenido una constante y solapada guerra contra la endeble «libertad alemana»; la nobleza terrateniente de Ostelbien, la agresividad de la gran industria, el centro ultrarreaccionario, la degeneración canallesca del liberalismo alemán, el régimen personal y el dominio del sable que surge de todos esos factores juntos, así como el curso de Saverne, que celebraba sus triunfos justo antes del inicio de la guerra. Estos son los verdaderos peligros para la cultura y el «desarrollo liberal» de Alemania. Y ahora, la guerra, el estado de sitio y la actitud de la socialdemocracia fortalecen en gran medida todos esos factores. Existe, por cierto, un pretexto auténticamente liberal para explicar la actual paz de cementerio que impera en Alemania: se trataría únicamente de una renuncia «temporal» mientras dura la guerra. Pero un pueblo políticamente maduro no puede renunciar «temporalmente» a sus derechos políticos y a la vida pública, como tampoco una persona viva puede «renunciar» al aire que respira. Un pueblo que reconoce por su actitud que durante la guerra es necesario el estado de sitio, ha reconocido con ello que la libertad política no es tan indispensable. La tolerante aprobación de la socialdemocracia del actual estado de sitio —y su consenso a los créditos sin reserva alguna, así como la aceptación de la Unión Sagrada no significa otra cosa— repercutirá desmoralizadoramente sobre las masas populares, el único apoyo de la Constitución en Alemania, de igual modo que repercute estimulando y fortaleciendo la reacción imperante, el enemigo de la Constitución.

Con su renuncia a la lucha de clases, nuestro partido se cerró a sí mismo el camino para influir eficazmente sobre la duración de la guerra y sobre las condiciones del futuro tratado de paz. Y en este punto se contradijo con su propia declaración oficial. Un partido que se opusiera solemnemente a toda anexión, es decir, a las inevitables consecuencias lógicas de la guerra imperialista, en la medida en que esta transcurre felizmente en el terreno militar, ofrecería armas adecuadas a la movilización de las masas populares y de la opinión pública hacia sus fines, para ejercer mediante ellas una eficaz presión y para controlar de esta manera la guerra e influir en la conclusión de la paz. Pero hizo lo contrario. Al asegurar con la Unión Sagrada la paz en la retaguardia del militarismo, la socialdemocracia le permitió seguir su camino sin el menor respeto por otros intereses que no fueran los de las clases dominantes, desencadenando unas irrefrenables tendencias imperialistas internas, que aspiran a la anexión y que habrán de conducir a tales anexiones. En otras palabras: con la aceptación de la Unión Sagrada y el desarme político de la clase obrera, la socialdemocracia ha reducido a la categoría de frase impotente su propia declaración solemne en contra de toda anexión.

Pero con ello se logró otra cosa más: ¡la prolongación de la guerra! Y aquí resulta palpable el peligroso ardid que para la política proletaria se encuentra en el dogma actualmente admitido de que nuestra oposición a la guerra solo puede ser expresada mientras exista el peligro de guerra. Una vez que la guerra es un hecho, se habría extinguido el papel de la socialdemocracia, entonces la consigna sería: victoria o derrota, es decir, la lucha de clases se suspende mientras dure la guerra. En realidad, para la política de la socialdemocracia *comienza* lo más importante una vez iniciada la guerra. La resolución tomada en el Congreso Internacional de Stuttgart de 1907, con la aprobación unánime de los representantes del partido y de los sindicatos alemanes, y confirmada una vez más en Basilea en 1912, dice: «En el caso de que la guerra llegase a estallar a pesar de todo, el deber de la socialdemocracia es *luchar por su rápido fin*, y combatir con todas sus fuerzas para *aprovechar la crisis económica y política provocada por la guerra para movilizar al pueblo y acelerar la liquidación del dominio de clase capitalista*».

¿Qué hizo la socialdemocracia en esta guerra? Exactamente todo lo contrario a lo que se acordó en los congresos de Stuttgart y Basilea: con la aprobación de los créditos y el mantenimiento de la Unión Sagrada cooperó con todos los medios a su alcance para impedir la crisis económica y política, y la movilización de las masas a causa de la guerra. «Combate con todas sus fuerzas» para salvar la sociedad capitalista de su propia anarquía, como consecuencia de la guerra, y con ello contribuye a la ilimitada prolongación de la guerra y al aumento del número de sus víctimas. Se supone de todas formas —como afirman frecuentemente los diputados del Reichstag— que no hubiera caído ni un hombre menos en el campo de batalla, tanto si la fracción socialdemócrata hubiera aprobado los créditos de guerra, como si no. Sí, nuestra prensa sustenta en general la opinión de que tuvimos que cooperar en la «defensa de la patria» y apoyarla, para disminuir lo más posible las sangrientas víctimas que la guerra traería a nuestro pueblo. La política llevada a cabo logró exactamente lo contrario: solo gracias a la actitud patriótica de la socialdemocracia la guerra imperialista, respaldada por la Unión Sagrada, pudo desencadenar libremente sus furias. Hasta ahora el miedo a los disturbios internos y al furor del miserable pueblo había sido la pesadilla constante de las clases dominantes y el freno más eficaz a sus apetitos bélicos. Son conocidas las palabras de Bülow de que se pretendía aplazar lo más posible toda guerra, principalmente por miedo a la socialdemocracia. Rohrbach dice en su libro *La guerra y la política alemana*, en la página VII: «Si no se presentan catástrofes naturales, lo único que puede obligar a Alemania a la paz es el hambre de los pobres». Este autor pensaba, evidentemente, en un hambre que se manifiesta, que se hace sentir y notar, para sensibilizar a las clases dominantes. Oigamos ahora, finalmente, lo que dice un destacado militar y teórico de la guerra, el general Von Bernhardi. En su gran obra *Von heutigen Kriege* (*De la guerra actual*) escribe:

> De esta forma, los *modernos ejércitos de masas* hacen más difícil la dirección de la guerra desde todos los puntos de vista. Pero, además, estos ejércitos llevan en sí mismos *un factor de peligro que no se debe subestimar.*
>
> El mecanismo de un ejército así es tan gigantesco y tan complicado que solo puede ser operativo y controlable cuando el engranaje ofrece garantías, al menos en su conjunto, y pueden ser impedidas fuertes conmociones morales en gran escala. No se puede esperar la completa eliminación de tales fenómenos en una campaña de suerte cambiante, como tampoco unos combates siempre victoriosos. Pero pueden ser superados si se presentan en una escala limitada. Mas, allí donde la dirección pierde el control sobre las grandes masas concentradas, allí donde son presa del pánico, donde el suministro falla en gran medida y el espíritu de la insubordinación impera por doquier, tales masas se vuelven incapaces de resistir al enemigo, convirtiéndose más bien en un peligro para sí mismas y para la propia dirección del ejército, ya que rompen los lazos de la disciplina, perturban caprichosamente el curso de las operaciones y plantean a la dirección tareas que no está en condiciones de resolver.
>
> O sea, bajo cualquier circunstancia, la guerra, con las grandes masas que integran hoy el ejército, es un juego arriesgado que pone al máximo de tensión las fuerzas personales y financieras del Estado. Bajo tales circunstancias, resulta completamente natural que se tomen las medidas pertinentes de todo tipo, que han de posibilitar que *la guerra, cuando estalle, sea terminada rápidamente y se acabe rápidamente la enorme tensión que ha de surgir necesariamente del enfrentamiento entre naciones.*

Así, tanto los políticos burgueses como las autoridades militares consideran la guerra con los grandes ejércitos actuales como un «juego arriesgado», y este hubiera sido el factor más eficaz para hacer que los actuales gobernantes retrocedieran ante el desencadenamiento de una guerra, así como para, en caso de guerra, estar preparados para su rápida conclusión. En esta guerra la conducta de la socialdemocracia, que actúa en todas las direcciones para disminuir «la enorme tensión», ha disipado las preocupaciones, rompiendo los únicos diques que se oponían a la incontrolable corriente del imperialismo. Habría de suceder algo que ni un Bernhardi, ni cualquier otro hombre de estado burgués, hubiese podido considerar posible ni en sueños: del campo de la socialdemocracia surgió la consigna de «resistir», es decir, de continuar la matanza humana. Y de esta forma desde hace meses caen sobre nuestras conciencias las miles de víctimas que cubren los campos de batalla.

VII

A pesar de todo, si no hemos podido impedir el desencadenamiento de la guerra, si la guerra es ya un hecho consumado, si la nación se encuentra ante el peligro de una invasión extranjera, ¿cómo podemos dejar indefensa a la propia patria, cómo vamos a entregársela al enemigo?; ¿abandonar los alemanes su país a los rusos?; ¿los franceses y los belgas a los alemanes?; ¿los servios a los austriacos? ¿Acaso no dice el principio socialista del derecho a la autodeterminación de las naciones que todo pueblo tiene el derecho y el deber de proteger su libertad y su independencia? Cuando la casa se quema, ¿no hay que apagarla, en primer lugar, en vez de ponerse a buscar al culpable que le prendió fuego? Este argumento de la «casa ardiendo» ha desempeñado un gran papel en la actitud de los socialistas, tanto de un lado como de otro, tanto de Alemania como de Francia. También en los países neutrales ha sentado escuela; traducido al holandés significa: cuando el barco hace agua, ¿no se debe, ante todo, intentar taponar las vías de agua?

Ciertamente, es un pueblo indigno el que capitula ante el enemigo extranjero, como el partido que capitula ante el enemigo interno. Tan solo una cosa han olvidado los bomberos de la «casa ardiendo»: que en la boca de los socialistas la defensa de la patria significa algo distinto a desempeñar el papel de carne de cañón bajo el mando de la burguesía imperialista. En primer lugar, por lo que respecta a la «invasión», ¿es realmente aquel espantajo ante el cual toda lucha de clases interna debería desaparecer como embrujada y paralizada por un poder sobrenatural? Según la teoría política del patriotismo burgués y del estado de sitio, toda lucha de clases es un crimen contra los intereses de la defensa de la patria, porque pone en peligro y debilita la fuerza defensiva de la nación. La socialdemocracia oficial se ha dejado engañar por este griterío. Y, sin embargo, la historia moderna de la sociedad burguesa muestra a cada paso que para ella la invasión extranjera no es el más abominable de los horrores como la quieren pintar hoy, sino un medio probado y utilizado con preferencia contra el «enemigo interno». ¿Acaso no llamaron los Borbones y los aristócratas de Francia a la invasión extranjera, contra los jacobinos? ¿Acaso no llamó la contrarrevolución austriaca y clérico-estatal en 1849 a la invasión francesa contra Roma, la rusa contra Budapest? ¿Acaso no amenazó en Francia abiertamente el «partido del orden» en 1850 con la invasión de los cosacos para acallar a la Asamblea Nacional? Y con el famoso tratado del 18 de mayo de 1871 entre Jules Favre, Thiers y compañía y Bismarck, ¿no se acordó poner en libertad a las tropas bonapartistas y llamar en su apoyo a las prusianas, con el fin de acabar con la Comuna de París?[44] Para Carlos Marx fue suficiente esta experiencia histórica para desenmascarar, hace ya cuarenta y cinco años, a las «guerras nacionales» del moderno Estado burgués como un engaño. En su conocido manifiesto del Consejo General de la Internacional sobre el caso de la Comuna de París dice:

> Que después de las guerras más terribles de los tiempos modernos se alíe el ejército victorioso con el vencido para aplastar conjuntamente al proletariado, este acontecimiento inaudito no demuestra, como creía Bismarck, la destrucción definitiva de la nueva sociedad ascendente, sino la descomposición total de la vieja sociedad burguesa. *El más alto heroísmo de que era todavía capaz la vieja sociedad es la guerra nacional, y esta aparece ahora como un mero engaño gubernamental* que no tiene otra finalidad que la de postergar la lucha de clases, y que desaparece tan pronto como esta lucha de clases se convierte en guerra civil. La dominación de clase no es ya posible ocultarla por más tiempo bajo un uniforme nacional; ¡los gobiernos nacionales están unidos contra el proletariado!

La invasión y la lucha de clases no representan cosas contradictorias en la historia burguesa, tal como se dice en la leyenda oficial, sino que la una es medio y expresión de la otra. Y si para las clases dominantes la invasión es un medio eficaz contra la lucha de clases, para las clases revolucionarias la más violenta lucha de clases ha demostrado ser el mejor medio contra la invasión. En el umbral de la era moderna la turbulenta historia de las ciudades, debido a las innumerables transformaciones internas y pugnas externas —sobre todo de las italianas, la historia de Florencia, de Milán, con su lucha secular contra la dinastía de los Hohenstaufen—, demuestra que la violencia y la impetuosidad de las luchas de clases internas no solo no debilitaban la fuerza defensiva de las comunidades frente al exterior, sino que, por el contrario, precisamente del fuego de estas luchas salían las poderosas llamaradas que eran lo suficientemente fuertes como para oponer resistencia a todo ataque del enemigo. Pero el ejemplo clásico de todos los tiempos es la gran Revolución Francesa. Si esto fue válido alguna vez, lo fue para la Francia del año 1793, para el corazón de Francia, París, ¡rodeados de enemigos! Si París y Francia no sucumbieron entonces ante la oleada de la Europa aliada, de la invasión por doquier, y si, en el curso de luchas sin par contra el creciente peligro y el ataque enemigo, llegaron a presentar una resistencia cada vez más gigantesca, aplastando toda nueva coalición del enemigo mediante nuevos prodigios del inagotable arrojo combativo, esto fue debido gracias al ilimitado desencadenamiento de las fuerzas internas de la sociedad en el gran enfrentamiento de clases. Hoy, con la perspectiva de un siglo, resulta evidente que solo la expresión más violenta de aquel enfrentamiento, que solo la dictadura del pueblo parisiense y su brutal radicalismo pudieron extraer del fondo de la nación medios y fuerzas suficientes para defender y consolidar la recién nacida sociedad burguesa contra un mundo lleno de enemigos: contra las intrigas de la dinastía, las maquinaciones de los aristócratas y del clero traidores a la patria, la insurrección de la Vendée, la traición de los federales, la resistencia de sesenta departamentos y capitales provinciales y contra los ejércitos y flotas unificados de la coalición monárquica de Europa. Como lo atestigua una experiencia secular, no es el estado de sitio, sino la despiadada lucha de clases la que despierta el respeto de sí mismo, el heroísmo y la fuerza moral de las masas populares, que es la mejor protección y la mejor defensa del país contra los enemigos extranjeros.

El mismo trágico malentendido comete la socialdemocracia cuando invoca el derecho a la autodeterminación de las naciones para justificar su actitud en esta guerra. Es verdad: el socialismo reconoce a todo pueblo el derecho a la independencia y a la libertad y a la libre decisión de su propio destino. Pero es un verdadero sarcasmo para el socialismo que los actuales Estados capitalistas sean presentados como la expresión del derecho a la autodeterminación de las naciones. ¿En cuál de esos Estados ha podido determinar la nación las formas y las condiciones de su existencia nacional, política o social?

Lo que significa la autodeterminación del pueblo alemán, lo que quiere, esto lo anunciaron y lo defendieron los demócratas de 1848, los combatientes pioneros del proletariado alemán, Marx, Engels y Lassalle, Bebel y Liebknecht: la república unida de todos los alemanes. Por ese ideal derramaron su sangre en la barricada los combatientes de marzo en Viena y Berlín, por la realización de ese programa quisieron Marx y Engels en 1848 obligar a Prusia a mantener una guerra con el zarismo ruso.[45] El primer requisito para el cumplimiento de ese programa nacional fue la liquidación del «montón de podredumbre organizada», llamado monarquía de los Habsburgo, y la abolición de la monarquía militar prusiana, así como de las dos docenas de monarquías raquíticas de Alemania.

El fracaso de la revolución alemana y la traición de la burguesía alemana a sus propios ideales democráticos condujeron al gobierno de Bismarck y a su creación: la actual Gran Prusia con sus veinte patrias bajo un solo casco militar, que se llama el Reich alemán. La Alemania actual ha sido erigida sobre la tumba de la revolución de marzo, sobre los escombros del derecho a la autodeterminación nacional del pueblo alemán. La guerra actual, que, junto a la conservación de Turquía, tiene por objeto la conservación de la monarquía de los Habsburgo y el fortalecimiento de la monarquía militar prusiana, es un nuevo entierro de los caídos en marzo y del programa nacional de Alemania. Y es un verdadero chiste diabólico de la historia el que los socialdemócratas, herederos de los patriotas alemanes de 1848, enarbolen en esta guerra... ¡la bandera del «derecho a la autodeterminación de las naciones»! ¿O está acaso este derecho en el imperio británico con la India y la dominación sudafricana de un millón de blancos sobre cinco millones de gentes de color? ¿O acaso en Turquía o en el imperio zarista? Solo para un político burgués, para el que las razas dominantes representan la humanidad, y las clases dominantes

representan la nación, puede hablarse en los Estados coloniales de una «autodeterminación nacional». En el sentido socialista de ese concepto no puede
haber ninguna nación libre cuando su existencia estatal se basa en la escla-
vización de otros pueblos, pues también los pueblos colonizados se cuentan
como pueblos y como miembros del Estado. El socialismo internacional reconoce el derecho de las naciones a ser libres, independientes e iguales, pero
solo él puede crear tales naciones, solo él puede realizar el derecho a la autodeterminación de los pueblos. Esta consigna del socialismo no es, al igual que
todas las demás, una canonización de lo existente, sino una orientación y un
estímulo para la política revolucionaria, transformadora y activa del proletariado. Mientras existan los Estados capitalistas, mientras la política mundial
imperialista determine y configure la vida interna y externa de los Estados, el
derecho a la autodeterminación nacional no tendrá nada que ver con su práctica, ni en la guerra, ni en la paz.

Más aún: en el «milieu»[46] imperialista actual no puede existir en modo
alguno ninguna guerra de defensa nacional, y toda política socialista que
haga abstracción de ese determinado medio histórico, que quiera guiar en
medio de este torbellino mundial solo por los puntos de vista unilaterales de
su país, no será desde un principio otra cosa que un castillo de naipes.

Hemos intentado anteriormente señalar el transfondo del enfrentamiento
actual de Alemania con sus enemigos. Fue necesario iluminar con más precisión las verdaderas fuerzas motrices y los nexos causales internos de la guerra
actual, porque en la toma de posición de nuestra fracción del Reichstag y
de nuestra prensa desempeñó un papel decisivo la defensa de la existencia,
de la libertad y de la cultura de Alemania. Frente a esto hay que poner de
relieve la verdad histórica de que se trata de una guerra preventiva preparada desde hace años por el imperialismo alemán, provocada por sus objetivos político-mundiales y desencadenada premeditadamente en el verano
de 1914 por la diplomacia alemana y austriaca. Además, en la valoración general de la guerra mundial y de su importancia para la política de clases del
proletariado carece completamente de importancia la cuestión de la defensa
y el ataque, la búsqueda del «culpable». Si Alemania es la que menos está a
la defensiva, tampoco lo están Francia e Inglaterra, pues lo que «defienden»
no es su posición nacional, sino su posición político-mundial, sus antiguas
posesiones imperialistas, amenazadas ahora por los ataques del advenedizo

alemán. Si las campañas del imperialismo alemán y austriaco en Oriente desencadenaron, sin duda alguna, la conflagración mundial, el imperialismo francés, al apoderarse de Marruecos, el inglés, al prepararse para el saqueo de Mesopotamia y Arabia, así como todas las medidas destinadas a consolidar su dominación en la India, y el ruso, con su política balcánica dirigida contra Constantinopla, acarrearon y amontonaron el combustible para esa conflagración. Los preparativos militares desempeñaron un papel esencial como motores para el desencadenamiento de la catástrofe, pero en realidad se trataba de una competición en la que participaron todos los Estados. Y si Alemania puso la primera piedra para la carrera armamentista europea con la política de Bismarck en 1870, esta política había sido favorecida antes con el Segundo Imperio y después con la política aventurera militar y colonial de la Tercera República, a partir de su expansión en Asia oriental y en África.

En sus ilusiones sobre la «defensa nacional», los socialistas franceses fueron impulsados, sobre todo, por el hecho de que tanto el gobierno francés como el pueblo no tenían las menores intenciones bélicas en julio de 1914. «Hoy en día en Francia todos están por la paz, sincera y honradamente, de manera incondicional y sin reserva alguna», señalaba Jaurès en el último discurso de su vida, en vísperas de la guerra, en la casa del pueblo de Bruselas. El hecho es completamente cierto, y puede explicar sicológicamente la indignación que se apoderó de los socialistas franceses ante la guerra criminal impuesta por la fuerza a su país. Pero ese hecho no es suficiente para enjuiciar la guerra mundial como un fenómeno histórico y para que la política proletaria pueda tomar posición ante ella. La historia de la que nació la guerra actual no comenzó en julio de 1914, sino que se remonta a décadas anteriores, durante las cuales fue tejida hilo a hilo con la necesidad de una ley natural, hasta que la malla espesa de la política mundial imperialista envolvió a cinco continentes: un gigantesco complejo histórico de fenómenos, cuyas raíces penetran hasta las profundidades plutónicas del devenir económico, y cuyas ramas más altas apuntan en la dirección de un mundo nuevo que comienza a vislumbrarse; fenómenos que por su magnitud hacen palidecer totalmente los conceptos de crimen y castigo, de defensa y ataque.

La política imperialista no es la obra de un Estado cualquiera o de varios Estados, sino que es el producto de un determinado grado de maduración en el desarrollo mundial del capital, un fenómeno internacional por naturaleza, un todo indivisible que solo se puede reconocer en todas sus relaciones cambiantes y *del cual ningún Estado puede sustraerse.*

Solo desde este punto de vista puede valorarse correctamente la cuestión de la «defensa nacional» en la guerra actual. El Estado nacional, la unidad nacional y la independencia; tales eran el escudo ideológico bajo el que se constituían los grandes Estados burgueses en la Europa central del siglo pasado. El capitalismo no es compatible con la dispersión estatal, con la desmembración económica y política; necesita para su desarrollo un territorio lo más extenso y unido posible y una cultura espiritual, sin los cuales no pueden elevarse las necesidades de la sociedad al nivel exigido por la producción mercantil capitalista ni puede hacer funcionar el mecanismo del moderno poder de clase burgués. Antes de que el capitalismo pudiese convertirse en una economía mundial que abarcara a toda la tierra, trató de crearse un territorio unido en los límites nacionales de un Estado. Ese programa —ya que solo podía llevarse a cabo por vía revolucionaria sobre el tablero de ajedrez político y nacional que nos dejó el Medioevo feudal— solo fue realizado en Francia durante la gran revolución. En el resto de Europa se quedó a medias, y, como la revolución burguesa en general, se detuvo a mitad del camino. El Reich alemán y la Italia actual, la continuidad hasta hoy de Austria-Hungría y de Turquía, del imperio ruso y del imperio mundial británico, son vivas pruebas al respecto. El programa nacional solo ha desempeñado un papel histórico como expresión ideológica de la burguesía en ascenso y que buscaba el poder en el Estado, hasta que la dominación de clase de la burguesía quedó mal que bien instalada en los grandes Estados de la Europa central y creó los instrumentos y las condiciones indispensables para desarrollar su política.

Desde entonces el imperialismo ha enterrado completamente el viejo programa democrático burgués; la expansión más allá de las fronteras nacionales (cualesquiera que fuesen las condiciones nacionales de los países anexionados) se convirtió en la plataforma de la burguesía de todos los países. Si el término «nacional» permaneció, su contenido real y su función se han convertido en su contrario; actúa solo como mísera tapadera de las aspiraciones imperialistas y como grito de batalla de sus rivalidades, como único y último medio ideológico para lograr la adhesión de las masas populares y desempeñar su papel de carne de cañón en las guerras imperialistas.

La tendencia general de la actual política capitalista domina como ley ciega y todopoderosa los diversos Estados, como las leyes de la competencia económica determinan imperiosamente las condiciones de producción del empresario aislado.

Imaginémonos por un instante —para contrastar el fantasma de la «guerra nacional» que domina actualmente la política socialdemócrata— que en uno de los Estados actuales la guerra hubiese comenzado, realmente, como una guerra de defensa nacional, pero de tal manera que el éxito militar hubiera conducido a la ocupación de territorios extranjeros. Dada la existencia de grupos capitalistas influyentes, que están interesados en conquistas imperialistas, en el curso de la guerra misma se despiertan apetitos expansionistas, y la tendencia imperialista, que al principio de la guerra solo se encontraba en germen o en estado latente, crecerá en el curso de la misma guerra como en la atmósfera de un invernadero y determinará el carácter de la guerra, sus objetivos y resultados. Más aún: el sistema de alianza entre los Estados militares —que domina desde hace décadas las relaciones políticas de los Estados— trae consigo que cada uno de los partidos beligerantes trate de ganarse aliados en el curso de la guerra, aunque no sea más que por interés defensivo. Con ello son implicados en la guerra nuevos países, e inevitablemente afectados o creados nuevos círculos imperialistas en la política mundial. De esta manera, Inglaterra, por un lado, ha implicado al Japón en la guerra, extendiéndola de Europa al Asia oriental y colocando al orden del día los destinos de China, atizando la rivalidad entre el Japón y los Estados Unidos y entre Inglaterra y el Japón, es decir, acumulando nuevo material para futuros conflictos. Y, en el otro campo, Alemania arrastró a Turquía a la guerra, lo que condujo a liquidar inmediatamente la cuestión de Constantinopla, de los Balcanes y del Próximo Oriente. Quien no hubiera comprendido que la guerra mundial fue una guerra puramente imperialista, en sus causas y puntos de partida, podrá ver, por lo menos, en sus repercusiones que la guerra, bajo las actuales condiciones, ha de convertirse, de manera completamente mecánica e inevitable en un proceso imperialista de reparto del mundo. Es lo que se produjo, por así decirlo, desde el comienzo. Como el equilibrio de fuerzas permanece constantemente precario entre las partes beligerantes, cada una de ellas está obligada, desde un punto de vista puramente militar, a reforzar su propia posición y a preservarse de los peligros de nuevas hostilidades, frenando a los países neutrales mediante un juego político intenso en el que se encuentran implicados pueblos y países. Véanse, por una parte, las «propuestas» germano-austriacas y las anglo-rusas, por la otra, en Italia, en Rumania, en Grecia y en Bulgaria. La pretendida «guerra nacional defensiva» tiene así el sorprendente efecto de que hasta entre los Estados no participantes provoca un desplazamiento general de posesiones y de relaciones de fuerza en una dirección expresamente expansionista. Y, finalmente, el hecho mismo de que hoy todos los Estados capitalistas que estuvieron implicados en la guerra tengan posesiones coloniales (aun cuando la guerra haya podido comenzar como «guerra de defensa nacional» y su participación en la guerra se deba a puntos de vista meramente militares, bien porque todo Estado beligerante trate de ocupar las colonias del enemigo o procure al menos su insubordinación; véase si no la incautación de las colonias alemanas por parte de Inglaterra y los intentos de desencadenar la «guerra santa» en las colonias inglesas y francesas), ese hecho convierte automáticamente toda guerra actual en una conflagración imperialista.

De esta forma, el concepto de esta guerra de defensa humilde, virtuosa y patriótica, que se apodera hoy de nuestros parlamentarios y redactores, es una mera ficción en la que no se encuentra el menor rastro de una comprensión histórica del conjunto y de sus nexos con la política mundial. Sobre el carácter de la guerra no deciden precisamente las solemnes declaraciones, ni tampoco las honradas intenciones de los llamados políticos dirigentes, sino la correspondiente estructura histórica de la sociedad y de su organización militar.

A primera vista podría parecer que el esquema de la pura «guerra de defensa nacional» se correspondería a un país como Suiza. Pero precisamente Suiza no es un Estado nacional y no puede expresar por ello el prototipo del Estado actual. Precisamente su existencia «neutral» y su profusión militar no son más que productos negativos del latente estado de guerra de las grandes potencias militares que la rodean, y que no durarán sino el tiempo en que Suiza pueda soportar esta situación. El destino de Bélgica muestra cómo una tal neutralidad puede ser pisoteada en un abrir y cerrar de ojos por la bota del imperialismo.[47] Aquí nos encontramos con la situación especial de los Estados pequeños. Servia forma hoy un ejemplo clásico de la «guerra nacional». Si existe algún Estado que, según todas las características exteriores formales, tenga el derecho a la defensa nacional, este es Servia. Rota su unidad nacional con las anexiones austriacas, amenazada su existencia nacional por Austria, obligada por Austria a la guerra, Servia, según todos los criterios humanos de una auténtica guerra de defensa, lucha por la existencia, la libertad y la cultura de su nación. Si la fracción socialdemócrata alemana tiene razón con su actitud, entonces los socialdemócratas servios, que protestan contra la guerra en el Parlamento de Belgrado y rechazan los créditos de guerra, son, ni más ni menos, traidores a los intereses vitales del propio país. En realidad, los servios Lapschewitsch y Kazlerowitsch no solo han pasado con letras de oro a la historia del socialismo internacional, sino que al mismo tiempo han demostrado tener una mirada penetrante de los verdaderos nexos causales de la guerra, con lo que han prestado los mejores servicios a su país y a la educación política de su pueblo. En todo caso, desde un punto de vista formal, Servia se encuentra en una guerra de defensa nacional. Pero las tendencias de su monarquía y de sus clases dominantes están dirigidas, al igual que los esfuerzos de las clases dominantes en todos los Estados actuales, a la expansión, sin tener en cuenta las fronteras nacionales, y adquieren por ello un carácter agresivo. Así se explica también la tendencia de Servia hacia la costa del Adriático, donde ha de sostener con Italia una auténtica concurrencia imperialista a espaldas de los albaneses, concurrencia cuyo fin será determinado fuera de Servia por las grandes potencias. Sin embargo, el punto crucial es el siguiente: detrás del nacionalismo servio se encuentra el imperialismo ruso. La misma Servia es una pieza de ajedrez en el gran tablero de la política mundial, y un enjuiciamiento de la guerra en Servia que hiciese abstracción de esos grandes nexos y del trasfondo general político-mundial no tendrá base alguna. Lo mismo ocurre con las últimas guerras balcánicas. Considerado unilateral y formalmente, los jóvenes Estados balcánicos tenían todo el derecho histórico, pues realizaban el viejo programa democrático del Estado nacional. Pero, por lo que respecta al contexto histórico real, que ha hecho de los Balcanes punto candente y encrucijada de la política mundial imperialista, las guerras balcánicas no han sido, objetivamente, más que un fragmento en la contienda general, un eslabón en la fatídica cadena de los acontecimientos que condujeron con fatal necesidad a la actual guerra mundial. La socialdemocracia internacional ha preparado un entusiasta recibimiento en Basilea a los socialistas balcánicos por su decisivo rechazo a toda cooperación moral y política en la guerra de los Balcanes y por haber desenmascarado la verdadera fisonomía de la guerra; con ello fue condenada de antemano la actitud de los socialistas alemanes y franceses en la guerra actual.

En la misma situación en que se encontraban los Estados balcánicos están hoy todos los pequeños Estados, Holanda por ejemplo. «Cuando el barco hace agua, hay que pensar, en primer lugar, en taponarlo». En efecto, ¿de qué podría tratarse para la pequeña Holanda que no fuera la simple defensa nacional, la defensa de la existencia y la independencia del país? Si se tienen en cuenta únicamente las *intenciones* del pueblo holandés y las de sus clases dominantes, no se trataría más que de la defensa nacional. Pero la política proletaria, que se funda en el conocimiento histórico, no puede limitarse a tener en cuenta las intenciones subjetivas de un país aislado, sino que debe situarse en el plano internacional y orientarse en relación con la compleja situación global de la política mundial. También Holanda, quiéralo o no, es solo una ruedecilla de todo el engranaje de la política mundial y de la diplomacia actual. Esto aparecería de forma evidente en el momento en que Holanda fuera arrastrada a la devoradora corriente de la guerra mundial. Inmediatamente sus enemigos tratarían de golpear también sobre sus colonias. La estrategia holandesa se orientaría lógicamente a la conservación de sus actuales posesiones, la defensa de la independencia nacional del pueblo flamenco en el mar del Norte se extendería, concretamente, a la defensa de su derecho de dominio y explotación sobre los malayos. Pero esto no es suficiente: el militarismo holandés, abandonado a sus propias fuerzas, se hundiría como una cáscara de nuez en la tormenta de la guerra mundial; Holanda, quisiéralo o no, pasaría a ser inmediatamente miembro de uno de los consorcios beligerantes de los grandes Estados, y, de esta suerte, portador e instrumento de tendencias puramente imperialistas.

Así, el cuadro histórico del imperialismo actual es el que determina el carácter de la guerra para cada país particular, y este cuadro hace que, en nuestros días, las guerras de defensa nacional sean absolutamente imposibles. Kautsky escribía hace unos pocos años en su folleto *Patriotismo y social-democracia*, Leipzig, 1907:

> Si bien el patriotismo de la burguesía y el del proletariado son dos fenómenos completamente distintos y diametralmente opuestos, existen, no

obstante, situaciones en que ambas formas de patriotismo pueden converger para actuar de común acuerdo, incluso en el caso de una guerra. La burguesía y el proletariado de una nación están por igual interesados en su independencia y autonomía, en eliminar y alejar todo tipo de opresión y explotación por una nación extranjera… En el curso de luchas nacionales surgidas de aspiraciones semejantes, el patriotismo del proletariado siempre se encontró unido al de la burguesía… Pero, desde que el proletariado se ha convertido en una fuerza que se torna peligrosa para las clases dominantes con ocasión de toda crisis importante del Estado, desde que la revolución amenaza al final de una guerra, como demuestran la Comuna de París de 1871 y el terrorismo ruso después de la guerra ruso-turca, desde entonces, la burguesía de las naciones que no son suficientemente independientes ni unificadas ha abandonado de hecho sus objetivos nacionales cuando estos solo pueden alcanzarse tras el derrocamiento de un gobierno, ya que detesta y teme más a la revolución de lo que ama la independencia y grandeza de la nación. Por eso la burguesía renuncia a la independencia de Polonia y permite la existencia de formas estatales tan antediluvianas como las de Austria y Turquía, que parecían condenadas a la ruina hace ya una generación. Por esta razón, las luchas nacionales, en las zonas civilizadas de Europa, han dejado de ser causa de revoluciones o guerras. Los problemas nacionales, que aun hoy solo pueden ser resueltos mediante guerras o revoluciones, únicamente encontrarán una solución tras la victoria del proletariado. Pero entonces, gracias a la solidaridad internacional, tomarán una forma muy distinta a la que tienen en esta sociedad de explotación y de opresión. El proletariado de los Estados capitalistas no tendrá necesidad de ocuparse, como hoy, de sus luchas prácticas y podrá consagrar todas sus fuerzas a otras tareas (pp. 12-14).

[…] Mientras tanto, es cada vez más inverosímil que los patriotismos proletario y burgués se unan para la defensa de la libertad del propio pueblo. La burguesía francesa se ha unido con el zarismo. Rusia ya no es ningún peligro para la libertad de Europa occidental, porque ha sido debilitada por la revolución. Bajo tales condiciones, ya no se puede esperar en ninguna parte una *guerra de defensa nacional* en la que se puedan unir los patriotismos burgués y proletario (p. 16).

[…] Ya hemos visto que han cesado las contradicciones que en el siglo XIX, todavía, podían obligar a más de un pueblo amante de la libertad a enfrentarse bélicamente con sus vecinos; hemos visto que el militarismo actual no se atiene ni en lo más mínimo a la defensa de importantes intereses populares, sino solo a la defensa del beneficio; *no a la salvaguardia de la independencia y de la integridad nacional, que nadie amenaza, sino solo a la consolidación y extensión de las conquistas de ultramar*, que únicamente sirven a los intereses del beneficio capitalista. *Las actuales contradicciones de los Estados no pueden provocar ya ninguna guerra a la que el patriotismo proletario no tenga que oponerse de la forma más categórica* (p. 23).

¿Qué resulta de todo esto en lo que concierne a la actitud práctica de la socialdemocracia en la guerra actual? ¿Debería la socialdemocracia declarar que puesto que esta guerra es imperialista, puesto que este Estado no responde al derecho social de autodeterminación ni al ideal nacional, nos es completamente indiferente y lo abandonamos al enemigo? La actitud pasiva de dejar hacer no puede ser nunca la línea de conducta de un partido revolucionario como la socialdemocracia. Su papel no es situarse bajo el mando de las clases dominantes para la defensa del Estado de clases existente, ni permanecer silenciosamente al margen, esperando a que pase la tormenta, sino *mantener una política de clase independiente* que, con ocasión de toda gran crisis de la sociedad burguesa, empuje *hacia adelante* a las clases dominantes para superar la crisis; este es el papel de la socialdemocracia, como vanguardia del proletariado combativo. En lugar de encubrir la guerra imperialista con el manto de la defensa nacional, se trata de tomar *en serio* el derecho a la autodeterminación de los pueblos y la defensa nacional, de utilizarlos como palanca revolucionaria *contra* la guerra imperialista. El requisito más elemental de la defensa nacional es que la nación tome en sus propias manos la defensa. El primer paso para ello es *la milicia*, no solamente el armar, de inmediato, a toda la población masculina adulta, sino, sobre todo, la posibilidad para el pueblo de decidir sobre la guerra y la paz, es decir: el restablecimiento inmediato de todos los derechos políticos, pues la más amplia libertad política es el fundamento indispensable de la defensa popular nacional. Proclamar estas medidas verdaderas de defensa nacional y promover su realización era la primera tarea de la socialdemocracia. Durante cuarenta años hemos demostrado tanto a las clases dominantes como a las masas del pueblo que *solo* la milicia está en condiciones de defender verdaderamente a la patria y hacerla invencible. Y ahora, cuando se presentó la primera prueba, hemos puesto la defensa de la patria, como algo completamente natural, en las manos del ejército existente, carne de cañón bajo la férula de las clases dominantes. Nuestros parlamentarios no han hecho otra cosa que acompañar de sus «ardientes votos» a esta carne de cañón, que partía para el frente, y reconocer que este ejército representaba la defensa de la patria, al admitir, sin comentario, que el ejército real prusiano era un verdadero salvador, en el momento de mayor peligro para el país; con ello abandonaban el punto fundamental de nuestro programa político, es decir, la milicia, reduciendo a la nada nuestra propaganda de cuarenta años sobre el ejército, convirtiéndola en una extravagancia doctrinaria y utópica que nadie tomará ya en serio.[48]

De manera distinta entendían la defensa de la patria los maestros del proletariado internacional. Cuando el proletariado tomó el poder, en el París de 1871, sitiado por los prusianos, escribía Marx, entusiasmado por su acción:

> París, centro y sede del viejo poder gubernamental y, al mismo tiempo, centro de gravedad social de la clase obrera francesa, se ha levantado en armas contra el intento del señor Thiers y de sus terratenientes de restablecer y eternizar este viejo poder gubernamental heredado del imperio. París solo pudo resistir porque el mismo estado de sitio lo había librado del ejército, reemplazándolo por una guardia nacional integrada principalmente por obreros. Ahora había que convertir este hecho en una institución permanente. *El primer decreto de la Comuna fue, por eso, la supresión del ejército permanente y su reemplazamiento por el pueblo en armas...* Si la Comuna era, pues, la verdadera representante de todos los elementos sanos de la sociedad francesa, y en consecuencia *el verdadero gobierno nacional*, como gobierno obrero, como audaz promotor de la liberación del trabajo, era al mismo tiempo, en el más amplio sentido de la palabra, internacional. Bajo la mirada del ejército prusiano, que había anexionado a Alemania dos provincias francesas, la Comuna anexionaba a Francia a los obreros de todo el mundo. (Manifiesto del Consejo General de la Internacional).

Y ¿cómo concebían nuestros viejos maestros el papel de la socialdemocracia en una guerra como la actual? Federico Engels escribía en 1892 como sigue las líneas fundamentales de la política que el partido del proletariado debe adoptar en una gran guerra:

> Una guerra, en la que rusos y franceses invadieron Alemania, significaría para esta una lucha a vida o muerte, en la que *solo podría asegurar su existencia nacional recurriendo a medidas revolucionarias.*
>
> El gobierno actual, si no es obligado, no desencadenará, ciertamente, la revolución. Pero tenemos un fuerte partido *que puede obligarlo a ello o reemplazarlo si es necesario: el Partido Socialdemócrata.*
>
> *No hemos olvidado el gran ejemplo que nos dio la Francia de 1793. Se acerca el centenario de 1793. Y si el ansia de conquista del zar y la impaciencia chauvinista de la burguesía francesa detuvieran el avance victorioso, pero pacífico de los socialistas alemanes, estos* —*podéis confiar en ello*— *están dispuestos a demostrar al mundo que los proletarios alemanes de hoy no son indignos de los* «*descamisados*» *franceses, y que 1893 estaría a la altura de 1793.* Y si los soldados del señor Constant invadieran el territorio alemán, serían saludados con las palabras de la Marsellesa:
>
> > *Quoi? ces cohortes étrangères*
> > *Feraient la loi dans nos foyers?*[49]
>
> En una palabra: la paz garantiza la victoria del Partido Socialdemócrata Alemán en unos diez años. La guerra le traerá la victoria en dos o tres años o la ruina completa por lo menos en quince o veinte años.

Cuando escribía esto, Engels pensaba en una situación completamente distinta a la actual. Todavía tenía ante sus ojos al viejo imperio zarista, mientras que nosotros, desde entonces, hemos vivido la gran Revolución Rusa. Pensaba en una verdadera guerra de defensa nacional de Alemania, atacada simultáneamente por el Este y por el Oeste. Finalmente, sobrevaloraba la madurez de las condiciones en Alemania y las perspectivas de una revolución social, cayendo, como es frecuente en los verdaderos combatientes, en un juicio demasiado optimista del ritmo de la evolución histórica. Pero, a pesar de todo, lo que se destaca con claridad en sus exposiciones es que Engels no entendía por defensa nacional, en el espíritu de la política socialdemócrata, el apoyo al gobierno militar prusiano y feudal y a su estado mayor, sino una acción revolucionaria, siguiendo el ejemplo de los jacobinos franceses.

Sí, los socialdemócratas están obligados a defender a su patria en una gran crisis histórica. Y precisamente ahí radica la grave culpa de la fracción socialdemócrata del Reich, cuando manifiesta solemnemente en su declaración del 4 de agosto de 1914: «En la hora del peligro no dejaremos a la patria en la estacada», renegando de sus propias palabras en el mismo instante. La socialdemocracia ha dejado a la patria en la estacada en el momento de mayor peligro. Pues su primer deber ante la patria era, en ese momento, mostrar el verdadero trasfondo de esta guerra imperialista, desenmarañar la trama de mentiras diplomáticas y patrióticas que encubren este atentado contra la patria; decir clara y terminantemente que tanto la victoria como la derrota en esta guerra serían igualmente funestas para el pueblo alemán; oponerse enérgicamente al amordazamiento de la patria mediante el estado de sitio; proclamar la necesidad de armar inmediatamente al pueblo y de que este decidiese sobre la guerra y la paz; exigir con la máxima energía que la representación popular se reuniera en sesión permanente mientras durase la guerra, para asegurar el vigilante control sobre el gobierno por parte de la representación popular y sobre la representación popular por el pueblo; abolición inmediata de toda supresión de derechos políticos, puesto que solo un pueblo libre puede defender eficazmente a su patria; finalmente, oponerse al programa de guerra imperialista que tiende a la conservación de Austria y de Turquía, es decir, de la reacción en Europa y en Alemania; defender el viejo programa verdaderamente nacional de los patriotas y demócratas de 1848, el programa de Marx, Engels y Lassalle: la consigna de una gran república alemana. Esta era la bandera que debía haberse desplegado ante el país, que habría sido verdaderamente nacional y libertadora, y hubiera estado de acuerdo tanto con las mejores tradiciones de Alemania como con la política de clase internacional del proletariado.

El gran momento histórico de la guerra mundial exigía, manifiestamente, una decidida dirección política, tomar una posición de amplias perspectivas, una orientación superior del país que solo la socialdemocracia estaba llamada a proponer. En su lugar, la representación parlamentaria de la clase obrera, que tenía la palabra en esos momentos, fracasó inaudita y lamentablemente. La socialdemocracia —gracias a sus dirigentes— no ha emprendido una política falsa, sino que no ha adoptado ninguna, se ha anulado completamente a sí misma como partido de clase, y con una peculiar concepción del mundo abandonó al país, sin oposición, a los horrores de la guerra imperialista en el exterior y a la dictadura del sable en el interior, rehusando desde un principio la responsabilidad de la guerra. Todo lo contrario: la socialdemocracia no necesitaba aprobar los medios para esta «defensa», es decir, para la matanza imperialista por los ejércitos de la monarquía militar, puesto que su utilización no dependía de la aprobación de la socialdemocracia; estaba en minoría, frente a una compacta mayoría que representaba las tres cuartas partes del Reichstag burgués. Con su aprobación voluntaria, la fracción socialdemócrata solo logró una cosa: la demostración de la unidad de todo el pueblo en la guerra, la proclamación de la Unión Sagrada, es decir, la paralización de la lucha de clases, la interrupción de la política de oposición de la socialdemocracia en el curso de la guerra. Con su aprobación voluntaria de los créditos ha otorgado a esta guerra el carácter de defensa democrática de la patria, ha apoyado y refrendado la confusión de las masas sobre las verdaderas condiciones y tareas de la defensa de la patria.

Así, el gran dilema entre los intereses patrióticos y la solidaridad internacional del proletariado, el trágico conflicto que hizo que nuestros parlamentarios se pusieran «con el corazón acongojado» al lado de la guerra imperialista, es pura imaginación, simple ficción burguesa nacionalista. Entre los intereses nacionales y los intereses de clase de la Internacional proletaria existe, más bien, total armonía, tanto en la guerra como en la paz; ambos exigen el más enérgico desarrollo de la lucha de clases y la más enérgica defensa del programa socialdemócrata.

¿Pero qué debía hacer nuestro partido para fortalecer su oposición contra la guerra y sus reivindicaciones? ¿Debía proclamar la huelga de masas? ¿O llamar a sus soldados a la deserción? Así era planteada habitualmente la cuestión. Una respuesta afirmativa a tales preguntas sería tan ridícula como si el partido afirmara, por ejemplo: «cuando estalle la guerra haremos la revolución». Las revoluciones no se «hacen», y los grandes movimientos del pueblo no se llevan a la práctica con recetas técnicas sacadas de los bolsillos de las instancias del partido. Los pequeños círculos de conspiradores pueden «preparar» un *putsch* para un día determinado y una hora determinada, pueden dar la señal de «ataque» a su par de docenas de miembros en el momento necesario. Los movimientos de masas en los grandes momentos históricos no pueden ser dirigidos con medios primitivos. La huelga de masas «mejor preparada» puede fracasar lamentablemente bajo determinadas circunstancias, justamente cuando la dirección de un partido da «la señal», o derrumbarse después de iniciada. Que grandes manifestaciones populares y acciones de masa, bajo esta o aquella forma, tengan lugar, dependen de un gran número de factores económicos, políticos y síquicos; las tensiones correspondientes a la lucha de clases, el grado de educación política, la madurez del espíritu combativo de las masas; factores que son imprevisibles y que ningún partido puede producir artificialmente. Esta es la diferencia entre las grandes crisis de la historia y las pequeñas acciones efectistas que un partido bien disciplinado puede realizar tranquilamente en tiempos de paz bajo la batuta de las «instancias». El momento histórico exige en cada caso formas adecuadas al movimiento popular y *crea otras nuevas*, improvisa medios de lucha desconocidos hasta entonces, escoge y enriquece el arsenal del pueblo sin tener en cuenta todas las prescripciones de los partidos.

Lo que los dirigentes de la socialdemocracia, como vanguardia del proletariado con conciencia de clase, debían haber propuesto no eran ridículas prescripciones y recetas de carácter técnico, sino dar *la consigna política, formular con claridad las tareas políticas y los intereses del proletariado en la guerra*. Para todo movimiento de masa es válido lo que se puede decir de las huelgas de masas en la Revolución Rusa:

> Si la dirección de la huelga de masas —en el sentido del control sobre su inicio y del cálculo y cobertura de sus costos— es cosa del período revolucionario mismo, la dirección, en un sentido completamente distinto, recae sobre la socialdemocracia y sus órganos dirigentes. En lugar de romperse la cabeza con la parte técnica y con el mecanismo del movimiento de masas, la socialdemocracia está llamada a tomar la *dirección política*, incluso en plena crisis histórica. Dar la consigna, dirigir la lucha y planificar la *táctica* de la lucha política, de manera que en cada fase y en cada momento sea aplicada la totalidad de la fuerza activa existente del proletariado lanzado a la lucha y que expresa la actitud combativa del partido, de tal forma que la táctica de la socialdemocracia no se encuentre nunca, en cuanto a su energía y decisión, por debajo del nivel de las verdaderas relaciones de fuerza, sino que, más bien, se sitúe por encima de este nivel; es la tarea más importante de la «dirección» durante una gran crisis histórica. Entonces, en cierta medida, la dirección se transformará por sí

misma en dirección técnica. Una táctica consecuente, resuelta y combativa por parte de la socialdemocracia despierta en la masa el sentimiento de seguridad, de confianza en sí misma y el deseo de combatir; una táctica débil y vacilante, basada en la subestimación del proletariado, repercute sobre la masa creando la confusión y paralizándola. En el primero de los casos, las acciones de masas irrumpen «por sí mismas» y siempre «a tiempo»; en el segundo caso, los llamamientos directos de la dirección a la acción de masas no tienen éxito?[50]

La prueba de que no se trata de la forma exterior, técnica de la acción, sino de su *contenido* político, lo demuestra el hecho de que, por ejemplo, precisamente las *tribunas parlamentarias*, las únicas libres, con gran audiencia nacional e internacional, pueden convertirse en poderosos instrumentos de movilización popular si fueran utilizadas por la representación socialdemócrata para formular clara y tajantemente los intereses, las tareas y las reivindicaciones de la clase obrera en esta crisis.

Cabe preguntarse si las masas habrían apoyado con su conducta enérgica las consignas de la socialdemocracia. Nadie puede decir esto con seguridad. Pero tampoco esta es la cuestión decisiva. Nuestros parlamentarios han dejado partir «confiadamente» a la guerra a los generales del ejército prusiano-alemán sin exigirles, previamente a la aprobación de los créditos, la garantía de una victoria ni excluir la posibilidad de una derrota. Lo que vale para los ejércitos militaristas vale también para los ejércitos revolucionarios: unos y otros entran en combate sin que se les exija previamente la seguridad del triunfo. En el peor de los casos, la voz del partido no hubiera tenido, al principio, una repercusión visible. Las mayores persecuciones hubieran sido probablemente la recompensa a la varonil actitud de nuestro partido, como lo fueron en 1870 para Bebel y Liebknecht. «¿Pero qué otra cosa cabe hacer? —opinaba sencillamente Ignaz Auer en su discurso de la conmemoración de Sedan de 1895—; un partido que quiera conquistar el mundo ha de mantener bien en alto sus principios, sin tener en consideración los peligros que esto encierra; estaría perdido... si actuara de otro modo».

> No es fácil nadar contra la corriente —escribía el viejo Liebknecht—, y cuando la corriente se precipita con la rapidez arrolladora y la violencia de un Niágara, no es fácil ni sencillo.

Los camaradas de más edad recuerdan todavía la cacería de socialistas del año de la más profunda ignominia nacional: la vergonzosa ley contra los socialistas de 1878. Millones de personas veían entonces en cada socialdemócrata a un asesino o a un delincuente común, como en 1870 veían a un traidor a la patria o a un enemigo mortal. Tales explosiones del «alma popular» tienen algo de sorprendente, ensordecedor y opresivo en su increíble fuerza elemental. Uno se siente impotente ante un poder superior, ante una verdadera *force majeure*[51] que no vacila. No existe ningún enemigo concreto. Es como una epidemia... está en los hombres, en el aire, en todas partes.

Pero la explosión de 1878 no fue comparable en fuerza y salvajismo a la de 1870. No fue solamente un huracán de pasiones humanas que doblega, abate y destruye todo lo que toca, sino el terrible aparato del militarismo en plena y terrible actividad, y nosotros, entre el zumbido atronador de los engranajes de acero, cuyo contacto significaba la muerte, y pasando por entre los brazos de hierro, que giraban chirriantes en torno nuestro y que podían apresarnos en cualquier momento; junto a las fuerzas naturales desencadenadas por el genio del mecanismo más perfecto del crimen que vio nunca el mundo. Y todo esto en medio de un trabajo desesperado; todas las calderas a punto de estallar. ¿A qué se reduce, entonces, la fuerza aislada, la voluntad individual? Sobre todo cuando se sabe que se pertenece a una ínfima minoría y que se carece de un punto seguro de apoyo en el pueblo.

Nuestro partido se encontraba en formación. Pasábamos por la más dura e inimaginable prueba antes de haber creado la necesaria organización. Cuando llegó la cacería de socialistas, en el año de la vergüenza para nuestros enemigos, y de la gloria para la socialdemo-cracia, poseíamos ya una organización tan fuerte y extendida que cada uno de nosotros se veía fortalecido por la conciencia de tener un potente respaldo y por la certeza de que nadie que estuviese en su sano juicio podía creer en la extinción del partido. No era, entonces, fácil nadar contra la corriente. Pero ¿qué se podía hacer? Lo que tenía que suceder, tenía que suceder. Esto significaba que había que apretar los dientes y resistir pasase lo que pasase. No era el momento de sentir miedo... Pues bien, Bebel y yo... no nos preocupamos ni un segundo de las advertencias. No podíamos dejar libre el campo, teníamos que permanecer en nuestro puesto pasara lo que pasara.

Permanecieron en sus puestos, y la socialdemocracia vivió durante cuaraenta años de la fuerza moral de aquellos camaradas, que había empleado entonces contra un mundo de enemigos.

Así debería haber sucedido también esta vez. En el primer momento tal vez no se hubiera logrado más que salvar el honor del proletariado alemán, que los miles y miles de proletarios que ahora caen en las trincheras hundidos en la noche y la tiniebla no murieran cegados por la confusión espiritual, sino con la diáfana convicción de que lo que les fue más querido en la vida: la socialdemocracia internacional y liberadora de los pueblos, no fue un engañoso espejismo. Pero al menos la voz audaz de nuestro partido hubiera podido actuar como un poderoso amortiguador ante el delirio chauvinista y el desvarío de la multitud, hubiera protegido del delirio a los círculos políticamente educados del pueblo, hubiera dificultado a los imperialistas la tarea de envenenar y embrutecer al pueblo. Precisamente la cruzada contra la socialdemocracia hubiera hecho volver en sí más rápidamente a las masas populares. Y entonces, en el curso ulterior de la guerra, en la medida en que aumentara en todos los países el lamento por las innumerables y horrorosas matanzas humanas, en la medida en que se desenmascarara cada vez más claramente el carácter imperialista de la guerra y en que se hiciera más insolente el griterío de feria de la especulación sanguinaria, todo lo que hay de vivo, honrado, humano y progresista se hubiera agrupado bajo la bandera de la socialdemocracia. Y, sobre todo: en el torbellino general, la ruina y la destrucción, la socialdemocracia alemana hubiera permanecido como una roca sobre un mar rugiente, como el gran faro de la Internacional por el que se hubieran orientado inmediatamente todos los demás partidos obreros. La enorme autoridad moral de que gozaba la socialdemocracia alemana en todo el mundo proletario hasta el 4 de agosto de 1914 habría provocado, sin duda alguna, en poco tiempo, un cambio en medio de la confusión general. Con ello habrían aumentado las ansias de paz y la presión de las masas populares por obtenerla en todos los países, se habría acelerado el fin del genocidio, habría disminuido el número de sus víctimas. El proletariado alemán habría seguido siendo el centinela del socialismo y de la liberación de la humanidad; y esta obra patriótica no hubiera sido indigna de los discípulos de Marx, Engels y Lassalle.

VIII

A pesar de la dictadura militar y de la censura de prensa, del fracaso de la socialdemocracia y de la guerra fratricida, de la Unión Sagrada surge con violencia la lucha de clases, y de los vapores sangrientos de los campos de batalla, la solidaridad internacional de los obreros. No en los débiles intentos de reanimar artificialmente a la vieja Internacional, no en las renovadas promesas de aquí y de allá de volverse a unir inmediatamente *después* de la guerra; ¡no!, durante la guerra, a partir de la guerra, surge con nueva fuerza y vigor el hecho de que los proletarios de todos los países tienen un único y mismo interés. La guerra mundial refuta por sí misma la ilusión que creó.

¿Victoria o derrota? Tal es la consigna del militarismo dominante en cada uno de los países beligerantes, y, como un eco, la han adoptado los dirigentes socialdemócratas. Para los proletarios de Alemania, de Francia, de Inglaterra y de Rusia, como para las clases dominantes de estos países, ahora está en juego únicamente la victoria o la derrota en los campos de batalla. Mientras que retumban los cañones, todo proletario debe pensar en la victoria de su propio país, es decir, en la derrota de los otros. Veamos pues, lo que puede acarrear la victoria del proletariado.

Según la versión oficial, aceptada sin crítica por los dirigentes de la socialdemocracia, la victoria significa para Alemania la perspectiva de un ilimitado crecimiento económico, sin obstáculos, y la derrota, la ruina económica. Esta concepción se apoya en el esquema de la guerra de 1870. Pero el florecimiento capitalista, que siguió en Alemania a la guerra de 1870, no fue debido a la guerra, sino a la unificación política, aun cuando esta se presentara bajo la figura deformada del Reich alemán creado por Bismarck. El auge económico fue un efecto de la unificación, *a pesar* de la guerra y de los múltiples frenos reaccionarios que entrañaba. Lo que aportó la guerra victoriosa fue el fortalecimiento de la monarquía militar en Alemania y del régimen feudal prusiano, mientras la derrota contribuyó en Francia a liquidar el imperio y a instaurar la república. Hoy el problema se presenta de forma distinta en todos los Estados implicados. La guerra no actúa hoy como un método dinámico para ayudar al joven capitalismo naciente a crear las indispensables premisas políticas de su desarrollo «nacional». La guerra puede poseer este carácter todo lo más en Servia, y, aun aquí, considerada aisladamente. Reducida a su sentido histórico objetivo, la actual guerra mundial es, en su globalidad, una lucha competitiva del capitalismo llegado a su plena madurez por el poderío mundial, por la explotación de los últimos restos de las zonas mundiales no capitalistas. De esto resulta un carácter completamente distinto de la guerra y de sus repercusiones. El alto grado de desarrollo económico mundial de la producción capitalista se manifiesta tanto en una técnica extraordinariamente elevada, es decir, de la fuerza destructora de los armamentos, como en el nivel equilibrado de todos los países beligerantes. La organización internacional de la industria de guerra se refleja actualmente en el equilibrio militar que se restablece incesantemente a partir de decisiones parciales y oscilaciones de los platillos de la balanza, y que posterga una y otra vez una decisión general. A su vez, la indecisión de los resultados militares de la guerra trae como consecuencia que sean enviadas continuamente reservas procedentes tanto de las masas de población de los países beligerantes como de los hasta ahora neutrales. La guerra encuentra en todas partes el material acumulado por los apetitos y contradicciones imperialistas, creando otros nuevos y propagándose como un incendio en la estepa. Pero cuanto mayores sean las masas y mayor sea el número de países implicados en la guerra mundial, tanto mayor será su duración. De todo este conjunto de factores resultado de la guerra aparece, antes de cualquier decisión militar sobre la victoria o la derrota, un fenómeno desconocido para las guerras anteriores a la era contemporánea: la ruina económica de todos los países participantes, y también, en creciente medida, de los formalmente no implicados.

Cada mes que pasa se confirma y aumenta este resultado, y la posibilidad de recoger los frutos de una victoria militar se aleja diez años. Ni la victoria ni la derrota pueden cambiar, a fin de cuentas, en nada este resultado; lo que hace dudosa, por el contrario, una decisión puramente militar, y conduce, con mayor probabilidad, a la conclusión final de que la guerra terminará debido al agotamiento general. En estas condiciones, una Alemania victoriosa —incluso si los autores de la guerra imperialista lograran llevar el genocidio hasta el aplastamiento total de sus enemigos, y se cumplieran sus más ardientes deseos— solo conseguirían una victoria pírrica. Sus trofeos serían algunos territorios anexionados, despoblados y empobrecidos, y la ruina bajo su propio techo, que aparecerá tan pronto desaparezcan los bastidores de la economía financiera, con sus créditos bélicos, y los pueblos de Potemkin del «inquebrantable bienestar popular»[52] mantenidos en actividad por los suministros de la guerra. Hasta para el observador más superficial es evidente que ni siquiera el Estado más victorioso puede pensar hoy en recibir indemnizaciones por concepto de guerra que puedan restañarle, ni remotamente, las heridas recibidas. A modo de compensación y para completar su victoria, Alemania asistiría a la ruina económica, todavía mayor del enemigo derrotado: Francia e Inglaterra, es decir, de los países con los que Alemania se encuentra más íntimamente ligada por relaciones económicas y de cuyo bienestar depende fundamentalmente su propio resurgimiento económico. Tal es el cuadro con el que se encontraría el pueblo alemán después de la guerra —entiéndase bien, después de una guerra «victoriosa»—; los costos de la guerra, «aprobados» anticipadamente por la representación popular patriótica, se cubren en realidad ulteriormente, es decir, el único fruto palpable de la «victoria» que el pueblo cargaría sobre sus hombros sería el peso de una serie interminable de impuestos junto a una reacción militar fortalecida.

Si procuramos imaginarnos las peores consecuencias de una derrota, nos encontramos —excepción hecha de las anexiones imperialistas— que son exactamente iguales a los resultados inevitables de la victoria: las repercusiones de la guerra poseen hoy un carácter tan profundo y tan amplio que el resultado militar poco puede influir.

Pero supongámonos, por un momento, que el Estado victorioso pudiera sustraerse a la ruina y descargársela al enemigo derrotado, estrangulando su desarrollo económico por medio de todo tipo de impedimentos. ¿Podría avanzar con éxito la clase obrera alemana, en su lucha sindical de posguerra, si las acciones sindicales de los obreros franceses, ingleses, belgas e italianos fueran paralizadas por el retroceso económico? Hasta 1870 el movimiento obrero de cada país avanzó de manera independiente, y hasta en las ciudades aisladas se tomaban muchas de sus decisiones. Fue en París, en sus calles, donde se libraron y decidieron las batallas del proletariado. El actual movimiento obrero, su penosa lucha económica diaria y su organización de masas están basadas en la cooperación de todos los países de producción capitalista. Si es cierto que la causa del proletariado solo prospera sobre la base de una vida económica sana y vigorosa, esto no concierne únicamente a Alemania, sino también a Francia, a Inglaterra, Bélgica, Rusia e Italia. Y si el movimiento obrero se estanca en todos los Estados capitalistas de Europa, si dominan bajos salarios, sindicatos débiles y menor resistencia de los ex-plotados, entonces será imposible que el movimiento sindical florezca en Alemania. Desde este punto de vista, el daño es, a fin de cuentas, exacta-mente el mismo para la lucha económica del proletariado si el capitalismo alemán se refuerza a expensas del capitalismo francés, que si el capitalismo inglés se desarrolla a expensas del capitalismo alemán.

Dirijamos ahora nuestra atención a los resultados políticos de la guerra. Aquí la diferenciación tendría que ser más fácil que en el terreno económico. Desde siempre las simpatías y el apoyo de los socialistas se han dirigido hacia el beligerante que defiende el progreso histórico contra la reacción. En la actual guerra mundial, ¿qué campo defiende el progreso y cuál la reacción? Está claro que esta cuestión no se puede enjuiciar por las características exteriores de los Estados beligerantes, como «democracia» o «absolutismo», sino por las tendencias objetivas de la posición político-mundial defendida por cada parte. Antes de que podamos enjuiciar las ventajas que produciría al proletariado alemán una victoria alemana, hemos de tener presente cómo actuaría sobre el conjunto de las relaciones políticas de Europa. La victoria decisiva de Ale-mania provocaría como resultado inmediato la anexión de Bélgica así como, posiblemente, algunos otros territorios en el Este y en el Oeste y una parte de las colonias francesas; la conservación de la monarquía de los Habsburgo y su enriquecimiento con nuevos territorios, y, finalmente, la conservación de una «integridad» ficticia de Turquía bajo protectorado alemán, es decir, la trans-formación inmediata del Asia Menor y de Mesopotamia en provincias alema-nas bajo una u otra forma. Consecuencia ulterior sería la efectiva hegemonía militar y económica de Alemania en Europa. Todos estos resultados, producto de la completa victoria militar alemana, no los esperamos porque respondan a los deseos de los vocingleros imperialistas de la guerra actual, sino porque se desprenden como consecuencias inevitables de la posición político-mundial adoptada por Alemania, de los enfrentamientos con Inglaterra, con Francia y con Rusia, y que, en el curso de la guerra, aumentan increíblemente muy por encima de sus dimensiones iniciales. Pero es suficiente tener presente esos resultados para ver que de ningún modo producirían un equilibrio polí-tico mundial que fuese de alguna forma duradero. Independientemente de la ruina que significara la guerra para todos los participantes y quizá, más aún, para los vencidos, los preparativos para una nueva guerra mundial bajo la dirección de Inglaterra comenzarían al día siguiente de haberse firmado el tratado de paz, para sacudirse el yugo del militarismo prusiano-alemán, que oprimiría a Europa y al Próximo Oriente. Una victoria de Alemania significaría el preludio de una inmediata segunda guerra mundial, y solo una señal para un nuevo y febril rearme militar, así como para el desencadenamiento de la más negra reacción en todos los países, y en Alemania misma en primer lugar. De otra parte, la victoria de Inglaterra y de Francia significaría para Alemania, muy probablemente, la pérdida, al menos, de una parte de las colonias y de los territorios del Reich y, con toda seguridad, la bancarrota de la posición político-mundial del imperialismo alemán. Pero esto significa: la desmembración de Austria-Hungría y la completa liquidación de Turquía. La estructura archirreaccionaria de ambos Estados y la necesidad de su destrucción exigida por el desarrollo del progreso, la desaparición de la monarquía de los Habsburgo y de Turquía no podrían conducir, en el actual y concreto medio político mundial, sino a la venta de sus países y pueblos a Rusia, Inglaterra, Francia e Italia. A este fabuloso reparto mundial, y a este cambio de correlación de fuerzas en los Balcanes y en el Mediterráneo se añadiría un nuevo reparto y un nuevo cambio en Asia: la liquidación de Persia y una nueva desmembración de China. Pasarían a primer plano de la política mundial los conflictos anglorusos y anglo-japoneses, lo que quizá, como inmediata continuidad de la actual guerra mundial, acarrearía una nueva guerra mundial, en torno a Constantinopla, por ejemplo; en todo caso, convertiría esta guerra en una perspectiva inevitable. También desde este punto de vista la guerra conduciría a un nuevo y febril rearme de todos los Estados —la Alemania vencida, a la cabeza, naturalmente— y, por consiguiente, a una era de dominio absoluto del militarismo y de la reacción en toda Europa, cuyo objetivo final sería una nueva guerra mundial.

De esta forma, la política proletaria, si ha de pronunciarse en la guerra actual por uno u otro campo, desde el punto de vista del progreso y de la democracia, tomando en consideración globalmente la política mundial y sus perspectivas ulteriores, se encuentra entre Scilla y Caribdis, y la alternativa: victoria o derrota, tanto en el terreno político como en el económico, implica para la clase obrera europea, en tales circunstancias, una elección desesperada entre dos palizas. Por eso, no es más que una funesta locura que los socialistas franceses opinen que mediante el aplastamiento militar de Alemania se cortaría la cabeza al militarismo alemán, o al imperialismo mismo, y se abriría al mundo un nuevo camino hacia la democracia pacífica. Al imperialismo y al militarismo a su servicio le salen muy bien las cuentas de cada victoria y derrota de esta guerra, a menos que el proletariado internacional, con su intervención revolucionaria, desbaratara sus proyectos.

La lección más importante que el proletariado puede extraer para su política de la guerra actual es la absoluta certeza de que, ni en Alemania ni en Francia; ni en Inglaterra ni en Rusia, puede convertirse en un eco obediente de la consigna *victoria o derrota,* consigna que solo desde el punto de vista del imperialismo tiene un contenido real y que equivale, para cada gran Estado, a la cuestión: adquisición o pérdida de la posición político-mundial de poder (anexiones, colonias y hegemonía militar). Para el proletariado europeo en su conjunto, la victoria o la derrota de cualquier bando beligerante son igualmente funestas desde su punto de vista de clase. Se trata de la *guerra* como tal; y cualquiera que sea su resultado militar, que implica la mayor derrota imaginable para el proletariado europeo, solo el combatir la guerra e implantar lo más rápidamente posible la paz «por la lucha internacional del proletariado», puede acarrear la única victoria para la causa proletaria. Y solo esa victoria puede acarrear, al mismo tiempo, la salvación real de Bélgica y de la democracia en Europa.

En la guerra actual el proletariado con conciencia de clase no puede identificar su causa a la de ningún bando militar. ¿Se deduce de esto, acaso, que la política proletaria exige el mantenimiento del statu quo, que no tenemos otro programa de acción más que el deseo de que todo se quede como era antes de la guerra? Pero el estado de cosas existente nunca ha sido nuestro ideal, nunca ha sido la expresión de la autodeterminación de los pueblos. Y más aún: el estado de cosas anterior ya no puede ser salvado, ya no existe, aun cuando permanezcan los anteriores límites estatales. La guerra, antes de finalizar formalmente sus resultados, ha provocado un gigantesco cambio de las relaciones de poder, y en las mutuas apreciaciones de fuerzas, en las alianzas y en los enfrentamientos, ha sometido las relaciones de los Estados entre sí y de las clases en el seno de la sociedad a una revisión tan profunda, ha destruido tantas viejas ilusiones y potencias, ha creado tantos nuevos impulsos y tareas que resulta ya completamente imposible un retroceso a la vieja Europa, tal como era antes del 4 de agosto de 1914, como resulta imposible el retorno a las condiciones prerrevolucionarias aun en el caso de que la revolución sea aplastada. La política del proletariado no conoce «retroceso», solo puede avanzar, debe ir siempre más allá, por encima de lo existente y lo recién creado. Solamente en este sentido puede enfrentarse con su política propia a los dos bandos de la guerra mundial imperialista.

Pero esa política no puede consistir en que los partidos socialdemócratas, cada uno de por sí o todos juntos en conferencias internacionales, rivalicen en hacer proyectos y presentar recetas para indicarle a la diplomacia burguesa cómo ha de formar la paz y posibilitarle el desarrollo ulterior pacífico y democrático. Todas las reivindicaciones que tiendan hacia el «desarme» total o parcial, hacia la abolición de la diplomacia secreta, hacia la destrucción de todos los grandes Estados y su transformación en Estados pequeños, como todas las reivindicaciones semejantes, son totalmente utópicas sin excepción mientras subsista la denominación de clase capitalista. Tanto más cuanto esta, dado el actual curso imperialista, no puede renunciar al militarismo actual, a la diplomacia secreta y al gran Estado multinacional centralista, de forma que los referidos postulados se reducen más consecuentemente a la simple «reivindicación»: abolición del Estado capitalista de clase. No es con consejos y proyectos utópicos sobre cómo se podría suavizar, domar y amortiguar al imperialismo en el marco del Estado burgués mediante reformas parciales, con lo que la política proletaria reconquistará el puesto que le corresponde. El problema real que plantea la guerra mundial a los partidos socialistas, y de cuya solución depende el destino del movimiento obrero, es el de *la capacidad de acción de las masas proletarias en su lucha contra el imperialismo*. El proletariado internacional no carece de postulados, programas y consignas, sino de hechos, de resistencia eficaz, de capacidad de atacar al imperialismo en el momento decisivo, justamente durante la guerra, y llevar a la práctica la vieja consigna «guerra a la guerra». Este es el Ródano que hay que saltar, aquí está el nudo gordiano de la política proletaria y de su futuro lejano.

El imperialismo, con toda su brutal política de violencia y la cadena de incesantes catástrofes sociales que provoca, es una necesidad histórica para las clases dominantes del actual mundo capitalista. Nada sería más funesto para el proletariado al salir de la guerra actual que concebir la menor ilusión y esperanza sobre la posibilidad de una evolución ulterior idílica y pacífica del capitalismo. La conclusión para la política proletaria de la necesidad histórica del imperialismo no es que deba capitular ante él para roer a sus pies los huesos que este le conceda graciosamente después de sus victorias.

La dialéctica histórica progresa a partir de contradicciones, en toda cosa necesaria coloca su contrario en el mundo. El poder de clase burgués es sin duda alguna una necesidad histórica, pero también lo es la insurrección de la clase obrera en contra; el capital es una necesidad histórica, pero también lo es su enterrador, el proletario socialista; el poderío mundial del imperialismo es una necesidad histórica, pero también lo es su derrocamiento por la Internacional proletaria. A cada paso nos encontramos con dos necesidades históricas que se enfrentan mutuamente, y la nuestra, la necesidad del socialismo, tiene mayor aliento. Nuestra necesidad está plenamente justificada desde el momento en que la otra, la dominación de la clase burguesa, cesa de ser portadora del progreso histórico, desde el momento en que se convierte en freno, en un peligro para el desarrollo ulterior de la sociedad. La actual guerra mundial ha desenmascarado el orden social capitalista. El empuje de expansión imperialista del capitalismo, como expresión de su más elevada madurez y del último período de su vida, tiende a transformar desde el punto de vista económico todo el planeta en un mundo productor capitalista, aniquilando todas las formas productoras y sociales atrasadas y precapitalistas, a convertir en capital todas las riquezas de la tierra y todos los medios de producción, a transformar a las masas populares trabajadoras de todos los países en esclavos asalariados. En África y en Asia, desde el cabo Norte al cabo de Hornos y hasta los mares del Sur, los restos de las viejas comunidades del comunismo primitivo, las relaciones feudales de dominio, las economías campesinas patriarcales y las antiquísimas producciones artesanales son destruidas y pisoteadas por el capitalismo, que aniquila pueblos enteros y borra del mapa viejas culturas, para colocar en su lugar la producción de beneficio en su forma más moderna. Esta brutal marcha triunfal del capital en el mundo, iniciada y acompañada por todos los medios: la violencia, el robo y la infamia, tenía su lado bueno: creó las condiciones para su ruina definitiva, creó el dominio mundial capitalista al que debe seguir la revolución mundial socialista. Este fue el único aspecto cultural y progresista de la llamada gran obra cultural en los países primitivos. Para los economistas y políticos burgueses los ferrocarriles, las cerillas suecas, el alcantarillado y las tiendas representan «progreso» y «cultura». Estas obras por sí mismas, implantadas sobre condiciones económicas primitivas, no representan ni civilización ni progreso, pues se pagan al precio de la ruina económica y cultural de los pueblos, que han sufrido a un tiempo todos los padecimientos y horrores de dos épocas: la de las lecciones de poder tradicionales de la economía natural y la de la más moderna y sutil explotación capitalista. Solo como condición material de la supresión de la dominación del capital y de la supresión de la sociedad de clases, las obras producto de la marcha triunfal del capitalismo en el mundo llevan el sello del progreso, entendido en amplio sentido histórico. En ese sentido, el imperialismo trabaja, en última instancia, para nosotros.

La actual guerra mundial representa un giro en la trayectoria del capitalismo. Por primera vez, las fieras que la Europa capitalista había soltado sobre otros continentes irrumpieron, de un solo salto, en su centro. Un grito de espanto recorrió el mundo cuando Bélgica, esta pequeña joya valiosa de la cultura europea, y los monumentos culturales más venerados del norte de Francia caían hechos pedazos ante el ataque de una ciega fuerza destructora. El «mundo civilizado», que había observado impasible cómo el mismo imperialismo llevaba a la más espantosa muerte a diez mil hombres y llenaba el desierto de Kalahari con los gritos desesperados de los que morían de sed y con los huesos de los moribundos; cómo en Putumayo, en el lapso de diez años, eran martirizadas hasta la muerte cuarenta mil personas por una banda de señores de la industria europea, convirtiendo en inválidos al resto de un pueblo; cómo China, una civilización antiquísima, era entregada, a sangre y fuego, por la soldadesca europea, a todos los horrores de la destrucción y de la anarquía; cómo Persia era estrangulada impotente por el lazo cada vez más apretado de la dominación extranjera; cómo en Trípoli los árabes eran sometidos por el fuego y la espada al yugo del capital, y su civilización y sus ciudades borradas del mapa; este «mundo civilizado» acaba apenas de darse cuenta que la mordedura de la fiera imperialista es mortal, que su aliento es pérfido. Y se dio cuenta solo cuando las fieras hundieron sus afiladas garras en el propio seno materno, en la cultura burguesa europea. Y aun este conocimiento se abre paso bajo la desfigurada versión de la hipocresía burguesa, según la cual cada pueblo solo reconoce la infamia en el uniforme nacional de su adversario. «¡Los bárbaros alemanes!»: como si todo pueblo que se prepara para la muerte organizada no se convirtiera en ese mismo momento en una horda de bárbaros. «¡Los horrores de los cosacos!»: como si la guerra no fuese el horror de los horrores, ¡como si el hecho de ensalzar la matanza como algo heroico en un periódico de la juventud socialista no fuera puro espíritu cosaco!

Pero la actual furia de la bestialidad imperialista en los campos de Europa produce, además, otra consecuencia que deja al «mundo civilizado» completamente indiferente: *la desaparición masiva del proletariado europeo.* Jamás una guerra había exterminado en tales proporciones a capas enteras de la población; jamás una guerra, por lo menos desde hacía un siglo, había abarcado a tantos civilizados y antiguos países europeos. Millones de vidas humanas son aniquiladas en los Vosgos, en las Ardenas, en Bélgica, en Polonia, en los Cárpatos, en el Save, millones de hombres se convierten en inválidos. Pero de estos millones, las nueve décimas partes las constituye el pueblo trabajador de la ciudad y del campo. Es nuestra fuerza y nuestra esperanza la que es segada diariamente, hilera tras hilera, como la hierba bajo la hoz. Son las mejores, las más inteligentes, las más preparadas fuerzas del socialismo internacional, los portadores de las más sagradas tradiciones y del más audaz heroísmo del moderno movimiento obrero, las vanguardias de todo el proletariado mundial: los obreros de Inglaterra, de Francia, de Bélgica, de Alemania y de Rusia los que ahora son amordazados y asesinados en masa. Y estos obreros de los países capitalistas dirigentes de Europa son, precisamente, los que tienen la misión histórica de llevar a cabo la transformación socialista. Solo desde Europa, desde los países capitalistas más antiguos, podrá darse la señal, cuando haya llegado la hora, para la revolución social que liberará a la humanidad. Solo los obreros ingleses, franceses, belgas, alemanes, rusos e italianos juntos podrán dirigir a los ejércitos de los explotados y oprimidos de los cinco continentes. Solo ellos podrán, cuando haya llegado la hora, exigir cuentas y aplicar el merecido castigo al capitalismo por sus crímenes seculares cometidos en todos los pueblos primitivos, por su obra de exterminio en todo el globo. Pero para que el socialismo pueda avanzar y triunfe es necesario un proletariado fuerte, capaz de actuar e instruido, son necesarias masas cuyo poder radica tanto en su nivel cultural como en su número. Son justamente estas masas las que son diezmadas en la guerra mundial. Centenares de miles de personas en la flor de su edad y su juventud, cuya preparación socialista necesitó décadas de trabajo, instrucción política y agitación en Inglaterra y en Francia, en Bélgica, en Alemania y en Rusia, y otros centenares de miles de personas que mañana podían ser ganadas para el socialismo caen y mueren en los campos de batalla. El fruto obtenido por generaciones en un largo, penoso y sacrificado trabajo de décadas es destruido en pocas semanas, las tropas de choque del proletariado internacional son diezmadas.

La sangría de la carnicería de junio había paralizado el movimiento obrero francés durante quince años. El derramamiento de sangre producido por la hecatombe de la Comuna lo hizo retroceder diez años más. Lo que ocurre ahora es una carnicería masiva sin precedentes, que reduce cada vez más la población obrera adulta de todos los países civilizados que están en guerra, que ha quedado reducida a mujeres, ancianos e inválidos, una sangría que amenaza con desangrar al movimiento obrero europeo. Una guerra mundial más de este tipo, y serán enterradas bajo las ruinas amontonadas por la barbarie imperialista las esperanzas del socialismo. Es mucho más grave que la atroz destrucción de Lovaina y de la catedral de Reims. Es un atentado no ya a la cultura burguesa del pasado, sino a la cultura socialista del futuro, un golpe mortal contra la fuerza que lleva en su seno el futuro de la humanidad y que puede salvar todos los valiosos tesoros del pasado en una sociedad mejor. Aquí el capitalismo descubre su cabeza cadavérica, aquí confiesa que ha caducado su derecho histórico a la existencia, que su dominación ya no es compatible con el progreso de la humanidad.

Aquí se confirma que la actual guerra mundial no es solamente un asesinato, sino también un suicidio de la clase obrera europea. Pues son los soldados del socialismo los proletarios de Inglaterra, de Francia, Alemania, Bélgica y Rusia, los que se matan entre sí desde hace meses por orden del capital, los que se hunden en el corazón el frío hierro mortal, los que, estrechados en un abrazo mortal, se arrastran juntos a la tumba.

¡Alemania, Alemania por encima de todo! ¡Viva la democracia! ¡Viva el zar y el eslavismo! ¡Diez mil tiendas de campaña, garantía estándar! ¡Cien mil kilos de manteca, de sucedáneos de café, a entregar inmediatamente...! Los dividendos suben y los proletarios caen. Y con cada uno de ellos cae un combatiente del futuro, un soldado de la revolución, un salvador de la humanidad del yugo del capitalismo.

La locura cesará y el fantasma sangriento del infierno desaparecerá cuando los obreros de Alemania y de Francia, de Inglaterra y de Rusia despierten una vez de su delirio, se tiendan las manos fraternalmente y acallen el coro bestial de los factores imperialistas de la guerra y el ronco bramido de las hienas capitalistas, con el viejo y poderoso grito de batalla de los obreros: ¡Proletarios de todos los países, uníos!

Apéndice

Tesis sobre las tareas de la socialdemocracia internacional

Un gran número de camaradas de todas partes de Alemania ha aceptado las siguientes tesis, que representan una aplicación del programa de Erfurt a los problemas actuales del socialismo internacional.

1. La guerra mundial ha destruido los resultados de un trabajo de cuarenta años del socialismo europeo al anular la importancia de la clase obrera revolucionaria como factor de poder político y el prestigio moral del socialismo, ha hecho saltar en pedazos la Internacional proletaria, ha llevado a sus secciones al fratricidio mutuo y ha encadenado al barco del imperialismo los deseos y las esperanzas de las masas populares en los países más importantes del desarrollo capitalista.

2. Con la aprobación de los créditos de guerra y la proclamación de la Unión Sagrada, los dirigentes oficiales de los partidos socialistas en Alemania, Francia e Inglaterra (con excepción del Partido Obrero Independiente) han fortalecido la retaguardia del imperialismo, han movido a las masas populares a soportar pacientemente la miseria y los horrores de la guerra, han contribuido al desencadenamiento desenfrenado de la furia imperialista, a la prolongación de la matanza y al aumento de sus víctimas, haciéndose así copartícipes de la guerra y de sus causas.

3. Esa táctica de las instancias oficiales del partido en los países beligerantes, y sobre todo en Alemania, hasta ahora país dirigente en la Internacional, significa una traición a los principios más elementales del socialismo internacional, a los intereses vitales de la clase obrera y a los intereses democráticos de los pueblos. Por esta razón, la política socialista ha sido condenada a la impotencia también en aquellos

países en los que los partidos han permanecido fieles a sus deberes: en Rusia, Servia, Italia y —con una excepción— Bulgaria.

4. En la medida en que la socialdemocracia oficial de los países dirigentes renunció a la lucha de clases en la guerra, postergándola para después, ha garantizado a las clases dominantes de estos países una tregua para fortalecer sus posiciones en lo económico, político y moral a costa del proletariado.

5. La guerra mundial no está al servicio de la defensa nacional ni de los intereses económicos o políticos de las masas populares, es un aborto de las rivalidades imperialistas entre las clases capitalistas de los diversos países en su lucha por conquistar el dominio mundial y el monopolio para expoliar y oprimir a aquellos territorios que todavía no se encuentran dominados por el capitalismo. En la era de este imperialismo desencadenado no puede haber guerras nacionales. Los intereses nacionales no son más que un engaño para poner a las masas populares trabajadoras al servicio de su enemigo mortal, al servicio del imperialismo.

6. De la política de los Estados imperialistas y de la guerra imperialista no pueden surgir la libertad y la independencia para ninguna nación oprimida. Las pequeñas naciones, cuyas clases dominantes son apéndices y cómplices de sus camaradas de clase en los grandes Estados, representan solo piezas de ajedrez en el juego imperialista de las grandes potencias y, al igual que sus masas obreras, son utilizadas durante la guerra como instrumento para ser sacrificadas después, cuando acabe la guerra, a los intereses capitalistas.

7. Bajo tales circunstancias, en cualquier derrota y en cualquier victoria, la actual guerra mundial significa una derrota del socialismo y de la democracia. Cualquiera que sea su fin —a excepción de la intervención revolucionaria del proletariado internacional—, esta conducirá al reforzamiento del militarismo, de las contradicciones internacionales, de las rivalidades económico-mundiales. Aumenta la explotación capitalista y fortalece la reacción interna, debilita el control público y rebaja cada vez más los Parlamentos a la categoría de obedientes instrumentos del

militarismo. De esta forma, la actual guerra mundial desarrolla, al mismo tiempo, todas las premisas para una nueva guerra.

8. No puede garantizarse la paz mundial con proyectos utópicos, en el fondo reaccionarios, tales como tribunales de arbitraje conducidos por diplomáticos capitalistas, congresos diplomáticos de «desarme», «libertad en los mares», abolición del derecho de arresto en el mar, «Estados Unidos de Europa», una «unión aduanera para Europa central», Estados tapón y demás ilusiones. Jamás se podrá abolir ni paliar el militarismo, el imperialismo y la guerra, mientras la clase capitalista ejerza su hegemonía de clase sin cuestionamientos. La única manera de resistir con éxito, la única manera de garantizar la paz mundial, está en la capacidad combativa y en la voluntad revolucionaria con que el proletariado internacional arroja su peso en la balanza.

9. El imperialismo, como última fase de vida y desarrollo más elevado de la dominación mundial política del capitalismo, es el enemigo mortal común a los proletarios de todos los países. Pero, con las fases anteriores del capitalismo, comparte el destino de reforzar la fuerza de su enemigo mortal en la misma medida en que se desarrolla. Acelera la concentración del capital, la extinción de las capas medias, el aumento del proletariado, despierta la resistencia creciente de las masas y conduce a la intensiva agudización de las contradicciones de clase. Tanto en la guerra como en la paz, la lucha de clases proletaria ha de concentrarse principalmente contra el imperialismo. La lucha contra él es para el proletariado internacional, al mismo tiempo, la lucha por el poder político en el Estado y el enfrentamiento decisivo entre socialismo y capitalismo. La meta final socialista será realizada por el proletariado internacional cuando presente un frente unido a todo el imperialismo y haga de la consigna «guerra a la guerra» la directriz de su política práctica, poniendo en ella toda su energía y su valor.

10. Para ello, la tarea principal del socialismo se orienta hoy a reagrupar al proletariado de todos los países en una fuerza revolucionaria viva, para hacer de él, mediante una fuerte organización internacional con una concepción unitaria de sus intereses y tareas, con táctica unitaria y capacidad de acción política tanto en la paz como en la guerra, el

factor decisivo de la vida política, papel que le ha sido asignado por la historia.

11. La guerra ha desarticulado a la Segunda Internacional. Su fracaso se ha confirmado por su incapacidad para luchar eficazmente durante la guerra contra la dispersión nacional y para adoptar una táctica y una acción común para el proletariado de todos los países.

12. Ante la traición de las representaciones oficiales de los partidos socialistas de los países dirigentes a los objetivos e intereses de la clase obrera, ante su giro desde el campo de la Internacional proletaria al campo de la política burguesa imperialista, es vitalmente necesario para el socialismo crear una nueva Internacional obrera que dirija y organice la lucha de clases revolucionaria contra el imperialismo en todos los países.

Para cumplir su misión histórica deberá apoyarse en los siguientes principios:

1. La lucha de clases en el seno de los Estados burgueses contra las clases dominantes y la solidaridad internacional de los proletarios de todos los países son dos reglas de conducta indispensables de la clase obrera en su lucha liberadora histórico-mundial. No existe ningún socialismo fuera de la solidaridad internacional del proletariado, y no existe ningún socialismo fuera de la lucha de clases. El proletariado socialista no puede renunciar, ni en la guerra ni en la paz, a la lucha de clases y a la solidaridad internacional sin cometer un suicidio.

2. La acción de clases del proletariado de todos los países debe fijarse, como fin principal, tanto en la guerra como en la paz, combatir al imperialismo e impedir las guerras. La acción parlamentaria, así como la acción sindical y la actividad global del movimiento obrero, deben subordinarse al siguiente objetivo: enfrentar lo más radicalmente posible, en cada país, el proletariado a la burguesía nacional, destacar en todo momento la contradicción política y espiritual entre ambos, poniendo de manifiesto y fomentando la comunidad internacional de los proletarios de todos los países.

3. En la Internacional radica el punto central de la organización de clase del proletariado. La Internacional decide en tiempos de paz sobre la táctica de las secciones nacionales en cuestiones de militarismo, de política colonial, de política comercial, de la fiesta del 1ro. de mayo, y, además, sobre toda la táctica a mantener en tiempos de guerra.

4. El deber de aplicar las resoluciones de la Internacional está por encima de todos los demás deberes de la organización. Las secciones nacionales que se opongan a sus resoluciones se excluyen por lo mismo de la Internacional.

5. En las luchas contra el imperialismo y la guerra, la fuerza decisiva solo puede surgir de las masas compactas del proletariado de todos los países. La preocupación táctica de las secciones nacionales debe dirigirse, por lo tanto, a educar a las amplias masas para que adquieran capacidad de acción política y puedan desplegar una iniciativa decidida, a asegurar la cohesión internacional de la acción de masas, a estructurar las organizaciones políticas y sindicales para que estén en condiciones de garantizar la rápida y enérgica cooperación de todas las secciones, y de que la voluntad de la Internacional se concrete en una acción de las más amplias masas obreras de todos los países.

6. La tarea más inmediata del socialismo es la liberación espiritual del proletariado de la tutela de la burguesía, que se manifiesta en la influencia de la ideología nacionalista. Las secciones nacionales deben dirigir su trabajo de agitación tanto en los parlamentos como en la prensa a la denuncia de la fraseología tradicional del nacionalismo como instrumento de dominio burgués. La única defensa de toda libertad verdaderamente nacional consiste hoy en la lucha de clases revolucionaria contra el imperialismo. La patria de los proletarios, a cuya defensa hay que subordinar todo lo demás, es la Internacional socialista.

Fuente: Rosa Luxemburgo: «La crisis de la socialdemocracia (*Folleto JUNIUS*)», en Ramón García Cotarelo, comp., *Obras escogidas*, t. II, Editorial Ayuso, San Bernardo, Madrid, 1978, pp. 11-114.

¿Qué se propone la Liga Espartaco?*

I

El 9 de noviembre los obreros y los soldados derrocaban el antiguo régimen en Alemania.[1] En los campos franceses de batalla se desvanecía la sangrienta ilusión de dominación mundial del espadón prusiano. La banda de delincuentes que había prendido la hoguera universal y sumergido a Alemania en un baño de sangre estaba acabada. Engañado durante cuatro años, el pueblo había olvidado todo deber de cultura, todo sentimiento de honor y

---

*   Alemania recibió en primera instancia el efecto de la Revolución Rusa sobre el destino de la Primera Guerra Mundial. El militarismo alemán se desarrollaba con fuerza y conseguía criminalizar la oposición a la guerra. El ala izquierda del Partido Social-demócrata alemán estaba paralizada desde el 4 de agosto de 1914, momento en que ese partido prestó apoyo parlamentario a los créditos de guerra. A escasos meses de esa debacle, Karl Liebknecht elevó su voz, en solitario, en el parlamento. Su intervención fue el acto fundacional de la Liga Espartaco y el inicio de la oposición a la guerra de una pequeña fracción de esa enorme organización forjada por el proletariado alemán. Su mayor período de actividad se verificó durante la Revolución Alemana de 1918. En diciembre de ese año, la Liga decidió adherirse al Comintern y se rebautizó como Partido Comunista de Alemania (KPD, Kommunistische Partei Deutschlands). En el manifiesto *¿Qué se propone la Liga Espartaco?* (noviembre de 1918) elaborado por Rosa Luxemburgo, se considera la revolución socialista como la tarea principal, nunca antes enfrentada en la historia por alguna clase o revolución. Rosa plantea la transformación completa del Estado y la revolución económica y social como las labores fundamentales de la revolución socialista. Como parte de ese análisis, aborda los temas del internacionalismo proletario, las medidas inmediatas de afianzamiento de la revolución, el análisis de la esfera político-social, las reivindicaciones económicas inmediatas, entre otros. *(N. del E.)*.

humanismo al servicio de Moloch y, tras dejarse utilizar para todo tipo de infamias, despertó de su estupor a tiempo de evitar la catástrofe.

El 9 de noviembre se sublevó el proletariado alemán, destruyó el yugo ignominioso que le oprimía, y, tras expulsar a los Hohenzollern,[2] eligió consejos de obreros y soldados.

Los Hohenzollern, sin embargo, no eran más que los comisionados de la burguesía imperialista y de la nobleza terrateniente. La verdadera culpable de la guerra mundial, así en Alemania como en Francia, en Rusia como en Inglaterra, en Europa como en América es la dominación de clase de la burguesía. Los auténticos instigadores del genocidio son los capitalistas de todos los países. El capital internacional es el Baal insaciable en cuyas sangrientas fauces desaparecen millones y millones de víctimas humanas palpitantes.

La guerra mundial ha planteado una alternativa a la sociedad: o prosigue el capitalismo, lo que significa nuevas guerras, así como el hundimiento inmediato en el caos y la anarquía, o se elimina la explotación capitalista.

Con el fin de la guerra la dominación burguesa de clase ha perdido su razón de ser. La burguesía no está en situación de salvar a la sociedad de la catástrofe económica producida por la orgía imperialista. Se han destruido cantidades enormes de medios productivos. Han muerto millones de obreros, lo mejor y más capacitado de la cepa de la clase obrera. A los que regresan vivos al hogar les amenaza la miseria siniestra del paro; el hambre y las enfermedades amenazan con destruir las raíces de la fuerza del pueblo. La bancarrota del Estado, a consecuencia de la enormidad de las deudas de guerra, es inevitable.

Frente a esta confusión sangrienta y esta catástrofe amenazante, tan solo el socialismo supone una ayuda, una solución y una salvación. Únicamente la revolución mundial del proletariado puede ordenar este caos, procurar trabajo y pan para todos, poner fin a la carnicería recíproca de los pueblos y proporcionar paz, libertad y cultura auténtica a una humanidad saludable. ¡Muera el sistema de salariado! Tal es la consigna del día. Que la cooperación sustituya al trabajo asalariado y la dominación de clase. Que los medios de producción dejen de ser monopolio de una clase y pasen a ser bien común. Que no haya explotadores ni explotados. Que se regule la producción y la distribución de los productos en beneficio de la comunidad. Que se elimine el modo existente de producción, la explotación y el robo, así como el comercio actual, que no es más que un engaño.

¡Trabajadores libres en régimen cooperativo en vez de patronos y esclavos asalariados! ¡Que el trabajo no sea tormento para nadie, pero sí un deber para todos! ¡Que quienes cumplen su deber para con la sociedad tengan asegurada una existencia digna! ¡Que el hambre deje de ser maldición del trabajo para ser castigo de la pereza!

Solamente en esta sociedad quedarán desarraigados la servidumbre y el odio entre los pueblos. Solamente cuando esta sociedad sea realidad, el homicidio dejará de mancillar la tierra. Solamente entonces podrá decirse: esta guerra será la última.

En este momento, el socialismo es la única salvación de la humanidad. Por encima de una sociedad capitalista que se hunde brillan, como un recordatorio ardiente, las palabras del *Manifiesto comunista*: «¡Socialismo o hundimiento en la barbarie!».[3]

II

La realización de la sociedad socialista es la tarea más imponente que ha correspondido nunca a una clase o a una revolución en toda la historia del mundo. Esta tarea requiere una transformación completa del Estado, así como una revolución de los fundamentos económicos y sociales de la sociedad.

Esta transformación y esta revolución no las puede decretar autoridad, comisión o parlamento algunos, sino que son las masas populares quienes han de acometerlas y llevarlas a cabo.

En todas las revoluciones anteriores era siempre una pequeña minoría del pueblo la que dirigía la lucha revolucionaria, le marcaba objetivo y dirección y utilizaba a las masas populares como instrumento, a fin de hacer triunfar sus intereses, los intereses de la minoría. La revolución socialista es la única que puede triunfar gracias a la gran mayoría de los trabajadores y representando los intereses de la gran mayoría.

A la masa del proletariado corresponde no solamente la tarea de dar objetivo y dirección claros a la revolución, sino también la de poner en práctica el socialismo de modo paulatino, por medio de la actividad propia.

La esencia de la sociedad socialista consiste en que la gran masa trabajadora cesa de ser una masa gobernada y pasa a vivir, en cambio, de modo autónomo, la vida política y económica, así como a orientarla con autodeterminación consciente.

Desde el escalón más elevado del Estado hasta el municipio más diminuto, la masa proletaria tiene que sustituir a los órganos superados de la dominación burguesa de clase, esto es, el Bundesrat,[4] los parlamentos, los consejos municipales, por sus órganos propios de clase, es decir, los consejos de obreros y soldados, tiene que ocupar todos los puestos, fiscalizar todas las funciones, medir todas las necesidades estatales, según los intereses propios de clase y los objetivos socialistas. Únicamente una acción recíproca continua y vivaz entre las masas populares y sus órganos, los consejos de obreros y campesinos, puede conseguir que su actividad induzca espíritu socialista en el Estado.

De igual modo, la revolución económica únicamente puede darse como un proceso realizado en el curso de una acción proletaria de masas. Los meros decretos de las autoridades revolucionarias supremas, por sí solas, no son más que palabras huecas. Solo la clase obrera puede dar contenido a tales palabras a partir de la propia acción. Los trabajadores pueden conseguir el control sobre la producción y, finalmente, la dirección real de esta, tan solo mediante de una lucha encarnizada y tenaz contra el capital, en cada empresa, por medio de la presión inmediata de las masas, de las huelgas, de la creación de sus órganos permanentes de representación.

Las masas proletarias tienen que dejar de ser máquinas muertas que el capitalista emplea en el proceso de producción y aprender a convertirse en directores reflexivos, libres y autónomos de tal proceso; tienen que desarrollar el sentimiento de responsabilidad de los miembros activos de la comunidad, que es la única poseedora de toda la riqueza social; tienen que desarrollar celo en el trabajo sin que sea necesario el látigo del empresario, producir al máximo sin capataces capitalistas, mostrar disciplina sin someterse a un yugo y mantener el orden sin necesidad de dominación. El idealismo más elevado en interés de la comunidad, la autodisciplina más exigente y el auténtico sentido de ciudadanía de las masas constituyen el fundamento moral de la sociedad socialista, igual que el embrutecimiento, el egoísmo y la corrupción constituyen el fundamento moral de la sociedad capitalista.

La masa obrera puede apropiarse todas estas virtudes cívicas socialistas, así como los conocimientos y aptitudes para la dirección de las empresas socialistas únicamente por medio de la actuación y experiencia propias.

La socialización de la sociedad solo puede realizarse mediante la lucha dura e incansable de la masa trabajadora en su totalidad y en todos aquellos aspectos en los que el trabajo y el capital, el pueblo y la dominación burguesa de clase, se hallan enfrentados. La liberación de la clase obrera ha de ser obra de la propia clase obrera.

III

En las revoluciones burguesas el derramamiento de sangre, el terror y el asesinato político resultaban ser un arma indispensable en manos de la clase ascendente.

La revolución proletaria no precisa de terror alguno para alcanzar sus objetivos; odia y abomina el homicidio; no precisa de estos medios de lucha porque no combate contra el individuo, sino contra instituciones, y porque no alimenta ilusión ingenua ninguna cuya destrucción hubiera de vengar cruentamente. La revolución proletaria no es el intento desesperado de una minoría de modelar el mundo por la violencia según su ideal, sino la acción de la inmensa masa popular, que está llamada a cumplir su misión histórica y a convertir en realidad la necesidad histórica.

Mas, al mismo tiempo, la revolución proletaria es, también, el toque de difuntos de toda servidumbre y toda opresión; por ello se alzan contra la revolución proletaria, en una lucha a vida o a muerte, todos los capitalistas, los terratenientes, los pequeñoburgueses, los oficiales, así como los beneficiarios y parásitos de la explotación y el dominio de clase.

Es una ilusión vana creer que los capitalistas han de someterse por voluntad propia a la decisión socialista de un parlamento o de una asamblea nacional y que van a renunciar pacíficamente a la propiedad, al lucro y a los privilegios de la explotación.[5] Todas las clases dominantes han combatido siempre con la máxima energía hasta el último momento para defender sus privilegios; los patricios romanos, como los barones feudales de la Edad Media, los caballeros ingleses igual que los esclavistas norteamericanos, los boyardos valacos como los fabricantes de seda lioneses, todos ellos han derramado ríos de sangre y, para defender sus privilegios y su poder, no les han importado los cadáveres, han llegado hasta el asesinato y el incendio e, incluso han provocado guerras civiles o han cometido alta traición.

En su condición de último brote de la clase explotadora, la clase capitalista imperialista supera la brutalidad, el cinismo descarado y la infamia de todas sus predecesoras. Esta clase defenderá lo que le es más sagrado, su beneficio económico y el privilegio de la explotación, con uñas y dientes y con aquellos métodos de maldad calculada que ha puesto en práctica a lo largo de toda la historia colonial y en la última guerra mundial. Agitará viento y marea contra el proletariado; movilizará al campesinado contra las ciudades, incitará a los sectores trabajadores más retrasados contra la vanguardia socialista, organizará matanzas por medio de los oficiales del ejército, tratará de bloquear toda medida socialista por medio de mil formas de resistencia pasiva, azuzará a veinte Vendées[6] contra la revolución, llamará al enemigo exterior, al acero asesino de Clemenceau, Lloyd George y Wilson[7] en calidad de salvadores y, antes que renunciar voluntariamente a la esclavitud asalariada, preferirá transformar el país en un montón de ruinas humeantes.

Esta resistencia se ha de quebrar paulatinamente, con puño de hierro y energía despiadada. A la violencia de la contrarrevolución burguesa ha de contraponerse la violencia revolucionaria del proletariado; a los combates, intrigas y maquinaciones de la burguesía, la claridad inflexible de objetivos, la vigilancia y la actividad siempre presta de la masa proletaria; a los peligros amenazantes de la contrarrevolución, el armamento del pueblo y el desarme de las clases dominantes; a las maniobras de obstrucción parlamentaria de la burguesía, la organización activa de las masas de trabajadores y soldados; a la ubicuidad y los mil medios de poder de la sociedad burguesa, el poder concentrado, comprimido y elevado al máximo de la clase obrera. El frente unido de la totalidad del proletariado alemán, del proletariado del norte con el del sur de Alemania, del proletariado urbano con el campesino, de los trabajadores con los soldados, el contacto espiritual viviente de la revolución alemana con la Internacional, la conversión de la revolución alemana en revolución mundial del proletariado, constituirá el cimiento granítico sobre el que se podrá levantar el edificio del futuro.

La lucha por el socialismo es la guerra civil más violenta que ha conocido la historia mundial, y la revolución proletaria tiene que procurarse el armamento necesario para esta guerra civil, tiene que aprender a utilizarlo, en las luchas y en las victorias.

Este aprestar a las masas obreras unidas con todo el poder necesario para realizar las tareas de la revolución es en lo que consiste la dictadura del proletariado y, por ello, la democracia auténtica. Esta no se encuentra allí donde el esclavo asalariado se sienta junto al capitalista y el proletario agrícola junto al terrateniente en fementida igualdad, a fin de debatir parlamentariamente sus cuestiones vitales; la democracia que no es un engaño popular aparece cuando los millones de proletarios toman todo el poder estatal en sus manos callosas, para, igual que el dios Thor con su martillo, aplastar la cabeza de las clases dominantes.

Al objeto de posibilitar al proletariado la realización de estas tareas, la Liga Espartaco exige:

I. *Medidas inmediatas para el afianzamiento de la revolución*:

1. Desarme de toda la policía, de todos los oficiales del ejército, así como de los soldados que no son proletarios; desarme de todos los pertenecientes a las clases dominantes.

2. Confiscación de todos los depósitos de armas y municiones, así como de las fábricas de armas, por medio de los consejos de obreros y soldados.

3. Creación de una milicia obrera por medio del armamento de la totalidad de la población proletaria adulta y masculina. Creación de una Guardia Roja, compuesta por proletarios, como parte activa de la milicia para la defensa permanente de la revolución frente a los ataques y maquinaciones contrarrevolucionarios.

4. Abolición de la potestad de mando de los oficiales y suboficiales. Sustitución de la obediencia servil militar por la disciplina voluntaria de los soldados. Elección de todos los superiores por parte de la tropa, con derecho permanente de revocación. Abolición de la jurisdicción militar.

5. Expulsión de los oficiales y capitulacionistas de todos los consejos de soldados.

6. Sustitución de todos los órganos y autoridades políticas del antiguo régimen por delegados de los consejos obreros y de soldados.

7. Institución de un tribunal revolucionario, ante el cual han de comparecer los culpables principales de la guerra y de su prolongación, los dos Hohenzollern, Ludendorff,[8] Hindenburg,[9] Tirpitz[10] y otros delincuentes, así como todos los conspiradores contrarrevolucionarios.

8. Incautación inmediata de todos los víveres, a fin de garantizar la nutrición del pueblo.

II. *En la esfera política y social*:

1. Abolición de todos los Estados independientes; creación de una república alemana socialista y unitaria.

2. Supresión de todos los parlamentos y consejos municipales y transmisión de sus funciones a los consejos de obreros y soldados, así como a sus comités y otros órganos.

3. Elección de consejos de obreros en toda Alemania y por empresas con participación de toda la clase trabajadora adulta de ambos sexos en la ciudad y en el campo. Elecciones, también, de consejos de soldados, con participación de la tropa y exclusión de los oficiales y capitulacionistas. Derecho de los obreros y los soldados a revocar en todo momento a sus representantes.

4. Elecciones, en todo el imperio, de delegados de los consejos de obreros y soldados para el Consejo Central de consejos de obreros y campesinos que, a su vez, ha de elegir al Consejo Central Ejecutivo, como órgano superior del poder legislativo y ejecutivo.

5. Reunión del Consejo Central provisionalmente una vez cada tres meses por lo menos —con renovación de los delegados cada una de ellas—, con el fin de ejercer un control permanente sobre la actividad del Consejo Ejecutivo y de crear un contacto vivo entre la masa de los consejos de obreros y soldados en la nación[11] y su órgano supremo de gobierno. Derecho de los consejos locales de obreros y soldados a revocar y sustituir en todo momento a sus representantes en el Consejo Central, en el caso de que no actúen de acuerdo con el mandato de los electores. Derecho del Consejo Ejecutivo a nombrar y deponer a los diputados del pueblo,[12] así como a las autoridades centrales del imperio y a los funcionarios.

6. Abolición de todas las diferencias estamentales, de las órdenes y de los títulos. Igualación jurídica y social completa de los sexos.

7. Legislación social perentoria. Reducción de la jornada laboral con el fin de regular el paro y en consideración al debilitamiento físico de la

clase obrera durante la guerra mundial; jornada laboral máxima de seis horas.

8. Reorganización fundamental inmediata del sistema de alimentación, de la vivienda, la sanidad y la educación, en el sentido y espíritu de la revolución proletaria.

III. *Reivindicaciones económicas inmediatas*:

1. Confiscación, en beneficio de la comunidad, de la fortuna y las rentas de la casa real.

2. Anulación de la deuda del Estado y otras deudas públicas, así como de todos los préstamos de guerra, con excepción de las suscripciones desde cierta cantidad, que determinará el Consejo Central de los consejos de obreros y soldados.

3. Expropiación de la tierra de todas las explotaciones agrícolas medias y grandes; creación de cooperativas agrícolas socialistas bajo dirección central unificada en todo el imperio; las pequeñas explotaciones agrícolas permanecerán en poder de sus propietarios hasta que estos ingresen voluntariamente en las cooperativas socialistas.

4. Expropiación, por parte del poder republicano de los consejos, de todos los bancos, minas, fundiciones y todas las grandes empresas en la industria y el comercio.

5. Confiscación de todas las fortunas a partir de un cierto volumen, que el Consejo Central habrá de determinar.

6. Incautación, por parte del poder republicano de los consejos, de la totalidad del transporte público.

7. Elección de consejos de empresa en todas las empresas, que, de acuerdo con los consejos de obreros, habrán de regular los asuntos internos de la empresa, determinar las condiciones de trabajo, fiscalizar la producción y, finalmente, encargarse de la dirección de la empresa.

8. Establecimiento de una comisión central de huelga que, en relación continua con los consejos de empresa, proporcione al movimiento huelguístico incipiente en todo el imperio una dirección unitaria, una orientación socialista y el apoyo más poderoso por parte del poder político de los consejos de obreros y soldados.

IV. *Tareas internacionales*:

Establecimiento inmediato de contactos con los partidos hermanos del extranjero, a fin de dar una base internacional a la revolución socialista y de configurar y afianzar la paz por medio de la fraternidad internacional y la sublevación revolucionaria del proletariado mundial.

V. *¡Esto es lo que se propone la Liga Espartaco!*

Y por proponérselo, por ser el heraldo, el acicate y la conciencia socialista de la revolución, la Liga se ha ganado el odio, la persecución y la calumnia de todos los enemigos de la revolución, los públicos y los secretos.

¡Crucificadlos!, gritan los capitalistas, temblando por sus cajas de caudales.

¡Crucificadlos!, claman los pequeñoburgueses, los oficiales, los antisemitas, los lacayos de prensa de la burguesía, temerosos por sus garbanzos.

¡Crucificadlos!, claman los Scheidemann[13] que, como Judas Iscariote, han vendido a los trabajadores a la burguesía y temen perder los denarios de su poder político.

¡Crucificadlos!, repiten como un eco sectores engañados, burlados y manipulados de la clase obrera y de la tropa que no saben que, cuando se enfurecen contra la Liga Espartaco, se enfurecen contra su propia carne y su propia sangre.

En el odio y en la calumnia contra la Liga Espartaco se unen todos los elementos contrarrevolucionarios, antipopulares, antisocialistas, turbios, oscurantistas y tenebrosos. Así se atestigua que en la Liga late el corazón de la revolución y que el futuro le pertenece.

La Liga Espartaco no es un partido que pretenda alcanzar el poder por encima o por medio de las masas trabajadoras.

La Liga Espartaco es únicamente la parte más consecuente del proletariado, que, en cada momento, señala a las amplias masas de la clase obrera sus tareas históricas y que en cada estadio particular de la revolución defiende el fin último socialista, igual que en las cuestiones nacionales defiende los intereses de la revolución mundial.

La Liga Espartaco se niega a compartir el poder del gobierno con los cómplices de la burguesía, con los Scheidemann y los Ebert,[14] por considerar que tal colaboración es una traición a los fundamentos del socialismo, un fortalecimiento de la contrarrevolución y una paralización de la revolución.[15]

La Liga Espartaco se negará asimismo a entrar en el gobierno tan solo porque los Scheidemann-Ebert hayan arruinado la economía, y los independientes,[16] a causa de su colaboracionismo, se encuentren en un callejón sin salida.

La Liga Espartaco únicamente tomará el poder cuando ello se derive de la voluntad clara y explícita de la gran mayoría del proletariado en toda Alemania, esto es, únicamente como resultado de la aprobación consciente por parte del proletariado de los criterios, los objetivos y los métodos de lucha de la Liga Espartaco.

La revolución tan solo puede alcanzar claridad y madurez completas de un modo paulatino, a lo largo del camino del Calvario de las experiencias amargas, las derrotas y las victorias.

La victoria de la Liga Espartaco no es el comienzo, sino el fin de la revolución y coincide con la victoria de los millones de proletarios socialistas.

¡Adelante, proletarios! ¡A la lucha! Hay que conquistar un mundo y luchar contra otro. En esta última lucha de clases de la historia mundial en torno a los objetivos más elevados de la humanidad, cabe aplicar al enemigo aquella frase de: ¡Mano al cuello y rodilla al pecho!

Liga Espartaco

Fuente: Rosa Luxemburgo: «¿Qué se propone la Liga Espartaco?», en Ramón García Cotarelo, comp., *Obras escogidas*, t. II, Editorial Ayuso, San Bernardo, Madrid, 1978, pp. 151-161.

Nuestro programa y la situación política*

Camaradas:

Nuestra tarea hoy es debatir y aceptar nuestro programa; y en ella hay subyacente mucho más que la mera circunstancia formal de habernos constituido ayer como un partido nuevo e independiente y de que todo partido nuevo tiene que darse un programa oficial; el debate actual sobre el programa viene en un momento de grandes sucesos históricos, entre otros, el hecho de encontrarnos en una época en que hay que reformar por completo el programa socialdemócrata, socialista del proletariado. De este modo, camaradas, seguimos la senda trazada por Marx y Engels hace exactamente setenta años en el *Manifiesto comunista*. Como saben ustedes, el *Manifiesto comunista* aborda la cuestión del socialismo y la realización de los objetivos socialistas

---

* El 1ro. de enero de 1919, la Liga Espartaquista/KPD llevó a cabo una revolución comunista de breve duración en Berlín, contra las protestas de Luxemburgo y de Liebknecht. La revolución (luego conocida como «levantamiento espartaquista») fue derrotada por las fuerzas combinadas del Partido Socialdemócrata de Alemania, los remanentes del ejército alemán y de los grupos paramilitares de extrema derecha conocidos como *Freikorps*, a las órdenes del canciller Friedrich Ebert. Los restos de la Liga se disolvieron en el Partido Comunista de Alemania (KPD) que conservó el periódico de la Liga, *Die Rote Fahne* (*La Bandera Roja*), como su publicación. El siguiente texto fue el programa redactado por Rosa Luxemburgo, para ser presentado en el Congreso fundacional del KPD (Liga Espartaco), celebrado del 30 de diciembre de 1918 al 1ro. de enero de 1919. El programa, que fue aceptado en el Congreso, se basa en la necesidad de fortalecer la revolución alemana. La fecha inicial de la revolución (9 de noviembre de 1918) representó para Rosa el hundimiento del imperialismo existente más que la victoria de un nuevo principio, pues para ella se produjo una traición, por parte del proletariado alemán, de sus tareas socialistas. *(N. del E.).*

últimos como la tarea inmediata de la revolución proletaria. Tal fue la concepción que defendieron Marx y Engels durante la revolución de 1848 y a la que también consideraban como la base de la acción proletaria en el aspecto internacional. Por entonces creían los dos, y con ellos todos los dirigentes del movimiento proletario, que la implantación del socialismo era cosa inminente; bastaba para ello con llevar a cabo la revolución política, apoderarse del poder político del Estado y poner en práctica de un modo inmediato el socialismo.

Más tarde, como saben ustedes, Marx y Engels revisaron radicalmente este punto de vista. En el primer prólogo al *Manifiesto comunista*, de 1872, que todavía aparece firmado conjuntamente por Marx y Engels (y se reproduce en la edición del *Manifiesto comunista*, de 1894), y acerca de su propia obra, dicen: «Este pasaje —el fin del capítulo II, es decir, la enumeración de las medidas prácticas para la realización del socialismo— tendría que ser redactado hoy de distinta manera, en más de un aspecto». Dado el desarrollo colosal de la gran industria en los últimos veinticinco años, y con este el de la organización del partido de la clase obrera; dadas las experiencias, primero de la revolución de febrero, y después, en mayor grado aún, de la Comuna de París, que eleva por primera vez al proletariado, durante dos meses, al poder político, este programa ha envejecido en alguno de sus puntos. La Comuna ha demostrado, sobre todo, que «la clase obrera no puede simplemente tomar posesión de la máquina estatal existente y ponerla en marcha para sus propios fines».[1]

¿Y qué dice ese párrafo que se declara anticuado? En el *Manifiesto del Partido Comunista* se lee lo siguiente:

> El proletariado se valdrá de su dominación política para ir arrancando gradualmente a la burguesía todo el capital, para centralizar todos los instrumentos de producción, en manos del Estado, es decir, del proletariado organizado como clase dominante, y para aumentar con la mayor rapidez posible la suma de las fuerzas productivas.
>
> Esto, naturalmente, no podrá cumplirse al principio más que por una violación despótica del derecho de propiedad y de las relaciones burguesas de producción, es decir, por la adopción de medidas que desde el punto de vista económico parecerán insuficientes e insostenibles, pero

que en el curso del movimiento se sobrepasarán a sí mismas y serán indispensables como medio para transformar radicalmente todo el modo de producción.

Estas medidas, naturalmente, serán diferentes en los diversos países.

Sin embargo, en los países más avanzados podrán ser puestas en práctica casi en todas partes las medidas siguientes:

1. Expropiación de la propiedad territorial y empleo de la renta de la tierra para los gastos del Estado.
2. Fuerte impuesto progresivo.
3. Abolición del derecho de herencia.
4. Confiscación de la propiedad de todos los emigrados y sediciosos.
5. Centralización del crédito en manos del Estado por medio de un Banco nacional con capital del Estado y monopolio exclusivo.
6. Centralización en manos del Estado de todos los medios de transporte.
7. Multiplicación de las empresas fabriles pertenecientes al Estado y de los instrumentos de producción, roturación de los terrenos incultos y mejoramiento de las tierras, según un plan general.
8. Obligación de trabajar para todos; organización de ejércitos industriales, particularmente para la agricultura.
9. Combinación de la agricultura y la industria; medidas encaminadas a hacer desaparecer gradualmente la oposición entre la ciudad y el campo.
10. Educación pública y gratuita de todos los niños; abolición del trabajo de estos en las fábricas tal como se practica hoy; régimen de educación combinado con la producción material, etcétera.[2]

Como ven ustedes, estas son, con algunas modificaciones, las mismas tareas ante las que nos encontramos nosotros de modo inmediato, es decir, implantación y realización del socialismo. Entre la época en que el socialismo se presentó como programa y el momento actual median setenta años de desarrollo capitalista y la dialéctica histórica es responsable de que hoy volvamos a la concepción que, con muy buenas razones, Marx y Engels habían desechado por errónea. El desarrollo del capitalismo, que se ha producido entre tanto, nos ha obligado a admitir que lo que antes era un error, hoy se haya convertido en verdad, con lo cual la tarea inmediata actual es realizar lo que Marx y Engels se proponían en el año de 1848. Con la diferencia de que, entre aquel momento del desarrollo, al comienzo, y nuestra concepción y tarea actuales, media no solamente toda la evolución del capitalismo, sino, también, la del movimiento obrero socialista y, en primer lugar, el de Alemania, como país dirigente del proletariado moderno. Esta evolución se ha producido de un modo peculiar.

Tras el desengaño de la revolución de 1848 y una vez que Marx y Engels abandonaron el criterio de que el proletariado está en situación de realizar de modo directo y sin más el socialismo, aparecieron en cada país partidos socialdemócratas y socialistas que mantenían una posición completamente distinta. Estos partidos se fijaron como objetivo inmediato la lucha cotidiana por reivindicaciones concretas en la esfera política y económica a fin de ir constituyendo paulatinamente los ejércitos de proletarios que estarán llamados a realizar el socialismo, una vez que haya madurado la evolución del capitalismo. Este cambio radical, esta base completamente distinta, sobre la que se edificó el programa socialista, tomó en Alemania concretamente una forma muy característica. El programa de Erfurt[3] fue el aceptado por la socialdemocracia alemana hasta su hundimiento el 4 de agosto[4] programa en el que los llamados objetivos mínimos adquirían prioridad, en tanto que el socialismo se consideraba como un faro lejano, como una meta última. De lo que se trata, sin embargo, no es de lo que está escrito en el programa, sino del modo de interpretarlo de una forma viva. Con respecto a esta interpretación del programa resultaba esencial un documento histórico de la mayor importancia para nuestro movimiento obrero, esto es, el prólogo que Federico Engels escribió en 1895 para *Las luchas de clases en Francia*.

Camaradas: no abordo estas cuestiones por puro interés histórico, sino que se trata de temas absolutamente actuales y constituyen para nosotros un deber histórico, en especial debido a que planteamos nuestro programa en las mismas condiciones en que lo hicieron Marx y Engels en 1848. A causa de las transformaciones que, entre tanto, ha acarreado la evolución histórica, tenemos el deber de realizar una revisión clara y consciente con respecto a la interpretación dominante en la socialdemocracia alemana, hasta el momento de su hundimiento el 4 de agosto. Esta revisión debe realizarse aquí de modo oficial.

Camaradas: ¿qué posición adoptaba Engels en aquel famoso prólogo a *Las luchas de clases en Francia*, escrito de 1895, esto es, después de la muerte de Marx? Considerando primeramente el pasado, hasta el año de 1848, Engels afirma que la idea de que nos encontramos ante una revolución socialista inmediata está anticuada. A continuación prosigue su exposición:

> La historia nos ha dado un mentís, a nosotros y a cuantos pensaban de un modo parecido. Ha puesto de manifiesto que, por aquel entonces, el estado del desarrollo económico en el continente distaba mucho de estar maduro para poder eliminar la producción capitalista; lo ha demostrado por medio de la revolución económica que desde 1848 se ha adueñado de todo el continente, dando, por vez primera, verdadera carta de naturaleza a la gran industria en Francia, Austria, Hungría, Polonia y últimamente en Rusia, y haciendo de Alemania un verdadero país industrial de primer orden. Y todo sobre la base capitalista, lo cual quiere decir que esta base tenía todavía, en 1848, gran capacidad de extensión.[5]

Muestra luego Engels cómo ha cambiado todo desde aquella época y aborda el tema de las tareas del partido en Alemania:

> ...la guerra de 1870-1871 y la derrota de la Comuna desplazaron por el momento de Francia a Alemania el centro de gravedad del movimiento obrero europeo. En Francia, naturalmente, necesitaba años para reponerse de la sangría de mayo de 1871. En cambio, en Alemania, donde la industria —impulsada como una planta de estufa por el maná de aquellos cinco mil millones pagados por Francia— se desarrollaba cada vez más rápidamente, la socialdemocracia crecía todavía más de prisa y con más persistencia. Gracias a la inteligencia con que los obreros alemanes supieron utilizar el sufragio universal, implantado en 1866, el crecimiento asombroso del partido aparece en cifras indiscutibles...[6]

Viene, a continuación, el recuento famoso acerca de cómo aumentamos de elección legislativa en elección legislativa, hasta alcanzar millones de votos; de todo lo cual deduce Engels lo siguiente:

Pero con este eficaz empleo del sufragio universal entraba en acción un método de lucha del proletariado totalmente nuevo, método de lucha que se siguió desarrollando rápidamente. Se vio que las instituciones estatales en las que se organiza la dominación de la burguesía ofrecen nuevas posibilidades a la clase obrera para luchar contra estas mismas instituciones. Y se tomó parte en las elecciones a las dietas provinciales, a los organismos municipales, a los tribunales industriales, se le disputó a la burguesía cada puesto, en cuya provisión mezclaba su voz una parte suficiente del proletariado. Y así se dio el caso de que la burguesía y el gobierno llegasen a temer mucho más la actuación legal que la actuación ilegal del partido obrero, más los éxitos electorales que los éxitos insurreccionales.[7]

Añade Engels una crítica detallada de la creencia ilusa de que, en las condiciones del capitalismo moderno, el proletariado podría conseguir algo a partir de una revolución callejera. En mi opinión, nos encontramos hoy en mitad de una revolución y de una revolución callejera, con todo lo que ello implica, por lo que es hora de que nos replanteemos la interpretación que, hasta última hora, ha sido moneda corriente y oficial en la socialdemocracia alemana y que también es responsable de que hayamos vivido un 4 de agosto de 1914.

No pretendo decir con esto que, con sus observaciones, Engels se haya hecho responsable del proceso de la evolución en Alemania. Lo único que digo es: este es un documento clásico, representativo de la concepción que ha vivificado a la socialdemocracia alemana o, mejor dicho, que la ha matado. En este escrito, camaradas, Engels, con toda su pericia en la ciencia militar, demuestra que es una pura ilusión creer que, con el desarrollo actual del militarismo, de la industria y las grandes ciudades, el pueblo trabajador podrá hacer revoluciones callejeras triunfantes. Esta contraposición tuvo dos consecuencias: en primer lugar, la lucha parlamentaria pasó a considerarse como opuesta a la acción revolucionaria directa del proletariado y como único medio de la lucha de clases. El resultado de esa crítica fue el parlamentarismo puro más absoluto. En segundo lugar, curiosamente, la organización más poderosa del Estado de clase, el militarismo, esto es, la masa de proletarios vestida de tropa fue declarada inmune por principio, e inaccesible a toda influencia socialista. Igualmente, al establecer el prólogo que hoy, con el desarrollo actual de ejércitos gigantescos, resulta una locura pensar que el proletariado podría habérselas con unos soldados equipados con ametralladoras y con los medios bélicos más modernos, evidentemente está partiendo del supuesto de que quien es soldado hoy, habrá de ser siempre un pilar de las clases dominantes; error manifiesto desde el punto de vista de la experiencia actual y que resultaría absolutamente incomprensible en un hombre que se encontraba al frente de nuestro movimiento, si no supiéramos en qué circunstancias reales surgió el documento histórico de que hablamos. En honor de nuestros dos grandes maestros y, concretamente, de Engels, muerto mucho más tarde, y que comparte el prestigio y los criterios de Marx, se ha de recordar que Engels escribió este prólogo, como se sabe, bajo la presión directa de la fracción parlamentaria de entonces. Era aquella una época en Alemania en que, luego de la derogación de la Ley Antisocialista hacia 1890,[8] se había hecho visible una fuerte corriente radical, orientada hacia la izquierda, que pretendía advertir a los camaradas de los peligros de una entrega absoluta a la lucha parlamentaria.[9] A fin de destruir teóricamente a los elementos radicales y contenerlos en la práctica, a fin de apartarlos de la influencia que pudieran ejercer en las amplias masas, utilizando la autoridad de nuestros grandes maestros, Bebel y sus compañeros (y ello era ya significativo de nuestra situación en aquella época: que la fracción parlamentaria decidiera sobre los destinos y tareas del partido teórica y prácticamente) obligaron a Engels —quien vivía en el extranjero y tenía que confiarse en sus juicios— a escribir aquel prólogo, pues lo más urgente entonces parecía ser salvar el movimiento obrero alemán de las desviaciones anarquistas. Desde aquel momento esta concepción dominó a la socialdemocracia alemana en sus acciones y omisiones, hasta que nos tropezamos con la magnífica experiencia del 4 de agosto de 1914 y la proclamación del parlamentarismo en estado puro. Engels no llegó a vivir para ver el resultado, las consecuencias prácticas de la aplicación de su prólogo y de su teoría. Estoy convencida de que quien conozca las obras de Marx y Engels, quien conozca el espíritu revolucionario vivo, auténtico, sin falsificaciones que respiran todas sus enseñanzas y escritos sabrá que Engels hubiera sido el primero en protestar ante las extravagancias que resultaron del parlamentarismo puro, contra el encenagamiento y la desmoralización del movimiento obrero que se ha ido produciendo en Alemania, ya decenios antes del 4 de agosto; pues el 4 de agosto no nos ha caído del cielo, como un cambio inesperado, sino que era una consecuencia lógica de lo que veníamos experimentando día tras día y año tras año; Engels y, de haber vivido, Marx, hubieran sido los primeros en protestar con toda su fuerza contra esta interpretación y en detener el carro con brazo poderoso, antes de que se hundiese en el fango. Pero Engels murió el mismo año en que escribió el prólogo; le perdimos en 1895. Desde entonces, desgraciadamente, la dirección teórica pasó de las manos de Engels a las manos de un Kautsky, con lo que asistimos al espectáculo de que toda oposición contra el parlamentarismo puro, oposición que solía venir de la izquierda de los congresos, articulada por grupos mayores o menores de camaradas que luchaban contra el encenagamiento, sobre cuyas consecuencias amenazantes todos debieran reflexionar, toda esta oposición era calificada de anarquismo, anarcosocialismo o, por lo menos, de antimarxismo. El marxismo oficial tenía que servir como tapadera para todos los cambalaches, toda desviación de la verdadera lucha revolucionaria de clases, para toda insuficiencia que condenaba a la socialdemocracia y al movimiento obrero alemanes, incluido el sindical, a languidecer en el marco y en el seno de la sociedad capitalista, sin un solo intento serio de sacudir o de tratar de desorganizar esta sociedad.

A pesar de todo, camaradas, vivimos hoy el momento en que podemos decir: hemos vuelto a Marx y continuamos bajo su bandera. Cuando, hoy, nuestro programa declara que la tarea inmediata del proletariado, resumida en breves palabras, es convertir en realidad y hecho el socialismo y acabar de una vez y para siempre con el capitalismo, mantenemos la misma posición que mantenían Marx y Engels en 1848, y de la cual no se apartaron jamás en cuestiones de principios. Ahora se ve lo que es el verdadero marxismo y lo que era aquel sucedáneo del marxismo que anduvo a sus anchas durante tanto tiempo por la socialdemocracia alemana, afirmando ser el marxismo oficial. En sus representantes podéis ver dónde ha ido a parar el marxismo hoy día: en un subordinado y un comisario de los Ebert,[10] los David[11] y sus consortes. Entre estos vemos hoy a los representantes oficiales de la doctrina que, durante decenios, se nos ha presentado como el marxismo auténtico y sin falsificaciones. No, el marxismo no lleva a participar de la política contrarrevolucionaria de los Scheidemann,[12] sino que el auténtico marxismo también lucha contra aquellos que tratan de falsificarlo, socava como un topo los cimientos de la sociedad capitalista y, así, ha sido posible que hoy día el sector mejor del proletariado alemán forme tras nuestra bandera, tras la bandera de asalto de la revolución y que incluso del otro lado, donde la contrarrevolución parece seguir dominando, también tengamos partidarios y compañeros futuros de lucha.

Camaradas, como ya he dicho, hoy día nos encontramos con que, orientados por la dialéctica de la historia y enriquecidos en general por los setenta años de desarrollo capitalista, mantenemos la misma posición que mantuvieron Marx y Engels en 1848,[13] cuando desplegaron por primera vez la bandera del socialismo internacional. Por aquel tiempo, y mientras se revisaban los errores e ilusiones de 1848, se pensaba que el proletariado tenía un trecho largo por recorrer antes de que el socialismo se hiciera realidad. Por supuesto, los teóricos serios jamás se permitieron dar una fecha concreta cualquiera como término para el hundimiento seguro[14] y fijo del capitalismo, por más que, en general, se pensaba que aquel plazo sería muy largo, opinión que también se desprende de cada línea del prólogo que Engels escribió en 1895. Ha llegado el momento, sin embargo, de hacer las cuentas; y, en comparación con el desarrollo de las luchas de clases de entonces, ¿acaso no ha sido este un plazo muy breve? Setenta años de desarrollo del capitalismo avanzado han sido suficientes para ponerse en situación de acometer con esperanzas de éxito la tarea de eliminar ese mismo capitalismo. Más aún, no solamente estamos en situación hoy día de resolver esta cuestión, no solamente es ello nuestro deber con respecto al proletariado, sino que esta solución es la única salvación y posibilidad de mantenimiento de la sociedad humana.

Porque, camaradas, después de esta guerra,[15] ¿qué ha quedado de la sociedad burguesa más que un enorme montón de ruinas? Teóricamente, no hay que hacerse ilusiones sobre ello, todos los medios de producción, muchos de los medios de poder, casi todos los medios decisivos del poder, continúan en manos de las clases dominantes. Pero, al margen de los intentos convulsos de restaurar la explotación por medios sangrientos, aquellas clases solo pueden producir anarquía; y ello hasta el extremo de que, hoy, la humanidad se encuentra ante el siguiente dilema: hundimiento en la anarquía o salvación a partir del socialismo. Ante los resultados de la guerra mundial es claro que las clases burguesas no pueden encontrar salida alguna si tratan de mantener el dominio de clase y el capitalismo. De esta forma podemos hoy comprobar el acierto, en el sentido más estricto de los términos, de lo que Marx y Engels postularon por primera vez como la base científica del socialismo en el gran documento del *Manifiesto comunista*: el socialismo se convertirá en una necesidad histórica. El socialismo se ha convertido en una necesidad, no solamente porque el proletariado ya no está dispuesto a continuar bajo las condiciones de vida que le impone la clase capitalista, sino porque, de no cumplir el proletariado sus deberes de clase y no realizar el socialismo, nos espera la catástrofe a todos.

Estos son, pues, camaradas, los fundamentos del programa que hoy aprobamos oficialmente y cuyas líneas generales ya se expusieron en el folleto *¿Qué se propone la Liga Espartaco?* Este programa se opone conscientemente al criterio mantenido hasta ahora por el programa de Erfurt; se opone conscientemente a la separación entre las llamadas reivindicaciones inmediatas y mínimas de la lucha política y económica y el objetivo final socialista como programa máximo. En oposición consciente a todo ello liquidamos los resultados de los últimos setenta años de la evolución y, en especial, el resultado inmediato de la guerra mundial, al proclamar que ya no reconocemos programa mínimo y programa máximo alguno; el socialismo es lo uno y lo otro; el socialismo es lo mínimo que tenemos que implantar hoy.

No me he de extender en la consideración de las medidas concretas, que exponemos a ustedes en el proyecto de programa, puesto que pueden ustedes pronunciarse sobre ellas por separado, y una consideración detallada de las mismas nos llevaría demasiado lejos. Considero que mi misión se reduce a caracterizar y formular los grandes rasgos generales que distinguen nuestra posición programática de la que ha sido hasta ahora la de la llamada socialdemocracia alemana oficial. A cambio, creo que es más importante y más urgente que nos pongamos de acuerdo acerca de cómo hay que valorar las circunstancias concretas, de cómo se deben configurar las tareas inmediatas y las soluciones prácticas que se derivan de la situación política, del curso actual de la revolución y de las líneas posteriores y previsibles de su desarrollo. Debemos examinar la situación política en función del criterio que he intentado caracterizar, esto es, desde el punto de vista de la realización del socialismo, como tarea inmediata que ha de iluminar todas nuestras medidas y todas las actitudes que tomemos.

Camaradas, el congreso de hoy, del que creo poder decir con orgullo que es el congreso constituyente del único partido socialista revolucionario del proletariado alemán, coincide por casualidad, o, si he de expresarme con corrección, no por casualidad, con un momento crucial en el proceso de la revolución alemana. Se puede afirmar que, con los acontecimientos de los últimos días, se ha cerrado la etapa inicial de la revolución alemana, que entramos ahora en un estadio segundo de la evolución y que es el deber de todos nosotros, al tiempo que una fuente para un conocimiento mejor y más profundo del futuro, practicar la autocrítica, realizar un examen crítico y posterior de lo que se ha realizado, se ha hecho y se ha dejado de hacer, a fin de obtener el punto de apoyo necesario para nuestra acción posterior. Corresponde ahora hacer un examen crítico de esta primera fase de la revolución que acaba de cerrarse.

La fecha inicial de la revolución fue el 9 de noviembre. La del 9 de noviembre fue una revolución llena de insuficiencias y debilidades, lo cual no es nada extraño.[16] Se trataba de una revolución, luego de cuatro años de guerra, cuatro años en los cuales el proletariado alemán, merced a la escuela de la socialdemocracia y los sindicatos libres,[17] manifestó un grado tal de infamia y de traición a sus tareas socialistas como no se ha ofrecido en ningún otro país. Si se tiene en cuenta la evolución histórica —que es lo que hacemos nosotros, en nuestra condición de marxistas y de socialistas— no cabe esperar que en la Alemania que dio el espectáculo terrible de un 4 de agosto y de los cuatro años subsiguientes, repentinamente, el 9 de noviembre de 1918, comience a vivirse una gran revolución de clase y consciente de sus objetivos. Lo que presenciamos el 9 de noviembre, más que nada, fue el hundimiento del imperialismo existente, antes que la victoria de un principio nuevo. Había llegado el momento en que, al igual que un coloso de pies de barro, internamente putrefacto, el imperialismo tenía que hundirse; lo que vino después fue un movimiento más o menos caótico, falto de un plan y escasamente consciente, en el cual el único vínculo permanente, el principio salvador, solo podía articularse en la creación de consejos de obreros y soldados. Con todas las insuficiencias y debilidades del primer momento, tal es la consigna de esta revolución, que le ha dado de inmediato el cuño especial de revolución proletaria socialista; por esto cuando nos vienen con calumnias contra la Revolución Bolchevique no debemos olvidarnos de contestar: ¿dónde habéis aprendido el abc de vuestra revolución actual? Lo habéis aprendido de los rusos, de los consejos de obreros y soldados; y toda esa gentecilla que, al frente del llamado gobierno socialista alemán y en colaboración con los imperialistas ingleses, considera que es su tarea aplastar a los bolcheviques rusos, basa formalmente su poder en los mismos consejos de obreros y soldados, por lo que tiene que reconocer que la Revolución Rusa es la primera que ha dado soluciones válidas para la revolución mundial. Podemos decir con certeza —y ello se deriva por sí mismo de la situación actual— que sea cual sea el país en el que, después de Alemania, estalle la revolución, su primer acto será la constitución de consejos de obreros y soldados.

Este es, precisamente, el vínculo unitario internacional de nuestra actuación, tal es la consigna que distingue completamente a nuestra revolución de todas las revoluciones burguesas anteriores; y es muy característico de las contradicciones dialécticas en las que se mueve esta revolución —por otro lado, igual que las demás—, que ya el mismo 9 de noviembre, al lanzar su primer grito, por así decirlo, su grito de nacimiento, haya encontrado la consigna que nos ha de llevar hasta el socialismo: consejos de obreros y soldados, la consigna que centraliza el movimiento; la otra parte de la contradicción es que la revolución haya impuesto instintivamente esta consigna, a pesar de que el 9 de noviembre estaba tan atrasada que, gracias a sus insuficiencias, debilidades y falta de iniciativas, al segundo día de la revolución, casi había conseguido dejarse arrebatar la mitad de los medios de poder que conquistó el 9 de noviembre. De este modo puede verse, de un lado, que la revolución actual se encuentra sometida a la ley todopoderosa de la necesidad histórica, la cual contiene la confirmación de que, a pesar de nuestras insuficiencias, embrollos y defectos propios, nos vamos acercando paulatinamente a nuestra meta; por otro lado, al comparar solución tan clara con práctica tan insuficiente, no hay más remedio que decir que se trataba de los primeros pasos infantiles de la revolución, que aún tiene mucho por hacer y un largo camino por recorrer, antes de desarrollarse hasta alcanzar la realización completa de sus postulados primeros.

Camaradas, la primera fase, desde el 9 de noviembre hasta estos últimos días, se caracteriza en que todo el mundo se hacía ilusiones. La primera ilusión del proletariado y de los soldados que hicieron la revolución era la de la unidad bajo la bandera del llamado socialismo. Nada es más típico de las debilidades de la revolución del 9 de noviembre como primer resultado, que el hecho de que hayan ingresado elementos en la dirección del movimiento que aún dos horas antes del estallido de la revolución consideraban que su misión era agitar contra ella y hacerla imposible, es decir, los Ebert, Scheidemann y Haase.[18] La idea de la unificación de las distintas corrientes socialistas, entre el júbilo general de la unidad, era el lema de la revolución del 9 de noviembre, una ilusión que había de terminar sangrientamente y de la que solamente en los últimos días hemos despertado, quitándonosla de encima; una ilusión que también era autoengaño del lado de Ebert y Scheidemann, es decir, de todos lados, incluidos los burgueses. La etapa terminada de la revolución suponía, asimismo, una ilusión de la burguesía que creía que, por medio de la combinación de Ebert-Haase del llamado gobierno socialista, podría detener de verdad a las masas proletarias y sofocar la revolución; ilusión también por parte del gobierno de Ebert-Scheidemann, al creer que podría reprimir a las masas obreras en sus luchas socialistas de clase, utilizando para ello a las masas de soldados de los frentes. Tales fueron las ilusiones diversas que permiten aclarar los acontecimientos de los últimos tiempos, y que ya se han desvanecido. Se ha podido comprobar que la unificación de Haase con Ebert-Scheidemann, bajo la pantalla del «socialismo»,[19] en realidad no era otra cosa más que la hoja de parra para ocultar una política puramente contrarrevolucionaria, y ya se ha visto que nos hemos curado de ese espejismo, como sucede en todas las revoluciones. Existe un método revolucionario concreto de curar al pueblo de sus ilusiones; esta cura, sin embargo, se compra con la sangre del pueblo; en esta, igual que en todas las revoluciones anteriores. La sangre de las víctimas de la Chausseestrasse el 6 de diciembre,[20] la sangre de los marineros asesinados el 24 de diciembre,[21] es lo que ha sellado el conocimiento de la verdad para las amplias masas: lo que veis ahí aglutinado, bajo el nombre de un gobierno socialista, no es otra cosa que el gobierno de la contrarrevolución burguesa, y quien siga soportando esta situación está trabajando contra el proletariado y contra el socialismo.

Camaradas, también se ha desvanecido la ilusión de los señores Ebert y Scheidemann de que, con ayuda de los soldados del frente, podrían estar en situación de reprimir duraderamente al proletariado. Pues ¿cuál ha sido el resultado del 6 y del 24 de diciembre? Todos hemos podido apreciar un desencanto profundo de la parte de las masas de soldados, así como el comienzo de una actitud crítica, con respecto a aquellos que trataban de emplearlos como carne de cañón contra el proletariado socialista. Es también una ley del desarrollo objetivo necesario de la revolución socialista el hecho de que las tropas se aproximen al movimiento obrero y aprendan a reconocer el camino correcto de la revolución a partir de sus amargas experiencias. Al tiempo que se enviaban nuevas masas de soldados a Berlín, como carne de cañón para reprimir la agitación del proletariado socialista, ha podido verse cómo aumentaba la demanda de propaganda de la Liga Espartaco en los cuarteles. Camaradas, este es el fin de la primera fase. Las esperanzas de los Ebert-Scheidemann de dominar al proletariado con el auxilio de los soldados más atrasados ya se han hundido en gran medida. Lo que ahora tendrán que esperar, en un futuro no muy lejano, es una concepción revolucionaria cada vez más clara, incluso en los cuarteles y, con ello, un incremento del ejército del proletariado combatiente y una debilitación del campo de la contrarrevolución. De esto se sigue, sin embargo, que todavía alguien más tenía que perder sus ilusiones y ese alguien era la burguesía, la clase dominante. Si leen ustedes los periódicos de los últimos días, tras los acontecimientos del 24 de diciembre, podrán observar un tono claro e inequívoco de decepción e indignación: los lacayos del poder han resultado unos ineptos.

Ebert y Scheidemann tenían que convertirse en hombres fuertes, capaces de contener a la bestia. En cambio, ¿qué es lo que han conseguido? Han preparado un par de golpes de Estado insuficientes, de los cuales, por el contrario, la hidra de la revolución levanta la cabeza con mayor decisión. Esto es, por tanto, una desilusión recíproca en todos los lados. El proletariado ha perdido todas sus ilusiones acerca de la combinación Ebert-Scheidemann-Haase como un gobierno socialista. Ebert y Scheidemann han perdido la ilusión de reprimir duramente a los proletarios de mono con ayuda de los proletarios de uniforme; y la burguesía ha perdido la ilusión de engañar en sus fines a toda la revolución socialista alemana, valiéndose de Ebert, Scheidemann y Haase. Todo esto no es más que un saldo deudor, a fuerza de puros jirones de ilusiones destruidas. Pero precisamente el hecho de que después de la primera fase de la revolución lo único que queda son estos jirones desgarrados es la mayor ganancia para el proletariado. Porque no hay nada que sea tan perjudicial para la revolución como las ilusiones y nada que les sea tan útil como la verdad clara y abierta. Cabe referirse aquí a la opinión de un clásico del espíritu alemán, que sin ser un revolucionario del proletariado era un revolucionario espiritual de la burguesía: me refiero a Lessing, que, en una de sus últimas obras como bibliotecario en Wolfenbüttel, escribió las frases siguientes, a mi juicio muy interesantes y simpáticas:

> No sé si será un deber sacrificar la felicidad y la vida a la verdad… Pero sí sé que, cuando se quiere enseñar la verdad, es un deber hacerlo completamente o no hacerlo en absoluto, enseñarla de modo claro y rotundo, sin secretos, sin reservas y sin desconfianza en su poder… Pues que, cuanto mayor es el error, más corto y recto es el camino hacia la verdad; por el contrario, el error refinado es el que puede tenernos alejados para siempre de la verdad y del que más difícil es ver que se trata de un error… Quien únicamente piensa en presentar la verdad al hombre bajo todo género de tapujos y afeites podrá ser su alcahuete, pero nunca su amante.

Camaradas, los señores Haase, Dittmann, etcétera, han tratado de presentar al hombre la revolución, la mercancía socialista, bajo todo género de tapujos y afeites y han demostrado ser los alcahuetes de la revolución. Hoy estamos libres de estas ambigüedades y la mercancía se encuentra ante el pueblo alemán bajo la figura brutal y grotesca de los señores Ebert y Scheidemann. Hasta el más estúpido puede hoy reconocer que se trata de la contrarrevolución pura y simple.

¿Cuál es la perspectiva que se nos abre una vez que hemos dejado atrás la primera fase de la evolución? Por supuesto, no se trata aquí de hacer profecías, sino únicamente de extraer las consecuencias lógicas de lo que se ha experimentado hasta ahora, a fin de deducir el camino que se ha de recorrer en el desarrollo próximo y así adaptar en consecuencia nuestra táctica y nuestro modo de lucha. Camaradas, ¿a dónde nos lleva el camino? Alguna indicación puede obtenerse de las últimas declaraciones del nuevo gobierno de Ebert y Scheidemann, hechas con toda claridad y sin tapujos. ¿Hacia dónde orientar su rumbo del llamado gobierno socialista una vez que, como ya he señalado, han desaparecido todas las ilusiones? Este gobierno pierde día a día el apoyo de las amplias masas del proletariado y tras él no se encuentra hoy más que la pequeña burguesía y unos restos tristes del proletariado, de los cuales no puede decirse tampoco cuánto tiempo apoyarán al gobierno de Ebert y Scheidemann; estos perderán, también, progresivamente el apoyo de las masas de soldados; porque los soldados han comenzado un proceso de crítica y de reflexión, proceso que, en principio, suele discurrir lentamente, pero sin embargo, no se detiene hasta alcanzar la conciencia socialista completa. Ebert y Scheidemann han perdido también el crédito entre la burguesía, porque no han demostrado ser lo suficientemente fuertes. ¿En qué dirección pueden marchar ahora? Dentro de poco tendrán que poner fin a la comedia de la política socialista, y si leen ustedes el nuevo programa de esos señores, podrán ver que navegan a toda máquina hacia la segunda fase, la de la contrarrevolución descarada, incluso cabe decir, la de la restauración de las condiciones antiguas, prerrevolucionarias. ¿En qué consiste el programa del nuevo gobierno? En la elección de un presidente, en una posición intermedia entre el rey inglés y el presidente norteamericano, esto es, casi el rey Ebert y, en segundo lugar, el restablecimiento del Bundesrat.[22] Hoy han podido ustedes leer las reivindicaciones autonomistas de los gobiernos de Alemania meridional, que subrayan el carácter federal del Estado alemán.[23] El restablecimiento de aquel bravo Bundesrat y, naturalmente, de su apéndice, el parlamento alemán es una cuestión de semanas, camaradas, los Ebert y Scheidemann aplican así la línea de la pura restauración de la situación existente antes del 9 de noviembre; pero, al hacerlo, se han precipitado por una pendiente y yacen en el fondo del abismo con los miembros destrozados, pues la posibilidad de la restauración de la situación *anterior* al 9 de noviembre estaba ya superada el mismo 9 de noviembre y hoy Alemania se encuentra muy lejos de tal posibilidad. Para fortalecer su apoyo entre la clase cuyos verdaderos intereses representa, es decir, la burguesía —apoyo que se ha debilitado considerablemente en los últimos tiempos—, el gobierno se ha visto obligado a realizar una política cada vez más claramente contrarrevolucionaria. De entre esas reivindicaciones de los Estados de Alemania del Sur, publicadas hoy en los periódicos de Berlín, se desprende el deseo de conseguir una seguridad reforzada, como se dice, del Estado alemán; en lenguaje llano esto quiere decir: decretar el estado de sitio contra los elementos «anarquistas», «golpistas», «bolcheviques» y también socialistas. Con o sin estado de sitio, las circunstancias van a obligar a Ebert y Scheidemann a recurrir a la dictadura. De ello se sigue, sin embargo, que, precisamente a causa del desarrollo actual, de la lógica de los acontecimientos y de la violencia que empuja a Ebert y Scheidemann, en la segunda fase de la revolución acabaremos experimentando un enfrentamiento mucho más agudo, unas luchas de clases más intensas de lo que se produjo con anterioridad. El enfrentamiento ha de ser más agudo no solamente porque los momentos políticos, que he enumerado hasta ahora, llevan a entablar a brazo partido y con toda dureza la lucha entre la revolución y la contrarrevolución, sino porque de la profundidad surge un fuego nuevo, una nueva llama que todo lo devora, esto es, la lucha económica.

Camaradas, lo más característico del primer período de la revolución, podemos decir, hasta el 24 de diciembre, como lo hemos expuesto aquí, es que —y debemos ser muy conscientes de esto— se trataba de una revolución exclusivamente política. Y aquí radica el carácter primitivo, insuficiente, mediano e inconsciente de esta revolución. Se trataba del primer estadio de una transformación cuyos objetivos principales eran de carácter económico, esto es, un trastocamiento de las relaciones económicas. La revolución era ingenua, inconsciente como un niño que anda torpemente sin saber hacia dónde. La revolución tenía aún, como se ha dicho, un carácter puramente político. Únicamente en las últimas semanas han comenzado a hacerse notar las huelgas espontáneas. Vamos a tratar de ellas a continuación.

Lo esencial de esta revolución es que las huelgas crezcan de continuo y que cada vez se conviertan más claramente en el centro de gravedad y en lo más importante de la propia revolución. Así será esta una revolución económica que se convertirá en una revolución socialista. El combate por el socialismo, sin embargo, únicamente lo pueden librar las masas, de modo directo, a brazo partido con el capitalismo; en cada empresa, cada proletario contra su patrón. Solamente así se convertirá este combate en una revolución socialista.

Claro está que el atolondramiento hacía ver las cosas de otra manera. Se pensaba que era suficiente con derribar el gobierno anterior y establecer un gobierno socialista que promulgaría decretos, implantando el socialismo. Tal cosa no era más que otra ilusión. El socialismo no se construye ni se puede construir por medio de decretos, ni siquiera promulgados por un gran gobierno socialista. El socialismo es tarea de las masas y de cada proletario. Los proletarios han de romper las cadenas que los atan al capital. Solo esto es el socialismo y solamente así puede construirse el socialismo.

¿Qué forma exterior tiene la lucha por el socialismo? Esta forma es la de la huelga y por ello hemos visto que la fase económica del desarrollo en este segundo período de la revolución aparece en primer plano. Quisiera señalar aquí que nosotros podemos decir con orgullo, y nadie nos lo negará, que los de la Liga Espartaco, el Partido Comunista de Alemania, somos los únicos en toda Alemania que nos hemos puesto al lado de los obreros huelguistas y en lucha. Ustedes han leído y han visto en todas estas circunstancias cómo se ha comportado el Partido Independiente[24] en relación con las huelgas; no había diferencia alguna entre la posición de *Vorwärts* y la de *Freiheit*.[25] En ambos se decía: debéis ser trabajadores; el socialismo es el trabajo duro. ¡Tales son las cosas que se dicen mientras el capital sigue teniendo la sartén por el mango! Así no se lucha por el socialismo; por el socialismo se lucha únicamente a partir del combate enérgico contra el capitalismo, cuyas aspiraciones cuentan con gran cantidad de apoyo desde los provocadores más decididos hasta el Partido Independiente y hasta *Freiheit*, con la sola excepción de nuestro Partido Comunista. Por eso se ha dicho en esta exposición que, hoy día, todo lo que no se encuentra en la posición comunista-revolucionaria está en lucha decidida contra las huelgas.

De todo esto se sigue que en la próxima fase de la revolución no solo van a extenderse más las huelgas, sino que van a convertirse en el punto central y decisivo de la revolución, haciendo retroceder en importancia a las cuestiones puramente políticas. De este modo podrán ustedes presenciar un endurecimiento considerable de la situación en las luchas económicas; puesto que con estas la revolución alcanza un estadio en que la burguesía no admite bromas. La burguesía puede permitirse mistificaciones en la esfera política, donde aún es posible una mascarada y donde gente como Ebert y Scheidemann pueden aparecer bajo el rótulo de socialistas; no puede permitírselas, en cambio, cuando lo que se halla en juego es el beneficio económico. Al llegar a este punto, la burguesía planteará una alternativa al gobierno de Ebert y Scheidemann: o ponen fin a las huelgas y eliminan la amenaza de estrangulamiento a partir del movimiento huelguístico, o los señores Ebert y Scheidemann han concluido su función. En mi opinión, las medidas políticas de estos harán que concluyan su función de todas formas. Los Ebert y Scheidemann se duelen de no haber encontrado confianza suficiente en la burguesía. La burguesía, por su parte, se lo pensará mucho antes de rodear con la púrpura real la figura tosca de advenedizo de Ebert. Y si hubiera que llegar a ello, la burguesía dirá que no basta con tener manchadas de sangre las manos, sino que es necesario que la de las venas sea azul; si hubiera que llegar hasta ello la burguesía pensará que, de precisar un rey, no puede ser un arribista que ni siquiera puede conducirse como un rey de verdad.

De esta forma, camaradas, los señores Ebert y Scheidemann aspiran a que se produzca un movimiento contrarrevolucionario, porque ni podrán sofocar el incendio provocado por la lucha económica de clases, ni podrán satisfacer a la burguesía con sus afanes. Acabarán hundiéndose, a fin de hacer lugar a un intento de la contrarrevolución, que ya se prepara para entablar una lucha desesperada en torno a un Groener[26] o para sostener una dictadura militar con Hindenburg, o bien tendrán que ceder ante otras fuerzas contrarrevolucionarias.

No cabe prever nada con mayor precisión, pues no puede predecirse de modo positivo lo que vaya a suceder. Lo cierto es que lo esencial no es determinar las formas exteriores o el momento en que vaya a suceder esto o aquello, sino que a nosotros nos es suficiente con las líneas generales de la evolución y estas llevan a pensar que, después de la primera fase de la revolución, la de la primacía de la lucha política, aparece una segunda, de primacía de la lucha económica fortalecida e incrementada, durante la cual, y en un plazo mayor o menor, el gobierno de Ebert y Scheidemann se hundirá en el Orco.

Igualmente difícil de predecir es lo que suceda con la Asamblea Nacional en la segunda fase de la evolución revolucionaria. Es posible que, si la Asamblea Nacional llega a reunirse, se convierta en una escuela nueva para la educación de la clase obrera; o bien, tal cosa no está excluida, es posible que la Asamblea Nacional no llegue a reunirse. Nada puede predecirse. Entre paréntesis quiero añadir, a fin de que comprendan ustedes el punto de vista en que se basaba nuestra posición de ayer, que nosotros nos oponíamos únicamente a la idea de vincular nuestra actitud a una alternativa sola. No trato de abrir de nuevo una discusión, sino de decir esto nada más para evitar que alguno de ustedes me oiga mal y piense: vaya, ya hemos cambiado de tema. Mantenemos hoy la misma posición que ayer y con igual decisión.[27] No debemos limitar nuestra táctica frente a la Asamblea Nacional a la sola posibilidad —que, por supuesto, puede darse, aunque no es obligatorio que así sea— de que la Asamblea Nacional se vaya a pique, sino que debemos establecer esa nuestra táctica en función de todas las eventualidades, incluido el empleo revolucionario de la Asamblea Nacional si esta llega a reunirse. Por lo demás, si la Asamblea Nacional llega a reunirse o no, es un asunto indiferente; la revolución ha de triunfar de todos modos.

¿Qué es lo que queda del gobierno arruinado de Ebert y Scheidemann o de cualquier otro gobierno denominado socialdemócrata que se encuentra al timón de la nave? Ya he mostrado cómo el proletariado, como masa, se le ha escapado de las manos y cómo los soldados ya no se pueden utilizar como carne de cañón contrarrevolucionaria. ¿Qué queda a esas gentecillas miserables para salvar su situación? No les queda más que una posibilidad y si ustedes han leído hoy las noticias de prensa habrán visto dónde se encuentran las últimas reservas que han de dirigir a la contrarrevolución alemana, cuando la lucha vaya en serio. Todos ustedes han leído que las tropas alemanas en Riga marchan hombro con hombro con los ingleses contra los bolcheviques rusos.[28] Camaradas, tengo aquí documentos en los que podemos ver qué es lo que está pasando ahora en Riga. La operación procede del estado mayor del VIII Ejército, en colaboración con August Winnig, el socialdemócrata y dirigente sindical alemán.[29] El asunto se ha presentado como si los pobres Ebert y Scheidemann fueran las víctimas de la Entente.[30] En realidad, la táctica de *Vorwärts* desde hace semanas, desde el comienzo de la revolución, ha sido sostener que el estrangulamiento de la revolución en Rusia era el deseo más claro de la Entente; de este modo se hizo caer en la cuenta a la propia Entente. Ya hemos demostrado aquí documentalmente cómo se hizo esto a costa del proletariado ruso y de la revolución alemana. En un telegrama del 26 de diciembre, el jefe del estado mayor del VIII Ejército, teniente coronel Buerkner, da noticia de las negociaciones que han llevado a ese convenio en Riga. El telegrama en cuestión dice así:

> El 23 del 12 se produjo negociación entre el plenipotenciario alemán Winnig y representante gobierno inglés, ex-cónsul general en Riga, Bonsanquet, a bordo barco inglés *Princesa Margarita* en la que se solicitó presencia estado mayor alemán o de su representante, siendo designado yo. Objetivo de la negociación: establecimiento de las condiciones del armisticio. Curso de las negociaciones: Inglés: los barcos en el puerto vigilarán la aplicación de las condiciones del armisticio,[31] en razón de las cuales se exige lo siguiente:
>
> > 1. Los alemanes mantendrán una fuerza suficiente en el distrito para contener a los bolcheviques y no permitirles sobrepasar sus posiciones actuales.

Más adelante:

> 3. Una relación de las disposiciones con respecto a las tropas en combate con los bolcheviques, tanto de las alemanas como de las letonas, se hará llegar al oficial británico de estado mayor, para que este la ponga en conocimiento del oficial de marina más antiguo. Todas las disposiciones futuras en relación con las tropas que han de combatir contra los bolcheviques se comunicarán por medio del mismo oficial.

> 4. Se mantendrán bajo las armas fuerzas suficientes en las localidades de Walk, Wolmar, Wenden, Friedrichstadt, Pensk y Mitau a fin de evitar que los bolcheviques las capturen o rompan la línea que las une.

> 5. Debe defenderse de ataques bolcheviques al ferrocarril de Riga a Libau y todos los suministros y el correo británico que viajen por la línea deben gozar de tratamiento preferencial.

Sigue a continuación una serie de exigencias y viene, luego, la respuesta del plenipotenciario alemán Winnig:

> No es nada corriente tratar de obligar a un gobierno a mantener la ocupación de un Estado extranjero; en este caso, sin embargo, ello coincide con nuestro propio deseo —¡y esto lo dice el señor Winnig, dirigente sindicalista alemán!—, puesto que se trata de proteger sangre alemana —los barones del Báltico— y porque también consideramos moralmente justificado ayudar al país al que hemos liberado de su supeditación estatal anterior. Nuestros esfuerzos se veían dificultados, sin embargo, por dos razones: en primer lugar, por el estado de las tropas que, bajo la influencia de las condiciones del armisticio, ya no querían combatir, sino regresar al hogar y que, además, se componen de personas mayores y de inválidos de guerra; en segundo lugar, por el comportamiento de este gobierno —se refiere al letón— que presenta a los alemanes como sus opresores. Nos esforzaríamos, en consecuencia, por crear asociaciones voluntarias, listas para el combate, lo cual se ha producido ya en parte.

Lo que aquí se está tramando es la contrarrevolución. Hace unos días leyeron ustedes acerca de la División de Hierro, creada expresamente para luchar contra los bolcheviques en los países bálticos; no estaba clara entonces la posición del gobierno de Ebert-Scheidemann con respecto a esta División. Ahora ya saben ustedes que fue el mismo gobierno el que hizo la propuesta.

Permitidme, camaradas, una última observación en relación con Winnig. Con entera tranquilidad podemos decir que los dirigentes sindicales alemanes —no es casual que un dirigente sindical preste estos servicios políticos— y los socialdemócratas alemanes son los granujas mayores y más infames que han vivido en el mundo. ¿Saben ustedes dónde tendría que estar esa gente como Winnig, Ebert, Scheidemann? De acuerdo con el código penal alemán, que ellos declaran en plena vigencia y según el cual permiten que se administre la justicia, esa gente tendría que estar en la cárcel, porque el código penal alemán castiga con pena de prisión el reclutamiento de soldados alemanes para misiones en el extranjero. Podemos decir, sin faltar a la verdad, que hoy tenemos al frente del gobierno «socialista» a gente que no solamente es Judas del movimiento socialista y de la revolución proletaria, sino, también, carne de presidio que no puede estar en ninguna sociedad decente.

En relación con este punto y como final de mi intervención propondré a ustedes una resolución para la que espero su aprobación unánime, de modo que obtengamos la fuerza necesaria para oponernos a esa gente que está rigiendo los destinos de Alemania.[32]

Es claro, camaradas, si me permiten recuperar el hilo de mi exposición, que todas estas intrigas, la creación de la División de Hierro y, en especial, el acuerdo con el imperialismo inglés no son otra cosa que el último esfuerzo para sofocar el movimiento socialista alemán. Con esto se relaciona íntimamente también la cuestión esencial, la cuestión de las perspectivas de la paz. ¿Qué buscan esas intrigas si no es volver a provocar la guerra? Mientras esos granujas representan en Alemania la farsa de cómo buscan la paz a toda costa y de cómo somos los demás los que la estorbamos, la hacemos imposible y provocamos el descontento de la Entente, por otro lado están atizando con sus propias manos las llamas de la guerra en el frente oriental, tras cuyas huellas vendrá la guerra en Alemania. Aquí tienen ustedes de nuevo la explicación de por qué entramos en una etapa de enfrentamiento agudizado. Junto al socialismo y a los intereses de la revolución tendremos que defender los intereses de la paz mundial, lo cual es, precisamente, la confirmación de la táctica que los miembros de la Liga Espartaco llevamos defendiendo como la única correcta durante los cuatro años de guerra. ¡La paz es la revolución mundial del proletariado! No hay más camino para implantar y defender de verdad la paz que la victoria del proletariado socialista.

Camaradas, ¿qué conclusión debemos obtener de todo esto como pauta táctica general para la situación que se nos avecina en el próximo futuro? La conclusión inmediata de ustedes será, seguramente, la esperanza de que se produzca la caída del gobierno de Ebert y Scheidemann y su sustitución por un gobierno claramente socialista y proletario. Con todo, quisiera que su atención, más que hacia arriba, se dirigiera hacia abajo. No debemos continuar abrigando la ilusión de la primera fase de la revolución, la del 9 de noviembre, como si siguiéramos creyendo que es suficiente para el desarrollo de la revolución socialista con derribar el gobierno capitalista, sustituyéndolo por otro. Únicamente puede conseguirse la victoria de la revolución proletaria procediendo de modo inverso, minando las bases del gobierno de Ebert y Scheidemann por medio de una lucha proletaria de masas, social y revolucionaria, que avance paso a paso. A este respecto quisiera recordar a ustedes algunas insuficiencias de la revolución alemana que no se superaron con la primera fase de la revolución, sino que muestra claramente que, por desgracia, no nos encontramos tan avanzados como para asegurar la victoria del socialismo con solo derrocar el gobierno. Ya he procurado exponer a ustedes cómo la revolución del 9 de noviembre era, ante todo, una revolución política cuando, en realidad, debe convertirse en una revolución económica. Al mismo tiempo, era, también, una revolución urbana que dejó el campo prácticamente sin tocar. Sería una ilusión, sin embargo, tratar de realizar el socialismo sin contar con la agricultura. No es posible en absoluto transformar la industria en el sentido de la economía socialista, si no se da una fusión estrecha de aquella con una agricultura socialista. El concepto esencial del orden económico socialista es la superación de la contradicción y de la separación entre la ciudad y el campo. Esta separación, esta contradicción, este antagonismo, es un fenómeno puramente capitalista que ha de ser superado si queremos establecer un orden socialista. Si pretenden ustedes de verdad realizar una transformación socialista real tendrán ustedes que concentrar su atención de igual modo que sobre los centros industriales, sobre el campo y, en este terreno, desgraciadamente, ni siquiera hemos comenzado; y, sin embargo, es necesario que lo hagamos de una vez y no solamente en razón de que sin agricultura no podemos socializar, sino, también, en razón de que, al enumerar las reservas de la contrarrevolución que se enfrentan a nuestro empeño, nos ha quedado una muy importante, que es el campesinado, y que, precisamente por encontrarse intacto, constituye una reserva para la burguesía contrarrevolucionaria. Lo primero que hará esta burguesía, cuando sienta la quemadura de la llama de la huelga socialista, será movilizar al campesinado, partidario fanático de la propiedad privada. Contra la amenaza de esa fuerza contrarrevolucionaria no hay otro medio más que la extensión de la lucha de clases al campo, es decir, movilizar a los jornaleros sin tierras y a los pequeños campesinos contra el campesinado.

De aquí se deriva lo que tendremos que hacer para asegurar las condiciones del triunfo de la revolución y yo quisiera resumir en este sentido nuestras tareas próximas: lo más importante de todo es perfeccionar en el futuro el sistema de consejos de obreros y soldados y, especialmente, el sistema de consejos de obreros en todos sus aspectos. Lo que tuvimos el día 9 de noviembre fueron meros comienzos y en ocasiones no llegó ni a eso. En la primera fase de la revolución llegamos incluso a perder medios importantes de poder. Ya saben ustedes que la contrarrevolución ha comenzado una labor de supresión sistemática del sistema de consejos de obreros y soldados. El gobierno contrarrevolucionario de Hessen ha abolido por entero los consejos de obreros y soldados[33] y, en otros lugares, se les arrebatan los medios de poder. Por esta razón no podemos limitarnos a fomentar el sistema de consejos de obreros y soldados, sino que hemos de incluir en el sistema a los jornaleros agrícolas y a los pequeños campesinos. Tenemos que tomar el poder y tenemos que plantearnos la toma del poder como la cuestión de ¿qué hace, qué puede y qué debe hacer todo consejo de obreros y soldados en Alemania? El poder reside en los consejos; y nosotros tenemos que socavar el Estado burgués desde abajo no separando el poder público, la legislación y la administración, sino unificándolos en manos de los consejos de obreros y soldados.

Camaradas, es un campo muy vasto el que nos queda por labrar. Tenemos que prepararnos, desde abajo, para dar tal poder a los consejos de obreros y soldados que, cuando se derroque el gobierno de Ebert-Scheidemann, o cualquier otro similar, ello no sea más que el acto final. De este modo, la conquista del Estado no puede ser un hecho único, sino un proceso ininterrumpido durante el cual nos introducimos en el Estado burgués hasta que hemos copado todas las posiciones y las defendemos con uñas y dientes. De igual modo, la lucha económica, en mi opinión y en la opinión de mis amigos más cercanos en el partido, se ha de dirigir a partir de los consejos obreros. Asimismo, los consejos obreros deben hacerse cargo del enfrentamiento económico y de la transferencia de ese enfrentamiento a un plano más amplio. Todo el poder del Estado debe residir en los consejos obreros. Esta es la dirección en que tenemos que trabajar en el próximo futuro y de aquí se sigue el hecho de que, si nos proponemos esta tarea, tendremos que contar con una enorme agudización de la lucha también en el futuro próximo. Porque de lo que se trata aquí es de luchar paso a paso, codo a codo, en cada Estado, en cada ciudad, en cada aldea y en cada municipio, a fin de transferir a los consejos de obreros y soldados todos los medios de poder del Estado que hay que arrancar poco a poco a la burguesía. Para ello, sin embargo, es necesario previamente educar a nuestros camaradas y también a los proletarios. Incluso donde se dan consejos de obreros y soldados falta la conciencia necesaria de para qué sirven. En primer lugar tenemos que explicar a las masas que el consejo de obreros y soldados debe ser la palanca que mueva la maquinaria del Estado en todos los sentidos, que el consejo tiene que apoderarse de todos los poderes del Estado y tiene que orientarlos en el sentido de la transformación socialista. De todo esto aún son muy ignorantes incluso aquellas masas obreras que ya están organizadas en los consejos de obreros y soldados, con excepción, claro está, de pequeñas minorías concretas de proletariados que son conscientes de sus tareas. Pero esto no es ningún defecto, sino, precisamente, la situación normal. Ejerciendo el poder es como las masas tienen que aprender a ejercer el poder; y no existe otra forma de enseñárselo. Afortunadamente hemos superado ya la época en que se pretendía dar una educación socialista al proletariado, aunque los marxistas de la escuela de Kautsky parecen seguir viviendo hoy día en aquella época. La educación socialista de las masas proletarias consistía en darles charlas y repartirles panfletos y folletos. Nada de esto es necesario para la educación socialista proletaria. Las masas se educan en la acción. Hay que recordar que en el principio fue la acción; y la acción tiene que ser que los consejos de obreros y soldados se sientan llamados y aprendan a convertirse en el único poder público del Estado. Únicamente de este modo podemos preparar y propiciar el terreno para la transformación que ha de coronar nuestra obra. Por todo esto, camaradas, el cálculo y la conciencia más claros fueron los que nos impulsaron ayer a avisarles y a mí, en especial, a decirles que no se sigan tomando la lucha tan a la ligera. Algunos camaradas han deducido de esto, erróneamente, que yo les acusaba de cruzarse de brazos con el boicot a la Asamblea Nacional. Tal cosa no me ha pasado nunca por la imaginación. Ayer no pude explicar más detenidamente el problema, cosa que puedo hacer en el contexto actual y en relación con la intervención de hoy. Lo que quería decir es que la historia no nos da tantas facilidades como a las revoluciones burguesas, cuando bastaba con derrocar en la metrópoli al poder oficial, sustituyendo en él a algunos hombres o algunas docenas por otros nuevos. En nuestro caso, tenemos que trabajar de abajo a arriba, lo cual hace corresponder el carácter de masas de nuestra revolución con los objetivos que surgen de la base de la constitución social y corresponde también con el carácter de la revolución proletaria actual, en el sentido de que hemos de realizar la conquista del poder político desde abajo y no desde arriba. El 9 de noviembre fue un intento de sacudir el poder público y la dominación de clase, un intento incompleto, débil, inconsciente y caótico. Lo que hay que hacer ahora es enfocar conscientemente toda la fuerza del proletariado contra los cimientos de la sociedad capitalista. Abajo, donde el patrono aislado se enfrenta a su esclavo asalariado, donde todos los órganos ejecutivos de la dominación política de clase se enfrentan con los objetos de esa dominación, es decir, las masas, ahí abajo es donde tenemos que arrancar paso a paso a las clases dominantes los medios de poder para concentrarlos en nuestras manos. Al expresarlo de este modo el proceso aparece como más largo y fastidioso de lo que cabe imaginarse en un primer momento. En mi opinión es recomendable que nos hagamos cargo con claridad absoluta de todas las dificultades y complicaciones de esta revolución, porque espero que la descripción de las dificultades del cúmulo de tareas que nos esperan no consiga haceros desmayar en vuestro celo y vuestra energía, igual que no lo consigue conmigo. Por el contrario, cuanto mayor sea la tarea, mayores fuerzas conseguiremos unificar y sin olvidar que la revolución suele completar su obra con enorme *rapidez*. No trato de profetizar cuánto tiempo precisa ese proceso. ¡Quién calcula tal cosa, a quién le preocupa si nuestra vida alcanza para realizarlo! De lo que se trata es de que sepamos clara y exactamente qué hay que hacer. Y yo espero haber expuesto a ustedes lo que hay que hacer, al menos a grandes rasgos y en la medida de mis escasas fuerzas.

Fuente: Rosa Luxemburgo: «Nuestro programa y la situación política», en Ramón García Cotarelo, comp., *Obras escogidas*, t. II, Editorial Ayuso, San Bernardo, Madrid, 1978, pp. 163-190.

II. Espontaneidad, organización y partido

Problemas de organización
de la socialdemocracia rusa*

Pertenece a las viejas y veneradas verdades que quedan, la de que el movimiento socialdemócrata de los países atrasados deben aprender del movimiento más viejo de los países más avanzados. Nosotros nos atrevemos a añadir a esta frase su contraria, los partidos socialdemócratas más viejos y adelantados pueden y deben igualmente aprender del conocimiento cercano de sus partidos hermanos más jóvenes. Así como para el economista marxista —a diferencia del clásico burgués y con mayor razón del economista vulgar— no todas las etapas económicas que precedieron al orden económico capitalista son simples formas de «falta de desarrollo» con referencia a la

---

*   Artículo publicado en 1903-1904 en *Die Neue Zeit* como una reseña de Rosa Luxemburgo al texto de Lenin titulado *Un paso adelante, dos pasos atrás*. En ese libro Lenin muestra el parentesco de los mencheviques con los oportunistas alemanes, al ser hostiles ambos a la organización de un partido centralizado, y marca la diferencia entre la clase obrera y su vanguardia organizada: el partido, como órgano centralizado y disciplinado. En *Problemas de la organización de la socialdemocracia rusa*, Luxemburgo critica fundamentalmente lo que considera exceso de centralismo en la concepción leninista; señala que una dirección dotada de poderes tan amplios favorecería el desarrollo de una burocracia autoritaria y frenaría el movimiento de masas. Al mismo tiempo, formula por primera vez lo que se ha llamado la teoría de la organización proceso, que algunos consideran como alternativa a la teoría leninista del partido. Lenin, en *Respuesta a Rosa Luxemburgo* (Cuadernos de Pasado y Presente, Córdoba, 1971, no. 12, pp. 65-77), indica que nunca ha defendido «ultracentralismo» alguno y afirma que de ninguna manera pretende que el Comité Central sea el único «núcleo activo del partido», sino que simplemente debe defender la línea de su mayoría. Aunque el siguiente texto tiene como punto de partida la situación rusa, trata cuestiones de organización que son importantes también para la socialdemocracia alemana. *(N. del E.).*

cúspide de la creación —el capitalismo—, sino diferentes tipos de economía *históricamente* con el mismo derecho. Así también para el político marxista los movimientos socialistas de diferente desarrollo son cada uno individualidades históricas determinadas. Y mientras más llegamos a reconocer los mismos rasgos fundamentales de la socialdemocracia en toda la pluralidad de sus diferentes medios sociales, más conscientes nos volvemos de lo esencial, de lo fundamental, de los *principios* del movimiento socialdemócrata; más se anula la limitación de la perspectiva condicionada por cualquier localismo. No es casual que en el marxismo revolucionario vibre tan fuerte la nota internacional; no es casual que la argumentación oportunista resuene, siempre en el aislamiento nacional. El artículo que sigue que fue escrito a petición de *Iskra*, el órgano del Partido Socialdemócrata Ruso, debería ser también para el público alemán de algún interés.

Una tarea nueva y sin precedentes en la historia del socialismo le ha correspondido a la socialdemocracia rusa: la misión de definir una táctica socialista, es decir, una táctica conforme a las luchas de clases del proletariado, en un país donde todavía domina la monarquía absoluta. Todo parangón entre la situación rusa y la Alemania del 1878-1890, cuando estaban en vigor las leyes de Bismarck contra los socialistas, es fundamentalmente errónea, porque consideraría al régimen policial y no al régimen político. Los *obstáculos* que la ausencia de las libertades democráticas crea al movimiento de las masas tienen una importancia relativamente secundaria: también en Rusia el movimiento de las masas ha logrado abatir las barreras del orden absolutista y darse su Constitución, aunque precaria, de «motines callejeros». Ellas sabrán, por cierto, perseverar en este camino hasta la victoria completa sobre el absolutismo.

La dificultad principal que encuentra la lucha socialista en Rusia deriva del hecho de que el dominio de clase de la burguesía está oscurecido por el dominio de la violencia absolutista; esto confiere inevitablemente a la propaganda socialista para la lucha de clases un carácter abstracto, mientras que la agitación política inmediata asume sobre todo un carácter revolucionario democrático.

En Alemania la ley contra los socialistas tendía a poner al margen de la Constitución solamente a la clase obrera, en una sociedad altamente desarrollada, en la cual los antagonismos de clase se habían manifestado ya plenamente en el curso de las luchas parlamentarias.

Y precisamente en esto, por lo demás, consistía el absurdo y lo alocado de la empresa bismarckiana. En Rusia, por el contrario, se trata de hacer la experiencia opuesta: crear una socialdemocracia antes de que el gobierno esté en manos de la burguesía.

Esta circunstancia modifica de manera particular no solo la cuestión del trasplante de la doctrina socialista sobre el suelo ruso, no solo el problema de la *agitación*, sino también el de la *organización*.

A diferencia de las viejas experiencias del socialismo utópico, en el movimiento socialdemócrata la *organización* no es el producto artificial de la propaganda, sino el producto de la lucha de clases, a la que la socialdemocracia da simplemente conciencia política.

En condiciones normales, es decir allí donde el dominio político de la burguesía, realizado plenamente, precedió al movimiento socialista, es la misma burguesía la que creó en gran medida los rudimentos de una cohesión política de la clase obrera. «En esta etapa», dice el *Manifiesto comunista*, «si los obreros forman en masas compactas, esta acción no es todavía la consecuencia de su propia unidad, sino de la unidad de la burguesía». En Rusia, la socialdemocracia está obligada a suplir con su intervención consciente todo un período del proceso histórico y a conducir al proletariado, en tanto que clase consciente de sus objetivos y decidida a realizarlos a partir de una lucha muy ardua, de la atomización política que constituye el fundamento del régimen absolutista, a la forma más elevada de organización.

Esto hace particularmente difícil el problema de la organización, no tanto por el hecho de que la socialdemocracia debe proceder a esta organización sin poder gozar de las garantías formales que ofrece la democracia burguesa, sino porque ella debe, al igual que el Dios Padre, hacer surgir esta organización «de la nada», sin disponer de la materia prima política que en otros lugares la misma sociedad burguesa prepara.

El objetivo detrás del cual la socialdemocracia rusa se afana desde hace varios años consiste en el pasaje del tipo de organización de la fase preparatoria, cuando al ser la propaganda la forma principal de actividad, los grupos locales y ciertos cenáculos pequeños se mantenían sin establecer ningún vínculo entre sí, a la unidad de una organización más vasta tal como lo requiere una acción política concertada sobre todo el territorio del Estado. Pero ya que la perfecta autonomía y el aislamiento habían sido las características más condenadas de la forma de organización hoy arcaica, era natural que la consigna de la nueva tendencia, que predicaba una vasta unión, fuese el *centralismo*. La idea del centralismo fue el motivo dominante de la brillante campaña llevada a cabo durante tres años por *Iskra* para llegar al congreso de agosto de 1903, que si bien es considerado como el segundo congreso del Partido Socialdemócrata, ha sido de hecho su Asamblea Constituyente. La misma idea se había adueñado de la joven élite de la socialdemocracia rusa.

Pero muy prontamente, durante el mismo congreso y aún más después de este, debíamos convencernos de que la fórmula del *centralismo* estaba lejos de abrazar todo el contenido histórico y la originalidad del tipo de organización que necesita la socialdemocracia. Una vez más se tuvo la prueba de que ninguna fórmula rígida puede bastar cuando se trata de interpretar, desde el punto de vista marxista, un problema del socialismo, aunque solo fuera un problema concerniente a la organización del partido.

El libro del compañero Lenin, uno de los dirigentes y de los militantes más conocidos de *Iskra*: *Un paso adelante, dos pasos atrás*, es la exposición sistemática de las opiniones de la tendencia *ultracentralista* del partido ruso. Este punto de vista, que él expresa con un vigor y un rigor sin igual en las consecuencias, es el de un rudo centralismo cuyos principales principios consisten, por un lado, en la drástica diferenciación y separación de los grupos organizados de revolucionarios activos de su medio ambiente, cuando este es desorganizado aunque revolucionario, y por otra parte, la estricta disciplina y la directa, decisiva intervención de la autoridad central en todas las actividades de los grupos partidarios locales. Es suficiente observar que según esta concepción el Comité Central está autorizado a organizar todos los comités locales del partido, que por lo tanto goza también del poder de decidir sobre la composición personal de cada organización rusa local, desde Ginebra y Lieja hasta Tomsk e Irkutsk, para imponerles sus propios estatutos, disolverlas por decreto y crearlas nuevamente, y de este modo influir indirectamente hasta en la composición de la instancia suprema del partido, el congreso partidario. Es así como el Comité Central aparece como el verdadero núcleo activo del partido y las demás organizaciones como simples instrumentos ejecutivos.

Y es precisamente en esta unión del más riguroso centralismo organizativo y del movimiento socialista de las masas donde Lenin ve un principio específico del marxismo revolucionario, y aporta una cantidad de argumentos en apoyo de esta tesis. Pero tratemos de analizar la cuestión con mayor detenimiento.

No se podría poner en duda de que en general es propia de la socialdemocracia una fuerte tendencia hacia la centralización.

Habiendo crecido en el terreno económico del capitalismo, sistema centralizador por esencia, y debiendo luchar en el marco político de la gran ciudad burguesa centralizada, la socialdemocracia es profundamente hostil a toda manifestación de particularismo o de federalismo nacional. Ya que su misión es la de representar, dentro de las fronteras de un Estado, los intereses comunes del proletariado en cuanto clase, y de contraponer estos intereses generales a todos los intereses particulares o de grupo, la socialdemocracia tiende por naturaleza a reunir en un partido único los reagrupamientos de obreros, cualesquiera sean sus diferencias de orden nacional, religioso o profesional entre los miembros de la misma clase.

Ella no renuncia a este principio y no se resigna al federalismo, salvo en presencia de condiciones excepcionalmente anormales, como ocurre por ejemplo en la monarquía austro-húngara. Desde este punto de vista no se puede en modo alguno poner en duda el hecho de que la socialdemocracia rusa no deba constituir un conglomerado federativo de las innumerables nacionalidades y de los particularismos locales, sino que debe ante todo constituir un partido único para todo el imperio. Pero se plantea también otra cuestión: la del grado de centralización que puede convenir, teniendo en cuenta las condiciones actuales existentes dentro de la socialdemocracia rusa, unificada y única.

Desde el punto de vista de los objetivos formales de la socialdemocracia como partido de lucha, el centralismo de su organización aparece a primera vista como una condición de cuya realización dependen directamente la capacidad de lucha y la energía del partido.

Sin embargo, estas consideraciones de carácter formal y que se aplican a cualquier partido que se proponga una acción concreta, son mucho menos importantes que las condiciones históricas de la lucha proletaria.

En la historia de las sociedades basadas en el antagonismo de clases, el movimiento socialista es el primero que cuenta en todos sus estudios y en todo su camino con la organización y la acción directa y autónoma de la masa.

A partir de esto la democracia socialista crea un tipo de organización totalmente distinta de la de los movimientos socialistas precedentes, por ejemplo, los movimientos de tipo jacobino-blanquista.

Lenin parece subestimar este hecho cuando en el libro citado expresa la opinión de que el socialdemócrata revolucionario no sería otro que un jacobino indisolublemente ligado a la *organización* del proletariado que ha *tomado conciencia* de sus intereses de clase. Para Lenin, la diferencia entre el socialismo democrático y el blanquismo se reduce al hecho de que hay un proletariado organizado y provisto de una conciencia de clase en lugar de un puñado de conjurados. Él olvida que esto implica una completa revisión de las ideas sobre la organización y, en consecuencia, una concepción totalmente distinta de la idea del centralismo, como así también de las relaciones recíprocas entre la organización y la lucha.

El blanquismo no se planteaba el problema de la acción inmediata de la clase obrera y por ello podía dejar de lado la organización de las masas. Al contrario, ya que las masas populares no debían entrar en escena sino en el momento de la revolución, mientras que la obra de preparación correspondía solamente al pequeño grupo armado para el golpe de fuerza, el éxito mismo del complot exigía que los iniciados se mantuvieran a distancia de la masa popular. Pero esto era igualmente posible y realizable porque no existía ningún contacto íntimo entre la actividad conspirativa de una organización blanquista y la vida cotidiana de las masas populares.

Al mismo tiempo la táctica, como también los objetivos concretos de la acción, ya que eran improvisados libremente a partir de la inspiración y sin más contactos que el terreno de la lucha de clases elemental, podían ser fijados en sus detalles más pequeños y tomaban la forma de un plan predeterminado. En consecuencia, los miembros activos de la organización se transformaban en simples órganos ejecutores de las órdenes de una voluntad fijada con anticipación fuera de su propio campo de actividad, es decir, en *instrumentos* de un Comité Central. De aquí derivaba la segunda particularidad del centralismo conspirador: la sumisión absoluta y ciega de la sección del partido a la instancia central y la extensión de la autoridad de esta última a la extrema periferia de la organización.

Radicalmente distintas son las condiciones de las actividades de la socialdemocracia. Ella surge históricamente de la lucha de clases elemental, y se mueve en esta contradicción dialéctica. Solo en el curso de la lucha se recluta el ejército del proletariado y a su vez este último toma conciencia de los fines de ella. La organización, los progresos de la conciencia y la lucha no son fases particulares, separadas mecánicamente en el tiempo, como en el movimiento blanquista, sino por el contrario son aspectos distintos de un mismo y único proceso. Por una parte, fuera de los principios generales de la lucha, no existe una táctica ya elaborada en todos sus detalles que un Comité Central podría enseñar a sus tropas como en un cuartel; por la otra, las peripecias de la lucha, en el curso de la cual se crea la organización, determinan incesantes fluctuaciones en la esfera de influencia del partido socialista.

De aquí deriva que el centralismo socialdemócrata no podría basarse ni en la obediencia ciega, ni en una subordinación mecánica de los militantes al centro del partido. Además, no se pueden establecer compartimientos estancos entre el núcleo proletario consciente, sólidamente encuadrado en el partido, y los estratos contiguos del proletariado, cuya conciencia de clase crece cada día más a medida que son arrastrados a la lucha de clases.

Fundar el centralismo sobre estos dos principios —la subordinación ciega de todas las organizaciones hasta en los mínimos detalles al centro, que es el único que piensa, trabaja y decide por todos, y la separación rigurosa del núcleo organizativo respecto del ambiente revolucionario, como piensa Lenin— nos parece, por consiguiente, una trasposición mecánica de los principios blanquistas de organización de los círculos de conjurados al movimiento socialista de las masas obreras. Y nos parece que Lenin expresa su punto de vista de un modo tan sorprendente que ninguno de sus adversarios habría osado atribuirle, cuando define a su «socialdemócrata revolucionario» con un «jacobino ligado a la organización del proletariado que ha tomado conciencia de sus intereses de clase».

En realidad, la socialdemocracia no está ligada a la organización de la clase obrera, ella es el *movimiento mismo* de la clase obrera. Es necesario, por lo tanto, que el centralismo de la socialdemocracia sea de naturaleza fundamentalmente distinta del centralismo blanquista. No podría ser otra cosa que la imperiosa concentración de la voluntad de la vanguardia consciente y militante de la clase obrera frente a sus grupos e individuos. Es, por así decirlo, un «autocentralismo» del estrato dirigente del proletariado, es el reino de la mayoría dentro de su mismo partido.

Este análisis del contenido efectivo del centralismo socialdemócrata muestra ya que las condiciones indispensables para su realización no existen del todo en la Rusia moderna: la existencia de un contingente muy numeroso de obreros ya educados en la lucha política, y la posibilidad para ellos de desarrollar su acción específica mediante la influencia directa sobre la vida pública (en la prensa del partido, en congresos públicos, etcétera).

Esta última condición no podrá ser evidentemente realizada sino en la libertad política, en cuanto a la primera —la formación de una vanguardia proletaria consciente de sus intereses de clase y capaz de orientarse en la lucha política— está solamente a punto de brotar y todo el trabajo de agitación y de organización socialista debe tender a apresurar esta fase.

Es por ello muy extraño ver que Lenin profesa la opinión contraria: él está persuadido de que todas las condiciones preliminares para la constitución de un partido obrero potente y fuertemente centralizado existen ya en Rusia. Y si en un acto de optimismo proclama que en la actualidad «no es más el proletariado, sino ciertos intelectuales de nuestro partido los que carecen de autoeducación en cuanto a espíritu de organización y de disciplina», y si glorifica la acción educadora de la fábrica, que habitúa al proletariado «a la disciplina y a la organización», todo esto prueba una vez más su concepción demasiado mecánica de la organización socialista.

La disciplina que Lenin tiene presente es inculcada al proletariado no solo por la fábrica, sino también por el cuartel y por el burocratismo actual, en síntesis, por todo el mecanismo del Estado burgués centralizado.

Se hace un uso erróneo de las palabras y se cae en un error si se designa con el mismo término de «disciplina» dos nociones tan distintas como, por una parte, la ausencia de pensamiento y de voluntad en un cuerpo de los miles de manos y piernas que realizan movimientos automáticos, y, por la otra, la coordinación espontánea de los actos políticos conscientes de una colectividad. ¿Qué puede tener de común la docilidad bien guiada de una clase oprimida con la rebelión organizada de una clase que lucha por su emancipación integral?

No es partiendo de la disciplina impuesta por el Estado capitalista al proletariado (después de haber simplemente sustituido a la autoridad de la burguesía la de un Comité Central socialista), sino extirpando hasta su última raíz estos hábitos de obediencia y de servidumbre como la clase obrera podrá adquirir el sentido de una nueva disciplina, de la autodisciplina libremente consentida por la socialdemocracia.

De aquí resulta que el centralismo en sentido socialista no podría ser una concepción absoluta aplicada a cualquier fase del movimiento obrero; es necesario concebirlo ante todo como una *tendencia* que se convierte en realidad en la medida del desarrollo y de la educación política de las masas obreras en el curso de sus luchas.

Vale decir que la ausencia de las condiciones más necesarias para la realización completa del centralismo en el movimiento ruso puede constituir un obstáculo muy serio.

Sin embargo, nos parece que sería un grueso error pensar que se podría sustituir «provisoriamente» en el partido el dominio aún irrealizable de la mayoría de los obreros conscientes por el poder absoluto de un Comité Central que actúa como por tácita «delegación», y remplazar el control público ejercido por las masas obreras sobre los órganos del partido con el control opuesto del Comité Central sobre la actividad del proletariado revolucionario.

La misma historia del movimiento obrero en Rusia nos ofrece muchas pruebas del dudoso valor de un centralismo similar. Sería absurdo que un centro omnipotente, investido de un ilimitado derecho de control y de ingerencia, según el ideal de Lenin, tuviera una competencia limitada a las funciones exclusivamente *técnicas* tales como la administración de los fondos, la división del trabajo entre los propagandistas y los agitadores, los transportes clandestinos de la prensa, la difusión de los periódicos, circulares, manifiestos. Se podría comprender el fin político de una institución munida de tales poderes, solo si sus fuerzas fueran consagradas a la elaboración de una táctica uniforme de lucha y si ella asumiera la iniciativa de una vasta acción revolucionaria. ¿Pero qué nos enseñan las vicisitudes atravesadas hasta ahora por el movimiento socialista en Rusia? Los cambios más importantes y fecundos de táctica en los últimos diez años no fueron debidos a los descubrimientos de algún dirigente y aún menos de órganos centrales, fueron siempre el producto espontáneo del movimiento en fase de actividad.

Así ocurre durante la primera etapa del movimiento verdaderamente proletario en Rusia, que puede datarse desde la huelga general espontánea de Petrogrado en 1896, y que señala el comienzo de toda una fase de luchas económicas realizadas por las masas obreras. Así ocurre también en la segunda fase de la lucha, signada por las demostraciones callejeras, que se desarrollaron a partir de la agitación espontánea de los estudiantes de Petrogrado en marzo de 1901.

El gran giro sucesivo de la táctica que abrió nuevos horizontes estuvo signado —en 1903— por la huelga general de Rostov del Don: también una explosión espontánea, porque la huelga se transformó «por sí misma» en manifestación política con agitaciones callejeras, grandes actos populares abiertos y discursos públicos, que el más entusiasta de los revolucionarios no habría osado soñar algunos años antes.

En todos estos casos nuestra *causa* hizo progresos inmensos. La iniciativa y la dirección consciente de las organizaciones socialdemócratas solo tuvieron una participación insignificante. Esto no se explica por el hecho de que tales organizaciones no estaban particularmente preparadas para esos acontecimientos (aunque dicha circunstancia haya podido influir), y aún menos por la ausencia de un aparato central omnipotente tal como el preconizado por Lenin. Por el contrario, es bastante probable que la existencia de un centro directivo de ese tipo no habría hecho más que aumentar la confusión de los comités locales, acentuando el contraste entre el asalto impetuoso de las masas y la posición prudente de la socialdemocracia. Por otra parte se puede observar que este mismo fenómeno —el papel insignificante de la iniciativa consciente de los órganos centrales en la elaboración de la táctica— se advierte en Alemania como en otras partes. A grandes líneas, la táctica de lucha de la socialdemocracia no debe, en general, ser «inventada»; es el resultado de una serie ininterrumpida de grandes actos creadores de la lucha de clases con frecuencia espontánea, que busca su camino.

El inconsciente precede lo consciente y la lógica del proceso histórico objetivo precede la lógica subjetiva de sus protagonistas. La función de los órganos directivos del partido socialista tiene en gran medida un carácter conservador: tal como nos enseña la experiencia, cada vez que el movimiento obrero conquista un terreno nuevo, estos órganos lo cultivan hasta sus límites extremos, pero al mismo tiempo lo transforman en un bastión contra procesos ulteriores de mayor amplitud.

La táctica actual de la socialdemocracia alemana es estimada universalmente por su agilidad y, al mismo tiempo, por su firmeza. Pero esta táctica denota solamente una admirable adaptación del partido, hasta en los mínimos detalles de la acción cotidiana, a las condiciones del régimen parlamentario: el partido ha estudiado metódicamente todos los recursos de este terreno y sabe extraer beneficios sin derogar sus principios. Y sin embargo, la misma perfección de esta adaptación cierra horizontes más vastos. Se tiende a considerar a la táctica parlamentaria como inmutable, como la táctica específica de la lucha socialista. Ella se rehúsa, por ejemplo, a examinar la cuestión planteada por Parvus del cambio de táctica a considerar en el caso de la anulación del sufragio universal en Alemania; y sin embargo esta eventualidad es considerada con mucha seriedad por los jefes de la socialdemocracia.

Esta inercia es debida en gran parte al hecho de que es muy difícil definir, en el vacío de cálculos abstractos, los contornos y las formas concretas de coyunturas políticas todavía inexistentes y por ello imaginarias. Lo que importa siempre para la socialdemocracia no es evidentemente la preparación de un esquema ya definido para la táctica futura sino mantener el juicio histórico correcto sobre las formas de lucha correspondientes a cada momento dado, la comprensión viva de la relatividad de esa fase de lucha y de la ineluctabilidad del agravamiento de las tensiones revolucionarias desde el punto de vista del objetivo final de la lucha de clases. Pero confiando al órgano dirigente del partido poderes casi absolutos de carácter *negativo*, como quiere Lenin, no se hace sino reforzar hasta un punto muy peligroso el natural conservadurismo inherente a este órgano.

Si la táctica del partido es el producto no del Comité Central sino del conjunto del partido o, mejor aún, del conjunto del movimiento obrero, es evidente que las secciones y federaciones necesitan de esa libertad de acción que es la única que les permite utilizar todos los recursos de una situación y desarrollar su iniciativa revolucionaria. El ultracentralismo defendido por Lenin se nos aparece como impregnado no ya de un espíritu positivo y creador, sino más bien del espíritu estéril del vigilante nocturno. Toda su preocupación está dirigida a *controlar* la actividad del partido y no a fecundarla, a restringir el movimiento antes que a desarrollarlo, a destrozarlo antes que a unificarlo.

Una experiencia similar, en las circunstancias actuales, sería doblemente riesgosa para la socialdemocracia rusa. Ella está en el umbral de las batallas decisivas que la revolución dará al zarismo; está por comprometerse, o mejor dicho está ya comprometida, en una fase de intensa actividad creadora en el plano de la táctica y —lo que es natural en un período revolucionario— en una fase en la cual su esfera de influencia se ampliará y desplazará espontáneamente y a saltos. Intentar en tal momento encadenar la iniciativa del partido y rodearlo de alambradas, significa impedir que cumpla con las formidables tareas de la hora.

Todas las consideraciones generales que hemos expuesto a propósito de la esencia del centralismo socialista no bastan para delinear un proyecto de estatuto adaptado a la organización del partido, determinado solamente por las condiciones en que se desarrolla la acción rusa. En última instancia, un estatuto de este tipo no puede ser determinado sino por las condiciones en que se efectúa la acción del partido en un período dado. Y ya que en Rusia se trata de la primera tentativa de poner en pie una gran organización del proletariado, es dudoso que un estatuto, cualquiera que él sea, pueda pretender ser infalible de antemano: antes es necesario que sufra la prueba de fuego. Pero lo que sí tenemos el derecho de deducir de la idea general que nos hemos hecho de la organización de la socialdemocracia, es que el espíritu de esta organización comporta, en especial al comienzo del movimiento de masas, la coordinación, la unificación del movimiento, y no ya su sumisión a un reglamento rígido. Y, a condición de que el partido sea preparado en este espíritu de ductilidad política que debe ir acompañado de una fidelidad absoluta a los principios y con el propósito de la unidad, podemos estar seguros de que la experiencia práctica corregirá las incongruencias del estatuto, por más desafortunada que pueda ser su redacción. Ya que no es la letra, sino el espíritu viviente que le confieren los militantes activos, lo que decide del valor de esta o aquella forma de organización.

Hasta aquí hemos examinado el problema del centralismo desde el punto de vista de los principios generales de la socialdemocracia y, en parte, bajo el aspecto de las condiciones particulares de Rusia. Pero el espíritu de cuartel del ultracentralismo preconizado por Lenin y por sus amigos no es, en efecto, el producto de un modo de proceder casual. Dicho espíritu se vincula a la lucha contra el oportunismo que Lenin extiende hasta el terreno de los detalles más minuciosos de la organización.

Se trata, dice Lenin, «de forjar un arma más o menos afilada contra el oportunismo. Y el arma debe ser tanto más eficaz cuanto más profundas sean las raíces del oportunismo».

De igual modo, Lenin ve en los poderes absolutos que atribuye al Comité Central, y en el muro que eleva en torno al partido, un dique contra el oportunismo cuyas manifestaciones específicas provienen, a su entender, de la tendencia innata del intelectual a la autonomía y la desorganización, de su aversión por la disciplina estricta y por toda «burocracia», necesaria, sin embargo, en la vida del partido.

Según Lenin, es solo entre los intelectuales, que se mantienen individualistas e inclinados a la anarquía aunque se hayan adherido al socialismo, donde se encuentra esta repugnancia a soportar la autoridad absoluta de un Comité Central, en tanto que el proletario auténtico logra mediante su instinto de clase una especie de voluptuosidad con la que se abandona al puño de una sólida dirección y a todos los rigores de una disciplina despiadada.

«El burocratismo opuesto al democratismo», dice Lenin, «no significa otra cosa que el principio de organización de la socialdemocracia revolucionaria opuesto a los métodos de organización oportunistas». Él insiste sobre el hecho de que el mismo conflicto entre tendencias centralizadoras y tendencias autonomistas se manifiesta en todos los países en los que se enfrentan el socialismo revolucionario y el reformismo. Recuerda en particular los debates que suscita en la socialdemocracia alemana la cuestión de la autonomía que debe ser concedida a los colegios electorales. Y esto nos incita a verificar los paralelos establecidos por Lenin.

Comencemos observando que la exaltación de las facultades innatas de las que estarían provistos los proletarios en lo referente a la organización socialista, y la desconfianza frente a los intelectuales, no son en sí mismas expresiones de una mentalidad *marxista revolucionaria*; por el contrario, se podría demostrar fácilmente que estos argumentos se emparentan con el oportunismo.

El antagonismo entre los elementos proletarios puros y los intelectuales no proletarios es la bandera ideológica bajo la cual se reúnen: el semianarquismo de los sindicalistas puros franceses con su consigna semejante de «desconfiad de los políticos», el *trade unionism* inglés lleno de desconfianza hacia los «soñadores socialistas», y finalmente, si nuestras informaciones son exactas, ese «economismo puro» que no hace mucho tiempo predicaba en las filas de la socialdemocracia rusa el grupo que imprimía clandestinamente en Petrogrado la revista *Rabóchaia Mysl* (*Pensamiento Obrero*).

Indudablemente no se podría negar que, en la mayor parte de los partidos socialistas de Europa occidental, existe un nexo entre el oportunismo y los intelectuales, así como también entre el oportunismo y las tendencias descentralizadoras.

Pero nada es más contrario al espíritu del marxismo, a su modo de pensar historicista y dialéctico, que separar los fenómenos de la *base histórica* de la que nacen y hacer esquemas abstractos de importancia absoluta y general.

Razonando abstractamente se puede reconocer solamente que el «intelectual», siendo un elemento social proveniente de la burguesía y extraño al proletariado, puede adherir al socialismo no ya por sus sentimientos de clase, sino al contrario, a su pesar. Es por esto que está expuesto a las oscilaciones oportunistas mucho más que el proletario que encuentra en su instinto de clase un punto de apoyo revolucionario bastante sólido, por poco que conserve el vínculo con su ambiente de origen, la masa obrera. Sin embargo, la forma concreta que asume la tendencia del intelectual hacia el oportunismo, y sobre todo el modo en que esta tendencia se manifiesta en las cuestiones relativas a la organización, depende en cada caso del ambiente social concreto.

Los fenómenos observados en la vida del socialismo alemán, francés o italiano, a los que se refiere Lenin, son productos de una base social bien determinada, es decir, del parlamentarismo burgués. Y ya que este parlamentarismo es, por lo general, precisamente el vivero de todas las actuales tendencias oportunistas del socialismo de Europa occidental, genera también en particular las tendencias desorganizadas del oportunismo.

El parlamentarismo, tal como se presenta en Francia, Italia y Alemania, no alimenta solamente las muy conocidas ilusiones del oportunismo actual: la sobreestimación de la importancia de las reformas, la colaboración de las clases y de los partidos, el desarrollo pacífico, etcétera. Pero separando en las filas del partido socialista a los intelectuales de los obreros y colocándolos, en su condición de parlamentarios, en cierto modo por encima de los obreros, el parlamentarismo crea también un terreno propicio para el desarrollo práctico de estas ilusiones.

Finalmente, los progresos del movimiento obrero hacen del parlamentarismo un trampolín para el «carrerismo» político, y es por esto que vemos cobijarse bajo los estandartes del partido socialista a muchos ambiciosos y desplazados pertenecientes a la burguesía.

Es a todas esas circunstancias que se debe atribuir la conocida tendencia del intelectual oportunista de los partidos socialistas de Europa occidental hacia la desorganización y la indisciplina.

Otra fuente muy determinada del oportunismo contemporáneo es la existencia de un movimiento socialista muy desarrollado y, en consecuencia, la existencia de una organización que dispone de considerables medios e influencias. Esta organización constituye una defensa del movimiento de clase contra las desviaciones en el sentido del parlamentarismo burgués, las cuales, para triunfar, deben tender a la destrucción de esta defensa y a sumergir la élite activa y consciente del proletariado en la masa amorfa del «cuerpo electoral».

Es así como nacen las tendencias «autonomistas» y descentralizadoras perfectamente adaptadas a ciertos objetivos políticos; en consecuencia, conviene explicarlos no como hace Lenin por el carácter de desplazado del «intelectual», sino por las necesidades del politiquero parlamentario burgués, no por la psicología del «intelectual», sino por la política oportunista.

La cuestión se presenta totalmente distinta en Rusia, bajo el régimen de la monarquía absoluta, donde el oportunismo del movimiento obrero es generalmente el producto no de la fuerza de la socialdemocracia ni de la descomposición de la sociedad burguesa, sino, al contrario, de las condiciones políticas atrasadas de esta sociedad.

El ambiente en el que se recluían en Rusia los intelectuales socialistas es mucho menos burgués y más desclasado, en el sentido preciso de este término, que en Europa occidental. Esta circunstancia unida a la inmadurez del movimiento proletario en Rusia ofrece, es cierto, un campo muy vasto a las teorizaciones falaces y a las oscilaciones oportunistas que llegan, por una parte, hasta la negación completa del aspecto político de las luchas obreras, y, por la otra, hasta la fe incondicional en la eficacia de los atentados aislados, o también hasta el quietismo político, el pantano del liberalismo y del idealismo kantiano.

Sin embargo nos parece que el intelectual ruso, miembro del Partido Socialdemócrata, difícilmente puede sentirse atraído por una labor de desorganización, porque una tendencia así no es favorecida ni por la existencia de un parlamento burgués, ni por el estado de ánimo del ambiente social. El intelectual occidental que profesa hoy el «culto del yo» y tiñe de moral aristocrática hasta sus veleidades socialistas, es el representante característico no de la «clase intelectual burguesa», en general, sino solamente de una fase determinada de su desarrollo: el producto de la decadencia burguesa. Por el contrario, los sueños utópicos y oportunistas de los intelectuales rusos, ganados para la causa del socialismo, tienden a rellenarse de fórmulas teóricas, en las que el *yo* no es exaltado, sino humillado, y la moral del renunciamiento y de la expiación es el principio dominante. Así como los *narodnikis* (o «populistas») del 1875 predicaban la absorción de los intelectuales por la masa campesina, y los partidarios de Tolstoi practican la evasión de los ciudadanos hacia la vida de la gente «simple», los factores del «economismo puro» en las filas de la socialdemocracia querían que esta se inclinara ante «las manos callosas» del trabajador.

Se obtienen resultados muy distintos cuando en lugar de aplicar mecánicamente a Rusia los esquemas elaborados en Europa occidental nos esforzamos por estudiar el problema de la organización en relación con las condiciones específicas de la sociedad rusa.

De cualquier modo, atribuirle, como hace Lenin, una preferencia inmutable por una forma determinada de organización y particularmente por la descentralización, significa ignorar la naturaleza íntima del oportunismo.

Ya se trate de organización o de otra cosa, el oportunismo solo conoce un único principio: la ausencia de todo principio. Escoge sus medios de acción de acuerdo con las circunstancias, si estos medios le parecen aptos para lograr los fines que persigue.

Si con Lenin nosotros definimos al oportunismo como la tendencia a paralizar el movimiento revolucionario autónomo de la clase obrera y a transformarlo en instrumento de las ambiciones de los intelectuales burgueses, debemos reconocer que en las fases iniciales del movimiento obrero este objetivo puede ser alcanzado no mediante la descentralización, sino a partir de una rígida *concentración*, que entregará este movimiento de proletarios aún incultos a los jefes intelectuales del Comité Central. En los comienzos del movimiento socialdemócrata en Alemania, cuando no existía todavía ni un sólido núcleo de proletarios conscientes, ni una táctica basada en la experiencia, hemos visto enfrentarse los partidarios de dos tipos opuestos de organización: el centralismo a ultranza, sostenido por la Asociación general de obreros alemanes fundada por Lasalle, y el autonomismo del partido que se constituyó en el congreso de Eisenach con la participación de W. Liebknecht y de A. Bebel. Aunque la táctica de los eisenacheanos era bastante confusa, desde el punto de vista de los principios, ella contribuyó infinitamente más que la acción de los lassalleanos, a suscitar en la masa obrera el despertar de una nueva conciencia. Y los proletarios desempeñaron rápidamente un papel preponderante en este partido (como se puede ver en la rápida aceleración de los periódicos obreros publicados en provincia), el movimiento se extendió rápidamente, en tanto que los lassalleanos, a pesar de todas sus experiencias de «dictadores», llevaban a sus partidarios de una desventura a otra.

En general es fácil demostrar que cuando la cohesión entre los sectores revolucionarios de la clase obrera es aún débil y cuando el movimiento mismo avanza todavía con altibajos, es decir, cuando estamos en presencia de condiciones similares a las que hoy existen en Rusia, es precisamente el centralismo despótico y riguroso lo que caracteriza a los intentos organizativos de los intelectuales oportunistas. Exactamente como en un período posterior —bajo el régimen parlamentario y con un partido obrero sólidamente constituido— las tendencias oportunistas de los intelectuales se expresan en una propensión a la «descentralización».

Si colocándonos desde el punto de vista de Lenin temiéramos sobre todo la influencia de los intelectuales en el movimiento obrero, no podríamos concebir un peligro mayor para el partido socialista ruso que los planes de organización propuestos por Lenin. Nada podría someter más un movimiento obrero todavía tan joven a una élite de intelectuales, ávidos de poder, que esta coraza burocrática en la que se lo aprisiona para reducirlo a un autómata manejado por un «comité».

Y, por el contrario, contra los manejos oportunistas y las ambiciones personales, no existe garantía más eficaz que la actividad revolucionaria autónoma del proletariado, gracias a la cual adquiere el sentido de sus propias responsabilidades políticas.

En efecto, esto que hoy es un fantasma, que obsesiona la imaginación de Lenin, podría mañana convertirse en realidad.

No olvidemos que la revolución, que, estamos seguros, no tardará en estallar en Rusia, no es una revolución proletaria, sino una revolución burguesa, que modificará radicalmente todas las condiciones de la lucha socialista. Entonces los intelectuales rusos se embeberán también ellos rápidamente de la ideología burguesa. Si en la actualidad la socialdemocracia es la única guía de las masas obreras, después de la revolución se asistirá naturalmente a la tentativa de la burguesía, y en primer lugar de los intelectuales burgueses, de hacer de las masas la base de su dominio parlamentario.

El juego de los demagogos burgueses será bastante más fácil si en la actual fase de la lucha, la acción espontánea, la iniciativa y el sentido político de la vanguardia obrera habrían sido coartados en su desarrollo y en su expansión por la tutela de un Comité Central autoritario.

Y en primer lugar, la idea que está en la base del centralismo a ultranza, es decir el querer obstaculizar el camino al oportunismo con los artículos de un estatuto, es fundamentalmente errónea.

Bajo la impresión de lo ocurrido recientemente en los partidos socialistas de Francia, Italia y Alemania los socialdemócratas rusos son propensos a considerar al oportunismo en general como un ingrediente extraño, introducido en el movimiento obrero por los representantes del democratismo burgués. Aunque así fuese, las sanciones de un estatuto serían impotentes contra esta intrusión de elementos oportunistas. Dado que el flujo de afiliados no proletarios en el partido obrero es el efecto de causas sociales profundas, tales como la decadencia económica de la pequeña burguesía, el fracaso del liberalismo burgués, la decadencia de la democracia burguesa, sería verdaderamente una piadosa ilusión pensar en detener este ímpetu tumultuoso con la barrera de una fórmula inserta en el estatuto.

Los artículos de un reglamento pueden dominar la vida de pequeñas sectas y de cenáculos privados, pero una corriente histórica pasa a través de las mallas de los parágrafos más sutiles. Además, es un error muy grande creer que se puedan defender los intereses de la clase obrera rechazando los elementos que la disgregación de las clases burguesas impulsa en masa hacia el socialismo. La socialdemocracia siempre afirmó representar, junto a los intereses de la clase obrera, la totalidad de las aspiraciones progresistas de la sociedad contemporánea y los intereses de todos aquellos que son oprimidos por el dominio de la burguesía. Esto no se debe entender solo en el sentido de que dicho conjunto de intereses está idealmente comprendido en el programa socialista. El mismo postulado se traduce en la realidad con la evolución histórica que hace de la socialdemocracia, como *partido político*, el refugio natural de todos los elementos insatisfechos y de tal manera el partido de todo el pueblo contra la ínfima minoría burguesa que detenta el poder.

Pero es necesario que los socialistas sepan siempre subordinar a los fines supremos de la clase obrera todas las necesidades, todos los rencores, todas las esperanzas de la multitud heterogénea que acude a ellos. La socialdemocracia debe contener el tumulto de la oposición no proletaria en los cuadros de la acción revolucionaria del proletariado y, en una palabra, asimilar los elementos que se aproximan a ella.

Esto no es posible sino a condición de que la socialdemocracia constituya ya un núcleo proletario fuerte y políticamente educado, bastante consciente de ser capaz, como hasta ahora ha ocurrido en Alemania, de arrastrar a remolque a los contingentes de desclasados y de pequeños burgueses que entran en el partido. En este caso, un mayor rigor en la aplicación del principio del centralismo y una disciplina más severa, formulada explícitamente en los artículos del estatuto, pueden constituir una salvaguardia eficaz contra las desviaciones oportunistas. En efecto, existen todas las razones para considerar a la forma de organización prevista por el estatuto como un sistema defensivo directo contra el asalto oportunista; es así como el socialismo revolucionario francés se ha defendido contra la confusión jauresista. Y una modificación en el mismo sentido del estatuto de la socialdemocracia alemana constituiría una medida bastante acertada. Pero, aún en este caso, no se debe considerar al estatuto como un arma que en cualquier momento es de por sí suficiente: no es más que un medio extremo de coerción para dar ejecutividad a la voluntad de la mayoría proletaria que predomina efectivamente en el partido. Si esta mayoría fallara, las sanciones más tremendas formuladas en el papel serían inoperantes.

Sin embargo, esta afluencia de elementos burgueses no es por cierto la única causa de las corrientes oportunistas que se manifiestan en el seno de la socialdemocracia. Otra causa se manifiesta en la esencia misma de la lucha socialista y en las contradicciones inherentes a ella. El movimiento mundial del proletariado hacia su emancipación total es un proceso cuya particularidad consiste en lo siguiente: por primera vez desde que existe la sociedad civil, las masas populares hacen valer su voluntad conscientemente y frente a todas las clases dominantes, mientras que la realización de esta voluntad solo es posible más allá de los límites del actual sistema social. Pero las masas no pueden adquirir y fortificar dentro de sí esta voluntad sino en la lucha cotidiana contra el orden constituido, o sea en los límites de este orden. Por una parte las masas populares, por la otra un fin situado más allá del orden social existente; por un lado la lucha cotidiana, y por el otro la revolución: tales son los términos de la contradicción dialéctica en la que se mueve el movimiento socialista. De aquí resulta la necesidad de desplazarse hábilmente entre dos escollos: uno es la pérdida de su carácter de masa, el otro la renuncia al objetivo final, la recaída al estado de secta y la transformación en un movimiento reformista burgués.

He aquí por qué es una ilusión contraria a las enseñanzas de la historia querer fijar de una vez por toda la dirección revolucionaria de la lucha socialista y querer garantizar para siempre al movimiento obrero de todas las desviaciones oportunistas. Indudablemente la doctrina de Marx nos provee de los medios infalibles para denunciar y combatir las manifestaciones típicas del oportunismo. Pero como el movimiento socialista es un movimiento de masa, y los escollos que lo amenazan son los productos no de artífices insidiosos sino de condiciones sociales ineluctables, es imposible precaverse anticipadamente contra la posibilidad de oscilaciones oportunistas. Solo podemos superarlas con el mismo movimiento ayudándonos, como es obvio, con los recursos que ofrece la doctrina marxista, y solamente después que las desviaciones, cualesquiera ellas sean, hayan adquirido una forma tangible en la acción práctica.

Considerado desde este punto de vista, el oportunismo aparecería como un producto del movimiento obrero y como una fase inevitable de su desarrollo histórico. Especialmente en Rusia, donde la socialdemocracia ha nacido hace poco y las condiciones políticas en las que se forma el movimiento obrero son extremadamente anormales, el oportunismo es en gran medida el resultado de las inevitables vacilaciones y de las tentativas, en medio de las cuales la acción socialista se abre camino en un terreno distinto de cualquier otro.

Si las cosas son de este modo, no podemos menos que sorprendernos por la pretensión de alejar la posibilidad misma de toda desviación oportunista escribiendo ciertas palabras en lugar de otras en el estatuto del partido. Tal tentativa de exorcizar al oportunismo con un pedazo de papel puede ser extremadamente perjudicial, no para el oportunismo, sino para el movimiento socialista en cuanto tal. Frenando las pulsaciones de una vida orgánica sana, se debilita al cuerpo y se disminuye su resistencia y también su espíritu combativo, no solo contra el oportunismo, sino además —y esto debería tener una gran importancia— contra el ordenamiento social existente. El medio propuesto se opone al fin.

En esta premura obsesiva por establecer la tutela de un Comité Central omnisciente y omnipotente, por preservar un movimiento obrero tan prometedor y tan vigoroso de cualquier imprudencia, creemos advertir síntomas de ese mismo *subjetivismo* que ya ha jugado algunas malas pasadas al pensamiento socialista en Rusia. Es verdaderamente divertido observar las extrañas cabriolas que la historia hace hacer al respetable «sujeto» humano en su actividad histórica. Aplastado y casi reducido a polvo por el absolutismo ruso, el *yo* toma su revancha en la medida en que, en su pensamiento revolucionario, se pone a sí mismo sobre el trono y se proclama omnipotente, bajo la forma de un comité de conjurados, en nombre de una inexistente «Voluntad del Pueblo». Pero el «objeto» demuestra ser el más fuerte y el *knut* no tarda en triunfar puesto que representa la expresión «legítima» de esta fase del proceso histórico.

Finalmente, vemos aparecer en la escena un hijo todavía más «legítimo» del proceso histórico: el movimiento obrero ruso. Por primera vez en la historia rusa, sienta con éxito las bases para la formación de una auténtica voluntad popular. Pero he aquí que el *yo* del revolucionario ruso se apresura a hacer cabriolas y una vez más se proclama dirigente omnipotente de la historia, esta vez en la persona de Su Alteza el Comité Central del movimiento obrero socialdemócrata. El hábil acróbata ni siquiera advierte que el único «sujeto» al que corresponde hoy el papel de dirigente es el *yo* colectivo de la clase obrera, que reclama resueltamente el derecho de cometer ella misma las equivocaciones y de aprender ella misma la dialéctica de la historia. Y en fin, digamos francamente entre nosotros: los errores cometidos por un verdadero movimiento obrero revolucionario son históricamente de una fecundidad y de un valor incomparablemente mayores que la infalibilidad del mejor de los comités centrales.

Fuente: Rosa Luxemburgo: «Problemas de organización de la socialdemocracia rusa», en Bolívar Echeverría, comp., *Obras escogidas*, t. I, Ediciones ERA, México, D.F., 1978, pp. 188-205.

Huelga de masas, partido y sindicatos*

I

Casi todos los escritos y declaraciones del socialismo internacional que tratan de la cuestión de la huelga general datan de la época *anterior* a la Revolución Rusa, experiencia en la que este medio de lucha fue utilizado en vasta escala por primera vez en la historia. Ello explica el envejecimiento de la mayoría de dichos textos. En su concepción se inspiran en Engels quien, criticando a Bakunin y a su manía de fabricar artificialmente la revolución en España, escribía en 1873:

> En el programa bakuninista, la huelga general es la palanca de que hay que valerse para desencadenar la revolución social. Una buena mañana, los obreros de todos los gremios de un país y hasta del mundo entero dejan el trabajo y, en cuatro semanas a lo sumo, obligan a las clases poseedoras a darse por vencidas o a lanzarse contra los obreros, con lo cual dan a estos el derecho a defenderse y a derribar, aprovechando la ocasión, toda la vieja organización social. La idea dista mucho de ser nueva;

---

* El siguiente texto tuvo una primera distribución en noviembre de 1906, la cual fue requisada y destruida por la presidencia del partido, a solicitud de la prensa y de los dirigentes sindicales. La segunda edición atenuó un cierto número de párrafos dirigidos contra los dirigentes sindicales. Rosa Luxemburgo había encontrado una situación muy confusa en Rusia, y observó la revolución (1905) en proceso de descomposición. Su desilusión con respecto a la socialdemocracia rusa influirá en su apelación al llamado «espontaneísmo», aun cuando no regresara a Alemania, por temor de una detención inmediata por parte de las autoridades germanas. *(N. del E.)*.

primero los socialistas franceses y luego los belgas se han hartado, desde 1848, de montar este palafrén que es, sin embargo, por su origen, un caballo de raza inglesa. Durante el rápido e intenso auge del cartismo entre los obreros británicos, que siguió a la crisis de 1837, se predicó, ya en 1839, el «mes santo», el paro en escala nacional (cf. Engels: *La situación de la clase obrera en Inglaterra)*; y la idea tuvo tanta resonancia que los obreros fabriles del norte de Inglaterra intentaron ponerla en práctica en junio de 1842. También en el congreso de los aliancistas celebrado en Ginebra el 1ro. de septiembre de 1873 desempeñó un gran papel la huelga general, si bien se reconoció por todo el mundo que para esto hacía falta una organización perfecta de la clase obrera y una caja bien repleta. Y aquí precisamente la dificultad del asunto. De una parte, los gobiernos, sobre todo si se les deja envalentonarse con el abstencionismo político, jamás permitirán que la organización ni las cajas de obreros lleguen tan lejos; y, por otra parte, los acontecimientos políticos y los abusos de las clases gobernantes facilitarán la emancipación de los obreros mucho antes de que el proletariado llegue a reunir esa organización ideal y ese gigantesco fondo de reserva. Pero, si dispusiese de ambas cosas, no necesitaría dar el rodeo de la huelga general para llegar a la meta.[1]

En los años siguientes, la actitud de la socialdemocracia internacional frente a la huelga de masas se fundó en una argumentación semejante. Esta concepción está dirigida contra la teoría anarquista de la huelga general que opone esta acción a la lucha política cotidiana de la clase obrera. Y gira alrededor de un dilema muy simple: o bien el proletariado en su conjunto no dispone todavía ni de organización ni de fondos considerables —y entonces no puede realizar la huelga general—, o bien los obreros están lo suficientemente organizados como para no tener necesidad de la huelga general. A decir verdad, esta argumentación es tan simple y tan inatacable, que durante un siglo prestó inmensos servicios al movimiento obrero moderno, ya sea para combatir en nombre de la lógica a las quimeras anarquistas, ya sea como medio auxiliar para llevar la idea de la lucha política a las capas más profundas de la clase obrera. Los progresos gigantescos del movimiento obrero en todos los países modernos en el curso de los últimos veinticinco años prueban de una manera brillante la táctica de la lucha política preconizada por Marx y Engels, en oposición al bakuninismo; y la socialdemocracia alemana, con su pujanza actual, con su colocación en la vanguardia de todo el movimiento obrero internacional, es en gran parte el producto directo de la aplicación consecuente y rigurosa de esta táctica.

Pero ahora la Revolución Rusa ha sometido esta argumentación a una revisión fundamental. Por primera vez en la historia de las luchas de clases, ha permitido una realización grandiosa de la idea de la huelga de masas e incluso —ya lo explicaremos más en detalle— de la huelga general, inaugurando de este modo una época nueva en la evolución del movimiento obrero.

Es cierto que no podemos concluir de esto que Marx y Engels sostuvieron erróneamente la táctica de la lucha política, o que la crítica que hicieron del anarquismo es falsa. Muy por el contrario, se trata de los mismos razonamientos, de los mismos métodos en los que se inspira la táctica de Marx y Engels y que funda todavía hoy la práctica de la socialdemocracia alemana y que, en la Revolución Rusa, han producido nuevos elementos y nuevas condiciones de lucha de clases.

La Revolución Rusa, esa misma revolución que constituye la primera experiencia histórica de la huelga general, no solo no ha rehabilitado al anarquismo, sino que tampoco equivale a una *liquidación histórica del anarquismo*. Se podría pensar que el reinado exclusivo del parlamentarismo durante un período tan largo explicaba tal vez la existencia vegetativa a que estaba condenada esta tendencia por el poderoso desarrollo de la socialdemocracia alemana. Se podría suponer ciertamente que el movimiento orientado exclusivamente hacia la «ofensiva» y la «acción directa», una «tendencia revolucionaria» en el sentido más estrecho del llamado a los patíbulos, había sido simplemente adormecida por el traqueteo de la *routine* parlamentaria, pero estaba pronta a despertarse en el momento de un retorno al período de lucha abierta, en una revolución callejera, y desplegando entonces su fuerza interna.

Rusia sobre todo parecía particularmente preparada para servir de campo de experiencias a las hazañas anarquistas. Un país donde el proletariado no tenía absolutamente ningún derecho político y solo poseía una organización extremadamente débil, una mezcla confusa de poblaciones distintas, con intereses muy diversos, que se desplazaba y entrecruzaba; el bajo nivel cultural en el que vegetaba la gran masa del pueblo, la más extrema brutalidad empleada por el régimen reinante, todo esto debía contribuir a dar al anarquismo un poder repentino, aunque quizás efímero. Al fin de cuentas, ¿acaso Rusia no era históricamente la cuna del anarquismo? Sin embargo, la patria de Bakunin debía convertirse en la tumba de su doctrina. No solo los anarquistas no estuvieron ni están a la cabeza del movimiento de huelga de masas en Rusia, no solo la dirección política de la acción revolucionaria y también de la huelga de masas están totalmente en manos de las organizaciones socialdemócratas —denunciadas con encarnizamiento por los anarquistas como «un partido burgués»— o en manos de organizaciones socialistas influenciadas de algún modo por la socialdemocracia o cercanas a ella, como el partido terrorista de los «socialistas revolucionarios»,[2] sino que el anarquismo es absolutamente inexistente en la Revolución Rusa como tendencia política seria.

En una pequeña ciudad de Lituania, donde las condiciones son particularmente difíciles —donde los obreros tienen orígenes nacionales muy diversos, la pequeña industria está muy esparcida, y el nivel del proletariado es muy bajo—, en Bialystok, se cuentan, entre los seis o siete grupos revolucionarios diferentes, un puñado de «anarquistas» o pretendidamente tales, que mantienen con todas sus fuerzas la confusión y el desorden de la clase obrera. Se puede también observar en Moscú y tal vez en dos o tres ciudades más un puñado de gente de este tipo. Pero aparte de estos escasos grupos «revolucionarios», ¿cuál es el papel desempeñado por el anarquismo en la Revolución Rusa? Se ha convertido en el portaestandarte de vulgares ladrones y saqueadores; bajo el rótulo de «anarcocomunismo» se cometieron gran parte de esos innumerables robos y pillajes a particulares que, en este período de depresión, de reflujo momentáneo de la revolución, se expanden como una ola de fango. El anarquismo en la Revolución Rusa no es la teoría del proletariado militante sino el portaestandarte ideológico del *lumpenproletariat* contrarrevolucionario, que gruñe como una bandada de tiburones tras la estela del navío de guerra de la revolución. Y de esta manera concluye, sin duda, la carrera histórica del anarquismo.

Por otra parte, la huelga de masas fue practicada en Rusia no como un medio de instalarse de entrada, mediante un golpe de efecto, en la revolución social, ahorrándose la lucha política de la clase obrera y particularmente el parlamentarismo, sino como un medio de crear primero para el proletariado las condiciones de la lucha política cotidiana y en particular del parlamentarismo. En Rusia, la población laboriosa y a la cabeza de esta, el proletariado, llevan adelante la lucha revolucionaria sirviéndose de las huelgas de masas como del arma más eficaz para conquistar precisamente esos mismos derechos y condiciones políticas cuya necesidad e importancia en la lucha por la emancipación de la clase obrera fueron demostradas por Marx y Engels, quienes las defendieron con todas sus fuerzas en el seno de la Internacional, oponiéndose al anarquismo. De este modo, la dialéctica de la historia, la roca sobre la cual reposa toda la doctrina del socialismo marxista, tuvo por resultado que el anarquismo, ligado indisolublemente a la idea de la huelga de masas, haya entrado en contradicción con la práctica de la propia huelga de masas. Y esta última, a su vez, combatida en otra época como contraria a la acción política del proletariado, aparece hoy como el arma más poderosa de la lucha política por la conquista de los derechos políticos. Si es verdad que la Revolución Rusa obliga a revisar fundamentalmente el antiguo punto de vista marxista respecto de la huelga de masas, solo el marxismo, sin embargo, sus métodos y sus puntos de vista generales, podrán alcanzar la victoria bajo una nueva forma. «La mujer amada por el Moro solo puede morir a manos del Moro».[3]

II

En lo que respecta a la huelga de masas, los acontecimientos en Rusia nos obligan a revisar antes que nada la *concepción* general del problema. Hasta el presente, aquellos que eran partidarios de «ensayar la huelga de masas» en Alemania, los Bernstein, Eisner, etcétera, así como los adversarios rigurosos de semejante tentativa, representados en el sindicato por ejemplo por Bömelburg,[4] se atenían a una misma concepción, a saber, la concepción anarquista. Los polos opuestos en apariencia no solo no se excluyen, sino que se condicionan y complementan recíprocamente. Para la concepción anarquista de las cosas, en efecto, la especulación sobre la «gran conmoción», sobre la revolución social, constituye solamente algo exterior y no esencial; lo esencial es la manera totalmente abstracta, antihistórica de considerar a la huelga de masas así como, por otra parte, a las condiciones de la lucha proletaria. El anarquista no concibe sino dos condiciones materiales previas de esas especulaciones «revolucionarias»; primero el «espacio etéreo» y luego la buena voluntad y el coraje para salvar a la humanidad del valle de lágrimas capitalista donde gime hasta el presente. Es en ese «espacio etéreo» donde nació tal razonamiento hace más de sesenta años, época en que la huelga de masas era ya el medio más corto, seguro y fácil de efectuar el salto peligroso hacia un más allá social mejor. Es en ese mismo «espacio abstracto» donde nació recientemente la idea, surgida de la especulación teórica, de que la lucha sindical es la única «acción de masas directa» real y, en consecuencia, la única lucha revolucionaria —último estribillo, como se sabe, de los «sindicalistas» franceses e italianos—. Pero para desgracia del anarquismo, los métodos de lucha improvisados en el «espacio etéreo» se revelaron siempre como meras utopías; además, como la mayoría de las veces se negaban a considerar la triste y despreciable realidad, dejaban insensiblemente de ser teorías revolucionarias para convertirse en auxiliares prácticas de la reacción.

Hoy día están en el mismo terreno de una concepción abstracta, ahistórica, tanto los que próximamente quieren desencadenar en Alemania la huelga de masas a partir de una decisión de la dirección tomada para un día preciso del calendario, como también aquellos, que al igual que los participantes del congreso sindical de Colonia, desean eliminar de la superficie de la tierra el problema de la huelga de masas mediante la prohibición de su propagandización. Las dos orientaciones parten de la idea común, puramente anarquista, que la huelga de masas es simplemente un medio de lucha técnico, que puede ser «decidido» o también «prohibido» a voluntad, de acuerdo con el mejor conocimiento y conciencia, una suerte de cortaplumas que se puede tener guardado en el bolsillo «por lo que pudiera suceder» cerrado y preparado, o que por una simple decisión se pudiera abrir y utilizar. Indudablemente los adversarios de la huelga de masas reivindican con justicia el mérito de tener en cuenta el terreno histórico y las condiciones materiales de la situación actual en Alemania, en oposición a los «románticos de la revolución» que flotan en el espacio inmaterial y se niegan absolutamente a encarar la dura realidad, sus posibilidades e imposibilidades. «Hechos y cifras, cifras y hechos» exclaman como Grangrind en *Los tiempos difíciles* de Dickens. Lo que los adversarios sindicalistas de la huelga de masas entienden por «terreno histórico» y «condiciones materiales» son dos elementos diferentes: por una parte la debilidad del proletariado, por otra la fuerza del militarismo prusiano.

La insuficiencia de las organizaciones obreras y el estado de los fondos, el poder de las bayonetas prusianas: tales son los «hechos y cifras» sobre los que esos dirigentes sindicales fundan su concepción práctica del problema. Es cierto que tanto la caja sindical como las bayonetas prusianas constituyen incontestablemente hechos materiales e incluso muy históricos, pero la concepción política fundada sobre esos hechos no es el materialismo histórico en el sentido de Marx, sino un materialismo policial del tipo del de Puttkammer.[5] Incluso los representantes del Estado policial confían mucho y hasta de modo exclusivo en la potencia efectiva del proletariado organizado a cada momento y en el poder material de las bayonetas. Del cuadro comparativo de esas dos cifras no dejan de extraer esta conclusión tranquilizadora: el movimiento obrero revolucionario es producido por dirigentes, agitadores; *ergo* tenemos en las prisiones y en las bayonetas un medio suficiente para convertirnos en amos de ese «fenómeno pasajero y desagradable».

La clase obrera consciente de Alemania ha comprendido desde hace tiempo la comicidad de esta teoría policial según la cual todo el movimiento obrero sería el producto artificial y arbitrario de un puñado de «agitadores y dirigentes» sin escrúpulos. Vemos manifestarse la misma concepción cuando dos o tres bravos camaradas forman un piquete de guardianes voluntarios para alertar a la clase obrera alemana contra los manejos peligrosos de algunos «románticos de la revolución» y de su «propaganda en favor de la huelga de masas»; o también cuando desde el sector adversario se asiste al lanzamiento de una campaña indignada y lacrimosa por parte de aquellos que, sintiéndose decepcionados en su espera de una explosión de la huelga de masas en Alemania, se creen frustrados por no se sabe qué acuerdos «secretos» entre la dirección del partido y el Consejo Central de los sindicatos. Si el desencadenamiento de las huelgas dependiese de la «propaganda» incendiaria de los «románticos de la revolución» o de las decisiones secretas o públicas de los comités directivos no hubiéramos tenido hasta aquí ninguna huelga de masas importante en Rusia. No existe país —como ya lo señalé en la *Sächsische Arbeiterzeitung* (*Gaceta Obrera de Sajonia*) en marzo de 1905— donde se haya pensado en «propagar» e incluso discutir la huelga de masas tan poco como en Rusia. Y los pocos ejemplos aislados de resoluciones y acuerdos de la dirección del partido socialista ruso que decretaban la huelga total y general —como la última tentativa en agosto de 1905 después de la disolución de la Duma— han fracasado casi por completo. En consecuencia, la Revolución Rusa nos enseña que la huelga de masas no es ni «fabricada» artificialmente ni «decidida» o «propagada» en un espacio inmaterial y abstracto, sino que representa un fenómeno histórico resultante en un cierto momento de una situación social, a partir de una necesidad histórica.

Por lo tanto el problema no se resolverá mediante especulaciones abstractas acerca de la posibilidad o la imposibilidad, sobre la utilidad o el riesgo de la huelga de masas, sino a partir del estudio de los factores y de la situación social que provoca la huelga de masas en la fase actual de la lucha de clases. Ese problema no será comprendido y no podrá ser discutido a partir de una apreciación subjetiva de la huelga general tomando en consideración lo que es deseable o no, sino a partir de un *examen objetivo* de los orígenes de la huelga de masas, interrogándonos sobre si ella es históricamente necesaria.

En el espacio inmaterial del análisis lógico abstracto se puede probar con el mismo rigor tanto la imposibilidad absoluta, la derrota indudable de la huelga de masas, como su posibilidad absoluta y su victoria segura. De este modo el valor de la demostración es en los dos casos el mismo, quiero decir, nulo. Por eso temer a la propaganda en favor de la huelga de masas, pretender excomulgar formalmente a los culpables de ese crimen, es caer víctima de un malentendido absurdo. Es tan imposible «propagar» la huelga de masas como medio abstracto de lucha como «propagar» la revolución. La «revolución» y la «huelga de masas» son conceptos que en sí mismos constituyen únicamente la forma exterior de la lucha de clases y solo tienen sentido y contenido en relación con situaciones políticas bien determinadas.

Emprender una propaganda en regla en favor de la huelga de masas como forma de la acción proletaria, querer extender esta «idea» para ganar poco a poco a la clase obrera sería una ocupación tan ociosa, tan vana e insípida como emprender una campaña de propaganda por la idea de la revolución o del combate en las barricadas. Si en la hora presente la huelga de masas se convirtió en el centro de vivo interés de la clase obrera alemana e internacional, es porque representa una nueva forma de lucha y como tal es el síntoma auténtico de profundos cambios interiores en las relaciones de las clases y en las condiciones de la lucha de clases. El hecho de que la masa de los proletarios alemanes manifieste un interés tan ardiente por este problema nuevo —a pesar de la resistencia obstinada de sus dirigentes sindicales— es un testimonio de su seguro instinto revolucionario y de su clara inteligencia. Pero no se responderá a este interés, a esta noble sed intelectual, a este impulso de los obreros hacia la acción revolucionaria disertando con una gimnasia cerebral abstracta acerca de la posibilidad o imposibilidad de la huelga de masas; se responderá explicando el desarrollo de la Revolución Rusa, su importancia internacional, la exasperación de los conflictos de clase en Europa occidental, las nuevas perspectivas políticas de la lucha de clases en Alemania, el papel y los deberes de las masas en las luchas futuras. Solo bajo esta forma la discusión sobre la huelga de masas servirá para ampliar el horizonte intelectual del proletariado, contribuirá a aguzar su conciencia de clase, a profundizar sus ideas y fortificar su energía para la acción. En esta perspectiva, por lo demás, aparece la ridiculez del proceso criminal intentado por los adversarios del «romanticismo revolucionario» que acusan a los sustentadores de esta tendencia de no haber obedecido al pie de la letra la resolución de Jena.[6] Los partidarios de una política «razonable y práctica» aceptan en rigor esta resolución porque vincula la huelga de masas con el destino del sufragio universal. Creen poder extraer dos conclusiones: 1) que la huelga de masas conserva un carácter puramente defensivo; 2) que ella misma está subordinada al parlamentarismo, transformada en un simple anexo del parlamentarismo. Pero el verdadero fondo de la resolución de Jena es el análisis según el cual en el estado actual de Alemania un ataque de la reacción y del poder contra el sufragio universal en las elecciones al Reichstag, podría ser el factor que desencadenara un período de luchas políticas tempestuosas. Entonces por primera vez en Alemania la huelga de masas podría ser aplicada.

Querer restringir y mutilar artificialmente mediante el texto de una resolución de congreso el alcance social y el campo histórico de la huelga de masas, como problema y como fenómeno de la lucha de clases, es dar pruebas de un espíritu tan estrecho y limitado como el que se manifiesta en la resolución del congreso de Colonia,[7] que prohíbe la discusión de la huelga de masas. En la resolución de Jena, la socialdemocracia alemana ha labrado acta de la profunda transformación lograda por la Revolución Rusa en las condiciones internacionales de la lucha de clases; allí manifestaba su capacidad de evolución revolucionaria, de adaptación a las nuevas exigencias de la fase futura de las luchas de clases. En esto reside la importancia de la resolución de Jena. En cuanto a la aplicación práctica de la huelga de masas en

Alemania, la historia decidirá sobre ello como lo hizo en Rusia. Para la historia, la socialdemocracia y sus resoluciones constituyen un factor importante, ciertamente, pero un factor entre muchos otros.

III

La huelga de masas, tal como se presenta actualmente en Alemania en cuanto tema de discusión, es un fenómeno muy claro y muy simple de concebir, sus limitaciones son precisas: se trata solamente de la huelga política de masas. Por tal se entiende un paro masivo y único del proletariado industrial, emprendido con ocasión de un hecho político de mayor alcance, sobre la base de un acuerdo recíproco entre las direcciones del partido y de los sindicatos, y que, llevado adelante en el orden más perfecto y dentro de un espíritu de disciplina, cesa en un orden más perfecto aún ante una consigna dada en el momento oportuno por los centros dirigentes. Queda establecido, como es natural, que el ajuste de cuentas de los subsidios, gastos, sacrificios, en una palabra, todo el balance material de la huelga, es determinado previamente con precisión.

Ahora bien, si comparamos este esquema teórico con la huelga de masas tal como se manifiesta en Rusia desde hace cinco años, nos vemos obligados a señalar que el concepto alrededor del cual giran todas las discusiones alemanas no corresponde a la realidad de ninguna de las huelgas de masas que se han producido, y que por otra parte las huelgas de masas en Rusia se presentan bajo formas tan variadas que es absolutamente imposible hablar de «la» huelga de masas, de una huelga esquemáticamente abstracta.

No solo cada uno de los elementos de la huelga de masas, al igual que sus caracteres, difieren según las ciudades y las regiones, sino que hasta su propio carácter general se ha modificado muchas veces en el curso de la revolución. Las huelgas de masas conocieron en Rusia una cierta evolución histórica que aún continúa. De este modo, quien quiera hablar de la huelga de masas en Rusia deberá ante todo tener esa historia ante sus ojos.

El período actual, por así decirlo oficial, de la Revolución Rusa es datado y con razón a partir de la sublevación del proletariado de San Petersburgo el 22 de enero de 1905, ese desfile de doscientos mil obreros delante del palacio de los zares y que concluyó con una terrible masacre. El sangriento tiroteo de San Petersburgo fue, como se sabe, la señal que desencadenó la primera serie de huelgas de masas. En pocos días estas se extendieron por toda Rusia e hicieron resonar el llamado a la revolución en todos los rincones del imperio, ganando a todas las capas del proletariado.

Pero ese levantamiento de San Petersburgo del 22 de enero era solo el punto culminante de una huelga de masas que había puesto en movimiento a todo el proletariado de la capital del zar en enero de 1905. A su vez, esta huelga de enero en San Petersburgo era la consecuencia inmediata de la gigantesca huelga general que había estallado poco antes, en diciembre de 1904, en el Cáucaso [Bakú] y que mantuvo a Rusia pendiente durante mucho tiempo. Ahora bien, los acontecimientos de diciembre en Bakú eran en sí mismos solo un último y poderoso eco de las grandes huelgas que en 1903 y 1904, semejantes a temblores de tierra episódicos, sacudieron todo el sur de Rusia y cuyo prólogo fue la huelga de Batum, en el Cáucaso, en marzo de 1902. En última instancia esta primera serie de huelgas, en la cadena de erupciones revolucionarias actuales, está alejada solo en cinco o seis años de la huelga general de los obreros textiles de San Petersburgo en 1896-1897. Se podría creer que algunos años de tranquilidad aparente y de reacción severa separan el movimiento de entonces de la revolución de hoy; pero basta conocer un poco la evolución política interna del proletariado ruso hasta el estadio actual de su conciencia de clase y de su energía revolucionaria, para remontar la historia del período presente de las luchas de masas a las huelgas generales de San Petersburgo. Estas son importantes para nuestro problema porque contienen ya en germen todos los elementos principales de las huelgas de masas que siguieron. En una primera aproximación, la huelga general de 1896 de San Petersburgo aparece como una lucha reivindicatoria parcial, con objetivos puramente económicos. Fue provocada por las condiciones intolerables de trabajo de los hilanderos y de los tejedores de esa ciudad: jornadas de trabajo de trece, catorce y quince horas, salarios miserables por piezas; a esto se le agrega el conjunto de vejaciones patronales. Sin embargo, los obreros textiles soportaron mucho tiempo esta situación hasta que un incidente mínimo en apariencia hizo desbordar la medida. En efecto, en mayo de 1896 tuvo lugar la coronación del actual zar, Nicolás II, que se había diferido durante dos años por miedo a los revolucionarios. En esta ocasión los patrones manifestaron su celo patriótico imponiendo a sus obreros tres días de paros forzosos, negándose por otra parte, cosa notable, a pagar los salarios de esas jornadas. Los obreros textiles exasperados se agitaron. Se realizó una deliberación en el jardín de Ekaterinov, en la que participaron alrededor de trescientos obreros entre los más duros políticamente. Se decidió ir a la huelga formulándose las reivindicaciones siguientes: 1ro. las jornadas de la coronación debían ser pagadas; 2do. duración del trabajo reducida a diez horas; 3ro. aumento del salario. Esto ocurría el 24 de mayo. Una semana después todas las fábricas de tejidos y las hilanderías estaban cerradas y cuarenta obreros estaban en huelga. Hoy este acontecimiento, comparado con las vastas huelgas de la revolución, puede parecer mínimo.

Dentro del clima de estancamiento político de Rusia *en esa época*, una huelga general era algo inaudito: representaba toda una revolución en miniatura. Naturalmente que a continuación se desató la represión más brutal; alrededor de un millar de obreros fueron detenidos y enviados a sus lugares de origen, la huelga general fue aplastada. Vemos ya perfilarse todos los caracteres de la futura huelga de masas: primero, la ocasión que desencadenó el movimiento fue fortuita e incluso accesoria, la explosión fue espontánea. Pero en la manera en que el movimiento fue puesto en marcha se manifestaron los frutos de la propaganda llevada adelante durante varios años por la socialdemocracia. En el curso de la huelga general los propagandistas socialdemócratas permanecieron a la cabeza del movimiento, lo dirigieron e hicieron de él un trampolín para una viva agitación revolucionaria. Por otra parte, si las huelgas parecían, exteriormente, limitarse a una reivindicación puramente económica referida a los salarios, la actitud del gobierno así como la agitación socialista las convirtieron en un acontecimiento político de primer orden. Al fin de cuentas la huelga fue aplastada, los obreros sufrieron una «derrota». No obstante, a partir del mes de enero del año siguiente (1897), los obreros textiles de San Petersburgo recomenzaron la huelga general, obteniendo esta vez un éxito evidente: la instauración de la jornada de once horas y media en toda Rusia. Pero hubo un resultado más importante aún: después de la primera huelga general de 1896, que fue emprendida sin asomo siquiera de organización obrera y sin fondos de huelga, se organizó poco a poco en Rusia propiamente dicha una lucha sindical intensiva que se extendió muy pronto de San Petersburgo al resto del país, abriendo perspectivas totalmente nuevas a la propaganda y a la organización de la socialdemocracia. De este modo, un trabajo invisible y subterráneo preparaba, en el aparente silencio sepulcral de los años que siguieron, la revolución proletaria. La huelga del Cáucaso en marzo de 1902 explotó de manera tan fortuita como la de 1896 y parecía también ser el resultado de factores puramente económicos, atenerse a las reivindicaciones parciales. Esta huelga está vinculada con la dura crisis industrial y comercial que precedió en Rusia a la guerra ruso-japonesa y contribuyó mucho a crear, lo mismo que esa guerra, la fermentación revolucionaria. La crisis engendró una desocupación enorme que alimentó el descontento en la masa de los proletarios. El gobierno emprendió también la tarea de remitir progresivamente la «mano de obra inútil» a su región de origen para tranquilizar a la clase obrera. Esta medida, que debía afectar a unos cuatrocientos obreros petroleros, provocó precisamente en Batum una protesta masiva. Hubo manifestaciones, arrestos, una represión sangrienta y, finalmente, un proceso político durante el cual la lucha por reivindicaciones parciales y puramente económicas adquirió el carácter de un acontecimiento político y revolucionario. Esta misma huelga de Batum, que no logró éxito y que culminó en una derrota, tuvo por resultado una serie de manifestaciones revolucionarias de masa en Nijni-Novgorod, en Saratov, en otras ciudades; en consecuencia fue el origen de una ola revolucionaria general. A partir de noviembre de 1902, vemos su primera repercusión verdadera bajo la forma de una huelga general en Rostov del Don. Este movimiento fue desencadenado por un conflicto que se produjo en los talleres del ferrocarril de Vladicáucaso a causa de los salarios. Como la administración quiso reducir los salarios, el comité socialdemócrata del Don publicó un manifiesto llamando a la huelga y planteando las siguientes reivindicaciones: jornada de nueve horas, aumento de salarios, supresión de los castigos, despido de los ingenieros impopulares, etcétera. Todos los talleres de ferrocarril entraron en huelga. Todas las otras ramas de actividades se unieron al paro, y Rostov conoció repentinamente una situación sin precedentes: había un paro general del trabajo en la industria, todos los días tenían lugar mítines monstruos de quince a veinte mil obreros al aire libre, a veces los manifestantes estaban rodeados por un cordón de cosacos; los oradores socialdemócratas tomaron allí la palabra públicamente por primera vez; se pronunciaban discursos inflamados sobre el socialismo y la libertad política y eran recibidos con un entusiasmo extraordinario; los panfletos revolucionarios eran difundidos por decenas de millares de ejemplares. En medio de la Rusia inmovilizada en su absolutismo el proletariado de Rostov conquista, por primera vez, en el fuego de la acción, el derecho de reunión, la libertad de palabra. Como es natural la represión sangrienta no se hizo esperar. En pocos días, las reivindicaciones salariales en los talleres de ferrocarril de Vladicáucaso habían tomado las proporciones de una huelga general política y de una batalla callejera revolucionaria. Una segunda huelga general siguió inmediatamente a la primera, esta vez en la estación de Tichoretzkaia, sobre la misma línea de ferrocarril. Allí también dio lugar a una represión sangrienta, luego a un proceso y, a su turno, Tichoretzkaia ocupó un sitio en la cadena ininterrumpida de los episodios revolucionarios. La primavera de 1903 trajo consigo un desquite a las derrotas de las huelgas de Rostov y Tichoretzkaia: en mayo, junio, julio todo el sur de Rusia arde. Literalmente hay una huelga general en Bakú, Tiflis, Batum, Elisabethgrad, Odesa, Kíev, Nicolaiev, Ekaterinoslav. Pero tampoco allí el movimiento es iniciado a partir de un centro, según un plan preconcebido: se desencadena en diversos puntos, por diversos motivos y bajo formas diferentes para confluir luego. Bakú abre la marcha: varias reivindicaciones parciales de salarios en diversas fábricas y ramas culminan en una huelga general. En Tiflis son dos mil empleados de comercio, cuyas jornadas de trabajo van de las seis de la mañana a las once de la noche, los que comienzan la huelga; el 4 de julio a las ocho de la noche todos abandonan los negocios y desfilan en manifestación a través de la ciudad para obligar a los comerciantes a cerrar. La victoria es completa: los empleados de comercio obtienen la jornada de trabajo de ocho de la mañana a ocho y media de la noche; el movimiento se extiende inmediatamente a las fábricas, a los talleres, a las oficinas. Los diarios dejan de aparecer, los tranvías solo circulan bajo la protección de la tropa. En Elisabethgrad, la huelga se desató el 10 de julio en todas las fábricas, teniendo como objetivo reivindicaciones puramente económicas. Estas son aceptadas en su mayoría y la huelga cesa el 14 de julio. Pero dos semanas más tarde estalla de nuevo; esta vez son los panaderos los que dan la voz de orden, seguidos por los carreros, los carpinteros, los tintoreros, los molineros, y finalmente por todos los obreros de fábrica. En Odesa el movimiento comienza por una reivindicación salarial, en la que participa la asociación obrera «legal» fundada por los agentes del gobierno de acuerdo con el programa del célebre policía Zubatov. Esta es también una de las más sorprendentes astucias de la dialéctica histórica. Las luchas económicas del período precedente —entre otras la gran huelga general de San Petersburgo (en 1896)— habían llevado a la socialdemocracia rusa a exagerar lo que se ha dado en llamar el «economismo», preparando por ese costado en la clase obrera el terreno a las actividades demagógicas de Zubatov. Pero un poco más tarde la gran corriente revolucionaria hizo virar de norte al esquife de los falsos pabellones y lo obligó a bogar a la cabeza de la flotilla proletaria revolucionaria. Son las asociaciones de Zubatov las que dieron en la primavera de 1904 la consigna de la huelga general de San Petersburgo. Los trabajadores de Odesa, que se habían acunado hasta entonces con la ilusión de la benevolencia del gobierno con respecto a ellos y con su simpatía en favor de una lucha puramente económica, quisieron de repente ponerlas a prueba: obligaron a la «Asociación obrera» de Zubatov a proclamar la huelga con objetivos reivindicativos modestos. El patrón los echó muy simplemente a la calle, y cuando reclamaron al jefe de la Asociación el apoyo gubernamental prometido, este personaje los evitó, cosa que llevó al colmo la fermentación revolucionaria. Inmediatamente los socialdemócratas tomaron el mando del movimiento de huelga, que ganó otras fábricas. El 1ro. de julio, huelga de dos mil quinientos obreros de los ferrocarriles; el 4 de julio los obreros del puerto entran en huelga, reclamando un aumento de salarios que iba de los ochenta kopeks a dos rublos y una reducción de una media hora en la jornada de trabajo. El 6 de julio los marinos se unen al movimiento. El 13 de julio paro del personal de los tranvías. Tiene lugar una reunión de todos los huelguistas —siete a ocho mil personas—; la manifestación se forma y va de fábrica en fábrica, crece como una avalancha hasta contar con una masa de cuarenta a cincuenta mil personas, y llega hasta el puerto para organizar un paro general. Muy pronto en toda la ciudad reina la huelga general. En Kíev, paro general el 21 de julio en los talleres de ferrocarril. Allí también lo que desencadena el paro son las condiciones miserables de trabajo y las reivindicaciones salariales. El día siguiente las fundiciones siguen el ejemplo. El 23 de julio se produce un incidente que da la señal de la huelga general. A la noche dos delegados de los ferroviarios son detenidos; los huelguistas reclaman su inmediata libertad; ante la negativa que se les opone deciden impedir que los trenes salgan de la ciudad. En la estación todos los huelguistas con sus mujeres y sus hijos se apostan sobre los rieles como una verdadera marea humana. Se amenaza con abrir el fuego sobre ellos. Los obreros desnudan sus pechos gritando: «¡Tiren!». Se tira sobre la multitud, hay de treinta a cuarenta muertos entre los cuales se cuentan mujeres y niños. Ante esta noticia todo Kíev se alza en huelga. Los cadáveres de las víctimas son transportados a mano y acompañados por un cortejo imponente. Reuniones, discursos, arrestos, combates aislados en la calle —Kíev está en plena revolución—. El movimiento se detiene rápidamente; pero los tipógrafos han ganado una reducción de una hora en la jornada de trabajo así como un aumento de salario de un rublo; se concede la jornada de ocho horas en una fábrica de porcelana; los talleres de ferrocarril son cerrados por decisión ministerial; otras profesiones continúan huelgas parciales por sus reivindicaciones. Por contagio, la huelga general gana Nicolaiev, bajo la influencia inmediata de las noticias de Odesa, de Bakú, de Batum y de Tiflis, y a pesar de la resistencia del comité socialdemócrata, que quería retardar el estallido del movimiento hasta el momento en que la tropa saliera de la ciudad para las maniobras, no se pudo frenar el movimiento de masa. Los huelguistas iban de taller en taller; la resistencia de la tropa no hizo más que echar aceite al fuego. Inmediatamente se vio formarse manifestaciones enormes que arrastraban al son de cantos revolucionarios a todos los obreros, empleados, personal de tranvías, hombres y mujeres. El paro era total. En Ekaterinoslav los panaderos comienzan la huelga el 5 de agosto; el 7 son los obreros de los talleres de ferrocarril; luego todas las otras fábricas: el 8 de agosto la circulación de tranvías se detiene, los diarios dejan de aparecer. Es así como se formó la grandiosa huelga general del sur de Rusia en el curso del verano de 1903. Mil conflictos económicos parciales, mil incidentes «fortuitos» convergieron, confluyendo en un océano poderoso; en algunas semanas todo el sur del imperio zarista fue transformado en una extraña república obrera revolucionaria.

«Abrazos fraternales, gritos de entusiasmo y de éxtasis, cantos de libertad, risas felices, alegría y transportes de dicha: se escuchaba todo un concierto en esta multitud de personas yendo y viniendo a través de la ciudad de la mañana a la noche. Reinaba una atmósfera de euforia; casi se podía creer que una vida nueva y mejor comenzaba sobre la tierra. Espectáculo emocionante y al mismo tiempo idílico y conmovedor». Así escribía entonces el corresponsal de *Osvobozhdenie*,[8] órgano liberal de Piotr Struve.

A partir de comienzos del año 1904 comenzó la guerra, que provocó por un tiempo una interrupción del movimiento de huelga general. Al principio se expandió en el país una ola turbia de manifestaciones «patrióticas» organizadas por la policía. El chauvinismo zarista oficial comenzó por sacrificar a la sociedad burguesa «liberal». Pero inmediatamente la socialdemocracia retomó la posesión del campo de batalla; a las manifestaciones policiales de la canalla patriótica se oponen manifestaciones obreras revolucionarias. Finalmente, las bochornosas derrotas del ejército zarista despiertan a la propia sociedad liberal de su sueño. Comienza la era de los congresos, de los discursos, de las demandas y manifiestos liberales y democráticos. Momentáneamente disminuido por la vergüenza de la derrota, en medio de su confusión, deja actuar a esos señores que ya ven abrirse ante ellos el paraíso liberal. El liberalismo ocupa la primera fila de la escena política durante seis meses, el proletariado se hunde en las sombras. Solamente después de una larga depresión el absolutismo se reincorpora, la camarilla reúne sus fuerzas; es suficiente con hacer oír el repique de los cosacos para enviar a los liberales a su covacha, especialmente desde el mes de diciembre. Y los discursos, los congresos, son tachados de «pretensión insolente» y prohibidos de un plumazo; el liberalismo se encuentra súbitamente con que se le termina la cuerda. Pero en el momento mismo en que el liberalismo está desorientado comienza la acción del proletariado. En diciembre de 1904, al calor de la desocupación, estalla la huelga de Bakú: la clase obrera ocupa de nuevo el campo de batalla. La palabra prohibida es reducida al silencio, la acción recomienza. En Bakú, durante varias semanas, en plena huelga general, la socialdemocracia domina enteramente la situación; los extraños acontecimientos ocurridos en el Cáucaso en diciembre habrían provocado una gran conmoción si no hubiesen sido rápidamente desbordados por la marea ascendente de la revolución de la que ellos mismos eran el origen. Las noticias fantasiosas y confusas sobre la huelga general de Bakú no habían llegado aún a todos los rincones del imperio, cuando en enero de 1905 estalla la huelga general de San Petersburgo. También allí el pretexto que desencadenó el movimiento fue mínimo, como se sabe. Dos obreros de las canteras de Putilov fueron despedidos porque pertenecían a la asociación «legal» de Zubatov. Esta medida de rigor provocó el 16 de enero una huelga de solidaridad de todos los obreros de esas canteras que contó con más de doce mil huelguistas. Esta fue para los socialdemócratas la ocasión de emprender una propaganda activa por la extensión de las reivindicaciones: reclamaban la jornada de ocho horas, el derecho de asociación, la libertad de palabra y de prensa, etcétera. La agitación que animaba los talleres de Putilov se extendió rápidamente a otras fábricas y algunos días después ciento cuarenta mil obreros estaban en huelga. Después de las deliberaciones en común y de discusiones tormentosas, fue elaborada la carta proletaria de las libertades cívicas, mencionando como primera reivindicación la jornada de ocho horas; doscientos mil obreros conducidos por el sacerdote Gapón[9] desfilaron delante del palacio del zar el 22 de enero llevando esta carta. En una semana el despido de dos obreros de las canteras de Putilov se convertía en el prólogo de la más poderosa revolución de los tiempos modernos. Los acontecimientos que siguieron son conocidos: la sangrienta represión de San Petersburgo daba lugar, en enero y en febrero, en todos los centros industriales y las ciudades de Rusia, de Polonia, de Lituania, de las provincias bálticas, del Cáucaso, de Siberia, del Norte al Sur, del Este al Oeste, a gigantescas huelgas de masas y a huelgas generales. Pero si se examinan las cosas más de cerca, las huelgas de masas toman formas diferentes de las del período precedente; esta vez son las organizaciones socialdemócratas las que en todas partes llamaron a la huelga, en todo momento es la solidaridad revolucionaria con el proletariado de San Petersburgo lo que fue expresamente designado como el motivo y el objetivo de la huelga general, en todas partes hubo desde el principio de las manifestaciones, discursos y enfrentamientos con la tropa. Sin embargo, tampoco allí se puede hablar de plan previo, ni de acción organizada porque el llamado de los partidos debía apenas seguir a los levantamientos espontáneos de las masas; los dirigentes apenas tenían el tiempo de formular las consignas que ya la masa de proletarios se lanzaba al asalto. Otra diferencia: las huelgas de masas y las huelgas generales anteriores tenían su origen en la convergencia de las reivindicaciones salariales parciales; estas, en la atmósfera general de la situación revolucionaria y bajo el impulso de la propaganda socialdemócrata, se convertían rápidamente en manifestaciones políticas; el elemento económico y la expansión sindical eran su punto de partida, la acción de clase coordinada y la dirección política constituían su resultado final. Aquí el movimiento es inverso. Las huelgas generales de enero-febrero estallaron antes que nada bajo la forma de una acción coordinada y dirigida por la socialdemocracia; pero esta acción se diseminó rápidamente en una infinidad de huelgas locales, parcelarias, económicas en diversas regiones, ciudades, profesiones, fábricas. Durante toda la primavera de 1905 hasta el pleno verano se ve surgir en este imperio gigantesco una poderosa lucha política de todo el proletariado contra el capital; la agitación gana por arriba a las profesiones liberales y pequeñoburguesas, los empleados de comercio, de la banca, los ingenieros, los actores, los artistas, y penetra hacia abajo hasta los domésticos, los agentes subalternos de la policía, incluso hasta las capas del subproletariado, extendiéndose al mismo tiempo a los campos y golpeando a las puertas de los cuarteles. He aquí el fresco inmenso y variado de la batalla general del trabajo contra el capital; en ella vemos reflejarse toda la complejidad del organismo social, de la conciencia política de cada categoría y de cada región; vemos desarrollarse toda la gama de conflictos desde la lucha sindical llevada adelante en buena y debida forma por el ejército de élite bien entrenado del proletariado industrial hasta la explosión anárquica de rebelión de un puñado de obreros agrícolas y el levantamiento confuso de una guarnición militar, desde la revuelta distinguida y discreta en puños de camisa y cuello duro en el mostrador de un banco hasta las protestas a la vez tímidas y audaces de policías descontentos reunidos en secreto en un puesto lleno de humo, oscuro y sucio.

Los partidarios de «batallas ordenadas y disciplinadas» concebidas según un plan y un esquema, en particular los que pretenden saber siempre exactamente y desde lejos cómo «habría que haber actuado», estiman que fue un «grave error» el parcelar la gran acción de huelga general política de enero de 1905 en una infinidad de luchas económicas, porque esto desemboca a sus ojos en la parálisis de la acción y en su conversión en un «fuego de artificio». Incluso el Partido Socialdemócrata ruso que participó realmente en la revolución, aunque no fuera su autor, y que debe aprender sus leyes a medida que se va desarrollando, se encontró durante algún tiempo un poco desorientado por el reflujo aparentemente estéril de la primera marea de huelgas generales. Sin embargo, la historia, que había cometido este «grave error», realizaba de tal modo un trabajo revolucionario gigantesco tan inevitable como incalculable en sus consecuencias, sin preocuparse por las lecciones de quienes se autopostulaban como maestros.

El brusco levantamiento general del proletariado en enero, desencadenado por los acontecimientos de San Petersburgo, era en su acción exterior un acto revolucionario, una declaración de guerra al absolutismo. Pero esta primera lucha general y directa de clases desencadenó una reacción tanto más poderosa en el interior por cuanto despertaba por primera vez, como por un sacudimiento eléctrico, el sentimiento y la conciencia de clase en millones y millones de hombres. Este despertar de la conciencia de clase se manifiesta de inmediato de la manera siguiente: una masa de millones de proletarios descubre repentinamente, con una agudeza insoportable, el carácter intolerable de su existencia social y económica, a la que estaba sometida desde hacía decenios bajo el yugo del capitalismo. Inmediatamente se desata un levantamiento general y espontáneo para sacudir el yugo, para romper esas cadenas. Los sufrimientos del proletariado moderno reavivan bajo mil formas diferentes el recuerdo de esas viejas heridas siempre sangrantes. Aquí se lucha por la jornada de ocho horas, allí contra el trabajo a destajo; aquí se lleva sobre carretillas a los amos brutales después de haberlos amarrado y metido dentro de una bolsa; en otra parte se combate el infame sistema de las multas; en todos lados se lucha por mejores salarios, aquí y allí por la supresión del trabajo a domicilio. Los talleres anacrónicos y degradados de las grandes ciudades, las pequeñas ciudades provincianas adormecidas hasta allí por un sueño idílico, la aldea con su sistema de propiedad heredada de la servidumbre, todo eso es bruscamente extraído del sueño por el brusco trueno de enero, toma conciencia de sus derechos y busca febrilmente reparar el tiempo perdido. Aquí la lucha económica no fue en realidad un parcelamiento, un desperdicio de la acción, sino un cambio de frente: la primera batalla general contra el absolutismo se convierte repentinamente y con gran naturalidad en un ajuste de cuentas general con el capitalismo y este, de conformidad con su naturaleza, reviste la *forma* de conflictos parciales por los salarios. Es falso decir que la acción política de clase en febrero fue abatida porque la huelga general se fragmentó en huelgas económicas. Lo contrario es verdad: una vez agotado el contenido posible de la acción política, considerando la situación dada y la fase en que se encontraba la revolución, esta se dividió o mejor se transformó en acción económica. De hecho, ¿qué más podía obtener la huelga general de enero? Había que ser inconsciente para esperar que el absolutismo fuera abatido de golpe por una sola huelga general «prolongada» según el modelo anarquista. Es el proletariado el que debe derrocar al absolutismo en Rusia. Pero el proletariado tiene necesidad para eso de un alto grado de educación política, de conciencia de clase y de organización. No puede aprender todo esto en los folletos o en los panfletos, sino que esta educación debe ser adquirida en la escuela política viva, en la lucha y por la lucha, en el curso de la revolución en marcha. Por otra parte, el absolutismo no puede ser derrocado en cualquier momento, simplemente con la ayuda de una dosis suficiente «de esfuerzos» y de «perseverancia». La caída del absolutismo solo es un signo exterior de la evolución interna de las clases en la sociedad rusa. Antes que nada, para que el absolutismo sea derrotado, es necesario establecer la estructura interna de la futura Rusia burguesa, constituir su estructura de Estado moderno de clases. Esto implica la división y la diversificación de las capas sociales y de los intereses, la constitución no solo del partido proletario revolucionario, sino también de los diversos partidos: liberal, radical, pequeñoburgués, conservador y reaccionario; esto implica el despertar al conocimiento, a la conciencia de clase no solo de las capas populares, sino también de las capas burguesas; pero estas últimas solo pueden constituirse y madurar en el curso de la lucha revolucionaria, en la escuela viva de los acontecimientos, en la confrontación con el proletariado y entre ellas mismas en un roce continuo y recíproco. Esta división y esta maduración de las clases en la sociedad burguesa, así como su acción en la lucha contra el absolutismo, son a la vez entorpecidas y trabadas por una parte, estimuladas y aceleradas por otra, por el papel dominante y particular del proletariado y por su acción de clase. Las diversas corrientes subterráneas del proceso revolucionario se entrecruzan, se obstaculizan mutuamente, avivan las contradicciones internas de la revolución, sin embargo esto tiene por resultado precipitar e intensificar la poderosa explosión. De tal modo este problema en apariencia tan simple, tan poco complejo, puramente mecánico —el derrocamiento del absolutismo— exige todo un proceso social muy largo; es necesario que el terreno social sea roturado de arriba abajo, que lo que está abajo aparezca en la superficie, que lo que está arriba se hunda profundamente, que «el orden» aparente se cambie en caos y que a partir de la «anarquía» aparente sea creado un orden nuevo. Ahora bien, en este proceso de transformación de las estructuras sociales de la antigua Rusia, desempeñaron un papel irremplazable no solo el trueno de la huelga general de enero, sino mucho más aún la gran tormenta de la primavera y el verano siguientes y las huelgas económicas. La batalla general y encarnizada del asalariado contra el capital ha contribuido a la vez a la diferenciación de las diversas capas populares y a la de las capas burguesas, a la formación de una conciencia de clase tanto en el proletariado revolucionario como en la burguesía liberal y conservadora. Si en las ciudades las reivindicaciones salariales contribuyeron a la creación del gran partido monárquico de los industriales de Moscú, la gran revuelta campesina de Livonia significó la rápida liquidación del famoso liberalismo aristócrata y agrario de los *zemstvos*. Pero al mismo tiempo el período de las batallas económicas de la primavera y del verano de 1905 permitió al proletariado de las ciudades extraer inmediatamente después las lecciones del prólogo de enero y tomar conciencia de las tareas futuras de la revolución, gracias a la propaganda intensa dirigida por la socialdemocracia y su dirección política. A este primer resultado se suma otro de carácter social durable: la elevación general del nivel de vida del proletariado en el plano económico, social e intelectual. Casi todas las huelgas de la primavera de 1905 tuvieron una culminación victoriosa. Citemos solamente, a título de ejemplo elegido entre una colección de hechos enormes y cuya amplitud aún no se puede medir, un cierto número de datos sobre algunas huelgas importantes, que se desarrollaron todas en Varsovia bajo la conducción de la socialdemocracia polaca y lituana. En las más grandes empresas metalúrgicas de Varsovia: Sociedad Anónima Lilpop, Rau y Lowenstein, Rudzky y Cía., Bormann Schwede y Cía., Handtke, Gerlach y Pulst, Geisler Hnos., Eberhard, Wolski y Cía., Sociedad Anónima Conrad y Jarmuskiescicz, Weber y Daehm, Gwizdzinski y Cía., Fábrica de alambres Wolanoski, Sociedad Anónima Gostynski y Cía., K. Brun e hijos, Fraget, Norblin, Werner, Buch, Kenneberg Hnos., Labor, Fábrica de lámparas Dittmar, Serkowski, Weszynski, en total veintidós establecimientos, los obreros obtuvieron, después de una huelga de cuatro a cinco semanas (comenzada el 21 y 26 de enero), la jornada de trabajo de nueve horas así como un aumento de salarios del 15% al 25%; obtuvieron igualmente diversas mejoras de menor importancia. En los más grandes talleres de la industria de la madera de Varsovia, sobre todo Karmansky, Damiecki, Gromel, Szerbinski, Trenerovski, Horn, Bevensee, Twarkovski, Daab y Martens, en total diez establecimientos, los huelguistas obtuvieron a partir del 23 de febrero, la jornada de nueve horas; sin embargo no se contentaron y mantuvieron la exigencia de la jornada de ocho horas, cosa que lograron una semana más tarde al mismo tiempo que un aumento de salario. Toda la industria de la construcción entró en huelga el 27 de febrero, reclamando, según la consigna de la socialdemocracia, la jornada de ocho horas; el 11 de marzo obtenían la jornada de nueve horas, un aumento de salarios para todas las categorías, el pago regular del salario por semana, etcétera. Los pintores de obra, los carpinteros, los talabarteros y los herreros obtuvieron juntos la jornada de ocho horas sin reducción de salario. Las fábricas de teléfonos estuvieron en huelga durante diez días y obtuvieron la jornada de ocho horas y un aumento de salario del 10% al 15%. La gran fábrica de tejido de lino de Hielle y Dietrich (diez mil obreros) obtuvo después de nueve semanas de huelga una reducción de una hora en la jornada de trabajo y aumentos de salario que iban del 5% al 10%. Resultados análogos con variantes infinitas se dan en todas las industrias de Varsovia, de Lodz, de Sosnovice.

En Rusia propiamente dicha la jornada de ocho horas fue obtenida:

— en diciembre de 1904, por varias categorías de los obreros petroleros de Bakú;

— en mayo de 1905, por los obreros azucareros del distrito de Kíev;

— en enero, en el conjunto de las imprentas de la ciudad de Samara (al mismo tiempo que un aumento de los salarios del trabajo a destajo y la supresión de las multas);

— en febrero, en la fábrica de instrumentos de medicina del ejército, en una ebanistería y en la fábrica de municiones de San Petersburgo;

— además se instauró en las minas de Vladivostok un sistema de trabajo por equipos de ocho horas;

— en marzo, en el taller mecánico de la impresora de papeles del Estado, perteneciente al Estado;

— en abril, los herreros de la ciudad de Bodroujsk;

— en mayo, los empleados de tranvías eléctricos en Tiflis; en mayo igualmente la jornada de ocho horas y media fue introducida en la enorme empresa de tejido de lana de Morosov (al mismo tiempo que se suprimía el trabajo de noche y que se aumentaban los salarios en un 8%);

— en junio, se introducía la jornada de ocho horas en varios molinos aceiteros de San Petersburgo y de Moscú;

— la jornada de ocho horas y media en julio para los herreros del puerto de San Petersburgo;

— en noviembre, en todas las imprentas privadas de la ciudad de Orel, así como un aumento del 20% de los salarios por hora y del 100% de los salarios a destajo, se instituía igualmente un comité de arbitraje compuesto por un número igual de patrones y obreros.

La jornada de nueve horas en todos los talleres de ferrocarril en febrero; en muchos arsenales nacionales de guerra y astilleros navales; en la mayoría de las fábricas de Berdjansk; en todas las imprentas de Poltava y de Minsk; la jornada de nueve horas y media en las cuencas marítimas, el astillero y la fundición mecánica de Nicolaiev; en junio después de una huelga general de los mozos de café de Varsovia fue introducida en la mayoría de los restaurantes y cafés al mismo tiempo que un aumento de salarios del 20% al 40% y vacaciones de quince días por año.

La jornada de diez horas en casi todas las fábricas de Lodz, Sosnovice, Riga, Kovno, Reval, Dorpat, Minsk, Varkov; para los panaderos de Odesa; en los talleres artesanales de Kichinev; en varias fábricas de sombreros de San Petersburgo; en las fábricas de fósforos de Kovno (junto con un aumento de salarios del 10%), en todos los astilleros navales del Estado y para todos los obreros de los puertos.

Los aumentos de salarios son generalmente menos considerables que la reducción del tiempo de trabajo, pero son sin embargo importantes: así, en Varsovia durante el mes de marzo de 1905, los talleres municipales impusieron un aumento de salario del 15%; en Ivanovo-Voznesensk, centro de industria textil, los aumentos de salarios alcanzaron entre el 7% y el 15%; en Kovno, 75% de la población obrera total se benefició con los aumentos de salarios. Se instauró un salario mínimo fijo en un cierto número de panaderías de Odesa, en los astilleros marítimos del Neva en San Petersburgo, etcétera. A decir verdad estas ventajas han sido retiradas más de una vez en uno u otro lugar. Pero esto solo sirvió de pretexto para nuevas batallas, para respuestas aún más encarnizadas; es así como el período de las huelgas de la primavera de 1905 introdujo una serie infinita de conflictos económicos siempre más vastos y enmarañados que todavía subsisten en la actualidad. En los períodos de tranquilidad exterior de la revolución, cuando los despachos no comunican ninguna noticia sensacional del frente ruso, cuando el lector de Europa occidental abandona su periódico comprobando que no hay «nada de nuevo» en Rusia, en realidad la revolución prosigue sin tregua, día tras día, hora tras hora; su inmenso trabajo subterráneo mina las profundidades de todo el imperio. La lucha económica intensa hace que se produzca rápidamente el paso, por medio de métodos acelerados, del estadio de la acumulación primitiva de la economía patriarcal fundada sobre el pillaje, al estadio de la civilización más moderna. Actualmente Rusia está adelantada en lo que concierne a la duración real del trabajo, no solo con respecto a la legislación rusa que prevé una jornada de trabajo de once horas y media, sino también con respecto a las condiciones efectivas del trabajo en Alemania. En la mayoría de las ramas de la gran industria rusa se practica hoy la jornada de ocho horas, lo cual constituye, a los ojos mismos de la socialdemocracia alemana, un objetivo inaccesible. Más aún, este «constitucionalismo industrial» tan deseado en Alemania, objeto de todos los anhelos, en nombre del cual los adeptos de una táctica oportunista quisieran preservar las aguas estancadas del parlamentarismo −única vía posible de salvación− al abrigo de toda brisa un poco fuerte, ha visto la luz en Rusia, en plena tempestad revolucionaria, al mismo tiempo que el «constitucionalismo» político. En realidad, lo que se produjo no fue solamente una elevación general del nivel de vida de la clase obrera, ni tampoco de su nivel de civilización. El nivel de vida, bajo una forma durable de bienestar material, no tiene cabida en la revolución. Esta está llena de contradicciones y de contrastes e implica a veces victorias económicas sorprendentes, a veces las respuestas más brutales del capitalismo: hoy la jornada de ocho horas, mañana los *lock-out* en masa y el hambre total para centenas de millares de personas. El resultado más precioso, porque es el más permanente de este flujo y reflujo brusco de la revolución, es de orden espiritual: el crecimiento por saltos del proletariado en el plano intelectual y cultural ofrece una garantía absoluta de su irresistible progreso futuro tanto en la lucha económica como en la política.

Pero esto no es todo, las mismas relaciones entre obreros y patrones están subvertidas: a partir de la huelga general de enero y de las huelgas siguientes de 1905 el principio del capitalista amo en su casa fue prácticamente suprimido. Hemos visto constituirse espontáneamente en las grandes fábricas de todos los centros industriales importantes, consejos obreros, únicas instancias con las que el patrón trata y que arbitran en todos los conflictos. Y además, las huelgas en apariencia caóticas y la acción revolucionaria «inorgánica» que siguieron a la huelga general de enero se convierten en el punto de partida de un valioso trabajo de organización. La historia se burla de los burócratas enamorados de los esquemas prefabricados, guardianes celosos de la felicidad de los sindicatos. Las organizaciones sólidas, concebidas como fortalezas inexpugnables, y cuya existencia hay que asegurar antes de soñar eventualmente con emprender una hipotética huelga de masas en Alemania, han salido por el contrario de la misma huelga de masas. Y mientras los guardianes celosos de los sindicatos alemanes temen ante todo ver romperse en mil pedazos esas organizaciones, como una preciosa porcelana en medio del torbellino revolucionario, la Revolución Rusa nos presenta un cuadro totalmente diferente: lo que emerge de los torbellinos, de las tempestades, de las llamas y de la hoguera de las huelgas de masas, como Afrodita surgiendo de la espuma del mar, son... los sindicatos nuevos y jóvenes, vigorosos y ardientes. Citemos aún un pequeño ejemplo, aunque típico para todo el imperio. En el curso de la segunda conferencia de los sindicatos rusos, que tuvo lugar a fines de febrero de 1906 en San Petersburgo, el delegado de los sindicatos petersburgueses presentó un informe sobre el desarrollo de las organizaciones sindicales en la capital de los zares, informe en el que decía:

El 22 de enero de 1905, que ha barrido a la asociación de Gapón, ha marcado una etapa. La masa de los trabajadores aprendió por la fuerza de los acontecimientos a apreciar la importancia de la organización y comprendió que podía crear por sí sola esas organizaciones. El primer sindicato de San Petersburgo, el de los tipógrafos, nace en estrecha relación con el movimiento de enero. La comisión elegida para el estudio de las remuneraciones elaboró los estatutos y el 19 de junio fue el primer día de existencia del sindicato. Los sindicatos de los oficinistas y tenedores de libros vieron la luz aproximadamente al mismo tiempo. Al lado de estas organizaciones cuya existencia era casi pública (y legal) vimos surgir entre enero y octubre de 1905 los sindicatos semilegales e ilegales. Citemos entre los primeros al de los empleados de farmacia y al de los empleados de comercio. Entre los sindicatos ilegales hay que mencionar a la Unión de relojeros, cuya primera reunión secreta tuvo lugar el 24 de abril. Todas las tentativas para convocar a una asamblea general pública chocaron contra la resistencia obstinada de la policía y de los patrones representados por la Cámara de Comercio. Este fracaso no impidió la existencia del sindicato que realizó asambleas secretas con sus adherentes el 9 de junio y el 14 de agosto, sin contar las sesiones del Buró de los sindicatos. El Sindicato de sastres y cortadoras fue fundado en la primavera de 1905 en el curso de una reunión secreta llevada a cabo en un bosque, con la asistencia de setenta sastres. Después de haber discutido el problema de la fundación, una comisión elegida fue encargada de elaborar los estatutos. Todas las tentativas de la comisión por asegurar al sindicato una existencia legal no lograron éxito. Su acción se limita a la propaganda o al reclutamiento en los diferentes talleres. Una suerte semejante le estaba reservada al sindicato de los zapateros. En julio fue convocada una reunión secreta por la noche en un bosque fuera de la ciudad. Más de cien zapateros se reunieron; se presentó un informe sobre la importancia de los sindicatos, sobre su historia en Europa occidental y su misión en Rusia. Inmediatamente se decidió fundarlo y fue elegida una comisión de doce miembros encargada de redactar los estatutos y de convocar a una asamblea general de zapateros. Los estatutos fueron redactados, pero hasta ahora no se pudo imprimirlos ni convocar la asamblea general.

Tales fueron los comienzos de los sindicatos. Después vinieron las jornadas de octubre, la segunda huelga general, el ucase del 30 de octubre y el corto «período constitucional». Los trabajadores se arrojaron con entusiasmo en las olas de la libertad política a fin de utilizarla para el trabajo de organización. Al lado de las actividades políticas cotidianas —reuniones, discusiones, fundación de grupos— se comenzó inmediatamente el trabajo de organización de los sindicatos. En octubre y noviembre fueron creados cuarenta sindicatos nuevos en San Petersburgo. De inmediato se creó un «Buró central», es decir una unión de sindicatos; aparecieron varios periódicos sindicales e incluso a partir de noviembre un órgano central: *El Sindicato*.

La descripción de lo que ocurrió en San Petersburgo se aplica a Moscú y a Odesa, a Kíev y a Nicolaiev, a Saratov y a Voronej, a Samara y a Nijni-Novgorod, a todas las grandes ciudades de Rusia y con más razón a Polonia. Los sindicatos de esas ciudades buscan tomar contacto entre sí, llevan a cabo conferencias. El fin del «período constitucional» y el retorno a la reacción de diciembre de 1905 pone provisoriamente término a la actividad pública amplia de los sindicatos, sin provocar por eso su desaparición. Continúan actuando como organizaciones secretas y prosiguen al mismo tiempo abiertamente la lucha por los salarios. Constituyen una mezcla original de actividad sindical a la vez legal e ilegal que corresponde a las contradicciones de la situación revolucionaria. Pero incluso en medio de la lucha, el trabajo de organización se prosigue con seriedad y hasta con pedantería. Los sindicatos de la socialdemocracia polaca y lituana, por ejemplo, que en el último congreso del partido (en julio de 1906) estaban representadas por cinco delegados y comprendían diez mil miembros que cotizaban, son provistos de estatutos regulares, de carnets impresos de adherentes, de estampillas, etcétera. Y esos mismos panaderos y zapateros, metalúrgicos y tipógrafos, de Varsovia y de Lodz, que en junio de 1905 estaban en las barricadas y que en diciembre solo esperan una consigna de San Petersburgo para salir a la calle, encuentran el tiempo necesario para reflexionar seriamente entre dos huelgas, entre la prisión y el *lock-out*, en pleno estado de sitio, y para discutir a fondo y atentamente los estatutos sindicales. Más aún, los que se batían ayer y que se batirán mañana en las barricadas algunas veces reconvinieron severamente a sus dirigentes en el curso de alguna reunión y los amenazaron con abandonar el partido porque no se habían podido imprimir más rápidamente los carnets de afiliación —en imprentas clandestinas y bajo la amenaza de persecución policial.

Este entusiasmo y esta seriedad duran aún hasta el presente. En el curso de las dos primeras semanas de julio de 1906 fueron creados —para citar un ejemplo— quince nuevos sindicatos en Ekaterinoslav; en Kostroma seis, otros en Kíev, Poltava, en Smolensk, en Tcherkassy, en Proskurov, y hasta en las más pequeñas localidades de los distritos provinciales. En la sesión realizada el 5 de junio último (1906) por la Unión de Sindicatos de Moscú, se decidió, de conformidad con las conclusiones e informes de los delegados de cada organización, que los sindicatos deberían velar por la disciplina de sus adherentes e impedirles tomar parte en combates callejeros, porque la huelga de masas es considerada como inoportuna. Frente a las provocaciones eventuales del gobierno deben vigilar para que la masa no salga a la calle. Finalmente, la Unión decidió que durante todo el tiempo en que un sindicato realice una huelga, los otros deben abstenerse de presentar reivindicaciones salariales. En lo sucesivo la mayoría de las luchas económicas serán dirigidas por los sindicatos.[10]

Es así como la gran lucha económica cuyo punto de partida ha sido la huelga general de enero que continúa hasta el presente, constituye el trasfondo de la revolución, de donde a veces vemos brotar explosiones aisladas o estallar inmensas batallas del proletariado en su totalidad —bajo la influencia conjugada y alternada de la propaganda política y de los acontecimientos externos—. Citemos algunas de estas explosiones sucesivas: en Varsovia, el 1ro. de mayo de 1905, en ocasión de la fiesta del trabajo, una huelga general total sin ejemplo hasta entonces, acompañada por una manifestación de masas perfectamente pacífica, terminó en un enfrentamiento sangriento de la multitud desarmada con la tropa. En Lodz, en el mes de junio, la dispersión por parte del ejército de una reunión de masas, dio lugar a una manifestación de cien mil obreros; en ocasión del entierro de algunas de las víctimas de la soldadesca, se produce un nuevo encuentro con el ejército, y finalmente se declara la huelga general. Esta termina los días 23, 24 y 25 de mayo con un combate de barricadas, el primero del imperio de los zares. En junio igualmente estalló en el puerto de Odesa, a propósito de un pequeño incidente a bordo del acorazado *Potiomkin,* la primera gran sublevación de marineros de la flota del Mar Negro, que provocó a su vez una inmensa huelga de masas en Odesa y Nicolaiev. Este motín tuvo otras repercusiones aún: una huelga y algunas rebeliones de marinos en Kronstadt, Libau y Vladivostok.

En octubre tuvo lugar en San Petersburgo la experiencia revolucionaria de la instauración de la jornada de ocho horas. El consejo de los delegados obreros decide introducir por métodos revolucionarios la jornada de ocho horas. De este modo, en una fecha determinada, todos los obreros de San Petersburgo declararán a sus patrones que se niegan a trabajar más de ocho horas por día y abandonarán sus lugares de trabajo a la hora fijada. Esta idea sirvió de pretexto para una intensa campaña de propaganda, fue acogida y ejecutada por el proletariado que no escatimó los más grandes sacrificios; por ejemplo, por los obreros textiles, que hasta entonces eran pagados a destajo y cuya jornada de trabajo era de once horas, la reducción a ocho horas representaba una pérdida enorme de salario, pero sin embargo la aceptaron sin vacilaciones. Por espacio de una semana la jornada de ocho horas se había introducido en San Petersburgo y la alegría de la clase obrera no conoce límites. No obstante, inmediatamente la patronal, en un principio desamparada, se prepara para la reacción: en todas partes se amenaza con cerrar las fábricas. Un cierto número de obreros acepta negociar y obtienen la jornada de diez horas en un lado, la de nueve en otro. Sin embargo la élite del proletariado de

San Petersburgo, los obreros de las grandes fábricas nacionales de metalurgia permanecen inconmovibles: sigue un *lock-out*; de cuarenta y cinco a cincuenta mil obreros son lanzados a la calle por un mes. De este hecho, el movimiento en favor de la jornada de ocho horas prosigue en la huelga general de diciembre, desencadenada en gran parte por el *lock-out*. En el intervalo sobreviene en octubre, en respuesta al proyecto de Duma de Bulygin,[11] la segunda y poderosísima huelga general desencadenada ante una consigna de los ferroviarios y que se extiende a todo el imperio. Esta segunda gran acción revolucionaria del proletariado reviste un carácter sensiblemente diferente al de la primera huelga de enero. La conciencia política desempeña un papel mucho más importante en ella. Ciertamente, la ocasión que desencadenó la huelga de masas fue también aquí accesoria y aparentemente fortuita: se trata del conflicto entre los ferroviarios y la administración, a propósito de la caja de publicaciones. Pero el levantamiento general del proletariado que se produjo se sustenta por un pensamiento político claro. El prólogo de la huelga de enero había sido una súplica dirigida al zar a fin de obtener la libertad política; la consigna de la huelga de octubre era: «¡Terminemos con la comedia institucional del zarismo!». Y gracias al éxito inmediato de la huelga, que se traduce en el manifiesto zarista del 30 de octubre, el movimiento no se repliega sobre sí mismo como en enero para volver al comienzo de la lucha económica, sino que desborda hacia el exterior, ejerciendo con ardor la libertad política recientemente conquistada. Manifestaciones, reuniones, una prensa naciente, discusiones públicas, masacres sangrientas para terminar con el regocijo, seguidos de nuevas huelgas de masas y de nuevas manifestaciones, tal es el cuadro agitado de las jornadas de noviembre y diciembre. En noviembre, ante el llamado de la socialdemocracia, se organiza en San Petersburgo la primera huelga de protesta contra la represión sangrienta y la proclamación del estado de sitio en Livonia y en Polonia. El sueño de la Constitución es seguido por un despertar brutal, y la sorda agitación termina por desatar en diciembre la tercera huelga general de masas, que se extiende a todo el imperio. Esta vez el desarrollo y la culminación son totalmente diferentes que en los casos anteriores. La acción política no cede el lugar a la acción económica como en enero, tampoco obtiene una victoria rápida como en octubre. La camarilla zarista no renueva sus tentativas por instaurar una libertad política verdadera y la acción revolucionaria choca así, por primera vez, con toda la extensión de ese muro inquebrantable: la fuerza material del absolutismo. Por la evolución lógica interna de los acontecimientos en curso, la huelga de masas se transforma en rebelión abierta, en lucha armada, en combates callejeros y en barricadas en Moscú. Las jornadas de diciembre en Moscú constituyen el punto culminante de la acción política y del movimiento de huelgas de masas, cerrando de este modo el primer año laborioso de la revolución. Los acontecimientos de Moscú muestran en imagen reducida la evolución lógica y el porvenir del movimiento revolucionario en su conjunto: su culminación inevitable en una rebelión general abierta. Sin embargo, esta solo puede producirse luego de un entrenamiento adquirido en una serie de rebeliones parciales y preparatorias, que desembocan provisoriamente en «derrotas» exteriores y parciales, pudiendo aparecer cada una como «prematura».

El año 1906 es el de las elecciones y del episodio de la Duma. El proletariado, animado por un poderoso instinto revolucionario que le permite tener una visión clara de la situación, boicotea la farsa constitucional zarista. El liberalismo ocupa de nuevo por algunos meses el escenario político. Parece volverse a la situación de 1904. La acción cede el lugar a la palabra y el proletariado entra en la sombra por algún tiempo, para consagrarse con más ardor aún a la lucha sindical y al trabajo de organización. Las huelgas de masas cesan, mientras, día tras día, los liberales hacen estallar los petardos de su elocuencia. Finalmente, la cortina de hierro cae bruscamente, los actores son dispersados, de los petardos de elocuencia liberal solo queda el humo y el polvo. Una tentativa de la socialdemocracia por llamar a manifestarse con una corta huelga de masas en favor de la Duma y del restablecimiento de la libertad de palabra cae en el vacío. La huelga política de masas agotó su papel como tal y el paso de la huelga al levantamiento general del pueblo y a los combates callejeros no está todavía maduro. El episodio liberal está terminado, el episodio proletario no ha recomenzado aún. La escena permanece provisoriamente vacía.

IV

En las páginas que preceden hemos tratado de esbozar sumariamente la historia de la huelga de masas en Rusia. Una simple ojeada sobre esta historia nos ofrece una imagen de la huelga de masas que no se parece en nada a la que nos hacemos de ella en Alemania en el curso de las discusiones. En lugar de un esquema rígido y vacío que nos muestra una «acción» política lineal ejecutada con prudencia y según un plan decidido por las instancias supremas de los sindicatos, vemos un fragmento de vida real hecho de carne y de sangre que no se puede separar del medio revolucionario, unida, por el contrario, por mil vínculos al organismo revolucionario en su totalidad. La huelga de masas tal como nos la muestra la Revolución Rusa es un fenómeno tan fluido que refleja en sí todas las fases de la lucha política y económica, todos los estadios y todos los momentos de la revolución. Su campo de aplicación, su fuerza de acción, los factores de su desencadenamiento, se transforman de continuo. Repentinamente abre perspectivas nuevas a la revolución en un momento en que esta parecería encaminarse hacia un estancamiento. Y se niega a funcionar en el momento en que se creía poder contar con ella con toda seguridad. A veces la ola del movimiento invade todo el imperio, a veces se divide en una red infinita de pequeños arroyos; a veces brota del suelo como una fuente viva, a veces se pierde dentro de la tierra. Huelgas económicas y políticas, huelgas de masas y huelgas parciales, huelgas de demostración o de combate, huelgas generales que afectan a sectores particulares o a ciudades enteras, luchas reivindicativas pacíficas o batallas callejeras, combates de barricada: todas estas formas de lucha se entrecruzan o se rozan, se atraviesan o desbordan una sobre la otra; es un océano de fenómenos eternamente nuevos y fluctuantes. Y la ley del movimiento de esos fenómenos aparece claramente: no reside en la huelga de masas en sí misma, en sus particularidades técnicas, sino en la relación de las fuerzas políticas y sociales de la revolución. La huelga de masas es simplemente la forma que adopta la lucha revolucionaria y toda desnivelación en la relación de las fuerzas en lucha, en el desarrollo del partido y la división de las clases, en la posición de la contrarrevolución, influye inmediatamente sobre la acción de la huelga a través de mil caminos invisibles e incontrolables. Sin embargo, la acción de la huelga en sí misma no se detiene prácticamente ni un solo instante. No hace más que revestir otras formas, modificar su extensión, sus objetivos, sus efectos. Es el pulso vivo de la revolución y al mismo tiempo su motor más poderoso. En una palabra, la huelga de masas, tal como nos la ofrece la Revolución Rusa, solo es un medio ingenioso inventado para reforzar el efecto de la lucha proletaria, aunque representa el movimiento mismo de la masa proletaria, la fuerza de manifestación de la lucha proletaria en el curso de la revolución. A partir de allí se pueden deducir algunos puntos de vista generales que permitirán juzgar el problema de la huelga de masas.

1) Es absolutamente erróneo concebir la huelga de masas como una acción aislada; ella es más bien el signo, el concepto unificador de todo un período de años, quizás de decenios, de la lucha de clases. Si se consideran las innumerables y diferentes huelgas de masas que tuvieron lugar en Rusia desde hace cuatro años, una sola variante e incluso de importancia secundaria corresponde a la definición de ella como acto único y breve de características puramente políticas, desencadenado y detenido a voluntad según un plan preconcebido: me refiero aquí a la simple huelga de protesta. Durante todo el curso del período de cinco años solo vemos en Rusia algunas huelgas de ese género en pequeño número y, lo que es notable, limitadas por lo común a una ciudad. Citemos entre otras la huelga general anual del 1ro. de mayo en Varsovia y Lodz —en Rusia propiamente dicha la costumbre de celebrar el 1ro. de mayo mediante la paralización del trabajo no está aún extendida ampliamente—, la huelga de masas en Varsovia el 11 de septiembre de 1905 en ocasión del entierro del condenado a muerte Martín Kasprzak,[12] la de noviembre de 1905 en San Petersburgo en señal de protesta contra la proclamación del estado de sitio en Polonia y Livonia; la del 22 de enero de 1906 en Varsovia, Lodz, Czenstochau y en la cuenca minera de Dombrova, lo mismo que en algunas ciudades rusas en conmemoración del domingo sangriento de San Petersburgo; en julio de 1906 una huelga general en Tiflis en manifestación de solidaridad con los soldados condenados por sublevación y finalmente por la misma razón en septiembre de ese año durante el proceso militar de Reval. Todas las otras huelgas de masas parciales o huelgas generales son huelgas de lucha y no de protesta. Con ese carácter nacieron espontáneamente en ocasión de incidentes particulares locales y fortuitos y no de acuerdo con un plan preconcebido y deliberado y, merced a la potencia de fuerzas elementales, adquirieron las dimensiones de un movimiento de gran envergadura. No concluían con la retirada ordenada, sino que se transformaban a veces en luchas económicas, a veces en combates callejeros y otras veces se derrumbaban por sí mismas.

Dentro de este cuadro de conjunto, las huelgas de protesta política pura desempeñaron un papel de segundo orden: el de puntos minúsculos y aislados en medio de una gran superficie. Si consideramos las cosas según la cronología, comprobamos lo siguiente: las huelgas de protesta que, a diferencia de las huelgas de lucha, exigen un nivel muy elevado de disciplina del partido, una dirección política y una ideología política conscientes, y aparecen en consecuencia según el esquema como la forma más alta y madura de la huelga de masas, son importantes sobre todo *al comienzo* del movimiento. De este modo el paro total del 1ro. de mayo de 1905 en Varsovia, primer ejemplo de la aplicación perfecta de una decisión del partido, fue un acontecimiento de gran alcance para el movimiento proletario en Polonia. Igualmente, la huelga de solidaridad en noviembre de 1905 en San Petersburgo, primer ejemplo de una acción de masas concertada, causó sensación. También el «ensayo de huelga general» de los camaradas de Hamburgo el 17 de enero de 1906, que ocupara un lugar destacado en la historia de la futura huelga de masas en Alemania, constituye el primer intento espontáneo de usar esta arma tan discutida, intento exitoso por otra parte y que testimonia la combatividad de los obreros hamburgueses.

De igual modo, una vez comenzado el período de huelgas de masas en Alemania, culminará seguramente con la instauración de la fiesta del 1ro. de mayo con un paro general del trabajo. Esta fiesta podrá ser celebrada como la primera demostración colocada bajo el signo de las luchas de masas. En tal sentido ese «viejo caballo de batalla», como se ha llamado al 1ro. de mayo en el Congreso sindical de Colonia, tiene todavía un gran porvenir y está llamado a desempeñar un papel importante en las luchas de clases proletarias en Alemania. Sin embargo, con el desarrollo de las luchas revolucionarias la importancia de tales demostraciones disminuye con rapidez. Los mismos factores que hacen objetivamente posible el desencadenamiento de las huelgas de protesta según un plan preconcebido y de acuerdo con una consigna de los partidos, a saber, el crecimiento de la conciencia política y de la educación del proletariado, hacen imposible esta clase de huelgas. En las actuales circunstancias, el proletariado ruso y más precisamente la vanguardia más activa de las masas, no quiere saber ya nada de las huelgas demostrativas, los obreros no entienden más la broma y solo quieren luchas serias con todas sus consecuencias. Si es verdad que en el curso de la primera gran huelga de masas en enero de 1905 el elemento demostrativo desempeñaba todavía un gran papel —bajo una forma no deliberada sino instintiva y espontánea— en cambio la tentativa del Comité Central del Partido Socialdemócrata Ruso por llamar en el mes de agosto a una huelga de masas en favor de la Duma fracasó entre otras causas por la aversión del proletariado consciente hacia las acciones tibias y de mera demostración.

2) Pero si consideramos ya no más esa variedad menor representada por la huelga de protesta, sino la huelga de lucha tal como la vemos hoy en Rusia constituyendo el soporte real de la acción proletaria, nos sorprende el hecho de que el elemento económico y el elemento político se presenten tan indisolublemente vinculados. Aquí también la realidad se aparta del esquema teórico; la concepción pedante que hace derivar lógicamente la huelga de masas política pura de la huelga general económica, como si aquella fuera el estadio más maduro y elevado y que distingue cuidadosamente una forma de otra, es desmentida por la experiencia de la Revolución Rusa. Esto no ha quedado demostrado solamente por el hecho de que las huelgas de masas —desde la primera gran huelga reivindicativa de los obreros textiles de San Petersburgo en 1896-1897 hasta la última gran huelga de diciembre de 1905— hayan pasado insensiblemente del dominio de las reivindicaciones económicas al de la política, aunque es casi imposible trazar fronteras entre unas y otras. Sin embargo, cada una de las grandes huelgas de masas vuelve a trazar, en miniatura por así decirlo, la historia general de las huelgas en Rusia, comenzando por un conflicto sindical puramente reivindicativo o al menos parcial, recorriendo luego todos los grados hasta la manifestación política. La tempestad que sacudió al sur de Rusia en 1902 y 1903 comenzó en Bakú, como ya vimos, con una protesta contra la cesantía de los huelguistas, en Rostov con reivindicaciones salariales, en Tiflis con una lucha de los empleados de comercio para obtener una disminución de la jornada de trabajo, en Odesa con una reivindicación de salarios en una pequeña fábrica aislada. La huelga de masas de enero de 1905 se inició con un conflicto dentro de las fábricas Putilov, la huelga de octubre con reivindicaciones de los ferroviarios por su caja de jubilaciones, la huelga de diciembre, finalmente, con la lucha de los empleados de correos y telégrafos para obtener el derecho de asociación. El progreso del movimiento no se manifiesta por el hecho de que el elemento económico desaparece, sino más bien por la rapidez con la que se recorren

todas las etapas hasta la manifestación política y por la posición más o menos extrema del punto final alcanzado por la huelga de masas.

Sin embargo el movimiento en su conjunto no se orienta únicamente en el sentido de un paso de lo económico a lo político, sino también en el sentido inverso. Cada una de las acciones de masa políticas se transforma, luego de haber alcanzado su apogeo, en una multitud de huelgas económicas. Esto es válido no solo para cada una de las grandes huelgas sino también para la revolución en su conjunto. Cuando la lucha política se extiende, se clarifica y se intensifica, la lucha reivindicativa no solo no desaparece sino que se extiende, organiza e intensifica paralelamente. Existe interacción completa entre ambas.

Cada nuevo impulso y cada nueva victoria de la lucha política dan un ímpetu poderoso a la lucha económica ampliando sus posibilidades de acción exterior y dando a los obreros nuevos bríos para mejorar su situación aumentando su combatividad. Cada ola de acción política deja detrás suyo un limo fértil de donde surgen inmediatamente mil brotes nuevos: las reivindicaciones económicas. E inversamente, la guerra económica incesante que los obreros libran contra el capital mantiene despierta la energía combativa incluso en las horas de tranquilidad política; de alguna manera constituye una reserva permanente de energía de la que la lucha política extrae siempre fuerzas frescas. Al mismo tiempo, el trabajo infatigable de corrosión reivindicativa desencadena aquí o allá conflictos agudos a partir de los cuales estallan bruscamente las batallas políticas.

En una palabra, la lucha económica presenta una continuidad, es el hilo que vincula los diferentes núcleos políticos; la lucha política es una fecundación periódica que prepara el terreno a las luchas económicas. La causa y el efecto se suceden y alternan sin cesar, y de este modo el factor económico y el factor político, lejos de distinguirse completamente o incluso de excluirse recíprocamente como lo pretende el esquema pedante, constituyen en un período de huelgas de masas dos aspectos complementarios de las luchas de clases proletarias en Rusia. La huelga de masas constituye precisamente su unidad. La teoría sutil diseca artificialmente con la ayuda de la lógica a la huelga de masas para obtener una «huelga política pura», pero he aquí que una disección semejante, al igual que todas las disecciones, no nos permite ver el fenómeno vivo, nos entrega un cadáver.

3) Finalmente, los acontecimientos de Rusia nos muestran que la huelga de masas es inseparable de la revolución; su historia se confunde con la historia de la revolución. Sin duda, cuando los campeones del oportunismo en Alemania escuchan hablar de revolución piensan inmediatamente en la sangre vertida, en batallas callejeras, en la pólvora y el plomo, y deducen con toda lógica que la huelga de masas conduce inevitablemente a la revolución, concluyen que es menester abstenerse de realizarla. Y de hecho verificamos que en Rusia casi todas las huelgas de masas terminan en un enfrentamiento sangriento con las fuerzas zaristas del orden; lo cual es tan cierto para las huelgas pretendidamente políticas como para los conflictos económicos. Pero la revolución es otra cosa, es algo más que un simple baño de sangre. A diferencia de la policía que entiende por revolución simplemente la batalla callejera y la pelea, es decir el «desorden», el socialismo científico ve en la revolución antes que nada una transformación interna profunda de las relaciones de clase. Desde ese punto de vista entre la revolución y la huelga de masas existe en Rusia una relación mucho más estrecha que la que se establece mediante la comprobación trivial, a saber que la huelga de masas concluye generalmente en un baño de sangre.

Hemos estudiado el mecanismo interno de la huelga de masas rusa fundada sobre una relación de causalidad recíproca entre el conflicto político y el conflicto económico. Pero esta relación de causalidad recíproca está determinada precisamente por el período revolucionario. Solamente en la tempestad revolucionaria cada lucha parcial entre el capital y el trabajo adquiere las dimensiones de una explosión general. En Alemania se asiste todos los años, todos los días, a los conflictos más violentos, más brutales entre los obreros y los patrones sin que la lucha supere los límites de la rama de industria, de la ciudad e incluso de la fábrica en cuestión. El despido de obreros organizados como en San Petersburgo, la desocupación como en Bakú, reivindicaciones salariales como en Odesa, luchas por el derecho de asociación como en Moscú: todo esto se produce diariamente en Alemania. Pero ninguno de esos incidentes da lugar a una acción de clase común. E incluso si esos conflictos se extienden hasta convertirse en huelgas de masas con carácter netamente político no desembocan en una explosión general. La huelga general de los ferroviarios holandeses, que a pesar de las simpatías ardientes que suscitó se extinguió en medio de la inmovilidad absoluta del conjunto del proletariado, nos proporciona un ejemplo aleccionador de ello.

A la inversa, solo en un período revolucionario, cuando los fundamentos sociales y las barreras que separan a las clases sociales están quebrantados, cualquier acción política del proletariado puede arrancar de la indiferencia en pocas horas a las capas populares que habían permanecido hasta entonces apartadas, lo que se manifiesta naturalmente mediante una batalla económica tumultuosa. Súbitamente electrizados por la acción política, los obreros reaccionan de inmediato en el campo que les es más próximo: se sublevan contra su condición de esclavitud económica. El gesto de revuelta que es la lucha política les hace sentir con una intensidad insospechada el peso de sus cadenas económicas. Mientras que en Alemania la lucha política más violenta, la campaña electoral o los debates parlamentarios a propósito de las tarifas aduaneras, no tienen más que una importancia mínima sobre el curso o la intensidad de las luchas reivindicativas que se llevan a cabo al mismo tiempo, en Rusia toda acción del proletariado se manifiesta inmediatamente por una extensión e intensificación de la lucha económica.

De este modo solo la revolución crea las condiciones sociales que permiten un paso inmediato de la lucha económica a la lucha política y de esta a aquella, lo que se expresa por medio de la huelga de masas. El esquema vulgar solo percibe una relación entre la huelga de masas y la revolución en los enfrentamientos sangrientos con que concluyen las huelgas de masas; pero un examen más profundo de los acontecimientos rusos nos hace descubrir una relación *inversa*. En realidad no es la huelga de masas la que produce la revolución sino la revolución la que produce la huelga de masas.

4) Es suficiente con resumir lo que precede para descubrir una solución al problema de la dirección y de la iniciativa de la huelga de masas. Si ella no significa un acto aislado sino todo un período de la lucha de clases, si este período se confunde con el período revolucionario, es claro que no se puede desencadenar arbitrariamente, incluso si la decisión emana de las instancias supremas del más poderoso de los partidos socialistas. Mientras no esté al alcance de la socialdemocracia el poner en acción o anular revoluciones a gusto, ni siquiera el entusiasmo y la impaciencia más fogosa de las tropas socialistas lograrán suscitar un período de huelgas de masas que constituya un movimiento popular potente y vivo. La audacia de la dirección del partido y la disciplina de los obreros pueden lograr sin duda organizar una manifestación única y de corta duración: tal fue el caso de la huelga de masas

en Suecia o más recientemente en Austria, o también de la huelga del 17 de enero en Hamburgo.[13] Pero estas manifestaciones se parecen a un verdadero período de huelgas de masas revolucionario tanto como unas maniobras navales realizadas en un puerto extranjero, cuando las relaciones diplomáticas son tensas, se parecen a una guerra. Una huelga de masas nacida simplemente de la disciplina y del entusiasmo desempeñará en el mejor de los casos solo el papel de un síntoma de la combatividad de los trabajadores, después de lo cual la situación retornará a la apacible rutina cotidiana. Ciertamente, incluso durante la revolución las huelgas no caen del cielo. Es necesario que de una u otra manera sean realizadas por los obreros. La resolución y la decisión de la clase obrera desempeñará también un papel y es menester precisar que tanto la iniciativa como la dirección de operaciones ulteriores incumben muy naturalmente a la parte más esclarecida y mejor organizada del proletariado: la socialdemocracia. Pero esta iniciativa y esta dirección solo se aplican a la ejecución de tal o cual acción aislada, de tal o cual huelga de masas cuando el período revolucionario está ya en curso y las más de las veces esto ocurre en una ciudad dada. Por ejemplo, ya hemos visto que alguna vez la socialdemocracia ha dado expresamente y con éxito la consigna de huelga en Bakú, en Varsovia, en Lodz, en San Petersburgo. Semejante iniciativa tiene muchas menos posibilidades de éxito si se aplica a movimientos generales que afectan al conjunto del proletariado. Por otra parte, la iniciativa y la dirección de las operaciones tienen sus límites determinados. Precisamente durante la revolución es en extremo difícil para un organismo dirigente del movimiento obrero prevenir y calcular la ocasión y los factores que pueden desencadenar o no explosiones. Tomar la iniciativa y la dirección de las operaciones no consiste aquí tampoco en dar arbitrariamente órdenes, sino en adaptarse lo más hábilmente posible a la situación y en mantener el contacto más estrecho con la moral de las masas. El elemento espontáneo, según ya vimos, desempeña un gran papel en todas las huelgas de masas en Rusia, ya sea como elemento impulsor, ya sea como freno. Pero esto es así no porque en Rusia la socialdemocracia sea aún joven y débil, sino por el hecho de que cada operación particular es el resultado de una tal infinidad de factores económicos, políticos, sociales, generales y locales, materiales y psicológicos que ninguno de ellos puede definirse ni calcularse como un ejemplo aritmético. Incluso si el proletariado, con la socialdemocracia a la cabeza, desempeña un papel dirigente, la revolución no es una maniobra del proletariado sino una batalla que se desarrolla cuando alrededor todos los fundamentos sociales crujen, se desmoronan y se desplazan incesantemente. Si el elemento espontáneo desempeña un papel tan importante en las huelgas de masas en Rusia, no es porque el proletariado ruso sea «insuficientemente educado» sino porque las revoluciones no se aprenden en la escuela.

Por otra parte, comprobamos que en Rusia esta revolución que hace tan difícil a la socialdemocracia conquistar la dirección de la huelga y que tan pronto le arranca, tan pronto le ofrece la batuta de director de orquesta, resuelve por el contrario precisamente todas las dificultades de la huelga, esas dificultades que el esquema teórico tal como es discutido en Alemania considera como la preocupación principal de la dirección: el problema del «aprovisionamiento», de los «gastos», de los «sacrificios materiales». Indudablemente no los resuelve de la manera en que los arregla, lápiz en mano, en el curso de una apacible conferencia secreta mantenida por las instancias superiores del movimiento obrero. El «arreglo» de todos esos problemas se resume en lo siguiente: la revolución hace entrar en escena masas populares tan inmensas que toda tentativa de regular por adelantado o estimar los gastos del movimiento — tal como se hace la estimación de los gastos de un proceso civil— aparece como una empresa desesperada. Es verdad que en la propia Rusia los organismos directivos tratan de sostener con sus mejores medios a las víctimas del combate. De este modo, por ejemplo, el partido ayudó durante semanas a las valerosas víctimas del gigantesco *lock-out* que tuvo lugar en San Petersburgo, luego de la campaña por la jornada de ocho horas. Pero en el inmenso balance de la revolución esto equivale a una gota de agua en el mar. En el momento en que comienza un período de huelgas de masas de gran envergadura, todas las previsiones y cálculos de gastos son tan vanos como la pretensión de vaciar el océano con un vaso. En efecto, el precio que paga la masa proletaria por toda revolución es un océano de privaciones y de sufrimientos terribles. Un período revolucionario resuelve esta dificultad en apariencia insoluble desencadenando en la masa una suma tal de idealismo que la vuelve insensible a los sufrimientos más agudos. No se puede hacer ni la revolución ni la huelga de masas con la psicología de un sindicato que solo consentiría en detener el trabajo el 1ro. de mayo con la condición de poder contar con un subsidio determinado por adelantado con precisión en caso de ser despedido. Pero en la tempestad revolucionaria el proletario, el padre de familia prudente, se transforma en un «revolucionario romántico» para el cual el bien supremo mismo —la vida— y con mayor razón el bienestar material tienen poco valor en comparación con el ideal de lucha. En consecuencia, si es verdad que el período revolucionario se encarga de la dirección de la huelga en el sentido de la iniciativa de su desencadenamiento y de la carga de los gastos, no es menos cierto que en un sentido completamente diferente la dirección de la huelga de masas corresponde a la socialdemocracia y a sus organismos directivos. En lugar de plantearse el problema de la técnica y del mecanismo de la huelga de masas en un período revolucionario, la socialdemocracia está llamada a asumir la dirección *política*. La tarea de «dirección» más importante en el período de la huelga de masas consiste en dar la consigna de la lucha, en orientar, en regular la *táctica* de la lucha política de manera tal que en cada fase y en cada instante del combate sea realizada y movilizada la totalidad del poder del proletariado ya comprometido y lanzado a la batalla y que este poder se exprese por la posición del partido en la lucha; es necesario que la táctica de la socialdemocracia nunca se encuentre, en lo que respecta a la energía y a la precisión, por debajo del nivel de la relación de las fuerzas en acción, sino que por el contrario sobrepase ese nivel; en tal caso dicha dirección política se transformará automáticamente en cierta medida en dirección técnica. Una táctica socialista consecuente, resuelta, avanzada, provoca en las masas un sentimiento de seguridad, de confianza, de combatividad; una táctica vacilante, débil, fundada en una sobreestimación de las fuerzas del proletariado, paraliza y desorienta a las masas. En el primer caso las huelgas estallan «espontáneamente» y siempre «en el momento oportuno»; en el segundo caso será inútil que el partido llame directamente a la huelga. Todo será en vano. La Revolución Rusa nos ofrece ejemplos que hablan de uno y del otro caso.

V

En los momentos actuales la cuestión a plantear es la siguiente: ¿en qué medida todas las lecciones que se pueden extraer de la huelga general en Rusia pueden aplicarse a Alemania? Las condiciones sociales y políticas, la historia y la situación del movimiento obrero difieren enteramente en Alemania y en

Rusia. A primera vista podría pensarse que las leyes internas de las huelgas de masas en Rusia, tal como las hemos expuesto más arriba, son resultado de condiciones específicamente rusas, no siendo válidas en absoluto para el proletariado alemán. En la revolución la lucha política y la lucha económica están vinculadas por relaciones muy estrechas y su unidad se revela en el período de las huelgas de masas. Pero, ¿no es eso una consecuencia del absolutismo ruso? En un Estado donde toda forma y manifestación del movimiento obrero están prohibidos, donde la más simple de las huelgas es un crimen, toda lucha económica se transforma necesariamente en lucha política.

Por otra parte e inversamente, si la primera explosión de la revolución implicó un ajuste de cuentas general de la clase obrera con el patronato, esto es la simple consecuencia del hecho de que hasta entonces el obrero ruso tenía el nivel de vida más bajo y jamás había llevado adelante la menor batalla económica en regla para mejorar su suerte. El proletariado ruso debía comenzar primero por salir de la más innoble condición. ¿Por qué asombrarnos entonces de que haya puesto en ello un ardor juvenil desde el momento en que la revolución hubo traído el primer soplo vivificador en el aire irrespirable del absolutismo? Y, finalmente, el curso tumultuoso de la huelga de masas así como su carácter elemental y espontáneo se explican en parte por la situación política atrasada de Rusia y en parte por la falta de educación y de organización del proletariado ruso.

En un país donde la clase obrera posee detrás suyo treinta años de experiencia de vida política, un partido socialista con tres millones de votos y un centro de tropas sindicalmente organizadas que alcanzan un millón y cuarto, es imposible que la lucha política, que las huelgas de masas, revistan el mismo carácter tempestuoso y elemental que en un Estado semibárbaro que acaba apenas de pasar sin transición de la Edad Media al orden burgués moderno. Esta es la idea que se hace generalmente la gente que quiere medir el grado de madurez de la situación económica de un país a partir de la letra de sus leyes escritas.

Examinemos los problemas separadamente. En primer lugar, es inexacto hacer remontar el principio de la lucha económica a la explosión de la revolución. De hecho, las huelgas y los conflictos salariales no habían dejado de estar cada vez más a la orden del día, a partir del inicio de la década del noventa en Rusia propiamente dicha e incluso desde fines de los años ochenta en la Polonia rusa, prácticamente habían adquirido carta de ciudadanía. Es verdad que provocaban a menudo brutales represiones policiales, sin embargo formaban parte de los hechos cotidianos. Es así como en Varsovia y en Lodz existía desde 1891 una caja mutual importante; el entusiasmo por los sindicatos hizo nacer en Polonia durante algún tiempo incluso esas ilusiones «economistas» que algunos años más tarde reinaron en San Petersburgo y en el resto de Rusia.[14]

De igual modo hay mucha exageración en la idea que nos hacíamos de la miseria del proletariado del imperio zarista antes de la revolución. La categoría de obrero que es actualmente la más activa y ardiente tanto en la lucha económica como en la política, la de los trabajadores de la gran industria de las grandes ciudades, tenía un nivel de existencia apenas inferior al de las categorías correspondientes del proletariado alemán; en cierto número de oficios encontramos salarios iguales e incluso superiores a los existentes en Alemania. Del mismo modo, en lo que respecta a la duración del trabajo, la diferencia entre las grandes empresas industriales de los dos países es insignificante. La idea de un pretendido ilotismo material y cultural de la clase obrera rusa no reposa sobre nada sólido. Si se reflexiona un poco es refutada por el hecho mismo de la revolución y del papel eminente que en ella desempeñó el proletariado. Revoluciones con semejante madurez y lucidez política no se hacen con un subproletariado miserable. Los obreros de la gran industria de San Petersburgo, de Varsovia, de Moscú y de Odesa que encabezaban el combate, están mucho más próximos del tipo occidental en el plano cultural e intelectual de lo que se imaginan los que consideran al parlamentarismo burgués y a la práctica sindical regular como la única e indispensable escuela del proletariado. El desarrollo industrial moderno de Rusia y la influencia de quince años de socialdemocracia dirigiendo y animando la lucha económica han logrado, incluso en ausencia de garantías exteriores del orden legal burgués, un trabajo civilizador importante.

Pero las diferencias se atenúan también si consideramos el otro aspecto de la cuestión y examinamos de más cerca el nivel de vida real de la clase obrera alemana. Las grandes huelgas de masas políticas agitaron violentamente, desde el primer instante, a las capas más amplias del proletariado ruso que se lanzó enardecidamente a la batalla económica. ¿Pero acaso no existen en Alemania en el seno de la clase obrera categorías que viven en una oscuridad que la bienhechora luz del sindicato apenas ha iluminado, categorías que se esforzaron muy poco o que trataron sin éxito, de salir de su ilotismo social llevando adelante, cotidianamente, la lucha por los salarios? Tomemos el ejemplo de la miseria de los *mineros*; inclusive en el apacible trajín cotidiano, en la fría atmósfera de la rutina parlamentaria alemana —como en los otros países, por otra parte, hasta en Inglaterra, paraíso de los sindicatos— la lucha de los mineros solo se manifiesta a partir de impulsos, fuertes erupciones, huelgas de masas que tienen el carácter de fuerzas elementales. Esta es la prueba de que la oposición entre el capital y el trabajo está demasiado exacerbada, es demasiado violenta como para permitir la disgregación en luchas sindicales, apacibles y metódicas. Pero esta miseria obrera de carácter eruptivo, que incluso en tiempos normales constituye un crisol de tempestades de donde parten las sacudidas violentas, debería desatar inmediata e inevitablemente un conflicto político y económico brutal con motivo de cada acción política de masas en Alemania, de todo choque un poco violento que agite momentáneamente el equilibrio social normal.

Tomemos el ejemplo de la miseria de los *obreros textiles*: aquí también la lucha económica se manifiesta por medio de explosiones exasperadas y la mayoría de las veces inútiles, que inquietan al país cada dos o tres años y que solo dan una pálida idea de la violencia explosiva con la que la enorme masa concentrada de los esclavos de la gran industria textil cartelizada reaccionaría en el momento de un sacudimiento político proveniente de una poderosa acción de masas del proletariado alemán.

Consideremos luego la miseria de los trabajadores a domicilio, la de los obreros de la confección, de la electricidad, verdaderos centros eruptivos donde al menor signo de crisis política estallarían conflictos económicos violentos, agravados por el hecho de que el proletariado se embarca aquí muy raramente en la batalla en tiempos de paz social, que su lucha es cada vez más inútil y que el capital lo obliga cada vez más brutalmente a inclinarse apretando los dientes bajo su yugo.

Veamos ahora a las grandes categorías del proletariado que en general, en tiempos «normales», no poseen ningún medio para llevar adelante una lucha económica pacífica por mejorar su condición y están privados de todo derecho a la sindicalización. Citemos como primer ejemplo la miseria evidente de los empleados de los *ferrocarriles y de correos*. Estos obreros del Estado están en Alemania, en pleno país de legalidad parlamentaria, en la misma situación que los empleados rusos todavía antes de la revolución, cuando reinaba un absolutismo sin trabas. Desde la gran huelga de octubre de 1905 la situación del ferroviario ruso, en un país donde reinaba todavía formalmente el absolutismo, estaba a cien pies por encima de la del ferroviario alemán en lo que concierne a su libertad de movimiento económico y social. Los ferroviarios y los carteros rusos conquistaron de hecho el derecho a sindicalizarse en plena tormenta revolucionaria, por así decirlo, e incluso si momentáneamente llueven procesos sobre procesos y despidos sobre despidos, nada puede destruir su solidaridad interna. Sin embargo, suponer como lo hace toda la reacción en Alemania, que la obediencia incondicional de los ferroviarios y carteros alemanes durará eternamente, que es roca inamovible, sería hacer un cálculo psicológico enteramente falso. Es verdad que los dirigentes sindicales alemanes están tan acostumbrados a la situación existente que descontentos de soportar sin emoción esta vergüenza sin ejemplo en Europa, pueden contemplar con alguna satisfacción los progresos de la lucha sindical en su país; aunque si hay un levantamiento general del proletariado industrial, la cólera sorda y amasada durante largo tiempo en el corazón de esos esclavos con uniforme del Estado estallará inevitablemente. Y cuando la vanguardia del proletariado, los obreros industriales, quieran conquistar nuevos derechos políticos o defender los antiguos, el gran ejército de los ferroviarios y carteros tomará necesariamente conciencia de la vergüenza de su situación, y terminará por sublevarse para librarse de esa parte de absolutismo ruso que se ha creado especialmente para ellos en Alemania. La teoría pedante que pretende hacer desarrollar los grandes movimientos populares según esquemas y recetas, ve en la conquista del derecho a la sindicalización por parte de los ferroviarios, una *condición previa* sin la cual es imposible «imaginar» siquiera una huelga de masas. El curso verdadero y natural de los acontecimientos solo puede ser el inverso: únicamente por medio de una acción de masas vigorosa y espontánea podrá ser conquistado el derecho a la sindicalización para los carteros y ferroviarios alemanes, y este problema insoluble dentro de la situación actual de Alemania encontrará súbitamente su solución y su realización bajo el efecto y la presión de una acción general del proletariado.

Y finalmente la más grande e impresionante de las miserias: las de los *obreros agrícolas*. Dado el carácter específico de la economía inglesa y del escaso papel desempeñado por la agricultura en el conjunto de la economía nacional, se puede comprender que los sindicatos estén organizados pensando exclusivamente en los obreros industriales. En Alemania una organización sindical por maravillosamente desarrollada que esté, si abarca únicamente a los obreros industriales sería inaccesible al inmenso ejército de los obreros agrícolas y solo daría una imagen débil y parcial de la condición proletaria en su conjunto. Pero por otra parte sería igualmente peligroso caer en la ilusión de que las condiciones en el campo son inmutables y eternas e ignorar que el trabajo infatigable llevado a cabo por la socialdemocracia y más aún por toda la política en Alemania no cesa de minar la pasividad aparente del obrero agrícola; sería un error pensar que en caso de que el proletariado alemán emprendiera una gran acción de clase, cualquiera sea su objetivo, el proletariado agrícola se mantendría fuera. Ahora bien, la participación de los obreros solo puede manifestarse inicialmente por una lucha económica tempestuosa, por medio de potentes huelgas de masas.

De este modo tenemos una imagen por completo diferente de la pretendida superioridad económica del proletariado alemán con relación al proletariado ruso, si dejando de lado la lista de profesiones industriales o artesanales sindicalmente organizadas consideramos las grandes categorías de obreros que se encuentran al margen de la lucha sindical, o cuya situación económica particular no puede entrar en el estrecho marco de la lucha sindical cotidiana. Pero incluso si miramos hacia la vanguardia organizada del proletariado industrial alemán y si por otra parte observamos el espíritu de los objetivos económicos perseguidos actualmente por los obreros rusos, comprobamos que no se trata en modo alguno de combates que los más antiguos sindicatos alemanes puedan permitirse despreciar como anacrónicos. Así ocurre con la reivindicación principal de las huelgas rusas a partir del 22 de enero de 1905: la jornada de ocho horas no es en absoluto un objetivo superado por el proletariado alemán; todo lo contrario, en la mayoría de los casos aparece como un bello ideal lejano. Otro tanto puede decirse de la «situación del patrón amo en su casa», de la lucha por la introducción de comités obreros en todas las fábricas, la supresión del trabajo a destajo, del trabajo artesanal a domicilio, del respeto absoluto al reposo dominical, del reconocimiento del derecho a sindicalizarse. Observados de cerca todos los objetivos económicos que el proletariado ruso coloca al orden del día de la revolución tienen también la mayor actualidad para el proletariado alemán y rozan los puntos dolorosos de la condición obrera. Como resultado de estas reflexiones tenemos en principio como conclusión que la huelga de masas puramente política, tema preferido de todas las discusiones, es también para Alemania un simple esquema teórico sin vida. Si las huelgas de masas nacen de una gran fermentación revolucionaria y se transforman naturalmente en luchas políticas resueltas del proletariado urbano, cederán con la misma naturalidad el lugar a todo un período de luchas económicas elementales, tal como ha ocurrido en Rusia. Los temores de los dirigentes sindicales de que en un período de luchas políticas tempestuosas, en un período de huelgas de masas, la batalla por los objetivos económicos pueda ser apartada o ahogada, reposan sobre una concepción totalmente escolástica y gratuita del desarrollo de los acontecimientos, y por el contrario, incluso en Alemania, un período revolucionario más bien transformaría el carácter de la batalla económica e intensificaría esta a un punto tal, que la pequeña guerrilla sindical actual aparecería, en comparación, como un juego de niños. Y por otra parte, esta explosión elemental de huelgas de masas económicas daría a la lucha política un nuevo impulso y fuerzas frescas. La interacción entre la lucha económica y la lucha política, que constituye hoy el motor interno de las huelgas de masas en Rusia, y al mismo tiempo el mecanismo regulador de la acción revolucionaria del proletariado, se produciría igualmente en Alemania como una consecuencia natural de la situación.

VI

Dentro de esta perspectiva, el problema de la organización en sus relaciones con la huelga de masas adopta en Alemania un aspecto totalmente distinto.

La posición asumida por numerosos dirigentes sindicales sobre este problema se limita la mayoría de las veces a la siguiente afirmación: «No somos aún lo suficientemente fuertes como para arriesgar una prueba de fuerza tan temeraria como la huelga de masas». Ahora bien, esta posición es indefendible puesto que constituye un problema insoluble el hecho de querer apreciar en frío, por medio de un cálculo aritmético, en qué momento el proletariado sería lo «bastante fuerte» como para emprender cualquier lucha. Hace treinta años los sindicatos alemanes contaban con cincuenta mil miembros, cifra que de acuerdo con los criterios establecidos más arriba no permitía imaginar siquiera una huelga de masas. Quince años más tarde los sindicatos eran ocho veces más poderosos ya que contaban con doscientos treinta y siete mil miembros. Sin embargo, si en esa época se hubiese preguntado a los actuales dirigentes si la organización del proletariado tenía la madurez necesaria como para emprender una huelga de masas, seguramente habrían respondido que se estaba lejos de ello, que la organización sindical debería primero reagrupar millones de adherentes. Al presente contamos con más de un millón de afiliados, pero la opinión de los dirigentes es siempre la misma y esto podría durar indefinidamente. Dicha actitud se funda sobre el postulado implícito de que la clase obrera en su totalidad, hasta el último hombre, hasta la última mujer, debe entrar en la organización antes de que seamos lo «suficientemente poderosos» como para arriesgar una acción de masas, la cual se revelaría según la vieja fórmula probablemente como superflua. Pero esta teoría es perfectamente utópica por la simple razón de que sufre de una contradicción interna, de que se mueve en un círculo vicioso. Cualquier forma directa de lucha de clases estaría sometida a la condición de una organización total de los trabajadores. Pero las circunstancias y las condiciones de la evolución capitalista y del Estado burgués hacen que en una situación «normal», sin luchas de clases violentas, ciertas categorías —y de hecho se trata precisamente del grueso de las tropas, las categorías más importantes, las más miserables, las más aplastadas por el Estado y por el capital— no puedan en absoluto estar organizadas. De este modo comprobamos que incluso en Inglaterra un siglo entero de trabajo sindical infatigable, sin todos esos «disturbios» —excepto al principio del período del cartismo—, sin todas las desviaciones y las tentaciones del «romanticismo revolucionario», solo ha logrado organizar una minoría entre las categorías privilegiadas del proletariado.

Pero por otra parte los sindicatos, al igual que las demás organizaciones de combate del proletariado, no pueden a la larga mantenerse sino por medio de la lucha, y una lucha que no es solamente la pequeña guerra de ranas y ratones en las aguas estancadas del parlamentarismo burgués, sino un período revolucionario de luchas violentas de masas. La concepción rígida y mecánica de la burocracia solo admite la lucha como resultado de la organización que ha llegado a un cierto grado de fuerza. La evolución dialéctica viva, por el contrario, hace nacer a la organización como producto de la lucha. Hemos visto ya un magnífico ejemplo de ese fenómeno en Rusia, donde un proletariado casi inorgánico comenzó a crear en un año y medio de luchas revolucionarias tumultuosas una vasta red de organizaciones. Otro ejemplo de este orden nos es proporcionado por la propia historia de los sindicatos alemanes. En 1878 los sindicatos contaban con cincuenta mil miembros. Ya vimos que según la teoría de los dirigentes sindicales actuales esta organización no era lo «suficientemente poderosa» como para embarcarse en una lucha política violenta. Sin embargo, los sindicatos alemanes no obstante su debilidad se embarcaron en la lucha (me refiero a la lucha contra la ley de excepción)[15] y revelaron ser lo «suficientemente poderosos» como para salir vencedores quintuplicando su potencia. Luego de la supresión de la ley, en 1891, contaban con 227 659 adherentes. A decir verdad, el método gracias al cual lograron la victoria contra la ley de excepción no corresponde para nada al ideal de un trabajo apacible y paciente de hormiga; todos comenzaron por hundirse en la batalla para subir y renacer luego con la próxima ola. Ahora bien, este es el método específico precisamente de crecimiento de las organizaciones proletarias: prueban sus fuerzas en la batalla y salen renovadas de ellas. Examinando con más detenimiento las condiciones alemanas y la situación de las diversas categorías de obreros, se ve claramente que el próximo período de luchas de masas políticas y violentas implicaría para los sindicatos no la amenaza del desastre que se teme sino, por el contrario, la perspectiva nueva e insospechada de una extensión de su esfera de influencia por medio de saltos rápidos. Pero este problema tiene todavía otros aspectos. El plan que consistiría en emprender una huelga de masas a título de acción política de clase importante con la única ayuda de los obreros organizados es absolutamente ilusorio. Para que la huelga, o más bien las huelgas de masas, para que la lucha se vea coronada por el éxito, debe convertirse en un verdadero movimiento popular, es decir, arrastrar a la batalla a las capas más amplias del proletariado. Incluso en el plano parlamentario, la potencia de la lucha de clases proletaria no se apoya sobre un pequeño grupo organizado, sino sobre la vasta periferia del proletariado animado por simpatías revolucionarias. Si la socialdemocracia quisiera llevar adelante la batalla electoral con el único apoyo de algunos centenares de afiliados se condenaría a sí misma al aniquilamiento. Aunque la socialdemocracia desee hacer entrar en sus organizaciones a casi todo el contingente de sus electores, la experiencia de treinta años demuestra que el electorado del socialismo no aumenta en función del crecimiento del partido sino a la inversa, que las capas obreras recientemente conquistadas en el curso de la batalla electoral constituyen el terreno que será luego fecundado por la organización. Aquí también no es solo la organización la que proporciona las tropas combatientes, sino la batalla la que proporciona en una medida mucho más amplia los contingentes para la organización. Evidentemente esto es mucho más valedero para la acción de masas política que para la lucha parlamentaria. Aunque la social-democracia, como núcleo organizado de la clase obrera, sea la vanguardia de toda la masa de los trabajadores, y aunque el movimiento obrero extraiga su fuerza, su unidad, su conciencia política de esta misma organización, el movimiento proletario no puede ser concebido jamás como el movimiento de una minoría organizada. Toda verdadera gran lucha de clases debe fundarse en el apoyo y la colaboración de las más amplias capas, una estrategia que no tomara en cuenta esta colaboración, que solo pensara en los desfiles bien ordenados de la pequeña parte del proletariado reclutado en sus filas, se vería condenada a un lamentable fracaso. En Alemania las huelgas y las acciones políticas de masas no pueden ser dirigidas solamente por los militantes organizados, ni organizadas o «comandadas» por un estado mayor que emane de un organismo central del partido. Como en Rusia, lo que se necesita en semejante eventualidad es menos una «disciplina», una «educación política», una evaluación tan precisa como sea posible de los gastos y los subsidios, que una acción de clase resuelta y verdaderamente revolucionaria, capaz de interesar y de arrastrar a capas más amplias de las masas proletarias desorganizadas, pero revolucionarias por sus simpatías y su condición. La sobreestimación o la falsa apreciación del papel de la organización en la lucha de clases del proletariado está vinculada generalmente a una subestimación de la masa de los proletarios desorganizados y de su madurez política. Solo en un período revolucionario, en medio de la efervescencia de las grandes luchas tumultuosas de clase es donde se manifiesta el papel educador de la evolución rápida del capitalismo y de la influencia socialista sobre las amplias capas populares; en tiempos normales las estadísticas de las organizaciones o incluso las estadísticas electorales solo dan una idea extremadamente pobre de esta influencia.

Hemos visto que en Rusia, desde hace más o menos dos años, el menor conflicto limitado de los obreros con el patrono, la menor brutalidad por parte de las autoridades gubernamentales locales, pueden engendrar inmediatamente una acción general del proletariado. Todo el mundo se da cuenta de ello y lo encuentra normal porque en Rusia precisamente está «la revolución». ¿Pero qué se quiere decir con esto? Se quiere decir que el sentimiento, el instinto de clase es tan vivo en el proletariado ruso que todo problema parcial que afecte a un grupo restringido de obreros le concierne directamente como un problema general, como un asunto de clase, y reacciona inmediatamente en su conjunto. Mientras que en Alemania, en Francia, en Italia, en Holanda, los conflictos sindicales más violentos no dan lugar a ninguna acción general del proletariado —ni siquiera de su núcleo organizado—, en Rusia el menor incidente desencadena una tempestad violenta. Pero esto solo significa una cosa: por paradojal que pueda parecer el instinto de clase del proletariado ruso muy joven, no educado, poco esclarecido y aún menos organizado, es infinitamente más vigoroso que el de la clase obrera organizada, educada y esclarecida de Alemania o de cualquier otro país de Europa occidental. Esto no es para ponerlo en la cuenta de no se qué virtud del «Oriente joven y virgen» por oposición con el «Occidente podrido», sino que se trata muy simplemente del resultado de la acción revolucionaria directa de las masas. En el obrero alemán esclarecido la conciencia de clase inculcada por la socialdemocracia es una conciencia *teórica, latente*: en el período de la dominación del parlamentarismo burgués no tiene en general ocasión de manifestarse por una acción de masas directa; es la suma ideal de las cuatrocientas acciones paralelas de las circunscripciones durante la lucha electoral, de los numerosos conflictos económicos parciales, etcétera. En la revolución, donde la propia masa aparece en la escena política, la conciencia de clase se vuelve conciencia *práctica y activa*. De este modo un año de revolución ha dado al proletariado ruso esa «educación» que treinta años de luchas parlamentarias y sindicales no pueden dar artificialmente al proletariado alemán. Ciertamente, este instinto de clase viviente y activo que anima al proletariado disminuirá sensiblemente incluso en Rusia una vez cerrado el período revolucionario y una vez instituido el régimen parlamentario burgués legal, o al menos se transformará en una conciencia escondida y latente. Pero inversamente no es menos cierto que en Alemania, en un período de acciones políticas enérgicas, un vivo instinto de clase revolucionario, ávido por actuar, se apoderará de las capas más amplias y profundas del proletariado; esto se hará con tanta más fuerza y tanto más rápidamente cuanto más poderosa haya sido la influencia educadora de la socialdemocracia. Esa obra educadora, así como la acción estimulante revolucionaria de la política alemana actual, se manifestarán en lo siguiente: en un período revolucionario auténtico la masa de todos los que en la actualidad se encuentran en un estado de apatía política aparente y son insensibles a todos los esfuerzos de los sindicatos y del partido para organizarlos se enrolará en las filas de la socialdemocracia. Seis meses de revolución harán más por las masas actualmente desorganizadas que diez años de reuniones públicas y de distribución de panfletos. Y cuando la situación en Alemania haya alcanzado el grado de madurez necesario para un período semejante, las categorías que están hoy más atrasadas y desorganizadas, constituirán naturalmente el elemento más radical en la lucha, el más fogoso, y no el más pasivo. Si se producen huelgas de masas en Alemania, quienes desplegarán la mayor capacidad de acción no serán los obreros mejor organizados —no ciertamente los obreros gráficos— sino los obreros menos organizados o incluso desorganizados, tales como los mineros, los obreros textiles o también los obreros agrícolas.

De este modo arribamos a las mismas conclusiones para Alemania, en lo que concierne al papel a desempeñar por la «dirección» de la socialdemocracia en relación con las huelgas de masas, que para el análisis de los acontecimientos en Rusia. En efecto, dejemos de lado la teoría pedante de una huelga demostrativa montada artificialmente por el partido y los sindicatos y ejecutada por una minoría organizada y consideremos el cuadro vivo de un verdadero movimiento popular surgido de la exasperación de los conflictos de clase y de la situación política que explota con la violencia de una fuerza elemental en conflictos tanto económicos como políticos y en huelgas de masas. La tarea de la socialdemocracia consistirá entonces no en la preparación o la dirección técnica de la huelga, sino en la dirección política del conjunto del movimiento.

La socialdemocracia es la vanguardia más esclarecida y consciente del proletariado. No puede ni debe esperar con fatalismo, con los brazos cruzados, que se produzca una «situación revolucionaria» ni que el movimiento popular espontáneo caiga del cielo. Por el contrario, tiene el deber como siempre de *adelantarse* al curso de los acontecimientos, de buscar precipitarlos. No lo logrará lanzando al azar y no importa en qué momento, oportuno o no, la consigna de la huelga, sino más bien haciendo comprender a las capas más amplias del proletariado que la llegada de un período semejante es *inevitable*, explicándoles las *condiciones sociales* internas que conducen a ello así como sus *consecuencias políticas*. Para arrastrar a las capas más amplias del proletariado a una acción política de masas de la socialdemocracia y para que, inversamente, en caso de un movimiento de masas la socialdemocracia asuma y mantenga la dirección efectiva, que domine *en sentido político* a todo el movimiento, es necesario que ella, en el período de las luchas futuras, sepa fijar con claridad, coherencia y resolución absolutas la *táctica* y las *metas* del proletariado alemán.

VII

Hemos visto que en Rusia la huelga de masas no es el producto artificial de una táctica impuesta por la socialdemocracia, sino un fenómeno histórico natural nacido sobre el suelo de la revolución actual. Ahora bien, ¿cuáles son los factores que provocaron esta nueva forma de encarnación: la revolución? La Revolución Rusa tiene como primera tarea la abolición del absolutismo y el establecimiento de un Estado moderno legal con régimen parlamentario burgués. Formalmente es la misma tarea que se había propuesto la revolución de marzo de 1848 en Alemania y la gran revolución burguesa francesa de fines del siglo XVIII. Pero estas revoluciones, que presentan analogías formales con la revolución actual, tuvieron lugar en condiciones y en un clima histórico totalmente diferentes de los de la Rusia actual. La diferencia esencial es la siguiente: entre estas revoluciones burguesas de Occidente y la revolución burguesa actual en Oriente se expandió todo el ciclo del desarrollo capitalista. El capitalismo no afectó solamente a los países de Europa occidental, sino igualmente a la Rusia absolutista. La gran industria, con todas sus secuelas, se convirtió en el modo de producción dominante en Rusia, es decir decisivo para la evolución social: la división moderna de las clases y las contradicciones sociales acentuadas, la vida de las grandes ciudades y el proletariado moderno. Pero he aquí que de ello resultó una situación histórica extraña y llena de contradicciones. Por sus objetivos formales la revolución burguesa es llevada adelante en principio por un proletariado moderno, con una conciencia de clase desarrollada, en un medio internacional colocado bajo el signo de la decadencia burguesa. Al presente el elemento motor en las revoluciones occidentales no es, como ocurría anteriormente, la burguesía —la masa proletaria estaba por ese entonces perdida en el seno de la pequeña burguesía y servía de fuerza de maniobra a las clases dominantes. Hoy es el proletariado consciente el que constituye el elemento activo y dirigente, mientras que las capas de la gran burguesía se muestran ya sea abiertamente contrarrevolucionarias, ya sea moderadamente liberales, y solo la pequeña burguesía rural y la *intelligentsia* pequeñoburguesa de las ciudades tienen una actitud francamente opositora, incluso revolucionaria. Pero el proletariado ruso, llamado a desempeñar de este modo un papel dirigente en la revolución burguesa, emprende la lucha en el momento en que la oposición entre el capital y el trabajo es particularmente tajante, y cuando está liberado de las ilusiones de la democracia burguesa, cuando posee en cambio una conciencia aguda de sus intereses específicos de clase. Esta situación contradictoria se manifiesta por el hecho de que en esta revolución formalmente burguesa el conflicto entre la sociedad burguesa y el absolutismo está dominado por el conflicto entre el proletariado y la sociedad burguesa, de que el proletariado lucha a la vez contra el absolutismo y la explotación capitalista, de que la lucha revolucionaria tiene por objeto a la vez la libertad política y la conquista de la jornada de ocho horas así como un nivel material de existencia conveniente para el proletariado. Ese doble carácter de la Revolución Rusa se manifiesta en esa vinculación e interacción estrecha entre la lucha económica y la lucha política, que los acontecimientos de Rusia nos hicieron conocer y que se expresan precisamente en la huelga de masas. En las revoluciones burguesas anteriores eran los partidos burgueses los que tomaron a su cargo la educación política y la dirección de la masa revolucionaria, pero solo se trataba de derribar al gobierno anterior. El combate de barricadas, de corta duración, era por ese entonces la forma más apropiada de lucha revolucionaria. En el presente la clase obrera está obligada a educarse, reunirse y dirigirse a sí misma en el curso de la lucha y de este modo la revolución está orientada tanto contra la explotación capitalista como contra el régimen de Estado anterior. La huelga de masas aparece así como el medio natural de reclutar, organizar y preparar para la revolución a las más amplias capas proletarias, y es al mismo tiempo un medio de minar y abatir el Estado anterior o de contener la explotación capitalista. El proletariado industrial urbano es en el presente el alma de la revolución en Rusia. Pero para llevar a cabo una acción política de masas es necesario primero que el proletariado se reúna en masa; para ello es menester que salga de las fábricas y de los talleres, de las minas y de los altos hornos y que supere esa dispersión y derroche de fuerzas a que lo condena el yugo capitalista. La huelga de masas es, por consiguiente, la forma natural y espontánea de toda gran acción revolucionaria del proletariado en la revolución; cuanto más importante se vuelve la industria como forma predominante de la economía de una sociedad, mayor es el papel desempeñado por el proletariado en la revolución, más exasperada es la oposición entre el capital y el trabajo y mayor importancia y amplitud tienen necesariamente las huelgas de masas. La precedente forma básica de las revoluciones burguesas, la lucha de barricadas, el enfrentamiento directo con el poder armado del Estado es en la revolución moderna un mero punto exterior, un momento solamente de todo el proceso de la lucha de masas proletaria.

De este modo la nueva forma de la revolución ha permitido alcanzar ese estadio «civilizado» y «atenuado» de las luchas de clase profetizado por los oportunistas de la socialdemocracia alemana, los Bernstein, los David[16] y secuaces. A decir verdad imaginaban esta lucha de clases «atenuada», «civilizada» según sus deseos, a partir de las ilusiones pequeñoburguesas y democráticas: creían que la lucha de clases se limitaría exclusivamente a la batalla parlamentaria y que la revolución —en el sentido de combates callejeros— sería simplemente suprimida. La historia ha resuelto el problema a su manera, que es a la vez la más profunda y la más sutil; hizo surgir la huelga de masas que ciertamente no reemplaza ni torna superfluos los enfrentamientos directos y brutales en la calle, sino que los reduce a un simple momento en el largo período de luchas políticas y al mismo tiempo vincula a la revolución con un trabajo gigantesco de civilización en el sentido estricto del término: la elevación material e intelectual del conjunto de la clase obrera, «civilizando» las formas bárbaras de la explotación capitalista.

La huelga de masas aparece de ese modo no como un producto específicamente ruso generado por el absolutismo, sino como una forma universal de la lucha de clases proletaria determinada por el estadio actual del desarrollo capitalista y de las relaciones de clase. Las tres revoluciones burguesas: la francesa de 1789, la alemana de marzo de 1848 y la actual Revolución Rusa constituyen desde este punto de vista una cadena de evolución continua: reflejan la grandeza y la decadencia del siglo capitalista. En la gran Revolución Francesa, los conflictos internos de la sociedad burguesa todavía latentes ceden el lugar a un largo período de luchas brutales donde todas las oposiciones brotan y maduran al calor de la revolución y estallan con una violencia extrema y sin ninguna traba. Medio siglo más tarde la revolución burguesa alemana, que se produce a mitad de camino de la evolución capitalista, es detenida por la oposición de los intereses y el equilibrio de fuerzas entre el capital y el trabajo, ahogada por un compromiso entre feudalismo y burguesía, reducida a un breve y lastimoso interludio, rápidamente amordazada. Pasa otro medio siglo y la Revolución Rusa actual estalla en un punto de la evolución histórica situado ya sobre la otra vertiente de la montaña, más allá del apogeo de la sociedad capitalista. La revolución burguesa ya no puede ser ahogada por la oposición entre burguesía y proletariado, por el contrario se extiende durante un largo período de conflictos sociales violentos que hacen aparecer los viejos ajustes de cuentas con el absolutismo como irrisorios comparados a los nuevos exigidos por la revolución. La revolución de hoy realiza los resultados del desarrollo capitalista internacional en este caso particular de la Rusia absolutista; aparece menos como la heredera de las viejas revoluciones burguesas que como la precursora de una nueva serie de revoluciones proletarias. El país más atrasado, precisamente porque tiene un retardo imperdonable en la tarea de cumplir la revolución burguesa, muestra al proletariado de Alemania y de los países más avanzados las vías y los métodos de la lucha de clases futura. Incluso desde este punto de vista, es completamente erróneo considerar de lejos a la Revolución Rusa como un espectáculo grandioso, como algo específicamente ruso, contentándose con admirar el heroísmo de los combatientes, dicho de otro modo, los accesorios exteriores de la batalla. Por el contrario, es importante que los obreros alemanes aprendan a mirar la Revolución Rusa como *algo que les concierne directamente*; no basta con que experimenten una solidaridad internacional con el proletariado ruso, deben considerar a esta revolución como un *capítulo de su propia historia social y política*. Los dirigentes y los parlamentarios que piensan que el proletariado alemán es «demasiado débil» y la situación en Alemania poco madura para las luchas revolucionarias de masas no sospechan que lo que refleja el grado de madurez de la situación de clase y la potencia del proletariado en Alemania, no son las estadísticas de los sindicatos ni las estadísticas electorales, sino los acontecimientos de la Revolución Rusa. El grado de madurez de las luchas de clases en Francia bajo la monarquía de julio y las batallas de julio en París se midió en la revolución de marzo de 1848 en Alemania, en su evolución y en su fracaso. Asimismo hoy la madurez de las oposiciones de clase en Alemania se refleja en los acontecimientos y el poder de la Revolución Rusa. Los burócratas registran los cajones de sus escritorios para encontrar la prueba del poder y de la madurez del movimiento obrero alemán sin ver que lo que buscan está delante de sus ojos, en una gran revelación histórica. Porque históricamente la Revolución Rusa es un reflejo de la potencia y de la madurez del movimiento obrero internacional y antes que nada del movimiento alemán. Se reduciría la Revolución Rusa a un resultado muy pequeño, grotescamente mezquino, si se extrajera de ella para el proletariado alemán la simple lección que extraen los camaradas Frohme, Elm[17] y otros: pedir prestada a la Revolución Rusa la forma exterior de la lucha, la huelga de masas, y guardarla en el arsenal de reserva para el caso de que se suprima el sufragio universal; dicho de otro modo, reducirla al papel pasivo de un arma de defensa para el parlamentarismo.[18] Si nos quitan el derecho de sufragio en el Reichstag, nos defenderemos. Este es un principio que no se discute. Pero para mantener este principio, es inútil adoptar la pose heroica de un Dantón, como lo hizo el camarada Elm en el congreso de Jena; la defensa de los derechos parlamentarios modestos que poseemos ya no es una innovación sublime que reclame las terribles hecatombes de la Revolución Rusa para alentar su aplicación. Pero la política del proletariado en el período revolucionario no debe reducirse en ningún caso a una simple actitud defensiva. Sin duda es difícil prever con certeza si la abolición del sufragio universal en Alemania conducirá a una situación que provoque inmediatamente una huelga de masas; por otra parte, es verdad que una vez que Alemania entre en un período de huelgas de masas le sería imposible a la socialdemocracia detener su táctica en una simple defensa de los derechos parlamentarios. Está fuera del alcance de la socialdemocracia el determinar por adelantado la ocasión y el momento en que se desencadenarán las huelgas de masas, porque está fuera de su alcance el hacer nacer situaciones por medio de simples resoluciones de congreso. Pero lo que sí está a su alcance y constituye su deber es precisar la orientación política de esas luchas cuando se producen y traducirla en una táctica resuelta y consecuente. No se pueden dirigir a voluntad los acontecimientos históricos imponiéndoles reglas, pero se pueden calcular por adelantado sus consecuencias probables y regular acorde con ellas la propia conducta.

El peligro más inminente que acecha al movimiento obrero alemán desde hace años es el de un golpe de Estado de la reacción, que pretendería privar a las masas populares más amplias de su derecho político más importante, a saber, el sufragio universal para las elecciones del Reichstag. A pesar de los alcances inmensos que tendría un acontecimiento semejante, es imposible predecir con certeza, repitámoslo, que habrá inmediatamente una respuesta popular directa a ese golpe de Estado, bajo la forma de una huelga de masas. Hoy ignoramos, en efecto, la infinidad de circunstancias y de factores que en un movimiento de masas contribuyen a determinar la situación. Sin embargo, si se considera la exasperación de los antagonismos de clases en Alemania y por otra parte las consecuencias internacionales múltiples de la Revolución Rusa, así como una Rusia renovada en el futuro, es evidente que el trastorno político que provocaría en Alemania la abolición del sufragio universal no se atrincheraría solo en la defensa de ese derecho. Un golpe de Estado semejante desencadenaría inevitablemente en un lapso más o menos largo una expresión elemental de cólera: una vez despiertas las masas populares ajustarían todas sus cuentas políticas con la reacción, se levantarían contra el precio usurario del pan, contra el encarecimiento artificial de la carne, de las cargas impuestas por los gastos ilimitados del militarismo y del «marinismo», la corrupción de la política colonial, la vergüenza nacional del proceso de Koenisberg, la detención de las reformas sociales; contra las medidas que apuntan a la privación de los derechos a los ferroviarios, los empleados de correos y los obreros agrícolas; contra las medidas represivas tomadas con los mineros, contra el juicio de Löbtau y toda justicia clasista, contra el sistema brutal del *lock-out* —en resumen, contra toda la opresión ejercida desde hace veinte años por el poder coaligado de los terratenientes de Prusia oriental y del gran capital de los carteles.

Una vez que la bola de nieve se pone a rodar no puede detenerse, lo quiera o no la socialdemocracia. Los adversarios de la huelga de masas niegan la lección y el ejemplo de la Revolución Rusa como inaplicables a Alemania, bajo el pretexto de que en Rusia era necesario primero saltar sin transición de un régimen de despotismo oriental a un orden legal burgués moderno. Esta separación formal entre el régimen político antiguo y el moderno sería suficiente para explicar la vehemencia y la violencia de la Revolución Rusa. En Alemania poseemos desde hace largo tiempo las formas y las garantías de un régimen de Estado fundado sobre el derecho; es por ello que un desencadenamiento tan elemental de conflictos sociales es imposible a sus ojos. Los que así razonan olvidan que en cambio en Alemania, una vez iniciadas las luchas políticas, el objetivo histórico será totalmente distinto al de la Rusia de hoy. Es justamente porque en Alemania el régimen constitucional existe desde hace mucho y tuvo el tiempo de agotarse y de llegar a su declinación, porque la democracia burguesa y el liberalismo han llegado a su término, que ya no puede plantearse más la revolución *burguesa* en Alemania. Un período de luchas políticas abiertas tendría necesariamente en Alemania como único objetivo histórico la *dictadura del proletariado*. Pero la distancia que separa la situación actual en Alemania de ese objetivo es todavía mucho mayor que la que separa el régimen legal burgués del régimen del despotismo oriental. Es por eso que el objetivo no puede ser logrado de una sola vez; solo puede ser realizado luego de un largo período de conflictos sociales gigantescos.

Pero, ¿no hay contradicciones flagrantes en las perspectivas que abrimos? Por una parte afirmamos que en el curso de un eventual período de acciones de masa futuras, quienes comenzarán por obtener el derecho de coalición serán al principio las capas sociales más atrasadas de Alemania, los obreros agrícolas, los empleados de ferrocarril y de correos y afirmamos también que será necesario suprimir primero los excesos más odiosos de la explotación capitalista; por otra parte, el objetivo político de este período sería ya la conquista del poder político por el proletariado. Por un lado se trataría de reivindicaciones económicas y sindicales teniendo en cuenta intereses inmediatos, y por el otro del objetivo final de la socialdemocracia. Ciertamente, tenemos aquí contradicciones flagrantes pero que no surgen de nuestra lógica sino de la evolución del capitalismo. El capitalismo no evoluciona siguiendo una hermosa línea recta, sigue un recorrido caprichoso y lleno de bruscos zigzags. Así como los diferentes países capitalistas representan los estadios más diversos de la evolución, dentro de cada país se encuentran las capas más diversas de una misma clase obrera. Pero la historia no espera con paciencia a que los países y las capas más atrasadas alcancen a los países y a las capas más avanzadas, para que el conjunto pueda ponerse en marcha en formación simétrica, en columnas cerradas. Se dan las explosiones en los puntos neurálgicos cuando la situación está madura y en la tormenta revolucionaria bastan algunos días o algunos meses para compensar los retardos, corregir las desigualdades, poner en marcha de golpe todo el progreso social. En la Revolución Rusa, todos los estadios de desarrollo, toda la escala de intereses de las categorías distintas de obreros estaban representados en el programa revolucionario de la socialdemocracia y el número infinito de luchas parciales confluía en la inmensa acción común de clase del proletariado; lo mismo ocurrirá en Alemania cuando la situación esté madura. La tarea de la socialdemocracia consistirá en regular su táctica no en base a los estadios más atrasados sino en los más avanzados de la evolución.

VIII

La más importante de las condiciones exigidas en el período de grandes luchas que sobrevendrá, tarde o temprano, para la clase obrera alemana es, junto a la resuelta firmeza y coherencia de la táctica, la mayor capacidad posible de acción, y en consecuencia la mayor unidad posible en el grupo socialista que dirige la masa proletaria.

Sin embargo, las primeras tentativas débiles de preparar una acción de masas más considerable pusieron de manifiesto un inconveniente capital a este respecto: la división, la separación completa entre las dos organizaciones del movimiento obrero, el partido socialista y los sindicatos.

De un análisis bastante detallado de las huelgas de masas en Rusia, como así también de las condiciones de la misma Alemania, resulta evidente que cualquier acción de lucha un poco importante, si no debe limitarse a una simple manifestación de un día, sino convertirse en una real acción de masas, no puede ser concebida como una huelga del tipo llamado político. Los sindicatos deben participar en ella a la par de la socialdemocracia. No ya, como se imaginan los dirigentes sindicales, por la razón de que el partido socialista, con su organización numéricamente inferior, estaría obligado a recurrir a la colaboración del millón y medio de trabajadores adherentes al sindicato, y no podría hacer nada sin ellos. La razón es mucho más profunda: toda acción directa de masas, todo período declarado de lucha de clases debe ser al mismo tiempo político y económico. En Alemania, apenas se produzcan en esta o aquella ocasión, en este o aquel momento dado, grandes luchas políticas, huelgas de masas, ellas abrirán simultáneamente un período de luchas sindicales violentas, sin que los acontecimientos se pregunten en modo alguno si los dirigentes sindicales aprueban o no el movimiento. Si ellos se mantuvieran apartados o trataran de oponerse a la lucha, la consecuencia de este comportamiento sería simplemente que los dirigentes del sindicato al igual que los dirigentes del partido en un caso similar, serían marginados por el flujo de los acontecimientos, y que las luchas tanto económicas como políticas serían llevadas adelante por las masas aun sin ellos.

En efecto, la división entre lucha política y lucha económica y su separación no es sino un producto artificial, aunque explicable históricamente, del período parlamentario. Por una parte, en el desarrollo pacífico, «normal» de la sociedad burguesa, la lucha económica está fraccionada, disgregada en una multitud de luchas parciales en cada empresa, en cada rama de la producción. Por la otra, la lucha política es conducida, no por la masa misma en una acción directa, sino, de conformidad con la estructura del Estado burgués, de modo representativo, por la presión ejercida sobre el cuerpo legislativo. Una vez abierto un período de luchas revolucionarias, es decir, una vez que la masa haya aparecido en el campo de batalla, cesan tanto la dispersión de la lucha económica como la forma parlamentaria indirecta de la lucha política. En una acción revolucionaria de masas, lucha política y lucha económica son una sola cosa, y el límite artificial trazado entre sindicato y partido socialista, como entre dos formas separadas, totalmente distintas del movimiento obrero, es simplemente cancelado.

Pero aquello que en el movimiento revolucionario de masas se vuelve claro para todos, existe también como dato de hecho real para el período parlamentario. No existen dos luchas distintas de la clase obrera, una económica y otra política; existe solo *una única lucha* de clase que tiende simultáneamente a limitar la explotación capitalista dentro de la sociedad burguesa y a suprimir la explotación capitalista y al mismo tiempo la sociedad burguesa.

Si estos dos aspectos de la lucha de clase, en un período parlamentario, se separan por razones técnicas, ellas no constituyen dos acciones paralelas, sino solo dos fases, dos grados de la lucha de emancipación de la clase obrera. La lucha sindical abraza los intereses inmediatos, la lucha socialista los intereses futuros del movimiento obrero. Los comunistas, dice el *Manifiesto del Partido Comunista*,

> en las diferentes luchas nacionales de los proletarios, destacan y hacen valer los intereses comunes a todo el proletariado, independientemente de la nacionalidad; y, por otra parte [...] en las diferentes fases de desarrollo por que pasa la lucha entre el proletariado y la burguesía, representan siempre los intereses del movimiento en su conjunto.

Los sindicatos solo representan los intereses de grupos del movimiento obrero y un estadio de su desarrollo. El socialismo representa la clase obrera y los intereses de su emancipación en su conjunto.

La relación de los sindicatos con el partido socialista es, en consecuencia, la de una parte con el todo y si, entre los dirigentes sindicales, la teoría de la «igualdad de derechos» entre los sindicatos y la socialdemocracia encuentra tanto eco, esto deriva de un sustancial desconocimiento de los sindicatos y de su papel en la lucha general por la emancipación de la clase obrera.

Esta teoría de la acción paralela del partido y de los sindicatos y de su «igualdad de derechos» no es por tanto un artificio abstracto: tiene sus raíces históricas. En efecto, ella se apoya en una ilusión relativa al período pacífico y «normal» de la sociedad burguesa, en el cual la lucha política del partido socialista parecía abrirse gradualmente en la lucha *parlamentaria*. Pero la lucha parlamentaria, que constituye el complemento y la verificación de la lucha sindical, es, como aquella, una lucha llevada exclusivamente en el terreno del orden social burgués. Ella es, por su naturaleza, una obra de reformas políticas, así como los sindicatos son una obra de reformas económicas. Es una obra política en el presente así como los sindicatos son una obra económica en el presente. La lucha parlamentaria no es sino una fase de un aspecto del conjunto de la lucha de clases proletaria, cuyo objetivo final supera igualmente la lucha parlamentaria y la lucha sindical. También la lucha parlamentaria es a la política socialista como una parte es al todo, exactamente igual que el trabajo sindical. El partido socialista es precisamente hoy el punto de encuentro tanto de la lucha parlamentaria como de la lucha sindical, en una lucha de clases que tiende a la destrucción del ordenamiento social burgués.

La teoría de la «igualdad de derechos» entre los sindicatos y el partido socialista no es por tanto un simple error teórico, una simple confusión: ella es una expresión de la conocida tendencia del ala oportunista del socialismo que quiere reducir de hecho la lucha política de la clase obrera a la lucha parlamentaria, y transformar la socialdemocracia de un partido proletario revolucionario en un partido reformista pequeñoburgués.[19]

Si la socialdemocracia aceptara la teoría de la «igualdad de derechos» de los sindicatos, aceptaría así, de un modo indirecto y tácito, la transformación que desde hace mucho tiempo están impulsando los representantes de la tendencia oportunista.

Sin embargo, un cambio tal de las relaciones en el seno del movimiento obrero es imposible en Alemania más que en cualquier otro país. El nexo teórico que hace del sindicato una simple parte de la socialdemocracia encuentra en Alemania su demostración en los hechos, en la práctica viva; él se manifiesta en tres direcciones:

1) Los sindicatos alemanes son un producto directo del partido socialista: es el partido socialista quien ha creado los inicios del actual movimiento sindical en Alemania; es el partido socialista el que veló su crecimiento y el que todavía hoy les da sus mejores mentalidades y los militantes más activos de sus organizaciones.

2) Los sindicatos alemanes son también un producto de la socialdemocracia en este sentido: la teoría socialista constituye el espíritu vivificador de la práctica sindical; los sindicatos deben su superioridad sobre todos los grupos sindicales burgueses y confesionales, a la idea de la lucha de clases. Sus éxitos materiales, su fuerza, son el resultado de esta práctica suya iluminada por la teoría del socialismo. La fuerza de la «práctica política» de los sindicatos alemanes reside en su comprensión de las causas sociales y económicas profundas del régimen capitalista. Ahora bien, esta comprensión ellos la deben solo a la teoría del socialismo científico, sobre la que se funda su acción. En este sentido, la tentativa de emancipar a los sindicatos de la teoría socialista, mediante la búsqueda de otra «teoría sindicalista» en oposición al socialismo, es, desde el punto de vista de los mismos sindicatos y de su futuro, una tentativa suicida. Separar la práctica sindicalista del socialismo científico, significaría para los sindicatos alemanes perder

inmediatamente toda su superioridad sobre los distintos sindicatos burgueses, y caer de la altura conquistada al nivel de los viejos balbuceos y de un verdadero empirismo de baja estofa.

3) Los sindicatos son también directamente —cosa esta de la que los dirigentes han tomado poco a poco conciencia— en su fuerza numérica un producto del movimiento socialista y de la propaganda socialista. Es cierto que en más de un país la agitación sindical precedió y precede la agitación política y, en todas partes, el trabajo de los sindicatos allana el camino al trabajo del partido. Desde el punto de vista de su *acción*, partido y sindicato se dan recíprocamente una mano. Pero si se considera el marco que presenta la lucha de clases en Alemania en su conjunto y en sus causas profundas, esta relación se modifica sensiblemente. Muchos dirigentes sindicales se complacen, a partir de la enorme cuota de su millón doscientos cincuenta mil inscritos, en lanzar no sin un aire de triunfo, una mirada de conmiseración sobre el pobre medio millón todavía no alcanzado de los afiliados del partido, y en recordar los tiempos, quince años ha, en los que en las filas del partido se tenía todavía una idea pesimista de las posibilidades de desarrollo de los sindicatos. Ellos señalan que entre estos dos hechos, la elevada cifra de los inscritos al sindicato y la cifra inferior de los afiliados socialistas, existe en alguna medida *una relación directa de causa a efecto*. Millares y millares de obreros no entran en las organizaciones del partido precisamente porque *entran* en los sindicatos. En teoría todos los trabajadores deberían estar inscritos en ambas partes: asistir a las reuniones de una y otra parte, pagar una cuota doble, leer dos periódicos obreros, etcétera. Pero para hacerlo es necesario ya un elevado grado de inteligencia y de ese idealismo que por puro sentimiento del deber hacia el movimiento obrero, no retrocedía ante los sacrificios cotidianos de tiempo y de dinero; es necesario también el apasionado interés por la vida del partido que no puede satisfacerse sino perteneciendo a su organización. Todo esto se encuentra en la minoría más consciente e inteligente de los obreros socialistas en las grandes ciudades, donde la vida del partido es rica y atrayente, donde la existencia del obrero está en su nivel más alto. Pero en las capas más amplias de la masa obrera de las grandes ciudades, así como en

provincia, en los pequeños y pequeñísimos huecos donde la vida política local no tiene independencia y es el simple reflejo de los acontecimientos que suceden en la capital, donde, en consecuencia, la vida del partido es pobre y monótona, donde finalmente la existencia económica de los trabajadores es por lo demás absolutamente mísera, la doble organización es muy difícil de realizar.

Para el obrero que pertenece a la masa, si tiene ideas socialistas, la cuestión se resuelve entonces por sí misma: él se adhiere a su sindicato. En efecto, solo puede satisfacer los intereses inmediatos de la lucha económica, dada la naturaleza misma de esta lucha, perteneciendo a una organización de categoría. La cuota que paga, con frecuencia a costa de grandes sacrificios, le presta una utilidad inmediata y visible. En cuanto a sus convicciones socialistas puede practicarlas aun sin pertenecer a una específica organización de partido: votando en las elecciones para el parlamento, asistiendo a reuniones públicas socialistas, siguiendo los informes en las asambleas representativas, leyendo los periódicos del partido, hecho que puede constatarse si se compara el número de los electores socialistas y el de los abonados al *Vorwärts*[20] con las cifras de los afiliados al partido en Berlín. Y, lo que tiene importancia decisiva, el obrero con ideas socialistas en cuanto es un hombre simple que no entiende nada de la teoría complicada y sutil «de las dos almas»,[21] se siente justamente *socialista*, también en el sindicato. Aunque las federaciones sindicales no enarbolen oficialmente la bandera del partido, el trabajador perteneciente a la masa en cada ciudad o región, ve en la cabeza de su sindicato, como los dirigentes más activos, a los colegas que él conoce también, en la vida pública, como compañeros, como socialistas: sean diputados del partido en el Reichstag, en los Landhag, en los consejos municipales, sean funcionarios, fiduciarios, presidentes de comités electorales, redactores de periódicos, secretarios de organizaciones del partido, sean simplemente oradores y propagandistas del partido. Además, en la propaganda dentro de su sindicato, encuentra por lo general las ideas ya familiares y comprensibles para él sobre la explotación capitalista, sobre las relaciones entre las clases, que conocía a partir de la propaganda socialista. Y todavía más, los oradores más estimados en las reuniones sindicales son también socialistas conocidos.

Todo ello concurre, por lo tanto, a dar al obrero la impresión de que organizándose sindicalmente pertenece de igual modo a su partido obrero y forma parte de la organización socialista. *En esto consiste la verdadera fuerza de reclutamiento de los sindicatos alemanes.* No es la apariencia de la neutralidad, es la realidad socialista de su esencia lo que ha dado a las federaciones el medio para alcanzar su fuerza actual. Este hecho es confirmado simplemente por la existencia misma de los sindicatos afiliados a los distintos partidos burgueses católicos, Hirsch-Duncker,[22] etcétera, con lo que se pretende probar precisamente la necesidad de esta «neutralidad» política. Cuando el obrero alemán que puede adherirse libremente a un sindicato cristiano, católico, evangélico o liberal, no elige ninguno de ellos sino el «sindicato libre», o también pasa de aquellos a este, lo hace solo porque concibe a las federaciones comprometidas en la moderna lucha de clases, como organizaciones o, lo que en Alemania es lo mismo, como sindicatos socialistas.

En pocas palabras, la apariencia de «neutralidad», que es un hecho para más de un dirigente sindical, no existe para la gran masa de los trabajadores organizados en el sindicato. Y este es el gran éxito del movimiento sindical. Si alguna vez esta apariencia de neutralidad, esta distinción o esta separación entre los sindicatos y la socialdemocracia se transformara en verdadera y se realizara sobre todo ante los ojos de las masas proletarias, los sindicatos perderían de golpe toda su ventaja frente a las asociaciones burguesas concurrentes, y perderían así toda su fuerza de reclutamiento, el fuego que las torna vivas. Lo que aquí afirmo encuentra una demostración convincente en hechos conocidos por todos. La apariencia de neutralidad podría prestar grandes servicios como medio de atracción en un país donde el partido socialista no contara por sí solo con crédito alguno entre las masas, donde su popularidad, en lugar de servirle, perjudicara una organización obrera ante los ojos de las masas, donde, en pocas palabras, los sindicatos tuvieran que comenzar a reclutar por sí solos sus adherentes en una masa absolutamente no educada y animada de sentimientos burgueses.

Un modelo de país semejante ha sido durante todo el siglo pasado y en cierta medida lo es aún, Inglaterra. Pero en Alemania, la situación del partido es completamente distinta. En un país en el que la socialdemocracia es el partido político más potente, en el que su fuerza de reclutamiento está atestiguada por un ejército de tres millones de proletarios, es ridículo hablar de una aversión al socialismo que los alejaría y de la necesidad, para una organización de lucha de los obreros, de mantener la neutralidad política. Es suficiente comparar las cifras de los electores socialistas con las cifras de las organizaciones sindicales en Alemania, para advertir al recién llegado que los sindicatos alemanes no conquistaron sus huestes, como en Inglaterra, en una masa sin educación y animada por sentimientos burgueses, sino en una masa de proletarios ya despierta por el socialismo y ganada para las ideas de la lucha de clases, es decir, en la masa de los electores socialistas. Más de un dirigente sindical rechaza con indignación —corolario obligado de la teoría de la «neutralidad»— la idea de considerar los sindicatos como una escuela de reclutas para el socialismo. En efecto, esta suposición que les parece tan ofensiva y que, en realidad, sería clarividente, es puramente imaginaria porque la situación es por lo general inversa: en Alemania, es la socialdemocracia la escuela de los reclutas de los sindicatos.

Si bien la obra de organización de los sindicatos es con frecuencia muy fatigosa y difícil, ello no obstante, y exceptuando alguna región o algún caso particular, no solo el terreno ya desbrozado por el arado socialista, sino que la misma semilla sindical y el sembrador deben ser también socialistas, «rojos», para que se pueda cosechar. Si en lugar de comparar las fuerzas numéricas sindicales con las de las organizaciones socialistas, las medimos con las masas electorales socialistas —y este es el único modo justo de comparar— arribamos a un resultado que se aleja bastante de los análisis divulgados. Se observa, en efecto, que los «sindicatos libres» representan efectivamente la minoría de la clase obrera en Alemania, y que con su millón y medio de inscritos no recogen ni siquiera la mitad de la masa conquistada por el partido socialista.

La conclusión más importante de los hechos citados es esta: la completa *unidad* del movimiento obrero sindical y socialista, absolutamente necesaria para las futuras luchas de masas alemanas, *está realizada desde ahora* y se manifiesta en la vasta multitud que forma al mismo tiempo la base del partido socialista y la de los sindicatos y en la convicción a partir de la cual las dos caras del movimiento se confunden en una unidad mental. La pretendida oposición entre partido y sindicatos se reduce, en este orden de cosas, a una oposición entre el partido y un cierto grupo de funcionarios sindicales y, al mismo tiempo, en una oposición dentro de los sindicatos, entre este grupo y la masa de los proletarios organizados sindicalmente.

El gran desarrollo del movimiento sindical en Alemania, durante los últimos quince años, en particular en el período de la prosperidad económica entre 1895 y 1900, condujo, como es natural, a una especialización de sus métodos de lucha y de su dirección y al surgimiento de una verdadera categoría de funcionarios sindicales. Todos estos hechos son un producto histórico, perfectamente explicable y natural, del desarrollo de los sindicatos en quince años, un producto de la prosperidad económica y de la calma política en Alemania. Aunque inseparables de ciertos inconvenientes, no dejan por ello de ser un mal necesario. Pero la dialéctica de la evolución comporta lógicamente que estos medios necesarios para el desarrollo de los sindicatos se transformen, en un momento dado de la organización y en cierto grado de madurez de las condiciones, en su contrario, en obstáculos para la continuación de este desarrollo.

La especialización de su actividad profesional de dirigentes sindicales, así como la restricción natural de horizontes que los liga con las luchas económicas fragmentadas en períodos de quietud, concluyen por llevar fácilmente a los funcionarios sindicales al burocratismo y a una cierta estrechez de miras. Pero estas dos características tienen su expresión en toda una serie de tendencias que podrían ser fatales para el porvenir del movimiento sindical. Entre ellas, habría que enumerar ante todo la tendencia a sobreestimar la organización que paulatinamente de un medio con vistas a un fin se convierte en un fin en sí mismo, en un bien supremo al que deben estar subordinados todos los intereses de la lucha. Se explica así ante todo, esta necesidad, abiertamente confesada, de tregua, cuando se temen riesgos serios, esta necesidad de pretendidos peligros para la existencia del sindicato, cuando se teme la espontaneidad de ciertas acciones de masas; así se explica la confianza excesiva en el método de lucha sindical, en sus perspectivas y en sus éxitos.

Los dirigentes sindicales, constantemente absorbidos por la pequeña guerra económica, que tienen por objetivo hacer que las masas obreras sepan apreciar el gran valor de cada conquista económica, por mínima que ella sea, de cada aumento salarial y reducción del horario de trabajo, llegan insensiblemente a perder de vista las grandes interconexiones causales y el panorama de conjunto de la situación general. Solo así se puede entender por qué más de uno de ellos se extienda con tanta satisfacción sobre las conquistas de estos últimos quince años, sobre los millones de aumentos salariales, en lugar de insistir por el contrario en el reverso de la medalla: en el descenso de las condiciones de vida para los proletarios, que simultáneamente han causado el encarecimiento del pan, toda la política fiscal y aduanera, la especulación sobre las áreas fabriles, que aumentan de modo exorbitante los alquileres, en pocas palabras, sobre todas las tendencias efectivas de la política burguesa, que anulan en gran parte las conquistas de las luchas sindicales de quince años.

De la verdad socialista *total*, que, poniendo de relieve el trabajo presente y su absoluta necesidad, pone el acento principal sobre la *crítica* y los límites de este trabajo, se llega a defender así la media verdad sindical, que hace resaltar solo el resultado positivo de la lucha cotidiana. Y finalmente, la costumbre de silenciar los límites objetivos trazados por el orden social burgués a la lucha sindical, se transforma en hostilidad directa contra toda crítica que muestra estos límites ligándolos de nuevo al objetivo final del movimiento obrero. El panegírico absoluto, el optimismo ilimitado, son considerados como un deber por todo «amigo del movimiento sindical».

Pero dado que el punto de vista socialista consiste precisamente en combatir el optimismo sindical acrítico, y además combatir el optimismo parlamentario, se termina por oponerse a la misma teoría socialista: se busca a tientas una «nueva teoría sindical», es decir una teoría que, en contraste con la doctrina socialista, abriría a las luchas sindicales, en el terreno del orden capitalista, perspectivas ilimitadas de progreso económico. En verdad, hace ya tiempo que dicha teoría existe: es la teoría del profesor Sombart,[23] fundada expresamente con la intención de trazar una línea de separación entre los sindicatos y la democracia en Alemania, y de llevar a los sindicatos a pasarse al campo burgués.

A estas tendencias teóricas se une directamente un cambio de las relaciones entre los dirigentes y las masas. A la dirección colectiva de los comités locales, con sus incontestables insuficiencias, se sustituye la dirección profesional del funcionario sindical. La dirección y la facultad de juicio se convierten por así decirlo en su especialidad profesional, mientras que a la masa le corresponde principalmente la virtud más pasiva de la disciplina.

Estos inconvenientes del burocratismo comportan seguramente también para el partido peligros que podrían derivar con bastante facilidad de la innovación más reciente: la institución de los secretarios locales del partido. Y estos peligros encontrarán forma de manifestarse si la masa socialista no vigila constantemente a estos secretarios para que permanezcan como puros y simples órganos ejecutivos, sin ser considerados nunca como los representantes profesionales de la iniciativa y de la dirección de la vida local del partido. Pero el burocratismo tiene en la socialdemocracia, por la naturaleza misma de las cosas, por el carácter de la lucha política, límites muy definidos, más estrechos que en la vida sindical. En esta, la especialización técnica de las luchas salariales, por ejemplo la conclusión de complicados contratos de trabajo a destajo u otros acuerdos similares, actúa de modo que la masa de inscritos no tenga con frecuencia «la visión de conjunto de toda la vida sindical» y en esto se basan para constatar su incapacidad para decidir. Y este es también un resultado de dicha concepción, al igual que la argumentación por la que se rechaza toda la crítica teórica sobre las perspectivas y las posibilidades de la praxis sindical, haciendo creer que constituiría un peligro para la fe de las masas en el sindicato. Se parte entonces de esta idea: que una fe ciega en las ventajas de la lucha sindical es el único medio para conquistar y para conservar la masa obrera.

Es todo lo opuesto del socialismo que funda la influencia propia sobre la comprensión de parte de las masas de las contradicciones del ordenamiento existente y de la compleja naturaleza de su desarrollo, en su actitud crítica, en todo momento y en cada estadio de la lucha de clases. Por el contrario, según esta falsa teoría, la influencia y la fuerza de los sindicatos reposaría sobre la incapacidad de las masas para criticar y juzgar. «Es necesario custodiar la fe para el pueblo», tal es el principio por el cual muchos funcionarios sindicales califican como un atentado contra el movimiento sindical todo análisis crítico de las insuficiencias de este movimiento.

Finalmente, otro resultado de esta especialización y de este burocratismo en los funcionarios sindicales es la fuerte «autonomía» y «neutralidad» de los sindicatos respecto del partido socialista. La autonomía externa del órgano sindical deriva de su desarrollo, como condición natural, como relación nacida de la división técnica del trabajo entre las formas de lucha política y sindical. La «neutralidad» de los sindicatos alemanes ha sido, por su parte, un resultado de la legislación reaccionaria sobre las asociaciones, un resultado del carácter policial del Estado prusiano-alemán. Con el tiempo, estos dos elementos cambiaron su naturaleza. De la condición de neutralidad política, impuesta a los sindicatos por la policía, se extrajo a renglón seguido una teoría de su neutralidad voluntaria, pretendida necesidad fundada sobre la naturaleza misma de la lucha sindical. Y la autonomía técnica de los sindicatos, que reposa sobre una división del trabajo hecha en el ámbito de la unidad de lucha de la clase socialista, se ha transformado en el alejamiento de los sindicatos que se apartan de la socialdemocracia, de sus ideas y de su dirección; se ha transformado en lo que se llama la «igualdad de derechos» con la socialdemocracia.

Ahora bien, esta apariencia de división y de igualdad está personificada específicamente por los funcionarios sindicales, alimentada por el aparato administrativo de los sindicatos. Exteriormente, la coexistencia de todo un cuerpo de funcionarios, de comités centrales absolutamente independientes, de una abundante prensa sindical y, en fin, de congresos sindicales, ha creado la apariencia de un paralelismo completo con el aparato administrativo del partido socialista, con su comité directivo, su prensa y sus congresos. Esta ilusión ha conducido además al monstruoso fenómeno siguiente: en los congresos sindicales y en los congresos socialistas, fueron discutidos temarios análogos y sobre el mismo problema fueron adoptadas decisiones distintas, y hasta diametralmente opuestas.

Por una división natural del trabajo entre el congreso del partido que representa los intereses y los problemas generales del movimiento obrero, y las conferencias de los sindicatos que estudian los aspectos más específicos de los problemas y de los intereses particulares de la lucha corporativa de cada día, se ha producido de manera artificial una escisión entre una pretendida concepción sindical del mundo y la concepción socialista respecto de los mismos problemas e intereses generales del movimiento obrero.

Así, se ha verificado este extraño orden de cosas: el mismo movimiento sindical que, en la base, en la vasta masa proletaria es una sola cosa con el socialismo, se divide netamente en la cúspide, en el edificio administrativo del partido socialista y se planta frente a él como una segunda gran fuerza independiente. El movimiento obrero alemán reviste así la forma singular de una doble pirámide, en la cual la base y el cuerpo están constituidos por una misma masa, mientras que los vértices se alejan uno del otro.

De lo aquí expuesto resulta con claridad cuál es el único camino que permite crear de modo natural y eficaz esta unidad compacta del movimiento obrero alemán, unidad imprescindible para las futuras luchas políticas de clase, y además para el propio desarrollo ulterior de los sindicatos. Nada sería más falso e inútil que intentar establecer esta unidad deseada por medio de esporádicas o periódicas tratativas entre la dirección del partido socialista y el Comité Central de los sindicatos sobre los problemas específicos del movimiento. Son justamente (como vimos) los vértices de la organización de las dos formas del movimiento los que expresan su división y su autonomía, que, en consecuencia, representan la ilusión de la «igualdad de derechos» y de la existencia paralela del partido y de los sindicatos. Querer realizar la unidad entre sí mediante la aproximación de la dirección del partido y del comité general de los sindicatos, sería como querer construir un puente precisamente donde el foso es más amplio y el paso más difícil.

No es en la cúspide, en el vértice de las organizaciones y de su unión federativa, sino en la base, en la masa proletaria organizada, donde está la garantía para la unidad real del movimiento obrero. En la conciencia de un millón de inscritos al sindicato, partido y sindicatos son efectivamente *una sola cosa*: la lucha *socialista* por la emancipación bajo distintas formas. De esto resulta, como es natural, la necesidad, para suprimir los roces producidos entre el partido socialista y una parte de los sindicatos de hacer adherir sus relaciones recíprocas en la conciencia de la masa proletaria, es decir, volver a unir los sindicatos a la socialdemocracia. Esto significará de hecho realizar la síntesis del desarrollo que desde la primitiva incorporación de los sindicatos condujo a la división de la socialdemocracia, para preparar luego, mediante un período serio de desarrollo, tanto de los sindicatos como del partido, el futuro período de las grandes luchas proletarias de masa; y con esto mismo hacer una necesidad de la reunión del partido y de los sindicatos en el interés común.

No se trata, como es claro, de romper en el partido la estructura sindical actual: se trata de restablecer, entre la dirección de la socialdemocracia y la de los sindicatos, entre los congresos sindicales, la relación natural que corresponde a la relación de hecho entre el movimiento obrero en su conjunto y en su aparente división. Una transformación tal no dejará de provocar la oposición violenta de una parte de los dirigentes sindicales. Pero es hora ya de que la masa obrera socialista aprenda a demostrar si es capaz de juicio y de acción, a demostrar así su madurez para los momentos de grandes luchas y de grandes acciones, en los cuales la masa debe ser el coro que actúa, mientras que los dirigentes son meramente las «figuras parlantes», o sea los intérpretes de la voluntad de la masa.

El movimiento sindical no consiste en la imagen que se forma en las ilusiones perfectamente explicables, pero erróneas, de una minoría de dirigentes sindicales; él es la realidad que existe en la conciencia unitaria de los proletarios conquistados para la lucha de clases. En esta conciencia, el movimiento sindical es una parte del movimiento socialista. «Que tenga el coraje de ser lo que es».[24]

Fuente: Rosa Luxemburgo: «Huelga de masas, partido y sindicatos», en Bolívar Echeverría, comp., *Obras escogidas*, t. I, Ediciones ERA, México, D.F., 1978, pp. 311-375.

Blanquismo y socialdemocracia*

El camarada Plejánov ha publicado en *El Correo*, con el título «¿Dónde está la derecha?», un artículo exhaustivo en el que acusa a los bolcheviques de blanquismo.

No es de nuestra incumbencia defender a los camaradas rusos de los golpes de erudición y de dialéctica que han recibido del camarada Plejánov,

---

* El blanquismo fue un movimiento político desarrollado en Francia a favor de la República, que tenía como fin último implantar el comunismo (Babeuf) en ese país. Ganó influencia entre los intelectuales y estudiantes y se caracterizó por su férrea disciplina combativa y revolucionaria. Debe su nombre al escritor, político y líder de esa facción, Louis Auguste Blanqui. En 1920 Anton Pannekoek publicó «El nuevo blanquismo» en la línea del «comunismo de consejos». Para Daniel Guérin, socialista libertario, quien trabajó el pensamiento de Luxemburgo sobre el llamado «espontaneísmo», la tradición del conspirativismo babeuvista y blanquista toma las técnicas dictatoriales y minoritarias propias de la revolución burguesa para ponerlas al servicio de una nueva revolución. «Blanquismo y socialdemocracia» fue originalmente publicado en *Czerwony Sztandar*, el 27 de junio de 1906. Rosa Luxemburgo estaba de acuerdo con Lenin en que el partido revolucionario tenía que ser la avanzada de la clase trabajadora, debía adoptar una organización centralista y que la voluntad colectiva necesitaba ejecutarse mediante una férrea disciplina. Sin embargo, rechazaba el centralismo a ultranza y afirmaba que el movimiento socialdemócrata históricamente había concebido la acción independiente de las masas. Por eso la socialdemocracia necesitaba un tipo de organización completamente diferente a la adoptada, por ejemplo, por las organizaciones blanquistas. Para Luxemburgo, la diferencia entre el blanquismo y la socialdemocracia consistía en que para los primeros no existía una relación intrínseca entre la actividad conspiradora y la vida cotidiana de las masas populares, y su plan era arbitrario y perfectamente fijado, de modo que los miembros de la organización se convertirían en instrumentos de una voluntad previamente determinada por un Comité Central dotado de amplias atribuciones al que se le debía obediencia ciega. *(N. del E.)*.

porque indudablemente son capaces de hacerlo por sí solos. Pero el problema mismo reclama algunas sugerencias que nuestros lectores podrían considerar de interés: es por ello que consagramos un poco de espacio al tema.

El camarada Plejánov, para caracterizar el «blanquismo», recurre a una cita de Engels que se refiere a Blanqui, un revolucionario francés de los años cuarenta del siglo pasado, cuyo nombre ha servido para designar toda una tendencia. Engels dice:

> Por lo que respecta a su actividad política, era esencialmente un hombre de acción, convencido de que una pequeña minoría bien organizada que intentara un golpe de mano revolucionario en el momento adecuado, arrastraría tras ella, gracias a sus primeros logros, a la masa del pueblo y podría así conducir la revolución hacia la victoria […] Del hecho de que Blanqui conciba toda revolución como el golpe de mano de una pequeña minoría revolucionaria se desprende, tras la victoria de esta, la necesidad de la dictadura: claro que la dictadura no de la clase revolucionaria, el proletariado, sino del pequeño grupo que ha realizado el golpe de mano y que ya están organizados bajo la dictadura de uno solo o de unos pocos.[1]

Federico Engels, el compañero de lucha de Carlos Marx, es indiscutiblemente una autoridad, pero la justeza de su caracterización de Blanqui ya es más discutible. Porque Blanqui no estaba en absoluto obligado, en 1848, a prever que su club iba a quedar convertido en una «pequeña minoría»; al contrario, en aquel período de poderosos movimientos revolucionarios contaba seguramente con que a su llamada *todo* el pueblo trabajador se alzaría, si no en Francia por lo menos en París, para luchar contra la política ignominiosa y criminal de un ministerio burgués que quería «arrebatar al pueblo su victoria».

Sin embargo, el problema no radica en esto. Se trata de saber, tal como el camarada Plejánov pretende demostrar, si la caracterización de Blanqui hecha por Engels es aplicable a los bolcheviques (a los que el camarada Plejánov llama, sin más matices, «minoría» porque se encontraron en minoría en el Congreso de reunificación).[2] Dice textualmente: «Esta caracterización es totalmente aplicable a nuestra actual minoría». Y justifica su afirmación de la forma siguiente: «La relación de los blanquistas con las masas populares era utópica en el sentido de que no habían entendido el significado de la autonomía revolucionaria de esas masas. De acuerdo con sus proyectos, solo los conspiradores eran activos propiamente hablando, en tanto que las masas, entrenadas por una minoría bien organizada, se contentaban con darles su apoyo». Y el camarada Plejánov afirma que ahí radica «el pecado original del blanquismo», al que han sucumbido los camaradas rusos bolcheviques (nosotros preferimos atenernos a esta denominación corriente). Según nuestra opinión, el camarada Plejánov no ha podido demostrar este reproche, puesto que su comparación con los miembros de la Narodnaia Volia,[3] que sí eran blanquistas, no prueba nada y el comentario malintencionado según el cual Jeliabov, héroe y dirigente de la Narodnaia Volia, estaba dotado de un instinto político más agudo que el jefe de los bolcheviques, Lenin, es de demasiado mal gusto para que nos detengamos en ello. Por lo demás, como ya hemos dicho, no somos quienes para romper lanzas para defender a los bolcheviques o al camarada Lenin: nadie ha podido todavía con ellos. Lo que nos interesa es el fondo del asunto. Y planteamos la cuestión: en la actual Revolución Rusa ¿es acaso posible el blanquismo? Y, en caso afirmativo, ¿podría ejercer algún tipo de influencia?

Creemos que planteando así la cuestión nadie que esté algo al corriente de la actual revolución, nadie que haya tenido un mínimo contacto directo con ella, puede dar una respuesta positiva. La gran diferencia entre la situación francesa de 1848 y la actual situación en el imperio ruso reside justamente en el hecho de que la relación entre la «minoría organizada», es decir, el partido del proletariado, y las masas se ha transformado de forma sustancial. En 1848 los revolucionarios, en la medida en que eran socialistas, hicieron esfuerzos desesperados por llevar las ideas socialistas a las masas, para evitar que apoyaran o sostuvieran ideas propias del liberalismo burgués. Aquel socialismo era etéreo, utópico, pequeñoburgués. Hoy, en Rusia, el asunto se presenta de manera diferente: ni nuestra vieja «*pedecja*»,[4] ni la organización de los «cadetes», los constitucionalistas zaristas de Rusia, ni ningún otro partido nacional burgués «progresista» ha podido ganarse a las grandes masas trabajadoras. Hoy precisamente estas masas se aglutinan bajo la bandera del socialismo: cuando la revolución ha estallado, se han puesto por propia iniciativa, casi espontáneamente, bajo la bandera roja. Es la mejor prueba en favor de nuestro propio partido.

No vamos a esconder que en 1903 éramos todavía un puñado, que como partido, en el sentido más estricto del término, como camaradas efectivamente organizados, no constituíamos más que unos centenares de militantes y que con ocasión de nuestras apariciones públicas, de nuestras manifestaciones, solo unos pocos trabajadores se nos unían. Hoy, en tanto que partido, nos contamos por decenas de miles. ¿Dónde está la diferencia? ¿Es quizá porque contamos en nuestro partido con algunos jefes geniales? ¿O porque somos unos conspiradores célebres? En absoluto. Ninguno de nuestros jefes, es decir, ninguno de aquellos a los que el partido ha confiado la responsabilidad del trabajo, querría exponerse al ridículo de una comparación con el viejo Blanqui, aquel león de la revolución pasada. Muy pocos de nuestros agitadores llegan a igualarse a los viejos conspiradores del club[5] de los blanquistas, por lo que respecta al talante personal y a las capacidades organizativas. ¿Cómo se explica nuestro éxito y el fracaso de los blanquistas? Simplemente por el hecho de que estas famosas «masas» ya no son las mismas. Hoy están constituidas por obreros que luchan contra el zarismo, por estos hombres cuya propia vida los ha convertido en socialistas, por hombres que se han nutrido del odio al orden establecido, por estos hombres a los que la necesidad ha enseñado a pensar en términos marxistas.

Esta es la diferencia. No son ni los jefes ni las ideas las que la han hecho nacer, sino las condiciones sociales y económicas, condiciones tales que excluyen toda lucha de clase común entre el proletariado y la burguesía.

Así, pues, como las masas son diferentes, como el proletariado es diferente, no puede hablarse hoy de una táctica de conspiradores, de una táctica blanquista. Blanqui y sus heroicos camaradas hicieron esfuerzos sobrehumanos para llevar a las masas hacia la lucha de clases; no lo consiguieron, porque tenían delante a trabajadores que todavía no habían roto con el sistema de corporaciones, que estaban todavía imbuidos de la ideología pequeñoburguesa.

Los socialdemócratas tenemos hoy una tarea bastante más simple y más fácil: solo tenemos que trabajar, dirigir la lucha de clases que aparece como una necesidad inexorable. Los blanquistas se esforzaban por atraerse a las masas, mientras que nosotros, los socialdemócratas, estamos siendo empujados por las masas. La diferencia es grande, tan grande como la que hay entre un capitán que se esfuerza por remontar la corriente y otro que debe mantener el timón a favor de la corriente. Al primero puede faltarle la fuerza y no conseguirá su meta, mientras que el segundo debe tan solo cuidar de que el barco no se desvíe de su ruta, no se estrelle contra un acantilado ni se encalle en un banco de arena.

El camarada Plejánov debería tranquilizarse por lo que respecta a la «autonomía revolucionaria de las masas». Esta autonomía existe, nada la hará retroceder o la frenará y todos los sermones librescos acerca de su necesidad (pedimos perdón por esta expresión, pero no encontramos otra) solo consiguen provocar sonrisas en aquellos que trabajan en el seno de las masas y con ellas.

Nosotros negamos que los camaradas rusos de la actual «mayoría» hayan sido víctimas de errores blanquistas en el curso de la revolución, como les reprocha el camarada Plejánov. Puede que haya habido trazas de algo similar en el proyecto organizativo que el camarada Lenin escribiera en 1902,[6] pero es algo que pertenece al pasado, a un pasado lejano, porque hoy la vida va deprisa, vertiginosamente deprisa. Aquellos errores fueron corregidos por la vida misma y no hay peligro de que puedan reproducirse. E incluso el espectro del blanquismo no tiene nada de terrible, dado que en la actualidad no puede resucitar. El peligro que corremos, por el contrario, es que el camarada Plejánov y sus partidarios de la «minoría», que tanto temen al blanquismo, caigan en el extremo opuesto y hagan que el barco encalle en un banco de arena. Este extremo opuesto puede verse en el hecho de que estos camaradas teman por encima de todo quedarse en minoría y que cuenten con *masas fuera del proletariado*. De ahí el cálculo en dirección a la Duma, de ahí las falsas consignas en las directrices del Comité Central para apoyar a los cadetes, ese intento de levantar la reivindicación «¡abajo el ministerio burocrático!» y otros errores semejantes. Pero el barco no se quedará embarrancado en el banco de arena, no hay peligro; la corriente tumultuosa de la revolución en ascenso arrastrará rápidamente al barco del proletariado; pero sería lamentable que estos errores nos hicieran perder tan siquiera un instante.

Por lo mismo, la noción de «dictadura del proletariado» ha adoptado un significado diferente del anterior. Federico Engels subraya muy justamente que los blanquistas no buscaban una dictadura de «toda la clase revolucionaria del proletariado, sino del pequeño número que ha realizado el golpe de mano». Hoy la cosa se presenta completamente distinta. No es una organización de conspiradores la que «realiza el golpe de mano», que puede pensar en su dictadura. Incluso los de la Narodnaia Volia y sus pretendidos herederos, los socialistas-revolucionarios de Rusia, han dejado de soñar con ello hace mucho tiempo. Aun cuando los camaradas bolcheviques hablen, en la actualidad, de dictadura del proletariado, nunca lo hacen en el sentido blanquista, ni tampoco han caído nunca en el error de la Narodnaia Volia que soñaba con «tomar el poder para sí» *(zachlat vlasti)*. Por el contrario, han afirmado que la actual revolución puede terminar cuando el proletariado, *toda* la clase revolucionaria, se haya apoderado de la máquina del Estado. El proletariado, en tanto que el elemento más revolucionario, asumirá quizá su papel de liquidador del antiguo régimen tomando «el poder para sí» con el fin de oponerse a la contrarrevolución, para impedir que la revolución no se vea desnaturalizada por una burguesía reaccionaria. Ninguna revolución ha podido llevarse a cabo sin la dictadura de una clase y todo indica que en la hora actual el proletariado puede convertirse en este liquidador. Aparentemente, ningún socialdemócrata puede dejarse llevar por la ilusión de pensar que el proletariado pueda *mantenerse* en el poder: si pudiera, llevaría a cabo la dominación de sus ideas de clase, realizaría el socialismo. Sus fuerzas, *en el momento actual,* no son suficientes, pues el proletariado, en el sentido más estricto del término, constituye precisamente, en el imperio ruso, *una minoría* en la sociedad. Y la realización del socialismo por una minoría queda incondicionalmente excluida, porque justamente la idea de socialismo excluye la dominación de una minoría. Así, pues, el día de la victoria política del proletariado sobre el zarismo, la mayoría le arrebatará el poder recién conseguido. Para hablar más concretamente: tras la caída del zarismo, el poder pasará a manos de la parte más revolucionaria de la sociedad, el proletariado, porque el proletariado se adueñará de todos los puestos y se mantendrá alerta mientras el poder no esté en manos legalmente llamadas a detentarlo, en manos del nuevo gobierno que solo la Constitución puede determinar en tanto que órgano legislativo elegido por toda la población; y es algo evidente que en la sociedad el proletariado no constituye una mayoría, sino que la mayoría está constituida por la pequeña burguesía y el campesinado y que, por consiguiente, no serán los socialdemócratas los que formarán la mayoría, sino los demócratas campesinos y pequeñoburgueses. Puede ser lo deplorable que se quiera, pero esa realidad no podemos cambiarla.

Esta es a grandes rasgos la situación, según la apreciación de los bolcheviques, y es también la de todas las organizaciones y todos los partidos socialdemócratas fuera de Rusia. Es muy difícil concebir dónde está exactamente el blanquismo en todo esto. Para justificar, aunque solo en apariencia, su afirmación, el camarada Plejánov se ve obligado a aislar las palabras del camarada Lenin y sus partidarios y a sacarlas de su contexto. Si quisiéramos, a nuestra vez, hacer lo mismo, podríamos también demostrar que los «mencheviques» han sido recientemente «blanquistas», empezando por el camarada Parvus y acabando con el camarada... ¡Plejánov! Pero eso sería un juego de escolástica estéril. El tono del artículo del camarada Plejánov está lleno de amargura, y desprende amargura, lo que no es nada bueno. «Cuando Júpiter se enfurece, es que Júpiter se equivoca».

Sería hora de acabar con toda esta escolástica, encaminada a saber quién es «blanquista» y quién «marxista-ortodoxo». Hoy se trata de saber si, *en la hora actual,* la táctica que recomienda el camarada Plejánov y con él los camaradas mencheviques es la justa —una táctica que induce a trabajar el máximo posible con la Duma, con los elementos que están allí representados—, o si, por el contrario la táctica que aplicamos todos, y también los camaradas bolcheviques, una táctica que se apoya en el principio según el cual el centro de gravedad está situado fuera de la Duma, en la aparición activa de las masas populares revolucionarias, es la más justa. Hasta el momento los camaradas mencheviques no han podido convencer a nadie de la justeza de sus puntos de vista y nadie se convencerá si siguen aplicando a sus adversarios la etiqueta de blanquistas.

Fuente: Rosa Luxemburgo: «Blanquismo y socialdemocracia», en María José Aubet, comp., *El pensamiento de Rosa Luxemburg,* Ediciones del Serbal, Barcelona, 1983, pp. 207-216.

III. Sobre la guerra y el militarismo

El militarismo, la guerra y la clase obrera*

Mis defensores han ilustrado las características de las pruebas de la acusación suficientemente, desde el punto de vista jurídico, en relación con su
nulidad. Quisiera, por consiguiente, ilustrar la acusación desde otro lado.
Tanto en la argumentación verbal del señor fiscal de hoy, como en su acusación escrita, desempeña un gran papel no solo el sentido literal de mis afirmaciones incriminadas, sino más todavía la *interpretación* y la *tendencia* que
se supone que dichas palabras han debido tener. Reiteradamente y con gran
insistencia ha destacado el señor fiscal aquello que, según él, yo *sabía* y *quería* mientras hacía mis afirmaciones en aquellas asambleas. Ahora bien, en
cuanto a este elemento psicológico interno de mi discurso y en cuanto a mi
conciencia no creo que haya nadie más competente ni en mejor situación que
yo para proporcionar al respecto una plena y cabal explicación.

Y deseo señalar, de buenas a primeras, que estoy perfectamente dispuesta a
dar al señor fiscal y a ustedes, señores jueces, una plena explicación. Para anti-

---

* La lucha contra el militarismo es central en la obra de Rosa Luxemburgo; y en la medida en que considera este fenómeno inevitable en el régimen capitalista de la época
  del imperialismo, lo aborda como objeto constante de su crítica. La agravación de
  la situación internacional entre 1911 y 1913, repercutió internamente en Alemania y
  produjo un aumento notable de los gastos militares. Luxemburgo aumenta entonces
  sus ataques al militarismo y es perseguida debido a dos discursos que pronuncia en
  Frankfurt en octubre de 1913, por los cuales se le acusa de suscitar una rebelión entre
  las tropas. Para Rosa el medio de que dispone el proletariado para acabar con las guerras o poner fin a las que hubieran ya estallado, es uno solo: la huelga. En el siguiente
  texto la autora muestra, con un extraordinario rigor, lo que significa para el proletariado defender la patria: luchar por fortalecer el proceso revolucionario. *(N. del E.).*

cipar lo principal, quisiera declarar que aquello que el señor fiscal ha descrito aquí, apoyado en las declaraciones de sus testigos principales, como mis pensamientos, mis intenciones y mis sentimientos, no es más que *una caricatura trivial e insípida tanto de mis discursos como de la forma de la agitación socialdemócrata en general*. Al escuchar la argumentación del fiscal, tuve que reír interiormente y pensar: aquí tenemos nuevamente un ejemplo clásico de lo poco que sirve la instrucción formal para comprender el pensamiento socialdemócrata y nuestro mundo ideológico en toda su complejidad, su sutileza científica y su profundidad histórica, cuando la pertenencia a una clase social se opone a dicha comprensión. Si ustedes, mis señores jueces, hubieran interrogado al trabajador más simple e inculto de los miles que asistían a mis reuniones, él les habría dado a ustedes una imagen y una impresión totalmente distintas de mis manifestaciones. En efecto, nuestros hombres y mujeres sencillos del pueblo trabajador están en condiciones de absorber un pensamiento, el nuestro, que en el cerebro de un fiscal prusiano se refleja como caricatura en un espejo deformante. Voy a demostrar ahora esto en algunos puntos.

El señor fiscal ha repetido varias veces que yo había «excitado desmesuradamente» a mis miles de auditores ya antes de que cayera la manifestación incriminada, que habría constituido, al parecer, el punto culminante de mi discurso. A lo que yo declaro: *señor fiscal, nosotros los socialdemócratas no excitamos en absoluto*. Porque, ¿qué significa excitar? ¿He tratado acaso yo de inculcar a mis oyentes: si en plan de guerra vais como alemanes a un país enemigo, por ejemplo a China, portaos de tal modo que aun después de transcurridos cien años ningún chino se atreva a mirar a un alemán con ojos envidiosos? Porque, si bien hubiera hablado *así*, esto habría sido, sin duda, una excitación. O bien, ¿he tratado acaso de aguijonear en las masas reunidas la presunción nacional, el jacobinismo, el odio y desprecio para otras razas y pueblos? Esto hubiera sido, sin duda, excitación.

Pero así no he hablado yo y así no habla un socialdemócrata preparado. Aquello que yo hice en aquella asamblea de Frankfurt, y lo que nosotros, socialdemócratas, hacemos siempre por escrito y de palabra, es propagar ilustración, llevar a la conciencia de las masas sus intereses de clase y sus tareas históricas; señalarles las grandes líneas de la evolución histórica, las tendencias de la revolución económica, política y social que se están operando en el seno de nuestra sociedad actual y que, con férrea necesidad, conducen a que, en una determinada altura de la evolución, el orden social existente será sustituido y se introducirá, en su lugar, el orden social socialista, superior. Así es como agitamos, así elevamos también, mediante el efecto ennoblecedor de las perspectivas históricas, en cuyo terreno nos situamos, la vida moral de las masas. A partir de estos mismos grandes puntos de vista conducimos también —porque en nosotros, socialdemócratas, todo se combina en una ideología armónica, cerrada y científicamente fundada— nuestra *agitación contra la guerra y el militarismo*. Y si el señor fiscal y sus pobres testigos principales interpretan todo esto como una simple excitación, entonces lo burdo y simplista de esta interpretación reside única y exclusivamente en la *incapacidad del fiscal para pensar según normas socialdemócratas*.

Además ha aludido el señor fiscal reiteradamente a mis sugerencias al «*asesinato de los superiores*». Estas insinuaciones ocultas, pero comprensibles para todo el mundo, relativas al asesinato de oficiales, revelan muy especialmente, así se dice, la negrura de mi alma y la alta peligrosidad de mis intenciones. Ahora bien, ruego a ustedes que por unos momentos acepten inclusive la exactitud de la afirmación que se me atribuye, y entonces ustedes habrán de decirse, después de alguna reflexión, que el fiscal —en su loable esfuerzo por pintarme con los colores más negros— se ha llevado un chasco. Porque, ¿cuándo y contra *cuáles* «superiores» he incitado yo al asesinato? La propia acusación sostiene que yo había apoyado la introducción en Alemania del *sistema de milicias* y había designado como lo esencial de este sistema el deber de confiar a los individuos de tropa el fusil para que se lo lleven a su casa, como se hace en Suiza. Y es a esto —fíjense ustedes bien, a *esto*— que yo habría ligado la insinuación de que el arma también podría dispararse en alguna ocasión, en una dirección distinta de aquella que a los dominantes gusta. La cosa está pues clara: el señor fiscal me acusa de haber incitado al asesinato no contra los superiores del sistema militar alemán actual, sino, ¡contra los superiores del *futuro ejército alemán de milicias*! Nuestra propaganda en favor del sistema de milicias es combatida de la manera más violenta, y a mí me es imputada en la acusación directamente como delito. Y al propio tiempo se siente el fiscal inducido a preocuparse por la vida de los oficiales, por mí amenazada, de ese sistema de milicias aborrecido. ¡Un paso más y el señor fiscal presentará contra mí la acusación, en el celo del duelo, de que *he incitado a atentados contra el presidente de la futura república alemana*!

Pero, ¿qué es, en realidad, lo que he dicho yo de este presunto asesinato de los superiores? Algo totalmente distinto. En efecto, en mi discurso yo señalé que el militarismo actual suele justificarse, por sus defensores oficiales, con la frase de la defensa necesaria de la patria. Pues bien, si este interés por la patria fuera honrado y sincero, entonces —decía yo— las clases dominantes no necesitarían hacer más que convertir en realidad la demanda programática de la socialdemocracia, esto es, el sistema de milicias. Porque esta es la única garantía segura de la defensa de la patria, puesto que únicamente el pueblo libre, que por propia decisión se pone en campaña contra el enemigo, constituye un baluarte suficiente y leal de la libertad y la independencia de la patria. Solamente entonces podrá decirse: ¡Patria querida, puedes estar tranquila![1]

¿Por qué, pues, preguntaba yo, los defensores oficiales de la patria no quieren saber nada de este sistema único eficaz de defensa? Tan solo porque no se trata para ellos ni en primero ni en segundo lugar de la defensa de la patria, sino de guerras imperialistas de conquista, para las cuales la milicia, por supuesto, no sirve. Y además es probable que las clases dominantes teman también confiarle al pueblo trabajador las armas, porque la mala conciencia de los explotadores les hace temer que el fusil podría también disparar alguna vez en una dirección que a los dominantes no les gustara.

¡Así, pues, aquello que yo había *formulado como temor de las clases dominantes* me es imputado ahora por el fiscal, con fundamento en la palabra de sus torpes testigos, como mi propia exhortación! Aquí tienen ustedes una prueba más de la confusión que ha producido en su cerebro la incapacidad absoluta de seguir el curso de ideas de la socialdemocracia.

Es asimismo absolutamente falsa la imputación de que yo habría recomendado el *ejemplo holandés*, según el cual, en el ejército colonial, el soldado tiene la libertad de matar al superior que lo maltrate. En realidad hablaba yo entonces, en conexión con el militarismo y los malos tratos de los soldados, de nuestro inolvidable jefe Bebel, y señalaba que uno de los capítulos más importantes de la obra de su vida había sido la lucha en el Reichstag contra los desolladores de soldados, para ilustrar lo cual cité, del informe taquigráfico de los debates del Reichstag —y estos están, que yo sepa, legalmente permitidos—, varios discursos de Bebel y, entre otros, también aquellas indicaciones del año 1893 acerca de la costumbre en el ejército colonial holandés. Como ustedes pueden ver, señores, también aquí ha tocado el fiscal en su celo una tecla falsa; en todo caso, no hubiera debido dirigir su acusación contra mí, sino contra otra persona.

Pero vayamos al punto principal de la acusación. El señor fiscal deriva su ataque principal, esto es, la *afirmación de que yo habría exhortado a los soldados*, en la afirmación incriminada, *a no disparar en caso de guerra contra el enemigo, contrariamente al mando*, de una deducción que a él le parece ser, por lo visto, de una fuerza probante irrefutable y de una lógica concluyente. Deduce, en efecto, como sigue: puesto que yo agito contra el militarismo, y puesto que quisiera impedir la guerra, no podría tener al parecer en la mente otro camino u otro medio más eficaz que la exhortación directa a los soldados: Cuando os manden disparar, ¡no disparéis! Qué conclusión sucinta tan concluyente, ¿verdad, mis señores jueces? ¡Qué lógica irresistible! Y sin embargo, permítanme aclararles que esta lógica y esta conclusión resultan de la interpretación del señor fiscal, pero no de la mía ni de aquella de la socialdemocracia. Ruego a ustedes que me presten aquí especial atención. Digo: la conclusión en el sentido de que el único medio eficaz de evitar las guerras consiste en dirigirse directamente a los soldados y exhortarlos a no disparar, esta conclusión no es más que la otra cara de la concepción según la cual, mientras el soldado obedece las órdenes de sus superiores, todo anda bien en el Estado; según la cual —por decirlo en pocas palabras— el fundamento del poder del Estado y del militarismo está en la *obediencia cadavérica del soldado*. Esta interpretación del señor fiscal tiene también un complemento armónico en aquella manifestación publicada oficialmente, por ejemplo, del primer jefe militar, según la cual, al recibir el 6 de noviembre del año pasado en Postdam al rey de los helenos, el Kaiser dijo que el éxito de los ejércitos griegos demuestra que «los principios seguidos por el estado mayor y nuestras tropas garantizan siempre, si se aplican debidamente, la victoria». *El estado mayor con sus «principios» y el soldado con obediencia cadavérica*, he aquí los fundamentos de la estrategia y la garantía de la victoria. Ahora bien, *se da el caso de que esta concepción, nosotros, los socialdemócratas, no la compartimos*. Creemos, antes bien, que en cuanto a la declaración y al resultado de la guerra deciden no solo el ejército, esto es, las «órdenes» de arriba, y la «obediencia ciega» de abajo, sino que *decide también y ha de decidir la gran masa del pueblo trabajador. Somos del parecer que las guerras solo deben hacerse en el momento y por el tiempo que la masa trabajadora participa en ellas con entusiasmo, porque las considera como algo justo y necesario, o las tolera, al menos, pacientemente.* En cambio, cuando la gran mayoría de la población trabajadora llega al convencimiento —*y despertar en ella este convencimiento, esta conciencia, esta es precisamente la tarea que nosotros, los socialdemócratas nos proponemos*—, cuando, digo, *la mayoría de la población llega al convencimiento de que las guerras son un fenómeno bárbaro, profundamente inmoral, reaccionario y contrario a los intereses del pueblo, entonces se hacen imposibles las guerras,* por mucho que por el momento el soldado siga prestando obediencia a la autoridad. En la opinión del fiscal, es el *ejército* el partido que hace la guerra, en tanto que en *nuestra* opinión es *el pueblo entero.* Este es, en efecto, el que ha de decidir si debe o no haber guerra; está en las manos de la masa, de los hombres y las mujeres trabajadores, viejos y jóvenes, el ser o no ser del militarismo actual, y no en partículas minúsculas de ese pueblo, metidas, como se dice, en la chaqueta del rey.

Y dicho esto, tengo inmediatamente a mano un testimonio clásico de que esto es efectivamente mi manera y nuestra manera de pensar.

En efecto, estoy casualmente en condiciones de poder responder a la pregunta del fiscal de Frankfurt acerca de *a quién* me refería al decir «*Nosotros,* esto no lo hacemos», con un discurso mío en Frankfurt. El 17 de abril de 1910 hablé aquí, en el Circo Shumann, ante aproximadamente seis mil personas, acerca de la lucha electoral prusiana —como ustedes saben, estábamos entonces en plena lucha—, y he aquí que encuentro en el informe taquigráfico de aquel discurso, en la página 10, el siguiente giro:

> ¡Estimados asistentes!, digo: en esta lucha actual por el derecho de voto no podemos contar más, como en todas las demás cuestiones políticas importantes del progreso de Alemania, que con nosotros mismos. Pero, ¿quiénes somos «*nosotros*»?, pues «*nosotros*» somos los millones de proletarios y proletarias de Prusia y Alemania. Pero es más: somos algo más que un número. Somos, en efecto, los millones de aquellos del trabajo de cuyas manos la sociedad vive. Y basta que este simple hecho arraigue bien en la conciencia de las vastas masas del proletariado de Alemania, para que llegue algún día el momento en que se demuestre en Prusia, a la reacción dominante, que el mundo puede prescindir perfectamente de los latifundistas del otro lado del Elba, de los condes del centro, de los consejeros privados y, en su caso, también de los fiscales, pero no puede

existir siquiera veinticuatro horas si los trabajadores llegan en una ocasión a plegarse de brazos.

Como ustedes pueden ver, aquí expreso claramente dónde vemos nosotros el centro de gravedad de la vida política y de la historia del Estado, esto es: *en la conciencia, en la voluntad claramente formada, en la decisión de la gran masa trabajadora. Y exactamente así concebimos también la cuestión del militarismo.* Si la clase trabajadora llega a la idea y a la decisión de no permitir las guerras, las guerras resultan imposibles.

Pero tengo más pruebas todavía de que así y no de otro modo es como consideramos la agitación militar. Me maravillo, de hecho: he aquí, en efecto, que el señor fiscal se toma la mayor molestia para destilar, mediante interpretaciones, supuestos, deducciones arbitrarias de mis palabras, de qué modo y manera me propongo yo acaso ir contra la guerra. Y, sin embargo, sobra el material de prueba. Porque es el caso que no practicamos nuestra agitación en la clandestinidad, en la oscuridad, sino, por el contrario, en público y a plena luz. Desde hace decenios constituye la lucha contra el militarismo uno de los objetos principales de nuestra agitación. Ya desde la Internacional anterior formaba el objeto de discusiones y resoluciones de casi todos los congresos y de todas las jornadas del partido. Aquí no necesitaba el señor fiscal más que alargar las manos y, donde quiera que hubiera agarrado, la cosa habría resultado interesante. Desafortunadamente, no puedo extender aquí ante ustedes todo el voluminoso material correspondiente. Pero, permítanme indicar al menos lo más importante.

Ya el Congreso de la Internacional del año 1868, en Bruselas, señala medidas prácticas para impedir la guerra. Dice, entre otras cosas, en su resolución:

> [...] que ya ahora pueden reducir los pueblos el número de las guerras oponiéndose a aquellos que las hacen y las declaran;
>
> que este derecho corresponde ante todo a las clases trabajadoras, que son casi las únicas que son llamadas al servicio militar y pueden, por consiguiente, otorgarle su sanción;
>
> que tienen a su disposición, para tal fin, un medio eficaz, legal y de realización inmediata;
>
> que la sociedad no podría vivir de hecho si la producción se interrum-piera por algún tiempo, de modo que los productores solo necesitan

suspender el trabajo para impedir a gobiernos despóticos de carácter personal la realización de sus empresas;

declara el Congreso de la Unión Internacional de los Trabajadores, reunido en Bruselas, protestar de la manera más enérgica contra la guerra, e invita a todas las secciones de las asociaciones en los diversos países, así como a todas las asociaciones y organizaciones de trabajadores, sin distinción, a actuar con el mayor celo para impedir una guerra de un pueblo contra otro, la que, puesto que tendría lugar entre productores, esto es, entre hermanos y ciudadanos, debería considerarse al propio tiempo como una guerra civil.

El Congreso recomienda especialmente a los trabajadores la suspensión del trabajo en el caso de una guerra en su país.

Prescindo de las numerosas otras resoluciones y paso a los congresos de la nueva Internacional. El congreso de Zürich, de 1893, declara:

La actitud de los trabajadores frente a la guerra está nítidamente designada por la resolución del congreso de Bruselas relativa al militarismo. La socialdemocracia revolucionaria internacional ha de trabajar en todos los países, con todas sus fuerzas, contra los afanes nacionalistas de la clase dominante; ha de estrechar cada vez más el lazo de la solidaridad entre los trabajadores de todos los pueblos, y ha de perseguir infatigablemente la eliminación del capitalismo, que ha dividido a la humanidad en dos campos hostiles y excita a los pueblos uno contra otro. Con la abolición del dominio de clases desaparece también la guerra. La caída del capitalismo representa la paz mundial.

El congreso de Londres, de 1896, declara:

Únicamente la clase trabajadora puede tener seriamente la voluntad y conquistar el poder de asegurar la paz del mundo. Por consiguiente, exige:

1. Supresión simultánea de los ejércitos permanentes.
2. Creación de un tribunal internacional de arbitraje cuyas decisiones tengan fuerza de ley.
3. Decisión definitiva acerca de la guerra o la paz directamente por el pueblo, en el caso de que los gobiernos no acepten el fallo del tribunal de arbitraje.

El congreso de París, de 1900, recomienda como medio práctico de lucha contra el militarismo: «Que los partidos socialistas emprendan doquier y practiquen con el mayor celo la enseñanza y la organización de la juventud con miras a combatir el militarismo».

Permítanme un importante pasaje más de la resolución del congreso de Stuttgart, de 1907, en donde están resumidas ya de modo muy clásico las acciones prácticas de la socialdemocracia en su lucha contra la guerra. Allí se dice:

> De hecho, desde el Congreso Internacional de Bruselas, el proletariado ha recurrido ya, en su lucha infatigable contra el militarismo, mediante *negativa de los medios para armamentos en la tierra y en el mar*, mediante los esfuerzos por *democratizar la organización militar*, con insistencia y eficacia crecientes, a las formas más diversas de acción para impedir la declaración de guerra o ponerle fin, así como para aprovechar para los fines de la liberación de la clase trabajadora la conmoción producida por la guerra en la sociedad; tal ha sido el caso especialmente de la intelectualidad entre los sindicatos ingleses y franceses, después de la cuestión de Faschoda, para el aseguramiento de la paz y el restablecimiento de relaciones amistosas entre Inglaterra y Francia; tal ha sido la actitud de los partidos socialistas en los parlamentos alemán y francés durante la crisis de Marruecos; tales las manifestaciones organizadas con el mismo objeto por los socialistas alemanes y franceses; la acción conjunta de los socialistas de Austria e Italia para prevenir un conflicto de ambos Estados; tal, además, la intervención insistente de la clase obrera socialista de Suecia para impedir un ataque contra Noruega, y tales han sido, finalmente, los heroicos sacrificios y luchas de masas de los trabajadores socialistas y los campesinos de Rusia y Polonia para oponerse a la guerra desencadenada por el zarismo, ponerle fin y aprovechar la crisis para la liberación del país y de las clases trabajadoras. Todos estos esfuerzos dan testimonio de la fuerza creciente del proletariado y de su *afán creciente de asegurar el mantenimiento de la paz mediante intervención decidida*.

Pregunto: ¿Encuentran acaso ustedes, señores, en todas esta resoluciones una sola exhortación a que nos pongamos delante de los soldados y les gritemos: ¡No disparéis! Y ¿por qué? ¿Acaso porque ante las consecuencias de semejante agitación tememos los párrafos penales? ¡Bah! Seríamos unos pobres diablos si por miedo de las consecuencias dejáramos de hacer algo que consideramos como necesario y saludable. No, si no lo hacemos es porque nos decimos: de hecho, aquellos que viven del favor del rey no son más que una parte de la población trabajadora, y cuando esta llegue a darse cuenta de lo aborrecible y contrario a los intereses del pueblo, de las guerras, entonces los soldados sabrán también por sí mismos, sin necesidad de nuestra exhortación, lo que en su caso deban hacer.

Ya ven ustedes, pues, señores, que nuestra agitación contra el militarismo no es tan pobre y simplista como se la presenta. En efecto, tenemos tantos y tan diversos medios de influencia: *educación de la juventud* —y la practicamos con celo y con éxito duradero, pese a todas las dificultades que se nos oponen—, *propaganda en favor del sistema de las milicias, reuniones de masa, manifestaciones callejeras...* Y finalmente, miren ustedes hacia Italia. ¿Cómo han respondido allí los trabajadores con conciencia de clase a la aventura bélica en Trípoli? Mediante una huelga de masas de demostración, llevada a cabo de la manera más brillante. ¿Y cómo reaccionó al respecto la socialdemocracia alemana? El 12 de noviembre, la clase trabajadora de Berlín adoptó en doce reuniones una resolución en la que *agradecía a los camaradas italianos la huelga de masas.*

¡Esto es, la *huelga de masas!*, dice el fiscal. Precisamente aquí cree haberme atrapado nuevamente en mi intención más peligrosa y subversiva. El fiscal ha apoyado hoy su acusación, muy particularmente, con alusiones a mi agitación en favor de la huelga de masas, a la que él *liga las perspectivas más terroríficas de una subversión violenta, como las que solo pueden existir precisamente en la fantasía de un fiscal prusiano.* Señor fiscal, si pudiera suponer en usted la menor capacidad de seguir los razonamientos de la socialdemocracia y adoptar una concepción más noble de la historia, le explicaría aquello que expuse en la reunión popular en cuestión con éxito, esto es, que las huelgas de masas, en cuanto *período determinado en la evolución de las condiciones actuales*, no se «hacen», como tampoco se «hacen» las revoluciones. En efecto, las huelgas de masas constituyen una *etapa de la lucha de clases*, a la que, sin embargo, nuestra evolución actual conduce con la fuerza de una necesidad natural. Nuestro papel, el papel de la socialdemocracia frente a ella, consiste en *llevar a la conciencia de la clase trabajadora esta tendencia de la evolución*, para que los trabajadores estén a la altura de sus tareas como una masa popular instruida, disciplinada, madura, decidida y enérgica.

Como pueden ustedes ver, también aquí quiere castigarme el fiscal, al alegar en la acusación el fantasma de la huelga de masas, tal como él la comprende, más bien por sus ideas que por las mías.

Solo una cosa quisiera observar todavía. El señor fiscal ha dedicado en sus alegatos mucha atención especial a mi pequeña persona. Me ha descrito como el mayor peligro para la seguridad del orden estatal, y ni siquiera ha desdeñado *rebajarse al nivel del Kladderaldetsch*[2] y me ha designado como la «Rosa roja». Es más, *se ha atrevido inclusive a sospechar de mi honor personal* al pronunciar contra mí la sospecha de huida en el caso de que se dé curso a su solicitud de pena.

Señor fiscal, no quiero rebajarme a contestar, por lo que se refiere a mi persona, a todos sus ataques. Pero una cosa sí quiero decirle, y es esta: «*¡Usted no conoce la socialdemocracia!*». [El presidente interrumpe: «No podemos escuchar aquí discursos políticos»]. En el solo año de 1913, muchos de sus colegas han trabajado con el sudor de su frente para que se decretara sobre nuestra prensa en conjunto la pena de sesenta meses de cárcel. ¿Ha oído usted de casualidad que uno solo de nuestros pecadores hubiera emprendido la huida por miedo de la pena? ¿Cree usted que esta enormidad de pena ha hecho vacilar a un solo socialdemócrata o le ha quebrantado en el cumplimiento de su deber? *¡Qué va: nuestra labor se ríe de todas las hebras de sus párrafos penales, pues crece y prospera pese a todos los fiscales!* Y para terminar, una sola palabra todavía acerca del *ataque incalificable, que recae sobre su autor.*

El fiscal ha dicho literalmente, lo he anotado: que solicita mi detención inmediata, porque «sería incomprensible que la acusada no emprendiera la fuga». Esto quiere decir, en otras palabras: si yo, el fiscal, hubiera de cumplir un año de cárcel, emprendería la fuga. *Señor fiscal, se lo creo a usted perfectamente: usted huiría. Pero un socialdemócrata no huye. Responde de sus actos y se ríe de sus castigos.*

¡Y ahora, condénenme ustedes!

Fuente: Rosa Luxemburgo: «El militarismo, la guerra y la clase obrera. *Discurso ante la Sala de lo Criminal, de Frankfurt*», en Bolívar Echeverría, comp., *Obras escogidas*, t. II, Ediciones ERA, México, D.F., 1978, pp. 352-361.

IV. Las revoluciones rusas

La revolución en Rusia [I]*

Ya me levanto furioso hacia la altura
ya me retiro con calma.

El mundo capitalista, y con él la lucha de clases internacional, parece querer salir finalmente del estancamiento, de la fase prolongada de la guerrilla parlamentaria, y entrar de nuevo en un período de luchas de masas. No es sin duda el gallo galo, esta vez, el que, según Marx lo había esperado, vuelve a anunciar con su desenvuelto canto la próxima aurora revolucionaria en Europa. Precisamente, los lodazales del período parlamentario se han revelado particularmente peligrosos para Francia, que parece haber soltado provisionalmente las riendas de la dirección internacional de la lucha de clases.

---

*   Los cinco artículos que siguen, escritos entre enero y febrero de 1905, resultan lecciones políticas —para la socialdemocracia alemana y para los revolucionarios rusos— que Rosa Luxemburgo saca de los acontecimientos revolucionarios en Rusia. Su contenido es, además, siempre actual, pues la lucha de clase proletaria en una situación revolucionaria y más aún en el mismo «hacer la revolución», es la lección de la que siempre puede aprender el proletariado. De su análisis, Rosa considera la Revolución Rusa como una etapa importante en la historia del movimiento obrero, al alejarse el proletariado de la burguesía y ser el motor de la revolución. En *La revolución en Rusia [I]*, Rosa Luxemburgo relaciona la jornada del 22 de enero de 1905 en San Petersburgo con la huelga de mineros del Ruhr ocurrida desde mediados de enero hasta el 9 de febrero de ese mismo año. Estos acontecimientos anuncian la «próxima aurora revolucionaria» y muestran el dominio de la lucha de masas proletarias sobre la «guerrilla parlamentaria». Siendo así, la lucha de clases muestra su verdadero rostro, y el movimiento obrero, su fuerza. A partir de ese «domingo sangriento» de San Petersburgo, que señala el principio de la revolución en Rusia, toda la actividad teórica de Rosa Luxemburgo se consagra a estudiar la revolución, como única manera de deshacerse de esquemas preestablecidos. *(N. de la Red.).*

El punto de partida de la próxima ola revolucionaria se ha desplazado del Oeste hacia el Este; en efecto, en Alemania y en Rusia han estallado casi simultáneamente dos luchas sociales formidables, dos levantamientos proletarios en masa, que de golpe han vuelto a llevar a la superficie, las fuerzas elementales que trabajan en el seno de la sociedad moderna, y han esparcido a todos los vientos, como briznas de paja, las ilusiones acerca del curso tranquilo, «regular», que la evolución debía mantener en adelante, y que durante la calma internacional se habían acumulado en abundancia. ¿Quién ha «querido» la huelga en la región del Ruhr[1] y quién la ha «provocado»? Si en ocasiones se dio en otra forma, en esta, todo obrero organizado y con total o parcial conciencia de clase se esforzó y empeñó —las asociaciones obreras confesionales, los sindicatos libres y la socialdemocracia— más bien por *impedir* el fin de la huelga que por provocarlo. Si solo se hubiera tratado de una gran huelga, de una lucha amplia por el salario, como las que de vez en cuando se producen, entonces también se la habría podido acaso hacer fracasar, posponer o dividir. Pero, puesto que el movimiento de la región del Ruhr no era en modo alguno, por su carácter general —por la diversidad de los elementos que estaban en la base y que en su totalidad agotan la existencia entera del proletariado minero, así como por la indeterminación de su motivación última—, una lucha parcial contra tal o cual aspecto concreto, sino, en el fondo, un levantamiento de los esclavos del salario contra el *dominio del capital* como tal, en su configuración más aparente, el movimiento estalló como una tormenta atmosférica, con fuerza elemental. La parte consciente organizada del proletariado, no tenía más elección que la de ponerse al frente de la marea viva o verse descartada violentamente por ella. Y es por esto que la huelga general de la región del Ruhr constituye un ejemplo típico, aleccionador, del papel que la socialdemocracia tendrá que asumir también en todas partes, en los levantamientos proletarios en un futuro más o menos próximo; un ejemplo que pone de manifiesto el carácter absolutamente ridículo de todas las cómodas disquisiciones literarias acerca de si nosotros «hacemos» la revolución, o si nos desprendemos de ese método «anticuado» e «incivil» y preferimos con frecuencia dejarnos llevar por votación, al parlamento.

La misma enseñanza histórica, en otra forma, también nos la ofrece Petersburgo en este momento. Los grandes acontecimientos revolucionarios poseen la particularidad de que, por mucho que hayan sido anticipados y

esperados, con todo, tan pronto como se producen, se presentan ante nosotros en su complicación y su configuración concreta, como una esfinge, como
un problema que ha de comprenderse, indagarse y aprenderse en cada una
de sus fibras. Y para mayor abundamiento, está perfectamente claro que
la actual Revolución Rusa no se deja comprender con meras frases por el
estilo de los «témpanos crujientes», «estepas infinitas», «almas cansadas que
sollozan en silencio» y otros giros poéticos por el estilo muy del gusto de
periodistas burgueses, cuyo conocimiento de Rusia proviene en su totalidad
de la más reciente representación teatral gorkiana de *Asilo de noche* o de un
par de novelas de Tolstoi, y quienes, con una ignorancia moderadamente
benigna, se deslizan por encima de los problemas de ambos hemisferios.
Por otra parte, también constituiría manifiestamente un botín harto exiguo
de prudencia política y enseñanza histórica, el que, a título de primera y
más importante conclusión, quisiéramos extraer de la revolución de Petersburgo, con *L'Humanité* de Jaurès, la seguridad verdaderamente aniquiladora
para el absolutismo ruso y reconfortante para el proletariado mundial de
que, después de la matanza[2] de Petersburgo, el último Romanov se había
hecho en cierto modo indeseable para la diplomacia burguesa y que ningún
«monarca constitucional» o «jefe de Estado republicano» podía considerarlo
en adelante digno de una *alianza*.

Pero, ante todo, sería absolutamente equivocado pensar que la socialdemocracia de Europa occidental solo quisiera ver en la Revolución Rusa,
un absurdo asentimiento como el de un Ben Akiba, una histórica imitación
simiesca de aquello que en Alemania y en Francia «hemos tenido» desde
hace tiempo. En efecto, contrariamente a Hegel, cabe decir, con mucha mayor
razón, que en la historia *nada* se repite dos veces. Y así, la Revolución Rusa,
que *formalmente* solo recupera para Rusia lo que la revolución de febrero y
marzo llevó a cabo hace medio siglo para la Europa occidental y central, es no
obstante al propio tiempo —*precisamente* por ser un elemento rezagado de las
revoluciones europeas—, una forma absolutamente particular y única.

Rusia aparece en el escenario de la revolución mundial como el país
más atrasado y, desde el punto de vista de la evolución *burguesa* de clase,
no puede en modo alguno sostener la comparación con la Alemania anterior al mes de marzo. Pero precisamente por esto, la Revolución Rusa
actual ostenta, contrariamente a todas las opiniones corrientes, un carácter

proletario de clase más pronunciado que todas las revoluciones anteriores. Sin duda, los objetivos inmediatos del levantamiento actual en Rusia no van más allá de una Constitución estatal democrático-burguesa, y el resultado final de la crisis, que tal vez y con toda probabilidad pueda demorarse todavía en rápida alternancia de flujo y reflujo por muchos años, no será acaso más que una raquítica Constitución. Y sin embargo, esta revolución, condenada históricamente al parto de ese engendro burgués, es una revolución tan auténticamente proletaria, como la que más entre todas las anteriores.

Ante todo, falta totalmente en Rusia aquella clase social que en todas las revoluciones anteriores desempeñaba el papel principal, el papel de guía, por cuanto, capa intermedia entre la burguesía y el proletariado, se convertía para ambos en *eslabón* de enlace, condicionaba el carácter democrático de las luchas de clase burguesas, conquistaba así al proletariado para las huestes de la burguesía y proporcionaba el mecanismo material indispensable de todas las revoluciones precedentes. Nos referimos a la *pequeña burguesía*. Esta era indudablemente, en efecto, el aglutinante vivo que en las revoluciones europeas soldaba en una acción común las capas diversas y el que en las luchas de clase, que por su *contenido* histórico eran movimientos de la *burguesía*, actuaba como creador y exponente de la ficción necesaria de la totalidad del «pueblo». La propia pequeña burguesía era también la *educadora* política, ideológica e intelectual del proletariado, y precisamente en aquella revolución de febrero, en que el proletariado parisiense aparece por primera vez con conciencia de clase y se separa de la clase burguesa, es donde en mayor grado se pone de manifiesto la influencia de la pequeña burguesía.

En Rusia, una pequeña burguesía en el sentido europeo moderno, ni siquiera existe. Hay baluarte sin duda, una burguesía provinciana, pero esta constituye precisamente el amparo mayor de la reacción política y de la barbarie intelectual.

En cambio, desempeña en Rusia un papel análogo al de la pequeña burguesía la capa extensa de la *intelligentsia*, constituida por las llamadas profesiones liberales. Esta es la que desde siempre se ha dedicado en masa a la educación de la clase trabajadora. Sin embargo, esta intelectualidad misma no es, como antaño en Alemania y en Francia, la representación ideológica de determinadas clases de la burguesía liberal y de la pequeña burguesía democrática. Porque la *burguesía* tampoco es en Rusia exponente, como clase, del liberalismo, sino del conservadurismo reaccionario o, lo que de hecho es peor todavía, de la total pasividad reaccionaria. Por su parte, el liberalismo no ha salido, en la marmita de brujas de Rusia, de una tendencia burguesa moderna y progresista del capitalismo industrial, sino, antes bien, de la *nobleza agraria* de espíritu liberal, impelida a la oposición por la atención que en forma obligada el Estado presta al capitalismo. Con esto queda ya dicho que el liberalismo ruso no posee en sí, ni la fuerza revolucionaria de un sano movimiento de clase moderno, ni tiene aquella afinidad natural y aquellos puntos de contacto con la clase obrera que se daban entre la burguesía industrial liberal y el proletariado industrial en los países europeos. La debilidad enfermiza y la cobardía interna del liberalismo agrario ruso, lo mismo que su enajenación con respecto al proletariado industrial urbano, se daban, pues, en estas condiciones; pero es el caso que así quedaba eliminado allí el liberalismo como guía político y educador de la clase trabajadora.

La labor de ilustración, capacitación y organización de la masa del proletariado, que era llevada a cabo en todos los países en las épocas prerrevolucionarias por clases, partidos e ideólogos burgueses, en Rusia quedó exclusivamente a cargo de la intelectualidad, pero no precisamente de la intelectualidad ideológicamente burguesa, sino de los intelectuales revolucionarios, *socialistas*, que habían roto con su clase, que actuaban como representación ideológica de la propia *clase trabajadora*. La suma total de conciencia de clase y de madurez e idealismo políticos que ha encontrado expresión en el levantamiento en masa del proletariado de Petersburgo y se ha convertido en acción, esta suma hay que atribuirla exclusivamente a la infatigable labor de zapa, durante decenios, de la agitación socialista o, más exactamente, socialdemócrata.

Y esta suma es, si se mira más de cerca, *enorme*. Sin duda, la primera aparición de la masa trabajadora de Petersburgo ha llevado todavía a la superficie diversas escorias: fe ilusa en el zar, guías casuales aún desconocidos la víspera, etcétera. Como en todas las grandes erupciones revolucionarias, la lava candente arrastra todavía inicialmente toda clase de lodo, desde el fondo hasta el borde del cráter. Pero es el caso, con todo, que entre estas casualidades del momento y estos rudimentos de una ideología tradicional, que por lo demás quedan eliminados vertiginosamente en el fuego de la situación revolucionaria, se ponen claramente de manifiesto los gérmenes vigorosos, sanos, bien desarrollados de la conciencia de clase auténticamente proletaria, así como también aquel sencillo idealismo heroico, *sin* pose y *sin* la teatralidad de los grandes momentos históricos *burgueses*, que constituyen un síntoma típico y seguro de todos los movimientos de clase del ilustrado proletariado moderno. Además, todo aquel que conoce siquiera superficial-mente las condiciones rusas, sabe que también contrariamente a los ejemplos de Europa occidental, el proletariado de la *provincia* rusa, arrastrado ahora progresivamente por la ola revolucionaria, el proletariado del sur, del oeste y del Cáucaso, tiene considerablemente más conciencia de clase y está mejor organizado que el proletariado de la capital de los zares.

Sin duda, este primer levantamiento en masa de la clase trabajadora de Petersburgo ha debido constituir para la propia socialdemocracia rusa una sorpresa: es manifiesto que tampoco la *dirección* externa de la grandiosa revuelta política se encontraba en sus manos. Es probable, pues, que se esté propensa a hablar de que los acontecimientos «se le han anticipado» a la socialdemocracia rusa. Si con esto se quiere aludir al crecimiento elemental del movimiento en *extensión* y *rapidez* más allá de los cálculos de los agitado-res, y también más allá de las fuerzas y medios de estos para su dominio y conducción, entonces el comentario en cuestión se aplica, sin duda alguna, al momento actual en Rusia. Pero, ¡ay de la socialdemocracia que en el momento histórico correspondiente *no* logre conjurar en el escenario social a espíritus que «se le anticipen» *en el sentido indicado*! Esto solo demostraría, con otras palabras, que la socialdemocracia no sabe poner en marcha un verdadero *movimiento de masas* revolucionario; porque lo cierto es que las revoluciones provocadas, organizadas y dirigidas conforme a un plan o, en una palabra, las revoluciones «fabricadas», solo existen en la fantasía floreciente de las almas policiacas de Puttkamer o de los procuradores generales rusos y prusianos.

Pero si con el «anticipársele» se quiere significar que la *orientación*, la *fuerza* y el *fenómeno* mismo de la revolución proletaria han constituido para los políticos una sorpresa, que en su curso impetuoso aquella ha fijado *sus objetivos* mucho más allá de lo que se esperaba, entonces la socialdemocracia es hoy directamente *el único factor* de la vida pública en el imperio de los zares al que los acontecimientos de Petersburgo *no* se le han anticipado, el único que domina intelectualmente la situación por completo.

El repentino levantamiento político de masas del proletariado de Peters-burgo fue un rayo en cielo sereno, no solo para los imbéciles cretinos de la banda de ladrones del zarismo; sino también para el basto grupo, corto de entendimiento, de los ricachones industriales que ocupan en Rusia el lugar de la burguesía. Y no lo fue menos para los liberales rusos, para los tragones, *ad maiorem libertatis gloriam*, que en las aceras de Kíev y Odesa recibieron a los oradores proletarios que se presentaban con gritos de abucheo y de «¡fuera!»; para los Struve y compañía, quienes, la *víspera* misma de la revolución de Petersburgo, consideraban de hecho la acción revolucionaria del proletariado ruso como una «categoría abstracta» y creían poder derribar las murallas de Jericó del absolutismo con el maullar y gimotear liberal de las «muy respetables personalidades».

Y finalmente, no lo fue menos, tampoco, para aquella capa móvil, poco coherente, de los revolucionarios de la intelectualidad, quienes, meciéndose constantemente de un lado a otro como juncos al viento, ya creen únicamente en la bomba o el revólver salvadores grabados con palabras terribles, ya únicamente en los ciegos tumultos campesinos, o bien, en nada en absoluto; estos intelectuales lanzan alternativamente gritos de júbilo o llevan la muerte en el alma y oscilan entre el terrorismo y el liberalismo y viceversa, como la arena movediza de la revolución, y lo único en lo que nunca han logrado creer firmemente es en la acción independiente de clase del proletariado ruso.

Y únicamente los dogmáticos rígidos de la socialdemocracia rusa, los Plejánov, Axelrod, Zasúlich y sus discípulos, esta sociedad antipática y obstinada, que en determinados círculos de la Internacional goza de la misma honrosa impopularidad que los guesdistas franceses, han *predicho*, con la inconmovible tranquilidad y seguridad que solo confiere una ideología científica coherente, el advenimiento del 22 de enero en Petersburgo, y han contribuido con su agitación consciente a *prepararlo* y *provocarlo*.

Ha sido efectivamente el «dogma» marxista el que le ha permitido a la socialdemocracia rusa prever, hace más de veinte años, en la extraña peculiaridad de las condiciones sociales en Rusia y con seguridad casi matemática, las grandes líneas de la evolución capitalista y anticipar y realizar, con una actividad metódica, sus consecuencias revolucionarias.

Fue el «dogma» marxista el que permitió a los socialdemócratas descubrir en Rusia a la clase trabajadora primero como clase política y exponente futuro único de la emancipación con respecto al absolutismo zarista y luego de la propia emancipación, con respecto al dominio capitalista.

Y el propio «dogma» marxista hizo que la socialdemocracia rusa defendiera contra todo y contra todos la tarea y la política de clase independientes, la política de la clase trabajadora, cuando la existencia *física* de dicha clase había que descubrirla, en Rusia, a partir del lenguaje coriáceo de las estadísticas industriales oficiales; cuando primero había que contar las fábricas rusas y cuando a casi cada proletario numérico había en cierto modo que conquistarlo primero entre acaloradas polémicas.

Y todo esto, cuando el vacilante intelectual ruso volvía a atormentarse de nuevo por preocupaciones acerca de que el capitalismo ruso no se desarrollara «en amplitud», sino «en profundidad», esto es, que la industria, equipada con la técnica desarrollada en el extranjero, ocupara *demasiado pocos* proletarios, de modo que la clase trabajadora rusa pudiera resultar acaso demasiado débil para su tarea; cuando para la «sociedad», la existencia *cultural* del proletariado ruso solo se descubrió a partir de las memorables publicaciones del acceso de los trabajadores a las salas de lectura públicas, tal como suele descubrirse la existencia de nuevas tribus salvajes en las selvas vírgenes americanas. Y aún anteayer, cuando, pese al enorme movimiento socialista ruso, en el extranjero se creía ante todo y sobre todo, con auténtica obstinación doctrinaria, en el movimiento *liberal* del imperio zarista. Y ayer todavía, en presencia de la guerra,[3] de hecho, una vez más, no se creía en la acción de clase de los proletarios rusos, sino que se ponían todas las esperanzas en los *japoneses*.

Y todavía a última hora, una y otra vez, reinaba la incredulidad acerca de la política revolucionaria independiente de la clase trabajadora socialdemócrata, y se pensaba, a lo sumo, en una mezcla de todos los partidos «revolucionarios» y de «oposición» en Rusia, esto es, en un pastel político, al que la política proletaria, junto con todas las demás, habría de sumarse con la mayor urgencia, «por razones superiores» y «en presencia del gran momento».

El 22 de enero convirtió el verbo en carne y mostró al proletariado ruso, en una política revolucionaria independiente, ante el mundo entero. Es el espíritu *marxista* el que en las calles de Petersburgo ha librado la primera gran batalla por la libertad rusa, y es él el que a la corta o a la larga, con la imperiosa necesidad de una ley natural, obtendrá la victoria.

Fuente: Rosa Luxemburgo: «La revolución en Rusia [I]», en Bolívar Echeverría, comp., *Obras escogidas*, t. I, Ediciones ERA, México, D.F., 1978, pp. 214-222.

La revolución en Rusia [II]*

El primer levantamiento revolucionario masivo del proletariado ruso contra
el absolutismo, el 22 de enero en Petersburgo, fue reprimido por el gobierno
del *knut* «victoriosamente», lo que significa que fue ahogado con la sangre
de miles de trabajadores indefensos, con la sangre de los hombres, mujeres
y niños asesinados del pueblo. Es muy posible que —al menos en la misma
Petersburgo— se produzca por el momento una pausa sombría de reposo
en el movimiento revolucionario. La marea viva refluye ahora desde Petersburgo, en el Norte, hacia abajo, por todo el enorme reino, y alcanza una tras
otra todas las grandes ciudades industriales de Rusia. Aquel que esperaba
un triunfo de la revolución *de un solo golpe*, o aquel que ahora, después de
la «victoria» de la política del hierro y la sangre en Petersburgo, se entregue
a una depresión pesimista o, por el contrario, a un júbilo prematuro, según
la posición partidista de cada uno por el restablecimiento del «orden», no

---

* Como parte de la serie de artículos, *La revolución en Rusia [II]* plantea el carácter
inesperado de toda revolución, en el sentido de que la socialdemocracia no puede
«fabricar revoluciones», pues aquellas «que se fabrican, que se organizan y se dirigen de acuerdo con un plan preestablecido» solo existen en la imaginación de los
policías rusos y de los procuradores prusianos. La espontaneidad de las revoluciones no significa que las mismas se den a partir de la nada, sino que se trata siempre
de frutos de una larga preparación y de un largo trabajo. Por eso, para explicar la
Revolución Rusa de 1905, Rosa Luxemburgo se remite hasta la huelga general de Petersburgo de 1896. Se ve así el sentido político revolucionario de Rosa Luxemburgo:
es la historia de la lucha de clase proletaria la que explica el carácter de las nuevas
luchas y el de las situaciones revolucionarias. *(N. de la Red.).*

hará más que demostrar que la historia de las revoluciones, con sus leyes férreas, sigue siendo para él un libro cerrado con siete sellos.

Tardó una eternidad —al menos según la impaciencia revolucionaria y los sufrimientos del pueblo ruso— hasta que de bajo la capa de hielo secular del absolutismo, el fuego de la revolución irrumpiera en llamarada viva. Podrá acaso necesitarse, y se *necesitará* seguramente todavía, un largo período de terribles luchas, con victorias y derrotas alternas del pueblo, que costarán innumerables víctimas, hasta que la bestia asesina del absolutismo, terrible todavía en su reventar, sea abatida definitivamente. Debemos prepararnos en Rusia para un período revolucionario de años, y no de días o meses, como ocurrió con la gran Revolución Francesa.

Y sin embargo, todos los amigos de la civilización y de la libertad, es decir, la clase trabajadora internacional, pueden lanzar ya con toda el alma gritos de alegría, porque es lo cierto que la causa de la libertad ha triunfado en Rusia ya *ahora*, y la causa de la reacción internacional ha pasado *ahora*, el 22 de enero en las calles de Petersburgo, por su Jena sangriento. *Porque en dicho día subió el proletariado ruso por primera vez como clase al escenario político;* por primera vez ha aparecido finalmente en el terreno de la lucha aquella fuerza designada por la historia y capaz ella sola de derribar al zarismo y de plantar en Rusia, como en todas partes, el estandarte de la civilización.

La guerrilla contra el absolutismo ruso dura desde hace ya más de un siglo. Ya en 1825 se produjo en Petersburgo una revuelta, llevada a cabo por la juventud de la más alta aristocracia, por oficiales que trataron de sacudir las cadenas del despotismo. Los monumentos de este levantamiento fracasado, brutalmente reprimido, pueden verse hoy aún en los campos nevados de Siberia, donde docenas de las más nobles víctimas fueron enterradas para siempre. Sociedades secretas y atentados se reprodujeron en los años cincuenta, y nuevamente volvieron a triunfar prontamente el «orden» y el látigo [*knut*] contra la hueste de los luchadores desesperados. En los años setenta se formó un vigoroso partido de la intelectualidad revolucionaria que, apoyado en la masa campesina, quería producir por medio de atentados terroristas sistemáticos una subversión política. Sin embargo, no tardó en revelarse que la masa campesina de entonces era un elemento perezoso totalmente inadecuado para movimientos revolucionarios. El terrorismo reveló igualmente que la eliminación de los zares era un arma totalmente impotente para suprimir el zarismo como sistema de gobierno.

Después de la decadencia del movimiento terrorista en Rusia, en los años ochenta, se apoderó por algún tiempo de la sociedad rusa, al igual por lo demás que de los amigos de la libertad en Europa occidental, una profunda depresión. El bloque de hielo del absolutismo parecía inconmovible, la situación social parecía carecer en Rusia de toda esperanza. Y sin embargo, inicióse precisamente en aquel momento, en Rusia, el movimiento cuyo resultado había de ser el 22 de enero de este año: el movimiento *socialdemócrata*.

Fue una idea totalmente desesperada del zarismo querer trasplantar a Rusia, después de la grave derrota de la guerra de Crimea,[1] el capitalismo europeo-occidental. Es el caso, sin embargo, que el absolutismo en quiebra necesitaba, para fines fiscales y militares, ferrocarriles y telégrafos, hierro y carbón, máquinas, algodón y tela en el país. Cultivó el capitalismo con todos los medios de la explotación del pueblo y con la política más descaradamente proteccionista, y se cavó en esta forma con sus propias manos, sin advertirlo, su propia tumba. Cuidó cariñosamente a la clase capitalista y su política de explotación, y engendró de este modo proletarios y su sublevación contra la explotación y la opresión.

El papel para el cual la clase campesina se había revelado como inadecuada, se convirtió en Rusia en tarea histórica de la clase trabajadora urbana e industrial. *Esta clase se convirtió en exponente del movimiento liberador y revolucionario.* La infatigable labor subterránea de ilustración de la socialdemocracia rusa ha logrado en Rusia, en veinte años, aquello que no había logrado un siglo de heroicas revueltas de la intelectualidad, esto es, socavar en sus cimientos la vieja fortaleza del despotismo.

Ahora pueden entrar en acción *todas* las fuerzas revolucionarias y de oposición de la sociedad rusa: la vaga indignación elemental de los campesinos, el descontento liberal de la aristocracia progresista, el amor por la libertad de la intelectualidad cultivada, de los profesores, literatos y abogados. Todos ellos, apoyados en el movimiento revolucionario de masas, del proletariado urbano y marchando tras de él, pueden conducir ahora un gran ejército de luchadores, un *pueblo*, contra el zarismo. Pero es el caso, con todo, que esta *fuerza* y este *futuro* residen exclusivamente en el proletariado ruso con conciencia de clase, así como también el proletariado es el único que sabe sacrificar la vida, por millares, en el campo de batalla de la libertad. Y por más que en el primer momento de la sublevación vaya la dirección a dar a manos de líderes casuales, por más que la sublevación se vea enturbiada externamente por toda clase de ilusiones e ideas gastadas, esto no es, con todo, más que el resultado de la suma enorme de la ilustración política que en los dos últimos decenios ha sido difundida de modo invisible, por la agitación socialdemócrata de mujeres y hombres en las capas de la clase trabajadora rusa.

En Rusia, como en todas partes, la causa de la libertad y el progreso social está ahora en manos del proletariado con conciencia de clase. ¡Está en buenas manos!

Fuente: Rosa Luxemburgo: «La revolución en Rusia [II]», en Bolívar Echeverría, comp., *Obras escogidas*, t. I, Ediciones ERA, México, D.F., 1978, pp. 228-230.

La revolución en Rusia [III]*

I

Con el desplazamiento del levantamiento proletario de Petersburgo hacia la provincia rusa y los territorios lituano y polaco, el desarrollo de los acontecimientos revolucionarios en el reino de los zares ha eliminado ya toda duda con respecto al carácter del movimiento: no se trata actualmente en el reino del látigo de una revolución espontánea, ciega, de esclavos oprimidos, sino de un verdadero movimiento político del proletariado urbano con conciencia de clase, iniciado de modo uniforme y en la más estrecha conexión con la repentina señal dada desde Petersburgo. Aquí la socialdemocracia ha estado ya por doquier al frente del levantamiento.

Y esto corresponde también al papel natural de un partido revolucionario al estallar una declarada lucha política de clases.

Conquistarse *en el curso de la revolución* el lugar dominante, aprovechar sagazmente los primeros triunfos y las primeras derrotas de los levantamientos elementales para dominar la corriente en plena corriente, *esta* es la

---

* *La revolución en Rusia [III]* insiste en la modestia que ha de mantener cualquier partido revolucionario ante la historia. El punto de partida de toda acción de masas, es una situación política que ninguna organización puede determinar arbitrariamente: las situaciones históricas no son provocadas por decisiones del partido; son las contradicciones del capitalismo las que crean estas situaciones. Junto a ello, Rosa Luxemburgo reconoce el papel de la socialdemocracia, del partido, en la Revolución Rusa; la cual no ha sido una «rebelión a ciegas de esclavos oprimidos» sino un «movimiento verdaderamente político del proletariado urbano con conciencia de su pertenencia de clase». *(N. de la Red.).*

tarea de la socialdemocracia en los momentos revolucionarios. Dominar y dirigir, no el *principio* sino el *final*, el resultado de la explosión revolucionaria: este es el único objetivo que un partido político puede proponerse razonablemente, si no quiere entregarse a ilusiones fantasiosas de sobrestimación propia o a un pesimismo indolente.

Ahora bien, en qué medida el partido logre dominar esta tarea, en qué medida esté *a la altura* de la situación, depende en gran parte de la medida en que la socialdemocracia de los tiempos *pre*rrevolucionarios haya sabido conquistarse influencia sobre las masas; de la medida en que haya logrado crear, ya anteriormente, un núcleo militante de trabajadores políticamente educados y con una clara visión de los fines; de cuán grande sea la suma de la labor de orientación y organización realizada. Los acontecimientos actuales en el imperio ruso, solo pueden comprenderse y juzgarse a la luz de los destinos anteriores del movimiento obrero, desde la perspectiva de la historia entera de la socialdemocracia desde hace quince a veinte años.

Si se plantea la pregunta de cuál ha sido la parte de la socialdemocracia en el levantamiento revolucionario actual, hay que dejar bien sentado ante todo que, desde siempre y hasta la fecha más reciente, nadie, aparte de la socialdemocracia, se ha ocupado jamás en Rusia de la propia clase trabajadora, de su mejora cultural y material o de su orientación política. La burguesía industrial y comercial propiamente dicha, ni siquiera ha logrado elevarse ella misma como clase hasta un liberalismo enclenque, y los aristócratas agrarios liberales han permanecido mohínos en sus rincones, con lo que en política solo se han movido incesantemente por un angosto sendero, «entre miedo y esperanza». En cuanto educadores políticos del proletariado industrial no cuentan. Y en la medida en que la intelectualidad radical y democrática se ha ocupado del «pueblo» ruso —y esto lo hizo con celo principalmente en los años setenta y ochenta—, ha dedicado tanto su actividad como su simpatía exclusivamente a la población rural, al *campesinado*. Actuaron en calidad de médicos en las aldeas, de estadísticos en los territorios (*zemstvos*), de maestros de escuela, y como propietarios, los liberales y demócratas rusos trataron de llevar a cabo una actuación cultural. El campesino y la «madre tierra», estos fueron para la intelectualidad, hasta entrados los años noventa, los puntos cardinales de la mejora de Rusia y de su futuro político. El proletario industrial urbano, juntamente con el capitalismo moderno, era para esta intelectualidad algo ajeno al ser ruso, era un elemento de descomposición y una llaga en la existencia del pueblo. Todavía en la primera mitad de los años noventa, el jefe de la oposición rusa, el escritor Mijailovski, brillante en su día, dirigía campañas literarias contra la doctrina marxista sobre la importancia social del proletariado industrial, demostrando, por ejemplo, en base a las canciones callejeras urbanas y otras cosas por el estilo, que el proletariado fabril contribuía directamente a la degradación moral e intelectual del «pueblo» ruso.

Y por los mismos derroteros discurrían también, hasta los años noventa, las ideas *socialistas* en Rusia. El movimiento terrorista de la vieja Narodnaia Volia, que en su teoría se apoyaba preferentemente en la ficción de la colectividad rural comunista y en su misión socialista, seguía influyendo, hasta fines de los años ochenta, en los círculos revolucionarios y mantenía fijados los espíritus en el viejo populismo, adverso al proletariado urbano, aunque el cenit *político* de la táctica terrorista hubiera quedado ya rebasado en 1881, con la eliminación de Alejandro II.

En dichas circunstancias, era pues cuestión de adquirir primero para el proletariado moderno en Rusia, siquiera carta de naturaleza social e histórica, de demostrar su importancia social y económica, de señalar en él el germen latente de una futura fuerza revolucionaria, así como la «conexión particular de la idea de la clase trabajadora» con la liberación política de Rusia del dominio zarista. Esta sola tarea, la candente lucha literaria teórica con las teorías populistas anticapitalistas para asegurar el derecho de existencia y el papel del proletariado moderno en la sociedad rusa, ha requerido casi un *decenio* entero.

Solamente hacia principios de los años noventa, habían sido superadas las tradiciones terroristas y los prejuicios populistas, y se había implantado la doctrina marxista en las mentes hasta el punto de que pudiera iniciarse una práctica socialdemócrata.

Pero con esto no hicieron más que empezar las dificultades y los dolorosos extravíos de la praxis. Al principio, esta adoptó, por supuesto, la forma de una propaganda secreta en pequeños círculos cerrados de trabajadores. Al proletario ruso, totalmente rudo todavía, había primero que instruirlo, las más de las veces en sentido general; había que proporcionarle los elementos de instrucción más elementales, antes de que estuviera en condiciones de absorber la doctrina socialdemócrata. Así pues, la propaganda hubo de ligarse necesariamente a la labor de ilustración general, convirtiéndose en una tarea sumamente pesada y de progreso muy lento. Círculos de cinco, diez y veinte trabajadores, absorbieron durante años enteros las mejores fuerzas o, mejor dicho, la totalidad de las fuerzas de la intelectualidad social-demócrata. Debido a la escrupulosidad y al celo con que en Rusia la forma de agitación dominante es llevada en cada caso hasta sus últimas consecuencias y hasta el absurdo, no tardó en mezclarse a la agitación de los círculos el elemento inevitable de la pedantería, y la socialdemocracia pudo observar pronto que, entretanto, el socialismo se había convertido en los círculos casi en una caricatura de la doctrina marxista de la lucha de clases. Los trabajadores no se convirtieron en los círculos en proletarios militantes con conciencia de clase, sino, en cierto modo, en rabinos eruditos del socialismo, en adiestrados ejemplares modelos de trabajadores ilustrados, que no llevaban el movimiento a la gran masa, sino que, al revés, arrancados de su terreno natural, se le enajenaban.

La primera fase de la labor socialdemocrática fue sometida a una autocrítica «cruelmente escrupulosa», fue ridiculizada y descartada. En lugar de la «labor domiciliaria» aislada en los círculos socialistas y «cuestiones eruditas», se estableció en los años noventa la consigna: *agitación de masa*, lucha inmediata. Es el caso, sin embargo, que una agitación y una lucha de masas bajo el absolutismo, sin todos los derechos y las formas políticas, sin posibilidad alguna de acercamiento a la masa, sin libertad de asociación y de reunión, sin derecho de coalición, parecía la cuadratura del círculo, una idea descabellada. Sin embargo, no había de tardar en ponerse de manifiesto, en el ejemplo precisamente de Rusia, cuánto más poderosa e ingeniosa es la evolución social que toda aquella clase de «legalismos» que inspira a más de un social-demócrata occidental, con su faz amarillenta de pergamino, un temor y una reverencia tan sagrados. En efecto, la lucha de masas y la agitación de masas bajo el absolutismo se revelaron como posibles, y la cuadratura del círculo se resolvió, antes que en otra parte alguna, *en Polonia*, en donde ya alrededor del año 1890 se creó la primera organización socialdemócrata que, por supuesto, se dedicó más bien empíricamente y a tientas a la lucha económica, pero que supo crear un movimiento activo de masas. Al ejemplo de Polonia siguió Rusia y, sin tardar, a los sindicatos socialdemócratas se les abrieron brillantes perspectivas. Mediante una agitación activa y nueva en el terreno de las necesidades materiales inmediatas, la masa se puso efectivamente en movimiento y, después de una larga serie de huelgas mayores y menores, la agitación culminó en la huelga enorme del año 1896 en Petersburgo. Dirigida exclusivamente por socialdemócratas, dicha explosión de masas parecía coronar la obra y proporcionar un testimonio brillante a la segunda nueva fase de la agitación.

Solo que la cosa volvía también a tener un pero. En efecto, el carro de la socialdemocracia rusa, que avanzaba rápidamente a tropezones, topó esta vez, en otra esquina, de modo peligroso: mientras en Polonia la primera fase «económica» de la agitación de masas fue superada ya en 1893 y desembocó en un movimiento socialdemócrata de carácter francamente político, en Rusia, en cambio, con el celo de la agitación de masas, habían desaparecido de ella, casi inadvertidamente, tanto la política como el socialismo, y lo que quedaba no era en gran parte más que sindicalismo de vía estrecha, con un aumento mínimo de salario y con las negociaciones con el inspector de fábrica como ideal, en lugar de la lucha con la burguesía. Y al igual que anteriormente, el trabajador individual del círculo era en cierto modo conducido a Marx a partir de un curso académico, a menudo mediante un pequeño rodeo por Darwin y los anélidos y los platelmintos de Vogt, así había que educar ahora a la clase trabajadora entera para la lucha de clases, como si se tratara de una gran clase de alumnos y por medio de una enseñanza intuitiva, dejando que fuera empujada espontáneamente, por los gendarmes y los porrazos de la policía en ocasión de las huelgas, a la ocurrencia ingeniosa de la necesidad de la eliminación del absolutismo. En esta forma se preparó en cierto modo el camino a los experimentos gubernamentales de Subatov[1] cuyos engendros salmodiaban más adelante, en las asociaciones obreras oficialmente autorizadas, los mismos consejos que últimamente les daba el canciller del Reich, conde Bülow, a los mineros en huelga de la región del Ruhr.

Por tercera vez volvió a someterse la forma de agitación a una crítica despiadada, y así, el fin de los años noventa, señala un cambio brusco hacia la agitación *política* de masas. Y el terreno se reveló tan fecundo, tan bien preparado, que la idea de la lucha política prendió con la rapidez del rayo. Al empezar el año 1901 se inició una nueva fase, esto es, la de las *manifestaciones políticas de masas*, en conexión con disturbios académicos. Como una tormenta, liberando y purificando el aire, la manifestación callejera fue pasando de una ciudad a otra, desde Petersburgo, del Norte al Sur, del Oeste, desde Varsovia, hasta el más lejano Este, a la remota Siberia, a Tomsk y Tobolsk. Y nuevamente se descargaron las fuerzas revolucionarias recién despertadas en una huelga de masas, esta vez una *huelga de masas política* en el sur, en *Rostov-sobre-el-Don*, el año 1902,[2] en donde día tras día tenían lugar asambleas populares de diez mil y veinte mil trabajadores al aire libre, rodeadas de soldados, y donde tribunos populares socialdemócratas de nueva promoción improvisaban discursos inflamatorios y donde decenas de millares prorrumpían en ¡Viva la socialdemocracia!, y anunciaban el fin del absolutismo.

Por cuarta vez, amenazaba ya el movimiento con desembocar nuevamente en un callejón sin salida. En efecto, el movimiento de masas exige que, para no retroceder, ha de avanzar inexorablemente, ha de desarrollarse y superarse. Y ahora, el movimiento trabajador ruso vivía rápida e intensamente. Después del primer ciclo de las manifestaciones políticas callejeras, se le planteaba a la socialdemocracia la inquietante pregunta: «¿Y ahora qué?». En efecto, no se puede «manifestar» incesantemente. La manifestación no es más que un momento, una abertura, un punto interrogante. Y la *respuesta* se le detenía a la socialdemocracia en los labios: no era fácil.

Con esto vino la guerra. Y con ella la solución se produjo automáticamente. Aquella palabra que pronunciada en la atmósfera tranquila y sobria de la vida cotidiana gris es de mal gusto, una fanfarronada y una frase hueca, *la revolución*, se convirtió en Rusia desde el principio mismo de la guerra en la consigna que despertaba todas las energías vivas, todas las fuerzas vitales, el eco más sonoro de la clase trabajadora. La socialdemocracia del reino entero agitaba, al unísono armonioso de los acontecimientos de la guerra y tomando como acompañamiento el retumbar del cañón en Manchuria, en favor de la idea de la revolución, de la lucha declarada en las calles, del levantamiento del proletariado contra el zarismo. Todos los artículos de los periódicos socialdemócratas, todos los centenares de miles de volantes de la socialdemocracia —de la rusa, la polaca, la judía, la letona—, todas las reuniones desembocaban en la consigna: *sublevación proletaria contra el zarismo*. Se agitaba con el aliento contenido y cierta opresión en el pecho. Porque es el caso que no hay nada más sencillo que una revolución que ha tenido ya lugar, ni más difícil que la que hay que empezar «por hacer». Se invocaba la revolución con mil voces, y la revolución vino.

Y vino como suele venir siempre: cuando nadie la esperaba; aunque preparada desde hacía dos decenios, vino sin ser oída, de noche, como una marea que sube, llevando consigo, en la turbia agua agitada de la crecida, toda clase de baratijas y de maderos encontrados en su camino.

Aquel que cree que los maderos a la deriva son los que rigen la marea, podrá creer que el padre Gapón fue el autor de la revolución proletaria en Rusia.

II

Basta, pues, conocer un poco la historia del movimiento obrero socialdemócrata en el reino ruso para saber de antemano que la revolución actual, cualquiera que sea la forma que adopte y cualquiera que sea el motivo exterior que por el momento ostente, no se ha producido como un disparo de pistola, sino que ha surgido, del movimiento socialdemócrata en todo el reino y constituye una etapa normal, un punto de intersección en la línea evolutiva de la agitación socialdemócrata, un punto en que la cantidad se ha convertido una vez más en calidad, esto es, en una nueva *forma* de lucha, en una reproducción acelerada de los levantamientos socialdemócratas del año 1896 en Petersburgo y 1902 en Rostov.

En efecto, si se repasa la historia de unos quince años de la práctica socialdemócrata en el imperio ruso, esta no se presenta en modo alguno como un curso brusco en zigzag, como podría acaso parecerles *subjetivamente* a los socialdemócratas que allí actúan, sino, antes bien, como un desarrollo perfectamente lógico, en el que cada etapa superior resulta de la precedente y no se deja concebir sin esta. Por muy acerbamente, pues, que la fase inicial de la propaganda cerrada de círculo haya sido criticada más tarde por los propios socialdemócratas, no cabe duda, con todo, que solamente esta labor poco conspicua de Sísifo, ha producido entre el proletariado aquella numerosa pléyade de individuos ilustrados, que luego habían de convertirse en exponentes y sostenedores de la agitación de masas en el terreno de los intereses económicos. Y solamente todas aquellas etapas evolutivas juntas, en su intensidad siempre creciente y en la extensión cada vez mayor de la agitación, han producido aquella suma de ilustración política, aquella capacidad de acción y aquella tensión revolucionaria que han conducido a los acontecimientos del 22 de enero y a los de la semana siguiente. Y es indudablemente obra exclusiva y directa de la *socialdemocracia*, el haber desarrollado a tal punto el sentimiento de la solidaridad política de todos los proletarios del imperio de los zares, pese a todos los enconos nacionales del absolutismo, que la sublevación de Petersburgo se convirtiera en señal para la sublevación unánime general de la clase trabajadora en todo el reino, esto es, tanto en la propia Rusia como, en mayor grado todavía, en Polonia y Lituania: una sublevación con fines comunes y postulados comunes.

Lo que importa, por supuesto, no es *justificar* el camino descrito por el movimiento socialdemócrata en Rusia como el mejor y el único verdaderamente bueno. Sería tal vez posible, en efecto, sobre todo ahora *a posteriori*, encontrar un camino mucho mejor y más breve. Pero, puesto que la historia social es un perpetuo estreno y una representación que no se da más que una sola vez, lo que importa ante todo, especialmente para la socialdemocracia, es aprender a comprender los *verdaderos* caminos del movimiento obrero tal como se ha producido propiamente y se produce en cada país, en su lógica interna.

Sin duda, los *acontecimientos de la guerra* y la presión del absolutismo, que se ha hecho insoportable desempeñan en este acontecer un papel decisivo. Pero, que el momento de la guerra actual pudiera producir semejante erupción, que la presión del absolutismo se haya hecho totalmente insoportable, *subjetivamente*, para la gran masa del proletariado industrial —*objetivamente* esta presión ha sido siempre la misma—, en esto es en lo que se pone de manifiesto la labor realizada por la socialdemocracia. En efecto, la guerra de Crimea, no menos catastrófica para la Rusia oficial, no condujo en su día, más que a una farsa de reformas «liberales», y esta farsa fue la liquidación y el equivalente de aquella fuerza política que el *liberalismo* ruso supo reunir por sí mismo. La guerra ruso-turca,[3] que en cuanto a disponer arbitrariamente de decenas de miles de vidas de proletarios y campesinos no se quedó a la zaga y que produjo también en su día una fuerte fermentación en la sociedad, solo aceleró la aparición de la Narodnaia Volia terrorista y mostró, en su brillante pero breve y estéril carrera, lo que la *intelectualidad revolucionaria* puede producir, apoyada en los círculos democráticos y liberales de la «sociedad», en materia de fuerza política. Con todo, el advenimiento del partido del terror político sistemático era ya por su parte, de buenas a primeras, un producto de la desilusión a propósito de la incapacidad de organización y de acción del *campesinado* ruso. Con esto, también *esta clase* social ha demostrado en el imperio de los zares su indolencia histórica.

Y únicamente la guerra *actual* ha logrado poner en pie un movimiento revolucionario de masa que hace tambalearse inmediatamente todo el castillo fuerte del absolutismo. Porque, precisamente, solo la presente guerra ha encontrado en el reino entero una clase trabajadora moderna, sacudida y orientada casi por espacio de decenios, que está en condiciones de convertir las consecuencias de la guerra, por primera vez en la historia de Rusia, en *acción* revolucionaria.

Y no es sino sobre el fondo de este movimiento obrero socialdemócrata, que las inquietudes liberales y las corrientes democráticas de la intelectualidad y de la nobleza progresista han cobrado sangre y vida, importancia y relieve. La revolución proletaria vino precisamente en el momento oportuno, esto es, en el momento en que sus precursores transitorios, la campaña liberal[4] de los *zemstvos* y los banquetes democráticos de la intelectualidad en Rusia, amenazaban con estrellarse ante su propia impotencia; cuando en el movimiento de oposición conjunto se había producido de repente un punto muerto, y que la reacción, con el olfato seguro de los gobernantes, había husmeado inmediatamente, disponiéndose a actuar con mayor energía. El musculoso brazo proletario ha empujado el carro de un golpe hacia adelante y le ha imprimido una velocidad tal, que no volverá a detenerse hasta que el absolutismo quede aplastado bajo sus ruedas.

Tampoco en el reino de los zares es la socialdemocracia la que cosecha allí donde otros han sembrado, sino que, antes bien, la siembra revolucionaria es *suya*, juntamente con la labor gigantesca de roturación del terreno proletario. Pero la cosecha pertenece a todos los elementos progresistas de la sociedad burguesa y también, en particular, a la *socialdemocracia internacional*.

Fuente: Rosa Luxemburgo: «La revolución en Rusia [III]», en Bolívar Echeverría, comp., *Obras escogidas*, t. I, Ediciones ERA, México, D.F., 1978, pp. 236-243.

La revolución en Rusia [IV]*

I

Los acontecimientos trascendentales de Petersburgo han producido en las filas de la clase trabajadora ilustrada alemana no solo la más profunda emoción, la indignación más candente contra el régimen asesino del látigo y la simpatía más calurosa y fraternal por el proletariado ruso en su lucha heroica, han planteado también una serie de *preguntas* acerca del carácter, el significado, el origen y las perspectivas del movimiento revolucionario ruso, que se justifican de sobra. Formarnos ante todo una idea clara sobre el *sentido* y el *contenido* político e histórico del movimiento, esta es nuestra primera tarea. El viejo Liebknecht dice en sus recuerdos acerca de Carlos Marx: «Para él constituía la política un *estudio*».[1] Y Marx debiera ser en esto un modelo

---

* En *La revolución en Rusia [IV]*, Rosa Luxemburgo señala con insistencia que en Rusia el proletariado no actúa como «representante histórico de la burguesía», es decir, no se está realizando una revolución burguesa de tipo clásico, aun cuando eventualmente la revolución termine simplemente permitiendo a la burguesía tomar el poder. En la medida en que el proletariado impulsa y dirige la revolución, se trata en realidad de la contradicción capital-trabajo plenamente desarrollada. De aquí el carácter contradictorio de esta revolución: burguesa en la forma, pero la contradicción burguesía-proletariado dominando la contradicción burguesía-absolutismo. Los revolucionarios rusos no se limitan a reivindicar las libertades políticas, sino que atacan igualmente la explotación capitalista, insistiendo entonces en una serie de reivindicaciones proletarias: salarios, organización sindical, jornada de trabajo de ocho horas. Así pues, contra las interpretaciones socialdemócratas que consideran que la revolución en Rusia ha de contentarse con ser una revolución burguesa, Rosa Luxemburgo sostiene que en Rusia la revolución ha cambiado de carácter: la clase obrera es la única portadora del movimiento revolucionario. *(N. de la Red.)*.

para todos nosotros. En efecto, en cuanto de hecho somos socialdemócratas, hemos de ser siempre *alumnos*, esto es, alumnos que van a la escuela de la gran maestra, *la historia*. Sobre todo para nosotros, en cuanto partido revolucionario, toda revolución que vivimos es un filón de experiencias históricas y políticas que amplían nuestro horizonte intelectual y debieran hacernos más maduros para nuestros objetivos y nuestras tareas. Así también, la actitud de la socialdemocracia alemana ha de distinguirse de la de los partidos burgueses, frente a los acontecimientos de Rusia, no solo en que lanzamos gritos de júbilo allí donde ellos echan pestes, como buenos reaccionarios, o fluctúan temerosamente como liberales entre alegría y depresión, sino también por el hecho, ante todo, de que comprendemos plenamente el sentido de los acontecimientos, allí donde ellos, incapaces de comprender, solo perciben lo exterior, el choque material de las fuerzas y la presión política y la indignación.

La pregunta principal que a nosotros como socialdemócratas, como partido de la intervención *consciente* en el proceso de la vida social, ha de interesarnos en mayor grado es esta: ¿Ha sido la revolución de Petersburgo una ciega explosión elemental del cólera popular, o acaso intervinieron en ella dirección consciente y acción planeada? Y en la afirmativa, ¿cuáles factores, clases, partidos han desempeñado aquí el papel principal y cuál ha sido, en particular, el papel de la socialdemocracia en este movimiento?

A primera vista parece uno inclinado a ver en el levantamiento de Petersburgo una revuelta ciega, sin plan alguno, que por una parte se ha producido de modo totalmente inesperado para todos, bajo la influencia inmediata de los *acontecimientos bélicos* y que, por otra parte, en la medida en que han intervenido en ella dirección e influencia conscientes, estas han estado en manos de elementos que en todo caso nada tienen que ver con la socialdemocracia. Es cierto que al frente del levantamiento de Petersburgo se encontraba una asociación obrera legal, creada con autorización de la policía, que fue fundada y era tolerada con la intención de minarle el terreno a la socialdemocracia. Además, el levantamiento conjunto del 22 de enero fue conducido por un individuo, mezcla de profeta y «demagogo», que al público alemán le recuerda vivamente algunas figuras místicas de Tolstoi.

Y sin embargo, el juicio que solo se basara en *estos* indicios externos sería totalmente erróneo. En efecto, los momentos revolucionarios para comprenderlos bien, han de abordarse, de buenas a primeras, con un *criterio* apropiado, un criterio que no puede extraerse de los tiempos de paz del pequeño trabajo cotidiano, ni, en particular, de la vida cotidiana de los países *parlamentarios*. Una verdadera revolución, un gran levantamiento de masa no es *nunca* ni *puede ser* jamás un producto artificial de dirección y agitación premeditadas conscientes. Se puede trabajar en favor de una revolución haciendo ver a las clases destinadas a ser exponentes de ella su necesidad objetiva; se puede decidir de antemano la *dirección* general de la revolución, ilustrando a las clases revolucionarias en el mayor grado posible, acerca de sus tareas y las condiciones sociales del momento histórico; se puede acelerar la explosión de la revolución aprovechando, mediante agitación diligente e inteligente, todos los elementos revolucionarios de la situación para espolear a las clases populares a la acción política; pero jamás se puede dirigir la revolución, tan pronto como ha estallado, *especialmente en su primera fase*, con voz de mando; jamás puede fijarse la explosión elemental de las masas en un día o una hora determinados, como en un estreno en el teatro, y menos todavía puede conducirse a las masas que irrumpen en la calle como una compañía de soldados disciplinados en un desfile. La idea de una revolución «dirigida» en esta forma es ya totalmente antihistórica, por la sencilla razón de que supone el inicio de la revolución en un momento en que toda la masa popular que interviene estaría ya políticamente ilustrada, hasta el último individuo, tendría una clara conciencia de los fines y estaría inclusive organizada y sometida a la dirección de órganos determinados. Es lo cierto, sin embargo, que las explosiones de la lucha de clases nunca esperan hasta que la «labor de preparación» en el sentido del esquema mencionado esté perfectamente terminada y todo se haya llevado a cabo como por arte de magia. Porque la cantidad acumulada, almacenada, de conceptos instintivos y medio confusos relativos a la oposición de las clases, es por regla general, mucho mayor en el pueblo de lo que los propios agitadores suponen. Y la revolución es precisamente la escuela insustituible que empieza por eliminar el resto de la confusión de la masa en el tumulto de la lucha y hace que aquello que, tal vez, ayer todavía era *instinto* e impulso oscuro, se convierta, al calor de los acontecimientos, en conciencia política.

Por esto vemos que todas las revoluciones, en los primeros momentos, llevan siempre consigo toda clase de sorpresas; que intervienen en ella toda clase de influencias totalmente casuales y jefes casuales de última hora, que afloran inclusive a la superficie, de modo que al observador sin sentido crítico se le aparecen como jefes, como exponentes de la revolución, cuando, en realidad, ellos son arrastrados. Pertenecen también, indudablemente, a la aparición típica de semejantes dirigentes casuales de las revoluciones, que creen empujar, en tanto que solo son empujados, el cura Gapón de Petersburgo e igualmente, en primer lugar, la asociación obrera entera fundada con la bendición del gobierno absolutista. Y constituiría en verdad una superficialidad y una miopía imperdonables, querer juzgar el carácter del levantamiento de Petersburgo por el hecho de que a su cabeza iba al principio un cura con una cruz y una imagen del zar. Porque semejantes influencias adventicias, inclusive si en los primeros momentos pueden encontrar acaso en las ideas tradicionales y atrasadas de la gran masa un terreno abonado, con todo, son *superadas* y *eliminadas* en el curso tumultuoso de los acontecimientos revolucionarios con una rapidez vertiginosa. La masa que tal vez ayer todavía salió a la calle confiando en el zar y con un espíritu acaso medio religioso, está curada ya hoy de todas las ilusiones, tan rápida y profundamente como años y decenios de agitación socialista no lo habrían conseguido.

Y en la misma medida en que semejantes mezclas perturbadoras, semejantes residuos de una concepción atrasada son descartados —y esto es en épocas revolucionarias, según decimos, cosa de pocas semanas o inclusive de *días*—, también son descartados los dirigentes y las influencias casuales, y la dirección pasa, como es natural, a manos de aquel núcleo firme de las masas revolucionarias que desde el principio ve los objetivos y las tareas claramente, esto es, a las manos *de la socialdemocracia*. Ella es a continuación la única que conserva su superioridad y está a la altura de la situación, precisamente *porque* no compartía ni cultivaba las ilusiones cruelmente destruidas, y además porque ve más lejos y muestra a las masas, que por regla general se hallan desconcertadas y deprimidas después de la primera derrota, el camino *ulterior*, y las llena de valor y esperanza, de confianza en el éxito final y en la *necesidad inexorable* de la revolución y su triunfo.

II

Si prescindimos de las manifestaciones externas y en particular de los primeros momentos de la revolución en Petersburgo, esta se presenta como un *levantamiento de clase moderno*, de *carácter eminentemente proletario*.

En primer lugar, la circunstancia de que los trabajadores de Petersburgo se dirigieran al zar con la *súplica* de libertades políticas, con la esperanza de conseguir algo de su bondad e inteligencia, si se mira más detenidamente no es en sí misma, en modo alguno, tan importante como se supuso probablemente de modo general bajo la primera impresión. Porque lo decisivo no es aquí la *forma* en que los trabajadores presentaban sus demandas, sino la pregunta: ¿Cuáles eran estas demandas? Y en este sentido, la lista de las reformas políticas que la manifestación de los trabajadores de Petersburgo se proponía presentar al zar, constituye una expresión inequívoca de su madurez política y su conciencia de clase, porque dicha lista no era más que el resumen de los artículos básicos de una *Constitución democrática*: era el programa político de la socialdemocracia rusa, con excepción de la demanda de una república.

Y estas exigencias democráticas de libertad, no le fueron sugeridas a la clase trabajadora de Petersburgo, ni por el padre Gapón, ni por su asociación obrera tolerada por la policía, que tenía precisamente por misión mantener a los trabajadores alejados de la «política». Aquellos postulados eran el tema de la agitación política de la socialdemocracia. E inclusive si no tuviéramos informes auténticos de testimonios presenciales, de cómo en las reuniones de la asociación gaponiana de los últimos turbulentos días antes del 22 de enero, los trabajadores socialdemócratas actuaron como oradores, de cómo con la exposición de sus puntos de vista y sus aspiraciones lograron arrastrar literalmente a la masa de los trabajadores, aun así, bastarían las demandas presentadas por el proletariado de Petersburgo, para provocar en nosotros el convencimiento: esto es un resultado de la labor de orientación socialdemocrática; esto es y no puede ser más que el resultado de una agitación de decenios, aunque externamente pueda parecer obra acaso de unos pocos días.

Pero no solo el *texto* de las demandas de Petersburgo rebasaba ya, por su clara decisión y su rasgo radical, las débiles peticiones de los congresos, los banquetes y las reuniones *liberales*, las más de las veces ambiguas en algún punto, sino que también el *carácter* entero de dichas demandas y de su *motivación* revelaba un rasgo expresamente proletario. No olvidemos que entre las medidas de adopción *inmediata* que los trabajadores solicitaban, figuraba en primer lugar la *jornada de ocho horas*. Con esto encontraban expresión absolutamente inequívoca, el aspecto *social* del movimiento y el *fundamento de clase del programa libertario*. Y lo que es más, en la propia súplica al zar, concebida como introducción de las demandas, resuena como nota dominante la oposición a los *explotadores capitalistas*; la necesidad de las reformas políticas se fundamenta expresamente y en todo su significado con la *situación de la clase* de los trabajadores, con la necesidad de disponer de libertad de movimiento política y legal para poder llevar a cabo la lucha contra la explotación del capital dominante.

Se encuentra en esto un elemento extraordinariamente importante para el enjuiciamiento del movimiento entero en Rusia. En efecto, desafortunadamente, en Europa occidental se propende demasiado, de modo general, a considerar la revolución actual del imperio de los zares, según el patrón histórico, como una revolución *burguesa* en su significado, pese a que, mediante la coincidencia particular de elementos sociales, sea promovida y defendida por la clase trabajadora. La idea de que el proletariado solo actuaría en Rusia, en cierto modo, como mera representación histórica de la burguesía, es totalmente errónea. En efecto, semejantes simples cambios mecánicos de posición de las clases y partidos en el proceso histórico —como en un ataque de lanceros— no se dan en absoluto, y gracias a la circunstancia de que es actualmente en Rusia la clase trabajadora, y aun una clase trabajadora con un alto grado de conciencia de clase y orientada sistemáticamente desde hace muchos años por la socialdemocracia, la que lucha por la libertad burguesa, el carácter de esta libertad y de esta lucha adquieren también una fisonomía muy peculiar. En efecto, ya no se trata de una lucha, como en Francia, Alemania y en todos los países burgueses en su día, por las garantías legales y políticas para un desarrollo económico sin trabas del capitalismo y el dominio político de la burguesía en el país, sino de una lucha por las garantías políticas y legales, de una lucha de clase sin obstáculo, del proletariado contra el dominio económico y político de la burguesía.

Sin duda, desde el punto de vista formal, tampoco en Rusia la clase trabajadora se apoderará finalmente, como resultado de la actual época revolucionaria, de las riendas del Estado, del dominio político, sino que lo hará la burguesía. Pero es el caso que en Rusia esta situación llevará ya en sí, de buenas a primeras, en un grado incomparablemente mayor que por ejemplo en Alemania después de la revolución de marzo, una profunda discrepancia, una contradicción, que habrá de ser decisiva para la evolución ulterior del país. Pero, además, el curso del período revolucionario, del que solo nos encontramos ahora al *principio*, tomará acaso para la socialdemocracia una orientación particularmente importante e intrincada.

En presencia del vigor de la conciencia de clase y de la organización como el que desde el 22 de enero ha desplegado la revolución en todo el reino; en presencia del hecho de que desde la matanza de Petersburgo el movimiento está ahora indudablemente en manos de la socialdemocracia —tanto en Petersburgo como en la provincia, como en la Polonia rusa, en Lituania y el Cáucaso—, el curso ulterior de la revolución, que no debe contarse por semanas sino por años, no puede de ningún modo seguir los mismos derroteros que por ejemplo el «año loco» en Alemania. En efecto, la clase trabajadora, y con ella también el socialismo, se verán llamados a intervenir en los acontecimientos en forma mucho más decisiva y a tratar de imponer las demandas de clase del proletariado en forma mucho más directa de lo que jamás fuera posible y haya sido el caso, anteriormente, en una revolución burguesa. Para comprender este curso ulterior del movimiento, así como su conexión con su punto de partida, esto es, con la revuelta de Petersburgo, es igualmente necesario apreciar ya la primera explosión revolucionaria, no según sus manifestaciones casuales y contingentes, sino en su contenido y sentido internos, *como la sublevación de clase de un proletariado moderno altamente consciente.*

III

Ya el primer período de la revolución que acabamos de presenciar en el imperio de los zares, ha procurado a la clase trabajadora un lugar de clase dirigente en el seno de la sociedad, y aun en un grado que en ninguna revolución anterior ha sido jamás el caso. Sin duda, también las revoluciones modernas en Francia, en Alemania y en los países occidentales, fueron obra del pueblo trabajador. Fue *su* sangre, en efecto, la que se derramó en las calles de París, Berlín y Viena; fueron *sus* hijos los que cayeron en las barricadas; fueron *sus* víctimas las que obtuvieron la victoria de la sociedad moderna contra el feudalismo medieval. Pero es el caso, que allí las masas trabajadoras no eran más que la tropa auxiliar, el instrumento de la revolución *burguesa*. El espíritu, la línea y la dirección de la revolución, los decidía en cada caso la burguesía, y asimismo, sus intereses de clase eran históricamente la fuerza impulsora de los levantamientos revolucionarios.

Pero actualmente se presentan las cosas en Rusia de modo totalmente distinto. Sin duda, ha habido desde siempre en Rusia, y sigue habiéndolos, corrientes y grupos burgueses de oposición. En Rusia propiamente dicha fue el *liberalismo*, y en la zona occidental del reino fue la oposición nacional la que, ante todo en Polonia, condujo a dos vigorosos levantamientos en los años 1831 y 1863. Pero precisamente la historia del último período de la lucha contra el zarismo, ha puesto de manifiesto la impotencia total de estos dos movimientos.

En efecto, el liberalismo ruso, «burgués» más bien, en el sentido de que no es proletario, ha sido desde siempre, y sigue siéndolo actualmente, no expresión de la evolución capitalista burguesa, sino más bien, por una parte, de la oposición del agrarismo aristocrático, que en cuanto *clase exportadora de trigo* está interesado en la libertad de comercio e irritado por la política proteccionista extrema del absolutismo, que representa para él la adquisición de máquinas agrícolas caras y una venta más difícil en el extranjero, al paso que se ve al propio tiempo frenado y molestado constantemente por la política económica estúpida de la burocracia; y, por otra parte, se añade aquí la oposición de la intelectualidad burguesa urbana, que está indignada por la vil opresión asiática de la libre investigación económica, de la prensa y de toda la vida intelectual y se siente sumamente irritada también por la terrible miseria material de las grandes masas de la población. Finalmente, se añaden además diversos intereses parciales y particulares de las capas y los grupos burgueses, esto es: los cuerpos administrativos urbanos y rurales autónomos que se ven totalmente paralizados en su libertad de movimiento por los torpes golpes de la camarilla gobernante dados a ciegas. A partir de todos estos elementos, se ha producido allí, en estos últimos tiempos, un fermento liberal al que desde la guerra se ha mezclado también un «patriotismo» seriamente enfermizo y que hacia fuera ha producido inclusive temporalmente una impresión considerable.

Pero, en qué poco grado este fermento liberal es exponente en sí de los vigorosos intereses de cualquier clase burguesa y cuán poco peligroso es en sí para el absolutismo, lo muestra el trato que le ha sido dispensado por este. En efecto, después de un breve jugueteo «liberal» del período Swiatopolk-Mirski,[2] el despotismo ha suprimido la «primavera» liberal entera, por medio de una breve glosa marginal que Nicolás II garrapateó con lápiz en una súplica constitucional de los *zemstvos*, designándola como «falta de tacto e impertinente». ¡Con esto basta! Los banquetes, los discursos y los acuerdos liberales fueron sencillamente prohibidos, y el liberalismo aristocrático-intelectual se dejó desconcertar totalmente: estaba completamente perplejo y desorientado. Es un hecho, con todo, y conviene destacarlo con la debida insistencia que, un momento antes de estallar la sublevación proletaria en Petersburgo, el *fermento liberal había desembocado en un estancamiento* y se sentía totalmente paralizado por la insolente actitud del absolutismo. Así pues, si no se hubiera producido inesperadamente en el escenario la aparición de la clase trabajadora, el liberalismo hubiera vuelto a arriar las velas por enésima vez, y todo el período de oposición habría terminado con un triunfo fácil del absolutismo. Pero de repente cambió entonces el panorama entero. En efecto, el zarismo, que unos momentos antes podía tratar con soberbia de «canalla» toda la campaña del liberalismo y anularla, a la manera de una chiquillada tonta, como «impertinente», se puso lívido de terror a la primera aparición de la masa proletaria, e intuyó, cuando los trabajadores apenas se disponían a «suplicar», que se trataba en adelante de una cuestión de vida o muerte. Y desde el primer momento se jugó inmediatamente el último triunfo: el asesinato en masa, la lucha abierta contra el proletariado. En esta forma, el movimiento libertario se ha convertido de golpe en una disputa directa entre el absolutismo y la clase trabajadora, viéndose el liberalismo burgués-aristócrata-intelectual relegado a segundo término.

Y esto es más cierto todavía en las provincias no rusas del reino de los zares, especialmente en Polonia. En efecto, aquí el nacionalismo, como vigoroso movimiento de oposición de la aristocracia, se había dormido ya beatíficamente desde el último levantamiento del año 1863. La forma de producción capitalista que a partir de los años sesenta había crecido vigorosamente en la Polonia del congreso, no solo quebró aquí las aspiraciones separatistas de la nobleza, sino que puso al frente de la sociedad a una burguesía moderna que, en interés del afán de lucro capitalista, se convirtió en el apoyo más leal y celoso del zarismo. Sin embargo, las tradiciones nacionales seguían haciendo ruido, aunque despojadas de toda fuerza viva activa y en forma totalmente borrosa, en las esferas de la pequeña burguesía y de la intelectualidad urbana. El período revolucionario más reciente en el reino de los zares, ha constituido también una prueba de fuego para los restos de esta oposición nacional y se puso de manifiesto que ni siquiera un vislumbre de actividad política viva quedaba en dichas tradiciones. Es obvio, en efecto, que si algún momento era apropiado o inclusive hecho a propósito para la aparición de un movimiento nacional, este momento era precisamente el período del fermento liberal interno en Rusia propiamente dicha. Era entonces el momento de hablar, de protestar y de aprovechar la agitación general en favor de las aspiraciones nacionalistas. Pero nada de esto se produjo. En el período de las protestas, los banquetes y los acuerdos liberales declarados, fue precisamente Polonia la única provincia del reino de los zares en la que tanto la burguesía, como la aristocracia y la intelectualidad se mantuvieron igualmente pasivas, en la que no se dejó oír voz alguna, siquiera de aspiraciones liberales, ni de la capa burguesa ni de la pequeñoburguesa.

Y solamente con el levantamiento general de la *clase trabajadora* polaca, levantamiento netamente proletario o de solidaridad con el proletariado de Petersburgo, ha vuelto a introducirse también nuevamente la Polonia del congreso en la corriente revolucionaria general del imperio de los zares. Y este movimiento ha estado tan libre de separatismo nacional como el levantamiento de los proletariados judío, letón y armenio de las últimas semanas. Se ha tratado, antes bien, de un movimiento moderno unitario de clase de carácter netamente político, que reúne a todos los grupos obreros del reino de los zares en un ejército de combate contra el despotismo, y ha asegurado a la clase trabajadora, en tanto que único factor revolucionario y políticamente activo, la dirección en la sociedad.

Fuente: Rosa Luxemburgo: «La revolución en Rusia [IV]», en Bolívar Echeverría, comp., *Obras escogidas*, t. I, Ediciones ERA, México, D.F., 1978, pp. 244-251.

Después del primer acto*

Hace una semana escribíamos acerca de la revolución en *Petersburgo*,[1] y hoy tenemos la revolución casi en el imperio entero. En todas las ciudades importantes —en Moscú, Riga, Vilna, en Livonia y en Mitau, en Yekaterinoslav y Kíev, en Varsovia y Lodz—, los proletarios han reaccionado a la matanza de Petersburgo con huelgas en masa —en Varsovia con una huelga general en sentido literal—, y han demostrado enérgicamente su solidaridad de clase con el proletariado de la ribera del Neva. Y con las masas que pasan a la acción, crece también, por decirlo con Marx, «la solidez» de las masas, resultado de esta misma acción.

En Petersburgo, el levantamiento del proletariado fue espontáneo, y la señal la dio un líder casual, pero los objetivos, el programa y, por consiguiente, el *carácter político* de la sublevación fueron obra, según lo confirman ahora informes más detallados, de la intervención directa de los trabajadores socialdemócratas. En el resto del imperio, especialmente en Polonia, la paternidad y la dirección del movimiento estuvieron de buenas a primeras en manos de la socialdemocracia. Sin duda, tampoco aquí en el sentido de que la socialdemocracia por sí misma y según su propio criterio hubiese sacado las huelgas de masas de la nada; antes bien, tuvo que adaptarse en todas partes a la presión de la clase obrera, que ya a las primeras noticias y los

---

* ↓ *Después del primer acto* insiste en la necesidad de asimilar teóricamente el nuevo fenómeno revolucionario. Las revoluciones son una «mina de experiencias históricas y políticas», por eso, la socialdemocracia y los socialdemócratas han de ser estudiantes eternos: Marx, para quien la política era un «largo estudio», lo había enseñado. *(N. de la Red.)*.

primeros rumores de los acontecimientos de Petersburgo se emocionó y pasó instintivamente a la acción solidaria. Pero fue la socialdemocracia, con todo, la que prestó inmediatamente a los asaltos de la masa la expresión necesaria, la consigna política y la orientación clara.

Así es como la Revolución Rusa, considerada *en conjunto*, asumió ya al día siguiente de la matanza del 22 de enero, el carácter declarado de una sublevación política de clase del proletariado. Precisamente, el eco que los acontecimientos de Petersburgo encontraron en seguida en otras regiones industriales de Rusia, constituye la mejor prueba de que no se trataba, en modo alguno, en la capital, de una ciega revuelta aislada y desesperada de un sector obrero determinado, de las que en Rusia se han producido muchas y sanguinarias, y desde siempre entre los campesinos, sino que fue una expresión del mismo fermento y de las mismas aspiraciones que abrigan los trabajadores industriales en el reino entero. Una acción de solidaridad de esta clase, consciente y declarada, y aun de solidaridad *política* de la clase trabajadora en las diversas ciudades y regiones de Rusia, no se había producido nunca antes, desde que el imperio de los zares existe. Ni siquiera la fiesta de mayo, cuya idea ha ejercido en Rusia una gran influencia, había logrado jamás producir una manifestación de masas de algún grado de coherencia. Únicamente la lucha inmediata ha hecho que se diera de pronto esta acción, y ha demostrado por vez primera, que la clase trabajadora en el imperio de los zares ya no es en modo alguno un concepto abstracto o un agregado mecánico de grupos proletarios aislados, de intereses homogéneos y aspiraciones paralelas, sino un todo orgánico, capaz de acción, y una *clase política*, con una voluntad colectiva y una conciencia común de clase. Desde las luchas de la semana pasada, ya no hay en el imperio zarista trabajadores rusos esparcidos en el Norte, el Sur y el Este, proletarios letones, judíos, polacos, que sacuden, cada grupo por sí, las cadenas de la esclavitud común. Frente al zarismo se levanta hoy una falange proletaria cerrada, *única*, que con enormes sacrificios ha demostrado en la lucha que sabe burlar a fondo la antiquísima consigna de la sabiduría política de todo despotismo, el *divide et impera*, y que, gracias a la sangre vertida, se ha convertido mucho más eficazmente que mediante todos los «convenios» en el papel y todos los conventículos secretos de partidos, en una clase revolucionaria *única*.

Reside en esto el valor perdurable de la última semana de enero, que en la historia del proletariado internacional y de su lucha de emancipación habrá de formar época. El proletariado ruso ha subido por primera vez el escenario político como fuerza independiente, como el proletariado parisiense en la carnicería de junio,[2] ha recibido en la matanza del 22 de enero su bautismo de sangre, y se ha incorporado como nuevo miembro activo a la familia internacional del proletariado militante.

Que este hecho formidable no existe para el literato burgués, que se limita a acuñar urgentísimamente en moneda corriente, para fines de propaganda de Moss, el temido martirio de Máximo Gorki, esto es perfectamente normal.[3] Y si a título de diversión queremos observar, por una vez, en su forma más pura los saltos grotescos de la «inteligencia» burguesa de nuestros días frente a la tragedia histórica de la ribera del Neva, basta leer el periódico del señor Harden, *Zukunft* (*Futuro*), bañado en todas las aguas negras de la decadencia «moderna», que en competencia con las agencias telegráficas de Trépov, demuestra, negro sobre blanco, que el Estado político actual de Rusia «satisface las necesidades de la masa rusa», rehabilita ante el mundo a los «pobres» trabajadores de Petersburgo, «engañados» por demagogos, como piadosos y leales corderitos del zar, y declara que la marcha de la muerte de dos mil proletarios en lucha por la libertad no es nada en comparación con la revuelta de los decembristas[4] de hace ochenta años, en la que «*inclusive* oficiales de la guardia» habían proclamado ya en una ocasión la república. Los cerebros burgueses normales jamás estuvieron en condiciones, ni en sus mejores tiempos, de comprender la grandeza histórica de las luchas proletarias. Y es obvio que mucho menos lo estarán todavía los cerebros enanos de la burguesía de la decadencia.

Pero también para la socialdemocracia internacional, el levantamiento del proletariado ruso es un nuevo fenómeno que hay que asimilar primero intelectualmente. Somos todos nosotros, en nuestros estados de conciencia inmediatos, por dialécticamente que pensemos, unos incorregibles metafísicos que nos adherimos a la invariabilidad de las cosas. Y pese a que seamos el partido del progreso social, toda porción sana de progreso que se ha producido invisiblemente y se presenta de repente ante nuestros ojos en su forma acabada, constituye para nosotros mismos una sorpresa, a la que solo *a posteriori* podemos adaptar nuestras ideas. Y es el caso que, para más de un socialdemócrata de Europa occidental, el proletario ruso sigue viviendo como el *mujik*, el campesino de pelo largo rubio, de pies cubiertos con trapos y de expresión facial estúpida, venido del campo solamente desde ayer, esto es, un huésped extraño en el mundo civilizado de la ciudad moderna. No se ha observado en absoluto cómo se ha producido el ascenso cultural e intelectual del proletariado ruso por el capitalismo y luego por la labor educadora socialdemócrata bajo la losa de plomo del absolutismo; cómo el *mujik* de ayer se ha convertido en el proletario urbano ambicioso, ávido de saber, idealista y dispuesto a la lucha, de hoy. Y si se tiene en cuenta que la agitación socialdemócrata propiamente dicha apenas data en Rusia de quince años y que el primer intento de la lucha de masas sindical tuvo lugar en Petersburgo el año 1896,[5] entonces el ritmo del trabajo interno de zapa del progreso social ha de considerarse verdaderamente como *vertiginoso*. Todas las nieblas perezosas y los vapores en fermento del estancamiento han sido desgarrados de repente y barridos por la tormenta proletaria, y ahí donde ayer parecía elevarse todavía fantasmalmente una enigmática plaza fuerte del rígido estancamiento secular, ahí tenemos hoy ante nosotros una tierra revuelta y agitada por las más modernas tempestades, de la que se proyecta sobre todo el mundo burgués un formidable resplandor de incendio.

Es una lección profunda de optimismo revolucionario la que nos proporcionan los acontecimientos de Petersburgo. A pesar de mil obstáculos, a pesar del baluarte medieval, sin todas las condiciones de vida políticas y sociales modernas, se impone la ley férrea de la evolución capitalista en el nacimiento, el crecimiento y la conciencia del proletariado como clase. Y solamente en erupciones volcánicas de la revolución se pone de manifiesto cuán rápida y profundamente ha trabajado el joven topo. ¡Cuán alegremente trabaja primero bajo los pies de la sociedad burguesa europea occidental! Querer medir la madurez política y la energía revolucionaria latente de la clase trabajadora con estadísticas electorales o cifras de sindicato o de colegio electoral, esto equivale a querer medir el Mont Blanc con la cinta métrica del sastre. En los llamados días normales de la vida cotidiana burguesa, ni siquiera sabemos cuán vigorosamente nuestras ideas han arraigado ya, cuán fuerte es el proletariado y cuán podrida está ya internamente la estructura de la sociedad dominante. Y todas las fluctuaciones y desviaciones del oportunismo desembocan, finalmente, en un cálculo falso en relación con las fuerzas del movimiento socialista, en una ilusión subjetiva de *debilidad*.

Que la mentalidad mezquina, que solo es capaz de captar con la mano la moneda de cobre del éxito material inmediato, tangible, declame pues cuanto quiera acerca de la «revolución abortada» o de la «llamarada de paja» sin trascendencia del levantamiento de Petersburgo, porque el absolutismo subsiste formalmente, la Asamblea Constituyente no ha sido convocada todavía, y las masas, hoy en huelga, todavía volverán probablemente mañana a la normalidad cotidiana. De hecho, sin embargo, los acontecimientos de la semana pasada han operado en la sociedad rusa existente un desgarramiento que ya nunca más se dejará componer. No son el mismo zarismo, la misma clase trabajadora, ni la misma sociedad, los que salen del torbellino revolucionario. En efecto, el zarismo ha recibido ya internamente el golpe de gracia, y su existencia, por corta o larga que sea, ya no puede ser más que una agonía. Se ha mirado por vez primera cara a cara con aquella clase del pueblo que está *llamada* a derrocarlo. El zarismo ha puesto de manifiesto ante el mundo entero que ya no existe gracias a la pasividad, sino, más bien, contra la voluntad activa de aquella capa popular cuya voluntad es políticamente decisiva. La clase trabajadora ha luchado abiertamente por primera vez como un todo unido, y se ha adueñado de la dirección política de la sociedad contra el absolutismo. E inclusive, la última arma, la fuerza brutal con la que el absolutismo ha vencido hoy a duras penas, se ha mellado a causa precisamente de este uso; en efecto, los militares se han desmoralizado a tal punto por la guerra civil, y han sido despertados a sacudidas tan violentamente, como decenios enteros de conspiración clandestina en los cuarteles no habrían logrado hacerlo. El zarismo apenas si puede arriesgarse otra vez a un enfrentamiento del pueblo con la fuerza militar.

Y aquí es donde *empieza* la verdadera tarea de la socialdemocracia para mantener el estado revolucionario con carácter de permanencia. Su tarea resulta naturalmente, de la propensión de la miopía política a ver el fracaso y el fin de la lucha allí precisamente donde se encuentra el comienzo de la revolución. Oponernos a la depresión pesimista de la masa trabajadora, con la que la reacción especula; poner de manifiesto a los ojos del proletariado, el sentido interno y los resultados enormes del primer ataque; prevenir la modorra que suele apoderarse de la masa en las revoluciones *burguesas* tan pronto como el objetivo de la revolución no parece estar al alcance de la mano y que indudablemente se apoderará ya mañana de los héroes *liberales* en Rusia, todo esto es la abundante tarea que tiene la socialdemocracia de modo inmediato ante sí. La socialdemocracia no tiene el poder para crear artificialmente momentos y situaciones históricos, ni en Rusia ni en ninguna otra parte, como el heroísmo verbal juvenil se lo querrá tal vez imaginar. Pero lo que sí puede y debe hacer, es aprovechar en cada caso la situación, llevando a la conciencia del proletariado su sentido histórico y sus consecuencias, conduciéndolo así hacia nuevos momentos de la lucha.

En el momento actual, existe en Rusia la necesidad importante de acudir a las masas *después* de su primera lucha, explicándoles, alentándolas y animándolas. Y *esta* tarea no la realizarán ni los gapones[6] que suelen centellear en la revolución como meteoros para desaparecer luego para siempre; ni los liberales, quienes después de cada arranque se pliegan, desde siempre, como cortaplumas; ni tampoco los numerosos aventureros revolucionarios, que solo en ocasión de un gran ataque están siempre dispuestos a hacer causa común. En efecto, esta función *solo* puede realizarla, también en Rusia, la socialdemocracia, que está por encima de cualquier momento particular de la lucha, porque tiene un objetivo final que va más allá de todos los momentos particulares y, por consiguiente, no ve en el éxito o el fracaso inmediatos del momento el fin del mundo; en resumen, esta tarea solo puede llevarla a buen fin la socialdemocracia, para quien la clase trabajadora no es un medio para el fin de la libertad política, sino que la libertad política es para ella medio y fin de la emancipación de dicha clase.

Fuente: Rosa Luxemburgo: «Después del primer acto», en Bolívar Echeverría, comp., *Obras escogidas*, t. I, Ediciones ERA, México, D.F., 1978, pp. 223-227.

La Revolución Rusa*

La Revolución Rusa es el acontecimiento más grandioso de la guerra mundial; la forma en que se inició, su radicalismo sin igual y su efecto permanente son el mejor mentís lanzado a la fraseología ideológica con la que la socialdemocracia alemana oficial disfrazó, en un principio servicialmente, la campaña de conquista del imperialismo alemán; esto es, la fraseología sobre la misión de las bayonetas alemanas, consistente en derrocar al zarismo ruso y liberar a los pueblos que oprimía. La amplitud extraordinaria que ha alcanzado la revolución en Rusia, así como su acción profunda, que ha trastornado todas las relaciones de clase y ha puesto de relieve todos los problemas sociales y económicos, avanzando, en consecuencia, desde el primer estadio de la república burguesa hasta fases superiores, movida por la fatalidad de su lógica interna —en la cual la caída del zarismo es solo un episodio sin importancia, casi una bagatela—, todo esto demuestra palmariamente que la liberación de Rusia no fue el resultado de la guerra y de la derrota militar del zarismo ni tampoco la obra meritoria del «brazo alemán armado con la bayoneta alemana», como se prometía un artículo de fondo de *Die Neue Zeit* bajo la

---

* Cuando triunfa la Revolución de Octubre, Rosa Luxemburgo se encuentra encerrada en una celda de Breslau, Alemania, y allí escribe sus famosas notas sobre el triunfo revolucionario ruso. En *La Revolución Rusa* reflexiona sobre las primeras medidas tomadas por la dirección bolchevique, los critica ampliamente y avisa del peligro de que se desarrolle una dictadura si se seguían determinados criterios bolcheviques. Como consecuencia de su permanencia en la cárcel, a la autora se le ha atribuido cierta falta de información y perspectiva para lograr un análisis certero de lo que sucedía en Rusia. Sin embargo, algunos de los peligros anotados por ella terminaron de solidificarse hasta socavar las bases de ese proyecto. *(N. del E.).*

redacción de Kautsky. La liberación de Rusia tenía ya raíces muy profundas en el propio país y se hallaba completamente madura. La aventura militar del imperialismo alemán, bajo la cobertura ideológica de la socialdemocracia alemana, lejos de iniciar la revolución en Rusia, la interrumpió durante una temporada en sus comienzos, luego la obligó a pasar por las circunstancias más difíciles y anormales.

Para cualquier observador reflexivo, este proceso revolucionario constituye una prueba contundente de la falsedad de la teoría doctrinaria que Kautsky comparte con el partido de la socialdemocracia gubernamental, según la cual, al ser Rusia un país económicamente atrasado y predominantemente agrario, no estaría maduro para la revolución social y para una dictadura del proletariado. Esta teoría, que solo admite como viable en Rusia una revolución *burguesa* — de cuya concepción se deriva la táctica de la coalición de los socialistas con el liberalismo burgués en Rusia— es, asimismo, la del ala oportunista del movimiento obrero ruso, los llamados mencheviques bajo la dirección eficaz de Axelrod y Dan;[1] estos dos oportunismos, el ruso y el alemán, coinciden por entero con los socialistas gubernamentales alemanes en la apreciación general de la Revolución Rusa, de la cual se deriva por sí sola la posición en materia de detalles tácticos. Según estos tres sectores, la Revolución Rusa habría debido detenerse en aquel estadio que, según la mitología de la socialdemocracia alemana, constituía el noble objetivo del mando militar del imperialismo alemán: la caída del zarismo. Que la revolución haya superado este estadio, que se haya planteado el objetivo de la dictadura del proletariado, no es, según esta doctrina, más que un error del ala radical del movimiento obrero ruso, de los bolcheviques; de forma que todas las calamidades que se han abatido posteriormente sobre la marcha de la revolución y toda la confusión de que esta ha sido víctima, son un resultado de ese error, cargado de consecuencias. Desde el punto de vista *teórico* esta doctrina, recomendada como «fruto del pensamiento marxista» tanto por el *Vorwärts* de Stampfer[2] como por Kautsky, arranca del original descubrimiento «marxista» del carácter nacional, por así decirlo, casero de la revolución socialista en cada Estado moderno. En el éter celestial de los esquemas abstractos no hay duda de que un Kautsky sabe poner de manifiesto con todo detalle la red económica mundial del capitalismo, que hace de los Estados modernos un todo orgánico interconexo; la Revolución Rusa, en cambio, producto del desarrollo internacional y de la cuestión agraria, no puede realizarse en el marco de la sociedad burguesa.

Desde el punto de vista *práctico*, esta doctrina es un intento de renegar de la responsabilidad del proletariado internacional —y, en primer lugar, del alemán—, con relación al curso de la Revolución Rusa; es un intento de negar los vínculos internacionales de esa revolución. Lo que el curso de la guerra y de la Revolución Rusa han puesto en evidencia no ha sido la inmadurez de Rusia, sino la inmadurez del proletariado alemán a la hora de realizar sus tareas históricas. Exponer este resultado con toda claridad es la primera tarea de una consideración crítica de la Revolución Rusa. La fortuna de la Revolución Rusa dependía por entero de los acontecimientos internacionales, y el hecho de que los bolcheviques hayan condicionado por completo su política a la revolución mundial del proletariado es, precisamente, el testimonio más brillante de su perspicacia, de la solidez de sus principios y de la audacia de su política. Ello pone de relieve, también, la importancia del salto que ha dado el desarrollo capitalista durante el decenio último. La revolución de 1905-1907 solo encontró un eco débil en Europa, por lo cual no pasó de ser un capítulo inicial; su prosecución y triunfo final estaban vinculados al desarrollo europeo.

Evidentemente, el tesoro de experiencias y enseñanzas de esta revolución no se va a hacer visible gracias a la apología acrítica, sino solamente merced a una crítica detallada y reflexiva. De hecho sería ridículo creer que en el primer experimento en la historia del mundo con la dictadura de la clase obrera, todo lo que se haya hecho o dejado de hacer en Rusia haya sido el colmo de la perfección; en especial porque este experimento con la dictadura obrera se ha realizado bajo las circunstancias más difíciles que quepa pensar, en medio de la guerra mundial y del caos de un genocidio imperialista, en la red de hierro de la potencia militar más reaccionaria de Europa y en el abandono más completo por parte del proletariado internacional. Los conceptos elementales de la política socialista y la comprensión de sus presupuestos históricos necesarios obligan a admitir que, por el contrario, bajo circunstancias tan adversas, ni el idealismo más grandioso ni la energía revolucionaria más decidida están en situación de realizar la democracia y el socialismo sino únicamente un primer bosquejo, importante y desfigurado, de ambos.

Es un deber elemental de los socialistas de todos los países ver esto con claridad, en todas sus conexiones y consecuencias más profundas, ya que solo con este conocimiento amargo puede medirse toda la magnitud de la responsabilidad propia del proletariado internacional por los destinos de la Revolución Rusa. Por otro lado, solamente de este modo puede apreciarse la importancia decisiva de la solidaridad internacional en el avance de la avalancha inicial de los años de 1911 a 1913 y, una vez comenzada, revolución proletaria, esto es, como una condición fundamental sin la cual las capacidades mayores y el sentido más elevado de sacrificio del proletariado en un solo país acaban en una confusión de contradicciones y errores.

Tampoco cabe duda alguna de que muchas de las decisiones más graves que Lenin y Trotski, los dirigentes más capacitados de la Revolución Rusa, tuvieron que tomar en su camino sembrado de espinas y de trampas de todo tipo, se tomaron tras vencer la indecisiones internas más profundas y en lucha, también, contra las resistencias más extremas; y nada parecería más impropio a estos dirigentes que la idea de que todos sus actos, realizados en las condiciones amargas de coacción y de urgencia, en el torbellino vertiginoso de los acontecimientos, sean admitidos por la Internacional como modelo sublime de política socialista, pues tal es una actitud para la que únicamente resultan apropiadas la admiración acrítica y la imitación servil.

Asimismo sería errado creer que un examen crítico de la trayectoria seguida por la Revolución Rusa suponga un menoscabo peligroso del prestigio y del carácter fascinante del ejemplo de los proletarios rusos, únicos que pueden superar la apatía fatal de las masas alemanas. Nada sería más equivocado que esto, pues el despertar de la energía revolucionaria de la clase obrera de Alemania nunca más se podrá conjurar con los métodos de tutela de la socialdemocracia alemana de feliz memoria, es decir, por medio de una autoridad impoluta, tanto la de las «instancias» propias como la del «ejemplo ruso». No será suscitando un estado de exaltación revolucionaria como se hará nacer la capacidad de acción histórica del proletariado alemán, sino, por el contrario, procurando que estos comprendan la gravedad formidable y la complejidad de sus tareas y consiguiendo que las masas alcancen la madurez política, la independencia espiritual y la capacidad de juicio crítico que la socialdemocracia alemana ha venido extirpando sistemáticamente durante decenios bajo las excusas más diversas. La consideración crítica de la Revolución Rusa en todas sus circunstancias históricas constituye el mejor entrenamiento del proletariado alemán e internacional para las tareas que la situación actual les depara.

II

El primer período de la Revolución Rusa, desde su comienzo en marzo hasta la sublevación de octubre, corresponde exactamente, en líneas generales, con el esquema de evolución de las grandes revoluciones inglesa y francesa; es la evolución típica de toda gran colisión primera entre las fuerzas revolucionarias, engendradas en el seno de la sociedad burguesa, y los obstáculos que la vieja sociedad les impone. La expansión revolucionaria se mueve de modo natural en línea ascendente, moderada en un comienzo, con una radicalización de los objetivos cada vez mayor y, paralelamente, desde una coalición de clases y partidos, hasta la dominación excluyente del partido más radical.

En el primer momento, en marzo de 1917, estaban al frente de la revolución los «cadetes»,[3] es decir, la burguesía liberal. La primera oleada de la marea revolucionaria se llevó todo por delante; la Cuarta Duma,[4] el producto más reaccionario del más reaccionario derecho de sufragio en cuarto grado que surgió en el golpe de Estado, se convirtió de repente en un órgano de la revolución. Todos los partidos burgueses, incluidas las derechas nacionalistas, constituyeron de pronto una falange en contra del absolutismo, el cual se derrumbó en el primer asalto, casi sin resistencia, como un fruto seco, que cae con el solo contacto. Hasta el intento efímero de la burguesía liberal de salvar al menos la dinastía y el trono, naufragó en pocas horas.[5] La rapidez del proceso hizo que Rusia salvara en días y horas trechos para los que Francia había necesitado decenios. Y esto prueba que en Rusia se configuran los resultados de un siglo de desarrollo europeo y, sobre todo, que la revolución del año 1917 es la continuación directa de la de 1905-1907 y no un regalo de los «libertadores» alemanes. En marzo de 1917 el movimiento volvía a enlazar en el lugar preciso en que su obra se había interrumpido diez años antes. La república democrática era un producto acabado e internamente maduro ya en las primeras jornadas de la revolución.

Comenzaba así la segunda y más difícil tarea. La masa del proletariado urbano había sido, desde el primer momento, la fuerza motriz de la revolución, pero sus reivindicaciones no se limitaban a exigir la democracia política, sino que alcanzaban la cuestión candente de la política internacional, esto es, la paz inmediata. Al propio tiempo, la revolución se extiende entre las masas de soldados, que plantean la misma reivindicación de paz inmediata, alcanzando asimismo a las masas de campesinos que ya en 1905 habían situado en primer término de sus exigencias la cuestión agraria, piedra de toque de la revolución. En estos dos objetivos de paz inmediata y tierra se da la escisión interna de la falange revolucionaria. La reivindicación de la paz inmediata se hallaba en contradicción manifiesta con la tendencia imperialista de la burguesía liberal, cuyo portavoz era Miliukov;[6] la cuestión agraria, a su vez, era la bestia negra para el otro sector de la burguesía, la nobleza terrateniente, al tiempo que, como atentado general al principio sagrado de la propiedad privada, daba en el punto neurálgico de toda clase burguesa.

Al día siguiente de la primera victoria de la revolución, por tanto, comenzó una lucha interna en su seno, en torno a los dos puntos esenciales: paz y cuestión agraria. La burguesía liberal comenzó a aplicar una táctica de obstrucciones y subterfugios, mientras que las masas obreras, el ejército y el campesinado, cada vez presionaban más impetuosamente. No hay duda de que la fortuna de la democracia política de la república iba también unida a la cuestión de la paz y de la tierra. Las clases burguesas, superadas por la primera oleada de la revolución, se habían dejado arrastrar hasta la aceptación de la forma republicana de Estado; pero comenzaron de inmediato a buscar puntos de apoyo mirando hacia atrás y a organizar la contrarrevolución en silencio. La campaña de los cosacos de Kaledin[7] contra Petersburgo puso esta tendencia claramente de manifiesto. Si este ataque hubiera sido coronado por el éxito, ello hubiera sellado el destino, no solamente de la cuestión de la paz y del campo, sino también las de la democracia y la república. Las consecuencias inevitables hubieran sido una dictadura militar que ejercería el terror contra el proletariado y, luego, una vuelta a la monarquía.

Aquí es donde puede advertirse el carácter utópico y esencialmente reaccionario de la táctica que adoptaron los mencheviques, esto es, los socialistas rusos de la tendencia de Kautsky. Atrapados en la ficción del carácter burgués de la Revolución Rusa —ya que, por supuesto, Rusia todavía no está madura para la revolución social— se aferraban desesperadamente a la coalición con los liberales burgueses, esto es, a la idea de la unión forzada de aquellos elementos que, debido a la marcha natural del desarrollo revolucionario, se habían dividido y se encontraban en profunda oposición mutua. Los Axelrod y los Dan trataban de cooperar a toda costa con aquellos partidos y clases que suponían el mayor peligro para la revolución y para su primera conquista, la democracia.

Es realmente asombroso cómo, durante los cuatro años de la guerra, una persona tan diligente como Kautsky, escritor incansable, paciente y metódico, ha ido abriendo agujeros teóricos en el socialismo hasta dejarlo como un colador, sin un trozo sano. La indiferencia acrítica con que sus seguidores contemplan este trabajo eficaz de su teórico oficial y engullen sin pestañear sus descubrimientos siempre nuevos, solo encuentra parangón con la indiferencia con que los seguidores de Scheidemann y Cía. contemplan cómo estos destruyen el socialismo en la práctica. Por lo demás, ambos trabajos se complementan a la perfección y, en realidad, desde el comienzo de la guerra, Kautsky, sumo sacerdote del marxismo, formula en teoría lo que Scheidemann hace en la práctica: 1ro. la Internacional, convertida en un instrumento de la paz; 2do. desarme, liga de naciones y nacionalismo; 3ro. democracia y *no* socialismo.[8]

En tal situación corresponde a los bolcheviques el mérito histórico de haber proclamado desde el principio y defendido con tenacidad férrea la única táctica que podía salvar a la democracia e impulsar progresivamente a las masas de obreros y campesinos, ponerlo en manos de los sóviets era, de hecho, la única salida de las dificultades en que se hallaba la revolución, era el tajo decisivo que permitiría cortar el nudo gordiano y ayudaría a sacar a la revolución del callejón sin salida, abriendo ante ella la perspectiva amplia de una expansión posterior sin límites.

El partido de Lenin era, por tanto, el único en Rusia que comprendía los intereses auténticos de la revolución en aquel período primero; era el elemento impulsor de la misma por ser el único partido que aplicaba una política verdaderamente socialista.

Así se explica también que los bolcheviques, una minoría proscrita, calumniada y acosada por todos lados al principio de la revolución, pasaran en un tiempo mínimo a dirigirla concentrando bajo sus banderas a todas las verdaderas masas populares: el proletariado urbano, el ejército, el campesinado, así como los elementos revolucionarios de la democracia y el ala izquierda de los socialistas revolucionarios.

La situación real de la Revolución Rusa quedó determinada, luego de algunos meses en la disyuntiva: victoria de la contrarrevolución o dictadura del proletariado, Kaledin o Lenin. Tal era la situación objetiva, que se da en toda revolución una vez que se ha disipado el entusiasmo originario, que también se manifestó en Rusia en razón de las cuestiones concretas y esenciales de la paz y la tierra y para las cuales no había solución posible en el marco de la revolución burguesa.

La Revolución Rusa no ha hecho aquí más que confirmar la enseñanza fundamental de toda gran revolución, cuya ley vital es que, o avanza de modo rápido y decisivo, destruyendo los obstáculos con puño de hierro y fijándose de continuo objetivos más ambiciosos, o la contrarrevolución la aplasta de inmediato, haciéndola retroceder a una situación débil, anterior a su punto de origen. La revolución no puede inmovilizarse, dar vueltas en torno al mismo punto, ni tampoco resignarse con el primer objetivo que haya alcanzado. Y quien pretenda aplicar las trivialidades de la batracomiomaquia parlamentaria a la táctica revolucionaria prueba con esto que la psicología e, incluso, la ley vital de la revolución le resultan tan ajenas y tan llenas de misterios como la propia experiencia histórica.

Tomemos el ejemplo de la revolución inglesa desde su comienzo en 1642. La propia lógica de las cosas, las debilidades vacilantes de los presbiterianos, la guerra titubeante contra el ejército realista, en la cual los jefes presbiterianos evitaron de propósito una batalla decisiva y, con ella una victoria sobre Carlos I, todo ello convirtió en una necesidad inevitable que los independientes expulsaran del parlamento a los presbiterianos y tomasen el poder. A su vez, dentro del ejército independiente, la masa inferior de soldados pequeñoburgueses, los «niveladores» de Lilburne,[9] representaban la fuerza motriz de todo el movimiento independiente. Finalmente, los elementos proletarios de la masa de los soldados, los revolucionarios más avanzados, que se organizaban en el movimiento de los *diggers*,[10] constituían, a su vez, el fermento del partido demócrata de los «niveladores».

De no haberse dado la influencia espiritual de los elementos proletarios revolucionarios sobre la masa de los soldados y de no haberse ejercido presión por parte de la masa democrática de soldados sobre las clases burguesas superiores del Partido Independiente,[11] nunca se hubiera llegado a la «limpieza» de presbiterianos en el parlamento largo o a la victoria final en la guerra contra el ejército de la nobleza y en la guerra contra los escoceses, y tampoco se hubiera llegado al proceso y ejecución de Carlos I, a la abolición de la cámara de los lores y a la proclamación de la república.

¿Qué sucedió en la gran Revolución Francesa? Luego de la lucha de cuatro años pudo verse que la toma del poder por los jacobinos era el único medio de salvar las conquistas de la revolución, implantar la república, destruir el feudalismo, organizar la defensa interna y externa de la revolución, aplastar la conspiración contrarrevolucionaria y hacer que la onda revolucionaria que partía de Francia se extendiera por toda Europa.

Kautsky y sus cofrades rusos, que quisieron preservar el «carácter burgués» de la primera etapa de la Revolución Rusa, son la reproducción exacta de aquellos liberales alemanes e ingleses del siglo pasado que distinguían los famosos dos períodos en la gran Revolución Francesa: la revolución «buena» del primer período girondino y la revolución «mala», a partir del golpe jacobino de Estado. La superficialidad de la concepción liberal de la historia no atina a comprender, por supuesto, que sin el golpe de Estado de los «descomedidos» jacobinos las primeras semiconquistas tímidas de la fase girondina quedarían sepultadas de inmediato bajo las ruinas de la revolución, que la alternativa real a la dictadura jacobina, como se presentaba en las circunstancias históricas de 1793, no era la democracia «comedida», sino la restauración de los Borbones. La «tercera vía áurea» no puede mantenerse en ninguna revolución, ya que la ley natural de esta exige una decisión rápida: o la locomotora asciende la pendiente histórica a todo vapor, hasta alcanzar la cúspide, o la fuerza de la gravedad la arrastrará a contramarcha hasta el fondo del que partió, haciendo caer con ella a un abismo sin salvación a todos los que pretendieron detenerla a mitad del camino con sus escasas fuerzas.

Así se explica que en cada revolución, el único partido que consigue hacerse con la dirección y con el poder es el que sabe dar la consigna más avanzada y extraer de ello todas las consecuencias. Así se explica, también, la parte lamentable que ha correspondido a los mencheviques rusos, los Dan, Zeretelli,[12] etcétera, quienes tuvieron, en un principio, una influencia enorme sobre las masas, pero luego de prolongadas vacilaciones y de haberse resistido con uñas y dientes a ocupar el poder y hacerse cargo de sus responsabilidades, han desaparecido de la escena sin pena ni gloria.

El partido de Lenin fue el único que comprendió el mandamiento y el deber de un partido auténticamente revolucionario, el único que aseguró el avance de la revolución gracias a la consigna: todo el poder al proletariado y al campesinado.

De esta forma han conseguido resolver los bolcheviques la cuestión famosa de la «mayoría del pueblo», que atormenta como una pesadilla a los socialdemócratas alemanes. Discípulos fervientes del cretinismo parlamentario, se limitan a aplicar a la revolución las trivialidades de su casa cuna parlamentaria: si se quiere conseguir algo, hay que tener primero la mayoría. Lo mismo sucede con la revolución: primero tenemos que ser una «mayoría». Sin embargo, la verdadera dialéctica de la revolución invierte el sentido de esa banalidad parlamentaria: no es la mayoría la que lleva a la táctica revolucionaria, sino la táctica revolucionaria la que lleva a la mayoría. Únicamente un partido que sabe dirigir, o sea, impulsar hacia adelante, se gana a los seguidores en su avance. La decisión con que Lenin y sus camaradas han dado en el momento preciso la única consigna progresiva de todo el poder al proletariado y a los campesinos, han hecho que, casi de la noche a la mañana, su partido pase de ser una minoría perseguida, calumniada e ilegal, cuyo dirigente, como Marat, tenía que esconderse en los sótanos, a convertirse en el amo absoluto de la situación.

Los bolcheviques se han apresurado, asimismo, a formular, como objetivo de su toma del poder, el programa revolucionario más completo y de mayor trascendencia, es decir, no el afianzamiento de la democracia burguesa, sino la dictadura del proletariado a fin de realizar el socialismo. Así se han ganado el mérito histórico imperecedero de haber proclamado por primera vez los objetivos finales del socialismo como programa inmediato de la política práctica.

Lenin, Trotski y sus camaradas han demostrado que tienen todo el valor, la energía, la perspicacia y la entereza revolucionarias que quepa pedir a un partido a la hora histórica de la verdad. Los bolcheviques han mostrado poseer todo el honor y la capacidad de acción revolucionarios que han caracterizado a la socialdemocracia europea; su sublevación de octubre no ha sido solamente una salvación real de la Revolución Rusa, sino que ha sido, también, la salvación del honor del socialismo internacional.

III

Los bolcheviques son los herederos históricos de los niveladores ingleses y de los jacobinos franceses; pero la tarea concreta que les ha correspondido, luego de la conquista del poder en la Revolución Rusa, ha sido incomparablemente más difícil que la de sus predecesores históricos. (Piénsese en la importancia de la cuestión agraria, ya en 1905; y, luego, en la Tercera Duma,[13] los campesinos de derechas; cuestión campesina y defensa; el ejército). No hay duda de que la consigna de ocupación y reparto inmediato de las tierras entre los campesinos era la fórmula más corta, más simple y más eficaz para conseguir dos cosas: destruir el latifundismo y ganar el apoyo inmediato de los campesinos para el gobierno revolucionario. Como medida política para fortalecer el gobierno proletario-socialista, esta era una táctica excelente; por desgracia, tenía un anverso y un reverso, y el reverso consistía en que la ocupación inmediata de tierras por parte de los campesinos, por lo general, no tiene nada que ver con la economía socialista.

La transformación socialista de las relaciones económicas, aplicada a las agrarias, implica dos principios.

En primer lugar, la nacionalización de los latifundios, única que puede conseguir la concentración técnica progresiva de los medios y métodos agrarios de producción que, a su vez, ha de servir como base del modo de producción socialista en el campo. Si bien es cierto que no es preciso confiscar su parcela al pequeño campesino y que se puede dejar a su libre albedrío la decisión de aumentar su beneficio económico, primeramente mediante la asociación libre en régimen de cooperativa y, luego, mediante su integración en un conjunto social de empresa, también lo es que toda reforma económica socialista en el campo tiene que empezar con la propiedad rural grande y mediana; tiene que transferir el derecho de propiedad a la nación o, si se quiere, lo que es lo mismo, tratándose de un gobierno socialista, al Estado, puesto que solamente esta medida garantiza la posibilidad de organizar la producción agrícola según criterios socialistas, amplios e interrelacionados.

En segundo lugar, el presupuesto de esta transformación, sin embargo, es la supresión de la separación entre la agricultura y la industria, rasgo característico de la sociedad burguesa, para sustituirla por una interpenetración mutua y una fusión de ambas, así como un perfeccionamiento tanto de la producción agrícola como de la industrial. Como quiera que se organice el cultivo práctico —a partir de comunas urbanas, como proponen unos, o de una central nacional—, en todo caso la condición previa es una reforma organizada unitariamente y dirigida centralmente que, a su vez, tiene como presupuesto la nacionalización de la tierra. Nacionalización de la propiedad agrícola grande y mediana y unificación de la industria y la agricultura son los dos criterios fundamentales de toda reforma económica socialista, sin los cuales no se puede dar el socialismo.

¿Quién puede reprochar al gobierno soviético de Rusia que no haya realizado reformas tan vastas? Sería una broma pesada pedir a Lenin y a sus camaradas o esperar de ellos que, en el lapso breve de su gobierno, en medio del torbellino impetuoso de las luchas internas y externas, acosados por enemigos y obstáculos innumerables, que, en estas circunstancias, resuelvan, o traten de hacerlo, una de las tareas más difíciles, incluso cabe decir, la tarea más difícil de la transformación socialista. También nosotros, en Occidente, una vez que hayamos llegado al poder y en condiciones más favorables, hemos de quebrarnos más de un diente al roer ese hueso, antes de que hayamos superado las más simples de las mil dificultades que presenta esa tarea ciclópea.

Una vez en el poder, el gobierno socialista está obligado a tomar medidas orientadas en el sentido de aquellos presupuestos fundamentales de toda reforma socialista posterior de las relaciones de producción en el campo o, por lo menos, tiene que evitar todo lo que bloquee su camino hacia tales medidas.

En este sentido, la consigna de ocupación y reparto inmediato de las tierras entre los campesinos, lanzada por los bolcheviques, tenía que conseguir el resultado contrario. Esta consigna no solamente no es una medida socialista, sino que es su opuesto, y levanta dificultades insuperables ante el objetivo de transformar las relaciones agrarias en un sentido socialista.

La ocupación de las fincas por los campesinos, provocada por la consigna escueta y lapidaria de Lenin y sus amigos de ¡id y apropiaos de la tierra!, condujo únicamente a una conversión caótica de los latifundios en propiedad campesina; lo que se consiguió no fue la propiedad social, sino nueva propiedad privada y, además, despedazamiento de las grandes posesiones en propiedades pequeñas y medianas; conversión de la gran explotación relativamente avanzada en la pequeña explotación primitiva que, desde el punto de vista técnico, funciona con los medios de los tiempos faraónicos. Es más, a causa de esta medida y de la forma caótica y puramente arbitraria de su aplicación, no se han eliminado las diferencias de propiedad en el campo, sino que, por el contrario, se han agudizado. Por más que los bolcheviques exhortaron al campesinado a constituir comités de campesinos, con el fin de que la expropiación de las tierras señoriales resultara en una especie de colectivización, lo cierto es que esta invitación general no consiguió transformar nada en la práctica real y en las relaciones reales de poder en el campo. Con o sin comités no hay duda de que los beneficiarios principales de la revolución agraria han sido los campesinos ricos y los usureros, que constituían la burguesía aldeana y que ostentaban el verdadero poder local en cada aldea rusa. Hoy es ya del dominio común que el resultado de la división de la tierra no ha sido eliminar la desigualdad económica y social entre los campesinos, sino agudizarla, de forma que las contradicciones de clase han aumentado. Este desplazamiento del poder, sin embargo, se ha producido *en perjuicio* de los intereses proletarios y socialistas. Anteriormente, una reforma socialista del campo hubiera tenido que enfrentarse, todo lo más, a una pequeña casta de latifundistas nobles y capitalistas, así como a una minoría reducida de burgueses aldeanos ricos, cuya expropiación por medio de las masas populares revolucionarias es un juego de niños. Hoy día, después de la ocupación de las tierras, cualquier intento de nacionalización socialista de la agricultura se enfrenta con la oposición de una masa muy crecida y muy fuerte de campesinos propietarios, que defenderá con dientes y uñas su propiedad recién adquirida contra todo atentado socialista. Hoy día, la cuestión de la socialización futura de la agricultura, esto es, de la producción en general en Rusia, se ha convertido en la cuestión del enfrentamiento y la lucha entre el proletariado y la masa del campesinado. La medida de la agudización de esta contradicción viene dada por el boicot de los campesinos a las ciudades, a las que privan de provisiones, a fin de hacer negocios usurarios, exactamente igual que los señores prusianos. El pequeño propietario campesino francés se convirtió en el más decidido defensor de la gran Revolución Francesa, que le había entregado las tierras confiscadas a los emigrantes y, como soldado de Napoleón, llevó a la victoria el estandarte francés, atravesó toda Europa y destruyó el feudalismo en un país tras otro. Lenin y sus amigos esperaban, seguramente, una reacción similar a sus consignas agrarias: una vez que el campesino ruso se apropió por iniciativa propia de la tierra, no ha pensado ni en sueños en defender a Rusia y a la revolución, a la que tiene que agradecer la tierra, sino que se encastilla en su propiedad y abandona la revolución en manos de sus enemigos, el Estado a la destrucción y la población urbana al hambre.

Discurso de Lenin sobre la necesidad de la centralización en la industria, de la nacionalización de los bancos, del comercio y de la industria;[14] ¿y por qué no de la tierra? Aquí, al revés, descentralización y propiedad privada.

Antes de la revolución, el programa agrario de Lenin era distinto. La consigna proviene de los socialistas-revolucionarios tan difamados o, mejor dicho, del movimiento espontáneo del campesinado.

A fin de introducir algunos fundamentos socialistas en las relaciones agrarias, el gobierno soviético trató entonces de crear comunas agrarias compuestas por proletarios, principalmente elementos urbanos y parados.[15] De antemano puede decirse que los resultados de tales esfuerzos tenían que ser mínimos en comparación con la magnitud de las relaciones agrarias y que no se podían tener en cuenta para una comprensión del problema. (Una vez que se ha despedazado el latifundio, punto inicial más adecuado para la economía socialista, en explotaciones pequeñas, se intenta crear explotaciones comunistas modelos a partir de las parcelas pequeñas). En las circunstancias actuales esas comunas tan solo tienen el valor de un experimento y no el de una reforma social amplia. Un monopolio de cereales con cuota. *Ahora* quieren llevar la lucha de clases *postfestum* a las aldeas.[16]

La reforma agraria leninista ha convertido en enemigo del socialismo a un sector nuevo y poderoso del pueblo en el campo, cuya resistencia será más peligrosa y más tenaz que la de la nobleza terrateniente.

Los bolcheviques son parcialmente culpables del hecho de que la derrota militar se haya traducido en el hundimiento y la disgregación de Rusia. Son los propios bolcheviques los que, en gran medida, han agudizado estas dificultades objetivas al propugnar una consigna que han situado en el primer plano de su política: el llamado derecho a la autodeterminación de las naciones,[17] o lo que en realidad se escondía detrás de esa frase: la desintegración estatal de Rusia. La fórmula del derecho de las diversas nacionalidades del imperio ruso a determinar con autonomía sus destinos, «incluida la separación estatal de Rusia», siempre proclamada con tozudez doctrinaria, constituyó un grito de guerra especial de Lenin y de sus camaradas, durante su oposición al imperialismo de Miliukov y de Kerenski; fue el eje de su política interior después del golpe de Estado de octubre y supuso toda la plataforma negociadora de los bolcheviques en Brest-Litovsk,[18] la única arma que tenían para oponer a la posición de fuerza del imperialismo alemán.

Lo más chocante de la tozudez y determinación inflexible con que Lenin y sus camaradas se aferraron a esta consigna es el hecho de que se encuentra en manifiesta contradicción con el centralismo claro del resto de su política y con la actitud que han tomado con respecto a los otros principios democráticos. Mientras que, por un lado, han evidenciado un menosprecio frío frente a la Asamblea Constituyente, el sufragio universal, la libertad de prensa y de reunión, es decir, frente al conjunto de libertades democráticas fundamentales de las masas populares que, en principio, constituyen el «derecho de autodeterminación» en la propia Rusia, por otro tratan el derecho a la autodeterminación de las naciones como el aspecto más preciado de la política democrática, en beneficio del cual deben pasar a segundo plano los criterios de una política real. Mientras que, por un lado, no se dejan impresionar en absoluto por la votación popular para la Asamblea Constituyente en Rusia, una votación popular sobre la base del sufragio más democrático del mundo y en la libertad plena de una república popular, y con consideraciones muy sobrias y críticas declaran nulos sus resultados, por otro lado luchan en Brest por el plebiscito nacional de las nacionalidades de Rusia para determinar su pertenencia estatal, como si fuera un auténtico paladión de toda libertad y toda democracia, quintaesencia pura de la voluntad popular e instancia decisoria suprema en materia de los destinos políticos de las naciones.

La contradicción aquí manifiesta es tanto más incomprensible cuanto que, como veremos más adelante, todo lo relativo a las formas democráticas de la vida política en cada país constituye, efectivamente, una base valiosa e imprescindible de la política socialista, mientras que el famoso «derecho de autodeterminación de las naciones» no es otra cosa que fraseología hueca y patrañas pequeñoburguesas.

En efecto, ¿qué significa este derecho? Es una verdad elemental de la política socialista el hecho de que, así como esta lucha contra todo tipo de opresión, también lo hace contra la opresión de una nación por otra. Si, a pesar de todo esto, unos políticos generalmente tan lúcidos y críticos como Lenin y Trotski, así como sus amigos, que solo han manifestado indiferencia irónica frente a todo tipo de fraseología utópica, como desarme, sociedad de naciones, etcétera, utilizan a su vez una frase hueca de la misma categoría en calidad de caballo de batalla, ello solo puede deberse a algún tipo de política oportunista. Evidentemente, Lenin y sus camaradas calcularon que no había método más seguro para atraer a la causa de la revolución, a la causa del proletariado socialista a las muchas nacionalidades del imperio ruso, que concederles la libertad más ilimitada para disponer sobre sus propios destinos, en nombre de la revolución y del socialismo. Era esta una medida similar a la adoptada por los bolcheviques en relación con los campesinos rusos, cuya hambre de tierra había de satisfacerse con la consigna de expropiación directa de la tierra de la nobleza y que, a continuación, vendrían a ponerse del lado de la revolución y del gobierno proletario. En ambos casos, desgraciadamente, el cálculo resultó falso. Mientras Lenin y sus camaradas creían, con toda evidencia, que, en su calidad de defensores de la libertad nacional «hasta la separación estatal», harían de Finlandia, Ucrania, Polonia, Lituania, los países bálticos y los del Cáucaso, otros tantos aliados fieles de la Revolución Rusa, todos pudimos presenciar el espectáculo inverso: una tras otra, estas «naciones» utilizaron su libertad, recién regalada, para declararse enemigas mortales de la Revolución Rusa y aliarse contra ella con el imperialismo alemán y, bajo su protección, llevar a territorio ruso la bandera de la contrarrevolución. Una muestra de ello es el entreacto con Ucrania[19] en Brest, que supuso un cambio decisivo de las negociaciones, así como de las actitudes de política interior y política exterior de los bolcheviques. El comportamiento de Finlandia, Polonia, Lituania, los países bálticos y las naciones del Cáucaso muestran del modo más convincente que no se trata aquí de una excepción casual, sino de una manifestación característica.

Por supuesto, en todos estos casos no son realmente las «naciones» las que practican esa política reaccionaria, sino únicamente las clases burguesas y pequeñoburguesas que, en oposición agudísima a las masas proletarias propias, deforman el «derecho a la autodeterminación nacional», convirtiéndolo en un instrumento de su política contrarrevolucionaria de clase. Pero —y aquí llegamos precisamente al meollo de la cuestión— en esto reside precisamente el carácter utópico-pequeñoburgués de esta frase nacionalista, es decir, en que en la cruda realidad de la sociedad de clases, especialmente en los momentos de las contradicciones más agudas, se convierte simplemente en un medio de la dominación burguesa de clase. A costa de los mayores perjuicios para la revolución propia y para la mundial han tenido que aprender los bolcheviques que, bajo la dominación del capitalismo, no hay autodeterminación nacional ninguna, que en toda sociedad de clase, cada clase trata de «determinar» la nación a su modo y que para las clases burguesas los criterios de la libertad nacional se supeditan a los de la dominación de clase. La burguesía finesa coincide por completo con la pequeña burguesía ucraniana en preferir la tiranía alemana a la libertad nacional si esta va acompañada de los peligros del «bolchevismo».

La esperanza de transformar en sus contrarias estas relaciones reales de clase mediante «plebiscitos nacionales», que fueron el tema del día en Brest, esperando que la masa revolucionaria popular concediera un voto mayoritario a favor de la unión con la Revolución Rusa, era un optimismo incomprensible, si es que Lenin y Trotski la mantenían seriamente, y un juego peligroso con fuego si no pasaba de ser una finta táctica en el duelo con la política alemana de poder. De haberse celebrado uno de estos famosos plebiscitos nacionales en los países periféricos, no habría sido necesaria la ocupación militar alemana para que, con toda certidumbre, los resultados hubieran sido en todas partes muy poco satisfactorios para los bolcheviques; basta para ello con el estado de ánimo de las masas campesinas y de sectores aún importantes del proletariado, con la tendencia reaccionaria de la pequeña burguesía y los mil medios de que dispone la burguesía para influir en la votación. En lo relativo a estos plebiscitos sobre la cuestión nacional podemos formular una regla absoluta: allí donde las clases dominantes no están interesadas en plebiscito alguno, saben evitarlo, y si llegara a celebrarse, sabrían influir en sus resultados por todos los medios a su alcance para impedir que, por la vía del plebiscito, pueda llegar a implantarse el socialismo.

Al introducirse en medio de la lucha revolucionaria la cuestión de las aspiraciones nacionales y de las tendencias separatistas, al haber pasado incluso a primer plano, gracias a la paz de Brest, convertida en dogma de la política socialista y revolucionaria, se ha sembrado el desconcierto mayor en las filas del socialismo y se ha debilitado la posición del proletariado precisamente en los países periféricos. Mientras luchó como parte de la falange revolucionaria única de Rusia, el proletariado finés conservó una posición de dominio: poseía la mayoría en el parlamento y en el ejército, había reducido por completo a la burguesía a la impotencia y era el amo de la situación en el interior. A comienzos de siglo, cuando aún no se habían inventado ni las extravagancias del «nacionalismo ucraniano», con sus Karbowentzen[20] y sus «universales»,[21] ni la ocurrencia de Lenin de una «Ucrania autónoma», la Ucrania rusa fue el baluarte del movimiento revolucionario ruso. Ya en los años de 1902 a 1904 surgieron de aquella zona (de Rostov, de Odesa y de la cuenca del Donetz) los primeros ríos de lava que convirtieron a toda la Rusia meridional en un mar ardiente, preparando así el estallido revolucionario de 1905. Lo mismo ha sucedido en la revolución actual, en la que el proletariado del sur de Rusia ha dado las tropas más selectas de la falange proletaria. Polonia y los países bálticos han sido los focos revolucionarios más poderosos y seguros desde 1905, correspondiendo en ellos la función primordial al proletariado socialista.

¿Cómo es posible que haya triunfado repentinamente la contrarrevolución en estos países? Precisamente porque el movimiento nacionalista ha paralizado al proletariado al separarle de Rusia y lo ha entregado a la burguesía nacional en los países periféricos. En lugar de actuar en el espíritu de la política internacional de clase, como la han defendido en otras ocasiones, esto es, en vez de procurar la fusión más compacta de las fuerzas revolucionarias en todo el territorio del imperio, en vez de defender la integridad del imperio ruso con uñas y dientes como territorio revolucionario, en lugar de oponer a todas las tendencias separatistas la homogeneidad y la indivisibilidad del proletariado de todos los países en la esfera de la Revolución Rusa como deber supremo de su política, los bolcheviques han proporcionado a la burguesía de todos los países periféricos el pretexto más deseado y más resplandeciente, la mejor bandera para sus aspiraciones contrarrevolucionarias con su fraseología nacionalista rimbombante acerca del «derecho de autodeterminación, incluida la separación estatal». En lugar de prevenir a los proletarios para que vean en todo separatismo un puro ardid burgués, los bolcheviques han desorientado a las masas en todos los países periféricos con sus consignas y las han entregado a la demagogia de las clases burguesas; por medio de esta reivindicación nacionalista han preparado y ocasionado la propia desintegración de Rusia y, de este modo, han puesto en manos del enemigo el cuchillo que este hundiría en el corazón de la Revolución Rusa.

Por supuesto, sin la ayuda del imperialismo alemán, de los «fusiles alemanes en manos alemanas», como escribía *Die Neue Zeit*, de Kautsky, los Lubinsky[22] y demás caterva de Ucrania, los Erich y Mannerheim[23] de Finlandia, los barones bálticos jamás hubieran podido vencer a las masas proletarias socialistas de sus países. Pero el separatismo nacional fue el caballo de

Troya de que se valieron los «camaradas» alemanes provistos de bayonetas para penetrar en cada uno de aquellos países. Las contradicciones reales de clase y las relaciones militares de poder son las que han dado lugar a la intervención de Alemania; pero los bolcheviques son los que han proporcionado la ideología que sirvió para enmascarar esta campaña de la contrarrevolución, los que han fortalecido la posición de la burguesía y han debilitado la del proletariado. La mejor prueba de ello es Ucrania, que había de tener una influencia tan fatal en la fortuna de la Revolución Rusa. A diferencia de los nacionalismos checo, polaco o finés, el ucraniano no pasaba de ser una simple extravagancia, una lechuguinada de un puñado de intelectualillos pequeñoburgueses, sin el menor arraigo en las condiciones económicas, políticas o espirituales del país, sin ninguna tradición histórica (ya que Ucrania jamás llegó a constituir una nación o un Estado) y sin ninguna cultura nacional, excepción hecha de los poemas romántico-reaccionarios de Schewtschenko. Es algo así como si la gente del litoral quisiera un buen día fundar una nueva nación y Estado bajoale-manes, basándose en Fritz Reuter. Tal es la bufonada irrisoria de un puñado de profesores y estudiantes que Lenin y sus camaradas hinchan artificialmente por medio de la agitación doctrinaria con el «derecho de autodeterminación incluida, etcétera» hasta convertirla en un factor político; conceden importancia a la bufonada originaria hasta que esta acaba cruentamente, es decir, no en un movimiento nacionalista de verdad, para el que jamás hubo posibilidades, sino en pantalla y banderín de enganche de la contrarrevolución. Este fue el huevo del que salieron en Brest las bayonetas alemanas.

Estas consignas han tenido a veces, en la historia de las luchas de clases, una gran importancia. La mala suerte ha querido que en la guerra mundial fuera el socialismo el que tuviese que proporcionar los pretextos ideológicos de la política contrarrevolucionaria. Apenas comenzada la guerra, la socialdemocracia alemana se apresuró a embellecer la campaña de rapiña del imperialismo alemán con un disfraz ideológico, sacado del trastero del marxismo, declarando que se trataba de la campaña de liberación contra el zarismo ruso, tan anhelada por nuestros viejos maestros. En las antípodas de los socialistas gubernamentales, a los bolcheviques les estaba reservado llevar el agua al molino de la contrarrevolución con su consigna de la autodeterminación de las naciones, con lo cual no solamente suministraban la ideología para el estrangulamiento de la Revolución Rusa, sino, también, para la liquidación de toda la guerra mundial ya planeada por la contrarrevolución. Es imprescindible examinar en detalle la política de los bolcheviques con respecto a esta cuestión. El «derecho de autodeterminación de las naciones», combinado con la Sociedad de Naciones y el desarme por la gracia de Wilson,[24] constituyen el grito de guerra que ha de presidir el enfrentamiento próximo entre el socialismo internacional y el mundo burgués. Es evidente que la consigna de la autodeterminación y todo el movimiento nacionalista que, en la actualidad, constituye el peligro mayor para el socialismo internacional, se han visto fortalecidos precisamente a consecuencia de la Revolución Rusa y de las negociaciones de Brest. Aún hemos de ocuparnos posteriormente de esta plataforma. El efecto trágico en la Revolución Rusa que ha tenido esta fraseología, entre cuyos espinos quedaron atrapados y desgarrados los bolcheviques, tendrá que servir de ejemplo y aviso al proletariado internacional.

Y después de todo esto vino la dictadura de Alemania.[25] De la paz de Brest, al «tratado adicional». Las doscientas víctimas expiatorias de Moscú.[26] De estas circunstancias se derivó el terror y la supresión de la democracia.

IV

Vamos a comprobar esto con más detalle a la luz de algunos ejemplos.

La conocida disolución de la Asamblea Constituyente en noviembre de 1917 tiene una importancia esencial en el contexto de la política de los bolcheviques; esta medida determinó su situación posterior y, en cierto sentido, constituyó el punto crítico de su táctica.[27] Es un hecho innegable que, hasta la victoria de octubre, Lenin y sus camaradas estuvieron exigiendo, con toda intransigencia, la convocatoria de una Asamblea Constituyente y que, precisamente, la política dilatoria del gobierno de Kerenski en este aspecto daba pie a las acusaciones de los bolcheviques, formuladas con los improperios más vehementes. En su interesante obrita *De la Revolución de Octubre hasta el tratado de paz de Brest*,[28] Trotski llega a decir que la rebelión de octubre había sido precisamente «una salvación para la constituyente» y para la revolución en general. «Y cuando nosotros decíamos —continúa— que el camino hacia la Asamblea Constituyente no pasaba por el preparlamento de Zeretelli, sino por la conquista del poder por los sóviets, teníamos toda la razón».

Sin embargo, después de todas estas declaraciones, el primer paso de Lenin, luego de la Revolución de Octubre, resulta ser el desmembramiento de esa misma Asamblea Constituyente que había de traer la propia revolución. ¿Qué razones pueden aducirse para explicar un cambio tan desconcertante? En el escrito mencionado, Trotski las explica minuciosamente; permítasenos reproducir aquí sus argumentos:

> Los meses anteriores a la Revolución de Octubre fueron una época de radicalización de izquierda de las masas y de gran afluencia de los trabajadores, los soldados y los campesinos al campo de los bolcheviques. Dentro del partido de los socialistas revolucionarios, este proceso se manifestó en el fortalecimiento del ala izquierda a costa del ala derecha. Sin embargo, en las listas electorales de los socialrevolucionarios seguía predominando, en una proporción de tres cuartos, el ala derecha.
>
> A ello hay que añadir el hecho de que las elecciones se celebraron en las primeras semanas, a continuación de la Revolución de Octubre. La noticia del cambio que se había producido se extendió de modo relativamente lento en círculos concéntricos, de la capital hacia las provincias y desde las ciudades hacia las aldeas. En muchos lugares las masas campesinas no sabían lo que estaba sucediendo en Moscú y Petrogrado; votaron por «tierra y libertad» y por sus representantes en los comités campesinos que, en la mayoría de los casos, eran seguidores de los *narodniki*. Con ello, sin embargo, estaban votando por Kerenski y Avxentiev,[29] que habían disuelto dichos comités y hecho detener a sus miembros… Esta situación permite hacerse una idea clara de en qué medida la Constituyente se había quedado retrasada con relación a la lucha política y a los grupos de los partidos.

Todo esto es perfecto y muy convincente. Tan solo resulta sorprendente que personas tan inteligentes como Lenin y Trotski no hayan dado con la conclusión inmediata que se deriva de los hechos citados. Si la Asamblea Constituyente ya estaba elegida mucho antes del punto crítico, de la rebelión de octubre, y en su composición reflejaba la imagen de un pasado superado y no de la nueva situación, la conclusión evidente era liquidar esa asamblea caduca, nonata, y convocar sin tardanza nuevas elecciones para la Constituyente. Los bolcheviques no querían y no debían encomendar el futuro de la revolución a una asamblea que reflejaba la Rusia de ayer, el período de las debilidades y de la coalición con la burguesía; perfecto, lo único que había que hacer era convocar de inmediato otra asamblea que representase a la Rusia más avanzada y renovada.

En lugar de llegar a esta conclusión, Trotski se centra en las deficiencias específicas de la Asamblea Constituyente reunida en octubre y llega a generalizar acerca de la inutilidad de toda representación popular surgida del sufragio universal durante el período de la revolución.

> Es en la lucha abierta e inmediata por el poder de gobierno donde, en el plazo más breve, las masas trabajadoras amontonan la mayor cantidad de experiencia política y ascienden con la máxima rapidez en su desarrollo, de escalón en escalón. El mecanismo pesado de las instituciones democráticas es tanto más lento con respecto a este desarrollo cuanto mayor es el país y más incompleto su aparato técnico [Trotski, p. 93].

Aquí aparece ya el «mecanismo de las instituciones democráticas». Frente a él debe comenzar por señalarse que en esta valoración de las instituciones representativas se manifiesta una concepción esquemática y rígida que viene a contradecir la experiencia histórica de todas las épocas revolucionarias. Según la teoría de Trotski, toda asamblea electa refleja de una vez por todas la mentalidad, la madurez política y el estado de ánimo del cuerpo electoral en el momento de la elección. Según esto, la asamblea democrática es siempre el reflejo de las masas al día de la elección, igual que el firmamento de Herschel nos muestra siempre los cuerpos celestes, no como son cuando miramos hacia ellos, sino como eran en el momento de enviar sus mensajes de luz a la tierra desde distancias inconmensurables. Esta teoría niega toda conexión espiritual viva entre el elector y el electorado, así como toda acción recíproca entre los dos.

¡Cuán contrario es esto a lo que la experiencia histórica muestra! La experiencia histórica nos enseña que la corriente viva del sentir popular impregna las asambleas representativas, las penetra y las dirige. ¿Cómo es posible si no que hoy día presenciemos en todos los parlamentos europeos las piruetas más hilarantes por parte de los «representantes populares», quienes repentinamente, como imbuidos de un «espíritu» nuevo, comienzan a emplear tonos inesperados; cómo es posible que las momias más resecas hoy día se comporten de modo juvenil y que los diversos «Scheidemancillos», de repente, empleen acentos revolucionarios, ahora que las fábricas, los talleres y la calle comienzan a hacer ruido?

¿Y precisamente en una revolución iba a ser donde esta influencia perpetuamente viva de la madurez política de las masas sobre las asambleas electas fracasara ante el esquema rígido de los emblemas de los partidos y las listas electorales? Precisamente al revés. Es justamente la revolución la que, con su incandescencia, crea aquella atmósfera política fina, vibrante y sensitiva, en la cual las ondas del sentimiento popular, el latido de la vida del pueblo, influyen de inmediato y de la forma más maravillosa en las instituciones representativas. Precisamente de este modo se explican las escenas tan conocidas y llenas de efecto de los comienzos de toda revolución, cuando parlamentos reaccionarios anteriores o, por lo menos, sumamente moderados, elegidos por sufragio restringido bajo el antiguo régimen, repentinamente se convierten en portavoces heroicos de la revolución, en lugares llenos de arrebatados y radicales. El ejemplo clásico es el ofrecido por el famoso «parlamento largo» en Inglaterra que, elegido y reunido en 1642, duró siete años y reflejó en su interior todos los cambios y desviaciones del sentimiento popular, así como la madurez política, las divisiones de clase y el avance de la revolución, desde las primeras escaramuzas humildes con la corona, dirigidas por un «presidente» que estaba de rodillas, hasta la supresión de la cámara de los lores, la ejecución de Carlos I y la proclamación de la república.

¿Acaso no se ha dado el mismo cambio maravilloso en los Estados Generales de Francia y en el parlamento censitario de Luis Felipe? ¿No se ha dado también —y es el último ejemplo, que tan cercano cae a Trotski— de nuevo en la Cuarta Duma rusa que, elegida el año de gracia de 1909, bajo el dominio más intransigente de la contrarrevolución, repentinamente, en febrero de 1917, siente el acicate renovador de la transformación y se convierte en el origen de la revolución?

Todo esto prueba que «el mecanismo pesado de las instituciones democráticas» posee un corrector poderoso en el movimiento vivo de las masas y en la presión ininterrumpida que estas aplican. Y cuanto más democrática sea la institución y cuanto más vivo y poderoso el pulso de la vida política de las masas, tanto más inmediato y exacto es el efecto de la acción, a pesar de los emblemas de partidos, las listas electorales envejecidas, etcétera. Por supuesto, toda institución democrática tiene sus límites y sus defectos, igual que toda institución humana. Lo que sucede es que el medicamento que han encontrado Lenin y Trotski, esto es, la supresión de la democracia, es aún peor que el mal que pretenden curar, puesto que, en realidad, sepulta el manantial vivo que permite corregir todas las insuficiencias natas de las instituciones sociales, es decir, la vida política activa, libre y enérgica de las masas populares más amplias.

Otro ejemplo notorio: el derecho electoral establecido por el gobierno soviético, cuya significación, en términos prácticos, no está clara.[30] De la crítica de Trotski y Lenin a las instituciones democráticas se deriva que rechazan de plano las representaciones populares basadas en el sufragio universal y que pretenden apoyarse en los sóviets. Siendo esto así, no está nada claro para qué se estableció derecho electoral alguno. Tampoco sabemos que ese derecho electoral se haya aplicado de ningún modo, y no se tienen noticias de que se hayan celebrado elecciones para constituir una representación popular, según lo previsto en la Constitución. Parece más probable la suposición de que se trate de un producto teórico de la burocracia, aunque, en realidad, constituye una criatura extraña de la teoría bolchevique de la dictadura. No cabe medir el derecho de sufragio, como, en general, cualquier derecho político, según cualesquiera esquemas abstractos de «justicia» y otra fraseología burguesa similar, sino según las relaciones sociales y económicas en las que ha nacido. El derecho electoral elaborado por el gobierno soviético está destinado al período de transición de la forma social burgués-capitalista a la socialista, esto es, al período de la dictadura del proletariado. En el sentido propio de esta dictadura, que defienden Lenin y Trotski, solo se concede derecho de sufragio a aquellos que viven del fruto del trabajo propio, mientras que se niega a todos los demás.[31]

Ahora bien, resulta evidente que tal derecho electoral solamente tiene sentido en una sociedad que está en situación económica de proveer una vida cómoda y digna para todos los que quieran trabajar. ¿Sucede esto en Rusia hoy? Es claro que, debido a las dificultades increíbles con las que ha de luchar una Rusia soviética aislada del mercado mundial, impedida de acceso a sus fuentes más importantes de materias primas; debido a la desorganización general y terrible de la vida económica, debido a la transformación brusca de las relaciones de producción, a consecuencia del cambio en las relaciones de propiedad en el campo, en la industria y en el comercio, a consecuencia de todo ello es claro que un número inimaginable de existencias personales han quedado desarraigadas repentinamente, descarriladas y sin ninguna posibilidad objetiva de encontrar empleo para su fuerza de trabajo en el mecanismo económico. Esto no afecta tan solo a la clase de los capitalistas y de los terratenientes, sino, también, a una capa amplia de la clase media y a la propia clase obrera. Es un hecho innegable que la contracción de la industria ha lanzado una avalancha masiva de proletarios urbanos al campo, que busca refugio en la agricultura. En estas circunstancias, un derecho electoral que tiene como presupuesto económico la obligación general de trabajar resulta una medida completamente incomprensible. En principio, la norma trataba de privar de sus derechos políticos solamente a los explotadores; pero, mientras se desplaza masivamente la fuerza de trabajo productiva, el Gobierno soviético se ve obligado, por el contrario, a traspasar en arriendo, por decirlo así, la industria nacional a los propietarios capitalistas anteriores. De igual modo, el Gobierno soviético se ve obligado a sellar un compromiso con las cooperativas burguesas de consumo. Además, el empleo de especialistas burgueses, ha resultado ser imprescindible. Otra consecuencia del mismo fenómeno es que sectores crecientes del proletariado, en su condición de guardias rojos, reciben fondos públicos por medio del Estado. En realidad, la norma electoral priva de sus derechos a sectores amplios de la pequeña burguesía y del proletariado, puesto que la organización económica no prevé medio alguno para hacer eficaz su obligación de trabajo. Ello es un disparate que acaba calificando al derecho electoral como un producto de la pura fantasía, utópico y alejado de la realidad social. Y, precisamente por esto, tampoco es un instrumento serio de la dictadura del proletariado. La norma electoral es un anacronismo, un adelanto de la situación jurídica que se dará sobre una base socialista económica real y no en el período de transición de la dictadura del proletariado.

Cuando, después de la Revolución de Octubre, toda la clase media, la intelectualidad burguesa y pequeñoburguesa, boicoteó durante meses al gobierno soviético, paralizó los trenes, el correo, los transportes, la educación y el aparato administrativo y, en general, se opuso de este modo al gobierno obrero, por supuesto que estaban justificadas todas las medidas en contra que se tomaran: la privación de los derechos políticos, de los medios económicos de existencia, etcétera, con el fin de quebrar la resistencia con puño de hierro. En ese momento era oportuna hasta la dictadura socialista, que no retrocede ante ninguna medida de poder, a fin de imponer, o evitar, ciertas medidas en interés de la colectividad. Por el contrario, una ley electoral que implica una privación general de derechos para sectores muy amplios de la sociedad, a los que margina políticamente de esa misma sociedad, mientras que no está en situación de procurar un lugar económico para ellos en la misma, es decir, una privación de derechos, no como medida concreta para un fin concreto, sino como una regla general de eficacia permanente, tal cosa no es una necesidad derivada de la dictadura, sino una improvisación inviable. Los sóviets son la base, pero también lo son la Constituyente y el derecho de sufragio universal.

Los bolcheviques consideraban que los sóviets eran reaccionarios porque la mayoría de ellos estaba compuesta de campesinos (diputados de los campesinos y de los soldados); una vez que se pusieron de su lado, sin embargo, los sóviets pasaron a ser los representantes auténticos de la opinión popular. Pero este giro repentino únicamente se debía a las cuestiones de la paz y el problema de la tierra.[32]

La Asamblea Constituyente y el derecho de sufragio no agotan la cuestión. No solamente debe considerarse la abolición de las garantías democráticas más importantes en que se basa una vida pública sana, así como la actividad política de las masas trabajadoras, sino que también debe tenerse en cuenta la supresión de la libertad de prensa, del derecho de asociación y reunión, sin los cuales todos los enemigos del gobierno soviético son libres como pájaros. La argumentación de Trotski acerca de la lentitud de los cuerpos electorales no alcanza, ni de lejos, para justificar estas intervenciones; por el contrario, es un hecho evidente e incontrovertible que sin una prensa libre y sin obstáculos, sin una libertad ilimitada de asociación y de reunión, resulta impensable el dominio de las amplias masas populares.

Lenin dice que el Estado burgués es el instrumento para la opresión de la clase trabajadora y que el Estado socialista lo es para la opresión de la burguesía. En cierto modo es, pues, el Estado capitalista puesto del revés. Esta concepción simplificada olvida lo esencial: el dominio burgués de clase no precisa ninguna educación o instrucción de las masas populares, al menos más allá de ciertos límites muy determinados; para la dictadura del proletariado, en cambio, esta educación y formación son el elemento vital, sin las cuales no puede existir.

«Es en la lucha abierta e inmediata por el poder de gobierno donde, en el plazo más breve, las masas trabajadoras amontonan la mayor cantidad de experiencia política y ascienden con la máxima rapidez en su desarrollo, de escalón en escalón». Aquí Trotski se contradice a sí mismo y a sus propios amigos en el partido. Precisamente por ser cierto lo anterior, al suprimir la vida pública los bolcheviques han cegado la fuente de la experiencia política y la ascensión del desarrollo. O quizá haya que suponer que la experiencia y el desarrollo fueron necesarios hasta la conquista del poder por los bolcheviques, alcanzaron en ella su punto culminante y, a partir de entonces, se hicieron superfluos. [Discurso de Lenin: «Rusia está madura para el socialismo» (¡¡¡)].

La realidad es justamente la inversa: las tareas gigantescas que los bolcheviques afrontaron con valor y decisión exigieron la educación política de las masas y la recolección de experiencias más intensa.

La libertad que se concede únicamente a los partidarios del gobierno y a los miembros del partido, por numerosos que sean estos, no es libertad. La libertad es solamente libertad para los que piensan de otro modo. Y no precisamente a causa del fanatismo de la «justicia», sino debido a que todo lo que hay de enriquecedor, de saludable y de purificador en la libertad política, depende de ello y su eficacia desaparece cuando la «libertad» se convierte en un privilegio.

De ser sinceros, los bolcheviques no podrán negar que tuvieron que ir tanteando paso a paso, intentando, experimentando, probando aquí y allá y que una buena parte de sus medidas no es ninguna joya. Lo mismo sucederá con nosotros, cuando nos pongamos a la misma tarea, por más que no en todas partes han de reinar condiciones tan difíciles.

La teoría de la dictadura en Lenin y Trotski parte de un presupuesto tácito, según el cual la revolución socialista es cosa que ha de hacerse mediante una receta que tiene preparada el partido de la revolución; este no tiene más que aplicarla enérgicamente. Por desgracia —o, quizá, por fortuna, depende de las circunstancias— esto no es cierto. No solamente no es una serie de prescripciones prestas para la aplicación, sino que, como sistema social, económico y jurídico, la realización práctica del socialismo es algo que pertenece a las tinieblas del incierto futuro. Lo que tenemos en nuestro programa no son sino algunos indicadores generales que muestran la dirección en que deben tomarse las medidas, siendo estas, además, de carácter predominantemente negativo. Sabemos, más o menos, lo que es preciso destruir de antemano a fin de allanar el camino a la economía socialista; no existe, sin embargo, programa de partido o libro de texto socialistas que nos ilustren acerca del carácter que han de tener las mil medidas concretas y prácticas, amplias o estrictas, para introducir los fundamentos socialistas en la economía, en el derecho y en todas las relaciones sociales. Esto no es un defecto, sino, precisamente, la ventaja del socialismo científico sobre el utópico. El sistema socialista únicamente puede ser, y será, un producto histórico, nacido de la escuela propia de la experiencia, en el momento de la plenitud del desarrollo de la historia viva que, como la naturaleza orgánica (de la que, al fin y al cabo, forma parte), tiene la bella costumbre de crear, al mismo tiempo, la necesidad social real y los medios para satisfacerla, el problema y la solución. Si se admite esto, es claro que el socialismo, en razón de su carácter, no se puede otorgar o implantar por medio de un decreto; el socialismo implica como supuesto una serie de medidas de violencia, contra la propiedad, etcétera. Lo negativo, lo destructivo, puede darse por decreto; no así lo constructivo, lo positivo. Estamos aquí en tierra virgen, enfrentados a mil problemas. Tan solo la experiencia nos permite corregir el rumbo y trazar nuevos senderos. Únicamente la efervescencia de una vida sin cortapisas produce mil formas e improvisaciones nuevas, alumbra la fuerza creadora y corrige todos los desatinos por sí sola. La vida pública de los Estados con libertad limitada resulta tan mezquina, tan miserable, esquemática e infructuosa porque, al excluir a la democracia, se aísla de todas las fuentes de riqueza y progreso espirituales. (La prueba, el año de 1905 y los meses de febrero a octubre de 1917). Igual que en estos momentos hubo vida política, también debe haberla social y económica; y las masas populares por entero deben tomar parte en ella. De otro modo el socialismo aparece decretado, otorgado desde el cenáculo de una docena de intelectuales.

La fiscalización pública sin reservas es imprescindible; de no ser así, el intercambio de experiencias no sale de los círculos cerrados de los funcionarios del nuevo gobierno y la corrupción se hace inevitable. (Palabras de Lenin, boletín informativo no. 29). La práctica del socialismo exige una transformación espiritual completa de las masas, degradadas por siglos de dominación burguesa de clase. Instintos sociales en lugar de instintos egoístas, iniciativa de las masas en lugar de la desidia; el idealismo, que hace superar todos los sufrimientos, etcétera. Nadie sabe esto mejor que Lenin, nadie lo expone de modo tan penetrante y lo repite de manera tan obstinada como él. Pero Lenin se equivoca por completo en la elección de medios. Los decretos, el poder dictatorial de los capataces en las fábricas, los castigos draconianos, el dominio del terror, todo esto no son más que paliativos. La única posibilidad de un renacimiento reside en la escuela de la propia vida pública, en la democracia más amplia y más ilimitada, en la opinión pública. Lo único que hace el terror es desmoralizar.

¿Qué quedaría, en realidad, si todo esto desapareciese? Lenin y Trotski han sustituido las instituciones representativas, surgidas del sufragio popular universal, por los sóviets, como única representación auténtica de las masas trabajadoras. Pero al sofocarse la vida política en todo el país, también la vida en los sóviets tiene que resultar paralizada. Sin sufragio universal, libertad ilimitada de prensa y de reunión y sin contraste libre de opiniones, se extingue la vida de toda institución pública, se convierte en una vida aparente, en la que la burocracia queda como único elemento activo. Al ir entumeciéndose la vida pública, todo lo dirigen y gobiernan unas docenas de jefes del partido, dotados de una energía inagotable y un idealismo sin límites; la dirección entre ellos, en realidad, corresponde a una docena de inteligencias superiores; de vez en cuando se convoca a asamblea a una minoría selecta de los trabajadores para que aplauda los discursos de los dirigentes, apruebe por unanimidad las resoluciones presentadas, en definitiva, una camarilla, una dictadura, ciertamente, pero no la del proletariado, sino una dictadura de un puñado de políticos, o sea, una dictadura en el sentido burgués, en el sentido del jacobinismo (recuérdese la prolongación de los plazos entre los congresos de los sóviets, de tres a seis meses). Lo que es más grave: estas circunstancias tienen que provocar una degeneración de la vida pública: atentados, fusilamiento de rehenes, etcétera. (Discurso de Lenin sobre la disciplina y la corrupción).

El lumpemproletariado constituye, a su vez, un problema por derecho propio y de la mayor importancia en toda revolución, con el cual también tendremos que enfrentarnos en Alemania y en otras partes. La condición del lumpemproletariado es inherente a la esencia de la sociedad burguesa y no solamente como un sector especial de esta, como una escoria social que crece de modo especialmente notorio en la época del hundimiento de las bases de todo el orden social, sino como un elemento integrante del conjunto de la sociedad. Las circunstancias en Alemania —más o menos, como en todos los demás Estados— han mostrado la facilidad con que degeneran todos los sectores de la sociedad burguesa. Las diferencias entre la especulación comercial, las trampas, las especulaciones, los negocios imaginarios de ocasión, la adulteración de alimentos, la estafa, la prevaricación, el hurto, el allanamiento y el atraco se hacen tan confusas que desaparecen los límites entre la honestidad burguesa y la carne de presidio. Es este un fenómeno igual al de la degeneración que se produce siempre en las buenas costumbres burguesas, trasplantadas a un suelo social extraño, por exigencias de las relaciones coloniales ultramarinas. Con la desaparición de las barreras convencionales y de los cimientos de la moral y el derecho, la sociedad burguesa, cuya ley de vida es la inmoralidad suma de la explotación del hombre por el hombre, se hunde en la degeneración de modo inmediato e irrefrenable. La revolución proletaria tendrá que combatir en todas partes contra este enemigo, instrumento de la contrarrevolución.

También en este aspecto es el terror una espada inservible e, incluso, de dos filos. La ley marcial más terrible es inútil para contener los excesos del lumpemproletariado; es más, toda prolongación del estado de sitio conduce inevitablemente a la arbitrariedad, y toda arbitrariedad produce una degeneración de la sociedad. Los únicos medios eficaces, al alcance de la revolución proletaria, son: medidas radicales de carácter político y social, transformación urgente de las garantías sociales de la vida de las masas, extensión del idealismo revolucionario que únicamente puede mantenerse, a la larga, por medio de la libertad política ilimitada y de la vida activa de mayor intensidad de las masas.

De igual modo que la acción libre de los rayos del sol es el medio más eficaz, purificador y saludable para combatir las infecciones y gérmenes patógenos, así también la revolución misma y su principio renovador, esto es, la vida espiritual, la actividad y responsabilidad de las masas que aquella lleva consigo, es decir, la libertad política más amplia, constituyen el único sol saludable y purificador.[33]

También entre nosotros, y en todas partes, será inevitable la anarquía. El lumpemproletariado es inherente a la sociedad burguesa, de la cual no se puede separar.

Las pruebas:

1. Prusia oriental y los saqueos de los «cosacos».

2. Oleada de atracos y robos en Alemania («trampas», carteros y ferroviarios, policía, desaparición completa de los límites de separación entre la sociedad ordenada y el presidio).

3. La degeneración veloz de los dirigentes sindicales.

Contra esto son inútiles las medidas del terror draconiano; es más, su acción es más corruptora. El único antídoto es el idealismo y la *actividad* de las masas; la libertad política ilimitada. Es esta una ley suprema y objetiva, a la que no puede sustraerse ningún partido.

El error básico de la teoría de Lenin y de Trotski es que, exactamente igual que Kautsky, contraponen la dictadura a la democracia. «Dictadura *o* democracia» es como plantean la cuestión, tanto los bolcheviques como Kautsky; el último se pronuncia lógicamente por la democracia y, concretamente, por la democracia *burguesa,* a la que considera como una opción frente a la revolución socialista; Lenin y Trotski se pronuncian, en cambio, por la dictadura en oposición a la democracia, es decir, por la dictadura de un puñado de personas, por la dictadura según el modelo burgués. Son dos polos opuestos, equidistantes de la verdadera política socialista. Una vez conquistado el poder, el proletariado no podrá seguir el buen consejo de Kautsky y renunciar a la revolución socialista bajo pretexto de la «inmadurez del país», concentrándose únicamente en la democracia, sin traicionarse a sí mismo, a la Internacional y a la revolución. El proletariado debe —y a ello está obligado— aplicar medidas socialistas inmediatas del modo más enérgico, inflexible y sin contemplaciones, es decir, tiene que ejercer la dictadura, pero la dictadura de la *clase* y no la de un partido o una camarilla; dictadura de la clase que supone la publicidad más extensa, la participación más activa y sin trabas de las masas populares, la democracia ilimitada. «Los marxistas no hemos sido jamás idólatras de la democracia formal», escribe Trotski. Cierto, no hemos sido jamás idólatras de la democracia formal; tampoco lo hemos sido nunca del socialismo o del marxismo. ¿Acaso quiere esto decir que, al igual que Cunow-Lensch-Parvus, podemos arrinconar el socialismo y el marxismo en el trastero cuando nos resultan incómodos? Trotski y Lenin son la negación viviente de esta pregunta. Si no hemos sido jamás idólatras de la democracia formal es porque siempre hemos distinguido un meollo social de una forma política en la democracia *burguesa*, siempre hemos revelado la pepita amarga de la ausencia social de igualdad y libertad, dentro de la cáscara dulce de la igualdad y la libertad formales; y no para tirarla, sino para incitar a la clase obrera a no conformarse con la cáscara, sino a conquistar el poder político y rellenarla con un contenido social nuevo. Una vez en el poder, la tarea histórica del proletariado es sustituir a la democracia burguesa por la democracia socialista y no abolir toda clase de democracia. La democracia socialista, sin embargo, no se puede dejar para la tierra de promisión, cuando se haya creado la infraestructura de la economía socialista, como un regalo de reyes para el pueblo obediente que, entre tanto, ha sostenido fielmente al puñado de dictadores socialistas; la democracia socialista comienza a la par con la destrucción del poder de clase y la construcción del socialismo; comienza en el momento en que el partido socialista conquista el poder. La democracia socialista no es otra cosa que la dictadura del proletariado.

¡Pues sí, dictadura! Pero esta dictadura no consiste en la *eliminación* de la democracia, sino en la *forma de practicarla*, esto es, en la intervención enérgica y decidida en los derechos adquiridos y en las relaciones económicas de la sociedad burguesa, sin la cual no cabe realizar la transformación socialista. Pero esta dictadura tiene que ser la obra de una *clase* y no la de una pequeña minoría dirigente, en nombre de una clase, esto es, tiene que ir resultando paso a paso de la participación activa de las masas, asimilar su influencia inmediata, someterse al control de toda opinión pública, surgir de la educación política creciente de las masas populares.

Así es como hubieran procedido hasta ahora los bolcheviques de no haberse encontrado frente a las exigencias de la guerra, la ocupación alemana y todas las dificultades extraordinarias que estas llevan consigo y que desfiguran toda política socialista por más llena de buenas intenciones y bellos propósitos que esté.

Un argumento poderoso a favor de esta interpretación es la aplicación intensa del terror por parte del gobierno de consejos y especialmente durante la última época, antes del hundimiento del imperialismo alemán, desde el atentado al embajador alemán. La perogrullada de que la revolución no es un baño de agua de rosas resulta, en sí misma, bastante mísera.

Todo lo que está pasando en Rusia es comprensible y constituye una concatenación inevitable de causas y efectos, cuyo origen y conclusión final no es otro que la traición por parte del proletariado alemán y la ocupación de Rusia por el imperialismo alemán. Sería pedir lo imposible de Lenin y de sus camaradas suponer que, bajo tales circunstancias, podrían conjurar la democracia más bella, la dictadura del proletariado más perfecta o una economía socialista floreciente. Gracias a su actitud decididamente revolucionaria, su energía ejemplar y su fidelidad inquebrantable al socialismo internacional, los bolcheviques han hecho todo lo que cabía hacer en unas condiciones tan endemoniadas. Lo peligroso comienza cuando tratan de hacer de necesidad virtud y de consolidar teóricamente y proponer al proletariado internacional como modelo de táctica socialista, digna de imitación, esa táctica que a ellos les fue impuesta bajo condiciones tan desdichadas. De este modo, al situarse innecesariamente en primer plano, su mérito histórico, auténtico e innegable, aparece disminuido a la luz de los desacuerdos cometidos a causa de la necesidad y, con ello, prestan un flaco servicio al socialismo internacional, en defensa del cual han luchado y han sufrido; en especial cuando tratan de acumular, como si fueran conocimientos nuevos, todos los disparates cometidos en Rusia bajo la necesidad y la presión y que, por otro lado, únicamente son reflejo de la bancarrota del socialismo internacional en esta guerra mundial.

Los socialistas gubernamentales alemanes pueden proclamar que el poder de los bolcheviques en Rusia es una caricatura de la dictadura del proletariado; tanto si lo era como si lo es, ello porque es un producto de la actitud del proletariado alemán que, a su vez, era una caricatura de la lucha socialista de clases. Todos estamos sometidos a la ley de la historia y el orden socialista únicamente puede realizarse en el plano internacional. Los bolcheviques han demostrado que son capaces de hacer todo lo que es posible para un partido verdaderamente revolucionario al límite de las posibilidades históricas. Nadie debe pedirles milagros; porque un milagro sería que se pudiera realizar una revolución proletaria modelo irreprochable en un país aislado, agotado por la guerra mundial, agobiado por el imperialismo y traicionado por el proletariado internacional. Lo importante es distinguir lo esencial de lo inesencial, el meollo de lo ocasional, en la política de los bolcheviques. En estos últimos tiempos, en que nos enfrentamos con luchas finales decisivas en todo el mundo, el problema más importante del socialismo es, como lo era antes, no esta o aquella cuestión menor de la táctica, sino la capacidad de acción del proletariado, la energía de las masas, la voluntad de poder del socialismo como tal. En este aspecto, Lenin, Trotski y sus amigos son los primeros que han predicado con el ejemplo al proletariado internacional; son los primeros y, hasta ahora, los únicos que pueden decir, con Hutten, «¡Yo me he atrevido!».

Este es el aspecto esencial y perenne de la política de los bolcheviques, a los que corresponde el mérito histórico imperecedero de mostrar el camino al proletariado mundial en lo relativo a la conquista del poder político y los temas prácticos de la realización del socialismo, así como de haber impulsado poderosamente el enfrentamiento entre el capital y el trabajo en todo el mundo. Lo único que cabía hacer en Rusia era plantear el problema, sin resolverlo. En *este* sentido, el futuro pertenece en todas partes al «bolchevismo».

Fuente: Rosa Luxemburgo: «La Revolución Rusa», *Obras escogidas*, Madrid, 1978, vol. II, pp. 115-148.

Notas

Prólogo

1. Cfr. Eduard Bernstein: *Las premisas del socialismo y las tareas de la socialdemocracia*, Editorial Siglo XXI, México, D.F., 1982; y Rosa Luxemburgo: *Obras escogidas*, Editorial ERA, México, D.F., 1978.

2. Esta convención entre todas las corrientes marxistas de ver en el método del marxismo su trascendencia, ha sido impugnada en la actualidad por el llamado marxismo analítico. También los posmodernistas han rechazado la pretensión de un método universal.

3. Cfr. Ma. José Aubet: *Rosa Luxemburgo y la cuestión nacional*, Anagrama, Barcelona, 1972.

4. *Difusión económica*, no. I, a. XIV; IIEP, Universidad de Guayaquil, Ecuador, 1975.

5. Cfr. G. Lukács: *Historia y conciencia de clase*, Editorial de Ciencias Sociales, La Habana, 1970.

6. Rosa Luxemburgo: «Reforma o revolución», en Bolívar Echeverría, comp., *Obras escogidas*, t. II, Ediciones ERA, México, D.F., 1978.

7. Es decir, toda teoría y acción políticas aparecen vinculadas a cierta ideología.

8. Por razones semejantes, las ausencias en Rosa de una noción de sociedad civil, lastra su teoría política con cierta simplificación.

9. Cfr. Manuel Monereo y Juan Valdés Paz: «Globalización, reestructuración capitalista y alternativas de izquierda», inédito, La Habana, 1998.

10. Cfr. Rosa Luxemburgo: «¿Reforma social o revolución?» y «La crisis de la socialdemocracia», en María José Aubet, comp., *El pensamiento de Rosa Luxemburg*, Ediciones del Serbal, S.A., Barcelona, 1983.

11. Por razones de espacio los ensayos vinculados a este tema no se recogen en la presente antología. Para mayor información, cfr. la edición de Rosa Luxemburgo: *La cuestión nacional y la autonomía*, Edición El Viejo Topo, Barcelona, 1998, con la traducción y el prólogo de María José Aubet.

12. Cfr. Lelio Basso: *Rosa Luxemburgo*, Nuestro Tiempo, México, D.F., 1977; y María José Aubet: ob. cit. en nota 3.

13. Cfr. J. Peter Nettl: *Rosa Luxemburg*, Editorial ERA, México, D.F., 1974.

14. De hecho el fascismo y el nazismo adoptaron muchos de sus mecanismos políticos de la propia experiencia socialista alemana y rusa.

15. Lelio Basso: ob. cit. en nota 12.

16. El fenómeno de la dirección política no puede explicarse bajo los términos de partido y de masas o clases. Hoy tendríamos que utilizar un arsenal más amplio y hasta cierto punto convencional, como: *líder, liderazgo, burocracia, aparato, mecanismos de dirección, sistema político*, etcétera.

17. Este debate debería tener en cuenta las múltiples funciones reconocidas a la institución partidaria, a saber, de vanguardia social y política, de organizador, de mediador, depositario del programa, de representante, dirigente supremo, etcétera.

18. La «dictadura del proletariado» es una categoría histórica, un concepto general que no se identifica ni justifica a ninguna forma concreta de gobierno.

19. Rosa no solo impugnaba las concepciones bolcheviques sino también la práctica del partido socialdemócrata alemán.

I. Crítica del reformismo

Discurso sobre la lucha política de la socialdemocracia alemana

1. *Kathedersozialismus*: en el último tercio del siglo XIX apareció en las universidades alemanas una corriente burguesa liberal que buscaba alejar a la clase obrera de la lucha revolucionaria a partir de una política de reformas sociales. Este *Kathedersozialismus*, que en realidad defendía un capitalismo de Estado, fue un pilar fundamental del revisionismo. *(N. de la Red.).*

2. *Nationalsozialen*: La Nationalsozialen Verein, fundada en 1869 por F. Naumann, defendía la política imperialista de expansión para Alemania y pretendía crear una corriente «socialista» nacional-cristiana que aglutinara a la clase obrera. *(N. de la Red.).*

3. El *Vorwärts*.

4. Eduard Bernstein: *Problemas del socialismo*.

Reforma o revolución

1. Hasta el momento del gran debate sobre el revisionismo, la prensa del Partido Socialdemócrata Alemán realizaba en general una función principalmente agitadora. El *Vorwärts* se reservaba los asuntos oficiales de cierta importancia y *Die Neue Zeit*, las cuestiones teóricas. Precisamente en este último, publicó Bernstein su serie de artículos acerca del revisionismo. Kautsky editó los artículos de Bernstein, y cuando aparecieron los primeros ataques en contra de este, publicó la réplica de Bernstein pero se negó a hacer lo mismo con los artículos que lo atacaban. En este contexto aparece la intervención de Rosa Luxemburgo: se trata de una réplica a Bernstein, a lo largo de una serie de artículos aparecidos durante el verano de 1898 en el *Leipziger Volkszeitung*. Rosa Luxemburgo considera urgente esta réplica a las posiciones revisionistas, dado que para octubre de ese mismo año, se celebraría el congreso de Stuttgart, durante el cual esperaba que el partido tomara posición frente a Bernstein. Esta réplica constituye la primera parte del folleto *Reforma o revolución*, la primera de las grandes obras teóricas de Rosa Luxemburgo. Se trata de una refutación teórica a Bernstein, hecho bastante inusitado hasta entonces en el seno de la socialdemocracia alemana. Esto explica la «sensación» que produjo esta primera serie de artículos. Se

habló de Rosa Luxemburgo como del «único filósofo del partido», se decía de ella que era «la mejor pluma del partido», y algunos de los dirigentes de la socialdemocracia le encontraron un gran parecido teórico con Marx. Si esta obra «causó sensación», es porque fue para la socialdemocracia alemana una lección de teoría marxista y, sobre todo, una lección acerca de las consecuencias políticas de una revisión en la teoría, al mismo tiempo que un intento de explicación del origen del oportunismo en el proceso general de la lucha de clases. En su gran libro sobre Rosa Luxemburgo, Peter Nettl pone como título a uno de los capítulos, «La dialéctica: una carrera», para concluir que todo lo que hacía Rosa, era con el fin de «hacer carrera» (ERA, México, 1974, pp. 143-169). En esta apreciación, Peter Nettl pierde de vista lo fundamental. Es cierto que Rosa Luxemburgo estaba ansiosa por luchar, pero no por cualquier causa. En el debate contra el oportunismo lo que está en juego es la posición política proletaria, su causa. Rosa Luxemburgo es una militante revolucionaria, y toda su talla la da ya desde *Reforma o revolución*. *(N. de la Red.)*.

2. De julio de 1897 a enero de 1898, alrededor de setenta mil trabajadores industriales ingleses fueron a la huelga, exigiendo una jornada de trabajo de ocho horas. A pesar de la gran solidaridad del resto de los trabajadores ingleses y de una buena parte de los trabajadores alemanes, la huelga terminó con una derrota. *(N. de la Red.)*.

3. En su crítica del revisionismo, Rosa Luxemburgo no se coloca exclusivamente sobre el terreno teórico, sino fundamentalmente sobre el terreno político. En el revisionismo de Bernstein, lo que está en juego es el carácter de la práctica política misma y, por consiguiente, los objetivos políticos del partido. La intervención de Rosa Luxemburgo es una intervención teórica, pero que adquiere su validez desde el lugar de la posición política de clase. Parvus, otro miembro destacado de la socialdemocracia alemana, había polemizado desde el comienzo con Bernstein. Sus artículos, publicados entre el 28 de enero y el 6 de marzo de 1898, causaron tal revuelo, que Bernstein hubo de interrumpir su propia serie de artículos para responder a los ataques de Parvus. Sin embargo, el debate se fue centrando cada vez más en torno a cuestiones personales. Por el contrario, cuando interviene Rosa Luxemburgo, el problema es teórico-político: no se trata simplemente de la fidelidad a la letra de Marx, sino de los efectos políticos de cada interpretación. Esto marca, por una parte, el carácter de la intervención de Rosa Luxemburgo y, por la otra, uno de los rasgos sorprendentes de la teoría marxista: las diversas interpretaciones de la misma son a su vez efectos de la lucha de clases. *(N. de la Red.)*.

4. En una nota al tercer volumen de *El capital* escribía Federico Engels en 1894: «Desde que se escribieron las anteriores líneas (1865), se ha acentuado considerablemente la competencia en el mercado mundial gracias al rápido desarrollo de la industria en todos los países civilizados, principalmente en Estados Unidos y en Alemania. El hecho de que las modernas fuerzas productivas, con su rápido y gigantesco desarrollo, rebasen cada día más, día tras día, las leyes del cambio capitalista de mercancías dentro de las cuales debieran moverse, es un hecho que hoy va imponiéndose más y más incluso a la conciencia de los capitalistas. Así lo revelan, sobre todo, dos síntomas. El primero es esa nueva manía de los aranceles aduaneros, que se distinguen del antiguo régimen arancelario especialmente por las circunstancias de que tiende precisamente a gravar más los artículos susceptibles de exportación. El segundo son los carteles (*trusts*), formados por los fabricantes de grandes ramas de producción en su totalidad para regular la producción y, mediante ella, los precios y las ganancias.

Es evidente que esta clase de experimentos solo son viables en épocas de clima económico relativamente favorable. La primera tormenta que estalla da necesariamente al traste con ellos y pone de manifiesto que si la producción necesita ser regulada, no es, evidentemente, la clase capitalista la llamada a regularla. Por el momento, estos *cartels* no tienen más finalidad que velar porque los peces chicos sean devorados más rápidamente todavía que antes por los peces gordos». C. Marx: *El capital*, t. III, Ed. FCE, México, no. 4, 1972, p. 130. *(N. de la Red.)*.

5. C. Marx: *El capital*, t. III, ed. cit., p. 256. *(N. de la Red.)*.

6. Schmidt, en consonancia con la posición de Bernstein, escribe en su artículo «Endziel und Bewegung», aparecido el 20 de febrero de 1898 en *Vorwärts,* no. 43: «En fin, aparece que la conquista del poder político por el proletariado, solo difícilmente puede tomar la forma de una dictadura [...] Suponiendo que las cosas continúen evolucionando normalmente, la conquista del poder político coincide con la conquista de la mayoría parlamentaria», en G. Badia: *R. Luxemburg*, Ed. Sociales, París, 1975, p. 48. *(N. de la Red.)*.

7. Webb: *Teoría y práctica de los sindicatos.*

8. Ibíd.

9. Ibíd.

10. Carlos Marx: *El capital*, t. III, ed. cit., p. 235. *(N. de la Red.)*.

11. Los profesores Schmoller, Brentano y otros, celebraron un congreso en Eisenach, en el año de 1872. El objetivo era conseguir la implantación de mejoras sociales en beneficio de la clase obrera. Para lograrlo, constituyeron la Unión Pro Reformas Sociales. Años más tarde, cuando la persecución de los socialistas se agudizó, estas lumbreras del socialismo, como diputados del Reichstag, votaron la prórroga de la ley de excepción que condenaba a los socialistas a la ilegalidad. Toda la labor de esta «Unión» quedó limitada a discutir, en sus asambleas anuales, prolijas memorias sobre cuestiones diversas, escritas en tono doctoral y publicadas por ellos mismos. Acertadamente, el liberal Oppenheimer, les llamó con ironía, «socialistas de cátedra». *(N. de la Red.)*.

12. Cuando en 1890, Bernstein publicó su libro *Las premisas del socialismo y las tareas de la socialdemocracia*, Rosa Luxemburgo atacó de nuevo las posiciones revisionistas del mismo, en una serie de artículos publicados igualmente en la revista *Leipziger Volkszeitung*. Dichos artículos constituyen esta segunda parte de *Reforma o revolución*. *(N. de la Red.)*.

13. Van der Borght: *Handwörterbuch der Staatswissenschaften,* 1 *[Manual de ciencias políticas]*.

14. N.B. Bernstein cree ver, en esta multitud de pequeños accionistas, una demostración de que la riqueza social empieza ya a derramar su bendición sobre la gente modesta en forma de acciones. En efecto, ¿habrá pequeñoburgués u obrero que renuncie a comprar acciones por la módica suma de una libra esterlina? Claro que no. Pero ello se debe a un error de cálculo, puesto que no hay que operar con el valor nominal, sino con el efectivo. Ejemplo: en el mercado minero se cotizan las acciones de las minas sudafricanas del Rand. El precio de estas acciones es, como el de casi todos los valores mineros, de una libra, es decir, de veinte marcos papel. Pero su precio, en 1899, era ya, según cotización del mes de marzo, de 43 libras, o sea 860 marcos. Y esto es lo que suele ocurrir por regla general. Las «pequeñas» acciones por muy democráticas que parezcan, solo suelen estar al alcance de la gran burguesía y pocas veces al de la pequeña, pero en cuanto al proletariado, bien puede despedirse de estos bonos

de participación en la riqueza social, pues son contadísimos los accionistas que las adquieren en su valor nominal.

15. Se refiere a Wilhelm Weitling. Véase «Personas mencionadas». *(N. del E.).*

16. Karl Menger escribe en 1871 los *Principios (Grundsätze).* En esta obra, formula su principio de la pérdida y de la igualación de las utilidades marginales, distinguiendo igualmente dos clases de mercancías, las mercancías de «orden primero» y las mercancías de «orden más alto». El mismo año de 1871, aparece también la *Theory of Political Economy* de W.S. Jevons, que inicia la llamada «revolución jevoniana». Más tarde, E. Böhm-Bawerk, publica la *Teoría positiva del capital* (1891) y *La conclusión del sistema de Karl Marx* (1896) [en *Economía burguesa y economía socialista,* Córdoba, Cuadernos de Pasado y Presente, no. 49, 1974, pp. 23-127]. La característica general de estos tres representantes de la economía política, es su proyecto de refutación de la teoría marxista de la plusvalía. J.A. Schumpeter, en su *Historia del análisis económico* [FCE, México, 1971], llama a E. Böhm-Bawerk, el «Marx de la burguesía». Se entiende así, que las críticas que R. Luxemburgo hace a Bernstein, alcancen igualmente a estos tres representantes de la economía burguesa que intentan «superar» a Marx. *(N. de la Red.).*

17. «Cierto que las fábricas pertenecientes a cooperativas representan el primer resquebrajamiento del molde antiguo sin salir de él, soliendo reproducir, en su verdadera organización, todas las faltas del sistema actual». Marx: *El capital.*

18. *Vorwärts,* 26 de marzo de 1899.

19. El 14 de noviembre de 1897, el imperialismo alemán se anexó el territorio chino de Kiao-Chou. *(N. de la Red.).*

20. Con la expresión «leyenda devoradora», Bernstein se refiere a la demanda de la clase obrera consistente en la expropiación general y simultánea de los medios de producción. *(N. de la Red.).*

21. C. Marx y F. Engels: «Manifiesto del Partido Comunista», en *Obras escogidas,* t. I, Ed. Progreso, Moscú, 1971, p. 19. *(N. de la Red.).*

22. Ibíd., p. 20.

23. Ídem.

24. La dirección del Partido Socialdemócrata falsificó, en 1895, este prefacio de Engels. Solo posteriormente, Riazánov descubrió esta falsificación. Rosa Luxemburgo adivina ya aquí, el sentido correcto del texto falseado. *(N. de la Red.).*

25. *Vorwärts,* 26 de marzo de 1899.

26. En 1885, estando aún en vigor la ley que mantenía al Partido Socialdemócrata en la ilegalidad, la fracción parlamentaria socialdemócrata votó una subvención de cinco millones de marcos a las líneas de vapores, manteniendo una posición totalmente reformista y justificándola con argumentos que sirvieron después para la más reaccionaria defensa del imperialismo. *(N. de la Red.).*

27. Vollmar, que en un tiempo formó parte del ala radical del partido, en 1890, a raíz de la vuelta del partido a la legalidad, pasó a posiciones reformistas, sosteniendo que la intervención del Estado en el desarrollo de la economía nacional era ya el «socialismo de Estado» y que mediante reformas sucesivas, era posible llegar a un «Estado sin clases». *(N. de la Red.).*

28. Como consecuencia del escaso desarrollo industrial del sur de Alemania, la lucha de clases no estaba ahí tan agudizada como en otras regiones del país. Las posiciones oportunistas en el partido, buscando solamente ganar votos para las elecciones,

olvidaban la posición política de clase cuando esta representaba un peligro para el triunfo electoral. Por ejemplo, en la dieta bávara, la fracción socialdemócrata aprobó un presupuesto favorable a los agricultores grandes y medianos, otorgando así un voto de plena confianza al gobierno de Baviera, y ganando algunos votos para los candidatos socialdemócratas, pero dejando totalmente de lado el análisis de la lucha de clases. *(N. de la Red.)*.

29. A partir del revisionismo teórico de Bernstein, la política oportunista llegó a verdaderas aberraciones. En las elecciones para el Reichstag, celebradas en 1898, Heine, partidario de Bernstein y candidato por un distrito de Berlín, se manifestó con respecto a la cuestión militar, como defensor de una «política de compensación». Esta política consistía en lo siguiente: acceder a las diversas pretensiones militares del gobierno, a cambio de la obtención de ciertas concesiones democráticas. El oportunismo consideraba que reforzar el aparato represivo del Estado, no traía ninguna consecuencia para la clase obrera, ya que el socialismo, realizándose por simple evolución del capitalismo, pondría automáticamente todo el poderío militar del Estado en manos de la clase obrera. Se olvidaba así, por una parte, que el aparato represivo del Estado es un punto estratégico de la lucha de clases y, por la otra, que en el proceso de transformación de las relaciones de producción capitalistas, el proletariado ha de conquistar necesariamente el poder político. *(N. de la Red.)*.

30. En el congreso de Stuttgart de 1898, Schippel presentó la ponencia acerca de la política aduanera y comercial. En ella se declaró favorable a una política proteccionista para la industria, dando como razón, la necesidad de proteger al obrero alemán de la competencia de las industrias extranjeras. Con respecto a la posición del mismo Schippel acerca de las milicias, ver el artículo siguiente de Rosa Luxemburgo: *Militarismo y milicias. (N. de la Red.)*.

31. C. Marx: «El dieciocho Brumario de Luis Bonaparte», en *Obras escogidas*, t. I, Ed. Progreso, Moscú, 1971, pp. 233-234. *(N. de la Red.)*.

Socialdemocracia y parlamentarismo

1. A principios de 1904, los herreros se habían sublevado en el África suroccidental contra la explotación y la opresión de las autoridades coloniales alemanas. En octubre de 1904 se adhirieron a la revuelta los hotentotes. Solamente a principios de 1907, las tropas coloniales alemanas, en forma brutal, con prepotencia militar, lograron reprimir la revuelta. *(N. de la Red.)*.

2. En 1862, Otto, príncipe von Bismarck, había sido nombrado presidente del Consejo de Ministros, con el encargo de imponer en el Congreso de los Diputados la reforma del ejército, contra la resistencia de la burguesía que había negado los fondos. Al eliminar el parlamento, desencadenó en Prusia una crisis política, que creaba condiciones favorables para una unión revolucionaria y política en Alemania. Por temor al proletariado, la burguesía no supo aprovechar dicha posibilidad.

3. Leonida Bissolati: «El resultado de las elecciones italianas», en *Sozialistische Monatshefte*, Berlín, 1904, v. II, cuaderno 2, p. 955.

La crisis de la socialdemocracia (*Folleto JUNIUS*)

1. «La marcha de seis semanas…» se refiere a los planes del estado mayor alemán, dirigido por Helmut von Moltke, quien pretendía ganar la guerra en dos etapas: 1ra.)

derrotando e invadiendo Francia en un ataque rápido (seis semanas); 2da.) enviando luego todos los contingentes de tropas al frente oriental. *(N. de la Red.).*

2. Nombre del crucero alemán *(Pantera)* que fue enviado a Agadir en 1911. *(N. de la Red.).*

3. Se refiere a los 555 delegados al congreso de Basilea, que representaban a veintitrés naciones. *(N. de la Red.).*

4. Se trata de un juramento de los antiguos confederados suizos. *(N. de la Red.).*

5. La votación de la fracción parlamentaria del SPD en el Reichstag a favor de los créditos de guerra. *(N. de la Red.).*

6. Revista humorístico-satírica de la socialdemocracia alemana. *(N. de la Red.).*

7. Norddeutscher Reichstag: el parlamento de Alemania del Norte. *(N. de la Red.).*

8. Theobald von Bethmann Hollweg (1856-1921), canciller alemán desde 1909 hasta 1917. Partidario originariamente —durante la Primera Guerra— de una política de entendimiento («Verstandigungsfriede»), fue cediendo poco a poco a las presiones nacionalistas y expansionistas. *(N. de la Red.).*

9. Se refiere a la tradición socialista alemana, ya iniciada por Marx en tiempos de la *Nueva Gaceta del Rhin,* que mantenía la necesidad de que la revolución alemana derrotase militarmente al despotismo ruso como condición para asegurar el desarrollo revolucionario en Europa. *(N. de la Red.).*

10. Se refiere al documento recortado y manipulado que Bismarck dio a la publicación acerca de las conversaciones en Bad Ems entre Benedetti y Guillermo I y que tuvieron como contenido la exigencia de garantías planteada por Napoleón III respecto a la renuncia del príncipe Leopoldo von Hohenzollern a sus pretensiones al trono español. La publicación de este documento fue la causa de que Francia declarase la guerra a Alemania. Al menos la oficialmente dada. *(N. de la Red.).*

11. Hecho consumado. En francés en el original. *(N. de la Red.).*

12. León de Belfort. En francés en el original. *(N. de la Red.).*

13. Bernhard von Bülow (1849-1929), canciller alemán de 1900 a 1909, artífice del llamado «bloque de Bülow», que reunía a conservadores y liberales nacionales frente al Centro. Partidario de una política de expansión imperialista que, sin embargo, no chocará con los intereses de Francia e Inglaterra. *(N. de la Red.).*

14. Acorazados y superacorazados. En inglés en el original. *(N. de la Red.).*

15. El Partido Nacional Liberal se fundó en 1866-1867, compuesto por grupos liberales que apoyaban la política de Bismarck. Su base estaba formada por la gran burguesía y las clases medias urbanas. Obtuvo —en su período de mayor alza— el 30% de los votos en 1871. A partir de entonces, fue oscilando en torno al 13% en todas las demás elecciones. *(N. de la Red.).*

16. Centro: de su verdadero nombre, Deutsche Zentrumspartei. Se fundó en 1870 como expresión del catolicismo alemán. Antes de 1919 el centro solía tener del 20% al 25% de los escaños en el Parlamento. *(N. de la Red.).*

17. Referencia a la política naval inaugurada por Alfred von Tirpitz, que culminó en un ambicioso plan de construcción naval, iniciado en 1898. *(N. de la Red.).*

18. El nombre viene de que, en ese año, las sublevaciones de nativos del África sudoccidental alemán fueron aplastadas con singular crueldad por las tropas alemanas. El SPD denunció el carácter inhumano de la represión, levantando una oleada de furor patriótico.

19. Se refiere al régimen implantado en Turquía por el Partido de los Jóvenes Turcos, tras la sublevación de Salónica de 1908, dirigida por Enver Bajá y que destronó al sultán Abdul Hamid. *(N. de la Red.)*.

20. La posición de Marx en lo relativo a Turquía durante la guerra de Crimea estuvo muy influida por los criterios de Urquhart, entonces embajador británico en el imperio osmanlí, furibundo enemigo de Rusia —como Marx— y partidario de un fortalecimiento de Turquía. *(N. de la Red.)*.

21. El 3 de diciembre de 1912, después de la guerra de los Balcanes, el orador de la fracción socialdemócrata del Reichstag, David, exponía: «Ayer se apuntó aquí que la política alemana en Oriente no era culpable del *desmoronamiento de Turquía*, que la política alemana en Oriente ha sido acertada. El señor canciller del Reich opinó que habíamos prestado buenos servicios a Turquía, y el señor Bassermann dijo que habíamos inducido a Turquía a realizar razonables reformas. Sobre este último punto no estoy al corriente de nada (*animación entre los socialdemócratas*); y también los buenos servicios quisiera ponerlos en tela de juicio. ¿Por qué se ha derrumbado Turquía? Lo que allí se derrumbó fue un *régimen de nobles terratenientes*, similar al que tenemos en los territorios prusianos a la orilla oriental del Elba, en Ostelbien (*"¡Muy bien!", entre los socialdemócratas; risas por parte de la derecha*). El derrumbamiento de Turquía es un fenómeno paralelo al derrumbamiento del régimen feudal de la Manchuria china. Los regímenes feudales parece ser que se acercan paulatinamente a su fin (*exclamaciones de los socialdemócratas: "¡Ojalá!"*); ya no corresponden a las exigencias del mundo moderno.

»Dije que las relaciones en Turquía se asemejan un cierto grado a las de Ostelbien (Este del Elba). Los turcos son una casta gobernante de conquistadores, solo una pequeña minoría. Junto a ellos hay además no turcos, que han adoptado la religión mahometana; pero los verdaderos turcos ancestrales son solo una pequeña minoría, una casta guerrera, una casta que se ha apoderado de todos los puestos clave, como en Prusia, en la administración, en la diplomacia, en el ejército; una casta cuya posición económica se apoyaba en un gran latifundio, en el poder sobre obedientes campesinos, precisamente como en Ostelbien; una casta que, frente a esos siervos tributarios, de origen extranjero y de religión extranjera, frente a los campesinos búlgaros y servios, mantuvo la misma despótica y brutal política que nuestro espahí [soldados de la caballería turca y, también, del ejército francés en Argelia] en Ostelbien (*animación*). Mientras Turquía poseía una economía natural, esto funcionaba; pues en tales condiciones resultaba soportable, en cierto modo, un tal régimen feudal, ya que el señor feudal no se dedica de manera tan despiadada a sacarle el jugo a sus súbditos tributarios; cuando este puede comer y beber y vivir bien se encuentra satisfecho. Pero en el momento en que Turquía, por el contacto con Europa, llegó a poseer una economía moderna monetaria, la opresión del señor feudal turco sobre sus campesinos se hizo cada vez más inaguantable. Se llegó a una explotación excesiva de ese campesino, y una gran parte de los campesinos fue reducida a la categoría de mendigos; muchos se hicieron bandidos. ¡Estos son los *komitaschis*! (*risas por parte de la derecha*). Los señores feudales turcos no solo mantuvieron la guerra contra el enemigo extranjero, no, por debajo de esa guerra contra el enemigo extranjero se ha producido en Turquía una revolución campesina. Esto fue lo que le partió las costillas a los turcos, ¡y esto ha provocado la caída de su sistema feudal!

»Y cuando se dice que el gobierno ha proporcionado allí buenos servicios…; pues bien, los mejores servicios que hubiera podido prestar a Turquía, y también al joven sistema turco, esos servicios no los ha prestado. Hubiese podido aconsejarles la realización de las reformas que estaba obligada a llevar a cabo Turquía por el Protocolo de Berlín, liberando a los campesinos, tal como hiciera Bulgaria y Servia. ¡Pero cómo podía hacer esto la diplomacia feudal prusiano-alemana!

»...Las instrucciones que recibió el señor mariscal de Berlín no podían estar dirigidas a prestarle realmente buenos servicios a los jóvenes turcos. Lo que les llevó —no quiero hablar aquí de los asuntos militares— fue un cierto espíritu que fue inculcado a la oficialidad turca, el espíritu del "elegante oficial de la guardia" (*animación entre los socialdemócratas*), un espíritu que tan funestas consecuencias tuvo para el ejército turco en esa lucha. Se cuenta que se han encontrado cadáveres de oficiales con botas de charol. Elevarse por encima de la masa del pueblo, sobre todo por encima de la masa de soldados, esa arrogancia infinita del oficial, ese ordeno y mando, ha extirpado de raíz la relación de confianza en el ejército turco, y con esto se comprende que ese espíritu haya contribuido a provocar la descomposición interna del ejército turco.

»Señores, con respecto a la cuestión de quién es el culpable del desmoronamiento de Turquía, tenemos una opinión distinta. La ayuda de un cierto espíritu prusiano no ha provocado sola el derrumbamiento de Turquía, naturalmente que no, pero ha contribuido a ello, lo ha acelerado. En el fondo se trató de causas económicas, tal como he expuesto».

22. El golpe de Estado de 1912, que abolió la Constitución, se dio al socaire de la guerra de Turquía contra Italia a causa de Trípoli. *(N. de la Red.).*

23. Se refiere a la derrota de Turquía en la primera guerra de los Balcanes, frente a la liga compuesta por Servia, Bulgaria, Grecia y Montenegro. *(N. de la Red.).*

24. Turquía intervino, junto con Rumania, Grecia y Montenegro, a favor de Servia, atacada por Bulgaria. *(N. de la Red.).*

25. Se refiere a la conferencia que se celebró en 1906 (no en 1905), por la que Alemania reconocía el predominio de Francia en el norte de África. *(N. de la Red.).*

26. La ruidosa campaña difamatoria mantenida durante años en los círculos de los imperialistas alemanes en torno a Marruecos no era lo más recomendable para aplacar las inquietudes de Francia. La Unión Panalemana defendía abiertamente el programa de anexión de Marruecos, naturalmente como una «cuestión vital» para Alemania, y difundió su panfleto, escrito por su presidente Heinrich Class, titulado *¡Marruecos occidental, alemán!* Cuando, después del comercio del Congo, el profesor Schiemann trató de defender en el *Kreuzzeitung* el arreglo del Ministerio de Relaciones Exteriores y la renuncia de Marruecos, el *Post* cayó sobre él de la siguiente manera:

«*El profesor Schiemann es ruso de nacimiento, y hasta quizá ni siquiera de puro origen alemán. Nadie le puede reprochar por eso que se muestre frío y cínico ante cuestiones que afectan de la manera más sensible la conciencia nacional y el orgullo patriótico que palpitan en el pecho de todo alemán del Reich.*

»El juicio de un extranjero, que habla del latido del corazón patriótico y del doloroso estremecimiento del alma acongojada del pueblo alemán, como si fuesen una pasada fantasía política y una aventura de conquistadores, ha de despertar en nosotros nuestra justa ira y nuestro desprecio tanto más por cuanto ese extranjero, en su calidad de catedrático de la Universidad de Berlín, goza de la *hospitalidad del Estado prusiano*. Pero nos ha de invadir un *profundo dolor* ante el hecho de que ese hombre que en el órgano dirigente del partido germano-conservador *se atreve a calumniar de tal forma los sentimientos más sagrados del pueblo alemán*, sea maestro y consejero de nuestro Kaiser en cuestiones políticas y —con derecho o sin él— sea considerado como el portavoz del Kaiser».

27. En enero de 1908 escribía, siguiendo la prensa alemana, el político liberal ruso Peter von Struve: «Ya ha llegado el momento de decir que solo hay un camino para crear una gran Rusia, y este es: la orientación de todas las fuerzas hacia un terreno que es accesible a la influencia real de la cultura rusa. Este territorio es *toda la cuenca del mar Negro*, es decir, todos los países europeos y asiáticos que tienen acceso al mar Negro. Aquí poseemos para nuestro dominio económico incombatible una base real: *hombres, carbón y hierro*. Sobre esta base real —y solo sobre ella— puede crearse, mediante un incansable trabajo cultural, que ha de ser apoyado en todas las direcciones por el Estado, una gran Rusia económicamente poderosa».

A comienzos de la actual guerra mundial escribía el mismo Struve todavía antes del ataque de Turquía: «Entre los políticos alemanes surgió una política turca autónoma que se condensó en el programa y en la idea de la egiptización de Turquía bajo la protección de Alemania. El Bósforo y los Dardanelos tendrían que convertirse en un Suez alemán. Antes de la guerra italo-turca, que echó a Turquía de África, y antes de la guerra de los Balcanes, que casi arrojó a los turcos de Europa, surgió claramente para Alemania la siguiente tarea: mantener Turquía y su independencia en interés del fortalecimiento económico y político de Alemania. Después de las mencionadas guerras esa tarea solo cambió en la medida en que salió a relucir la extraordinaria debilidad de Turquía: bajo esas circunstancias, una alianza ha de convertirse de facto en un protectorado o en un tutelaje que ha de llevar al imperio otomano al nivel de Egipto. *Pero está completamente claro que un Egipto alemán en el mar Negro y en el mar de Mármara sería completamente intolerable desde un punto de vista ruso*. No es de admirarse, pues, que el gobierno ruso protestase inmediatamente contra aquellos pasos encaminados hacia una política tal, particularmente *contra la misión del general Liman von Sanders*, que no solo reorganizó al ejército turco, sino que también *habría de mandar un cuerpo del ejército en Constantinopla*. Formalmente recibió Rusia satisfacciones en esa cuestión, pero en realidad la cuestión no cambió lo más mínimo. *Bajo tales circunstancias se aproximaba en diciembre de 1913 una guerra entre Rusia y Alemania: el caso de la misión militar* de Liman von Sanders había descubierto la política de Alemania dirigida a la "egiptización" de Turquía.

»*Esa nueva orientación de la política alemana hubiese bastado para provocar un conflicto armado entre Alemania y Rusia*. O sea, que *en diciembre de 1913* entramos en una época de maduración de un conflicto que tenía que adquirir inevitablemente el carácter de un conflicto mundial».

28. En el panfleto imperialista *¿Por qué la guerra alemana?* leemos: «Rusia ya ha tratado antes de engatusarnos, ofreciéndonos a nosotros, alemanes y austriacos, a aquellos diez millones de alemanes que tuvieron que quedar fuera de nuestra unificación nacional de 1866 y 1870-1871. Si les entregábamos a la vieja monarquía de los Habsburgo, podríamos obtener la recompensa por la traición».

29. El *Kolnische Zeitung* escribía después del atentado de Sarajevo, es decir, en vísperas de la guerra, cuando las cartas de la política alemana oficial no habían sido descubiertas todavía:

«Quien no esté al tanto de la situación se preguntará por qué Austria, pese a los favores que le ha hecho a Bosnia, no solo no es querida en el país, sino directamente odiada por los servios, que constituyen el 42% de la población. La respuesta solo la sabrá el verdadero conocedor del pueblo y de las condiciones en él imperantes: el forastero, el habituado a los conceptos y hechos europeos, se quedará sin entenderlo. La respuesta es clara y sencillamente: *la administración de Bosnia estaba completamente equivocada en su orientación y en sus ideas básicas,* y de ello tiene la culpa el desconocimiento vituperable que impera todavía hoy, después de más de una generación (desde la ocupación), sobre los hechos reales en el país».

30. *Warum es der deutsche Kreieg ist?* (*¿Por qué la guerra alemana?*), p. 18. El órgano de la camarilla del duque, *Gross-Oesterreich,* escribía semana tras semana incendiarios artículos en el siguiente estilo:

«Si se quiere vengar la muerte del duque y príncipe heredero Francisco Fernando de un modo digno de su manera y sentir, *entonces habrá que cumplir lo más rápidamente posible el legado político* de esta víctima inocente del funesto desarrollo de las relaciones en el sur del imperio.

»*Desde hace seis años esperamos la resolución final de todas las tensiones agobiantes* que sentimos con tan insoportable pena en toda nuestra política.

»Porque sabemos que solo con una guerra puede nacer la Austria nueva y grande, la gran Austria feliz que libere a sus pueblos, *por eso queremos la guerra.*

»Queremos la guerra porque tenemos la íntima convicción de que solo mediante una guerra podrá ser alcanzado nuestro ideal de una forma radical y repentina: *una gran Austria,* en la que la idea estatal austriaca, la misión austriaca de llevar *a los pueblos de los Balcanes* la libertad y la cultura, florezca bajo el resplandor de un futuro grande y feliz.

»Desde que el gran hombre está muerto, cuya fuerte mano y cuya indomable energía hubieran creado de la noche a la mañana una gran Austria, desde entonces la guerra es nuestra única esperanza.

»¡Es la última carta a la que nos lo jugamos todo!

»La gran excitación que impera en Austria y en Hungría contra Servia, desde ese atentado, conducirá quizá a la explosión contra Servia y, en su curso ulterior, también contra Rusia.

»El duque Francisco Fernando fue el único que pudo preparar, aunque no pudo realizarla, esa gran idea imperial. Ojalá sea su muerte la ofrenda que era necesaria para que se extendiera la flama imperial sobre toda Austria».

31. «Naturalmente, en los círculos de la política alemana se estaba informado de esto, y ya hoy no se revela ningún secreto al decir que, al igual que las otras flotas europeas, también las fuerzas navales alemanas se encontraban en aquel entonces en un inmediato estado de preparación bélica». Rohrbach: *Der Krieg und die deutsche Politik,* p. 32. (*La guerra y la política alemana*).

32. Rohrbach: *Der Krieg und die deutsche Politik,* p. 41.

33. Ibíd., p. 83.

34. A consecuencia de la guerra de Crimea (1853-1856) Rusia perdió importancia en Europa a favor de Francia, alterándose con ello el equilibrio de los Estados europeos. *(N. de la Red.).*

35. Se refiere a la caída de Sebastopol en manos de los aliados, lo que, prácticamente, supuso el fin de la guerra de Crimea. *(N. de la Red.).*

36. Se refiere a la estrepitosa derrota de Prusia en octubre de 1806, que supuso el hundimiento militar y general del Estado prusiano ante Napoleón I. *(N. de la Red.).*

37. Se refiere a un proceso en junio de 1904 contra varios socialdemócratas, en la ciudad de Konisberg, bajo la acusación de pertenecer a una sociedad secreta, de haber cometido alta traición y de haber pasado documentación revolucionaria a Rusia. *(N. de la Red.)*.

38. Se refiere a la represión de los obreros de las minas de Lena el 4 (17) de abril de 1912: 200 muertos y 250 a 300 heridos al disparar la policía contra una manifestación que pedía la libertad para el comité de huelga. *(N. de la Red.)*.

39. Se refiere a las comisiones nombradas por el gobierno alemán, encargadas de llevar adelante la política de germanización de los territorios polacos. *(N. de la Red.)*.

40. Gotz von Berlichingen (1480-1562): caballero franco que se sumó a la sublevación campesina de 1525, en la cual fue uno de sus dirigentes, y la traicionó en el momento decisivo. La referencia de Rosa Luxemburgo es a la obra de teatro de Goethe. *(N. de la Red.)*.

41. Véase el artículo del órgano del partido de Núremberg, reproducido en el *Echo* de Hamburgo el 6 de octubre de 1914.

42. El *Chemnitzer Volsstimme* escribía el 21 de octubre de 1914: «En todo caso, la censura militar en Alemania es, en su conjunto, más honrada y razonable que en Francia o Inglaterra. El griterío sobre la censura, tras la cual solo se oculta la carencia de una firme actividad ante el problema de la guerra, solo ayuda a los enemigos de Alemania a difundir la mentira de que esta sea una segunda Rusia. El que crea seriamente que bajo la actual censura militar no puede escribir de acuerdo a sus convicciones, que deje la pluma y se calle».

43. Johann Jacoby (1805-1877), médico y político alemán, perteneciente a la izquierda de la Asamblea Nacional de 1848. Posteriormente enemigo de la política de Bismarck y miembro del Partido Socialdemócrata Alemán. *(N. de la Red.)*.

44. Se refiere al Tratado de Paz del 10 de mayo de 1871, firmado en Frankfurt. *(N. de la Red.)*.

45. Se refiere a la tradición socialista alemana, ya iniciada por Marx en tiempos de la *Nueva Gaceta del Rhin*. Véase nota 9. *(N. del E.)*.

46. En francés en el original. *(N. de la Red.)*.

47. Al comienzo de la guerra, Bélgica fue invadida por las tropas alemanas, lo que formaba parte del plan de conquista de Francia. *(N. de la Red.)*.

48. «Si, pese a todo, la fracción socialdemócrata del Reichstag aprueba ahora por unanimidad los créditos de guerra —escribía el órgano del partido de Munich el 6 de agosto—, si manifiesta sus más ardientes deseos de éxito a todos los que parten a la defensa del Reich alemán, esto no representaba una "maniobra táctica", sino que era la consecuencia completamente natural de la actitud de un partido que siempre estuvo dispuesto a *poner un ejército popular para la defensa de la patria en el lugar que le parecía más la expresión del dominio de clases que de la voluntad de defensa de la nación contra desvergonzados ataques*».

    ¡¡Parecía!!… En *Die Neue Zeit*, la guerra actual ha sido elevada directamente a la categoría de «guerra popular», y el ejército existente a la de «ejército popular» (véanse nos. 20 y 23 de agosto y septiembre de 1914). El escritor de temas militares socialdemócrata, Hugo Schulz, ensalza en su crónica de guerra del 24 de agosto de 1914 el «fuerte espíritu de milicia» que se encuentra «vivo» en el ejército de los Habsburgo (¡¡)…

49. ¿Pues qué? ¿Estas cohortes extranjeras / impondrán la ley en nuestros hogares? *(N. de la Red.)*.

50. R. Luxemburg: *Massenstreik, Partei und Gewerkschaften*, Hamburgo, 1907. (*Huelga de masas, partido y sindicatos*).

51. En francés en el texto: «fuerza mayor». *(N. de la Red.).*

52. Se refiere a las aldeas ficticias que el ministro Potemkin «creaba» para satisfacción de la zarina, cuando esta iba de viaje. *(N. de la Red.).*

¿Qué se propone la Liga Espartaco?

1. El 9 de noviembre de 1918, es la fecha oficial de la revolución alemana; es el día en que el príncipe Max von Baden, transmite los poderes a Ebert; pero estos son los pasos oficiales de un proceso que se había iniciado con la sublevación de los marinos de Kiel el 31 de octubre de 1918, cuando formaron un consejo. La sublevación se extendió rápidamente con la constitución espontánea de consejos de obreros y soldados en otras ciudades del litoral (Hamburgo, etcétera). Al propio tiempo, el 8 de noviembre, Kurt Eisner proclamaba la república en Munich. En Berlín, el consejo de obreros y soldados declara la huelga general y se comprueba que el ejército no dispara contra los huelguistas. *(N. de la Red.).*

2. Dinastía imperial alemana. *(N. de la Red.).*

3. La expresión que utiliza Rosa Luxemburgo, «Sozialismus oder Untergang in der Barbarei», no se encuentra en el *Manifiesto comunista.* Supone Hermann Weber que se puede tratar de una referencia sintética a aquel trozo del *Manifiesto comunista* que reza: «opresores y oprimidos se enfrentaron siempre, mantuvieron una lucha constante, velada unas veces y otras franca y abierta; lucha que terminó siempre con la transformación revolucionaria de toda la sociedad o el hundimiento de las clases beligerantes». *(N. de la Red.).*

4. Consejo Federal: especie de segunda cámara legislativa en la Constitución bismarckiana de 1871. En la Constitución de 1871, vigente hasta 1918, el Bundesrat era la reunión de todos los príncipes y de los senados de las ciudades libres, como lazo de unión y mandatarios del Reich. Era la representación de la soberanía y tenía categoría constitucional suprema, pero en la política práctica tenía menos importancia que el Kaiser-Canciller y el Reichstag. *(N. de la Red.).*

5. Es esta una referencia a la decisión del Congreso de Consejos de pronunciarse por la convocatoria de elecciones para la Asamblea Nacional. En la revolución alemana, el sector más moderado (SPD mayoritario), pretendía la abolición del Estado de consejos de obreros mediante la convocatoria de una Asamblea Constituyente; la izquierda (Espartaco) trataba de fomentar el sistema de consejos, mientras que el centro (USPD) trataba de hacer compatibles ambas posibilidades. *(N. de la Red.).*

6. Vendée: región al sudoeste de París, en la que se produjo el levantamiento más grave contra el gobierno revolucionario central durante la Revolución Francesa. Por extensión se dice de todo movimiento agrario clerical y contrarrevolucionario. *(N. de la Red.).*

7. Clemenceau (Francia), Lloyd George (Inglaterra) y Wilson (Estados Unidos) eran los tres más altos dignatarios de sus países en el momento de acabar la Primera Guerra Mundial. Constituían, por tanto, el frente de los enemigos de Alemania y la alusión de Rosa Luxemburgo va vinculada evidentemente, a la acusación anterior que hace a la clase capitalista, de cometer alta traición. *(N. de la Red.).*

8. Erich Ludendorff (1865-1937), militar al frente del Tercer Mando Supremo, que ejerció gran influencia en política interior y exterior de 1916 a 1918. Fue responsable de la decisión de guerra submarina ilimitada. De 1916 a 1918 se le conocía como el «dictador de Alemania». *(N. de la Red.).*

9. Paul von Beneckendorff und von Hindenburg (1847-1934), jefe de los ejércitos alemanes en el frente oriental. Junto a Ludendorff pasó a ser jefe supremo de los ejércitos a partir de 1916. El mando supremo militar alcanzó la máxima importancia de 1916 a 1918. *(N. de la Red.).*

10. Alfred von Tirpitz (1849-1930), militar y marino, fue quien puso en práctica un programa ambicioso de construcción naval con el que se pretendía limitar el poderío marítimo británico y vencer el aislamiento alemán. Su influencia decreció en la Primera Guerra Mundial. Se retiró en 1916, al no conseguir imponer su criterio de guerra submarina ilimitada. *(N. de la Red.).*

11. La expresión empleada aquí por Rosa Luxemburgo es *Reich*, o sea, imperio. La hemos traducido por nación por entender que sea más adecuada a la concepción de un Estado gobernado por consejos de obreros y soldados. *(N. de la Red.).*

12. Los diputados del pueblo *(Volksbeauftragten)* eran los seis componentes del gobierno (véase la nota 19 de *Nuestro programa y la situación política*). Lo que Rosa reclama aquí, es nada menos que la supeditación del gobierno a los consejos de obreros y soldados, en contra, precisamente, de lo que estaba pasando. Ya en la reunión del gobierno de 13 de diciembre de 1918, Ebert había exigido clara independencia ejecutiva del gobierno frente a los consejos, reduciendo a estos al estatuto de órganos asesores. (Cf. Gerhard A. Ritter y Susanne Miller: *Die deutsche Revolution 1918-1919*, Fischer, Frankfurt, 1968, p. 133). *(N. de la Red.).*

13. Philip Scheidemann (1865-1939), miembro del SPD desde 1883 y su presidente junto a Ebert, de 1917 a 1918. Partidario de una paz sin anexiones durante la guerra, en octubre de 1918 es ministro en el gabinete de Max von Baden; en noviembre exige la abdicación de Guillermo II, y el día 9 proclama la república. *(N. de la Red.).*

14. Friedrich Ebert (1871-1925), secretario del Comité de Berlín del SPD. Desde 1916, presidente de la fracción parlamentaria del SPD, junto a Scheidemann. El 9 de noviembre de 1918 (comienzo de la revolución de noviembre) fue nombrado canciller y al día siguiente pasó a ser con Hugo Haase, presidente del Consejo de diputados del pueblo. Consiguió garantizar el período de transición de 1918 a la República de Weimar. Desde el 11 de febrero de 1919 hasta su muerte, fue presidente de la República. *(N. de la Red.).*

15. Esta negativa es más que pura retórica. El 9 de noviembre de 1918, Emil Barth (SPD), ofreció a Karl Liebknecht la posibilidad de entrar a formar parte del gobierno. Tras algunas consultas, Karl Liebknecht puso tales condiciones a su participación (declaración de la república social; transmisión de todos los poderes a los consejos de obreros y soldados; eliminación de todos los elementos burgueses del gobierno) que el SPD no aceptó la transacción. *(N. de la Red.).*

16. Referencia al Unabhangige Sozialdemokratische Partei Deutschlands (USPD), partido fundado en abril de 1917 y compuesto por socialdemócratas que en 1915 habían votado contra los créditos militares y todos los que estaban contra la guerra. Presidentes, Haase y Dittmann. Entre los miembros se contaban Kautsky y Bernstein. También en la izquierda se encontraba el grupo Espartaco de K. Liebknecht y Rosa Luxemburgo. *(N. de la Red.).*

Nuestro programa y la situación política

1. Se reproduce aquí la parte correspondiente de la traducción de la Editorial de Lenguas Extranjeras, Moscú, editada en nuestro país por Akal, Madrid, 1975, p. IV. *(N. de la Red.)*.

2. Ibíd., pp. 42-43. *(N. de la Red.)*.

3. Programa de Erfurt: se refiere al programa adoptado por el SPD en el congreso de Erfurt de 1891. Este programa contenía una descripción resumida de la evolución de las sociedades burguesas, la agudización de las contradicciones en el capitalismo y la inevitabilidad de las crisis, todo lo cual había de llevar al SPD al poder. Se afirmaba la necesidad de la lucha política del proletariado como condición para su emancipación económica y se presentaba una serie de reivindicaciones de carácter constitucional e industrial. (W. Abendroth: *Aufstieg und Krise der deutschen Sozialdemokratie*). El bosquejo del programa es de Karl Kautsky y base de su libro *Nuestro camino al poder*. *(N. de la Red.)*.

4. El 4 de agosto de 1914 el Reichstag alemán aprobó los créditos de guerra. La fracción socialdemócrata, compuesta por 110 diputados, también votó a favor de tales créditos (repartidos los votos en su interior entre 96 contra 14). (Rosenberg: *Entstehung der Weimarer Republik). (N. de la Red.)*.

5. Traducción de la Editorial de Lenguas Extranjeras, Akal, ed. cit., p. 119. *(N. de la Red.)*.

6. Ibíd., pp. 122-123. *(N. de la Red.)*.

7. Ibíd., p. 125. *(N. de la Red.)*.

8. La Ley Antisocialista fue promulgada por Bismarck en 1878 con el fin de detener el ascenso parlamentario del SPD. La causa oficial fueron dos atentados en contra de Guillermo I y con los cuales no se pudo relacionar para nada a la socialdemocracia, pero que desencadenaron una histeria monárquica y antisocialista (se prohibían las reuniones, las asociaciones, los sindicatos y las propagandas socialdemócratas). Pero con ello no se consiguió eliminar a los socialistas del parlamento, pues bajo la Constitución de Bismarck el candidato de una circunscripción no tenía por qué serlo formalmente de un partido (aunque de hecho lo fuera) y Bismarck no consiguió que, además, el Reichtag aceptara negar el mandato a las personas que fueran miembros de un partido prohibido. La ley fue promulgada dos años y medio después, en 1880 (en 1881 el SPD conseguía solo el 25% menos del voto), hasta 1890. *(N. de la Red.)*.

9. Se refiere Rosa Luxemburgo aquí a la corriente de los llamados «jóvenes» y también «movimiento independiente», que se enfrentaron a la mayoría del partido en el congreso de Halle del 12-18 de octubre de 1890 y fueron excluidos del partido en el congreso de Erfurt de 1891. La exclusión se levantó posteriormente. *(N. de la Red.)*.

10. Se refiere a Friedrich Ebert. Véase la nota 14 de «¿Qué se propone la Liga Espartaco?». *(N. del E.)*.

11. Se refiere a Eduard David (1863-1930), político alemán del SPD. Perteneciente a la presidencia de la fracción parlamentaria del SPD; sostuvo conversaciones con el presidente de los liberales nacionales, Hartmann Freiherr von Richthofen, para asegurar la sucesión al sobrino de Guillermo II si los hijos de este renunciaban. *(N. de la Red.)*.

12. Se refiere a Philip Scheidemann. Véase la nota 13 de «¿Qué se propone la Liga Espartaco?». *(N. del E.)*.

13. Referencia a la revolución europea de 1848 que en Alemania estalló con la convocatoria de la Asamblea Nacional de marzo de 1848. *(N. de la Red.)*.

14. Esto no es estrictamente cierto. En general, hacia 1850 se pensaba que la revolución estallaría de un momento a otro. Todavía en abril de 1853, F. Engels, en carta a Weydemeyer, asegura que la prosperidad del capitalismo no ha de pasar del otoño, vaticina una crisis para la primavera de 1854. Solo a partir de 1857, aproximadamente, se convencieron Marx y Engels de que, en realidad, el período de prosperidad era más largo de lo que en un principio sospecharon. *(N. de la Red.)*.

15. Primera Guerra Mundial. *(N. de la Red.)*.

16. La revolución del 9 de noviembre de 1918, comenzada en Kiel y extendida de inmediato a Hamburgo, Berlín, etcétera, obligó a la dimisión del gobierno de Max von Baden, en el que participaban miembros del Partido Socialdemócrata mayoritario que trataban de impedir la caída —inevitable— de la monarquía. En todo caso, ni el SPD mayoritario ni el USP habían preparado la revolución o participado de modo alguno de ella. *(N. de la Red.)*.

17. Se refiere Rosa Luxemburgo a la organización de sindicatos alemanes bajo la dirección de Karl Legien (1861-1920), fundador y presidente de la Comisión general de sindicatos, partidario de la política de defensa nacional durante la Primera Guerra y, luego de la revolución de 1918-1919, partidario de la colaboración con los empresarios. *(N. de la Red.)*.

18. Hugo Haase (1863-1919), uno de los presidentes de la fracción del SPD en el Reichstag, pidió en vano que en 1914 se votara en contra de los créditos. A partir de 1915 votó contra los créditos de guerra. Fue, con Ebert, presidente del Consejo de Diputados del pueblo. En diciembre de 1918 salió del Consejo, junto a otros miembros del USPD. Derecha del USPD, preconizaba una combinación de sistema de consejos y democracia parlamentaria. Murió a consecuencia de un atentado en diciembre de 1919. *(N. de la Red.)*.

19. Se refiere Rosa Luxemburgo al primer gobierno de la república alemana en el que la mayoría socialdemócrata invitó a formar parte a los otros socialistas. Este primer Consejo de Diputados del pueblo estaba compuesto por tres representantes de la mayoría socialdemócrata (Ebert, Scheidemann y Landsberg) y tres representantes del USPD o Partido Socialdemócrata Independiente (Haase, Dittmann y Barth). Este Consejo de seis cumplía las funciones de presidente y canciller del Reich, pero como, además, continuaban existiendo los ministerios anteriores con un secretario de Estado por cada uno, compuestos por políticos burgueses del centro y de los liberales, resulta que el gobierno del 10 de noviembre solo era socialista en apariencia; en realidad, era un gobierno representante de la antigua coalición de la democracia burguesa (SPD, Centro y Progresistas). *(N. de la Red.)*.

20. El 6 de diciembre de 1918 unos cien soldados de un regimiento de fusileros, aparentemente en un acto de provocación, abrieron fuego de ametralladora sobre una manifestación pacífica de soldados desmovilizados y desertores, organizada por la Liga Espartaco; mataron a catorce e hirieron a más de treinta manifestantes. *(N. de la Red.)*.

21. El 24 de diciembre el gobierno de Ebert dio orden al ejército de desalojar un castillo en el que se habían refugiado unos cien marineros, en protesta por no recibir sus atrasos y por un atentado del que habían sido víctimas mientras negociaban un compromiso. En el asalto murieron muchos marineros y únicamente la población de Berlín, al mezclarse con los soldados, consiguió poner fin al ataque. *(N. de la Red.)*.

22. Véase nota 4 de «¿Qué se propone la Liga Espartaco?». *(N. del E.)*.

23. Se refiere Rosa Luxemburgo a la declaración de la Conferencia de los Estados de Alemania meridional celebrada del 27 al 28 de diciembre de 1918 y en la que, tras declararse partidarios de la Revolución, los cuatro Estados meridionales exponían su preocupación por los sucesos de Berlín y recordaban la necesidad de asegurar el carácter federal del Reich alemán. *(N. de la Red.).*

24. Se refiere al Unabhangige Sozialdemokratische Partei Deutschlands (USPD). Véase la nota 16 de «¿Qué se propone la Liga Espartaco?». *(N. del E.).*

25. Órgano del USPD a partir de la Revolución. *(N. de la Red.).*

26. Wilhelm Groener (1867-1939), jefe del alto estado mayor, encargado de la desmovilización del Ejército, luego de la derrota de Alemania. En representación de Hindenburg, Groener selló un acuerdo secreto con Friedrich Ebert para impedir el establecimiento de un sistema de consejos obreros en Alemania. Gracias a esto fue posible derrotar a la revolución. *(N. de la Red.).*

27. Referencia a las discusiones que habían tenido lugar el día anterior acerca de la actitud que el PCA (Liga Espartaco) debería tomar con respecto a la convocatoria de elecciones legislativas para la Asamblea Nacional el 19 de enero de 1919, convocadas por el Congreso del Consejo. Rosa Luxemburgo y K. Liebknecht eran partidarios de participar en las elecciones y ver luego cómo se desarrollarían los acontecimientos. Pero en el Congreso Fundacional del PCA predominaba la posición izquierdista que proponía la abstención en las elecciones. La propuesta de Rosa Luxemburgo y Karl Liebknecht fue derrotada por sesenta y dos votos contra veintitrés. *(N. de la Red.).*

28. Se trata de los «cuerpos de voluntarios», compuestos por aquellos soldados alemanes que no manifestaban el deseo explícito de abandonar el frente y regresar a su casa. Entre ellas la famosa División de Hierro, de que habla Rosa Luxemburgo más adelante. *(N. de la Red.).*

29. Rosa Luxemburgo no menciona, quizá por desconocerlo por entonces, la existencia de un tratado entre Alemania y Letonia (firmado por August Winnig y el jefe del gobierno provisional letón Ulmani), que daba la nacionalidad letona a todos los alemanes que hubieran combatido, por lo menos, cuatro semanas contra los bolcheviques, en los cuerpos de voluntarios. *(N. de la Red.).*

30. En realidad, el pretexto diplomático del gobierno de Ebert era algo más complicado. Según el propio Winnig, si no se ayudaba al gobierno letón, comprometiendo en ello, también, a la Entente, se corría el peligro de que los bolcheviques llegaran a la frontera y, a su vez, la Entente, so pretexto de combatir a los bolcheviques, podría atacar a Alemania. Cierto es, en todo caso, que Francia había prometido ayuda a Letonia y que Inglaterra había enviado una flota de veinte barcos de guerra. *(N. de la Red.).*

31. Se refiere a los veinte buques de guerra ingleses de la nota anterior. *(N. de la Red.).*

32. Se refiere a la resolución «Protesta del Congreso Fundacional del PCA, contra la política oriental del gobierno del Reich», del 31 de diciembre de 1918 que fue aprobada por el congreso. *(N. de la Red.).*

33. No hay duda de que, desde el principio, el gobierno del Reich trató de anular el sistema de consejos. Este sistema de consejos tampoco supo organizarse, por otro lado, de un modo que le permitiera resistir las presiones del gobierno y del mando militar. Por lo que hace al caso de Hessen, que Rosa Luxemburgo cita, lo cierto parece haber sido que el consejo de obreros, soldados y campesinos se autoeliminó el 10 de diciembre de 1918, para dejar el sitio a un «consejo popular» que se componía de «todos los

sectores de la población». (Cf. J.S. Drabkin: *Die November-Revolution 1918 in Deutschland*, VEB, Berlín, 1968, p. 388). *(N. de la Red.).*

II. Espontaneidad, organización y partido

Huelga de masas, partido y sindicatos

1. F. Engels: «Los bakuninistas en acción», en C. Marx y F. Engels, *La revolución española*, Ed. Lenguas Extranjeras, Moscú, s/f, pp. 196-197. *(N. de la Red.).*

2. El Partido Socialista Revolucionario, creado en 1900 por Chernov, heredero del socialismo tradicional ruso preconizaba la colectivización de la tierra en el marco del *mir*. Estaba compuesto de dos ramas, una de ellas terrorista, responsable entre otros del asesinato de tres ministros del Interior y del gran duque Sergio en 1905. *(N. de la Red.).*

3. Las palabras sobre la prometida de Karl Moor (Moro en español) están tomadas del célebre drama de Schiller, *Los bandidos*. *(N. de la Red.).*

4. Bömelburg (1862-1912), sindicalista alemán de la Federación de la Construcción. En el congreso de Colonia, en 1906, rechazó las tentativas de introducir una nueva táctica en la huelga política de masas. *(N. de la Red.).*

5. Puttkammer (1828-1900), ministro del Interior de Alemania de 1881 a 1888. *(N. de la Red.).*

6. En el congreso de Jena (1905) del Partido Socialdemócrata Alemán se votó una resolución reconociendo a la huelga de masas como un arma eventual del proletariado, en particular para la defensa de los derechos parlamentarios. La resolución consideraba favorablemente la discusión de tal eventualidad en el partido. Esta resolución, de la que Bebel era el autor, fue juzgada como demasiado tibia por Rosa Luxemburgo, aunque ella consideraba a la vez que el ala de izquierda del partido había logrado a pesar de todo una victoria en dicho congreso. *(N. de la Red.).*

7. En el congreso sindical de Colonia (1908), los sindicatos reclamaron cierta autonomía frente al partido y rechazaron la discusión sobre la huelga de masas. Esto constituyó un retroceso con respecto a la resolución de Jena. *(N. de la Red.).*

8. *Osvobozhdenie (Liberación)*: revista quincenal de la burguesía liberal monárquica; se editó en el extranjero, en los años 1902-1905, bajo la dirección de P.B. Struve. Esta publicación sirvió más adelante de núcleo del principal partido burgués de Rusia: el Partido Demócrata-Constitucionalista (Cadete). *(N. de la Red.).*

9. Gapón (1870-1906), sacerdote ruso que organizó de acuerdo con la policía de Zubatov las manifestaciones del «Domingo sangriento» de San Petersburgo. *(N. de la Red.).*

10. Solo en las dos primeras semanas de junio de 1906, los sindicatos emprendieron las siguientes luchas reivindicativas:

    Los tipógrafos de San Petersburgo, Moscú, Odesa, Minsk, Vilna, Saratov, Tambov, por la jornada de ocho horas y el reposo semanal.

    Huelga general de los marinos de Odesa, Nicolaiev, Kertch, Crimea, Cáucaso, la flota del Volga, Kronstadt, Varsovia y Plock, por el reconocimiento del sindicato y la liberación de los delegados detenidos.

    Los obreros de los puertos de Saratov, Nicolaiev, Zaritsin, Arcangelsk, Bialystok, Vilna, Odesa, Jarkov, Brest-Litovsk, Radom, Tiflis.

Los obreros agrícolas en los distritos de Verjné-Dnieprovsk, Borinsovik, Simferópol, en las gobernaciones de Todolsk, Tula, Kurks, en los distritos de Kozlov, Lipovitz, en Finlandia, en las gobernaciones de Kíev, en el distrito de Elisabethgrad.

En varias ciudades la huelga se extendió en este período a casi todos los oficios al mismo tiempo: por ejemplo en Saratov, Arcangelsk, Kertch, Krementchug; en Backmut, huelga general de los mineros en toda la cuenca.

En otras ciudades el movimiento reivindicativo afectó a todos los oficios sucesivamente en el curso de esas dos semanas: por ejemplo, en San Petersburgo, Varsovia, Moscú, en toda la provincia de Ivanovo-Voznesensk.

La huelga tenía como objetivo en todas partes la reducción del tiempo de trabajo, el reposo semanal, reivindicaciones relativas a los salarios. La mayoría de las huelgas terminaron con la victoria, los informes locales hacen resaltar que afectaron parcialmente categorías de obreros que participaban por primera vez en una lucha reivindicativa salarial. *(N. de la Red.).*

11. Bulygin (1851-1919), estadista ruso, designado ministro del Interior en febrero de 1905, debió redactar, bajo la presión revolucionaria, un decreto prometiendo un régimen constitucional. La primera Duma que se constituyó después de la revolución de 1905 lleva su nombre. *(N. de la Red.).*

12. Martín Kasprzak, dirigente del grupo de Varsovia del Partido Revolucionario Socialista Proletario. Rosa Luxemburgo lo conoció en 1887, cuando ella se adhirió a ese movimiento. *(N. de la Red.).*

13. El 17 de enero de 1906, en Hamburgo, se produjo lo que Rosa Luxemburgo denomina «un ensayo de huelga de masas». *(N. de la Red.).*

14. En consecuencia, solo por error la camarada Roland-Hokt puede escribir en el prefacio de la edición rusa de su libro *Generulstreik und Sozialdemokratie* (*Huelga general y socialdemocracia*):

«El proletariado [de Rusia] desde los comienzos de la gran industria casi se había familiarizado con huelga de masas por la simple razón de que bajo la opresión política del absolutismo las huelgas parciales se habían revelado como imposibles» (véase *Die Neue Zeit*, 1906, no. 33). Todo lo contrario fue lo que se produjo. El informante de la Unión de Sindicatos de San Petersburgo, al comienzo de su informe leído en el curso de la segunda conferencia de los sindicatos rusos en febrero de 1906, señalaba lo siguiente: «En el momento en que se reúne la presente conferencia, no tengo necesidad de hacerles notar que nuestro movimiento sindical no tiene su origen en el período "liberal" del príncipe Sviatopol-Mirski [en 1904 — R.L.] como muchos tratan de hacerlo creer; de donde sí nació es del 22 de enero. El movimiento sindical tiene raíces mucho más profundas: está indisolublemente ligado a todo el pasado de nuestro movimiento obrero. Nuestros sindicatos son solo formas nuevas de organización que prosiguen la lucha económica que el proletariado ruso lleva adelante desde hace años. Sin profundizar más en la historia tenemos el derecho de decir que la lucha económica de los obreros de San Petersburgo reviste formas más o menos organizadas desde las memorables huelgas de 1896 y 1897. La dirección de esta lucha política corresponde a esa organización socialdemócrata que se llamó Unión de lucha por la emancipación de la clase obrera de San Petersburgo y que luego de la conferencia de marzo de 1898 se llamó Comité petersburgués del Partido Obrero Socialdemócrata de Rusia. Se creó un sistema complicado de organizaciones en las fábricas, los distritos y los barrios con innumerables hilos que vinculaban al organismo central con las masas obreras y permitían responder por medio de carteles a todas las necesidades de la clase obrera. De este modo estaba dada la posibilidad de apoyar y dirigir las huelgas».

15. La ley de excepción contra los socialistas que Bismarck logró hacer votar por el Reichstag en 1878 y hacer renovar hasta 1890, prohibía la existencia del Partido Socialdemócrata. Muchos de los dirigentes emigraron, en particular a Suiza, donde hicieron aparecer el periódico *Der Sozialdemokrat*. *(N. de la Red.)*.

16. Eduard David (1863-1930), político alemán, diputado socialista al Reichstag, fue autor de un proyecto de programa agrario (1895) rechazado por el partido; teórico reformista, partidario de la pequeña propiedad campesina. *(N. de la Red.)*.

17. Frohme, socialista sindicalista (Federación de la Construcción). Elm, uno de los pioneros del movimiento cooperativista, sindicalista y defensor de la autonomía de los sindicatos frente al partido. *(N. de la Red.)*.

18. A comienzos del siglo se temía la supresión del sufragio universal para las elecciones al Reichstag, con el propósito de impedir el impetuoso avance socialista. En realidad, esto ocurrió solo en los parlamentos locales (Landtag), donde existía un sistema de sufragio calificado. *(N. de la Red.)*.

19. Del mismo modo en que se niega habitualmente la existencia de una tendencia similar en el seno de la socialdemocracia alemana, así es necesario saludar la franqueza con la que la tendencia oportunista ha formulado últimamente los fines que le son propios.

En un congreso del partido, en Maguncia, el 10 de septiembre de 1906, fue aprobada la siguiente resolución propuesta por el doctor David:

«Considerando que el partido socialista democrático no concibe la idea de "revolución" en el sentido de una transformación violenta, sino en el sentido pacífico del desarrollo, es decir, de la fundación gradual de un principio social nuevo, la conferencia pública del partido en Maguncia rechaza todo "romanticismo revolucionario".

»La conferencia no ve en la conquista del poder político otra cosa que la conquista de la mayoría de la población para las ideas y las reivindicaciones de la socialdemocracia; conquista que no puede hacerse con medios violentos, sino agitando las mentes por medio de la propaganda ideológica y de la acción práctica de reforma en todos los aspectos de la vida política, económica y social.

»Con la convicción de que el socialismo prospera mucho más con los medios legales que con los medios ilegales y el desorden, la conferencia rechaza la "acción directa de masa" como principio táctico, y se limita al principio de la acción reformista parlamentaria, es decir desea que el partido se esfuerce, de ahora en adelante como en el pasado, por realizar poco a poco nuestros objetivos por la vía legislativa y a partir de un desarrollo orgánico.

»La condición fundamental de este método de lucha reformadora es la de que la posibilidad para la masa de la población proletaria de participar en la legislación en el imperio y en los distintos Estados, no disminuya, sino que por el contrario sea extendida hasta la completa igualdad de derechos. Por esta razón la conferencia considera como un derecho incontestable de la clase obrera, si todos los otros medios desaparecen, el de llegar a rehusarse a trabajar durante un tiempo más o menos largo, tanto para rechazar los atentados contra sus derechos legales como para conquistar otros nuevos.

»Pero dado que la huelga política de masa puede ser llevada adelante victoriosamente por la clase obrera solo si ella se mantiene en el terreno estrictamente legal y no ofrece, de parte de los huelguistas, ninguna ocasión para la intervención de la fuerza armada, la conferencia ve en la extensión de la organización política, sindical y cooperativa el único adiestramiento necesario y eficaz para el uso de este medio de lucha. Solamente así pueden ser creadas en las masas del pueblo las condiciones que garantizan el desarrollo victorioso de una huelga de masa: una consciente disciplina de su objetivo y una base económica suficiente».

20. *Vorwärts* (*Adelante*): órgano central de la socialdemocracia alemana. Comenzó a publicarse en 1876, bajo la redacción de W. Liebknecht y otros. Desde la segunda mitad de la década del noventa, después de la muerte de Engels, *Vorwärts* publicó sistemáticamente los artículos de los revisionistas. Era a la vez órgano local de Berlín y órgano central del partido. *(N. de la Red.).*

21. Alusión a un verso del *Fausto*: «Dos almas habitan aquí, en mi pecho». *(N. de la Red.).*

22. Hirsch (1882-1905), político alemán, cofundador del partido progresista con Duncker y Schulze-Delitzsch. En 1868 fundó los Deutsche Gewerkvereine o sindicatos de contenido liberal-burgués. *(N. de la Red.).*

23. Werner Sombart (1863-1941), economista y sociólogo. Escribió diversos trabajos sobre el capitalismo moderno. Especialista del socialismo; al comienzo, más o menos influenciado por el marxismo, luego se convirtió en un adversario encarnizado. *(N. de la Red.).*

24. Alusión a la frase de Bernstein a propósito de la necesidad de la revisión de la doctrina del partido. En su opinión, el partido debía tener el «coraje de parecerse a lo que es hoy en realidad: un partido reformista democrático y socialista» (*Voraussetzungen*, p. 162). De la obra principal de Bernstein, la Editorial Claridad publicó una versión con el título de *Socialismo teórico y socialismo práctico*, Buenos Aires, 1966. *(N. de la Red.).*

Blanquismo y socialdemocracia

1. *Marx, Engels, Werke*, Dietz Verlag, Berlín, t. 18, p. 529. *(N. de la Red.).*

2. Se trata del IV Congreso del POSDR que tuvo lugar en mayo de 1906. *(N. de la Red.).*

3. La Voluntad del Pueblo: organización terrorista de la década de 1870. *(N. de la Red.).*

4. La expresión polaca *«pedecja»* parece ser una abreviación de *«polka democracja»* y designa a la oposición democrática de la burguesía polaca. *(N. de la Red.).*

5. Alusión probable al club de la Sociedad Republicana Central fundada en febrero de 1848 por Blanqui en París. *(N. de la Red.).*

6. Alusión a la famosa obra de Lenin *¿Qué hacer?* (1902), criticada por R.[osa] L.[uxemburgo] en 1902 en su artículo *Cuestiones de organización de la socialdemocracia rusa* a la que Lenin respondió en 1904 en *Un paso adelante, dos pasos atrás*. *(N. de la Red.).*

III. Sobre la guerra y el militarismo

El militarismo, la guerra y la clase obrera

1. Primer verso de la canción militar alemana *Die Wacht am Rhein* (*La guardia del Rhin*). *(N. de la Red.).*

2. Una revista humorística alemana. *(N. de la Red.).*

IV. Las revoluciones rusas

La revolución en Rusia [I]

1. El 7 de enero de 1905, los mineros de la mina Bruchstrasse, en Langendreer, habían abandonado el trabajo como protesta por prolongaciones de las horas de trabajo y contra el paro proyectado de algunas minas. Hasta el 16 de enero se habían sumado a la huelga unos cien mil trabajadores de otras minas. Bajo la presión de los mineros, los dirigentes de los sindicatos libres, de los sindicatos cristianos y de las asociaciones mineras de Hirsch-Duncker, se vieron obligados el 17 de enero, a proclamar la huelga. A continuación hubo diariamente unos doscientos quince mil mineros en lucha por el turno de ocho horas, por aumento de sueldos, por la seguridad en las minas y por la supresión de todas las medidas disciplinarias por causa de actividad política. El 9 de febrero, contra la voluntad de los trabajadores, el comité director, en el que tenían mayoría los reformistas y los líderes de los gremios burgueses, decretó, sin resultado, el fin de la huelga.

2. El 22 de enero de 1905, ciento cuarenta mil trabajadores se dirigieron en manifestación, en Petersburgo, al Palacio de Invierno, con una petición en la que suplicaban al zar que fueran mejoradas sus condiciones de existencia. Los manifestantes, entre los que figuraban también mujeres y niños, fueron recibidos, por orden del zar, con descargas de fusil. Murieron más de mil individuos y fueron heridos más de cinco mil. Este derramamiento de sangre desencadenó una serie de huelgas de protesta en toda Rusia.

3. En enero de 1904, Japón emprendió una guerra imperialista contra Rusia, por el dominio de algunas regiones del Este. La severa derrota de las tropas rusas en 1905, debilitó el zarismo y facilitó la crisis revolucionaria en Rusia. *(N. de la Red.)*.

La revolución en Rusia [II]

1. En la guerra de 1853 a 1856 contra la coalición formada por Inglaterra, Francia, Turquía y Cerdeña por la hegemonía y la influencia en el próximo Oriente, había sufrido la Rusia zarista una grave derrota. Hubo de ceder la región de la desembocadura del Danubio y no podía mantener en el mar Negro flota de guerra alguna.

La revolución en Rusia [III]

1. Por iniciativa del jefe de la gendarmería, S.W. Subatov, en los años de 1901 a 1903 el gobierno zarista procedió al intento de desviar a los trabajadores de la lucha revolucionaria creando organizaciones obreras legales controladas por la policía.

2. En noviembre de 1902 en Rostov-sobre-el Don comenzó una huelga de los ferrocarrileros que pronto se extendió a todas las empresas de la ciudad. A partir de esta huelga económica se desarrolló la más grande de las acciones de masa políticas en la que el proletariado se enfrentó «por primera vez como clase a todas las demás clases y al régimen zarista» (Lenin). Esta acción aportó esencialmente al posterior ascenso del movimiento obrero en Rusia.

3. La guerra ruso-turca de 1877 a 1878 terminó con una derrota del ejército ruso. Confirió al movimiento nacional de los eslavos meridionales en los Balcanes un impulso y liberó grandes partes de la península balcánica del dominio turco.

4. Bajo la influencia de los fracasos del gobierno zarista en la guerra contra el Japón y del descontento creciente de las masas populares se produjo, en el período de

agosto de 1904 a enero de 1905, una reanimación del movimiento constitucional de la burguesía liberal. Durante esta «campaña de los *zemstvos*» les fue concedido a los representantes de estos por las autoridades zaristas, la celebración de reuniones, deliberaciones, banquetes y congresos.

La revolución en Rusia [IV]

1. Véase Wilhelm Liebknecht: «Karl Marx zum Gedäachtnis. Ein Lebensabriss und Erinnerungen», en Mohr y General, *Erinnerungen an Marx und Engels*, Berlín, 1964, p. 77. *(N. de la Red.)*.

2. De agosto de 1904 a enero de 1905, Swiatopolk-Mirski fue en Rusia ministro del Interior y practicó, para debilitar la crisis revolucionaria creciente, una política de contemporización. Hizo algunas concesiones a la oposición liberal: una atenuación insignificante de la censura, una amnistía parcial y autorización para la celebración de congresos de los *zemstvos*.

Después del primer acto

1. Rosa Luxemburgo se refiere al artículo anterior, *La revolución en Rusia* [I]. *(N. de la Red.)*.

2. En junio de 1848, el proletariado parisiense se había levantado contra la burguesía francesa que mandó cerrar los talleres nacionales. Unos 133 000 trabajadores quedaban así sin trabajo y sin ingreso. La burguesía, los pequeñoburgueses y los monárquicos formaban un frente compacto contra la sublevación, que en tres días fue reprimida sangrientamente por una fuerza militar superior.

3. Máximo Gorki, expuesto ya reiteradamente a las represalias de las autoridades zaristas por su participación en la lucha del proletariado revolucionario, había sido detenido, después de la manifestación de los trabajadores de Petersburgo del 22 de enero. Fue puesto en libertad, bajo fianza, el 27 de febrero.

4. Los «decembristas», «aristócratas revolucionarios» (Lenin) que, por temor de la actividad de las masas populares, actuaban aisladamente con respecto a estas, habían organizado el 14 de diciembre de 1825 en Petersburgo, una sublevación militar contra el absolutismo zarista y el gobierno feudal, movimiento que fue sofocado el mismo día por tropas zaristas.

5. Bajo la dirección de la Alianza por la lucha de la liberación de la clase obrera, en el verano de 1896, alrededor de treinta mil trabajadores de la industria textil fueron a la huelga. Exigían el pago de los días festivos y la disminución de la jornada de trabajo. Para impedir la extensión de la huelga hacia una huelga general, las reivindicaciones de los trabajadores fueron parcialmente satisfechas y la huelga terminó tres semanas después.

6. G.A. Gapon había creado en 1903-1904 en Petersburgo, por encargo y bajo la protección de la policía, «organizaciones obreras» para mantener alejados a los trabajadores del movimiento socialdemócrata. Fue el iniciador de la manifestación de Petersburgo del 22 de enero de 1905.

La Revolución Rusa

1. Pavel Borisovich Axelrod (1850-1928) y Fedor Ilyich (*Gurvich*) Dan (1871-1947). Axelrod, antiguo populista, fue luego uno de los fundadores del grupo Emancipación del Trabajo, junto a Plejánov y Vera Zasúlich. Dan fue miembro del Consejo de redacción de *Iskra*, junto a Martov, Martinov, Protesov y Maslov, luego del IV Congreso del

Partido Socialdemócrata ruso del 23 de abril al 8 de mayo de 1906. Contra Dan dirigió Lenin algunos de sus más feroces ataques, habiéndole acusado en cierta ocasión de «haber bebido un té» en compañía de los cadetes Miliukov y Nabokov. Dan fue luego detenido por los bolcheviques y expulsado de Rusia. *(N. de la Red.).*

2. Friedrich Stampfer fue elegido redactor jefe de *Vorwärts*, órgano central de la social-democracia alemana, en 1916. *(N. de la Red.).*

3. Cadetes: Partido Constitucional-Revolucionario de los liberales rusos, fundado formalmente en el congreso de octubre de 1905 y resultado de la fusión de dos movimientos: la Unión para la Liberación y los constitucionalistas de los *zemstvos*. Su programa era deliberadamente ambiguo, en cuanto a la forma del Estado ruso (si monarquía o república). Su dirigente era P.N. Miliukov. *(N. de la Red.).*

4. Cuarta Duma: convocada para septiembre de 1912. Los bolcheviques habían decidido en la Conferencia de Praga que la participación en las elecciones era absolutamente imprescindible. La Duma es importante porque la fracción socialdemócrata (de bolcheviques y mencheviques) que en la Tercera Duma había actuado unida, quedó dividida definitivamente. Hasta su dimisión el 8 (21) de mayo de 1914 la fracción bolchevique estuvo dirigida por Román Malinovski, un luchador implacable contra los mencheviques, que estaba a sueldo de la policía zarista desde 1909. Más tarde fue fusilado por los bolcheviques. *(N. de la Red.).*

5. Se refiere Rosa Luxemburgo aquí, seguramente, a los intentos de numerosos políticos de avisar al zar de la revolución inminente. Así, por ejemplo, lo que relata Rozjanko (presidente de la Cuarta Duma) en sus memorias acerca de una visita al zar el 5 (18) de enero de 1917, para avisar a este de los peligros que corría el trono. *(N. de la Red.).*

6. Se refiere a Pablo N. Miliukov, presidente del Partido de los cadetes. Véase «Personas mencionadas». *(N. del E.).*

7. Se refiere aquí Rosa Luxemburgo al intento de golpe de Estado del general Kornilov en agosto de 1917, que trataba de establecer una dictadura militar. *(N. de la Red.).*

8. Se refiere Rosa Luxemburgo aquí a la agitación que llevó a cabo el USPD alemán durante la guerra. En marzo de 1917 (y, sin duda, siguiendo el ejemplo de la Revolución Rusa de febrero) el USPD presentó una resolución en el Reichstag en la que pedía: un gobierno parlamentario para Alemania y una paz sin anexiones. *(N. de la Red.).*

9. Los niveladores *(Levellers)* constituían la fracción radical del partido independiente durante la revolución inglesa de 1642-1649. Pedían sufragio universal; su jefe era Lilburne. *(N. de la Red.).*

10. Los *diggers* (cavadores o auténticos niveladores) constituían un movimiento radical de origen campesino en contra de la desigualdad durante la revolución inglesa. Pedían el reparto de las tierras. Su jefe era Winstanley, que posteriormente emigró a los Estados Unidos. El movimiento de los *diggers* fue aplastado por la fuerza de las armas. *(N. de la Red.).*

11. El Partido Independiente durante la revolución inglesa era el que orientaba la oposición de las sectas contra la Iglesia del Estado. *(N. de la Red.).*

12. Irakli G. Zeretelli (1882-1959), menchevique que formó parte del Gobierno Provisional a partir del 15 (28) de mayo de 1917. Era partidario de la prosecución de la guerra. *(N. de la Red.).*

13. Tercera Duma: tras la disolución de la segunda Duma el 3 de junio de 1907 se convocaron elecciones para la tercera Duma el 1ro. de septiembre de 1907 bajo una ley

electoral que aún restringía más el voto de los pueblos no rusos, el campesinado y los trabajadores. Lenin, en minoría entre los bolcheviques, votó por participar en las elecciones junto a los mencheviques, los delegados polacos, letones y del Bund. La Duma se reunió el 1ro. de noviembre de 1907, con una mayoría de diputados de derechas octubristas liberal-conservadores. Los socialdemócratas eran solo dieciocho. De ellos únicamente cinco eran bolcheviques y, de estos, uno, V.E. Surkanov, era un agente de la policía.

14. Debe referirse Rosa Luxemburgo aquí a la nacionalización, organización y fiscalización de la industria, iniciada en marzo de 1918, proseguida con el decreto del 28 de junio de 1918, que nacionalizaba todas las grandes empresas industriales y que está expuesta en la obra de Lenin, *Las tareas actuales del poder soviético*. *(N. de la Red.).*

15. Seguramente se refiere Rosa Luxemburgo a la creación de «destacamentos de alimentación», compuestos fundamentalmente por obreros de las ciudades, y que estaban encargados de llevar la lucha de clases al campo. *(N. de la Red.).*

16. Se refiere Rosa Luxemburgo a la aplicación al campo de la política del «comunismo de guerra», que implicaba tres medidas: 1ra.) creación de un sistema de contigentación, de trueque obligatorio de bienes manufacturados por cereales; con prohibición de comercio privado; 2da.) creación de «comités de pobres», compuestos, sobre todo, por campesinos pobres; 3ra.) creación de los «destacamentos de alimentación» de que se habla en la nota anterior. *(N. de la Red.).*

17. El derecho de la autodeterminación de las nacionalidades fue política mantenida por los bolcheviques desde el programa de 1903 del Partido Socialdemócrata ruso. En 1912 surgieron desacuerdos y Lenin se pronunció en favor del derecho ilimitado a la autodeterminación de las nacionalidades, encargando a Stalin que escribiera una obra, hoy muy conocida, sobre el tema. La política se incorporó a una «declaración sobre el derecho de libre determinación de todos los pueblos de Rusia», de 2 (15) de noviembre de 1917. *(N. de la Red.).*

18. Las negociaciones de paz de Brest-Litovsk entre Rusia y Alemania comenzaron el 2 de diciembre de 1917. La delegación rusa iba dirigida por Trotski. Los comunistas de izquierda (Trotski entre ellos) consiguieron hacer fracasar las negociaciones bajo la consigna «ni paz, ni guerra» confiados en una revolución europea inmediata. Finalmente, se firmó la paz del 1-3 de marzo de 1918, teniendo que aceptar los bolcheviques condiciones más duras que las que Alemania pretendía imponer en 1917.

19. El gobierno ucraniano (Rada) firmó una paz por separado con Alemania el 9 de febrero de 1918, permitiendo con ello que las tropas alemanas y austriacas atravesasen su territorio, obligando a retroceder a las rusas que lo estaban invadiendo por entonces. *(N. de la Red.).*

20. Moneda nacional ucraniana. *(N. de la Red.).*

21. La declaración de autonomía de Ucrania en 1917. *(N. de la Red.).*

22. Dirigentes de las fuerzas anticomunistas ucranianas, junto a Petliura. *(N. de la Red.).*

23. Mannerheim, jefe del ejército que aplastó la revolución en Finlandia en 1918 valiéndose de la ayuda alemana. *(N. de la Red.).*

24. Thomas Woodrow Wilson (1856-1924), presidente de los Estados Unidos durante la Primera Guerra Mundial. Hizo que los Estados Unidos entraran en la guerra del lado de la Entente el 6 de abril de 1917. Propuso un Plan de Paz (los 14 puntos del 8 de enero de 1918). El proyecto por el que más trabajó fue la Sociedad de Naciones. *(N. de la Red.).*

25. Únicamente cabe entender aquí por dictadura alemana la que pudiera ejercer el ejército alemán en los países que ocupaban o que atravesaba. *(N. de la Red.)*.

26. Se trata de la ejecución de quinientos rehenes por la Cheka en Petrogrado; un acto de represalia por el asesinato del jefe de la Cheka M.S. Uritski. *(N. de la Red.)*.

27. Las elecciones a la Asamblea Constituyente se celebraron el 25 de noviembre (8 de diciembre) de 1917, y en ellas los bolcheviques obtuvieron menos de un cuarto de los votos; es decir, que de los setecientos siete diputados, trescientos setenta eran socialistas revolucionarios; ciento setenta y cinco, bolcheviques; cuarenta y cinco, socialistas revolucionarios de izquierda; diecisiete, cadetes, y dieciséis, mencheviques. En consecuencia, los bolcheviques mandaron disolver la Asamblea Constituyente mediante el decreto de disolución del 6 (19) de enero de 1918. *(N. de la Red.)*.

28. Obra escrita en 1917 y publicada en Berlín en 1918. *(N. de la Red.)*.

29. Avxentiev, ministro del Interior del gobierno de Kerenski. *(N. de la Red.)*.

30. Se refiere Rosa Luxemburgo aquí, sin duda, al artículo XIII, párrafos 64 y 65 de la Constitución rusa de 1918, contenidos en la parte relativa al derecho de sufragio activo y pasivo y que contiene una lista de siete tipos de exclusión del derecho de voto. *(N. de la Red.)*.

31. Esto no es estrictamente cierto, pues la Constitución atada en el párrafo 64, apartado a), concedía el voto a las personas activas en el hogar; el apartado b), a los soldados y marineros; el apartado c), a todos los ciudadanos del apartado a) que tuvieran incapacidad para el trabajo. *(N. de la Red.)*.

32. Apunte en una hoja suelta sin numerar (probable complemento a la última frase discutible: «Los sóviets son la base, pero también lo son la Constituyente y el sufragio universal»). *(N. de la Red.)*.

33. Tratado sobre el lumpemproletariado (manifiestamente, perfeccionamiento de la observación siguiente que aparece en una hoja suelta del manuscrito). *(N. de la Red.)*.

Bibliografía general

Cartas a Karl y Luise Kautsky, Galba, Barcelona, 1970.

Cartas de amor a León Jogiches, La Flor, Buenos Aires, 1973.

Cartas de la prisión, Distribuidora Baires, Buenos Aires, 1974.

Cartas de la prisión, Editorial Cenit S.A., Madrid, 1931.

Debate sobre la Huelga, Cuadernos de Pasado y Presente, Buenos Aires, 1975.

El desarrollo industrial de Polonia, Cuadernos de Pasado y Presente, México, D.F., 1979.

El pensamiento de Rosa Luxemburgo, Ediciones Serbal, Barcelona, 1983.

Escritos políticos, Grijalbo, Barcelona, 1977.

Introducción a la Economía Política 1974, Siglo XXI, Madrid, 1974.

La acumulación del capital, Grijalbo, México, D.F., 1967.

La cuestión nacional y la autonomía, Cuadernos de Pasado y Presente, México, D.F., 1979.

La cuestión nacional y la autonomía, El Viejo Topo, Barcelona, 1998.

Obras escogidas, Ayuso, Madrid, 1978.

Obras escogidas, ERA, México, D.F., 1978.

Reforma o revolución, Fundación Federico Engels, Madrid, 2002 y 2006.

Huelga de masas, partido y sindicato, Fundación Federico Engels, Madrid, 2003.

La crisis de la socialdemocracia, Fundación Federico Engels, Madrid, 2006.

Personas mencionadas
(Breve selección)

ADLER, VÍCTOR (1852-1918). Político austriaco. En 1886 ingresó en el Partido Socialdemócrata. Fundó varias publicaciones, entre ellas *Gleicheit* (*Igualdad*) en 1886 y *Arbeiterzeitung* (*El Periódico de los Trabajadores*) en 1889. Fue destacado dirigente de la Segunda Internacional. Trabajó por el sufragio universal y contra el antisemitismo. Jefe del Partido Socialdemócrata austroalemán desde 1905 y secretario de Estado para Asuntos Exteriores (1918), se pronunció en favor de la república y del *Anschluss* o unificación austroalemana.

ALEJANDRO II, NIKOLAEVICH (1818-1881). Emperador ruso desde marzo de 1855 hasta su muerte en 1881, cuando miembros de la organización Narodnaia Volya (La Voluntad del Pueblo) arrojaron una bomba sobre su carruaje, con la finalidad de acabar con su gobierno, convertido en autocrático y despótico. Subió al trono durante la guerra de Crimea en la que su padre, Nicolás I de Rusia había resultado muerto. También fue gran duque de Finlandia y rey de Polonia hasta 1867. Vendió Alaska a Estados Unidos en 1867.

AXELROD, PAVEL (1850-1928). Militante de Partido Obrero Socialdemócrata de Rusia, en su fracción de los mencheviques (minoría), cuyas proposiciones se centraban en la idea de que Rusia atravesara primero una revolución burguesa, antes que proponerse una transformación postcapitalista. El menchevismo se caracteriza por representar una línea socialdemócrata: planteaban la instauración de una democracia representativa manteniendo la estructura de producción capitalista.

BAKUNIN, MIJAÍL ALEXÁNDROVICH (1814-1876). Anarquista ruso contemporáneo de Carlos Marx. Es posiblemente el más conocido de la primera generación de filósofos anarquistas. Se le considera uno de los padres del anarquismo, dentro del cual defendió la tesis colectivista. Además perteneció a la francmasonería.

BEBEL, AUGUST (1840-1913). Destacado dirigente socialdemócrata alemán. Fue diputado de la Asamblea de la Confederación del Norte, y se opuso a la política de Bismarck. En 1869 participa en la fundación del Partido Social-demócrata Alemán (SPD), y desde entonces fue un importante dirigente y miembro del Reichstag.

BERNSTEIN, EDUARD (1850-1932). Político alemán militante del SPD y considerado padre del revisionismo. Exiliado en Suiza por defender el SPD, ilegalizado en su país. Después marcha a Londres donde publica en la revista de la Internacional sus tesis revisionistas del marxismo. Contacta con Engels. Sus tesis revisionistas se enfrentaron a las de Karl Kautsky dentro del SPD. Pero posteriormente influirá mucho en la socialdemocracia europea durante la segunda parte del siglo XX. Escribió *Las premisas del socialismo y las tareas de la socialdemocracia* (1899).

BISMARCK, OTTO VON (1815-1898). Político prusiano. Presidente del Consejo de Prusia, por designación de Guillermo I (1862), llevó a cabo la unidad alemana en beneficio de Prusia. Tras la guerra franco-alemana (1870-1871) logró anexarse Alsacia y Lorena e hizo proclamar el imperio alemán en Versalles. Fue el canciller del Reich alemán de 1871 a 1890.

BLANQUI, LOUIS AUGUSTE (1805-1881). Luchador político revolucionario francés, inspirador del «blanquismo», corriente que movilizó sobre todo al estudiantado y los intelectuales en la Francia del siglo XIX. Fue apresado y condenado a cárcel en múltiples ocasiones debido a su participación en actividades de insurgencia con «las armas en la mano» —tal era su tesis acerca del método de lucha—. Su radicalismo y liderazgo lo convirtieron en una figura admirada y criticada por Carlos Marx y Federico Engels. Durante la Comuna de París los blanquistas dominaron el escenario de este evento, en posiciones valoradas por Marx como de «infantilismo revolucionario».

BONAPARTE, LUIS (1778-1846). Padre de Napoleón III y rey de Holanda de 1806 a 1810. Luis Napoleón Bonaparte o Luis I de Holanda fue uno de los tres hermanos del emperador Napoleón I de Francia.

FAVRE, JULES (1809-1880). Abogado y político francés, dirigente de la oposición republicana enfrentada al emperador Napoleón III y uno de los fundadores de la III República. Fue elegido diputado de Lyon en la Asamblea Constituyente, lugar que ocupó entre los moderados republicanos, votando contra los socialistas. Cuando se produce el golpe de Estado de Luis Napoleón en 1851, Favre se le opuso abiertamente, y el 2 de diciembre de 1851 trató junto a Víctor Hugo y otros, de organizar una resistencia armada en las calles de París. Después de este episodio, Favre se retiró de la política y retomó el ejercicio de la abogacía. Se opuso a la guerra franco-prusiana (1870-1871) y empleó su influencia ante la Asamblea Legislativa para provocar la destitución de Napoleón III. Fue vicepresidente y ministro de Asuntos Exteriores en el nuevo gobierno republicano. En este último cargo, dirigió las negociaciones de paz con Prusia y fue muy criticado por ceder a las demandas territoriales de los prusianos, por lo que abandonó la cartera en 1871. Permaneció como miembro de la Cámara de Diputados hasta 1876, cuando obtuvo un escaño como senador, cargo que ocupó hasta su muerte.

FOURIER, FRANÇOIS MARIA CHARLES (1772-1837). Socialista utópico francés y uno de los padres del cooperativismo. Fourier divide toda la historia en cuatro fases: salvajismo, barbarie, patriarcado y civilización. Identificó esta última fase con el capitalismo burgués del siglo XIX de la que afirma que este «orden civilizado eleva a una forma compleja, ambigua, equívoca e hipócrita todos aquellos vicios que la barbarie practicaba en medio de la mayor sencillez». También afirma en esa obra que «en la civilización, la pobreza brota de la misma abundancia». Fourier fue un mordaz crítico de la economía y el capitalismo de su época. Para él los hombres son naturalmente buenos, y las supuestas «perversiones» de estos eran solo consecuencia de que la sociedad es antinatural. Si se permitiera a los individuos realizar libremente sus inclinaciones naturales, estos se organizarían espontáneamente en forma armoniosa. Fourier aseguraba en base a esa tesis que era posible establecer una sociedad justa, para lo cual propuso la fundación de «falansterios» (comunidades). Entre sus obras principales se encuentran *Teoría de los cuatro movimientos* (1808), *Tratado de asociación doméstica y agrícola* (1822).

HEGEL, GEORG WILHELM FRIEDRICH (1770-1831). Filósofo alemán que representa la cumbre del pensamiento idealista y es uno de los teóricos más influyentes en el pensamiento universal desde el siglo XIX. Entre sus aportes fundamentales se encuentran la comprensión del desarrollo o autodesarrollo mediante el método dialéctico, basado en el movimiento resultante del conflicto entre opuestos. Mantenía que «el único pensamiento que aporta la filosofía [...] es la idea de razón; porque la razón es la soberana del mundo, la historia del mundo se nos presenta, por tanto, como un proceso racional». «Lo que es racional es real y lo que es real es racional». Su pensamiento constituye una de las fuentes teóricas más importantes del marxismo. Algunas de las obras más importantes que dejó son *Fenomenología del espíritu* (1807), *Enciclopedia de las ciencias filosóficas* (1817) y *La filosofía del Derecho* (1821).

HEINE, CHRISTIAN JOHANN HEINRICH (1797-1856). Fue uno de los poetas más grandes del romanticismo alemán. Entre sus grandes méritos literarios está haber poetizado el lenguaje coloquial, elevando el *folletín* y el relato de viajes a una forma de arte mientras otorgaba al idioma alemán una ligereza estilística y elegancia no conocidas hasta entonces. Como crítico y periodista, ensayista, escritor satírico y polémico era tan querido como temido. Es uno de los escritores alemanes más traducidos.

HESS, MOSES (1812-1875). Nacido en Alemania, fue precursor de lo que después se conocería como sionismo y sionismo socialista. Hess recibió una educación religiosa tradicional, más tarde estudió Filosofía en la Universidad de Bonn y vivió en París donde fue testigo de los acontecimientos de la Comuna de París de 1848. Amigo y colaborador de Carlos Marx y Federico Engels, en esa época era partidario de la asimilación de los judíos. Pero tras una estancia en Alemania entre 1861 y 1863 cambia su pensamiento y adopta el nombre de Moses (Moisés) en protesta contra el asimilacionismo. Entre sus obras más importantes están *Historia santa de la humanidad* (1837), *Triarquía europea* (1841) y *Roma y Jerusalén* (1862). En este hace una llamada a un resurgir nacional judío en Jerusalén, inspirado en el Risorgimento italiano, tesis que en su tiempo no tuvo eco pero fue posteriormente recogida por el movimiento sionista.

JAURÈS, JEAN (1859-1914). Político francés. Con solo veinte años es elegido diputado republicano por el departamento de Tarn en 1885. Heredero del espíritu de 1789, es en principio un firme partidario del reformismo institucional y republicano, y de la alianza entre obreros y pequeña burguesía. Pero tras los sucesos de la gran huelga de las minas de Carmaux en 1892, Jaurès comprende y combate la complicidad entre el gobierno y la patronal. Mil quinientos soldados fueron enviados a reprimir a los obreros en nombre del «derecho al trabajo». A partir de estos acontecimientos Jaurès se consagra a la defensa de los obreros en lucha. Funda el periódico *L'Humanité* en 1904. En los albores de la Primera Guerra Mundial Jaurès se distanció de la ola chauvinista y culpó de la «situación terrible» a «la política colonial de Francia, la política hipócrita de Rusia y la brutal voluntad de Austria». Llamó a los obreros de todos los países que estaban al borde de enfrentarse en la guerra, a unirse para alejar «la horrible pesadilla». Su postura pacifista, le ganó enemigos entre los sectores nacionalistas y un exaltado fanático le asesinó en París, tres días antes de que se iniciaran las hostilidades. Luego de la guerra fue rescatado como héroe popular.

KANT, IMMANUEL (1724-1804). Filósofo alemán, considerado por muchos como el pensador más influyente de la era moderna. La piedra angular de la filosofía kantiana (en ocasiones denominada «filosofía crítica») está recogida en una de sus principales obras, *Crítica de la razón pura* (1781), en la que examinó las bases del conocimiento humano y creó una epistemología individual. Las ideas éticas de Kant son el resultado lógico de su creencia en la libertad fundamental del individuo, como manifestó en su *Crítica de la razón práctica* (1788). No consideraba esta libertad como la libertad no sometida a las leyes, como en la anarquía, sino más bien como la libertad del gobierno de sí mismo, la libertad para obedecer en conciencia las leyes del Universo como se revelan por la razón. Su pensamiento político quedó patente en *La paz perpetua* (1795), ensayo en el que abogaba por el establecimiento de una federación mundial de Estados republicanos. La filosofía kantiana, y en especial tal y como fue desarrollada por el filósofo alemán Georg Wilhelm Friedrich Hegel, estableció los cimientos sobre los que se edificó la estructura básica del pensamiento de Carlos Marx. El método dialéctico, utilizado tanto por Hegel como por Marx, no fue sino el desarrollo del método de razonamiento articulado por antinomias aplicado por Kant.

KAUTSKY, KARL (1854-1938). Fue un destacado teórico socialdemócrata. Nació en Praga, estudió Historia y Filosofía en la Universidad de Viena. En 1875 se convirtió en miembro del Partido Socialdemócrata de Austria (SPO). Entre 1885 y 1890, estuvo en Londres, donde conoció y se hizo amigo de Federico Engels. En 1891, fue el coautor del Programa de Erfurt del SPD, junto a August Bebel y Eduard Bernstein. Luego de la muerte de Engels, en 1895, Kautsky se convirtió en uno de los más importantes e influyentes teóricos del socialismo y de la Segunda Internacional, formando el núcleo marxista del partido junto a Bebel. Fue considerado despectivamente por Trotski, como el «legislador teórico del marxismo internacional». Rompió con Rosa Luxemburgo y el ala izquierda del partido en 1914 para volver a unirse al partido en 1922, luego de haber integrado el Partido Socialdemócrata Independiente entre 1917 y 1919.

KERENSKI, ALEXANDR FIÓDOROVICH (1881-1970). Líder político ruso que presidía el gobierno provisional antes de que los bolcheviques tomaran el poder en noviembre de 1917. Tras la caída del zar y el establecimiento de un gobierno provisional republicano, Kerenski fue nombrado ministro de Justicia y ministro de Guerra luego. Finalmente fue nombrado jefe del Gobierno Provisional establecido tras la Revolución de Julio. Una de las primeras medidas que adoptó fue la supresión del Partido Bolchevique dirigido por Lenin, quien tuvo que exiliarse en Finlandia. El 7 de noviembre de 1917 Kerenski organizó algunas tropas e intentó tomar Petrogrado (hoy San Petersburgo), pero los soldados se negaron a combatir. Debió huir a París, desde donde dirigió varias organizaciones antibolcheviques. Cuando los alemanes tomaron a Francia, escapó a los Estados Unidos en 1940 donde viviría hasta su muerte.

LASSALLE, FERDINAND (1825-1864). Abogado y político socialista alemán. En 1845 en París conoció el movimiento socialista francés y se afilió a la Liga de los Justos. Durante su participación en la revolución alemana de 1848, por la que fue encarcelado, entabló amistad con Carlos Marx. A partir de 1860 colaboró con el movimiento obrero y los sindicatos y fue uno de los fundadores de la Asociación General de Trabajadores Alemanes en 1863. En 1875 durante el Congreso de Gotha, la Asociación se unió con los marxistas agrupados en el Partido Obrero Socialdemócrata para formar el Partido Obrero Socialista de Alemania, que luego pasó a llamarse Partido Socialdemócrata de Alemania. Apoyó la idea prusiana de unificación «por arriba» de Alemania; defendiendo a su vez a Bismark como el artífice para esa unión. Relató esta toma de posición en *La guerra italiana y la misión de Prusia* (1859).

LIEBKNECHT, KARL (1871-1919): Político y dirigente socialista alemán. Hijo del político revolucionario Wilhelm Liebknecht, uno de los cofundadores del SPD. En ese mismo año, tras escribir el libro *Militarismo y anti-militarismo,* en contra del militarismo alemán, fue encarcelado. En 1908, durante su estancia en prisión, consigue un escaño en la Cámara de Diputados de Prusia. En 1912 fue elegido miembro del Reichstag. Cuando estalló la Primera Guerra Mundial, se opuso a la participación de Alemania. Tras ser reclutado por el ejército, tuvo que servir como enterrador en el frente ruso. Fue licenciado por el trauma que le supuso tal experiencia. Conoció a Rosa Luxemburgo y a Clara Zetkin, con las que fundó una facción radical del SPD, los «espartaquistas», que se opusieron a la política bélica del país. Durante una manifestación antibélica en 1916, fue detenido junto a Rosa Luxemburgo. Se le declaró culpable de alta traición y fue encarcelado, condenado a dos años de trabajos forzados y desposeído de sus derechos civiles. En 1918 fundó el Partido Comunista Alemán (KPD), junto con Rosa Luxemburgo. Al proclamarse la República de Weimar, el socialdemócrata Friedrich Ebert formó un gobierno provisional en noviembre de 1918. Liebknecht se opuso a dicho gabinete y lideró una insurrección espartaquista en enero de 1919 como miembro del Comité Militar Revolucionario. En un enfrentamiento entre la policía y revolucionarios, fueron detenidos Liebknecht y Rosa Luxemburgo. En el traslado a la cárcel fueron asesinados.

LIEBKNECHT, WILHELM (1826-1900). Político socialista alemán. Fundador del Partido Socialdemócrata de Alemania en 1869. Fue parlamentario en el Reichstag entre 1867 y 1870, y de 1874 a 1900. Opuesto a la guerra franco-prusiana, fue encarcelado tras la revolución de 1848 durante dos años. Fue editor de la publicación *Demokratisches Wochenblatt.*

LUIS FELIPE DE FRANCIA (1773-1850). Rey de Francia entre 1830 y 1848, y último rey del Estado francés.

MARAT, JEAN-PAUL (1743-1793). Científico y médico francés conocido más como periodista y político durante la Revolución Francesa. Fue miembro del Partido Jacobino. En septiembre de 1789 comenzó a publicar el periódico *L'ami du peuple.* Desde este periódico denunciaba a los «enemigos del pueblo». Aunque Marat nunca se unió a una facción específica durante la revolución, condenó a varios grupos. Tales declaraciones le ganaron el sobrenombre de *la Ira del Pueblo*. Fue apuñalado en su bañera por la aristócrata Charlotte Corday en 1793.

MEHRING, FRANZ ERDMANN (1846-1919). Publicista, político e historiador alemán. En 1891 ingresó en el SPD. Entre 1902 y 1907 Mehring fue el editor jefe del periódico socialdemócrata *Leipziger Volkszeitung*. Entre 1906 y 1911 enseñó en la escuela del SPD. Fue miembro del parlamento prusiano entre 1917 y 1918. Durante la Primera Guerra Mundial Mehring comenzó a distanciarse del SPD, y fundó la Liga Espartaco en 1916 junto a Rosa Luxemburgo y a Karl Liebknecht.

MENGER, KARL (1840-1921). Fundador de la «escuela austriaca» de Economía. En 1871 publicó su obra *Principios de Economía Política*. En 1873 ocupó en la Universidad de Viena la cátedra de Teoría Económica. En 1876 Menger comenzó a dar clases de Economía Política y Estadística al archiduque Rodolfo de la Casa de Austria, príncipe de Austria. En 1900 fue diputado en el parlamento austriaco. Publica en 1883 *Investigaciones en el método de las ciencias sociales con referencia especial a la economía*. El libro causó que los miembros de la escuela histórica de economistas comenzaran a llamar a Menger y a sus alumnos «la escuela austriaca» para enfatizar su separación de la economía tradicional que se enseñaba en Alemania. Entre sus obras más importantes se encuentran *La teoría del capital* (1888) y *Dinero* (1892).

MILIUKOV, PÁVEL NIKOLÁIEVICH (1859-1943). Historiador y dirigente político ruso. Entre 1907 y 1917 fue diputado de la Tercera y Cuarta Duma. Aun después de la revolución de marzo de 1917 se opuso a la abolición total del zarismo. A la caída del zar, durante unos dos meses, desempeñó el ministerio de Asuntos Exteriores en el primer gobierno provisional presidido por el príncipe Lvov, pero tuvo que dimitir ante la presión popular. Durante la guerra civil de 1918-1920 huyó de Petrogrado para refugiarse en el sur de Rusia y luego en Francia. Durante varios años dirigió en París un influyente periódico ruso, *Posliedniia Novosti* (*Últimas Noticias*). Enemigo del nacionalsocialismo alemán, defendió la causa soviética al producirse el ataque de Alemania a Rusia en junio 1941 durante la Segunda Guerra Mundial. Entre sus obras destacan: *Ensayo sobre la historia de la civilización rusa* (1901), *La crisis rusa* (1905) e *Historia de Rusia* (3 vols., 1932-1933).

NAPOLEÓN I (NAPOLEÓN BONAPARTE) (1769-1821). Militar y estadista francés, general republicano durante la Revolución, artífice del golpe de Estado del Dieciocho de Brumario que le convirtió en gobernante de Francia como primer cónsul de la República del 11 de noviembre de 1799 al 18 de mayo de 1804. Posteriormente pasó a ser emperador de los franceses desde el 18 de mayo de 1804 al 6 de abril de 1814 y nuevamente, por un breve lapso, desde el 20 de marzo hasta el 22 de junio de 1815. Napoleón es considerado como uno de los mayores genios militares de la Historia, habiendo comandado campañas bélicas muy exitosas, aunque con derrotas igualmente estrepitosas. Sus agresivas guerras de conquista se convirtieron en las mayores conocidas en Europa, las cuales involucraban a un número de soldados jamás visto en los ejércitos hasta entonces. Durante el período de poco más de una década, adquirió el control de casi todo el Occidente y parte central de Europa por conquistas o alianzas y solo fue tras su derrota en la Batalla de las Naciones, cerca de Leipzig, en octubre de 1813, que se vio obligado a abdicar unos meses más tarde. Regresó a Francia en lo que es conocido como los Cien Días y fue decisivamente derrotado en la Batalla de Waterloo en Bélgica, el 18 de junio de 1815, siendo exiliado a la isla de Santa Elena, donde murió.

NAPOLEÓN III (CARLOS LUIS NAPOLEÓN BONAPARTE) (1808-1873). Fue el primer presidente de la República Francesa en 1848 y luego el segundo emperador de los franceses en 1852, bajo el nombre de Napoleón III y el último monarca que reinó sobre este país. Es el hijo de Luis Bonaparte, hermano de Napoleón I y rey de Holanda y de Hortensia de Beauharnais, hija de la emperatriz Josefina. Se hace heredero de los derechos dinásticos después de las muertes sucesivas de su hermano mayor y de Napoleón II. Quiso significar una reparación frente al anticlericalismo y el ateísmo de la Revolución Francesa. Tuvo una política de expansión de la civilización clásica que creía representaba Francia, frente al surgimiento de Alemania y Estados Unidos, potencias emergentes de tipo protestante.

NEVSKI, ALEXANDER (1220-1263). Líder ruso y santo de la Iglesia Ortodoxa rusa. Fue canonizado en 1547 como San Alejandro Nevski. Luchó contra los suecos, teutones y mongoles que amenazaban su región de Novgorod. En 1240 los suecos desembarcaron en el río Neva. Alexander dirigió un discurso a sus hombres: «Dios no está en la fuerza sino está en la Verdad...». El 15 de julio de 1240 Alejandro atacó a los suecos en el río y los derrotó. La victoria en el Neva le valió el sobrenombre de Nevski.

NICOLÁS I (1796-1855). Fue zar de Rusia y rey de Polonia tras la muerte de su hermano mayor, Alejandro I en 1825. Durante su gobierno intentó eliminar los movimientos nacionalistas, perpetuar los privilegios del estamento aristocrático e impedir el avance del liberalismo. También reprimió la insurrección decembrista en 1825 y apoyó a Austria para controlar la revuelta húngara de 1848, lo que le valió el mote de *gendarme de Europa*. En 1830, tras una reiterada negativa suya a aceptar los límites constitucionales fijados por el Congreso polaco, fue depuesto por este como rey de Polonia, en el llamado Alzamiento de Noviembre. Nicolás respondió aplastando a los insurrectos y anexionando Polonia como provincia rusa. Tuvo una política expansionista que comenzó desde la guerra de Crimea. Falleció en San Petersburgo en 1855.

NICOLÁS II (1868-1918). Fue el último zar de Rusia hasta su abdicación en 1917. Cuando triunfa la Revolución de Octubre la familia imperial fue trasladada a Ekaterinburgo, que se hallaba bajo control del Ejército Rojo. En julio de 1918, ante el avance de las legiones checoslovacas (llamadas Ejército Blanco) hacia la ciudad, se temió que las tropas liberasen a la familia e intentasen restaurar el régimen del zar. En la noche del 17 de julio Nicolás II y el resto de los integrantes de la familia fueron ejecutados.

PARVUS, ALEXANDER (ALEXANDER ISRAEL LAZAREVICH HELPHAND) (1867-1924). Nacido en Bielorrusia, a los diecinueve años marchó a Zürich, donde alcanza el título de Doctor en Filosofía en 1891. Tras haber abrazado el marxismo se trasladó a Alemania uniéndose al Partido Socialdemócrata, y fue colaborador de Rosa Luxemburgo. En 1900, Parvus se encontraría en Munich con Vladimir Lenin por primera vez. La relación entre ambos se fue deteriorando progresivamente a lo largo de los años venideros y durante el proceso de preparación de la Revolución de Octubre.

PLEJÁNOV, GUEORGUI VALENTÍNOVICH (1856-1918). Revolucionario y pensador ruso, fundador del movimiento socialdemócrata en Rusia, teórico y publicista del marxismo. Fundó en Ginebra el grupo marxista Emancipación del Trabajo (1883). Tras la división del POSDR en su II Congreso en 1903, Plejánov se agrupó con la fracción menchevique. Durante la Primera Guerra Mundial apoyó al bando ruso, lo que agudizó su enfrentamiento con los bolcheviques, opuestos a la guerra. En 1917 apoyó la Revolución de Febrero, pero se opuso a la Revolución de Octubre, aunque no participó en la lucha contra el poder soviético. Entre sus trabajos se encuentran: *El socialismo y la lucha política; El papel del individuo en la historia; Contra el anarquismo;* y *Problemas fundamentales del marxismo.*

PROUDHON, PIERRE-JOSEPH (1809-1865). Filósofo y político francés. Fue fundamentalmente autodidacta. En 1840 su ensayo *¿Qué es la propiedad?* le valió fama en Francia y otros países europeos. En 1843 escribió dos obras importantes: *La creación del orden en la humanidad* y *El sistema de las contradicciones económicas o la Filosofía de la miseria.* Este último requirió la réplica de Marx titulada *La miseria de la Filosofía.* Sobre Proudhon, Marx diría: «Proudhon tenía una inclinación natural por la dialéctica. Pero como nunca comprendió la verdadera dialéctica científica, no pudo ir más allá de la sofística. En realidad, esto estaba ligado a su punto de vista pequeñoburgués».

RIAZÁNOV, DAVID (1870-1938). Vivió gran parte de su juventud en prisión, deportado o en el exilio. A los catorce años era «correo secreto» de los populistas; a los dieciséis fue excluido del Liceo por insuficiencia en griego antiguo. Es arrestado por primera vez en 1887. En las duras condiciones de las prisiones zaristas organiza la vida de los prisioneros políticos. En prisión prepara lecturas de Marx y traduce los escritos del economista David Ricardo. En 1890, ya en el exilio europeo, participa como representante ruso en el congreso de Bruselas de la Segunda Internacional donde conoce a figuras como August Bebel, Karl Kautsky, Eduard Bernstein, Laura Marx y Pablo Lafargue. En 1917 vuelve a Rusia e ingresa en el partido. Es nombrado presidente de los sindicatos de Petersburgo. Luego, en 1924, le es encargada por el partido la fundación del Instituto Marx-Engels de Moscú, que dirige hasta 1931, año en el cual es destituido de todo cargo por Stalin. Lunacharski dijo de él: «indiscutiblemente el hombre más culto en nuestro partido».

RICARDO, DAVID (1772-1823). Economista inglés, miembro de la corriente de pensamiento clásica; nacido y fallecido en Londres. También fue un hombre de negocios, especulador exitoso y amasó una considerable fortuna. La lectura de las obras de Adam Smith le impulsó, desde 1799, a dedicar gran parte de su tiempo al estudio de la economía. Después de haber adquirido una gran fortuna en poco tiempo en la Bolsa de Londres, se convirtió en terrateniente. En 1819 fue elegido miembro del Parlamento por Portarlington, cargo que retuvo hasta su muerte. Su obra más importante, *Principios de economía política y tributación*, constituye la exposición más madura y precisa de la economía clásica; en el prefacio afirma que «el principal problema de la economía política es determinar las leyes que regulan la distribución». Con ese fin desarrolló una teoría del valor y una teoría de la distribución.

RODBERTUS, KARL (1805-1875). Economista alemán. Uno de los exponentes de la escuela económica llamada Socialismo de Estado. Junto a Adolph Wagner (Ley de Wagner), Albert Schäffle elabora los presupuestos de esta corriente económica según la cual el aumento del gasto público es incluso más rápido que el aumento de la producción del país, por lo que el Estado debe participar como un actor económico de mucha importancia.

ROMANOV (dinastía). Familia real que reinó en Rusia desde 1613 hasta que estalló la Revolución Rusa en 1917. Los Romanov eran descendientes de un aristócrata de Moscú cuya hija, Anastasia Romanovna, contrajo matrimonio con el zar Iván IV, *el Terrible*. Los hijos de Nikita, el hermano de Anastasia, adoptaron el nombre de Romanov en honor de su abuelo, que fue el padre de una zarina. El nieto de Nikita, Miguel, pasó a ser el primer zar de los Romanov.

SAY, JEAN-BAPTISTE (1767-1832). Economista francés. Es uno de los principales exponentes de la escuela económica clásica. Admirador de la obra de Adam Smith, e influenciado por otros economistas franceses como Turgot, Say ganó reconocimiento en toda Europa con su *Tratado de Economía Política*, cuya primera edición data de 1804. Algunos economistas de la escuela clásica inglesa, en particular McCulloch, seguidor de David Ricardo, consideraron que Say era meramente un divulgador y sistematizador de *La riqueza de las naciones* de Adam Smith, pero se puede defender que las aportaciones que hizo fueron mucho más allá.

THIERS, ADOLPHE (1797-1877). Político e historiador francés que desempeñó un importante papel durante la denominada Monarquía de Julio (1830-1848) y los primeros momentos de la III República (1870-1940). Thiers adquirió fama tras la publicación de sus diez volúmenes de la *Historia de la Revolución Francesa* (1823-1827). Fue elegido diputado en 1830 y los artículos que publicó en el periódico *Le National,* del que fue uno de los fundadores, impulsaron la revolución de julio de 1830, en la que él mismo participó. Presidió el gobierno provisional cuando el emperador Napoleón III fue derrocado en 1870. Negoció la paz con Prusia y reprimió duramente la rebelión de la Comuna de París. Fue elegido presidente de la III República Franccsa el 30 de agosto de 1871.

TOLSTOI, LIEV NIKOLÁIEVICH (1828-1910). Escritor y moralista ruso. A los veintitrés años ingresó en el ejército y, mientras su unidad estaba de guarnición en el Cáucaso, escribió parte de un cuento semiautobiográfico, *Infancia, adolescencia y juventud*, con el que irrumpió en el campo de las letras (1852). Dos años más tarde se distinguió en el sitio de Sebastopol. Al incorporarse a la vida civil, luego de la guerra de Crimea, siguió escribiendo obras como *Dos húsares* (1856), *Tres muertes* (1859) y *Polikushka* (1860). Hizo también dos viajes al extranjero, que le confirmaron en su desprecio a la civilización burguesa de la Europa occidental. En 1863 publicó *Los cosacos*, novela a la que siguió *La guerra y la paz*, monumental crónica de la vida rusa, tal como la conoció la nobleza durante las guerras napoleónicas, que apareció en fascículos durante los años 1865-1869. Luego dio a la luz (1875-1877) la novela de costumbres contemporáneas *Ana Karenina*. Solo por estas dos obras Tolstoi alcanza fama universal, para todos los tiempos.

TROTSKI, LEV DAVÍDOVICH BRONSTEIN (1879-1940). Político y teórico revolucionario ruso. Uno de los principales protagonistas de la Revolución Bolchevique en Rusia en 1917. Cuando Stalin alcanza el control del Partido Bolchevique, Trotski es primero destituido como comisario de guerra, luego apartado de la dirección del partido y posteriormente expulsado de este. Más tarde sería expulsado de la URSS en 1929. Desde su exilio encabezó la oposición comunista disidente, que formaría la Cuarta Internacional. Por orden de Stalin, fue asesinado en México en 1940.

WEITLING, WILHELM (1808-1871). Socialista alemán. Con un ideario comunista religioso, se unió en Londres en 1844 a la Liga de los Comunistas, pero en 1846 rompió con Marx. Posteriormente fundó en Nueva York la Liga de la Emancipación (1847) entre sus compatriotas artesanos. Escribió *La humanidad tal como es y tal como debiera ser* (1838), *Las garantías de la armonía y la libertad* (1842), *Evangelio de un pobre pecador* (1844).

ZASÚLICH, VERA (1849-1919). Escritora y revolucionaria rusa. Junto a Plejánov participó en la fundación del grupo marxista Emancipación del Trabajo (1883). Le fue asignada la tarea principal de traducir al ruso una parte importante de la obra de Carlos Marx con lo que se contribuyó a extender la influencia del marxismo entre la intelectualidad rusa de finales del siglo XIX. Luego formó parte del consejo de redacción de *Iskra*, el periódico fundado por Lenin.

ZUBATOV, SERGEI VASILIEVICH (1864-1917). Revolucionario ruso convertido luego en agente policial y en 1880 llegó a ser jefe de la Ojrana (policía política secreta zarista). Actualizó los métodos de la policía rusa introduciendo la dactiloscopia, la fotografía, etcétera. Inspirador del «socialismo policial», u organización preventiva de los obreros auspiciada por la policía. Fue despedido cuando algunas de esas «sociedades» se le fueron de las manos y se convirtieron en núcleo de un movimiento huelguístico. Reincorporado en 1905, se suicidó luego de la Revolución de Febrero de 1917.

Índice temático

Índice de nombres

Rosa Luxemburgo (Zamosc, Rutenia, 1870-Berlín, 1919), revolucionaria y teórica del socialismo, de origen judío-polaco, cuyas ideas políticas la obligaron a exiliarse desde la temprana edad de dieciocho años; se refugió en Suiza, donde terminó sus estudios de Derecho, trabó contacto con otros revolucionarios y se unió a la dirección del joven Partido Socialdemócrata Polaco. Militó activamente en el Partido Socialdemócrata de Alemania (SPD), hasta que en 1914 se opuso radicalmente a la participación de los socialdemócratas en la Primera Guerra Mundial, por considerarla un «enfrentamiento entre imperialistas». Integró entonces el grupo internacional que en 1916 se convertiría en la Liga Espartaco, organización marxista revolucionaria de la cual se originará el Partido Comunista de Alemania (KPD). Al terminar la guerra fundó el periódico *La Bandera Roja*, junto con Karl Liebknecht. Tomó parte en la frustrada revolución de 1919 en Berlín, aun cuando este levantamiento tuvo lugar en contra de sus consejos. La revuelta fue sofocada con la intervención del ejército y la actuación de los Cuerpos Libres (grupos de mercenarios nacionalistas de derecha), y a su término cientos de personas, entre ellas la propia Rosa Luxemburgo, fueron encarceladas, torturadas y asesinadas.

Sus libros más conocidos, publicados en español, son *Reforma o revolución* (1900), *Huelga de masas, partido y sindicato* (1906), *La acumulación del capital* (1913) y *La Revolución Rusa* (1918). Sus aportes llamaron la atención de los principales dirigentes de la socialdemocracia revolucionaria alemana y rusa que siempre tuvieron en ella un referente político y moral. Rosa Luxemburgo mantuvo diferencias importantes con la corriente bolchevique liderada por Lenin y por Trotski, referidas al modelo de partido, a la cuestión nacional o a la propia Revolución Rusa. Por ello mantuvo polémicas que conservan entera vigencia con vistas a la recreación contemporánea del pensamiento revolucionario.

Seven Stories Press
Jon Gilbert
140 Watts Street
US-NY, 10013
US
https://www.sevenstories.com
jon@sevenstories.com
510-306-6987

The authorized representative in the EU for product safety and compliance is

Easy Access System Europe
Teemu Kontttinen
Mustamäe tee 50
ECZ, 10621
EE
https://easproject.com
gpsr.requests@easproject.com
358 40 500 3575

ISBN: 9781925019810
Release ID: 153694849